ANTROPOLOGIA
CULTURAL

Dados Internacionais de Catalogação na Publicação (CIP)
(Câmara Brasileira do Livro, SP, Brasil)

Keesing, Roger M.
Antropologia Cultural : uma perspectiva
contemporânea / Roger M. Keesing, Andrew J.
Strathern ; tradução de Vera Joscelyne. –
Petrópolis, RJ : Vozes, 2014.

Título original inglês: Cultural anthropology : a
contemporary perspective
ISBN 978-85-326-4633-0

1. Antropologia 2. Etnologia I. Strathern,
Andrew J. II. Título.

13-07476   CDD-306

Índices para catálogo sistemático:
1. Antropologia Cultural   306

ANTROPOLOGIA CULTURAL

UMA PERSPECTIVA CONTEMPORÂNEA

ROGER M. KEESING
ANDREW J. STRATHERN

Tradução de Vera Joscelyne

EDITORA VOZES

Petrópolis

Título original inglês: *Cultural Anthropology – A Contemporary Perspective*

Direitos de publicação em língua portuguesa:
2014, Editora Vozes Ltda.
Rua Frei Luís, 100
25689-900 Petrópolis, RJ
www.vozes.com.br
Brasil

Diretor editorial
Frei Antônio Moser

Editores
Aline dos Santos Carneiro
José Maria da Silva
Lídio Peretti
Marilac Loraine Oleniki

Secretário executivo
João Batista Kreuch

Editoração: Maria da Conceição B. de Sousa
Diagramação: Sheilandre Desenv. Gráfico
Capa: Giovani Castellucci
Ilustração de capa: Homens de Tari pintando seus próprios rostos como uma preparação para um sing sing.
Foto: ©Haroldo Castro | Green Image Bank

ISBN 978-85-326-4633-0 (edição brasileira)
ISBN 0-03-047582-1 (edição norte-americana)

Editado conforme o novo acordo ortográfico.

Este livro foi composto e impresso pela Editora Vozes Ltda.

Sumário

Lista de casos

Prefácio à 3ª edição

George e Louise Spindler generosamente sugeriram que eu era a pessoa adequada para ocupar parcialmente o lugar de Roger Keesing e realizar a revisão que ele planejou fazer, mas não chegou a executar. Como sou um antropólogo formado na tradição antropológica social britânica, cujo campo de trabalho foi no Pacífico e cuja experiência mais recente me familiarizou com a Antropologia Cultural americana, imaginou-se que eu, como Roger, poderia de alguma forma interligar os dois continentes. No outono de 1996, ganhei uma colaboradora, a Dra. Pamela J. Stewart. Quando lemos, juntos, cada página do texto de Keesing, ficou claro para nós que possíveis alterações fragmentadas do texto corriam o risco de destruir a própria perspectiva que permeia todo o livro e que lhe dá unidade. O que decidimos fazer, então, foi preservar todas as partes do argumento do livro e as etnografias apresentadas em seu âmago como ilustrações descritivas de suas teorias, examinando, ao mesmo tempo e cuidadosamente, cada frase para verificar se suas afirmações precisavam ser atualizadas, modificadas ou abandonadas. Pequenas mudanças feitas de quando em quando dessa maneira cumpriram o objetivo maior de atualizar e reformular as afirmações do livro para que se adequassem a um mundo vinte anos ou mais posterior à época da publicação da segunda edição.

Essa abordagem propositalmente comedida, ainda que detalhada, foi também usada com referência às histórias de casos etnográficos. Deixamo-las como estavam, mas fornecemos referências atualizadas sempre que apropriado ou viável. Essas novas referências normalmente indicam algo sobre a história subsequente do grupo e/ou são uma abordagem diferente à análise de sua vida social.

Dois exemplos de terminologias que demonstraram ser difíceis de serem alterados de forma sistemática e consistente são *tribo* e *Terceiro Mundo*. O próprio Keesing usou o termo tribal para se referir a um grupo de sociedades consideradas como externas aos contextos hierárquicos da sociedade capitalista, usando-o assim como equivalente, em alguns sentidos, ao termo pré-capitalista. Ao mesmo tempo, ele observou que uma sociedade pode ser "tribal" nesse sentido e não ser uma "tribo", um termo que às vezes foi considerado inaceitável. Como seu uso de "tribal" (por exemplo, "o mundo tribal") é uma parte tão integral de todo o texto, nós o mantivemos quando necessário. O termo *tribo* pode ser bastante aplicável também com referência a um tipo de unidade política, portanto não o evitamos por princípio. Muitas vezes, nos casos em que *tribal* era supérfluo, simplesmente o omitimos. O mesmo se aplica com relação a *Terceiro Mundo*. Mantivemos o termo quando necessário e, quando não, o substituímos por outros termos ou o omitimos.

Há algumas áreas do texto de Keesing que foram alteradas mais substancialmente – por exemplo, contextos onde ele aborda questões de antropologia médica, relações de gênero, e significados de formas de tabu nos contextos melanésios (i.e., noções de poluição ritual). Foram acrescentadas frases para esclarecer as discussões teóricas sobre o materialismo cultural, e sobre as próprias abordagens marxistas, e também no caso das discussões sobre a antiga União Soviética, sobre o comunismo e coisas semelhantes.

Outra área que mereceu uma revisão substancial é a redução significativa do material sobre antropologia física e sobre arqueologia e a pré-história. Essa mudança foi uma resposta ao retorno que nos foi dado por revisores profissionais com relação ao valor relativo desse material para o aluno iniciante de Antropologia Cultural. A validade das intenções originais de Keesing ao incluir esses capítulos é reconhecida, mas seus argumentos com relação aos correlatos evolucionários das formas de sociedades que ele discute não formam uma parte assim tão importante de sua obra de modo a serem indispensáveis. Com a redução desse material, portanto, o livro não perde sua unidade.

Partes novas desta edição

- Sumários dos capítulos sintetizam pontos-chave da discussão e ajudam os alunos a compreender os conceitos apresentados.

- Material revisado sobre os mundos das mulheres reconhece as mudanças em curso na esfera dos estudos sobre gênero na medida em que elas se aplicam à Antropologia Cultural.

- Um *post-scriptum* discute as mudanças na antropologia (e especialmente o pós-modernismo) e as relações globais, inserindo as teorias de Keesing no contexto da sociedade contemporânea.

- A atualização dos casos e das leituras recomendadas a eles relacionadas traz atualidade para os 85 estudos de caso originais que ilustram as teorias e os conceitos discutidos.

- Outras listas de livros e bibliografia atualizadas fornecem recursos atuais para estudos adicionais.

Expandindo a visão de Roger Keesing

A ideia de Roger Keesing para seu livro *Cultural Anthropology* era muito específica. Ao recreá-lo a partir de um trabalho introdutório anterior de seu pai, Felix M. Keesing, ele queria instilar os pontos de vista que tinha desenvolvido em seu próprio trabalho de pesquisa no Pacífico, principalmente uma preocupação com as implicações políticas e éticas do trabalho de campo antropológico e um reconhecimento das condições mundiais de desigualdade causadas pela expansão das relações de produção capitalistas. Em seus escritos, Keesing combinou esse foco sobre questões econômicas e morais com lealdade às virtudes etnográficas estabelecidas, ou seja, uma descrição local detalhada e uma análise em termos dos próprios valores e formas de expressão dos atores. (Essa combinação de interesses é demonstrada muito claramente em uma de suas últimas publicações, *Custom and Confrontation* [Costumes e Confronto], Chicago University Press, 1992.) Este livro, que explora as formas de reação e resistência ao impacto histórico dos europeus por parte do povo kwaio das Ilhas Salomão que Keesing estudou durante toda sua carreira, mostra claramente sua dupla insistência sobre a necessidade de compreender os Kwaio em seus próprios termos e a necessidade, em parte contraditória à necessidade anterior, de analisar sua história em termos de sua resistência ao colonialismo e seus agentes e de suas reformulações de sua cultura nesse processo histórico. Interpretação *mais* explicação foi o que ele buscou nesse trabalho, como em outros. Essas mesmas orientações são demonstradas também em suas respostas durante o final da década de 1980 e começo da década de 1990 às várias incursões no trabalho antropológico e às várias sugestões sobre esse trabalho por parte de autores que adotaram uma posição pós-modernista.

O pós-modernismo significa coisas diferentes para pessoas diferentes. Basicamente, seu significado como termo varia no equilíbrio das conotações positivas e negativas que ele transmite. Como uma reação interna na antropologia a algumas das formas de teorização que prevaleciam até a década de 1970 e em seu decorrer, o pós-modernismo implica a rejeição de teorias explicativas gerais da vida social tais como o estruturalismo ou o marxismo. Em um sentido positivo, no entanto, o termo pode significar uma variedade de novas abordagens flexíveis por meio das quais os autores podem se envolver criticamente em um mundo em mutação: a refletividade, que significa compreender nossa própria posição e a subjetividade com relação à experiência do trabalho de campo e à produção de conhecimento e de informação; a ironia que significa ser capaz de ver as voltas inesperadas que a história pode dar e, ao fazê-lo, pode nos forçar a reconsiderar nossas teorias sobre ela; e uma apreciação da própria história como o cadinho no qual todas as nossas hipóteses e teorias são sujeitas à experimentação. O efeito geral do questionamento pós-modernista é instilar um certo grau de dúvida e de ceticismo em nosso trabalho, enquanto ao mesmo tempo ele sugere novas maneiras pelas quais podemos ser capazes de reconceituar nossos relatos. Embora possamos não ser capazes de sintetizar esses relatos em "verdades" sistêmicas, podemos certamente produzir novas afirmações interessantes e produtivas.

Keesing estava bastante consciente de todos esses desenvolvimentos e suas contribuições para a coleção de trabalhos organizados por James Carrier em *History and Tradition in Melanesian Anthropology* [História e tradição na antropologia melanésia] (University of California Press, 1992), demonstra isso. Em particular, o antropólogo usou ideias pós-modernistas para produzir um questionamento substantivo das ideias da tradição e do costume que foram a especialidade de uma antropologia anterior, argumentando que "as 'autênticas' culturas ancestrais estáticas, autônomas, autorreprodutoras do passado são elas próprias, de algumas maneiras, ficções" (*History*, p. 189, cf. tb. p. 239). E no epílogo ao livro, Margaret Jolly e o próprio Keesing se perguntam "Como é que conseguimos trazer de volta para a cena os indivíduos, o tempo, as forças externas e *nós mesmos?*" (p. 229).

Apesar das sugestões e questões desse tipo, Keesing, como alguns outros antropólogos culturais, também resistia a certos aspectos daquilo que ele considerava ser o pós-modernismo. Sua resistência tinha como base os mesmos dois argumentos que compunham sua visão em *Cultural Anthropology*: o pós-modernismo pode ser usado para estetizar outras culturas e nos afastar das implicações morais de nosso trabalho no mundo; e ele pode ser usado também para justificar uma concentração apenas nos detalhes locais em detrimento do quadro mais amplo de forças sociais que podem nos ajudar a explicar por que razão as coisas ocorrem da maneira que ocorrem em lugares específicos (KEESING & JOLLY, *History*, p. 237). Ao buscar tais explicações, Keesing se manteve fiel às formas materialistas de teorizar oriundas do pensamento de Marx e, portanto, opostas à noção pós-modernista de que essas formas grandiosas de teoria explicativa estão mortas. Há pouca dúvida de que ele teria levado sua visão adiante na projetada revisão deste trabalho, discutida em 1987, que pretendia fazer se não tivesse morrido subitamente em 1993. Há também muito pouca dúvida de que ele a teria combinado com uma atenção tanto à etnografia local quanto à teoria linguística.

Talvez seja menos claro como seria sua abordagem à questão específica da validade e da utilidade da teoria marxista hoje. Foram feitas críticas da teoria marxista que são independentes do tratamento geral dado pelos pós-modernistas à "grande teoria" propriamente dita na antropologia. (Para uma defesa do pensamento marxista e uma polêmica contra o pós-modernismo cf. CALLINICOS, A. *Against Postmodernism*. Nova York: St. Martin's Press, 1989.)

Essas críticas se originaram daquilo que foi inicialmente uma forte penetração do pensamento marxista na antropologia através de uma crítica dos contextos coloniais da teorização antropológica (cf., p. ex., ASAD, T. (org.). *Anthropology and the Colonial Encounter*. Londres: Ithaca, 1973) e uma nova análise concomitante de monografias escritas de uma maneira estrutural-funcional dando ênfase à estabilidade e à coerência de estruturas sociais indígenas. Na abordagem neomarxista desenvolvida pela primeira vez na etnografia africana por autores tais como Emmanuel Terray e Claude Meillassou, autores assinalam os temas de dominação e desigualdade, as contradições estruturais, e o impacto causado pelas forças coloniais nas sociedades indígenas. Certa tendenciosidade com relação ao gênero nas primeiras versões da recensão neomarxista das etnografias foram identificadas e corrigidas e as abordagens marxistas se fundiram com as abordagens da Teoria da Dependência e a dos Sistemas Mundiais, como o próprio Keesing discutiu neste livro. A falha das abordagens neomarxistas foi resultado do argumento relacionado com a determinação das formas sociais "na última instância" pela economia. Em vez de uma visão linear do relacionamento entre a infraestrutura e a superestrutura, muitos teóricos começaram a dar ênfase ao poder das próprias formas simbólicas e ideológicas. Um conhecido teórico das sociedades melanésias, Maurice Godelier, exemplifica esse caminho na trajetória de seu trabalho, desde *Perspectives in Marxist Anthropology* [Perspectivas na antropologia marxista] (Cambridge University Press, 1977) até seu livro de 1996, *L'Enigme Du Don* (Paris: Fayard). A partir de uma preocupação em argumentar que elementos da estrutura tais como a religião só são dominantes em uma sociedade quando também funcionam como "relações de produção", Godelier foi cada vez mais na direção de um interesse mais amplo nas formas simbólicas de expressão em operação na sociedade sem considerar um argumento linear relacionado com a causação. Ele recupera, assim, um forte interesse nos contextos de produção e intercâmbio e na influência do capitalismo ao mesmo tempo em que abandona ou modifica os argumentos originais com relação à determinação de formas sociais em geral.

A posição de Godelier é uma posição que nos permite reter algumas das próprias ideias de Marx como uma fonte de hipóteses férteis e modos de pensar sobre dados sem estar atados às afirmações mais dogmáticas da teoria marxista como essa foi desenvolvida a partir da própria obra de Marx. Ao reconhecermos também que o capitalismo exerce uma forte influência, mas que essa influência é sempre mediada localmente, somos capazes de levar em consideração tanto a cultura quanto a história ao retratarmos as trajetórias das sociedades contemporâneas. Embora não possamos ter certeza, esse também é, possivelmente, o caminho que Keesing teria tomado como uma estratégia intelectual produtiva de um tipo pós-marxista.

Agradecimentos

O trabalho da preparação desta revisão, além de ser partilhado com a Dra. Pamela J. Stewart, foi também extremamente facilitado pela contribuição de dois auxiliares, estudantes universitários financiados pelo escritório do Decano da Faculdade de Artes e Ciências da Universidade de Pittsburgh. Em 1995-1996, Jane Thomas preparou uma fotocópia completa da segunda edição com páginas em branco intercaladas para comentários por número de linha e coluna, e fez um conjunto inicial desses comentários em todo o texto, bem assim como fotocópias de materiais para serem usados na revisão. Em 1996-1997, Joan Paluzzi leu cada capítulo uma vez mais, fez comentários e preparou uma pasta para eles com referências e sugestões adicionais, como pano de fundo para a revisão final. Extremamente úteis foram também a revisão do glossário e a preparação do Manual do Instrutor por ela realizadas. Agradeço sinceramente a Jane e a Joan pelo entusiasmo com que me ajudaram de um modo geral.

Capítulos individuais da segunda edição foram revisados profissionalmente através da generosidade dos Professores Jeffrey Schwartz e Marc Bermann do Departamento de Antropologia da Universidade de Pittsburgh. Duas séries de resenhas gerais (em 1987 e 1996) forneceram muitas sugestões úteis para a revisão.

Agradeço aos seguintes revisores por suas ideias:

1987

Michael S. Billig: Franklin & Marshall College.
E. Paul Durrenberger: University of South Alabama.
Ellen R. Kintz: State University of New York, Genesco.
Frank McGlynn: University of Pittsburgh.

1996

Greg Acciaioli: University of Western Australia.
Richard Curley: University of California.
Davis Michael Hoffman: University of Arkansas.
Dan Jorgensen: University of Western Ontario.
Nancy Levine: University of California, Los Angeles.
Frances Rothstein: Towson State University.
Robert Tonkinson: University of Western Australia.

Minha maior dívida continua a ser com Pamela, que transmitiu grande parte da energia e do compromisso para reviver o projeto e chegar a seu fim. Por todas as questões substantivas que possam ser errôneas, só eu sou responsável.

Prefácio à 2ª edição

Eu nunca teria me lançado a escrever um livro de antropologia geral. Ele teve seu começo, imagino, quando, em 1954, como estudante de segundo ano na Universidade de Stanford, vi-me na última fileira de um enorme auditório no Curso de Introdução à Antropologia, ministrado por meu pai. Observando minha aparente diligência em tomar notas ele expressou entusiasmo pelo fato de as palestras que ele esperava reunir em um texto introdutório estarem sendo tão cuidadosamente registradas. Ele nunca viu meu caderno, que, naquela quente primavera californiana, estava sendo preenchido muito mais com desenhos obscenos e trocadilhos de mau gosto do que com as gotas de sabedoria antropológica.

Quinze anos mais tarde, no entanto, convenceram-me de que – tendo me tornado um profissional praticante – eu deveria revisar e atualizar o livro que meu pai publicara em 1958, três anos antes de sua morte. À época, eu também estava dando aulas em cursos de introdução à antropologia na Universidade da Califórnia, Santa Cruz; e foi isso que, ao lado de uma sensação de obrigação filial, venceu minha relutância e me levou àquilo que, então, acreditei ser uma única atualização de um texto usado amplamente. O livro de meu pai tinha ficado para trás. A versão de 1971, da qual ele foi intitulado coautor, era principalmente de minha autoria, mas escrita dentro do arcabouço original. O livro de 1976, com um novo título, foi apenas meu. Ele representava um repensar bastante drástico das premissas da área, um repensar que alcançava – e alguns acharam que de maneira opaca – as margens do conhecimento, em alguns casos bem além das fronteiras da antropologia como uma disciplina estabelecida. O livro também era difícil – talvez difícil demais – ao introduzir teoria gramatical e alguns outros problemas. E, ao tentar dar uma visão geral dos desenvolvimentos teóricos, deixei alguns alunos insatisfeitos: eu não lhes estava dizendo o que pensava e sim apresentando muitas visões concorrentes. O livro conseguiu, talvez fazendo o melhor possível nas circunstâncias, ser uma síntese séria da teoria, um livro que uma pessoa leiga inteligente ou um estudioso de outra disciplina poderia ler. Tentei evitar aquilo que considerava serem problemas sérios na maior parte dos textos introdutórios existentes: uma espécie de catalogação irrefletida dos tipos de sistemas de parentesco e formas de organização política que dá uma falsa impressão de que tudo que é importante sobre a área já é conhecido e que fala de uma maneira paternalista com os alunos sem exigir seu sério envolvimento intelectual.

A nova edição representa mais um avanço de meu próprio pensamento. Ela é, acho eu, menos difícil que a edição anterior em algumas seções (tais como o capítulo sobre linguagem). Mas é provável que exija igualmente um envolvimento intelectual sério. Embora eu tente caracterizar as posições teóricas alternativas da disciplina, torno meus próprios compromissos teóricos mais explícitos. A organização interna do livro foi construída mais diretamente ao redor de um argumento teórico, e foi consideravelmente retrabalhada e resumida.

O livro focaliza de forma mais direta as áreas mais centrais da antropologia sociocultural. Diminui consideravelmente o espaço e os detalhes dedicados à evolução humana e à pré-história –

uma redução motivada pelas considerações teóricas e pela crescente disponibilidade de textos excelentes nessas áreas em que, para um não especialista, seria muito perigoso pisar. Temas tais como Antropologia Médica e Antropologia da Arte, que, embora importantes por si mesmas, também estão fora do meu foco.

É um livro comprometido politicamente, crítico de muitos aspectos da ordem econômica e política internacional, no passado e no presente. Alguns leitores poderão achar meu questionamento das premissas sacrossantas sobre "o mundo livre" a "livre empresa" e a retidão histórica dos Estados Unidos perturbador, ou até pior. Peço apenas que o leitor pense profundamente sobre essas questões, e não que concorde necessariamente com minhas posições.

Finalmente, escrever um texto que seja lido por estudantes universitários é um substituto parcial, em minha vida profissional, para a imersão intensa no ensino de universitários, algo que vivenciei e desfrutei e com o qual aprendi nos meus primeiros nove anos no mundo acadêmico, na Universidade de Califórnia, Santa Cruz. Nos últimos seis anos, em um instituto de pesquisa onde dou poucas aulas, descobri que as revisões da área que um texto introdutório exige são um substituto parcial – ainda que muitas vezes insatisfatório – para a interação face a face de ensinar alunos principiantes. Alguma sensação dos leitores invisíveis surgiu nas mais ou menos doze cartas que recebi de alunos que usaram o livro, e nas avaliações estudantis do texto que me foram repassadas por alguns professores. Eu receberia de bom grado mais opiniões dos dois tipos, sejam elas positivas ou negativas.

Além desses usuários anônimos, beneficiei-me com as sugestões de Talal Asad, Athol Chase, Boudhayna Chattopadhay, Ann Chowning, Joseph Collins, Shelton Davis, Susan George, John and Leslie Haviland, Edwin Hutchins, Grant Jones, Dharma Kumar, Martha Macintyre, John Messenger, William Murphy, Phillip Newman, Michael Olien, Peter Reynolds, Pierre Spitz e Annette Weiner. Estou também grato àqueles que me ajudaram com fotografias, e em particular a Donald D. Mitchell e Anneliese Stucki, cujas fotografias esplêndidas aparecem na capa da frente e de trás (da segunda edição) respectivamente.

George e Louise Spindler cederam seu tempo e suas ideias tão generosamente que o livro tem uma enorme dívida para com eles. David Boynton e Ruth Stark de Holt, Rinehart e Winston foram essenciais para a criação de uma nova edição, bem assim como Judith Wilson, Ann Buller, Ita Pead e Ria Van de Zandt do Departamento de Antropologia da Universidade Nacional da Austrália.

Meus mais profundos agradecimentos, intelectuais e pessoais, vão para Shelley Schreiner, copesquisadora nas Ilhas Salomão e na Índia himalaica: minha defensora mais acirrada e minha crítica mais severa.

R.M.K.
Canberra, Austrália
Março de 1981

Antropologia Cultural

Uma perspectiva contemporânea

Capítulo I

A abordagem antropológica

Esta viagem pela antropologia nos levará a cantos remotos do mundo – desertos africanos e lagoas de corais no Sul do Pacífico – e depois nos levará de volta às crises e complexidades dos anos de 1990 e aos desafios do século que desperta. Antes de embarcar, podemos bem fazer uma pausa para perguntar por que vale a pena percorrer uma rota assim tão tortuosa, que nos levará por modos de vida já desaparecidos ou transformados.

A viagem até povos e locais remotos e extraordinários e de volta ao presente é a rota que os próprios antropólogos percorreram. Fazê-la ainda agora tem uma importância fundamental para que possamos compreender as atuais complexidades e para que possamos encontrar caminhos à frente para futuros humanos viáveis, pois o material que os antropólogos dominam representa um acúmulo de experiência humana em épocas e lugares diferentes: a sabedoria e a insensatez acumuladas da humanidade. Nesse acúmulo de experiência, em suas várias formas culturais, reside a evidência crucial sobre as diferenças e semelhanças humanas que lhes subjazem, sobre as naturezas humanas e as possibilidades institucionais. Se nosso futuro coletivo não for iluminado por nossos passados separados, ele será empobrecido e duplamente perigoso.

Em um determinado momento foi possível dizer que a antropologia era o estudo de povos "primitivos". (Voltaremos brevemente para essa palavra com suas conotações infelizes – e adquiriremos outra melhor.) Mas os antropólogos já não trabalham apenas, ou sequer primordialmente, nessas sociedades: eles estudam aldeões camponeses, inclusive os da Europa; estudam cidades, em nosso país ou no Terceiro Mundo; estudam corporações multinacionais e tribunais bem assim como linhagem. Isso faz com que seja muito mais difícil do que era anos atrás, quando os estudos clássicos por Margaret Mead, Ruth Benedict e Bronislaw Malinowski chamaram a atenção popular pela primeira vez para a antropologia de sociedades remotas, definir o que é diferente sobre a antropologia, o que a distingue da sociologia e das outras ciências sociais. Além disso, a antropologia é internamente diferente, cobrindo um espectro que vai de estudos especializados de biologia e evolução humana até estudos da vida social de povos contemporâneos, rurais e urbanos. É preciso, portanto, um pouco de organização.

1 A antropologia como uma área de conhecimento

Antropologia significa "ciência humana". Mas obviamente os antropólogos não são os únicos estudiosos interessados em seres humanos; o mesmo pode ser dito de especialistas em Beethoven, Eurípides, o Complexo de Édipo, e a Guerra do Vietnã. E os antropólogos tampouco estudam só

Aldeia cerimonial de *longhouses* construídas para um festival de matança de porcos perto de Lalibu, Papua-Nova Guiné.

seres humanos; alguns passam o tempo correndo pelas matas africanas em busca de primatas. Os antropólogos culturais, no entanto, têm o compromisso de se ocupar de idiomas e tradições que lhes são originalmente estranhas.

Subcampos da Antropologia

Em um grande departamento de antropologia não seria estranho encontrar um biólogo humano especializando-se nos ossos fósseis dos primeiros humanos; um arqueólogo escavando comunidades antigas no Oriente Médio; um linguista analisando a estrutura das línguas da África Ocidental; um folclorista estudando a mitologia dos inuítes; um especialista em parentesco e matrimônios na Nova Guiné; e um especialista em trabalhadores rurais mexicano-americanos na Califórnia. Todos eles provavelmente teriam um doutorado em antropologia.

O que é que esses tipos diferentes de antropólogos têm em comum? O que é que os diferencia de sociólogos, psicólogos, linguistas ou historiadores? Não é nada simples definir o que é a antropologia, o que fazem os antropólogos e como é que essas coisas se estabeleceram.

O fato de a antropologia incluir especialistas em biologia humana – em evolução, em comportamento de primatas – bem assim como especialistas em várias facetas da sociedade e da cultura, é parcialmente devido a uma reviravolta peculiar na história acadêmica. O *antropólogo físico*, ou biólogo humano, durante décadas esteve bastante distante de seus colegas interessados no comportamento humano. No entanto o enorme abismo entre a antropologia física e a Antropologia Cultural foi recentemente atravessado em muitos lugares.

Este texto estará principalmente voltado para a *Antropologia Cultural*. Ao fazer o esboço da área da Antropologia nos parágrafos que se seguem, iremos focalizar estudiosos tais como o arqueólogo do Oriente Médio, o linguista africano, o folclorista inuíte e o especialista em parentesco na Nova Guiné em nosso departamento fictício. Ao diferenciá-los iremos descrever os subcampos da Antropologia Cultural e o terreno comum que os une.

Um importante subcampo da Antropologia Cultural é a arqueologia pré-histórica ou a pré-história. Ao contrário dos arqueólogos clássicos, em que se baseiam os estereótipos populares de escavação de ruínas e templos antigos, os pré-historiadores estudam principalmente povos com recordes escritos. Suas tentativas de reconstruir modos de vida antigos fazem com que eles passem mais tempo e com maior frequência entre antigos montes de lixo do que entre templos. Hoje em dia seus estudos se estendem até a emergência de estados urbanos no Oriente Próximo, na América Central e em outras regiões; mas sua preocupação é com teorias de processo social, e não com civilizações clássicas. Cada vez mais suas investigações são conectadas, na teoria e no método, com estudos antropológicos de povos viventes.

A linguística antropológica focaliza as línguas (antes apenas orais) de povos não ocidentais. Ela testa teorias da linguagem baseadas principalmente nas línguas europeias e examina as línguas em todos os tipos de ambientes sociais e culturais. Dois dos fundadores da antropologia americana moderna, Franz Boas e Edward Sapir, foram especialistas nas línguas e nas culturas dos índios americanos; como veremos, a maneira como a língua e a cultura estão relacionadas sempre foi um tema importante na antropologia americana.

A *Antropologia Cultural* é muitas vezes utilizada para qualificar uma área mais restrita voltada para o estudo de costumes humanos – isto é, o estudo comparativo de culturas e sociedades. No século XIX e no começo do XX, a antropologia estava voltada para a comparação dos povos descobertos nas fronteiras da expansão europeia, mas tinha em mente objetivos um tanto diferentes daqueles que orientam os estudos modernos. Essas comparações eram utilizadas para reconstruir, especulativamente, as conexões históricas entre povos no passado antigo (uma tarefa hoje realizada, com evidência sólida, por linguistas pré-históricos e históricos) e para reconstruir os estágios da evolução das culturas humanas. Desde 1920, no entanto, a antropologia cultural nesse sentido mais restrito vem adotando cada vez mais como seu problema central a busca por generalizações e teorias sobre o comportamento social e as culturas humanas. Para essa área central da antropologia cultural o termo **Antropologia Social** é usado com maior propriedade e mais amplamen-

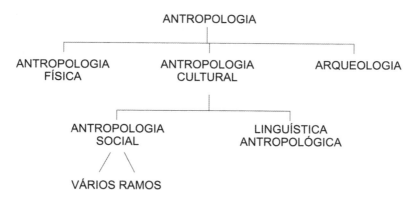

Figura 1.1 Os subcampos da antropologia

te. A Figura 1.1 diagrama esses relacionamentos entre os principais subcampos da antropologia.

Por sua vez, como sugere o diagrama, a Antropologia Social é informalmente dividida em um número de áreas temáticas mais especializadas, embora o número exato delas e como são chamadas seja uma questão de debate entre os estudiosos da área. Elas são parcialmente definidas por áreas temáticas: Antropologia *Jurídica*, antropologia *Econômica*, Antropologia *Política*. E parcialmente por tipos de foco teórico: Antropologia *Psicológica*, Antropologia *Simbólica*, Antropologia *Cognitiva*, Antropologia *Ecológica*. As áreas de folclore e etno-história (a história de povos e suas tradições culturais, especialmente nos últimos séculos) ultrapassam as fronteiras de outras disciplinas. Um subcampo emergente, a antropologia médica, conecta aspectos biológicos de saúde e doença com sua conceitualização cultural e seu tratamento.

A especificidade da Antropologia

Como observamos, em uma época os antropólogos podiam ser distinguidos dos sociólogos e dos cientistas políticos porque seu papel especial na divisão acadêmica de trabalho era estudar po-

vos "primitivos" – ou, como irei me referir a eles nos capítulos que se seguem, povos "tribais". (O termo *primitivo*, embora no uso antropológico tivesse a intenção de se referir apenas a tecnologias relativamente simples, tem conotações pejorativas infelizes. Uso o termo **tribal** em um sentido amplo e relativamente informal para cobrir o espectro de povos e culturas para os quais o termo "primitivo" era usado, mas sem implicar que a palavra "tribo" possa ser usada apropriadamente para descrever qualquer um deles. Para mais discussões sobre o assunto, cf., por favor, o Capítulo 5.) Hoje os antropólogos trabalham com camponeses e urbanitas, em ambientes ocidentais e em outros locais. Os sociólogos, os cientistas políticos e outros cientistas sociais voltaram sua atenção cada vez mais para sociedades não ocidentais.

No entanto, as abordagens e perspectivas antropológicas continuam a ser específicas. Os antropólogos não só têm um conhecimento especializado da evidência acumulada sobre os povos ao redor do mundo – em virtude da tradição de seu trabalho em comunidades de pequena escala, com base em sua participação íntima na vida cotidiana das pessoas – mas têm também uma orientação, um conjunto de estilos e métodos de pesquisa que diferencia a antropologia das outras ciências sociais. Essa orientação antropológica, profundamente humanista, preocupada com significados, com a textura da vida cotidiana nas comunidades e não com abstrações formais, continua a ser valiosa e até mesmo urgente em um mundo cada vez mais dominado pela tecnocracia.

Se a tradição da pesquisa na antropologia tende a restringir sua visão a comunidades locais, a amplitude do treinamento exigido dos antropólogos também lhes dá o poder de generalistas, cujo conhecimento abrange as ciências sociais e biológicas. Uma volta a nosso departamento hipotético de antropologia ilustrará esse ponto. Cada um dos antropólogos, no decorrer do treinamento de seu doutorado provavelmente terá estudado antropologia física, arqueologia e linguística – e passado seus exames nessas matérias – embora a maioria deles sejam especialistas em Antropologia Cultural. Embora os antropólogos culturais talvez já não possam lembrar o que aprenderam sobre dentes fósseis, a maioria deles sabe muito sobre biologia humana, evolução humana e o comportamento de nossos parentes primatas. O especialista em línguas africanas poderia provavelmente falar de forma inteligente sobre os sistemas matrimoniais na Nova Guiné e compartilharia com colegas que se especializam em estudos chineses ou dos inuítes muitas ideias sobre como estudar antropologicamente lavradores na Califórnia. Essa amplitude de treinamento em biologia humana bem assim como na vida social humana, e em toda uma variedade de culturas passadas e presentes, equipa os antropólogos, de uma maneira quase que única no mundo acadêmico, para generalizar sobre a condição humana. Encontrei pessoas que se consideram especialistas na "natureza humana" em todas as áreas da vida, e em ambientes tão diferentes

quanto lugarejos nas florestas das Ilhas Salomão e em aldeias remotas do Himalaia. Mas se é que existem especialistas profissionais sobre "a natureza humana" (ou, talvez seja melhor dizermos, sobre as "naturezas humanas") na variedade total de ambientes culturais, eles são antropólogos ou estudantes de antropologia. A amplitude de visão que a antropologia dá pode nos ajudar a avaliar "a natureza humana" melhor que o filósofo da esquina ou da floresta, e a compreender com sabedoria as diferenças e as possibilidades humanas.

2 Modos de compreensão antropológica: teoria, interpretação e ciência

Antropologia, ciência social e ciência natural

A inclusão da antropologia entre as ciências sociais faz com que surjam perguntas sobre o direito que antropólogos têm de usar o manto sagrado da "ciência". Aqui é difícil nos livrar de estereótipos sobre a ciência relacionada com jalecos brancos e laboratórios, e ideias sobre precisão, predição e o "método científico" que se relaciona mais com o século XIX do que com a prática científica moderna. Os astrônomos contemporâneos produzem vastas teorias da evolução do universo; físicos trabalham em um território de partículas subatômicas; biólogos modelam pequenos segmentos de sistemas cuja complexidade é tão vasta que chega a ser incompreensível. Cada domínio da ciência natural se depara com mistérios próprios, e opera por adivinhação e aproximação tanto quanto por experimentos exatos.

Em algumas das ciências sociais imaginou-se que o conhecimento sistemático que leva à teoria pode ser obtido através de "desenhos experimentais" cuidadosos que testam hipóteses estatisticamente em situações de laboratório ou por meio da coleta de dados de levantamentos. Essa abordagem é adequada para alguns problemas, mas sua consequência geral foi uma distorção da natureza dos fenômenos sendo estudados que são complexos, sociais e entrelaçados (cf. HARRÉ & SECORD, 1973). Ao procurar simplificar situações a fim de isolar e medir uma variável de cada vez, os pesquisadores muitas vezes, inadvertidamente, mudaram radicalmente o contexto e, com isso, a natureza do comportamento sendo estudado. Ironicamente, em sua preocupação com rigor experimental, inferência sistemática, laboratórios, predição, medidas e assim por diante, essas abordagens muitas vezes emularam – e até parodiaram – a ciência natural do final do século XIX. Como diz LaBarre, o cientista social foi

> O homem invisível desesperadamente tentando não ser visto *vendo* outros homens [...]. Tolamente, cientistas sociais manipuladores "experimentais" não tiveram nem a humildade nem a sabedoria para reconhecer que eles estão alimentando [...] dados contaminados pelo homem em suas "máquinas da verdade" (LaBARRE, 1967: viii).

Antropólogos estiveram menos preocupados em ser científicos que muitos de seus colegas na psicologia, na sociologia e na ciência política, e de um modo geral isso provavelmente foi uma bênção. Na medida em que operavam cruzando abismos de diferenças culturais, os antropólogos tiveram de lutar com problemas de comunicação. Tendo dificuldade de usar testes, questionários, pesquisas de opinião, experimentos e coisas semelhantes em comunidades humanas em que eram convidados e onde os instrumentos ocidentais de "objetividade" eram inapropriados, os antropólogos com frequência dependiam dos poderes humanos para aprender, compreender e se comunicar.

De qualquer forma, antropólogos muitas vezes lidaram com fenômenos para os quais os métodos científicos clássicos eram claramente inadequados. Tentar entender o simbolismo e o significado de um mito ou de um ritual não é como predizer quem vai ganhar uma eleição ou testar experimentalmente como um rato aprende ou como um aluno de psicologia pode ser enganado. Não há nada para medir, contar ou predizer. A tarefa é muito mais a de tentar interpretar Hamlet. Não podemos escavar, medir e testar Shakespeare para descobrir se nossa interpretação é "verdadeira" e a de todos os demais é errônea. Grande parte da Antropologia Cultural, orientada por uma busca por *significado* foi honestamente interpretativa e, portanto, de muitas maneiras, mais próxima das humanidades do que das ciências naturais. A antropologia, como a história, tem modos em que explora e interpreta fenômenos como únicos e busca interpretá-los – e modos em que procura generalizar e teorizar a partir de formas que a inserem diretamente nas ciências sociais. As abordagens que são postas em execução são aquelas apropriadas para a tarefa, seja ela primordialmente interpretativa ou primordialmente generalizante e teórica. Mas no caso da antropologia, elas estão moldadas muito diretamente pela natureza dos encontros em que antropólogos observam e aprendem, já que como observadores somos sempre parte integral da situação.

Trabalho de campo

Para a maioria dos antropólogos, os problemas imediatos da compreensão e das fontes de dados vêm daquilo que passou a ser conhecido como

trabalho de campo: a participação íntima em uma comunidade e a observação dos modos de comportamento e da organização da vida social. O processo de registro e interpretação do modo de vida de outras pessoas é chamado de **etnografia**.

O que o trabalho de campo realmente envolve depende em parte do local onde o antropólogo vai estudar. Nas décadas de 1920 e 1930, quando povos pouco conhecidos eram encontrados em quase todas as fronteiras coloniais e o número de antropólogos era reduzido, o trabalho de campo normalmente significava ir para uma sociedade isolada armado com cadernos, uma máquina fotográfica e quinino e estabelecer residência em uma aldeia por um ano ou mais. Normalmente, quando o antropólogo chegava naquele cenário já havia administradores coloniais arrecadando impostos e impondo a paz, bem assim como armazéns comerciais e missionários. Mas o etnógrafo estabelecia seu domicílio entre as pessoas locais e fazia todo o possível para ignorar aquelas influências intrusivas. Desde a Segunda Guerra Mundial, com novas nações surgindo nessas fronteiras e a rápida transformação na vida das pessoas, o trabalho de campo é cada vez mais feito em ambientes menos isolados. Uma aldeia na Anatólia ou no México, uma cidade portuária na África, uma cidade-mercado haitiana, ou um subúrbio americano podem ser cenário para o trabalho de campo.

Se o cenário é uma cidade grande, uma cidade pequena, uma aldeia ou um lugarejo na floresta tropical, a forma da pesquisa antropológica é, em muitos aspectos importantes, a mesma. Mais essencialmente, ela envolve uma profunda imersão na vida de um povo. Em vez de estudar grandes amostragens de pessoas, o antropólogo participa tão plenamente quanto possível na vida cotidiana de uma comunidade, bairro ou grupo. Essas pessoas passam a ser um microcosmo do total. Aprendemos seu idioma e tentamos aprender seu modo de vida. Aprendemos por observação participativa, vivenciando e vendo os novos padrões de vida. O trabalho de campo bem-sucedido é raramente possível em um período muito menor que um ano, especialmente quando um novo idioma e uma nova cultura precisam ser aprendidos. Idealmente, o pesquisador permanece muito mais tempo, às vezes em várias viagens sucessivas ao campo. O valor do trabalho de campo mantido durante um período longo começa a ser percebido claramente (COLSON et al., 1979). A pesquisa contínua e profunda produz *insights* sobre uma cultura e sobre os processos de continuidade e mudança praticamente impossíveis de obter de qualquer outra forma. Uma parte central desse processo é a necessidade de permanecer tempo suficiente em uma comunidade para obter um domínio prático do uso linguístico cotidiano.

O etnógrafo traz para a tarefa técnicas de mapeamento e recenseamento e habilidades de entrevistar e observar. Mas, de um modo geral, nossa posição é radicalmente diferente da de cientistas políticos, economistas ou sociólogos estudando eventos em sua própria sociedade. Na situação de trabalho de campo "clássica" em que não podemos aprender um idioma local *a priori*, e pouco se sabe sobre a sociedade e sua cultura, o lugar e as tarefas do trabalhador de campo são, de muitas maneiras, parecidas com as de um bebê. Como um bebê, o antropólogo não entende os barulhos, as imagens visuais, os cheiros que contêm significados preciosos para o povo sendo estudado. Nosso aprendizado deve ser da mesma magnitude, e nosso envolvimento ter a profundidade correspondente. Tempo, envolvimento profundo, muitas suposições, muita prática, e muitos erros nos permitem começar a fazer sentido das cenas e dos eventos nesse novo mundo cultural.

Mas o antropólogo não é um bebê, e isso faz com que a tarefa seja ao mesmo tempo mais difícil e mais fácil. Ao contrário do bebê, o trabalhador de campo tem a competência de um adulto (embora apenas parcial em uma floresta ou em um deserto) e pode muitas vezes usar um intérprete para descobrir algo sobre o que está ocorrendo. A dificuldade é que o antropólogo, diferentemente do bebê, já conhece um idioma e um conjunto de padrões para pensar, perceber e agir. Em vez de preencher um arcabouço aberto com o modelo de nossa própria gente, como faz o bebê, o antropólogo precisa organizar o conhecimento em termos de um modelo existente e interpretar novas experiências em termos de experiências familiares. Isso faz com que o aprendizado do trabalhador de campo seja mais lento e mais difícil (considere como é muito mais difícil para um adulto aprender um idioma novo) e isso inevitavelmente deturpa sua percepção.

Considere o encontro do ponto de vista do outro lado. As vidas de um povo são interrompidas por um estranho e estrangeiro, muitas vezes com uma família, que se muda para a comunidade, trazendo todos os tipos de coisas novas e estranhas. Essa pessoa raramente se enquadra aos tipos de estrangeiros com que esse povo aprendeu a lidar anteriormente – missionários, comerciantes, funcionários do governo, políticos ou outros semelhantes. O recém-chegado é insaciavelmente curioso sobre coisas privadas, sagradas e pessoais por razões e motivos que são incompreensíveis. A essa pessoa deve ser atribuído um papel de algum tipo; esforços desajeitados para falar, maus modos, e intrusões na vida diária devem ser tolerados. Toda essa atenção pode ser lisonjeira, mas pode gerar suspeita, hostilidade e ciúme. Em uma comunidade menos isolada e mais sofisticada, "ser estudada" pode ter um ar de condescendência e pode ofender o orgulho em vez de despertá-lo. (Veremos como o antropólogo, em geral inadvertidamente, foi associado com forças coloniais e agora neocoloniais; e como a política da etnografia tornou-se um foco de debates.)

Por parte do antropólogo, problemas éticos se avultam. Devemos tentar proteger a identidade da comunidade e de suas pessoas escondendo nomes e lugares? Podemos intervir em questões de costume e saúde? Podemos trair a confiança de nossos informantes em alguma violação séria da lei?

E com que profundidade podemos realmente penetrar em outro modo de vida? Sentado em um lugarejo montanhoso nas Ilhas Salomão mastigando a folha do betel com meus amigos e brincando em seu idioma, sinto uma unicidade com eles, um elo de humanidade comum e experiência compartilhada. Mas será que eles podem sentir o mesmo com relação a minha pessoa? Será que posso ser algo mais que uma curiosidade visitante e uma celebridade, um homem branco rico que logo voltará para seu próprio mundo?

No meio de tudo isso, o antropólogo passa pelas rotinas de coletar dados – fazendo um recenseamento, registrando genealogias, aprendendo sobre o elenco local de personagens e questionando os informantes sobre questões de costume e crenças. O que entra nos cadernos vem principalmente dessas rotinas. Nos últimos anos houve bastante progresso na minimização do efeito deturpador do próprio esquema conceitual do etnógrafo e na análise de outro modo de vida em termos das categorias e premissas das pessoas sendo estudadas. Mas à medida que aprendemos mais sobre aprender, parece cada vez mais provável que muito daquilo que o etnógrafo aprende nunca vá para os cadernos; fica naquele território, por falta de um termo melhor, que podemos chamar de "inconsciente" – um conhecimento de cenas e pessoas e sons e cheiros que não podem ser captados pela palavra escrita.

O que os informantes podem dizer ao etnógrafo sobre seus costumes pode ser uma interpretação igualmente imprecisa e parcial daquilo que eles veem, fazem, pensam e sentem. Às vezes seus relatórios são deturpados pela intenção de enganar ou por mal-entendidos linguísticos. De qualquer forma, o que as pessoas dizem ao etnógrafo sobre seu modo de vida deve ser reexaminado, substanciado, e complementado com registros detalhados de eventos e transações reais. Um estudo antropológico moderno está muito longe daquele estilo antigo em que simplesmente dizíamos "a descendência é patrilinear" e parávamos por aí. Tabelas estatísticas detalhadas e muitas vezes mapas e genealogias permitem aos antropólogos reconstruírem a rede de pessoas e eventos dos quais as generalizações são trabalhadas.

No passado, o registro do modo de vida de uma sociedade em pequena escala e relativamente autônoma parecia gerar poucos problemas de amostragem. A comunidade em que o etnógrafo vivia – uma aldeia ou lugarejo – prometia ser uma amostra razoável do modo de vida da sociedade e presumia-se que, dentro daquela sociedade, os costumes, as ideias e as crenças eram compartilhadas por todos ou pela maioria das pessoas. Observações mais detalhadas, uma derivação mais cuidadosa de generalizações etnográficas a partir de eventos reais, mais preocupação com padrões estatísticos e o uso de uma variedade maior de informantes deixaram claro

que as coisas nunca foram assim tão simples. Padrões ideias são mais uniformes do que padrões do comportamento real. Quando investigados com profundidade, os mundos conceituais de indivíduos diferentes em uma determinada sociedade mostram uma ampla variação. A maioria dos antropólogos durante muitos anos deu mais atenção a homens adultos do que a mulheres adultas ou crianças. (Um avanço importante na antropologia moderna veio indiretamente em virtude do movimento feminista: uma revelação e uma compreensão crescente dos mundos femininos nas sociedades não ocidentais.) Antropólogos precisam ser treinados na observação comportamental detalhada e no estudo rigoroso do comportamento real e dos estados emocionais das pessoas à medida que essas põem em prática seus costumes.

O problema de amostragem tornou-se muito mais intenso em sociedades de grande escala e mais complexas. A diversidade cultural, grandes populações, estratificação social e mudanças rápidas fizeram do trabalho de campo em sociedades modernas de grande escala, sejam elas no Ocidente ou em outras partes do mundo, um negócio complicado em que se torna necessária uma maior preocupação com amostragem, estatísticas e precisão metodológica.

Limitações da perspectiva do trabalho de campo

A tradição de trabalho de campo, e com ela um repertório conceitual resultante de uma profunda imersão em modos de vida locais, foi a fonte da força da antropologia. Mas está se tornando evidente que ela também foi uma fonte da fraqueza da antropologia. Primeiro, essa tradição de trabalho de campo em que estudamos uma aldeia ou um aglomerado de comunidades locais para documentar "uma cultura" produziu um estereótipo muito enganoso de algumas culturas, retratando cada uma delas como um experimento integrado e único na possibilidade humana – uma cultura que teria estado ali durante séculos antes da chegada do antropólogo. Veremos nos capítulos que se seguem que essa visão estereotipada, em grande parte criada pelos próprios antropólogos, exagera a diversidade de culturas – exagerando sua integração como "sistemas totais" coerentes e imutáveis e minimizando a diversidade individual, o conflito e a mudança. Ela exagera sua estabilidade e seu isolamento – quando, na verdade, os povos locais estavam, em muitas áreas, unidos em vastos sistemas regionais de comércio e intercâmbio e, com frequência, unidos em estados e impérios.

Essa inocência antropológica da história e de sistemas regionais, que estava oculta em uma aldeia local, levou a esquemas conceituais que incorporam uma ingenuidade sobre organização regional e processos históricos. Os antropólogos tinham a tendência de explicar fenômenos locais em termos de outros fenômenos locais, para mostrar com um floreio como tudo se encaixa com perfeição, e para explicar o global e o geral como particularidades locais. A Antropologia foi uma disciplina boa para ver árvores locais, mas muitas vezes inadequada para ver as florestas que estão mais além delas.

As direções em que as teorias e métodos antropológicos caminharam – em meio a argumentos calorosos – vão a caminho de vistas melhores da floresta, uma reviravolta que traz os antropólogos para mais perto de seus colegas na história, na geografia, na economia, na sociologia e na ciência política. Nos últimos capítulos deste livro,

quando voltarmos nossa atenção de sociedades em pequena escala para as complexidades maciças do mundo moderno e a emergência dos sistemas econômicos mundiais, veremos tanto uma extensão do campo de visão da antropologia quanto uma menor nitidez das linhas que separam a antropologia de outras disciplinas. Encontraremos antropólogos usando métodos de análise mais parecidos com aqueles do historiador econômico ou do sociólogo urbano do que com os do trabalhador de campo tradicional[1].

Apesar dessas direções de desenvolvimento, a antropologia manteve sua visão humanista. Nos capítulos que se seguem iremos examinar modos de vida em uma perspectiva comparativa, construindo bases de compreensão teórica. Nos capítulos finais nos voltaremos para as transformações do mundo moderno. No decorrer dessa jornada, as preocupações subjacentes serão tanto humanistas quanto científicas – com as naturezas e os potenciais da humanidade, com as estruturas de sociedades passadas e presentes na medida em que elas iluminam a busca por futuros viáveis. Para nossos futuros, para que possamos sobreviver às crises atuais e àquelas que assomam à nossa frente, teremos de construir criativamente sobre os pontos fortes do passado e ao mesmo tempo aprender com as histórias de opressão e insensatez e transcendê-las.

SUMÁRIO

O estudo de povos diferentes pelo mundo a fora pode ser uma maneira de nos compreendermos melhor. Nos Estados Unidos o estudo da An-

---

1. Para outras leituras sobre questões de tradução e significado entre culturas, cf. Keesing, 1989. Para uma discussão sobre a integração de estudos locais com análises mais amplas em nível regional ou nacional, cf. Eriksen, 1993.

tropologia é convencionalmente dividido em Antropologia Cultural, Antropologia Física, Arqueologia e Antropologia Linguística. Nos dias atuais os antropólogos trabalham com todos os tipos de sociedade e seus métodos variam dos mais humanistas até os mais científicos. Para os antropólogos culturais o trabalho de campo etnográfico é importante, envolvendo o estudo detalhado de situações locais em seus contextos mais amplos. O trabalho de campo deve levar em consideração o fato de que sociedades locais não são entidades isoladas, mas pertencem a contextos regionais e transnacionais mais amplos.

SUGESTÕES PARA LEITURAS ADICIONAIS
Seção 1

CLIFTON, J. (1968). "Cultural Anthropology: Aspirations and Approaches". In: CLIFTON, J. (org.). *Introduction to Cultural Anthropology*. Boston: Houghton Mifflin Company.

FRANTZ, C. (1972). *The Student Anthropologist's Handbook*. Cambridge, Mass: Schenkman Publishing Company.

FRIED, M. (1972). *The Study of Anthropology*. Nova York: Thomas Y. Crowell Company.

HATCH, E. (1973). *Theories of Man and Culture*. Nova York: Columbia University Press.

HONIGMANN, J.J. (1976). *The Development of Anthropological Ideas*. Homewood, Ill.: Dorsey Press.

LANGNESS, L.L. (1974). *The Study of Culture*. Novato, Calif.: Chandler and Sharp.

STURTEVANT, W. (1968). "The Fields of Anthropology". In: FRIED, M.H. (org.). *Readings in Anthropology*. Vol. 1. 2. ed. Nova York: Thomas Y. Crowell Company.

TAX, S. (org.) (1964). *Horizons of Anthropology*. Chicago: Aldine Publishing Company.

Seção 2

BERREMAN, G.D. (1968). "Ethnography: Method and Product". In: CLIFTON, J. (org.). *Introduction to Cultural Anthropology*. Boston: Houghton Mifflin Company.

_____ (1962). *Behind Many Masks*: Ethnography and Impression Management in a Himalayan Village. Ithaca, NY: Society for Applied Anthropology [Monograph, 4].

BOWEN, E.S. (1954). *Return to Laughter*. Nova York: Harcourt Brace Jovanovich.

CASAGRANDE, J.B. (org.) (1960). *In the Company of Man*. Nova York: Harper & Row.

CRANE, J.G. & ANGROSINO, M.V. (1974). *Field Projects in Anthropology*. Morristown, N.J.: General Learning Press.

EDGERTON, R.B. & LANGNESS, L.L. (1974). *Methods and Styles in the Study of Culture*. São Francisco: Chandler and Sharp.

EPSTEIN A.L. (org.) (1967). *The Craft of Social Anthropology*. Londres: Tavistock.

FREILICH, M. (org.) (1970). *Marginal Natives*: Anthropologists at Work. Nova York: Harper & Row.

GOLDE, P. (org.) (1970). *Women in the Field*. Chicago: Aldine Publishing Company.

HENTRY, F. & SABERWAL, S. (orgs.) (1969). *Stress and Response in Fieldwork*. Nova York: Holt, Rinehart and Winston.

HUNTER, D.E. & FOLEY, M.B. (1976). *Doing Anthropolgoy*: A Student Centered Approach to

Cultural Anthropology. Nova York: Harper & Row.

JONGMANS, D.G. & GUTKIND, P.C. (orgs.) (1967). *Anthropologists in the Field*. Assen: Van Gorcum.

PAUL, B. (1963). "Interview Techniques and Field Relationships". In: KROEBER, A.L. (org.). *Anthropology Today*. Chicago: University of Chicago Press.

SPINDLER, G.D. (org.) (1970). *Being an Anthropologist*: Fieldwork in Eleven Cultures. Nova York: Holt, Rinehart and Winston.

SPRADLEY, J.P. (1979). *The Ethnographic Interview*. Nova York: Holt, Rinehart and Winston.

WILLIAMS, T.R. (1967). *Field Methods in the Study of Culture*. Nova York: Holt, Rinehart and Winston.

Parte
I

Cultura, sociedade e o indivíduo

Na Parte I iremos primeiramente examinar os conceitos de cultura e sociedade. A seguir consideraremos linguagem; a organização dos idiomas fornece *insights* na estrutura da mente e diretrizes conceituais importantes para pensar sobre outros sistemas de conhecimento cultural. No Capítulo 4, então, examinaremos o relacionamento entre indivíduos (suas personalidades, suas orientações para o mundo) e os legados culturais das comunidades em que eles vivem.

Capítulo 2

Cultura e pessoas: alguns conceitos básicos

Chegamos a uma situação agora em que é necessária maior precisão para que a compreensão possa ser aprofundada. Precisamos conhecer mais claramente aquilo que cientistas sociais querem dizer com cultura e sociedade e como as duas estão relacionadas. Neste capítulo e nos quatro capítulos seguintes, uma maneira de pensar sobre indivíduos e grupos, ideias e significados, e estabilidade e mudança será desenvolvida. Essa maneira de pensar pode então ser utilizada na perspectiva comparativa mais ampla, com a esperança de obter alguma visão clara sobre o que são os humanos e o que podem ser.

Antropólogos, como outros cientistas sociais, estão longe de chegar a um consenso sobre a melhor maneira de conceitualizar as facetas complexas da vida social. A maneira de pensar sobre cultura, sociedade e o indivíduo que iremos esboçar aqui tem como base um consenso substancial sobre princípios gerais entre teóricos tais como Geertz, Lévi-Strauss, Victor Turner e Goodenough. Daremos também uma olhada rápida em várias questões, algumas mais filosóficas que substantivas, que dividem esses estudiosos. Essa abordagem teórica considera o domínio das ideias, a força dos símbolos, como centralmente importantes para moldar o comportamento humano – não simplesmente como reflexões secundárias das condições materiais da vida social. O leitor deve ser avisado previamente de que nem todos os antropólogos concordam com essa visão. Outras abordagens teóricas serão tratadas brevemente nos capítulos que se seguem. Mas dar a todas a mesma ênfase deixaria as questões confusas e vagas. Precisamos de instrumentos conceituais bastante apurados.

3 O conceito antropológico de cultura

Visões antropológicas de cultura

O conceito antropológico de cultura foi uma das ideias mais importantes e de maior influência no pensamento do século XX. O uso do termo *cultura* adotado pelos antropólogos do século XIX espalhou-se para outras áreas de pensamento com um profundo impacto; hoje é um lugar-comum para os humanistas e outros cientistas sociais falarem, por exemplo, de "cultura japonesa".

No entanto, paradoxalmente, a noção de cultura implícita nesses usos mostrou ser muito ampla e muito rudimentar para ser capaz de captar os elementos essenciais no comportamento humano. A reação de alguns estudiosos foi abandonar o termo como um instrumento conceitual básico; a resposta de outros foi aprimorar e limitar o instrumento para torná-lo mais preciso.

No uso da antropologia, é claro, cultura não significa cultivo nas artes e dotes sociais. Refere-se, ao contrário, à experiência aprendida e acu-

34

Homem segurando um amontoado de conchas de pérolas com cabos tecidos para fazer
um pagamento aos parentes de sua mãe, perto de Lalibu, Papua-Nova Guiné.

mulada. Uma cultura – digamos a cultura japonesa – refere-se àqueles padrões de comportamento característicos de um grupo social específico que foram socialmente transmitidos.

Os antropólogos não foram totalmente precisos, ou totalmente consistentes, em seus usos desse conceito essencial. Algumas primeiras tentativas representativas de chegar a uma definição revelam facetas diferentes de cultura:

> Aquele todo complexo que inclui conhecimento, crença, arte, moralidade, lei, costume e quaisquer outras habilidades e hábitos adquiridos pelo homem como um membro da sociedade (TYLOR, 1871).

> A soma total de conhecimento, atitudes e padrões habituais de comportamento partilhados e transmitidos pelos membros de uma sociedade específica (LINTON, 1940).

> [Todos os] planos historicamente criados para viver, explícitos e implícitos, racionais, irracionais e não racionais que existem em algum momento determinado como guias potenciais para o comportamento do homem (KLUCKHOHN & KELLY, 1945).

> A massa de reações motoras aprendidas e transmitidas, hábitos, técnicas, ideias e valores – e o comportamento que eles induzem (KROEBER, 1948).

A parte do meio ambiente feita pelo homem (HERSKOVITS, 1955).

Padrões, explícitos e implícitos de comportamento e para o comportamento adquiridos e transmitidos por símbolos, que constituem a realização característica dos grupos humanos, inclusive sua incorporação em artefatos (KROEBER & KLUCKHOHN, 1952).

Um conceito ideacional de cultura

Goodenough (1957, 1961) mostrou que a maioria dessas definições e usos encobriu uma distinção crucial entre padrões *para* o comportamento e padrões *de* comportamento. Na verdade, diz Goodenough, os antropólogos vêm falando de duas ordens de coisas bastante diferentes quando usaram o termo *cultura* – e com muita frequência eles passam de um para o outro entre os dois tipos de significados. Primeiro, a cultura foi usada para se referir ao "padrão de vida em uma comunidade – as atividades e os procedimentos materiais e sociais que se repetem regularmente" – característico de um grupo humano específico (GOODENOUGH, 1961: 521). Nesse sentido a cultura referia-se ao domínio de fenômenos observáveis, de coisas e eventos "lá fora" no mundo. Segundo, a cultura foi usada para se referir ao sistema organizado de conhecimento e crença pelos quais as pessoas estruturam sua experiência e suas percepções, formulam atos e escolhem entre alternativas. Esse sentido de cultura se refere ao domínio de ideias (cf. tb. GOODENOUGH, 1990).

Quando arqueólogos falam sobre a cultura de uma das primeiras comunidades agrícolas do Oriente Próximo como um sistema adaptativo, eles estão usando o conceito em seu primeiro significado. É o modo-de-vida-no-ecossistema característico de um povo específico: "Cultura é todos aqueles meios cujas formas não estão sob controle genético que servem para regular indivíduos e grupos em suas comunidades ecológicas" (BINFORD, 1968: 323). Iremos, quando a necessidade surgir, usar o termo um tanto canhestro **sistema sociocultural** para nos referirmos ao padrão de residência, de exploração de recursos, e daí por diante, característico daquelas pessoas. (Há, no final das contas, um estranho tipo de vantagem em ter um termo desajeitado e composto para um fenômeno complexo e composto: rótulos curtos e fáceis muitas vezes levam a um descuido conceitual, ou à falácia lógica de "concretude malcolocada" ou "reificação" com a qual fala-se de uma abstração como se fosse uma "coisa".)

Restringiremos o termo *cultura* a um sistema **ideacional**. Culturas nesse sentido compreendem sistemas de ideias compartilhadas, sistemas de conceitos e regras e significados que subjazem às maneiras como as pessoas vivem e são expressas por elas. Assim definida, a cultura se refere àquilo que os seres humanos *aprendem*, não àquilo que eles fazem ou constroem. Como Goodenough (1961: 522) se expressou, esse conhecimento fornece "padrões para decidir o que é, [...] para decidir o que pode ser [...] para decidir como nos sentimos com relação àquilo, [...] para decidir o que fazer sobre aquilo, e [...] para decidir de que maneira iremos fazê-lo".

Essa noção ideacional de cultura não é radicalmente nova. Por exemplo, a definição de Kluckhohn e Kelly de cultura em termos de "planos para viver" segue um curso semelhante. Mas isso não é dizer que ela não tenha problemas, já que as ideias não são simplesmente compartilhadas igualmente, e sim distribuídas e controladas por meio da estrutura da sociedade.

Percebendo códigos culturais

Uma dificuldade inicial no estudo da cultura é que não estamos habituados a analisar padrões culturais; raramente estamos sequer conscientes deles. É como se nós – ou as pessoas de qualquer outra sociedade – crescêssemos percebendo o mundo através de óculos com lentes que distorcem a realidade. As coisas, eventos e relacionamentos que presumimos estar "lá fora" são na verdade filtradas por essa tela perceptual. A primeira reação, inevitavelmente, ao encontrar pessoas que usam um tipo diferente de óculos é desprezar seu comportamento, considerando-o estranho ou errôneo. Essa forma de ver outros modos de vida em termos de nossos próprios óculos culturais é chamada de **etnocentrismo**. E tornar-se consciente de nossos próprios óculos culturais e analisá-los é um processo doloroso. Fazemos isso melhor quando aprendemos a respeito dos óculos das outras pessoas. Embora nunca possamos tirar nossos óculos para descobrir como o mundo é, *exatamente*, ou tentar olhar através dos óculos de alguma outra pessoa sem estar também usando o nosso, podemos pelo menos aprender bastante sobre nossas próprias limitações.

Com algum esforço mental podemos começar a nos tornar conscientes dos códigos que normalmente se escondem sob nosso comportamento cotidiano. Considere as operações mentais que realizamos quando entramos em um supermercado desconhecido com uma lista de compras. Temos uma orientação mental generalizada com relação às seções que um supermercado terá: uma com frutas e legumes frescos, outra com pão, outra com carnes frescas, outra com sorvetes e sobre-

mesas congeladas, e assim por diante. Nas prateleiras, em algum lugar, estarão os temperos; e em algum lugar entre as frutas e legumes enlatados provavelmente encontraremos os sucos enlatados. Portanto, um primeiro desafio em um supermercado desconhecido é nos orientarmos, talvez simplesmente passando por todos os corredores com nosso carrinho de compras, pegando os itens que estamos procurando à medida que passamos por eles. Em todo esse processo você está comparando seu conjunto de categorias mentais, seu manual mental generalizado, com aquele que realmente foi usado na organização desse supermercado.

Mas depois de terminar essa primeira volta é provável que ainda tenhamos alguns itens pendentes em nossa lista: talvez o iogurte, que não estava ao lado do leite, onde esperávamos encontrá-lo, e o molho inglês, que não estava ao lado do *ketchup* onde o procuramos. Examinamos a lista de categorias ao longo das paredes ou dos corredores, comparando o esquema deles com o nosso e nos perguntando como é que eles classificaram os itens que estamos procurando. E então há ainda o *chop suey* ou o molho mexicano, que deve estar em alguma seção de comida étnica que não descobrimos.

Em todo esse processo estamos dependendo de um sistema extremamente complicado de conhecimentos que está armazenado em nosso cérebro, mas que é apenas parcialmente acessível a nosso consciente. O conhecimento em nosso manual mental não é exatamente igual ao manual de qualquer outro consumidor. Mas nosso conhecimento e o deles são suficientemente semelhantes para que passemos grande parte do tempo colidindo uns com os outros e evitamos os códigos implícitos de intimidade física, contato visual, e orientação no espaço – além de eventualmente encontrarmos os produtos que estamos procurando.

Quando chega a hora de entrar na fila do caixa, outro conjunto de códigos implícitos entra em jogo. E, finalmente, nossa transação com o caixa envolve um conjunto complexo de entendimentos compartilhados. (É possível perceber essas regras implícitas mais claramente se propositalmente as desobedecemos e observamos as reações: tente colocar seixos na esteira do caixa em vez de dinheiro ou barganhar com o caixa oferecendo 50 centavos para pagar um tubo de pasta de dentes de 79 centavos.)

Projetemos agora a partir do supermercado para o imenso corpo de outros entendimentos compartilhados de que precisamos a fim de comer em um restaurante, dirigir no tráfego, vestir-nos para transmitir a impressão desejada, ou jogar uma partida de tênis – e aquilo que o antropólogo quer dizer com a palavra cultura começa a ficar visível. Não estamos, em nossas vidas cotidianas, simplesmente escolhendo alternativas apropriadas para agir; estamos nos interpretando mutuamente, colocando construções nas ações e nos significados mútuos. Descontar um cheque no banco ou ir ao consultório de seu médico não é simplesmente pôr em prática rotinas culturalmente "programadas", mas também um processo *social* no qual o caixa do banco e o cliente, ou o médico e o paciente, se comunicam de maneiras que exigem entendimentos compartilhados. Em muitos ambientes as posições nas quais nos relacionamos uns com os outros estão menos claras, de tal forma que a interação social implica negociar e definir relacionamentos uns com os outros (e não simplesmente atuar papéis apropriados). Um professor que o aluno encon-

tra fora do campus deve ser tratado formal ou informalmente, como professor ou como um conhecido? E as pessoas que em um determinado momento foram amantes, como devem se relacionar? De uma maneira quando estão sozinhas, de outra maneira quando estão com outras pessoas? E quando estão com os parceiros atuais? As pistas e deixas e entendimentos são ao mesmo tempo questões culturais e individuais de convenção e estilo pessoal (ainda que inconscientemente) compartilhadas.

Culturas como sistemas de significados compartilhados

A cultura não consiste em coisas e eventos que podemos observar, contar e medir. Ela consiste em ideias e significados compartilhados. Clifford Geertz, inspirando-se no filósofo Gilbert Ryle, nos dá um exemplo interessante. Considere uma piscadela e um espasmo involuntário no olho. Como eventos físicos, eles podem ser idênticos – medi-los não estabeleceria a diferença entre os dois. Um é um sinal, em um código de significados que os americanos compartilham (mas que presumivelmente seriam ininteligíveis para os inuítes ou para os aborígenes australianos); o outro não. Apenas em um universo de significados compartilhados é que sons e eventos físicos tornam-se inteligíveis e transmitem informação.

Uma parábola antropológica – que, aliás, é verdadeira – irá ilustrar eficazmente a natureza de significados culturais. Uma mulher búlgara estava servindo o jantar para um grupo de amigos de seu marido americano, inclusive um estudante asiático. Quando os convidados tinham esvaziado seus pratos, ela perguntou se algum deles gostaria de repetir – uma anfitriã búlgara que deixasse um convidado ficar com fome estaria perdida. O estudante asiático aceitou uma segunda porção, depois uma terceira, enquanto a anfitriã ansiosamente preparava mais comida na cozinha. Finalmente, no meio de sua quarta porção, o estudante asiático caiu para trás; mas isso era melhor, em seu país, do que insultar sua anfitriã recusando a comida que estava sendo oferecida. Uma anfitriã búlgara servindo uma segunda ou terceira porção não é parte da cultura búlgara; mas os princípios conceituais que estão por trás de seus atos, os padrões de significado que os tornam inteligíveis, sim, são. A cultura búlgara é algo aprendido, algo nas mentes dos búlgaros, e isso não pode ser estudado e observado diretamente. Tampouco nossa mulher búlgara poderia nos dizer as premissas e os princípios nos quais seu comportamento está baseado. Muitos são tão obscuros para sua própria percepção quanto o são para a nossa.

Quando dizemos que a cultura búlgara é um sistema ideacional, que ele é manifesto nas mentes dos búlgaros, estamos suscitando uma questão filosófica delicada. Será que isso significa que uma cultura é em última instância um sistema psicológico que existe nas mentes individuais? A cultura búlgara estará "nas mentes" dos búlgaros individuais?

Goodenough diria que sim – e muitos de seus colegas concordariam. Mas isso nos coloca em questões filosóficas complicadas. A posição de Geertz é que significados culturais são *públicos* e transcendem sua percepção nas mentes individuais. Um código para comunicar existe no sentido em que ele vai mais além do conhecimento que qualquer indivíduo tem dele. Um quarteto de Beethoven existe no sentido em que ele transcen-de os indivíduos que o conhecem, o executam, ou imprimem a partitura.

Algumas diretrizes a partir do idioma

As questões se tornam mais claras, talvez, se nos voltarmos para um subsistema do conhecimento cultural – o idioma. Pense sobre "o idioma inglês". Será que "o idioma inglês" consiste em todas as versões e dialetos parcialmente diferentes que indivíduos conhecem, ou ele existe, de alguma forma, como um sistema, acima e além do conhecimento de indivíduos?

Vamos listar alguns argumentos para a posição "acima e além". Primeiro, o inglês existe antes de (e independentemente de) qualquer indivíduo que nasce em uma comunidade que fala o inglês e que aprende o idioma. O inglês está, por assim dizer, *entre* os indivíduos e não *neles*. Segundo, nenhum indivíduo sabe todas as palavras do inglês ou seus usos. Terceiro, o inglês como um *sistema* transcende, de algumas maneiras, as versões individuais que as pessoas têm, que podem incorporar pronúncias, usos gramaticais e assim por diante que são peculiarmente pessoais e não parte do idioma. Quarto, a maneira como um idioma muda parece ser em grande parte independente daquilo que indivíduos sabem e como eles o usam. Finalmente, o inglês como um código poderia, por meio de livros e gravações, sobreviver à morte de todos aqueles que o falam.

Mas a escrita é uma invenção humana bastante recente e a gravação de sons muito recente. Muitos idiomas dos índios americanos e australianos desapareceram completamente: sobreviveram apenas como sistemas de conhecimento nas mentes de indivíduos e morreram quando as últimas pessoas que os falavam morreram. E muitos linguistas modernos agora acreditam que para entender como os idiomas (inclusive o inglês) mudam, precisamos realmente examinar as versões variantes naquilo que os indivíduos "conhecem" (inconscientemente) sobre seus idiomas. Assim, em alguns sentidos importantes, o idioma está situado nas mentes dos indivíduos e não pairando sobre a comunidade.

Um último ponto importante, ao qual voltaremos nos dois próximos capítulos, é que todos os idiomas aparentemente têm o mesmo *design* organizacional subjacente; e há fortes motivos para inferir que esse *design* está baseado em um grau bastante substancial na organização e programação lógica de nossos cérebros. Se supusermos que os idiomas estão situados nas comunidades e não nas mentes individuais estaríamos inclinados a acreditar que qualquer idioma imaginável é possível. Na verdade, apenas um pequeno segmento dos idiomas que poderiam concebivelmente ter sido inventados nas comunidades humanas poderiam ser aprendidos e usados por animais com cérebros humanos.

Cultura como pública, cultura como privada

Para ir mais além, precisamos aprender mais sobre a linguagem no próximo capítulo. Mas essas são precisamente as questões que são discutidas com relação à cultura pelos antropólogos. Aqueles que, como Geertz, argumentam que culturas são sistemas de significados públicos, e não códigos privados nas mentes dos membros individuais, apontam para a maneira como a "cultura búlgara" existe antes de (e independentemente de) o nascimento de qualquer indivíduo búlgaro. Eles assinalam a maneira como – como o idioma búlgaro – a cultura búlgara consiste em regras e significados que transcendem as mentes individuais. Argumentam que, como um sistema conceitual, a cultura búlgara é estruturada (e muda) de maneiras que não podem ser captadas se nós a considerarmos como um composto daquilo que búlgaros individuais sabem.

Os contra-argumentos a favor daquilo que Schwartz (1978) chama de "um modelo distributivo de cultura" são igualmente irresistíveis. Uma visão assim considera como fundamental a distribuição de versões parciais de uma tradição cultural entre membros da sociedade:

> A distribuição de uma cultura entre os membros de uma sociedade transcende as limitações do indivíduo na armazenagem, criação e uso da massa cultural. Um modelo distributivo de cultura deve levar em conta tanto a diversidade quanto a comunhão. É a diversidade que aumenta o inventário cultural, mas é a comunhão que é responsável por um grau de comunicabilidade e coordenação (SCHWARTZ, 1978: 423).

Tal visão distributiva da cultura pode levar em conta as várias perspectivas sobre um modo de vida de mulheres e homens, jovens e velhos, especialistas e não especialistas. "Uma cultura" é vista como um *pool* de conhecimento para o qual os indivíduos contribuem de várias maneiras e graus:

> O conhecimento de um especialista genealógico, em Manus [uma ilha na Papua-Nova Guiné] [...] estava disponível para a estruturação de eventos e quando ele morreu, sem transmitir seu conhecimento para um *protegé*, a cultura foi alterada de forma importante (SCHWARTZ, 1978: 429).

Antropólogos que defendem essa visão distributiva de cultura argumentariam que ela nos dá instrumentos melhores para conceitualizar a mudança do que quando se retrata "uma cultura" ("a cultura Manus", "a cultura búlgara") como um sistema que é externo aos membros individuais da sociedade e os transcende.

Aqui chegamos ao âmago do problema. Nas comunidades reais de Manus e da Bulgária, o conhecimento do mundo organizado nas mentes dos indivíduos varia de pessoa a pessoa, de subgrupo a subgrupo, de região a região, e varia segundo a idade, o gênero e a experiência e perspectiva de vida. No entanto indivíduos compartilham um código comum, principalmente submerso sob a consciência, que lhes permite se comunicar, viver e trabalhar em grupos, antecipar e interpretar o comportamento um do outro. Compartilham, portanto, um mundo de significados comuns, embora os pontos de vista que têm a respeito desses significados sejam diferentes. Ao descrever "uma cultura" os antropólogos estão tentando captar o que é compartilhado, o código de "regras" compartilhadas e de significados comuns. Descrevemos um sistema cultural ou uma cultura quando nosso foco está nos elementos comuns do código na comunidade (assim como os linguistas falam do "idioma inglês", e não de um dialeto local ou variações individuais). No mundo real, o conhecimento que descrevemos como cultural está sempre distribuído entre indivíduos em comunidades.

Além disso, a organização do conhecimento do mundo dos indivíduos, como a organização do idioma, está limitada e moldada pelas estruturas da mente e do cérebro. Um legado de conhecimento cultural de uma comunidade está sujeito a muitas restrições do "mundo real": ele deve levar as pessoas a reproduzirem, criarem os filhos, proverem a alimentação e organizarem sua vida social de maneiras tais que sustentem a população em um ecossistema, ou ela não sobreviverá como uma tradição cultural. Mas uma tradição cultural, como um composto de conceitualizações que indivíduos têm de seu mundo, deve também (como o idioma) ser passível de aprendizagem e de uso. Se descrevermos uma cultura como acima e além dos indivíduos que participam dela, corremos o risco de inventar um sistema espúrio que não possa ser aprendido e usado por indivíduos humanos.

Os perigos da reificação

"Uma cultura" é sempre um composto, uma *abstração* criada como uma simplificação analítica. (Para outros objetivos, nós, como linguistas, podemos querer descrever como uma "subcultura" alguma variação regional, local ou de um subgrupo; e isso, também, é uma abstração das várias versões do conhecimento individual.) Fazemos essa simplificação a fim de captar e descrever como um sistema os elementos compartilhados do conhecimento distribuído socialmente. Mas há um perigo em achar que essa abstração que criamos tem uma concretude, uma existência como entidade e uma agência causal que "ela" não pode ter. Tanto especialistas quanto não especialistas tendem a falar sobre "a cultura" como se ela pudesse ser um agente causativo ("a cultura deles os leva a ir em busca de visões") ou um ser consciente ("A cultura X valoriza a individualidade"). Eles tendem também a falar como se "uma cultura" pudesse *fazer* coisas ("sua cultura se adaptou a um meio ambiente severo") ou a falar como se "uma cultura" fosse, como um grupo, algo a que poderíamos "pertencer" ("um membro de outra cultura"). Precisamos nos resguardar dessa tentação de reificar e concretizar a cultura falsamente como uma "coisa" e lembrar que "ela" é uma abstração estrategicamente útil do conhecimento distribuído dos indivíduos em comunidades.

Significados culturais como processos sociais

Embora a cultura se refira ao conhecimento distribuído entre indivíduos em comunidades, o compartilhamento de significados nas vidas cotidianas das pessoas é um processo social, não um processo privado. Aqui uma vez mais temos de nos obrigar a pensar sobre experiências familiares de maneiras pouco familiares. Se imaginarmos uma comunidade de indivíduos, cada um com sua conceitualização do mundo social e cada um pondo em prática rotinas e interpretando significados com base nessa conceitualização privada da realidade, deixamos de captar o processo social pelo qual os significados compartilhados são criados e mantidos – um processo que ocorre, por assim dizer, *entre* as pessoas e não simplesmente nos mundos privados de seus pensamentos. (É essa construção social de significados compartilhados que levou Geertz a criticar visões mentalistas da cultura.)

Um exemplo familiar dessa construção social de significados compartilhados ilustrará o que foi dito. Se eu apanhar um graveto e o atirar para que meu cachorro o pegue, defini um pequeno mundo de significados que o cachorro e eu (pelo menos temporariamente) compartilhamos – no qual o graveto é um símbolo de um relacionamento social, não apenas um objeto físico. Meu cachorro pode até iniciar o jogo colocando um graveto ou uma bola de tênis a meus pés. O mundo psicológico privado do cachorro é separado do meu por milhões de anos de evolução. Não podemos compartilhar uma "cultura comum".

No entanto, juntos criamos um sistema de significados que compartilhamos no qual o graveto e a bola passaram a ser imbuídos com uma magia que nós dois juntos lhes atribuímos. (Poderíamos argumentar que meu cachorro e eu, com o passar do tempo, desenvolvemos algo assim como uma cultura comum própria; mas o cachorro de um estranho já deixou cair uma bola ou um graveto a meus pés, para me incorporar temporariamente em seu sistema de significados.) Dizer que os significados estão "na minha mente" e "na mente do cachorro" pode ser neurologicamente correto, mas ignora ou deturpa a maneira como os significados são criados *entre* nós, como um processo social.

O desafio nos anos vindouros será, creio eu, captar o compartilhamento de significados e a construção social de mundos simbólicos – que são iluminados pelas teorias "acima e além" de cultura – e, ao mesmo tempo, perceber a distribuição do conhecimento cultural nas comunidades, para nos permitir conceitualizar o processo de transmissão e mudança cultural e relacioná-lo com as realidades políticas e econômicas. Enquanto isso não ocorre, o debate sobre o que a cultura "é realmente" provavelmente não será muito produtivo. Para alguns objetivos é útil considerar o conhecimento cultural de um povo *como se* ele fosse um único sistema coerente; para outros objetivos precisamos levar em consideração sua distribuição dentro da comunidade. A importância de adotar uma visão distributiva ao interpretar a dinâmica da cultura, a maneira como o conhecimento cultural está socialmente situado, será um tema recorrente nos capítulos que se seguem.

Embora o comportamento real, o que as pessoas dizem e fazem, possa ser observado, o mes-

mo não se aplica a suas ideias. Por que preocupar-
-nos com a cultura se isso nos leva a uma terra do
nunca de formulações mentalistas inobserváveis e
imprecisas? Alguns estudiosos acreditam que os
antropólogos deveriam se concentrar no *comportamento*, nas coisas observáveis e mensuráveis,
e deixar "a mente" para os filósofos. Há fortes
razões pelas quais não podemos compreender o
comportamento humano sem postular um código
ideacional sob ele. Podemos medir à vontade sem
conseguir captar os significados de uma piscadela e distingui-la de um espasmo. As razões mais
imperativas para interpretar a ação social em termos de códigos ideacionais, e não simplesmente
analisar a sucessão de comportamentos, vêm do
estudo do idioma. Veremos no próximo capítulo que grande parte daquilo que percebemos no
mundo e investimos com significado não está de
forma alguma no mundo físico. Nós o colocamos
lá no "olho de nossa mente." Apesar disso,
é uma síntese das experiências de indivíduos e
populações que foram codificadas com o passar
do tempo (SCHWARTZ, 1992: 324).

Antes de refinarmos e aprofundarmos nossa
compreensão de cultura nos cinco capítulos que
se seguem precisamos adicionar outros instrumentos a nosso inventário conceitual; precisamos
ver como a cultura se relaciona com a sociedade
e como a estrutura cultural e a estrutura social
estão entrelaçadas.

4 A relação entre cultura e sociedade

Precisamos agora examinar um segundo e
complementar conjunto de abstrações que cientistas sociais fazem a partir das realidades complexas da vida social. Comecemos com uma comunidade – digamos, uma cidade na Bulgária
ou uma aldeia em Manus. Encontramos pessoas
organizadas em famílias e em outras coletividades – um clube de futebol na Bulgária, grupos
de pessoas compartilhando uma descendência
comum em Manus. Encontramos pessoas atuando em várias capacidades umas com as outras;
como médico, ou dono de loja ou líder político
na Bulgária, como curandeiro ou artesão ou ven-
dedor de peixe em Manus. A partir dessas capacidades em que as pessoas atuam e os grupos
que formam, podemos extrair outro conjunto de
abstrações (complementares àquelas que extraí-
mos dos códigos ideacionais que permitem aos
búlgaros ou aos ilhéus de Manus se comunicarem e viverem juntos). O segundo conjunto de
abstrações focaliza os relacionamentos sociais e
as coletividades.

Papéis, identidades e grupos

Primeiro, podemos considerar que os búlgaros ou os ilhéus de Manus interagem em um sistema de capacidades ou de **identidades sociais**,
desempenhando **papéis**. Os relacionamentos entre um médico e o paciente, e entre o médico e
a enfermeira compreendem *relacionamentos de
identidade*. (A identidade focaliza as capacidades; o papel descreve o comportamento apropriado a um ator em uma capacidade específica.)
Observe que, como no caso da cultura, estamos
abstraindo aquilo que é comum aos médicos e
pacientes e passando por cima das variações entre indivíduos. Um **grupo social** é uma coletivi-
dade de indivíduos que interagem repetidamente
em um conjunto de relacionamentos de identidade conectados. Podemos restringir nosso foco
a uma única família em uma aldeia de Manus e
descrevê-la como um grupo, ou podemos gene-

ralizar sobre "a família" como um tipo de grupo social em Manus.

Se examinarmos uma comunidade, em algum segmento dela (um hospital, uma família) ou um conjunto de comunidades como um sistema de relacionamentos de identidade e grupos, a descrevemos como um **sistema social**. Até que nível iremos escavar depende daquilo que estamos examinando. Podemos querer falar sobre "a fábrica de tratores búlgaros" e nesse caso um retrato bastante abstrato e idealizado de um sistema social seria suficiente. Ou poderíamos querer falar sobre uma fábrica de tratores específica, e nesse caso as características especiais daquela fábrica tornam-se visíveis. A organização de um sistema social em grupos e relacionamentos de identidade compreende sua **estrutura social**.

A ligação de sociedade e cultura

Todas as comunidades que estão conectadas política e economicamente (e, portanto, compreendem uma espécie de sistema social total) podem ser consideradas como compreendendo uma **sociedade**. Caracteristicamente, uma sociedade abrange um sistema social total cujos membros compartilham um idioma e uma tradição cultural comuns. Mas em um sistema social complexo, tal como o da Bulgária, encontramos minorias étnicas e forasteiros, portanto precisamos falar sobre uma tradição cultural e linguística dominante. Tradicionalmente, os antropólogos deixaram que os sociólogos se encarregassem do estudo das sociedades complexas; e eles próprios examinavam ambientes de escala bem pequena tal como Manus, onde podia ser presumido que todos compartilhavam a mesma cultura e as "margens" da sociedade eram definidas niti-

damente e sem ambiguidades. Nos últimos anos nossa compreensão do mundo se aprofundou e as margens agora parecem menos nítidas do que foram em um determinado momento. Aqui as reflexões de Schwartz sobre Manus, dentro do sistema regional das Ilhas do Almirantado, são uma boa ilustração:

> Delimitar uma cultura espacial e demograficamente é [...] problemático [...]. A população de Manus é com alguma facilidade unida ecológica, linguisticamente e em outros aspectos culturais [...]. [Mas] a sua é uma cultura especializada na pesca e no comércio entrelaçada em relações de intercâmbio com todos os outros povos do Arquipélago [...]. A cultura Manus [tem] [...] de ser considerada como parte de uma cultura areal simples e interativa abarcando a totalidade das Ilhas do Almirantado (SCHWARTZ, 1978: 422).

Voltaremos a esses problemas de ligação de sociedades no Capítulo 5.

O cultural e o social

Qual é o relacionamento entre o conjunto de abstrações construído a partir de relacionamentos sociais e o conjunto de abstrações construído a partir das concepções e significados que um povo compartilha de um modo geral? Elas são maneiras complementares de examinar a mesma realidade, cada uma delas iluminando um lado distinto. Como escreveu Geertz:

> A cultura é o tecido de significado em termos do qual os seres humanos interpretam sua experiência e orientam sua ação; a estrutura social é a forma que a ação adota, [...] a rede de relações sociais. Cultura e estrutura social são [...] abstra-

ções diferentes dos mesmos fenômenos (GEERTZ, 1957: 33-34).

Os dois modos de abstração a partir de eventos nas comunidades servem propósitos complementares. No entanto, é possível dar ênfase primordial ou à cultura de uma comunidade ou à sua estrutura social. A antropologia americana, trabalhando por décadas nas pegadas de Franz Boas e comandadas por seus alunos, Kroeber, Linton, Sapir, Benedict, Mead, Lowie, Herskovits e Kluckhohn, há muito dão ênfase primordial às culturas, como legados ideacionais de comunidades.

Em contraste, a antropologia britânica, considerando sua tarefa como uma forma de sociologia comparativa, deu ênfase primordial à estrutura social como um arcabouço organizador para a teoria. Mais recentemente, o isolamento intelectual parcial das duas comunidades acadêmicas foi em grande parte superado, em benefício de ambas; e cada uma delas foi profundamente influenciada pelas tendências na antropologia francesa que consideram como um problema central o relacionamento entre as estruturas da mente e as estruturas da sociedade, particularmente na obra de Claude Lévi-Strauss. Cultura e estrutura social vêm ocupando seu lugar de direito como abstrações da complexa realidade que são complementares e se reforçam mutuamente.

Uma analogia usada por Victor Turner ao analisar Mukanda, um ritual de iniciação dos ndembus da Zâmbia, irá esclarecer melhor o relacionamento entre cultural e social como abstrações complementares e o desafio de analisar a interação entre elas.

Uma símile que me ocorreu comparou a estrutura cultural dos Mukanda a uma par-

titura musical e seus atores a uma orquestra. Eu queria encontrar alguma maneira de expressar e analisar a interdependência dinâmica da partitura e da orquestra manifestada em uma única apresentação. Além disso, queria encontrar um arcabouço teórico que teria me permitido compreender por que certas pessoas e seções da orquestra estavam obviamente sem empatia com o maestro ou uns com os outros, embora todos fossem obviamente músicos talentosos, e tivessem praticado bem os detalhes da partitura. Nem as propriedades da orquestra como grupo social, nem as propriedades da partitura, consideradas separadamente uma da outra pareciam capazes de explicar plenamente o comportamento observado, as hesitações em certas passagens, as lacunas de comunicação entre o maestro e as cordas, ou as caretas e sorrisos de comiseração entre os membros da orquestra (TURNER, 1968a: 135-136).

A busca por uma forma de compreender a interação entre a orquestra e a partitura – entre o sistema social e a cultura – a fim de obter uma compreensão mais ampla dos processos sociais foi um tema importante na antropologia recente (cf. tb. TURNER, 1992).

Tanto a concepção de cultura desenvolvida aqui e as concepções de sociedade e estrutura social têm limitações como instrumentos para a compreensão da organização interna de sistemas sociais – especialmente sistemas complexos – e os processos de mudança. Mas eles são elementos essenciais de que precisaremos para desenvolver um sistema conceitual apropriado para nossa tarefa. Nos capítulos da Parte 3, quando examinarmos a organização interna de sociedades e suas culturas, iremos construir um sistema conceitual mais convincente, passo a passo. No final da seção faremos uma pausa para reunir e sumarizar esse inventário de instrumentos teóricos. Depois, como na Parte 4 examinaremos a vasta complexidade das sociedades contemporâneas, estaremos testando esse sistema teórico e acrescentaremos outras dimensões de entendimento.

Mas agora, no Capítulo 3, precisamos aumentar nosso conhecimento da natureza e da organização dos sistemas ideacionais examinando o setor da cultura que é mais bem-mapeado – o idioma. A seguir, no Capítulo 4, examinaremos o relacionamento entre culturas como legados ideacionais de sociedades e a psicologia de indivíduos.

SUMÁRIO

Este capítulo discutiu o conceito antropológico de *cultura* como um acúmulo aprendido de experiências vitais e apresentou várias definições de como diversos antropólogos descreveram cultura. As culturas são sistemas de ideias compartilhadas. Assim, podemos nos referir à cultura como um sistema *ideacional*; em contraste, um sistema *sociocultural* pode referir-se aos padrões de residência, exploração de recursos e modos de vida cotidianos característicos de um grupo específico de pessoas. Uma dificuldade que surge ao estudar uma cultura ocorre na análise adequada dos padrões culturais da sociedade. Examinar outros modos de vida em termos de nossas próprias perspectivas culturais é chamado de etnocentrismo e produz resultados tendenciosos que podem ser parcialmente evitados se examinarmos cuidadosamente os códigos culturais – os indícios e deixas de como uma cultura específica difere dos padrões culturais com os quais estamos familiarizados em virtude de nossa própria experiência vital ou de nossa formação ou se assemelha a eles.

Devemos lembrar que "uma cultura" é dinâmica e está sempre mudando à medida que pressões novas ou recorrentes são colocadas sobre ela. Embora a cultura se refira ao conhecimento diferencialmente distribuído entre indivíduos em comunidades, o compartilhamento de significados na vida diária das pessoas é um processo social, não um processo privado. As pessoas em uma sociedade desempenham certos papéis e adquirem identidades sociais como parte de um grupo social.

SUGESTÕES PARA LEITURAS ADICIONAIS
Seção 3

FREILICH, M. (org.) (1972). *The Meaning of Culture*. Lexington, Mass: Rand Xerox Publishing.

GEERTZ, C. (1973). *The Interpretation of Cultures*. Nova York: Basic Books.

GOODENOUGH, W.H. (1971). *Culture, Language and Society* – McCaleb Module in Anthropology. Reading, Mass: Addison-Wesley Publishing Company.

_____ (1961). "Comment on Cultural Evolution". *Daedalus*, 90, p. 521-528.

LANGNESS, L.L. (1974). *The Study of Culture*. Novato, Calif.: Chandler and Sharp.

SPRADLEY, J.P. (1972). "Foundations of Cultural Knowledge". In: SPRADLEY, J.P. (org.). *Culture and Cognition*: Rules, Maps and Plans. São Francisco: Chandler Publishing Company.

WAGNER, R. (1975). *The Invention of Culture*. Englewood Cliffs, N.J.: Prentice-Hall.

Seção 4

BIDDLE, B.J. (1979). *Role Theory*: Expectations, Identities and Behaviors. Nova York. Academic Press.

GOODENOUGH, W.H. 1971. *Culture, Language and Society* – McCaleb Module in Anthropology. Reading, Mass.: Addison-Wesley Publishing Company.

Capítulo 3

Linguagem e comunicação

A capacidade que os seres humanos têm de construir tradições culturais locais, criar simbolicamente concepções constituídas da realidade e transmiti-las por gerações, depende principalmente da linguagem. A linguagem é a essência de nossa humanidade. No entanto as linguagens humanas são tão incrivelmente complexas que a compreensão científica de nossas faculdades linguísticas, e das maneiras como as línguas são organizadas, é ainda parcial e provisória. Quanto mais os linguistas aprendem sobre línguas, tanto mais sua terrível complexidade vem à tona; cada avanço nos revela outras complexidades envolvidas na análise de como os humanos falam e se compreendem.

5 A natureza e a organização da linguagem

Capacidades linguísticas humanas: milagres e mistérios

Começaremos examinando alguns dos aspectos extraordinários de nossas capacidades linguísticas. Primeiro, nós não simplesmente produzimos frases que ouvimos ou usamos antes. Continuamente produzimos frases que nunca tínhamos ouvido e compreendemos frases que nunca tínhamos encontrado antes; algumas delas nunca sequer foram usadas antes na história da linguagem.

Segundo, decifrar o significado das frases que ouvimos – algo que fazemos inconsciente e quase que instantaneamente – implica feitos analíticos extremamente complexos. Examinando um par de frases inventadas trará o processo analítico parcialmente para o consciente:

O tempo voa como uma flecha.
A fruta voa como uma banana.

Como é que decodificamos os significados subjacentes? Tentando explicar a maneira como produzimos e interpretamos frases levou os linguistas a inventarem milhares de "regras" complexas para o inglês. (A maioria delas no final não funcionou; um teórico gramatical observou que a expectativa de vida de uma teoria em linguística é de 17 minutos, a não ser no final da tarde de sextas-feiras.) As incrivelmente complexas operações lógicas utilizadas no falar e na compreensão da fala são quase que totalmente inconscientes.

Terceiro, quando alguém fala com você, você ouve aquilo como uma sequência de sons, segmentados em palavras e construídos em frases. Mas se as ondas sonoras reais que você ouve forem analisadas com um espectrógrafo, o fluir do som é contínuo; acusticamente, os sons e palavras separadas juntam-se uns aos outros. Isso significa que você está fazendo a separação em sua mente; você está criando, em sua mente, estruturas linguísticas que estão na mente da pessoa que está falando com você, mas não nos próprios sons.

Orador fazendo um discurso sobre a carne de porco em uma ocasião funerária Melpa, Papua-Nova Guiné. A carne de porco vai ser dada a parentes do falecido. Note-se argila amarela de luto no rosto do falante.

Finalmente considere as maneiras sutis pelas quais aquilo que sabemos sobre o mundo nos permite expressar e compreender ideias através da linguagem. Veja essas duas frases:

> Um violoncelista entrou no ônibus na minha frente hoje.
> Um violoncelista me fez algumas perguntas interessantes na nossa aula de teoria musical.

"Um violoncelista" na primeira frase evoca uma imagem de uma pessoa carregando um violoncelo; "um violoncelista" na segunda frase não o faz. O que sabemos sobre o mundo e a linguagem que nos permite evocar compreensões e obtê-las de maneiras assim tão sutis? Se alguém lhe diz "Está frio aqui" estão apenas puxando assunto ou estão querendo lhe pedir que feche a janela?

A linguística e a antropologia

Linguistas trabalhando com idiomas não ocidentais – por exemplo, as línguas dos índios americanos, ou línguas africanas ou do Pacífico – estiveram, por várias décadas, tão intimamente associados com a antropologia quanto com a linguística. A partir de 1960, uma revolução conceitual na linguística obrigou a que fossem abandonadas muitas das premissas sobre a linguagem e seu relacionamento com outras áreas da cultura. Essa revolução conceitual, conhecida como gramática "transformacional" ou "generativa", teve como sua meta uma descrição formal do conhecimento linguístico de um orador como um conjunto de regras lógicas explícitas. Por várias razões, esse movimento criou um largo abismo entre a antropologia e o estudo da linguagem.

Primeiro as línguas principais com as quais os teóricos da linguística trabalharam foram europeias (principalmente o inglês, o alemão e o russo). Uma das premissas subjacentes era que, como sistemas formais, todos os idiomas são, sob diferenças superficiais, relativamente semelhantes; e como as intuições daquele para quem o idioma é nativo são um elemento crucial ao testar as regras linguísticas, parecia fazer sentido usar o idioma nativo do linguista como alvo para análise. Isso deixou os antropólogos e os linguistas antropológicos, com suas línguas "exóticas", marginalizados. Segundo, a pura complexidade formal das regras linguísticas fez com que a linguística fosse ininteligível para a maioria dos antropólogos. Talvez ainda mais importante, o tratamento dos idiomas como *sistemas formais*, como esquemas extremamente complexos de regras, extraiu-os do contexto social e cultural – precisamente o domínio onde os antropólogos encontravam os idiomas em sua pesquisa.

Antropólogos e linguistas estudando os usos culturais das línguas se preocupavam em saber como o conhecimento do mundo e a organização da língua estavam inter-relacionados, e como a língua é usada para expressar familiaridade ou respeito, para transmitir significado em metáforas. Os linguistas interessados no conhecimento gramatical de um orador-ouvinte idealizado estavam mais preocupados com frases inventadas (tais como "a fruta voa como uma banana") do que com quem diz o que para quem no mundo real, e como o significado é transmitido em situações sociais.

Felizmente, novos ventos vêm soprando na linguística. A ideia de que o conhecimento linguístico poderia ser expresso em um sistema de regras formais foi questionado. A linguística transformacional-generativa se dividiu em dezenas de tentativas alternativas de ou consertar os destroços ou começar a juntá-los de alguma outra maneira. A desintegração da linguística formal não resultou simplesmente da crescente montanha de regras descartadas que não tinham funcionado, mas de uma compreensão de que o entendimento da linguagem como um sistema estava profundamente defeituoso desde o começo. O erro estava em pensar que o conhecimento (inconsciente) que um orador tem da gramática da língua podia ser separado do conhecimento sobre pessoas, situações e o mundo. O que sabemos sobre violoncelos e passageiros de ônibus, sobre salas frias e maneiras sutis de dar ordens, já não pode ser deixado à margem do estudo da língua. Linguistas, esperando fazer sua tarefa mais administrável e tentando ficar fora do domínio confuso de costumes e crenças estranhas onde os antropólogos trabalham, tinham construído um muro conceitual entre conhecimento linguístico e conhecimento cultural. Mas aquilo que as pessoas que falam sabem sobre o mundo, e extraem para evocar e interpretar significados, não pode ser isolado de seu conhecimento gramatical; ele vem se filtrando, gotejando e agora verte copiosamente através dos buracos no muro. Isso faz com que o estudo da linguagem seja mais difícil: mas une a antropologia e a linguística uma vez mais.

Estruturas linguísticas: alguns princípios básicos

Linguistas distinguem entre *língua* e *fala*. Língua é o código conceitual, o sistema de conhecimento (principalmente inconsciente) que permite a um orador-ouvinte produzir e compreender a fala. A fala é o próprio comportamento – as pessoas fazendo barulho. A meta da teoria linguística era uma teoria da linguagem, de como as línguas são organizadas. No longo prazo, linguistas e psicólogos gostariam de ser capazes de entender o processo da fala. Mas embora a linguagem como um sistema conceitual seja parte desse processo, o mesmo se aplica a outros aspectos da psicologia (tais como a memória e a atenção) e à fisiologia de produzir e ouvir sons.

Antes da revolução transformacional na linguística, a maioria dos linguistas presumia que as línguas apresentavam vastos contrastes em termos de estrutura gramatical. Algumas línguas têm sistemas complicados de declinação (como o latim ou o russo); outras, como o inglês, dependem fortemente da ordem das palavras para distinguir, digamos, o sujeito de um verbo de seu objeto. Algumas têm sistemas verbais incrivelmente complexos, ou categorias de substantivos, enquanto nesses aspectos outras são bem simples. Algumas são "aglutinativas" juntando várias cadeias de unidades linguísticas para expressar significados compostos.

Uma das reorientações básicas da revolução transformacional foi a descoberta de que essas diferenças são menos extremas do que parecem ser. Sob as muitas maneiras de expressar ideias por meio de línguas diferentes encontram-se as estruturas lógicas das próprias ideias; e essas estruturas lógicas são fundamentalmente as mesmas em todas as línguas. A natureza dessa estrutura lógica, e o grau de detalhe, ou de generalidade e abstração que ela possa ter, foi um tema central na linguística moderna.

A estrutura das frases

As diferenças gramaticais entre línguas residem nas maneiras em que à estrutura lógica subjacente é dada forma convencional como frases que fazem proposições, fazem perguntas, dão instruções e ordens. Na gramática transformacional, considera-se que uma frase tem uma face interna e uma face externa. A face interna é a estrutura lógica subjacente que transmite os significados; a face externa é a maneira como a frase é realmente expressa em um idioma. Poderíamos imaginar o que ocorre na sala de tradução da Assembleia Geral das Nações Unidas quando um orador produz uma frase em francês. Um tradutor mentalmente (e quase que instantaneamente) despe a frase, retornando-a a seu padrão lógico subjacente e depois recodifica a frase em russo; outro faz a mesma coisa em inglês; e outro em chinês. O resultado da decodificação mental da frase francesa é sua face interna ou **estrutura profunda**. Ela é então recodificada em uma **estrutura superficial** chinesa, uma cadeia bastante diferente de palavras e elementos semelhantes à palavra.

As línguas diferem nas maneiras em que elas expressam os relacionamentos entre os substantivos (ou frases substantivadas) nas frases. Assim, uma frase dita em inglês em um debate na ONU dizendo que

> No futuro o governo da União Soviética terá de parar de fornecer armas para as guerrilhas em Fungoolistão.

quando traduzida nas outras quatro línguas oficiais, irá revelar meios diferentes de distinguir entre o agente (o governo), o objeto do verbo (armas) e o alvo da ação (as guerrilhas).

As línguas também diferem nas maneiras em que elas assinalam o *tempo* e o *aspecto* dos verbos. Na frase acima sobre fornecimento de armas, a ação é uma ocorrência futura hipotética; as maneiras como esse relacionamento no tempo e a natureza hipotética do ato são assinaladas (se é que o são) nas várias línguas irá variar muito. Em algumas línguas dos índios americanos, um orador relatando qualquer evento deve marcar através do verbo se ele ou ela testemunharam o evento pessoalmente ou se o ouviram de alguém que o testemunhou ou estão apenas relatando um boato. As línguas também diferem nos padrões da ordem das palavras, nas regras de pluralização e assim por diante – diferenças que na linguística antiga eram consideradas como expressões da peculiaridade de cada língua, e na linguística mais recente parecem ser modos diferentes de construir sobre o arcabouço subjacente.

A frase sobre fornecer armas para as guerrilhas, embora internamente complicada, consiste em uma única oração. Outros tipos de complexidade, e outros contrastes entre as línguas, vêm à tona quando examinamos frases mais complexas que compreendem duas ou mais orações, aninhadas uma nas outras ou em cadeia. A frase em inglês

> The woman who left her purse in the store yesterday will be able to get if from the manager if she sees him and identifies herself[1].

seria convertida em cadeias muito diferentes em turco, inuit ou chinês. Várias línguas usariam meios diferentes para conectar a oração embutida "who left the purse in the store yesterday" [que deixou a carteira na loja ontem] à oração "the woman will be able to get it" [a mulher poderá recuperá-la]; elas usam diferente meios para especificar e distinguir os pronomes "it" "him" e "herself" e para especificar as relações entre o evento que ocorreu no passado e o evento hipotético no futuro.

Os linguistas imaginam que uma frase assim complexa é composta de orações ("A mulher será..."; "ela deixou sua carteira"; "ela a procura"; "ela se identifica"). A complexidade da codificação ou da decodificação envolvida na produção ou na compreensão de uma frase complicada como essa, e a complexidade das operações lógicas mentais que isso implica, são ilustradas por outra frase em inglês:

> Because the boy had been talking to the old lady he met at the laundry he got home late and was scolded[2].

Aqui é feita uma série de proposições:

1) O garoto conversou com uma senhora.

2) A senhora era idosa.

3) O garoto conheceu a senhora na lavanderia.

4) O garoto chegou em casa tarde.

5) (Alguém) repreendeu o garoto.

Além disso, uma série de relacionamentos lógicos entre essas proposições é sugerido (4 ocorreu em virtude de 1; 5 ocorreu em virtude de 4; elas ocorreram cronologicamente na ordem 2, 3,

---

1. A mulher que deixou a carteira na loja ontem poderá recuperá-la com o gerente se ela o procurar e se identificar.

2. Como o garoto ficou conversando com a senhora idosa que ele conheceu na lavanderia chegou tarde em casa e foi repreendido.

1, 4, 5). Como essas cinco proposições são articuladas para expressar os relacionamentos apropriados entre cada proposição? "because" = como serve para embutir a oração "o garoto ficou conversando com a senhora idosa" e especifica que "ele chegou tarde em casa" como resultado disso. O "e" antes de "ele foi repreendido" serve para unir "ele chegou tarde em casa" e "ele foi repreendido" e para sugerir que o segundo foi resultado do primeiro. As convenções da **sintaxe** ou estrutura frasal em um idioma podam as palavras redundantes ("ele" no resto da frase serve para designar "o garoto"; o alguém que repreendeu o garoto não é especificado; a senhora com quem o garoto conversava é a senhora que ele conheceu na lavanderia); elas embutem e unem frases; elas rearranjam a ordem das palavras ("alguém repreendeu o garoto" ⇨ "[ele] foi repreendido"); e adicionam um arremate externo através da conjugação de tempos passados.

Apesar de anos de esforço conjunto para formalizar as regras da sintaxe que conectam a face interna ou estrutura profunda de uma frase com sua face externa ou estrutura superficial, e para mostrar o relacionamento lógico entre as orações a partir das quais as frases são construídas, a trilha está coberta de regras abandonadas. A lógica da mente parece ser diferente da lógica formal que linguistas e filósofos estão usando e mais poderosa do que ela.

Abordagens funcionais à sintaxe

As muitas teorias gramaticais concorrentes fazem com que seja tanto impossível quanto desnecessário entrar em detalhes sobre a organização da sintaxe. Os desenvolvimentos mais promissores são preocupações com as línguas como

sistemas comunicativos cujas funções primordiais são sociais e não formais. Os seres humanos estão interessados em se comunicarem uns sobre os outros e sobre o mundo. Nessas abordagens à linguagem que surgem,

> a sintaxe é considerada como o resultado de uma interação entre a intenção do orador de comunicar [...] informação e as restrições impostas pelo contexto social e linguístico em que a elocução ocorre (VAN VALIN & FOLEY, 1980).

Uma direção de exploração promissora segue a sugestão de Charles Fillmore (1968, 1977) de que as línguas sejam analisadas em termos de um sistema subjacente de relacionamentos de **casos**. Isto é, os substantivos (ou frases substantivadas) em uma oração são distinguíveis por seus relacionamentos funcionais. Em inglês a frase:

He gave Mary a book[3]

estabelece um relacionamento entre o doador, o recipiente e o objeto dado. Em inglês isso é assinalado parcialmente pela ordem das palavras, parcialmente pela forma do pronome. Compare "Mary gave him a book" [Mary lhe deu um livro]. Aqui o pronome "he" [ele] da primeira frase identifica a pessoa do sexo masculino como o agente (ou sujeito); o "him" [lhe] na segunda frase identifica a pessoa do sexo masculino como objeto do predicado*.

Em outros idiomas, os relacionamentos entre os substantivos (ou pronomes) e seus papéis funcionais (ex. objeto do predicado *versus* objeto de preposição etc.) pode ser assinalado de maneiras mais complexas (como alunos de latim ou de rus-

---

3. Ele deu um livro a Mary.

* Em português o pronome "lhe" não identifica o sexo do objeto do predicado [N.T.]

so poderão se lembrar com algum desconforto). Fillmore e outros exploradores de gramáticas de caso vêm buscando um esquema em termos dos quais os relacionamentos de caso de qualquer idioma possam ser descritos. Assim o "sujeito" de uma oração pode, dependendo do "predicado", ser distinguido como qualquer um dos seguintes:

Agente: *Max* shot the duck[4].
Fonte: The *sun* emits radiation[5].
Experimentador: The *boy* felt chilled[6].
Instrumento: The *key* opened the door[7].

O "objeto" do predicado pode da mesma forma ser classificado de acordo com seu papel funcional. Assim "duck" [pato] na primeira frase é *meta*, "radiation" [radiação] (na segunda frase é *factitivo*, "door" [porta] na quarta frase) é *paciente*. Em

Harry sold a book to John[8]

"Harry" é *fonte*, "livro" é *paciente* e "John" é *meta* (VAN VALIN & FOLEY, 1980).

Uma abordagem assim às gramáticas em termos do papel funcional que os substantivos desempenham nas frases permite ao linguista lidar com a maneira frases formalmente sinônimas podem ser selecionadas para expressar perspectivas diferentes. Assim podemos transmitir a mesma informação sobre Harry, John e o livro com "John comprou um livro de Harry", mas o orador está adotando uma perspectiva diferente no evento descrito.

Gramáticas de caso levam linguistas a examinar a diversidade linguística a partir de uma direção um tanto diferente que a de gramáticas transformacionais. Eles examinam um conjunto subjacente de relacionamentos entre predicados (verbos), seus sujeitos e seus objetos como classificados e expressos de maneiras diferentes em idiomas diferentes. As distinções que são abertas em um idioma são, por assim dizer, latentes em outro. Somos levados a ver frases não tanto como objetos formais, mas como meios de realizar o trabalho de comunicar. O trabalho que um idioma realiza no nível de marcação morfológica (anexando um sufixo ou mudando uma vogal) outro idioma realiza de uma maneira diferente. Somos levados a fazer um número menor de perguntas sobre as estruturas inatas da mente, e mais perguntas sobre os mundos sociais em que os seres humanos se comunicam. E isso traz a linguística de volta na direção da antropologia.

As línguas não são simplesmente sistemas incrivelmente complexos de gramática. Ao falar, produzimos sequências de sons, usando o trato vocal como câmara de som. E, ao falar, expressamos significados. Como os sistemas de som são organizados – a **fonologia** da língua – é uma preocupação importante da linguística; o mesmo se aplica à **semântica**, o estudo de como o significado é transmitido pelas palavras e expresso em frases. Mas esses aspectos da língua e alguns outros serão de grande relevância para essa jornada na antropologia se examinarmos como eles estão relacionados com outros aspectos da cultura. Veremos que antropólogos muitas vezes se voltaram para a língua em busca de modelos de como os humanos organizam as percepções, como as culturas codificam uma visão do mundo e como a comunicação está engastada na vida social.

---

4. Max atirou no pato.

5. O sol emite radiação.

6. O garoto sentiu frio.

7. A chave abriu a porta.

8. Harry vendeu um livro a John.

6 Da linguagem à cultura

Aqui examinaremos uma série de extensões que foram feitas a partir do domínio da linguagem para o domínio da cultura – uma série de posições teóricas na Antropologia que, de várias maneiras, usaram as línguas como uma fonte de diretrizes filosóficas e instrumentos e conceitos analíticos.

Fonologia e estruturalismo

As maneiras como as línguas dividem o espectro do som que pode ser produzido pela câmara vocal humana, e as maneiras pelas quais elas usam sistemas de contraste sonoro para transmitir significados, tiveram um forte impacto na antropologia moderna. O estudo dos sistemas sonoros trouxe *insights* importantes para o pensamento e a percepção humanas.

Primeiramente, os sistemas sonoros dependem de *contrastes*. O que importa não é a qualidade acústica de digamos os *bs* e os *ps* no inglês, e sim a diferença entre eles que distingue palavras como "bit" de "pit", "bin" de "pin", "ban" de "pan", e assim por diante. Um sistema sonoro é um sistema organizado de diferenças que fazem uma diferença (BATESON, 1972). As pessoas de língua inglesa podem produzir uma variedade considerável de barulhos, todos os quais podem passar por *bs*. As diferenças entre esses *bs* são irrelevantes: não as ouvimos. Segundo, como no caso dos *bs* e dos *ps*, os sistemas sonoros têm como base *oposições binárias*: os *bs* são *sonoros* os *ps* são *mudos*. A mesma distinção é usada para contrastar "din" e "tin", "Gill" e "kill", "van" e "fan". Outra distinção transversal (nasalizada, não nasalizada) distingue "mat" de "bat" e "not" de "dot". Os sons distintivos, os **fonemas** de uma língua são "compartimentos" definidos pela interseção de oposições binárias.

No estruturalismo, como foi aplicado à análise cultural pelo antropólogo francês Claude Lévi-Strauss, os sistemas sonoros da língua foram adotados como modelos conceituais para compreender culturas, a percepção e a própria natureza da mente humana. Os humanos, argumenta Lévi-Strauss, impõem uma ordem lógica à experiência segundo a maneira como eles percebem a ordem no fluir do som – em termos de diferenças que fazem uma diferença. Nos domínios simbólicos da cultura, principalmente no mito e no ritual, a mente humana usa contrastes e explora contradições.

No pensamento e na percepção cotidianos, os humanos impõem uma ordem lógica à experiência – criam um mundo lógico, compartimentalizado em suas mentes – de maneiras formalmente semelhantes à organização dos sistemas sonoros. Nos capítulos que se seguem iremos examinar os modos de interpretação de Lévi-Strauss. Embora o uso direto de modelos fonológicos para a análise cultural seja um tanto precário (cf. KEESING, 1974), podemos usar a maneira como os humanos interpretam a fala como um modelo mais geral da maneira pela qual a mente cria um mundo a partir da experiência sensorial: nós não vemos objetos, no sentido em que eles são apresentados como imagens na retina do olho. Nós vemos padrões de luz e cor e os usamos para criar objetos em nossas mentes. A percepção e o pensamento são processos criativos e construtivos. Com base nos modelos internos da realidade, modelos construídos em nossas mentes, construímos as coisas e eventos que vemos.

O homem não vê da maneira que acha que vê. Em vez de um ato passivo-receptivo em que as cenas [...] são simplesmente gravadas [...] o ato de perceber é um ato em que o homem está totalmente envolvido e no qual ele participa ativamente, filtrando e estruturando [...]. O processo visual, portanto, é *ativo* e *criativo* (HALL, 1972: 54).

O sistema de percepção visual "lê" a partir de imagens óticas as propriedades não óticas dos objetos à volta. Por exemplo, "vemos" que uma mesa é sólida, dura, e que pode ser arranhada facilmente. São essas propriedades físicas não óticas que são importantes [...]. O sistema perceptual "infere" a existência de características oticamente ocultas. "Vemos" as pernas da mesa, embora ocultas (GREGORY, 1970: 77).

A percepção [...] não mede o comportamento diretamente a partir da informação sensorial atual, mas sempre por meio dos modelos internos da realidade (GREGORY, 1969: 239).

É um *insight* especial do antropólogo que esses modelos internos que usamos para criar um mundo de coisas e eventos percebidos são em grande parte aprendidos e em grande parte culturais. O que vemos é aquilo que, por meio da experiência cultural, aprendemos a ver.

A semântica e "a nova etnografia"

Como é que o *significado* é transmitido pelo idioma? Filósofos lutaram durante décadas com o significado do significado. Linguistas exploraram o significado cuidadosamente durante muitos anos. E os antropólogos buscaram, parcialmente de forma autônoma, encontrar meios de captar e definir significados nas línguas que encontram no campo. A maneira como as palavras levam o significado e a maneira como as frases codificam mensagens são questões diferentes, embora relacionadas. Progresso foi feito nas duas frentes.

Presume-se que cada um de nós tem algum tipo de dicionário mental, um **lexicon**. Nele nós, de alguma maneira, armazenamos nosso conhecimento daquilo que as palavras significam, de como elas se encaixam em *designs* gramaticais e de seus padrões sonoros. Porém aqui, uma vez mais, linguistas encontraram complexidades inesperadas – quanto mais eles investigam, mais complicadas ficam as coisas. Antropólogos, enquanto isso, depois de uma primeira explosão de entusiasmo, descobriram que a análise da semântica em línguas estrangeiras não é nem simples nem um atalho para a compreensão cultural.

Muitos linguistas presumiram ou esperaram que (como no caso dos sistemas fonológicos) iríamos descobrir que os sistemas semânticos eram construídos a partir de um conjunto universal de características distintivas, em última instância enraizadas na experiência universal humana e nas estruturas da mente. Procurou-se, então, um conjunto de primitivos semânticos, ou características definidoras, com referência às quais todas as palavras podem ser definidas (WIERZBICKA, 1972, 1991). A meta essencial era definir palavras com referência umas às outras e aos tais primitivos semânticos, e não com referência ao mundo de experiência cultural. No entanto há razões cada vez maiores para duvidar que uma análise semântica autônoma e relativamente isolada da cultura seja possível (cf. HAIMAN, 1980; KEESING, 1979).

Enquanto isso os antropólogos trabalhando nas línguas não ocidentais buscaram usá-las para explorar a estrutura dos mundos conceituais de outros povos. Na **etnociência** o objetivo é analisar as taxonomias populares. Uma **taxonomia popular** é um sistema conceitual organizado hierarquicamente, em "espécies de" relacionamentos. Isto é, um pinheiro Monterey é um tipo de pinheiro, um pinheiro é um tipo de árvore e assim por diante.

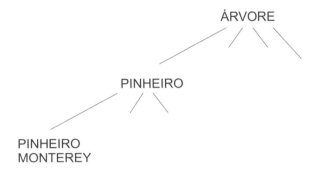

Observe que em alguns contextos uma categoria intermediária de "sempre-verdes" iria colocar sob a mesma categoria pinheiros, abetos, abetos vermelhos e assim por diante. Esse é um dos problemas – em contextos diferentes as pessoas usam taxonomias diferentes (em alguns contextos, por exemplo, "árvore de Natal" seria uma categoria genérica que incluiria muitas variedades de sempre-verdes, mas excluiria alguns pinheiros).

Tendo classificado uma taxonomia popular, o analista busca um meio de definir os contrastes entre palavras ("pinheiro Monterey" *versus* outros tipos de pinheiros") que se enquadrem no mesmo nível da hierarquia. O método explorado mais amplamente foi a **análise componencial.** Esse método busca encontrar características distintivas que, combinadas, serviriam para definir unicamente cada termo dentro de um conjunto de termos contrastantes. Assim poderíamos definir "cadeira", "banquinho" e "banco" em termos de três aspectos: espaço para sentar, estofamento e encosto:

A. Espaço para sentar   "cadeira" A_1 C_1
  $^A1$ único
  $^A2$ múltiplo
B. Estofamento   "banquinho" A_1 C_2
  $^B1$ estofado   "sofá" A_2 B_1
  $^B2$ não estofado
C. Encosto   "banco" A_2 B_2
  $^C1$ presente
  $^C2$ ausente

Infelizmente, a escolha das dimensões é muitas vezes bastante arbitrária, de tal forma que, com frequência, há dezenas de soluções possíveis. Muitas pessoas de fala inglesa provavelmente usam a forma para distinguir banquinhos de bancos e de cadeiras. Especialmente ao lidar com outra cultura, há pouca garantia de que as características distintivas do analista signifiquem qualquer coisa para o povo que ele ou ela está estudando. Além disso, evidência crescente sugere que classificamos coisas por aquilo que elas são, não simplesmente pelos limites externos das categorias. É impossível produzir uma definição de uma característica distintiva intuitivamente convincente de uma erva daninha (em contraste com uma flor) de um cachorro ou de uma cadeira (em contraste com outros objetos na sala). A interseção das características parece um modelo simples demais para lidar com a capacidade humana de reconhecer padrões. Nós instantaneamente percebemos que as relações entre um número extenso de características estão formando um padrão coerente e reconhecível. Assim percebemos um padrão de "*cachorridade*", seja o cachorro grande ou pequeno, preto ou branco, se ele late ou não late, se abana o rabo ou não tem rabo, se tem as quatro pernas visíveis ou nenhuma delas, e assim por diante. Além disso, para algumas palavras parece haver significados focais: as mais daninhas das ervas daninhas, o mais vermelho dos vermelhos e talvez até a mais cadeira das cadeiras (ROSCH, 1974, 1978a, 1978b).

Os problemas da semântica enfatizados pela dificuldade de distinguir cadeiras, banquinhos, bancos e sofás ilustra um problema científico mais profundo que está surgindo ao longo de muitos setores das fronteiras da pesquisa sobre a mente humana. Os métodos para analisar a estrutura são mais eficientes para lidar com fenômenos em sequências de degraus – em lidar com características, regras ou processos um de cada vez. No entanto os humanos parecem pensar e perceber em termos de relacionamentos simultâneos entre características como padrões. Uma analogia pode ser útil. Quando uma testemunha vê um ladrão de banco, ele ou ela percebe o rosto do ladrão e sua aparência como padrões totais de características. No entanto, quando o artista na polícia tenta desenhar uma foto falada do ladrão, a testemunha precisa selecionar o nariz, as sobrancelhas, a boca, o queixo e todo o resto, um traço após outro. O reconhecimento de significados provavelmente depende parcialmente dos mesmos tipos de processos mentais como os do reconhecimento de faces; no entanto linguistas e antropólogos são obrigados a separar as características, como fazem a testemunha e o policial artista, e tratá-las uma a uma.

Esses problemas também confrontam os semanticistas quando buscam explicar a maneira pela qual a mesma palavra tem sentidos diferentes em contextos diferentes. Assim os jardins florescem, e o mesmo fazem as civilizações; o sangue que é mais grosso que a água é diferente do sangue que as pessoas derramam por seu país ou o sangue que você limpa de um corte; e aquilo que faz seu sangue ferver é diferente daquilo que faz a água ferver no fogão. Classificar e definir os sentidos diferentes de "florescer", "sangue" e "ferver" nesse caso está longe de ser fácil. Os vários sentidos de uma palavra muitas vezes não têm qualquer denominador comum, apenas uma "semelhança familiar" (cf. BASSO, 1976; FERNANDEZ, 1991).

As línguas podem realmente ser sistemas lógicos. Mas à medida que as limitações de nossos esquemas formais para descrever padrões e relacionamentos ficam mais visíveis, começa a se espalhar a compreensão de que a lógica da mente pode ser mais poderosa e mais simples que a lógica dos lógicos. Como Haugeland (1974: 33) observou, "Uma ciência da mente pode [...] exigir uma nova revolução conceitual [...]. Esperamos nosso Galileu". Na antropologia, o otimismo da "etnociência" ou da "nova etnografia" do começo da década de 1960 retrocedeu substancialmente. O que sabemos, ao usar uma língua e uma cultura, é incrivelmente rico, complexo e sutil. As primeiras tentativas de reduzir essa riqueza a diagramas de árvores e fórmulas algébricas parecem – à luz dos vastos mistérios da mente e da situação preliminar das ciências da cognição (SLOAN FOUNDATION, 1978) – tanto triviais quanto ingênuas. Além disso, ao exagerar a diversidade nos mundos do pensamento de outros povos, essas tentativas iniciais nos desviaram de nosso caminho, impedindo que víssemos os processos e padrões subjacentes.

Na superfície, é verdade que existem diferenças marcantes entre as maneiras como os povos classificam seus mundos. Assim os kwaios das

Ilhas Salomão classificam a água fresca como uma substância e a água salgada como outra; colocam pássaros e morcegos em uma categoria, em contraste com mariposas, borboletas e outros insetos voadores; classificam os peixes e os mamíferos marinhos na mesma categoria; e dão um único nome para a maioria das cores que chamaríamos de azul e preto. Mas enquanto a etnociência inicial enfatizava tais diferenças radicais entre as maneiras como os vários povos dividiam seu mundo de experiência em categorias rotuladas, o pêndulo voltou na direção de universais.

Em algumas áreas, principalmente na classificação da cor, os modos de categorização exibem regularidades em várias culturas. As línguas podem distinguir apenas três cores primárias ou fazer discriminações muito mais refinadas, mas se concentrarmos nos centros das categorias (os vermelhos mais vermelhos) e não nas extremidades, as distinções estão longe de serem arbitrárias – se soubermos quantas cores primárias são distinguidas em um idioma poderemos prever (com uma ou duas possibilidades alternativas) que cores serão e quais serão seus pontos focais (em termos dos comprimentos de onda de luz). Em outros domínios, menos restritos fisiologicamente, as categorizações estão sendo menos radicalmente variadas do que pareciam ser quando apenas os limites mais amplos das categorias eram levados em conta (ex., quando a cadeira menos típica era ainda considerada uma cadeira e quando tordos, pinguins e avestruzes eram considerados como "tipos de passarinhos").

Até mesmo a noção de que as taxonomias são um modo natural pelo qual a mente humana classifica as coisas – uma premissa básica no início da etnociência – adquiriu um novo enfoque.

Pesquisas subsequentes sugerem que os humanos usam taxonomias primordialmente para classificar fenômenos que são produtos da evolução. As taxonomias parecem ser uma maneira "natural" para os humanos conceitualizarem a espécie – e semelhanças familiares da evolução biológica. Nós humanos podemos, então, usar os mesmos tipos de esquemas classificatórios para conceitualizar as coisas que criamos – ferramentas, tipos de jardins, tipos de casas. Mas não precisamos fazê-lo. Ao contrário do que tinham antecipado os primeiros exploradores da classificação popular, pesquisas recentes sugerem que a maneira pela qual conceitualizamos nosso mundo é menos diretamente uma reflexão das estruturas da mente e mais uma reflexão da organização dos fenômenos sendo conceitualizados.

Uma pesquisa cuidadosa sobre como os humanos conceitualizam o mundo a sua volta continua e produz *insights* cada vez mais profundos. Mas as esperanças de que tal análise vá captar o universo conceitual específico de um povo e fazer com que outros modos de entendimento antropológico passem a ser obsoletos e impressionistas desapareceram gradualmente. O estudo comparativo de sistemas semânticos contribui muito tanto para a teoria linguística quanto para a teoria antropológica (cf. KEESING, 1979). Mas não é um atalho para compreender uma cultura, ou compreender a mente.

A aquisição da linguagem e a aquisição cultural

A maneira como as crianças adquirem a linguagem tornou-se uma área focal de pesquisas recentes, impulsionadas por desenvolvimentos tanto na linguística quanto na psicologia cognitiva. Há várias facetas surpreendentes no processo de aquisição da língua materna por uma criança.

1) Ele ocorre muito rapidamente, com a maior explosão surgindo entre 2 e 3 anos e meio.

2) Ele aparentemente segue estágios geralmente uniformes de desenvolvimento que se aplicam a todas as crianças normais em todas as sociedades.

3) É baseado em uma amostra muito parcial, limitada, fragmentada e normalmente de má qualidade da fala adulta; isto é, a criança constrói uma teoria surpreendentemente boa e sistemática do idioma, com uma rapidez incrível e apenas com a ajuda de uma evidência limitada e grosseira.

4) A aquisição de competência linguística parece em grande parte não estar relacionada com habilidades cognitivas.

5) A explosão rápida de aquisição da linguagem é demonstravelmente ligada a sequências de maturação biológica.

Tudo isso levou Chomsky a concluir que as crianças começam o processo de aquisição da linguagem com uma enorme vantagem: que um sistema gramatical universal está biologicamente programado no cérebro. A criança conhece linguagem, mas não uma língua. A exposição a uma amostra da fala adulta permite que a criança – no momento em que a maturação biológica ativa o circuito neural necessário – adquira rapidamente as convenções especiais de sua comunidade linguística. A criança está programada para construir os tipos corretos de teorias com grande eficiência. A dificuldade de aprender um segundo idioma na adolescência e mais tarde vem parcialmente de in-

terferência de código, mas provavelmente e mais seriamente da desativação do circuito neural para o aprendizado eficiente de idiomas – para alguns de nós provavelmente de maneira mais drástica do que para outros.

Chomsky conclui também que essa faculdade linguística é especializada e bastante independente de outras faculdades cognitivas para aprendizado, resolução de problemas e assim por diante. Todas as crianças que têm uma inteligência próxima à normal adquirem o idioma aparentemente de uma forma quase automática, independentemente de seus esforços e das diferenças de capacidades na aquisição de outras habilidades.

Essa visão parece plausível biologicamente. Considere o fato de os códigos comunicativos de outros animais serem principalmente codificados geneticamente em um nível bem refinado de detalhes, embora a expansão por meio de aprendizagem seja muitas vezes necessária. A evolução é capaz de gerar códigos específicos para uma espécie; e o breve período evolucionário dos hominídeos e dos primeiros humanos provavelmente foi longo o bastante para permitir que as estruturas gramaticais evoluíssem gradativamente.

Embora a ideia de Chomsky possa ser biologicamente plausível, ela pode não estar correta; ou pelo menos pode estar exagerada. De vários psicólogos cognitivos, principalmente Piaget e seus seguidores, vieram duas correntes principais de críticas:

1) A competência linguística pode estar intimamente relacionada com outros tipos de competência cognitiva. Assim uma criança pode usar as mesmas estratégias cognitivas gerais – modos de construir teorias sobre o

mundo – para aprender sobre seu idioma e sobre seu ambiente social, para construir teorias sobre relacionamentos familiares, objetos físicos, causalidade etc.

2) Esses programas genéticos para construir teorias não precisam ser tão detalhados quanto as teorias que produzem.

Como Piaget argumentou, um sistema muito complexo pode se desenvolver a partir da operação cíclica de princípios organizadores relativamente simples. Além disso, a mudança na linguística que a afastou da preocupação com línguas como sistemas formais, e levou-a para uma preocupação com línguas como meios para que os humanos se comuniquem no mundo e sobre o mundo, faz com que os padrões de inferência de Chomsky pareçam suspeitos. Se descobrirmos que as línguas compartilham algum padrão característico, a fonte dessa comunhão pode estar nas maneiras em que as línguas são usadas e não na organização dos cérebros das criaturas que as aprendem. Existem quase que certamente algumas faculdades linguísticas inatas, mais detalhadas e mais extensas do que os pesquisadores imaginavam anteriormente. Mas o caminho para descobri-las é escorregadio e indireto. Não podemos saber *a priori* até que ponto os universais da linguagem derivam da programação biológica de nossas faculdades linguísticas, de faculdades mais gerais da mente, e das restrições práticas de animais como nós nos comunicando sobre um mundo como esse em que vivemos.

Tampouco podemos saber *a priori* até que ponto nossas faculdades para adquirir uma língua estão relacionadas com nossas faculdades para adquirir outras formas de competência cultural. Estaremos programados para aprender culturas tão bem quanto para aprender línguas? Se isso é verdade, como e até que ponto? Poderia haver universais culturais importantes ocultos sob a diversidade superficial? Poderiam os modos universais de lógica e pensamento, as organizações universais de conhecimento ser baseadas fortemente na programação genética? Ou, para inverter as perguntas, será que um bebê poderia aprender uma cultura se ele ou ela começasse como uma *tabula rasa*, sem nenhum "conhecimento" geneticamente programado de que tipo de mundo era aquele, de como se deveria reagir a ele, e de como construir e organizar teorias de um *milieu* cultural específico?

Durante anos Piaget argumentou que as crianças constroem teorias progressivamente, e depois as reorganizam em um nível mais elevado e mais sofisticado: o conhecimento cultural se desenrola em estágios. Mas como com a língua, a programação genética pode muito bem ser mais extensa do que Piaget acreditava. A maturação biológica pode ativar programas detalhados que, interagindo com experiências moldadas culturalmente, permitem que a criança crie progressivamente modelos mais complexos do mundo. Essas questões continuam em aberto – embora sejam cruciais para compreender como os humanos se tornam humanos e para interpretar os vários mundos culturais que os humanos criaram. Voltaremos a eles no próximo capítulo. Essas questões suscitam um conjunto relacionado de questões sobre linguagem e pensamento.

Linguagem, cultura e visão do mundo

Nas décadas de 1940 e 1950 os antropólogos estavam muito preocupados com "língua e cultura". A língua de um povo molda suas maneiras de pensar e perceber? A visão do mundo de um povo está codificada em seu idioma e estruturada por sua gramática específica?

Na virada do século, Von Humboldt levantou a hipótese de que o *design* peculiar de cada idioma codificava uma visão do mundo específica. Essa ideia foi elaborada na década de 1920 pelo brilhante antropólogo Edward Sapir que argumentou que "os mundos em que as várias sociedades vivem são mundos distintos, não meramente o mesmo mundo com rótulos diferentes." Ele propôs que os padrões da língua são centralmente importantes na estruturação desses mundos culturais distintos. Essa ideia foi expandida pelo aluno de Sapir Benjamin Lee Whorf. Whorf produziu uma série de trabalhos baseados principalmente em sua pesquisa sobre a língua dos índios hopis (publicados em WHORF 1956). Ele argumentou que as línguas europeias incorporam não só os meios de falar sobre o mundo, mas também incorporam um *modelo* daquele mundo. Contrastando o "europeu médio padrão" com os hopis, ele tentou mostrar como nossas ideias de "coisidade" são moldadas pelo tratamento gramatical de substantivos e como nossos modelos do tempo como passado, presente e futuro – tiquetaqueando sem parar como uma esteira infinita – refletem o sistema de tempos de nossa estrutura linguística. Os conceitos de tempo e espaço dos hopis, como são construídos na estrutura de sua língua, representam um modelo diferente de universo: um modelo, Whorf argumenta, que deveria fazer com que a Teoria da Relatividade fosse mais intuitivamente significativa para um hopi do que para um europeu.

Essa hipótese convincente e plausível foi seguida por outros autores, principalmente Dorothy Lee. Usando dados da língua dos índios wintus da

Califórnia e a língua dos ilhéus das Trobriandesas da Melanésia para distinguir entre "codificação linear e não linear da realidade" e outros contrastes estruturados linguisticamente na visão do mundo (cf. Caso 55).

A hipótese foi testada extensamente, no entanto os resultados foram sempre ambíguos. Uma das razões para isso é que, como uma água viva, essa hipótese é difícil de segurar – quando conseguimos agarrá-la ela desliza e escapa para outro lugar. Será que Whorf quer dizer que é o arcabouço gramatical que estrutura o pensamento? Como é possível descobrir isso, se ambos estão no domínio das ideias que é, por definição, inobservável? Só é possível chegar à estrutura de uma língua através da fala e ao pensamento também só através da fala (ou introspecção). Isso impõe tanto uma circularidade quanto uma impressão permanente de que o "teste" passa ao largo do ponto principal de Whorf. A hipótese continua em grande parte inconquistável porque é intestável (cf. BLACK, 1959; FISHMAN, 1960).

A hipótese de Whorf foi ainda mais desgastada pelas marés mutantes da moda intelectual e pelas ondas da teoria linguística do que pela refutação empírica. A tese de Whorf é uma expressão um tanto etérea de uma convicção de que as línguas e as culturas são específicas. Se nosso foco é como os povos são diferentes, como seus mundos conceituais são distintos e como suas culturas são variáveis, então a tese de Whorf é tanto uma expressão quanto uma explicação parcial daquela diversidade. (Para uma discussão adicional do tema, cf. LUCY, 1992a, 1992b.)

No entanto, tanto os antropólogos quanto os linguistas, tendo presumido como dada uma grande variação no conteúdo dos costumes e nos detalhes da língua, se concentraram cada vez mais na semelhança das línguas e culturas. Nas décadas de 1960 e 1970 uma busca por universais e semelhanças nos *designs* básicos e na estrutura subjacente passou a ser não só moda, mas também teoricamente necessária. Os linguistas transformacionais, como vimos, argumentam que as estruturas mais profundas da sintaxe e do *design* linguístico básico são as mesmas em todas as línguas e que os tipos de características linguísticas que Whorf usou para ilustrar os contrastes entre os europeus e os hopis refletem diferenças na estrutura superficial. Elas implicam diferenças não de pensamento, mas nas maneiras de expressar os mesmos pensamentos. (Se isso não fosse assim, pareceria impossível passar de um código linguístico a outro como algumas pessoas bilíngues fazem – como a interpretação simultânea usada nas Nações Unidas.)

Um desgaste adicional veio da evidência e convicção crescente de que pensar e manipular o idioma não são, em última instância, a mesma coisa. Interpretar Whorf como se ele estivesse tentando encontrar correlações entre estruturas linguísticas e modos de pensar é inevitavelmente enganoso; ao contrário, ele considerava as categorias e classes linguísticas como as próprias unidades ou veículos do pensamento. Como esses elementos linguísticos são organizados em sistemas gramaticais, a organização do pensamento deve inevitavelmente refletir essa estrutura. No entanto, a premissa básica de que os elementos da percepção e do pensamento são os elementos da língua agora parecem tênues e ilusórios no melhor dos casos. No entanto, não devemos rejeitar as ideias de Whorf totalmente. Elas são verdades parciais interessantes e nos fazem vividamente

cientes da existência da variabilidade em um nível muito maior do que o normalmente esperado. Os linguistas concordariam principalmente que "as categorias e as distinções inextricavelmente entrelaçadas no tecido do sistema da língua [...] [introduzem] distorções inconscientes ou pré-perceptuais" (GRINDER & ELGIN, 1973: 8), e que elas estabelecem um filtro entre o ser humano e o mundo que ele ou ela percebe. Mas as distorções agora parecem menos profundas, menos abrangentes e menos comprometedoras do que pareciam na época de Whorf.

Há um problema sério que os antropólogos têm de enfrentar quando trabalham em uma língua estrangeira, tentando compreender a visão de mundo de um outro povo. Suponhamos que a língua use convenções para falar sobre o tempo em que o futuro está atrás, e não à frente do orador. Ou suponhamos que eles tenham maneiras de falar sobre conexões de causa e efeito, ou de emoções, que sejam muito diferentes das nossas. Isso significa que sua visão de mundo é muito diferente da nossa, que sua visão do tempo ou da causalidade é culturalmente definida e única?

O linguista George Lakoff e o filósofo Mark Johnson exploraram as maneiras em que as pessoas falam da experiência cotidiana (em inglês e em outros idiomas) metaforicamente. Essas não são "metáforas mortas" e sim metáforas vivas e convencionadas. Falamos, por exemplo, como se o tempo fosse um produto perecível, como dinheiro – como nas expressões "economizar tempo", "perder tempo", "administrar o tempo", e assim por diante. Falamos sobre emoções em termos de espaço ("estar com alto astral", "estar se sentindo para baixo"), temperatura (discussão acalorada) ou cor ("verde de inveja", "vermelho de raiva"). Essas metáforas não representam nem convenções "mortas" arbitrárias e sem sentido, nem visões profundamente significativas do universo (JOHNSON, 1987; LAKOFF, 1987). Ao contrário, elas representam meios culturalmente convencionais de falar sobre áreas da experiência (de tempo, emoção etc.) que são, por sua natureza, difíceis de transmitir diretamente pela linguagem.

Antropólogos, pelo que parece, muitas vezes exageraram as diferenças entre culturas tomando muito literalmente os esquemas metafóricos convencionais de outros idiomas (idiomas que eles normalmente aprendem com uma competência muito menor que a de uma pessoa para quem esse idioma é o idioma materno) – atribuindo uma visão de mundo mística ou alguma noção de causalidade ou substância mística a outro povo com base em suas maneiras de falar sobre experiências que, muito provavelmente, significam para eles mais ou menos o que significam para nós.

Os usos sociais da língua

As maneiras como o idioma é usado para a comunicação em situações sociais é cada vez mais um foco de preocupação teórica. A teoria linguística transformacional presumia que a função primordial do idioma é *referencial*: fazer proposições sobre o mundo. No entanto, curiosamente, "o mundo" em grande parte era deixado de fora. A teoria linguística não estava basicamente preocupada com quais elocuções eram apropriadas, dadas situações específicas no mundo, mas sim com o relacionamento das frases umas com as outras (isso é, que frases eram deliberadamente equivalentes uma à outra, como rearranjos ou

paráfrases – "John chutou a bola" = "A bola foi chutada por John").

Os linguistas cada vez mais tinham de lidar com o mundo ao qual o idioma se refere. Assim, por exemplo, *dícticos* ou "apontadores" (em inglês, palavras como "here" [aqui] ou "there" [lá] referindo-se ao espaço e "then" [então] e "now" [agora] referindo-se ao tempo) transmitem informação apenas com referência a situações no mundo real. No momento em que essas perguntas foram feitas, ficou claro que a língua não faz simplesmente afirmações sobre o mundo, ou perguntas sobre ele. Usamos **atos de fala** para dar direções ou ordens, e até mesmo para fazer mudanças no mundo ("Eu te batizo USS Guppy" ou "Eu agora os declaro marido e mulher"). Fórmulas mágicas, maldições e juramentos podem ser considerados por aqueles que os falam como meios de gerar mudanças radicais no mundo ou de estabelecer relações com os espíritos (KEESING, 1979).

Vem sendo cada vez mais observado que as frases que são deliberadamente equivalentes não são intercambiáveis. "Você pode abrir a porta, por favor?" ou "Abra essa maldita porta" são adequadas para contextos e relacionamentos sociais muito diferentes. Nas escolhas que os oradores fazem, eles se comunicam sobre relações sociais de maneiras sutis.

Em muitos idiomas, as mudanças no sistema de pronomes são usadas para expressar formalidade ou respeito. Pode haver *dialetos verticais* diferentes em uma língua, adequados para classes sociais diferentes, para se dirigir a pessoas com o mesmo *status*, superiores ou inferiores ou a situações distintas. (Podemos mudar para dialetos diferentes quando saímos do vestuário do ginásio para a mesa de jantar, ou de nossa própria casa para a casa de nossos pais.)

Particularmente interessantes são os padrões de dialetos desse tipo em ambientes não ocidentais. Dois exemplos irão ilustrá-los. Para usar o javanês em uma situação específica, um orador deve escolher um de três níveis ou estilos de fala – um "inferior" (e mais grosseiro e informal), um "superior" (ou mais formal e elegante) ou um nível médio. Há também meios de fazer o nível inferior ainda mais baixo e o superior ainda mais alto. Os níveis que um javanês conhece depende de sua classe social, mas cada orador terá algum repertório do qual escolher. A escolha depende não só do *status* do orador, mas também do *status* da pessoa com quem se fala, o relacionamento entre eles e a situação.

Uma única frase ilustrada por Geertz (1960) – "Você vai comer arroz e mandioca agora?" – é tão completamente transformada quando falada nos diferentes níveis em javanês, que apenas uma das palavras, a palavra "mandioca" é a mesma tanto no nível superior quanto no inferior. Uma mudança ainda mais radical de códigos ocorre no Paraguai. O guarani, um idioma indígena, continuou a ser a língua predominante do povo. No entanto o espanhol é o idioma oficial e usado no governo, nas escolas e no comércio. Mais da metade dos paraguaios são bilíngues em espanhol e guarani. Eles usam o espanhol em relacionamentos sociais formais, em negócios oficiais e para expressar respeito; e usam o guarani com amigos e parentes, ao fazer amor, e ao falar com pessoas de *status* inferior (RUBIN, 1968).

A comunicação não linguística

O estudo dos usos sociais da língua leva, no longo prazo, mais além da preocupação com a organização interna da língua para a organização das sociedades em que as línguas estão situadas. Ele nos leva também para outros códigos de comunicação. A comunicação através da fala passa a ser parte de um fenômeno mais amplo que inclui a comunicação não linguística. Os sistemas de comunicação não linguística, no caso de humanos, desenvolveram junto com a língua. Eles têm raízes evolucionárias antigas (como testemunhas da comunicação altamente complexa dos chimpanzés); mas os humanos, em sistemas de gestos ou sinais convencionais, acrescentaram novas coisas, e os aumentaram com uma padronização cultural. Alguns autores, por exemplo, exploraram a maneira como os humanos se comunicam sutil e inconscientemente por meio da "linguagem corporal" (BIRDWHISTELL, 1970; SCHEFLEN, 1973).

Hall (1966), em seu estudo da maneira como as culturas usam o espaço físico para comunicar acerca de relacionamentos sociais, traz à consciência muitos padrões que nós normalmente nem percebemos. Os americanos se envolvem em uma espécie de envelope de espaço privado, uma espécie de saco de plástico invisível. Esse espaço é normalmente inviolado na interação cotidiana. Tente, por exemplo, ao falar com uma pessoa, chegar mais e mais perto dela; você verá que elas se afastam de você para preservar seus envelopes intactos. Só em alguns contextos, como relações sexuais e esportes de contato, é que invadimos os envelopes uns dos outros. Mesmo em um ônibus ou trem de metrô repleto, quando nossos envelopes ficam todos esmagados, fazemos esforços consideráveis para afirmarmos uns aos outros que não estamos realmente invadindo seu espaço privado; despersonalizamos a proximidade física olhando para o alto, lendo jornais ou coisas semelhantes.

Muitas das mensagens que intercambiamos nos dizem como outras mensagens devem ser interpretadas – se elas são "verdadeiras" – "sérias", "brincalhonas", "ameaçadoras", e assim por diante. Bateson (1955) chama essas mensagens sobre mensagens de **metacomunicação**. Por metacomunicação nós colocamos "molduras" ao redor das mensagens que dizem aos outros como interpretá-las: "Seu filho da mãe" pode ser um tremendo insulto ou um gesto de camaradagem entre colegas da mesma idade. É sempre bom deixar isso bem claro ("Sorria quando você disser isso...").

Bateson argumentou que essa moldura, evolucionariamente pelo menos tão antiga quanto as brincadeiras dos mamíferos, atinge uma complexidade nova e importante na comunicação humana (BATESON, 1955, 1972). Paradoxos em que a moldura das mensagens contradiz as mensagens dentro da moldura são básicos nesse processo. Animais mordendo um ao outro, mas ao mesmo tempo emoldurando o gesto ou rotulando-o como "apenas brincadeira", mostram a forma mais simples dessa contradição: a mordida não é o que parece ser. Mas na arte, na fantasia, no simbolismo e no ritual, os humanos desenvolvem esses paradoxos mais plenamente (cf. tb. EIBL-EIBESFELDT, 1989). Grande parte da riqueza da estrutura cultural se encontra nesse emolduramento de contextos. Nossa capacidade de participar de eventos de nosso mundo cultural e entender o que está ocorrendo depende não tanto de saber o que irá acontecer a seguir – muitas vezes isso nos é desconhecido – e sim de conhecer as molduras corretas.

Já fomos longe o bastante na satisfação de nossos objetivos de explorar o estudo da língua e da comunicação para reforçar nossas bases conceituais. No entanto vale a pena pausar para uma breve revisão conceitual.

Línguas e a conceitualização da cultura

Quando falamos sobre "uma língua" ou "uma cultura" deparamo-nos com a dificuldade que podemos chamar de variabilidade de código. Sua teoria para falar o inglês (bem assim como a maneira como você realmente fala, que não é a mesma coisa) é diferente de todos os demais. Sua teoria para apertar a mão de alguém – como, quando e com quem – não é a mesma que a de todos os demais. Além disso, há coisas que você provavelmente não sabe sobre fiação elétrica, salto com vara, e física nuclear que são parte de nossa língua e de nossa cultura. Como, então, podemos falar da "língua inglesa" ou "da cultura americana" como um código comum? O mesmo problema nos confronta quando falamos da língua ou da cultura dos índios hopis.

Os linguistas administram o problema falando sobre *dialetos* (de regiões e classes sociais) e finalmente *idioletos*, as versões especiais de uma língua características de cada orador. Para a maioria dos objetivos, foi útil focalizar as características comuns do código que todos os oradores compartilham e ignorar as variações de dialeto e idioleto. O "inglês" (ou o "alemão") é assim um modelo abstrato de uma língua, uma padronização idealizada. É também um composto, já que inclui os vocabulários especiais dos eletricistas, dos saltadores com vara, e dos físicos. Além disso, as margens do "francês" e do "alemão" não são acentuadas. O francês se mistura ao italiano, o alemão ao holandês, nas fronteiras dos países. Mas os linguistas acharam que é também conceitualmente útil ignorar o "orador marginal" a maior parte do tempo.

Para muitos objetivos, o antropólogo cultural pode seguir as premissas simplificadoras que os linguistas fazem sobre a variabilidade de código. Podemos falar de cultura hopi, ignorando as variações de código e as fronteiras culturais confusas e juntar o conhecimento da esposa hopi, do artesão hopi e do sacerdote hopi. Mas há problemas que se assomam nesse caso.

Como observamos no último capítulo, precisamos lembrar que no mundo real – que é diferente do mundo imaginário de abstrações conceituais e simplificações científicas – o conhecimento cultural é distributivo. Os linguistas descobriram que, para interpretar certos problemas, é necessário levar em consideração a diversidade de códigos. Os antropólogos – estudando sistemas sociais em que homens e mulheres, velhos e jovens, governantes e governados, podem ter perspectivas muito diferentes das ideologias culturais (e compromissos também diferentes em relação a elas) – vão ter cada vez mais de levar em conta a distribuição de modelos culturais da realidade nas comunidades. Uma maneira de ir adiante nessa direção e de refinar ainda mais nossos instrumentos conceituais será concentrar nosso foco no indivíduo.

SUMÁRIO

A cultura humana depende até um grau considerável da capacidade humana para criar linguagem. Os linguistas desde 1960 estudaram as línguas em termos de uma teoria de gramática generativa, que produziu uma multiplicidade de regras formais e também pareceu separar a língua do resto da cultura. As línguas, é claro, têm padrões de fonologia, gramática e sintaxe – e distinções entre os significados das palavras são construídas a partir de contrastes fonológicos. Antropólogos estruturalistas argumentaram que os significados culturais também são construídos em termos de contrastes tais como entre "esquerda" e "direita". Os antropólogos, trabalhando na área da etnociência, concentraram-se nas taxonomias populares, nas quais os contrastes binários se transformaram em hierarquias nidificadas de conceitos mais elaboradas. Nem todas as formas de classificação, no entanto, precisam ser taxonômicas e pode haver padrões que atravessam várias culturas e são compartilhados que transcendem taxonomias específicas. Noam Chomsky argumentava que um sistema gramatical universal é biologicamente programado no cérebro humano. Não é claro, no entanto, como um sistema assim interage com a experiência em um ciclo de vida e se há programas semelhantes para aprender outros aspectos da cultura. Benjamin Lee Whorf argumentou mais além, que a língua estrutura a visão do mundo como um todo e Lakoff e Johnson indicaram a importância de metáforas amplas na expressão da experiência. Temos também de comparar a comunicação linguística com a não linguística que se dá por meio de gestos, movimentos e o uso do espaço. Temos também de lembrar que o conhecimento cultural e linguístico é compartilhado distributivamente e que as diversidades de código têm de ser levadas em conta nas unidades mais amplas.

SUGESTÕES PARA LEITURAS ADICIONAIS
Seção 5

BOLINGER, D. (1975). *Aspects of Language*. 2. ed. Nova York: Harcourt Brace Jovanovich.

CHOMSKY, N. (1973). *Language and Mind*. 2. ed. Nova York: Harcourt Brace Jovanovich.

GRINDER, J. & ELGIN, S. (1973). *Transformational Grammar*: History, Theory, Practice. Nova York: Holt Rinehart and Winston.

LANGACKER, R.W. (1973). *Language and Its Structure*. 2. ed. Nova York: Harcourt Brace Jovanovich.

Seção 6

Problemas no uso do "modelo linguístico" como um meio de entender o conhecimento cultural são mais explorados em Keesing 1979. A discussão da pragmática da língua e dos atos da fala, com relação a Samoa, podem ser encontrados em Duranti 1990 e revisões gerais são dadas em Sherzer 1987 e DeBernardi 1994.

BOWER, T.G. (1974). *Development in Infancy*. São Francisco: W.F. Freeman and Company.

BROWN, R. (1973). *A First Language*. Cambridge, Mass.: Harvard University Pres.

BURLING, R. (1970). *Man's Many Voices*: Language in Its Cultural Context. Nova York: Holt, Rinehart and Winston.

DeBERNARDI, J. (1994). "Social Aspects of Language Use". In: INGOLD, T. (org.) *Companion Encyclopedia of Anthropology*. Londres/Nova York: Routledge, p. 861-890.

DURANTI, A. (1990). "Politics and Grammar: Agency in Samoan Political Discourse". *American Ethnologist*, 17, p. 647-666.

FERGUSON, C.A. & SLOBIN, D. (orgs.). 1973. *Readings in Child Language Acquisition*. Nova York: Holt Rinehart and Winston.

GUMPERZ, J.J. & HYMES, D. (orgs.). 1972. *Directions in Sociolinguistics*. Nova York: Holt, Rinehart and Winston.

HUTT, S.J. & HUTT, C. (orgs.). 1973. *Early Human Development*. Londres: Oxford University Press.

HYMES, D. (1974). *Foundations in Sociolinguistics*: An Ethnographic Approach. Filadélfia: University of Pennsylvania Press.

HYMES, D. (org.) (1964). *Language in Culture and Society*. Nova York: Harper & Row.

KAGAN, J. (1972). "March – Do Infants Think?" *Scientific American*.

KEESING, R.M. (1979). "Linguistic Knowledge and Cultural Knowledge: Some Doubts and Speculations". *American Anthropologist*, 81, p. 14-36.

McCORMACK, W.C. & WURM, S.A. (1977). "Language and Thought – Anthropological Issues". *World Anthropology*. The Hague: Mouton and Company.

McNEILL, D. (1970). *The Acquisition of Language*. Nova York: Harper & Row.

PIAGET, J. (1970). "Piaget's Theory". In: MUSSEN, P.H. (org.). *Carmichael's Manual of Child Psychology*. Vol. 1. 3. ed. Nova York: John Wiley & Sons, p. 703-732.

SHERZER, J. (1987). "A Discourse-Centered Approach to Language and Culture". *American Anthropologist*, 89, p. 295-309.

SPRADLEY, J.P. (1972). *Culture and Cognition*: Rules, Maps and Plans. Nova York: Chandler Publishing Company.

TYLER, S. (org.) (1969). *Cognitive Anthropology*. Nova York: Holt, Rinehart and Winston.

WHORF, B.L. (1956). *Language, Thought and Reality*. Cambridge, Mass.: MIT Press.

Capítulo 4

Cultura e o indivíduo

Um homem da Nova Guiné, examinando com seriedade os borrões de tinta de um teste de Rorschach que lhe foi apresentado por um antropólogo, descreve o que vê neles: um turbilhão de pássaros em movimento, morcegos e criaturas míticas da floresta onde ele mora. Se um morador de Los Angeles respondesse às manchas de tinta do Rorschach dessa maneira, seria muito estranho – e indicaria problemas psicológicos profundos. Mas e se os outros habitantes da comunidade da Nova Guiné todos vissem seres espirituais nas estampas de borrões de tinta?

Há técnicas psiquiátricas padrão para interpretar os testes de Rorschach. Mas será possível aplicá-las na Nova Guiné? O que significa se os moradores de aldeias em montanhas remotas, propiciando os fantasmas dos antepassados e seres espirituais, produzem respostas que, em Los Angeles, indicariam psicose ou neurose séria? Será que isso significa que as técnicas de pontuação estão corretas ao medir estresse psicológico severo, mas que os homens nessa sociedade da Nova Guiné estão condicionados culturalmente para sofrer esse estresse pelos traumáticos ritos de iniciação e cultos perigosamente secretos pelos quais eles foram elevados à hombridade? E o que dizer dos fantasmas dos antepassados, perigosos e punitivos? São elas imagens ilusórias psicologicamente projetadas de pais autoritários e figuras masculinas autoritárias? Será que a cultura desse

povo da Nova Guiné é uma criação cumulativa dos adultos que reflete suas experiências comuns na primeira e na segunda infância?

Ou será que o processo pelo qual as tradições culturais se acumulam e mudam está apenas remotamente conectado com os conflitos e fantasias psicológicas de indivíduos crescendo em uma sociedade? Se o novo-guineense vê pássaros, morcegos e criaturas míticas nos borrões de tinta, ele estará simplesmente reagindo a essas manchas ambíguas com base nas tradições simbólicas de sua comunidade, apenas secundariamente relacionadas com a dinâmica subjacente de sua personalidade? E como, uma vez que levantamos essas questões, devemos distinguir entre a cultura da comunidade e a psicologia do indivíduo?

Essas perguntas apontam para questões conceituais básicas sobre significados privados e significados públicos, personalidade e cultura, e como as tradições culturais em uma comunidade são construídas, e mudam progressivamente. A menos que possamos resolver essas questões preliminarmente, nossos exames dos modos de vida de outros povos podem começar em um terreno muito escorregadio.

No entanto, ao tentar resolvê-las, deparamo-nos com um problema. Nas décadas de 1930, 1940 e 1950 os antropólogos – principalmente

Menina no festival de intercâmbio de *moka* com toucado de penas de águia e brinco de conchas de pérolas. Melpa, Papua-Nova Guiné.

americanos, entre os quais os mais conhecidos seriam Margaret Mead, Ruth Benedict e Ralph Linton – abordaram essas perguntas diretamente. Uma tradição de pesquisa sobre "cultura e personalidade" estabeleceu-se como ponto central na disciplina, adquirindo uma urgência especial durante a Segunda Guerra Mundial por meio das tentativas de delinear o "caráter nacional" de amigos e inimigos. Como esta área estava infestada com problemas conceituais profundos, circularidades e paradoxos metodológicos, ela caiu em desagrado. A partir de 1960, a pesquisa sobre "cultura e personalidade" deixou de ser moda e passou a ser um tanto desacreditada. Uma triste consequência disso é que muitas das questões empíricas e conceituais críticas foram, com muita frequência, varridas para debaixo do tapete e esquecidas. Uma espécie de fé frívola no antigo dito metodológico do sociólogo francês Émile Durkheim de que as explicações psicológicas de fatos sociais são sempre erradas serviu de base para a análise antropológica por tempo demais. Mais recentemente, no entanto, avanços na pesquisa psicológica e cognitiva levaram a um reexame de muitas dessas questões (BOCK, 1988).

Nas seções que se seguem iremos olhar novamente os antigos impasses e paradoxos conceituais e metodológicos, olhar à nossa volta para os novos desenvolvimentos na psicologia e na biologia e à frente para as melhores respostas que surgem para as antigas perguntas.

7 Cultura e personalidade: além do determinismo cultural

Determinismo cultural: personalidade e a internalização da cultura

A premissa que orientou a pesquisa sobre cultura e personalidade durante as décadas de 1930, 1940 e 1950 foi que o comportamento do adulto é determinado primordialmente pela cultura; um bebê que cresce em uma sociedade específica é moldado pela impressão da experiência cultural. Por exemplo, com que frequência e sob que circunstâncias um bebê é alimentado e banhado, como é segurado, como e quando é disciplinado, como e quando é desmamado ou treinado, depende dos costumes de um povo particular. Padrões comuns de experiência infantil criam uma orientação característica da personalidade; e ao aprender uma cultura, a criança adquire motivos e valores, uma visão do mundo distintiva. Personalidade, nessa visão, representa a "internalização" de uma cultura (cf. GAINES, 1992).

Nesse arcabouço não poderia haver um padrão universal de natureza humana. Não haveria variações significativas entre indivíduos criadas por diferenças inatas em temperamento. Mal poderia haver uma linha divisória clara entre a cultura de uma comunidade e a personalidade de indivíduos.

Metodológica e conceitualmente essa abordagem apresentava confusões insolúveis. Se a personalidade fosse a internalização da cultura, e a cultura fosse a projeção da personalidade, então poderíamos inferir orientações da personalidade a partir de crenças e práticas culturais. Se os novo-guineenses com quem este capítulo começa temem os espíritos perigosos da floresta, e se nossas teorias psicológicas nos dizem que essas criações simbólicas representam tipos particulares de fantasias e conflitos da personalidade, então podemos, por assim dizer, diagnosticar sua psicologia a partir de seus mitos e rituais. Mas como, então, estaremos testando a teoria psicológica? Será que é possível dizer que encontramos uma correlação entre a psicologia individual e a tradição cultural se não tivermos alguma maneira de avaliar padrões psicológicos que não seja que por meio de símbolos culturais? No entanto – como no caso das manchas de tinta nas quais os guineenses viram morcegos e pássaros e espíritos – os métodos que os psicólogos em Los Angeles ou Londres usam para avaliar a personalidade são dependentes de símbolos culturais e expressos através deles.

Outros problemas conceituais e metodológicos se encontram no conceito de cultura; já encontramos alguns deles. Se o analista progressivamente constrói um modelo composto e idealizado da cultura da comunidade a partir daquilo que indivíduos fazem e dizem, é legítimo então perguntar como essa cultura "modula" ou é modulada pelo comportamento dos indivíduos? Há algumas trilhas que nos deixam sair dessas moitas entrelaçadas e elas nos levam de volta às premissas básicas.

Personalidade, etograma e variação individual

Um desemaranhar parcial dessas premissas surgiu com o reconhecimento da moldagem biológica substancial do comportamento humano. Alguns dos componentes biológicos são característicos de nossa espécie: outros fatores de *temperamento* variam muito entre indivíduos. O reconhecimento da importância desses fatores biológicos erode as bases do determinismo cultural. Por um lado, um *etograma* característico de nossa espécie pode subjazer à diversidade cultural e limitá-la; e, por outro, diferenças inatas em temperamento e variações na experiência individual evitam a padronização cultural da personalidade que tinha sido presumida.

A mudança de ponto de vista pode ser ilustrada por uma pequena história. Na década de 1930, Gregory Bateson e Margaret Mead (1942) realizaram um conhecido estudo fotográfico e filme da infância balinesa. Perguntavam-se como era que as crianças balinesas cresciam para atuar como balineses, com seu apurado senso de controle, harmonia, equilíbrio e graça? Sua premissa era que as crianças balinesas, como crianças em qualquer parte do mundo, eram maleáveis para fosse qual fosse a impressão de experiência cultural que moldava suas vidas em seu começo. A criança que aparecia com mais frequência na série fotográfica e no filme era um menino chamado Karba.

Como era que Karba estava sendo moldado nos padrões de vivência e atuação tipicamente balineses? O psicólogo Daniel Freedman, um especialista na primeira e na segunda infâncias humanas, comenta que, no filme de Bateson e Mead,

> Podemos ver no filme o menino balinês, Karba, crescendo a partir de uma infância universal para se transformar em uma criança controlada, calada, graciosa, mas sem expressão, um balinês típico (FREEDMAN, 1974: 145).

No entanto, Freedman observa que, mais tarde, ele e Gregory Bateson observaram o seguinte:

> Recentemente visitamos uma aldeia na montanha em Bajung Gede em Bali e nos encontramos com Karba que não é o padre da aldeia. Fiquei surpreso pelo fato de Karba ser, mesmo aos quarenta anos ou mais, uma pessoa contida e um tanto sem expressão [...] em contraste com seus companheiros aldeões que eram mais extrovertidos [...] Karba, de quem um ponto teórico assim tão importante dependia ("cultura determina personalidade"), pode ser, por sua própria constituição, um indivíduo reticente (FREEDMAN, 1974: 145; FREEDMAN & DeBOER, 1979; WIKAN, 1990).

Uma teoria interacionista que vê a personalidade como resultado de uma interação entre potencialidades ou predisposições biológicas e a experiência abre caminho para um estudo sério das diferenças individuais em uma tradição cultural. E abre caminho também para um estudo sério sobre os possíveis padrões universais da "natureza humana" que são canalizados, expressos e valorizados de formas diferentes em tradições culturais diferentes. Spiro (1978) argumenta convincentemente que os universais da natureza humana, de nosso repertório emocional e comportamental subjazem às diferenças culturais. Em um lugar a competitividade e a agressividade podem ser valorizadas e reforçadas culturalmente; em outro (como em Bali) podem ser desvalorizadas, com ênfase no controle das emoções. As tradições culturais podem prescrever a busca de várias metas em estilos diferentes – a livre indulgência ou a repressão da sexualidade, a expressão dramática ou a supressão da raiva. Mas sob esses códigos de expectativa cultural, argumenta Spiro, encontram-se as tendências humanas à raiva, à competição, à ligação positiva e à solidariedade que os códigos culturais podem canalizar, empurrar sob a superfície e expressar de maneiras diferentes, mas nunca eliminar ou em última instância negar (cf. tb. JORDAN & SCHWARTZ, 1990; SPIRO, 1982).

Essa perspectiva é útil, mas exige certa precaução. No momento em que começamos a falar sobre uma "natureza humana" biologicamente estruturada podemos muito facilmente cair nos mesmos erros dos estudiosos antigos que falavam sobre "instintos" – contra quem os deterministas culturais reagiram de uma maneira que, no final, tornou-se exagerada. Se, como uma espécie, os humanos têm tendências comportamentais inatas, essas tendências estão "em aberto". Ou seja, elas não são programas especificados inatamente para o comportamento e sim *tendências* que dependem do aprendizado cultural para sua expressão. Elas representam um lado de um padrão, com a outra parte deixada em branco para ser preenchida pelo aprendizado cultural. Todas as populações compreendem um reservatório de diversidade em temperamento. Uma tradição cultural que reforça positivamente ou prescreve gentileza e controle será congruente com o temperamento de alguns indivíduos, mas será considerada repressiva por outros; uma tradição que valoriza as bravatas de guerreiros será congruente com o temperamento de alguns indivíduos e não de outros.

Portanto, em sua avaliação e canalização diferente de elementos no repertório de comportamento humano, as tradições culturais selecionam

e reforçam alguns de nossos potenciais e restringem outros. Mas todos esses elementos – tendências para competir e cooperar, para ser violento ou gentil – estão em aberto e incompletos a menos que lhes sejam dados significados culturais e canais de expressão. Essa expressão pode ser aberta em algumas sociedades, relativamente escondida em outras. Assim o hopi, supostamente gentil, expressa hostilidade de maneiras que normalmente ficam sob a superfície de controle externo; ela vem à tona quando as bruxas são expulsas para o deserto. Os balineses gentis no trato com seus semelhantes explodiram em orgias de violência assassina em 1965 quando mataram dezenas de milhares de seus conterrâneos em expurgos políticos. Os semais da Malaia, retratados por Dentan (1968) como "o povo gentil" cometeu atos terríveis de crueldade e violência durante os tumultos civis em um ambiente urbano. Como observa Spiro:

> Os hopis podem ser não menos hostis que os sioux, apesar de os últimos exibirem muito mais agressão social e [...] de seus valores culturais relativos à agressão serem diferentes [...] (SPIRO, 1978: 358).

Os erros na visão tradicional de cultura e personalidade foram bem resumidos por Spiro (1978) ao refletir sobre o curso de sua própria carreira intelectual:

> Quando antropólogos começaram a considerar a cultura como sendo internalizada pelos atores sociais [...] começaram a argumentar que a cultura era o conteúdo [...] exclusivo do [...] organismo [...]. Já que a cultura é encontrada em uma variedade espantosa de manifestações locais, os antropólogos começaram a ver cada cultura como uma criação mais ou menos historicamente única, cada uma produzin-

do uma natureza humana culturalmente única (SPIRO, 1978: 353).

O modelo de "internalização da cultura", em virtude de suas premissas conceituais simplistas, eliminou imediatamente qualquer busca eficaz por uma natureza humana universal e baseada na biologia e qualquer estudo efetivo de como os indivíduos em uma sociedade diferem em motivos e orientações com relação ao mundo. Além disso, muitas das caracterizações das pessoas devem ser consideradas como estereótipos e não como generalizações descritivas.

A personalidade como um sistema psicobiológico

Precisamos de uma maneira de conceituar a personalidade e de uma maneira de conceituar a cultura que não nos prendam na armadilha da circularidade. A **personalidade** é o mundo psicobiológico de um indivíduo considerado como um sistema. A personalidade de uma pessoa inclui seu conhecimento (em grande parte inconsciente) do modo de vida da comunidade, mas ela inclui mais que isso. Primeiro, um indivíduo tem um sentido de *identidade*, um sentido do *eu* com relação aos outros membros da comunidade e seu modo de vida. Ele ou ela tem motivos e metas que são parcialmente distintivas, fantasias, significados e memórias privadas. O indivíduo também tem inclinações para certo comportamento – ser gentil ou agressivo, reflexivo ou impulsivo, intenso ou relaxado, introspectivo ou gregário – que tem componentes biológicos substanciais. Isso é em parte uma questão de predisposição inata; mas nosso temperamento é influenciado por nosso estado de saúde e nossa nutrição, pelo nível de estresse ou relaxamento. "Personalidade" convencionalmente se refere a um tipo de integração contínua do mundo psicológico de um indivíduo e não a estados de espírito e motivos temporários.

Vista dessa forma, a personalidade pode ser conceitualmente diferenciada da tradição cultural da comunidade, mesmo que elas sejam intimamente interconectadas. Tanto a separação parcial e as interconexões emergem se examinarmos a doença mental em várias culturas. Uma vez mais um caso pode ilustrar o que queremos dizer. O falecido William Caudill relatou uma visita a um hospital japonês para doentes mentais durante a qual ele foi levado por um psiquiatra sênior para ver um "paciente com esquizofrenia catatônica severa e incurável". Quando entraram o paciente estava congelado em uma pose rígida já conhecida de Caudill pela observação de pacientes ocidentais. Mas quando o psiquiatra entrou, o paciente se levantou, fez uma reverência, e depois voltou a seu estado prévio.

Aqui temos um indivíduo cuja construção privada da realidade, um mundo de medos e conflitos e significados, não pode, em qualquer sentido, ser comparada com "a cultura japonesa". O paciente talvez tenha se tornado esquizofrênico em virtude de uma interação complexa de predisposições genéticas, reações bioquímicas a certos tipos de estresse que perturbam o funcionamento do cérebro de maneiras características e tipos de experiência familiar que criaram estresse e o empurraram além do ponto de ruptura. No entanto o paciente era culturalmente japonês e, ao construir um mundo privado de retraimento, seus alicerces foram conceitos e valores japoneses. Mesmo em seu terrível retraimento do mundo, ele estava interagindo com esse mundo em um papel culturalmente definido de uma maneira culturalmente adequada; retrair-se completamente poderia ter sido a maior angústia. A personalidade do paciente e a "cultura japonesa" são conceitualmente separáveis. A "cultura japonesa" não tem predisposições genéticas, reações bioquímicas ou medos. No entanto o mundo privado peculiar do paciente estava intimamente conectado com as ideias, valores e códigos comportamentais que são amplamente compartilhados pelas pessoas nas comunidades japonesas.

Uma das dificuldades em compreender e comparar a interação de sistemas psicobiológicos em várias culturas e sociedades diferentes reside nas construções culturalmente dependentes daquilo que é considerado comportamento "normal" e o que é considerado comportamento "anormal". Além disso, o conceito dos processos físicos do corpo pode diferir e isso, por sua vez, irá influenciar as percepções de processos normativos *versus* processos doentios. Por exemplo, Sudir Kakar (1991), em sua discussão de se os conceitos freudianos de mente e corpo eram expressões de leis universalmente constantes ou sujeitas a modificações culturais, relata que o conceito hindu de "corpo sutil", embora análogo em alguns aspectos ao conceito ocidental de "psique", não é considerado como uma categoria psicológica na Índia.

Tentar então aplicar critérios diagnósticos para estados de enfermidade específicos entre culturas que podem definir conceitos tão básicos quanto bem-estar e doença de maneiras diferentes e em contextos que também diferem torna-se difícil mesmo no melhor dos casos. A diagnose de esquizofrenia uma vez mais serve como modelo para ilustrar esse ponto. É reconhecido que há inconsistências na aplicação de qualquer tipo de critérios padronizados no diagnóstico dessa condição complexa. Blue e Gaines (1992), ao notar as dificuldades de comparar a esquizofrenia (ou qualquer doença mental) em culturas diferentes, relatam que esses estudos muitas vezes presumem "universalidade de sintomas" e que os modelos dos quais eles emergem se desenvolvem na maior parte das vezes de conceitos ocidentais das doenças. Eles demonstram os perigos dessas premissas citando um estudo de 1975 de Jablensky e Sartorius que observaram que sintomas associados com a esquizofrenia, tais como algumas alucinações sensoriais, embora raramente relatadas nas populações de pacientes europeus, aparecem com alguma frequência em pacientes de outros países.

Tentativas para padronizar critérios de diagnósticos levam à padronização de métodos e metas de tratamento. Uma vez mais, as ideias, valores e códigos comportamentais culturais fazem com que a padronização seja praticamente impossível. Mesmo as restrições logísticas impostas pela falta de pessoal treinado e instalações adequadas para o tratamento de doentes mentais em algumas áreas, ela própria muitas vezes resultado de condicionamento cultural, faz com que a comparação entre as culturas seja difícil.

A interação entre o privado e o social, o indivíduo e o coletivo, o biológico e o cultural, emerge surpreendentemente nas formas de doenças mentais bastante diferentes daquelas familiares à psiquiatria ocidental. Doenças associadas à cultura foram descritas nas quais episódios aparentemente psicóticos adotam modelos padronizados bastante diferentes daqueles do Ocidente e incorporam sistemas de crença que se tornaram parte da tradição cultural. Nessas doenças, uma pessoa pode expressar uma ruptura psicótica com a realidade cotidiana de uma maneira altamente convencionada.

Helman (1994) considera essas doenças como uma maneira eficiente e culturalmente sancionada de indivíduos expressarem e solucionarem tanto conflitos pessoais quanto intersociais. A lista dessas doenças é extensa e contém manifestações relativamente bem conhecidas como uma situação de hipersugestionabilidade chamada *latah*, encontrada primordialmente no sudeste da Ásia; *windigo*, descrito como uma compulsão canibalesca manifestada entre as culturas que falam o algonquiano no Canadá; e *susto*, a crença na perda da alma causada por um evento súbito, fisicamente ou emocionalmente traumático, encontrado em toda a América Latina. Na cultura ocidental foi sugerido que padrões de comportamento comumente vistos e diagnósticos tais como a anorexia nervosa e a agorafobia são exemplos de sintomas associados à cultura (HELMAN, 1994).

No momento em que conceituamos a personalidade de tal forma que ela não é mais simplesmente uma internalização da cultura, mas também incorpora fatores biológicos e culturais, então podemos fazer novas perguntas sobre doenças mentais culturalmente modeladas. Assim Wallace (1960, 1976) e seus alunos (principalmente FOULKS, 1972) perguntaram se as deficiências da alimentação ou outros desequilíbrios químicos – principalmente a deficiência de cálcio – poderiam contribuir para o estresse que provoca o windigo. Da mesma forma, a agressão culturalmente modelada, que aparenta ser endêmica em algumas sociedades, pode representar deficiências bioquímicas bem assim como aprendizado cultural. Um caso possível dos Andes, ainda apenas documentado parcialmente, é ilustrado no Caso 1. (Este é o primeiro de muitos exemplos de casos que estarão espalhados pelos capítulos que se seguem, numerados para que os casos relacionados possam ser comparados.)

A íntima interconexão entre fatores biológicos e convenções culturais também aparece nos significados culturais e nos papéis sociais atribuídos a indivíduos biologicamente anormais.

Mesmo aqueles diagnosticados com doenças mentais sérias, tais como a esquizofrenia, podem encontrar nichos crucialmente importantes e produtivos como xamãs, videntes, visionários (SILVERMAN, 1967). Se a conversa de um esquizofrênico, aparentemente divorciada das realidades do mundo físico vem de uma mente desorganizada ou de uma fonte divina, é algo que nossas culturas nos dizem. Se um esquizofrênico termina como um paciente mental ou como um profeta religioso depende das circunstâncias de tempo e lugar e dos talentos que ele ou ela tiverem para transmitir para outras pessoas uma visão específica do eu e do mundo.

Um desenvolvimento, então, que nos permite começar a organizar as confusões conceituais e metodológicas da pesquisa anterior sobre cultura e personalidade, é a emergência de um estudo sério de psicobiologia, da interação entre processos biológicos e desenvolvimento psicológico, entre proclividades inatas – aquelas que todos os seres humanos compartilham, e aquelas específicas de certos indivíduos – que vivenciam. A personalidade como uma integração permanente de uma orientação de um indivíduo para o eu e para o mundo, resultado dessa interação entre biológico e psicológico, privado e social, é assim distinguível das heranças culturais das comunidades. Outro desenvolvimento importante na psicologia que nos permite organizar as antigas confusões é a emergência de uma ciência da **cognição** – os processos de pensar e saber e a organização do conhecimento e da memória.

8 A cultura como modelos internos da realidade

Modelos internos da realidade: percepção e memória

O desenvolvimento de uma ciência de cognição desde o declínio de estudos de cultura e personalidade revolucionou nossa compreensão

---

CASO

1

Agressão qolla

Os qollas dos Andes sul-americanos e outros povos de língua aimará foram descritos por muitos observadores por mais de um século como sumamente agressivos, hostis, violentos, traiçoeiros – a lista de adjetivos derrogatórios continua. Vários observadores atribuíram a turbulência social e psicológica dos aimará ao difícil meio ambiente de grandes altitudes, uma existência de pobreza e cruel dominação por outros grupos sul-americanos e depois pelos espanhóis e classes dominantes mestiças.

Bolton considera essas interpretações como apenas parciais: elas não explicam as variações individuais na agressividade entre os qollas, os mecanismos pelos quais o estresse social e psicológico é traduzido em um comportamento agressivo e o comportamento bastante diferente exibido por outras populações sujeitas a pressões aparentemente semelhantes. Deve haver um elemento faltante e uma maneira de escapar da circularidade da explicação.

Bolton levantou a hipótese de que a grande altitude e a dieta de má qualidade colocam muitos indivíduos em um nível muito mais baixo do que os níveis ideais de glicose, embora a bioquímica e a dieta individual levem a graus diferentes de hipoglicemia. Baseando-se em evidência neurofisiológica e bioquímica, Bolton sugere que a hipoglicemia moderada pode ativar padrões de reação agressiva no sistema neural de tal forma que indivíduos afetados dessa forma estão inclinados à excitabilidade e à violência que são facilmente provocadas por estímulos normalmente inócuos da vida social cotidiana. Bolton testou os níveis de glicose de homens qollas e, separadamente, fez com que os próprios qollas avaliassem mutuamente sua agressividade segundo uma escala de quatro pontos. Na amostra, a suspeita de Bolton foi surpreendentemente confirmada: dos treze homens classificados pelos qollas como altamente agressivos, onze mostraram ter uma deficiência moderada de glicose enquanto um era normal e um tinha deficiência baixa. Entre os treze na extremidade inferior da escala de agressividade oito tinham níveis normais de glicose, três tinham deficiência moderada e dois tinham deficiência severa. (A hipótese de Bolton era que uma deficiência severa levaria a um nível baixo de energia, e isso talvez limitasse a agressividade.)

A amostra é bastante pequena, as medidas inevitavelmente menores que o ideal, e o conhecimento biológico dos mecanismos envolvidos infelizmente ainda é um tanto limi-

---

da mente. Mencionamos alguns elementos dessa compreensão que surge nos dois últimos capítulos – a maneira como os humanos constroem em suas mentes as coisas que veem e ouvem, a natureza de conceitos tais como "cadeiridade" com relação ao significado e os modelos aparentemente universais e parcialmente inatos de lógica que subjazem à diversidade linguística.

No domínio da percepção, R.L. Gregory explorou a maneira pela qual aquilo que vemos é construído a partir daquilo que conhecemos. Nós não "vemos" a calçada molhada; ao contrário o que nossas retinas passam para nossos nervos óticos são padrões que nós interpretamos como reflexos; sabendo que as ruas não são feitas de vidro, que elas refletem a luz só quando cobertas com água, "vemos" a rua molhada e dirigimos de acordo. O conhecimento do mundo de que dependemos para construir percepções disso foi descrito por Gregory como nossos "modelos internos de realidade" (1969, 1970).

Se ampliarmos o termo um pouco mais, ele incluirá não só nosso conhecimento da rua molhada e de mesas e cadeiras, mas também nosso conhecimento de eventos e atos e o que eles significam. Assim, nossos modelos internos da reali-

tado. Mas esse exemplo realmente sugere que há uma conexão fisiológica em uma rede complexa de variáveis – envolvendo dieta, altitude e estresse social – que torna os qollas vulneráveis a conflitos interpessoais e a explosões social e psicologicamente perturbadoras de hostilidade. (BOLTON, 1973). A probabilidade de que essa conexão fisiológica, envolvendo hipoglicemia, contribui para a agressão entre qollas individuais foi reforçada por pesquisas adicionais.

Administrando o Teste de Complexão de Frases aos qollas, Bolton (1976) descobriu diferenças nas respostas do teste por parte de indivíduos com deficiência moderada de glicose ou glicose normal. Indivíduos hipoglicêmicos deram respostas agressivas ao teste significativamente com mais frequência. Mas é ilustrativo da complexa interação entre fatores fisiológicos e culturais que as respostas agressivas eram provocadas com mais frequência quando as frases referiam-se a áreas especiais nas quais a agressão é focalizada na sociedade qolla: terra, mulheres, figuras de autoridade, parentes do sexo masculino e dinheiro (cf. BOLTON, 1976, 1978).

Atualização do caso

Os qollas (ou collas) são parte dos aimarás, uma população indígena sul-americana que tradicionalmente vivia na região do Lago Titicaca do Peru e da Bolívia. Hoje, além dessas áreas, eles podem também ser encontrados na Argentina.

Durante a década de 1970, Ralph Bolton continuou a investigação de sua hipótese de que há um elo causal entre hipoglicemia crônica e comportamento agressivo. Estudos recentes (1994-1995) do comportamento de prisioneiros violentos na Finlândia também postularam uma correção entre hipoglicemia e comportamento irritável, impulsivo e agressivo.

Para maiores informações

BOLTON, R. (1976). "Hostility in Fantasy: A Further Test of the Hypoglycemic-Aggression Hypothesis". *Journal of Aggressive Behavior*, 2 (4), p. 257-274.

SALLNOW, M.J. (1989). "Cooperation and Contradiction: The Dialectics of Everyday Practice". *Dialectical Anthropology*, 14 (4), p. 241-257.

VIRKKUNEN, M.; KALLIO, E.; RAWLINGS, R.; TOKOLA, T.R.; POLAND, R.E.; GUIDOTTI, A.; NEMEROFF, C.; BISSETTI, G.; KALOGERAS, K.; KORONEN, S.L. & LINNOILA, M.M. (1994). "Personality Profiles and State Aggressiveness in Finnish Alcoholic, Violent Offenders, Fire Setters and Healthy Volunteers". *Archives of General Psychiatry*, 51 (1), p. 28-33.

dade nos permitem dar um sentido a um rápido fechamento de um dos olhos (uma piscadela) e a uma mão direita que se estende para nós (algo a ser segurado e "apertado" em uma saudação). O que sabemos sobre o mundo, esses "modelos internos" são terrivelmente complexos. O que sabemos que nos permite falar e compreender a fala é apenas um pequeno segmento daquilo que sabemos que nos permite participar de nossos mundos sociais.

Como é que esse "conhecimento" tão imensamente complexo é organizado? De um modo geral, os psicólogos cognitivos abordaram a questão examinando a *memória*. Experimentalmente, podemos estudar os processos de adquirir e recuperar a informação. Pesquisadores que trabalham na área de inteligência artificial construíram representações matemáticas da memória, inclusive o conhecimento do significado das palavras. Outros, procurando programar autômatos semelhantes a robôs, criaram representações internas cada vez mais complexas do ambiente externo e meios de interagir com ele. Apesar desses avanços importantes, nossa compreensão de como modelos internos da realidade são organizados ainda está se desenvolvendo. Há vários motivos pelos quais, antropologicamente falando, esse ataque interdisciplinar nos mistérios da mente é crucial.

Cultura como um modelo interno

Lembrem que no Capítulo 2 examinamos a cultura a partir de duas direções. Como físicos que devem ver a luz tanto em termos de partículas e em termos de ondas – porque cada perspectiva exige e implica a outra – os antropólogos devem considerar a cultura tanto como um sistema cognitivo organizado em mentes individuais e como um sistema compartilhado em uma comunidade, um sistema de significados públicos e coletivos.

Vendo a cultura como um sistema de significados acima e além dos indivíduos nos permite ver como a realidade é socialmente definida e construída. Como Geertz (1973) colocou:

> Do ponto de vista de qualquer indivíduo específico, os símbolos culturais são em grande parte dados. Ele os encontra já em atuação na comunidade quando ele nasce e eles continuam, com algumas adições, subtrações e alterações parciais para as quais ele pode ou não ter contribuído, em circulação depois de sua morte. Enquanto vivo, ele os usa, ou alguns deles [...] para colocar uma construção sobre os eventos pelos quais ele passa.

Examinando a cultura como um sistema cognitivo, como modelos internos de realidade distribuídos na comunidade, nos permite perguntar sobre a diversidade de modelos individuais e sobre a política do conhecimento. E pelo menos igualmente importante, isso nos permite explorar as restrições no conhecimento cultural impostas pela biologia – perguntar que tipos de modelos internos de realidade podem ser aprendidos e usados por animais como nós.

A cultura como um modelo interno de realidade não compreende tudo que um indivíduo "sabe" sobre o mundo (KEESING, 1974). O que sei sobre a cadeira mais confortável na sala de visitas, as peculiaridades do Tio Jake, e as preferências dietéticas de meu cachorro são parte de meu modelo de realidade, talvez, mas não são exatamente parte da minha cultura. Aqui uma vez mais obtemos uma linha divisória entre o domínio da "personalidade" no sentido de minha integração e orientação psicológica para o mundo como um indivíduo e organismo biológico único, e aquele segmento do meu modelo de realidade que é útil chamar de minha versão da cultura. O último consiste na minha teoria sobre significados e códigos para o comportamento que outros na comunidade estão usando.

Assim, quando aprendemos que roupa usar, ou onde e como apertar a mão de outra pessoa, é com referência a um código que – presume-se – os outros estão acompanhando. Quando aprendemos o que uma palavra significa, é com referência à maneira como outras pessoas presumivelmente a estão usando e compreendendo. Nosso conhecimento de nossa cultura compreende nosso modelo desse código que está sendo usado em nossa comunidade. Enquanto nossa memória compreende o conhecimento do particular, de experiências e eventos, o conhecimento cultural é generalizado. Ele compreende princípios e significados e "regras" construídas como teorias a partir de experiências específicas. Adotando essa perspectiva de significados culturais – o que não impede e aliás até exige que adotemos também a perspectiva de Geertz – podemos perguntar sobre como as teorias culturais do mundo são aprendidas, como são organizadas e com que amplitude elas variam de uma sociedade para a outra.

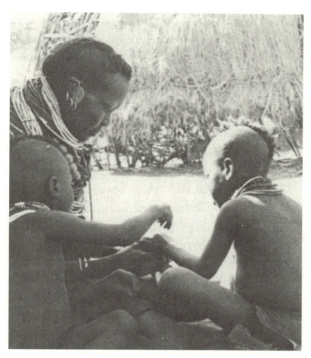

Aprendendo uma cultura. Uma mãe turkana (Quênia) ensina seus filhos.

A aquisição de modelos internos

Perguntar como a cultura como modelo cognitivo é construída por uma criança nos traz de volta às questões que levantamos no fim do último capítulo com relação à linguagem. Até que ponto um bebê é preprogramado com a lógica subjacente e as estruturas organizadoras da língua continua a ser uma pergunta em aberto. Alguns autores que questionam a visão de Chomksy de que a faculdade da língua depende fortemente de estruturas inatas o fazem a partir da direção de Piaget – negando que uma criança tenha *qualquer* pré-programação significativa das maneiras de pensar, aprender e raciocinar. Outros questionam a visão de Chomsky considerando-a muito restrita e veem a aquisição da língua como uma aplicação de estratégias mais gerais de aprendiza-

do, lógica e capacidade de construir teorias que a criança leva também para outras tarefas. Em outras palavras, podemos negar que existem faculdades mentais inatas, ou podemos negar que elas são específicas para o campo da linguagem.

Parece cada vez mais provável que capacidades inatas para representar conceitos, raciocinar, perceber relacionamentos lógicos *realmente* tornam possível a dramática rápida aquisição de competência linguística – mas também que elas parecem ser menos especializadas, menos especificamente linguísticas, mais generalizadas e abstratas do que Chomsky sugeriu. Elas são importantes tanto no aprendizado da língua quanto na aquisição de outros elementos do conhecimento cultural. Mas quão detalhadas elas são, e como funcionam na construção de modelos internos da realidade, continua a ser um mistério.

Embora o bebê seja, assim que o circuito de seu cérebro está plenamente formado, um formidável construtor de teorias, a tarefa de criar progressivamente os modelos internos da realidade extremamente complexos que são necessários para funcionar na sociedade é tremenda. Sem dúvida, isso envolve estágios progressivos de reformulação, transformação e reintegração. Esse processo depende aparentemente da capacidade de generalizar a partir do particular, de raciocinar abstratamente e formular conceitos abstratos, de perceber conexões lógicas. Algumas dessas capacidades os humanos compartilham com seus parentes mais próximos, os chimpanzés e os gorilas; algumas são unicamente humanas.

Até que ponto, e de que maneiras, os modelos internos da realidade que os humanos adquirem são estruturados pela organização física de nossos cérebros é uma questão ainda sendo investigada. Se os antropólogos se contentassem em catalogar os costumes de outros povos essas questões poderiam não importar. Mas os antropólogos inevitavelmente tentam fazer mais: caracterizar a visão do mundo ou modos de pensar de outros povos, avaliar a diversidade de culturas. E quando eles entram nesse território, mesmo quando escrevem em termos da cultura como transcendendo os indivíduos, em termos de significados compartilhados e sistemas simbólicos, ainda estão pisando em areia movediça.

Sistemas cognitivos e variabilidade cultural

Essas questões de como uma criança constrói um modelo interno de realidade são cruciais na avaliação da diversidade cultural. Será que todas as tradições culturais, consideradas como modelos da realidade construídos nas populações com o passar do tempo (e aprendidos por cada criança nascida naquela sociedade), têm a mesma estrutura básica? As maneiras de vivenciar o tempo, o espaço, e talvez a causalidade serão substancialmente determinadas pela nossa herança evolucionária? As tradições culturais podem diferir em suas expressões idiomáticas e metáforas para falar sobre o tempo, o espaço e a causalidade; mas nossa experiência delas pode ser fundamentalmente estruturada por nosso equipamento perceptual-conceitual. Essas estão entre as questões mais cruciais abordadas pela antropologia. Mas a evidência que os antropólogos coletam é por natureza aberta à interpretação nas duas direções. Isto é, ela pode ser interpretada como se indicasse que os mundos do pensamento de povos diferentes são radicalmente diferentes e moldados culturalmente; ou como se indicasse que esses mundos experienciais são fundamentalmente os mesmos apesar dos idiomas culturais diferentes para falar sobre as mesmas experiências. Os antropólogos,

embora tendam a ter opiniões acaloradas sobre essas questões, não têm nenhum meio de saber as respostas corretas.

Há razões crescentes para pensar que a lógica cultural e as visões do mundo são muito menos diferentes do que pareciam em um dado momento. Parte da evidência vem da linguística, onde lógicas universais subjacentes emergem cada vez mais. Parte vem dos estudos de repertórios comportamentais e do potencial cognitivo de nossos parentes primatas. Alguns antropólogos argumentaram, por exemplo, que a capacidade de reconhecer imagens de duas dimensões como representações de pessoas e objetos é uma habilidade cultural especialmente do Ocidente. Alguns povos na Nova Guiné pareciam incapazes de reconhecer as imagens em quadros quando esses lhes foram mostrados pela primeira vez. Mas tarde, aprenderam como fazê-lo, mostrando que a capacidade de reconhecer representações de duas dimensões de objetos é claramente parte de nosso equipamento perceptual, não uma peculiaridade cultural.

A evidência que vem se acumulando parece agora indicar uma espécie de orientação cotidiana da "realidade", uma sensação de espaço e tempo e causalidade que, essencialmente, é biologicamente estruturada, um produto da evolução de primatas e mamíferos e comum a todos os humanos em todas as partes do mundo. Nossas faculdades linguísticas, um produto da evolução recente, descansam sobre essas capacidades e nos permitem – de nossas várias maneiras – falar sobre elas.

O desenvolvimento cultural de capacidades cognitivas

A essa orientação cotidiana da "realidade" várias tradições culturais acrescentaram elaborações: estados de espírito místicos e mundos fantásticos, buscas de visões e jornadas míticas, estado de possessão e frenesis religiosos. Os rituais "da hora do sonho" dos aborígenes australianos, os transes de Bali, as seções de magia negra do Haiti, as visões induzidas por alucinógenos da Mesoamérica ou da Amazônia, são expressões de capacidades pan-humanas para estados da consciência alterados/exaltados. Esses podem representar o desenvolvimento e a avaliação cultural das faculdades mentais – para o pensamento místico e holístico – que estão subdesenvolvidos e desvalorizados na tradição racional ocidental. Muitos podem ser expressões das faculdades centradas no cérebro, complementares às faculdades da linguagem e da lógica analítica. Mas isso não é dizer que algumas pessoas caminham o dia todo em um estado de unicidade mística com o cosmos. Quando elas caçam, cozinham o jantar, e coçam seus traseiros estão sendo tão racionais e pragmáticas como são os seres humanos em qualquer parte do mundo a maior parte do tempo.

O desenvolvimento cultural especial de capacidades mentais emerge em outros domínios da mente também. Com a emergência da alfabetização em massa, os humanos se tornaram lamentavelmente ineficientes nas tarefas de memória que eram lugar comum para seus antepassados. Técnicas especiais de percepção visual, de localização, de resolução de problemas ou de navegação podem ser fomentados por treinamento e experiência, culturalmente reforçados. Assim os marítimos da Micronésia que navegavam pelas estrelas e pelas marés, ou os caçadores africanos ou australianos buscando a caça, ou os polinésios recitando genealogias extremamente longas, estão todos usando técnicas apuradas em tradições culturais específicas.

Essas técnicas não são compartilhadas igualmente por todos; todas as sociedades têm seus peritos e seus idiotas, seja qual for a técnica em questão. Diferenças em estilo cognitivo foram extensivamente estudadas em várias culturas nos últimos anos – embora, como no caso de testes de personalidade, dificuldades de concordância e vieses culturais nos instrumentos do teste dificultem a interpretação dos resultados (cf. COLE & SCRIBNER, 1974).

A essa altura, tendo examinado as culturas como sistemas de conhecimento, como modelos internos de realidade, precisamos equilibrar essa ênfase em cognição examinando agora o outro lado da personalidade, o domínio das emoções.

9 A psicodinâmica da personalidade em uma perspectiva evolucionária

O lado emocional da vida mental humana, em contraste com seu lado cognitivo, vem sendo convencionalmente chamado de psicodinâmica. A imagem aqui é das emoções como uma força propulsora no comportamento, fornecendo a força motriz por trás da fantasia e da ação. Aqui examinaremos as antigas teorias da psicodinâmica à luz das novas explorações da mente e da herança biológica.

A teoria psicanalítica e a cultura

A corrente de pensamento mais influente na pesquisa moderna da personalidade foi a teoria psicanalítica – o trabalho de Freud e de seus alunos e sucessores. Desde as duas primeiras décadas do século XX antropólogos mantiveram um diálogo contínuo com psicanalistas, através de figuras como Kroeber, Linton, Mead, Kluckhohn, LaBarre, Leach e Fortes. O lado antropológico desses diálogos abarcou desde empréstimos solidários até ceticismo crítico. Uns poucos estudio-

Um mestre navegador da Micronésia ensina a aprendizes a bússola de estrela com seixos, em Puluwat, Ilhas da Carolina Central.

sos cujo treinamento ou compromisso primordial era na psicanálise, principalmente Roheim, Kardiner e Erikson, trabalharam diretamente com materiais antropológicos.

Um elemento desse diálogo foi perguntar se as teorias psicanalíticas do inconsciente poderiam iluminar costumes, crenças e comportamento em sociedades não ocidentais. Será que os espíritos sobrenaturais de um povo poderiam representar projeções de figuras paternas e maternas e, portanto, dos conflitos das primeiras experiências? Questões como essas foram um tema permanente na antropologia psicanaliticamente orientada.

Outro elemento foi o esforço para expandir a teoria psicanalítica, tornando-a menos presa à cultura. Será que a repressão da sexualidade expressa por parte de pacientes vienenses que ele tratou teria levado Freud a acreditar erroneamente em modelos abertamente limitados do inconsciente? É o Complexo de Édipo realmente universal na experiência humana? A hostilidade entre pai e filho na primeira infância e a rivalidade pela sexualidade da mãe que Freud considerava central na psicologia humana em qualquer parte do mundo tomam a mesma forma e têm a mesma importância nos lugares em que – como nas Ilhas Trobriandesas – o tio maternal de um menino, e não seu pai, é o disciplinador severo? (cf. OBEYE-SEKERE, 1984; SPIRO, 1982).

O interesse antropológico na psicanálise foi limitado, especialmente na antropologia social britânica, por uma preocupação relativamente restrita

Navegadores micronésios usam técnicas cognitivas fomentadas pelo estudo das estrelas e conhecimento detalhado e experiência das correntes, dos ventos e das pequenas ilhas.

com relações sociais e com a maneira como as sociedades funcionavam. E, após uma explosão de interesse em psicologia "de profundidade" na cultura americana e na pesquisa da personalidade, houve uma desilusão generalizada com as aparentes circularidades do tipo galinha ou ovo da interpretação e a falta de firme evidência nos processos da mente. Uma proporção muito grande dos antropólogos modernos quase não recebe treinamento sobre psicanálise, são relativamente céticos e geralmente desinteressados sobre essa e outras teorias de personalidade semelhantes.

Alguns estudiosos, tais como George Devereux (1978) e Weston LaBarre (1978), mantiveram suas orientações psicanalíticas por muitos anos; e a eles se juntaram outros que foram atraídos pela teoria psicanalítica após um treinamento socioantropológico mais convencional (cf. HOOK, 1979; SPINDLER, 1978). Agora existem sinais de um ressurgimento na corrente contínua – embora há muito diluída – da antropologia psicanalítica; e há fortes sinais de que esse ressurgimento irá agora produzir *insights* mais profundos do que aqueles que foram possíveis até o momento.

Perspectivas evolucionárias sobre a mente inconsciente

Seria prematuro até mesmo esboçar a forma de uma teoria mais poderosa e útil sobre a mente inconsciente do ponto de vista antropológico. No entanto, podemos pelo menos examinar por que uma compreensão mais profunda está se tornando possível, e podemos vislumbrar alguns esboços parciais de uma teoria emergente.

Uma teoria do inconsciente humano e seu relacionamento com os produtos culturais da mente hoje podem estar biologicamente bem-fundados de uma maneira que nunca foi possível anteriormente. Isso não é o mesmo que dizer que Freud não estivesse interessado em biologia; ele era, em primeiro lugar, um neurofisiologista e sempre um explorador das raízes biológicas da vida mental humana. Mas infelizmente, à época de Freud, quase nada se sabia sobre a evolução humana, sobre a evolução do comportamento, sobre o comportamento dos primatas e outros mamíferos em ambientes naturais, e sobre o cérebro. A teoria freudiana, buscando ser uma teoria biológica da mente, teve de ser criada virtualmente em um vácuo biológico.

Na ausência de um conhecimento adequado do comportamento animal e de sua evolução, Freud se baseou em inferências e em dados clínicos: ele achava que os animais eram impulsionados pelos estímulos biológicos para comer e reproduzir e da mesma forma para matar, para o combate da caça e para acasalar. Como os seres humanos são animais, esses impulsos biológicos devem estar localizados profundamente no cérebro e ser cobertos pelos mecanismos da mente consciente. O aprendizado cultural deve fornecer os controles pelos quais a natureza animal é mantida dentro dos limites e obrigações morais, pois, sem os controles culturais, nossos impulsos sexuais, da fome e da agressão escapariam de nosso controle e a vida social ordenada seria impossível. Mas Freud acreditava que nossa verdadeira natureza animal e as fontes de nossa psique e, portanto, de nossa energia física, estão sob esses revestimentos conscientes.

Freud acreditava que a vida mental humana é uma dinâmica constante de conflito e controle, de expressão canalizada, redireção e repressão de impulsos e energias básicos instintivos; o controle cultural e, portanto, a vida social, exige um sério custo em termos de ansiedade, conflito e muitas vezes neuroses. Os processos normais da psique – de sonhos e outras fantasias, de simbolização, de interação social cotidiana – expressam o bloqueio, a redireção e a expressão dissimulada das energias de nossas forças vitais naturais. Freud afirmava que, como somos incapazes, em virtude da convenção cultural, de lidar direta e conscientemente com os impulsos sexuais e agressivos tão centrais em nossa mente inconsciente, reprimimos, sublimamos, ocultamos em símbolos, negamos, redirecionamos. Embora os custos da saúde psíquica sejam severos e se manifestem em neuroses ou, no pior dos casos, em psicoses, esses processos de fantasia e repressão também subjazem às criações culturais da arte e da religião.

Hoje parece que tudo isso estava apenas parcialmente incorreto. À luz da etologia moderna, ela deturpa substancialmente nossa natureza animal. Primeiramente todos os mamíferos são, em vários graus, animais sociais. São biologicamente programados não apenas para satisfazer impulsos individuais, mas para viver em grupos. Os padrões comportamentais que são transmitidos biologicamente e moldados pela evolução são orquestrados para produzir comportamentos grupais que são adaptáveis.

O modelo da mente consciente superimposto sobre a natureza primária é parcialmente confirmado pelo conhecimento moderno do cérebro em uma perspectiva evolucionária, mas é simples demais. O sistema límbico do cérebro – evolucionariamente antigo – está direcionado para a sobrevivência e para a reprodução e é a fonte neural dos surtos de raiva e de outras emoções. No decorrer da evolução dos mamíferos, ele não foi suplantado e eliminado, mas, com o desenvolvimento do neocórtex, foi conectado a um sistema mais complexo onde o antigo sistema límbico continua a atender às demandas básicas de sobrevivência (McLEAN, 1964, 1968, 1969, 1970).

Na evolução mamífera e hominídea o sistema límbico e o neocórtex foram evolvendo juntos como um sistema – um sistema que deve ser adaptável para que as espécies possam sobreviver. Os humanos, ao desenvolverem capacidades corticais maciças para a resolução de problemas e a elaboração simbólica, também desenvolveram um circuito complexo que se conecta com partes mais antigas do cérebro. O controle cortical dos processos límbicos é um produto da evolução, não uma imposição cultural sobre nossa natureza biológica (cf. DAMASIO, 1994).

Assim a neurociência moderna aponta para sérias inadequações nas concepções freudianas e de outros psicanalistas do consciente e do inconsciente. A mente e o cérebro são terrivelmente complexos. Nenhuma dicotomia do tipo freudiano entre o inconsciente e o consciente, entre processo primário e secundário, ou qualquer outra teoria *estratigráfica* da mente que veja "níveis" como sendo mais ou menos profundos pode ser adequada. As estruturas do cérebro pelas quais os hemisférios cerebrais esquerdo e direito são complementares – o esquerdo normalmente desempenhando operações predominantemente linguísticas, lógicas e sequenciais e o direito desempenhando predominantemente operações holísticas e integrativas – fazem com que qualquer concepção estratigráfica da mente seja inadequada. O mesmo ocorre com os resultados de danos cerebrais que apontam para várias locações cerebrais e processamento e organização diferentes dos programas para a linguagem, para lidar com o meio ambiente natural, e para lidar com o ambiente social.

Por exemplo, alguns pacientes com danos cerebrais estão gravemente prejudicados em suas relações sociais em virtude de sua incapacidade de "ler" as respostas e estados de humor dos outros e, no entanto, podem ler jornais ou desempenhar operações manuais sem problemas; em outros casos as relações sociais dos pacientes não são prejudicadas, mas sua capacidade de manipular o ambiente físico é seriamente prejudicada pelo dano cerebral. Em um caso famoso, um compositor soviético perdeu totalmente o poder da linguagem em virtude de um dano cerebral de grande porte, mas continuou a compor música. O consciente e o inconsciente, portanto, devem ser considerados como uma simplificação extremamente exagerada de um sistema incrivelmente complexo que a ciência só está começando a compreender.

Desenvolvimento psicológico e relacionamentos sociais

A teoria psicanalítica considerava o **Complexo de Édipo**, a ligação sexual entre a mãe e o filho, com o pai como rival e figura autoritária, como uma fase crucial no desenvolvimento da personalidade adulta. (A imagem feminina equivalente, o **Complexo de Electra** pelo qual uma menina desenvolve uma ligação sexual com o pai, recebeu menos atenção. Cf. CHODOROW, 1979; MITCHELL, 1974; STROUSE, 1974, para reflexões sobre os vieses sexuais da teoria psicanalítica.)

À luz dos estudos do comportamento moderno dos seres humanos e seus parentes mais próximos no reino animal, essa ênfase assume um novo significado. O trabalho de John Bowlby e seus colegas (BOWLBY, 1969) indica que muito antes de o desenvolvimento dos complexos de Édipo e de Electra, um bebê (de qualquer um dos gêneros) forma um vínculo psicológico profundo com a mãe (ou alguém que a substitui). Para o bebê, o sistema de conexão psíquica mais importante começa a operar entre as idades de três e sete meses. Esse *vínculo primário*, extremamente básico e formativamente crucial dos vínculos psíquicos, colore os vínculos emocionais na vida posterior. Os complexos de Édipo e Electra são desenvolvimentos que surgem desse vínculo anterior (não sexual). Tanto em sua ênfase nas fases "sexualizadas" subsequentes da ligação psíquica entre pais e filhos e seu tratamento relativamente subdesenvolvido de outros sistemas de ligação psíquica (o vínculo com colegas, o vínculo com parceiros), a teoria psicanalítica é muito restrita em sua visão do desenvolvimento psicossocial. As descobertas da etologia exigem que vejamos nossa natureza animal como orientada fundamentalmente para a vivência em grupos sociais e que vejamos os sistemas de vínculos psíquicos como adaptações à vida em grupo e como bases para esse tipo de vida, e para a dependência prolongada que a maturação tardia e o aprendizado cultural exigem.

Os vários modos de organização e costume familiar em épocas e lugares diferentes fornecem ambientes variados em que as proclividades e potenciais humanos, parcialmente comuns a nossa espécie e parcialmente únicas aos indivíduos, são expressas e desenvolvidas. E elas fornecem também, então, laboratórios para a exploração teórica.

A expressão cultural de temas psicobiológicos

A visão mais ampla que os antropólogos obtêm da situação familiar na perspectiva comparativa fez com que Fortes (1974), Devereux (1953) e outros vissem a ameaça e a ambivalência das relações pais-filhos tanto do ponto de vista dos pais quanto do ponto de vista dos filhos. Os humanos, prevendo seu próprio fim, não podem exatamente evitar ver em seus filhos seus sucessores eventuais, seus sobreviventes e substitutos. A ambivalência e a tensão padronizada culturalmente é um tema comum (FORTES, 1974). Aqui a evidência da antropologia é particularmente vívida: conflitos e dramas emocionais que são provavelmente universais na experiência humana e, no entanto, em nossa sociedade podem ser abertamente atuados apenas por pacientes psiquiátricos, podem, em outras sociedades, se transformarem em um foco de prática ritual e convenção cultural. Como Fortes (1974: 93) observou "aquilo que pode parecer respostas individuais idiossincráticas, ou até bi-

zarras [...] em uma cultura, serão incorporadas ao costume público e normal em alguma outra cultura."

Considere o exemplo no Caso 2. Alguns elementos no simbolismo ritual dos tallensis e outros grupos são um tanto transparentes – o arco fálico, explicitamente um símbolo cultural de masculinidade, o celeiro como repositório da semente e da fertilidade. Mas mais importante são as maneiras pelas quais os tabus e os ritos dramatizam as mudanças de *status* introduzidos no ciclo da vida humana e lhes dão expressão cultural (a transição do *status* de paternidade, a instituição de um grupo de irmãos em que o mais velho assume a responsabilidade); e ainda mais importante são as maneiras pelas quais esses ritos e restrições expressam a ambivalência e a hostilidade psicológicas por caminhos canalizados socialmente.

Todos os pais em todas as sociedades são ambivalentes com relação a seus filhos que sugam suas energias e irão eventualmente substituí-los; inevitavelmente eles sentem hostilidade e ressentimento ao mesmo tempo em que sentem amor e ligação. Em todas as sociedades esses sentimentos negativos devem ser superados: uma sociedade em que os pais são encorajados a matar ou a abandonar seus filhos (exceto sob as exigências muito especiais de infanticídio culturalmente imposto) ou simplesmente a não ter nenhum filho não poderia estar exatamente bem-equipada para uma sobrevivência de longo prazo. Mas a ambivalência pode ser dramatizada em uma anulação ritual e no tabu, e assim até certo ponto ser despida de culpa e aliviada de tensão. Entre os tallensis, a transformação do primogênito e da primogênita tão diretamente em substitutos simbólicos focaliza a hostilidade dos pais e a rivalidade frustrada (p. ex., o conflito edipiano) e ao mesmo tempo as

CASO

2

Os primogênitos entre os tallensis

Entre os tallensis, um povo de Gana, a descendência e a herança passam de pai para filho. De forma surpreendente, os tallensis dramatizam e ritualizam as tensões entre pais e os filhos que irão substituí-los. O foco de observação costumaria é o primogênito, que culturalmente é a principal vítima da ambivalência de um pai com relação a ser suplantado por seus filhos.

Primeiramente é importante que os tallensis se casem e tenham filhos – com efeito, um homem deve ter um filho para que possa atingir satisfação psicológica e cultural. As crianças são desejadas e buscadas; sem um herdeiro masculino não se pode ser um antepassado e com isso ter um lugar permanente garantido no cosmos tallensi.

Os tallensis consideram a maior glória de todas, aliás, o único objetivo realmente meritório na vida, ter a certeza de estar deixando descendentes, idealmente do sexo masculino [...]. Para ter vivido com sucesso é preciso morrer com a esperança de alcançar o papel de antepassado e isso só é possível se deixarmos descendentes masculinos (FORTES, 1974: 84).

Mas é o primogênito, e secundariamente a primogênita cujo nascimento assinala o fim da ascensão da vida de uma pessoa e o começo de uma descida montanha abaixo, que leva à senilidade e à morte (os tallensis não estão realmente ansiosos para chegar rapidamente ao papel de antepassado). Desde seus cinco ou seis anos, o primogênito não pode comer do mesmo prato que seu pai, não pode usar a túnica ou chapéu do pai, não pode carregar sua aljava, ou usar seu arco; e não pode olhar para o celeiro de seu pai. Após chegar à adolescência o primogênito e seu pai não podem se encontrar na entrada do complexo habitacional. Tabus paralelos restringem as relações da primogênita com a mãe, e o vaso onde a mãe armazena a comida é proibido à filha.

Quando os pais morrem a substituição pelos primogênitos é dramatizada ritualmente. O primogênito e a primogênita dirigem os ritos mortuários; o filho veste o boné e a túnica do pai. Uma pessoa mais velha que segura o arco do morto leva o filho até ao celeiro proibido e o guia para que ele entre. E só com a morte do pai é que o filho assume a maturidade ritual plena e faz sacrifícios – espe-

Um filho Tallensi primogênito é mostrado ritualmente, pela primeira vez, ao interior do celeiro de seu pai como parte da cerimônia de funeral.

cialmente para o pai morto, como intermediário entre aqueles que ainda vivem e os antepassados mais remotos.

Atualização do caso

Hoje, o povo Tallensi continua sua vida primordialmente agrária no norte de Gana no litoral da África Ocidental. O trabalho de Meyer Fortes com os Tallensi desde a década de 1940 até a década de 1970 é um estudo antropológico clássico e continua a fornecer *insights* sobre um modo de vida que ainda permanece em muitas partes do mundo.

Algumas leituras sugeridas

FORTES, M. (1987). In: GOODY, J.R. (org.). *Religion Morality and the Person*. Cambridge: Cambridge University Press.

HART, K. (1971). "Migration and Tribal Identity Among the Frafras of Ghana". *Journal of Asian and African Studies*, 6 (1), p. 21-36.

neutraliza. E a criação cultural dos antepassados ao mesmo tempo nega a finalidade da morte e a perda dos entes queridos.

Símbolos privados, símbolos públicos

Se as instituições religiosas ou ritos podem em parte ser expressões de conflitos psicológicos, será possível que as divindades ou outros seres sobrenaturais sejam projeções psicológicas? Uma divindade punitiva é uma projeção psicológica de um pai disciplinador? O psicanalista Abram Kardiner, a antropóloga psicanalítica Geza Roheim e outros argumentaram que os entes sobrenaturais são realmente criações de projeção. Relações com sobrenaturais em propiciação ou expiação reproduzem ou expressam conflitos ou culpa com relação às figuras paterno/materna. A maioria dos antropólogos rejeitaria essas interpretações. A fantasia privada e pessoal de um indivíduo pode ser sujeita à interpretação em termos da experiência psicológica individual, muitos diriam, mas crenças e ritos que são compartilhados e públicos não podem ser interpretados em termos da psique individual. Muitos citariam o *dictum* de Émile Durkheim de que padrões compartilhados de cultura – "representações coletivas" – não podem ser explicadas por meio da psicologia de indivíduos. O oposto foi convincentemente argumentado por LaBarre (1970), Devereux (1975) e outros. Sistemas de crença, corpos de mito, e sequências rituais têm todos eles histórias no tempo e no espaço. A ilusão de que eles não o fazem origina-se do estudo antropológico das sociedades para as quais não existem registros históricos. Um mito ou procedimento ritual específico tem uma história que pode ter começado apenas por meio de ideias privadas que foram comunicadas. Cada modificação na recontagem (ou em um empréstimo) de

um mito ou a alteração de um rito é igualmente o produto de mentes individuais.

Para que seja compartilhado e, portanto, parte da cultura, um elemento religioso ou ritual deve ser comunicado socialmente e aceito por outros. Essas características – argumentam LaBarre e Devereux – distinguem uma fantasia privada que serve apenas às necessidades psicológicas de seu criador, da fantasia privada que toca uma corda reativa em outras pessoas e se baseia na experiência psicológica compartilhada com outros, bem assim como em um repertório cultural de elementos simbólicos.

O processo pelo qual o sonho de uma pessoa passa a ser um mito da sociedade e a compulsão particular de uma pessoa um ritual da sociedade é pouco conhecido. Uma cultura aparentemente inclui um corpo de material simbólico a partir do qual mitos e ritos são construídos e modificados. A criação ou modificação de ritos ou mitos pode ser mais canalizada culturalmente e formalmente estruturada do que muitas das criações da fantasia privada; mas elas são, em última instância, criadas ou modificadas pelas mentes individuais e passam a ser compartilhadas ou emprestadas dos vizinhos só se forem psicologicamente significativas para outras pessoas (KRACKE, 1978).

E quanto ao estoque de símbolos? O trabalho de Freud sugere a existência de temas universais no simbolismo e antropólogos com tendências freudianas ou sem elas observaram também temas recorrentes. Mas o contraste entre estudiosos que interpretam esses temas em termos da psicodinâmica individual e aqueles que (seguindo Durkheim) os interpretam como representações coletivas é muito grande.

Teremos de escolher entre interpretações psicanalíticas de símbolos e interpretações culturais que veem significados coletivos e sociais? O ensaio de Victor Turner (1978) sobre o encontro de um antropólogo social com a psicologia freudiana sugere uma resposta à qual voltaremos em um capítulo posterior. Não podemos simplisticamente igualar "símbolos intrapsíquicos" (i.e. privados) com símbolos interpsíquicos (i.e. públicos).

> Símbolos culturais [...] transmitidos de geração em geração por preceito, ensinamento e exemplos não [são] – pelo menos para todos os objetivos práticos – psicogênicos em origem (TURNER, 1978: 573).

No entanto, ao mesmo tempo, símbolos culturais cobrem um espectro de referência, têm sentidos ou significados diferentes, que vão desde aqueles que são sociais e coletivos até os que são privados e físicos. Assim, no decorrer de um único ritual a árvore *mudyi* dos ndembus (que exude uma sépia branca) ocupa o lugar de todo um grupo de referentes:

> seios, leite materno, relacionamento mãe--filho, a matrilinearidade (descendência na linha feminina) de um neófito (linhagem), a feminilidade em geral, mulheres casadas, a gravidez, e até [...] a qualidade de ser um Ndembu (TURNER, 1978: 577; cf. tb. Caso 51, capítulo 15).

Enquanto a teoria psicanalítica veria significados físicos, especialmente sexuais, como primordiais no ritual, no mito e na arte, os significados sociais podem ser mais destacados. O sexo físico ou os genitais podem servir como símbolos das forças criativas do universo, como na simbologia hindu. O eu é importante é a conexão entre significados físicos relacionados com experiências primárias e os significados sociais e religiosos. Símbolos coletivos, culturais podem

"funcionar" precisamente porque eles relacionam os significados sociais com a psicodinâmica individual. Se isso é verdade, o conflito aparente entre teorias psicanalistas de como símbolos são criados e usados e as teorias dos antropólogos sociais de significados culturais podem ser um artefato de conceitualização errônea e exagero de afirmação teórica. Um dos muitos desafios importantes da fronteira antropológica é encontrar meios de conceitualizar e explorar a interconexão entre experiência individual e significados coletivos que não nos obrigue a tentar – como tanto os psicanalistas quanto os teóricos sociais o fizeram – reduzir um ao outro. Uma conceitualização biologicamente sofisticada dos modos múltiplos da inconsciência e das profundezas da motivação serão um elemento importante em uma compreensão mais completa dos processos simbólicos (cf. OBEYESEKERE, 1984).

Ao examinar cultura e sociedade, língua e personalidade, adquirimos o equipamento conceitual refinado de que precisamos para levar adiante nossa exploração dos caminhos humanos, equipados agora para pensar mais precisa e analiticamente sobre a organização da cultura e da sociedade e sobre como os sistemas socioculturais mudam.

SUMÁRIO

Este capítulo examinou mais atentamente como a cultura é moldada pelo comportamento de indivíduos que têm uma ampla variedade de temperamentos e sentidos definidos de identidades únicas.

O que molda uma personalidade específica em uma cultura é determinado por fatores múltiplos. As tradições culturais selecionam a partir de uma variedade ampla de potencialidades humanas e encorajam ou desencorajam maneiras específicas de autoexpressão, tais como a gentileza ou a violência segundo contextos. É possível que certas propensões, tais como uma inclinação para o comportamento agressivo, possam ser provocadas por fatores ecológicos (altitude elevada e alimentação deficiente, como sugeriu Ralph Bolton no caso do povo qolla). Mas essas tendências são sempre moldadas culturalmente por meio da percepção e do conhecimento. Estudos cognitivos aprimoraram nosso conhecimento de como a memória, por exemplo, é adquirida e usada por indivíduos e é ao mesmo tempo compartilhada comunalmente. A cultura pode, portanto, ser examinada como um sistema cognitivo de modelos internalizados da realidade distribuídos em uma comunidade. Ao examinar os processos pelos quais uma pessoa organiza o conhecimento e a memória podemos compreender melhor como as personalidades se desenvolvem em um meio cultural.

A evidência de várias culturas também sugere que as visões do mundo não são tão diversas quanto a visão "mosaico" de culturas sugeriria. Finalmente, precisamos equilibrar o estudo da cognição com o estudo das emoções. A teoria psicanalítica pode contribuir aqui, mas há problemas com sua aplicabilidade universal. Estudos de conexões no cérebro podem nos ajudar a definir mais claramente a inter-relação entre cognição e emoção de uma maneira que transcenda o quadro freudiano do inconsciente e do consciente. O estudo de caso do povo tallensi de Gana mostra que há tensão entre o pai e o filho mais velho, porque em sua estrutura familiar é esse filho que ocupa o lugar do pai no domicílio quando o pai morre. O filho deve observar tabus sofisticados que tanto expressam quanto evitam essa tensão. Símbolos culturais são utilizados nesse processo para conectar significados sociais e a psicodinâmica individual.

SUGESTÕES PARA LEITURAS ADICIONAIS
Seções 7, 8, 9

BARNOUW, V. (1973). *Culture and Personality*. Ed. rev. Homewood, Ill: Dorsey Press.

BOURGUIGNON, E. (1979). *Psychological Anthropology*: An Introduction to Human Nature and Cultural Difference. Nova York: Holt, Rinehart and Winston.

COLE, M. & SCRIBNER, S. (1974). *Culture and Thought*: A Psychological Introduction. Nova York: John Wiley & Sons.

EDGERTON, R.B. (1971). *The Individual in Cultural Adaptation*: A Study of Four East African Peoples. Berkeley: University of California Press.

HOOK, R.H. (org.) (1979). *Fantasy and Symbol*: Studies in Anthropological Interpretation. Nova York: Academic Press.

HSU, F.L.K. (org.) (1972). *Psychological Anthropology*. 2. ed. Cambridge, Mass: Schenkman Publishing Company.

HUNT, R. (org.) (1967). *Personalities and Cultures*. Garden City, NY.: Natural History Press.

LEBRA, W.P. (org.) (1976). *Culture-Bound Syndromes, Ethnopsychiatry and Alternate Therapies*. Honolulu: University of Hawaii Press.

LE VINE, R.A. (1973). *Culture, Behavior and Personality*. Chicago: Aldine Publishing.

LE VINE, R.A. (org.) (1974). *Culture and Personality*: Contemporary Readings. Chicago: Aldine Publishing.

SPINDLER, G.D. (org.) (1978). *The Making of Psychological Anthropology*. Berkeley: University of California Press.

WALLACE, A.F.C. (1970). *Culture and Personality*. 2. ed. Nova York: Random House.

Parte
2

Povos tribais: em busca de uma visão sistêmica

Os antropólogos criaram uma imagem do mundo tribal* que existia à época da intrusão europeia como uma espécie de mosaico de povos, cada um com uma cultura específica. Cada cultura representa um exemplo separado de possibilidade humana, uma maneira diferente de ser humano. Essa imagem foi profundamente influente nas ciências sociais e para moldar as visões populares de variação cultural. Na própria antropologia, ela foi complementada por visões alternativas de sociedades em perspectiva evolucionária, como que representando estágios sucessivos na emergência de sociedades complexas: de caçadores e coletores para horticultores, para chefaturas e, eventualmente, para estados.

No Capítulo 5 irei argumentar que esse mundo como foi retratado com frequência na antropologia nunca existiu. Adotando um ponto de vista sistêmico e regional, argumentarei que as sociedades descritas por antropólogos e as sociedades mais complexas (inclusive estados) coexistiram e evolveram juntas. Culturas "primitivas" não representam estágios anteriores ou mais simples; a maioria dos modos de vida surgiu apenas nos últimos três mil anos. Muitos deles tinham existido apenas por uns poucos séculos quando os europeus chegaram. Em vez de serem "peças" separadas, isoladas, a maioria deles eram partes de sistemas regionais complexos. O "presente etnográfico" considerado como o suposto ponto de referência do primeiro contato europeu, antes do qual as sociedades estavam em um isolamento prístino, é não só um mito, mas também uma simplificação.

---

* Aqui, lembrem que estou usando *tribal* em um sentido amplo e livre, como uma alternativa para *primitivo*. Nesse uso, povos "tribais" incluem os caçadores-coletores, bem assim como povos que produzem o alimento usando tecnologias relativamente simples. Em alguns lugares, onde isso fica bastante claro pelo contexto, usarei *tribal* em um sentido restrito para incluir esses produtores de alimento tribais, mas irei compará-los com os caçadores-coletores (esse uso é um tanto mais convencional na antropologia; mas até hoje não surgiu qualquer alternativa adequada para a palavra pejorativa *primitivo*). Lembrem também que nem o sentido amplo e livre nem o sentido um tanto restrito de *tribal* implicam que as sociedades envolvidas podem ser chamadas adequadamente de "tribos" (cf. § 11; cf. tb. a discussão desse termo na Introdução desta edição revista).

Capítulo 5

O mundo tribal como mosaico, como escada e como sistema

Neste breve capítulo examinaremos mais cuidadosamente as visões estereotípicas do mundo tribal que foram criadas pela antropologia – e depois apontaremos para o tipo de retrato corretivo que está surgindo, isto é, o retrato desse mundo como um sistema. Depois, no Capítulo 6, examinaremos mais atentamente os ambientes ecológicos dos caçadores-coletores modernos, dos horticultores e dos pastores. Ao fazê-lo a visão sistêmica do mundo antes da expansão europeia será reforçada: povos e suas culturas viviam em ambientes que não eram isolados e autônomos, e sim partes de sistemas regionais que (na maior parte do mundo) incluíam outras sociedades, muitas vezes muito diferentes em escala, complexidade e economia.

10 Os estereótipos mosaico e escada

O estereótipo do mosaico

Duas maneiras de retratar povos tribais foram predominantes na antropologia dos últimos 60 anos. Chamarei a primeira de visão "mosaico". Nessa visão, as sociedades tribais em pequena escala (principalmente na zona tropical do mundo – na África, no Sudeste Asiático, na Oceania e na América do Sul – e em suas margens árticas) constituem uma espécie de mosaico de culturas. Cada cultura é vista como um experimento separado e único na possibilidade humana – como se cada uma fosse uma peça de cor diferente e separada em um mosaico de diversidade humana, a ser estudada e valorizada por seu próprio mérito.

Nessa visão, desenvolvida nos Estados Unidos por alunos de Franz Boas e popularizada por estudiosos tais como Margaret Mead e Ruth Benedict, estudávamos culturas tribais para observar os limites mais amplos da possibilidade humana, para submeter alguma hipotética generalização sobre o comportamento humano ao teste final. Assim estudávamos a adolescência em Samoa ou os papéis dos gêneros na Nova Guiné usando essas sociedades como laboratórios naturais para estudar as naturezas culturais possíveis para os humanos. Na tradição britânica, os estudos de Malinowski sobre os ilhéus das Trobriandesas no Sudeste do Pacífico também usavam o mundo tribal como um laboratório para estudar variações culturais; e os pioneiros da antropologia social na África tinham premissas semelhantes, embora vissem o mundo tribal como um laboratório para o estudo comparativo de instituições de parentesco e políticas.

A visão do mosaico adotada tanto nas abordagens americanas quanto nas britânicas foi uma reação contra a especulação do século XIX em que acadêmicos de poltrona se baseavam nos relatórios de missionários e exploradores para construir esquemas sobre como a civilização tinha

Homens usando cocares de plumas de casuar marrom recebem pedaços de cana-de-açúcar como uma promessa do porco que lhes será dado mais tarde. Pangia, Papua-Nova Guiné.

surgido das profundezas antigas da selvageria e da barbárie. Mas a visão mosaico foi questionada graças à volta desses esquemas evolucionários de uma forma mais sofisticada (e confirmados por evidência mais substancial). Nessas abordagens **neoevolucionárias** os povos caçadores e coletores são vistos como o primeiro degrau de uma escada de evolução e complexidade sociais.

O estereótipo da escada

A visão da "escada" estabelece uma série de estágios ou níveis de desenvolvimento, caracteriza-dos pelas várias economias de subsistência e níveis paralelos de integração sociopolítica. (Dependen-do da predileção teórica de um autor específico, os lados econômico e sociopolítico podem ser enfati-zados; e como há muitas representações alternati-vas da escada, teremos de nos contentar com um conjunto de níveis bastante generalizados.)

A organização em bandos dos povos caçado-res e coletores é um ponto de partida para vir-tualmente todos os esquemas de escada moder-nos. A base espalhada de recursos e a mobilidade necessária do caçador-coletor militam contra a residência sedentária e grandes grupos residenciais; a flexibilidade da organização em bandos é considerada como uma resposta adaptativa a essas restrições.

Com a horticultura e a tecnologia da pedra neolítica, a residência sedentária e grupos maiores passaram a ser viáveis. Mas a sociedade continua sem classes, a especialização integral está ausente ou é rara, e o acúmulo e redistribuição da produção excedente são limitados. Concomitantemente, não há qualquer organização política fortemente hierárquica, não há chefes verdadeiros, e nenhum Estado. "Uma sociedade" compreende um amontoado de unidades locais, autônomas e sociopolíticas unidas por uma língua e uma cultura comuns. As sociedades da Melanésia, das Filipinas e de outras partes do Sudeste Asiático, grande parte da América do Sul tropical e partes da África Tropical se encontram nesse "nível".

Em algumas partes do mundo, um desenvolvimento maior de estratificação política e intensificação da produção está representado em "chefaturas" – na Polinésia, partes da África, partes do Sudeste Asiático. Aqui as classes sociais ou classes sociais incipientes e estruturas políticas que abrangem toda a sociedade começam a surgir.

Uma espécie de degrau lateral da escada está representada por sociedades pastorais, retratadas como limitadas por fortes restrições ecológicas impostas pela pecuária, para as quais modos de organização *política* flexíveis e de um modo geral relativamente igualitários são soluções adaptativas. Um degrau acima do nível ou degrau das chefaturas na escada da escala evolucionária e de complexidade é a emergência das sociedades estatais. Assim, os fatores que geraram o surgimento dos primeiros estados em algumas partes

do mundo antigo e as restrições que impediram a emergência de estados em outras (por exemplo, na Polinésia) foram muito discutidos.

As teorias da "escada" na verdade não presumem que cada sociedade específica tenha uma história que signifique um avanço de um degrau para o próximo – ou seja, que um estado específico surgiu de uma chefatura específica, que, por sua vez, desenvolveu-se antes a partir de uma "tribo". Mas, por implicação, ainda que não intencionalmente, elas sugerem que os degraus foram desenvolvimentos sucessivos no longo curso do desenvolvimento da sociedade. E também presumem ou implicam que os desenvolvimentos sucessivos na tecnologia da produção (que em algum sentido foram mundiais e cumulativos) estavam associados à emergência sucessiva de modos mais complexos de organização sociopolítica.

As teorias da "escada" nos predispõem a olhar o mundo do "presente etnográfico" – o mundo descrito por exploradores e missionários e etnógrafos – de uma maneira específica. Primeiro, somos levados a olhar para os povos caçadores-coletores ou horticultores modernos como fontes de evidência sobre estágios antigos na evolução da sociedade. Segundo, somos levados a ver partes diferentes do mundo como tendo passado mais ou menos por uma sequência de transformações. Assim, os melanésios estavam mais à frente nessa progressão do que os aborígenes australianos, mas não tão à frente quanto os polinésios. Quando encontramos caçadores e coletores sobrevivendo (como em partes do continente e das ilhas do Sudeste Asiático) rodeados por horticultores, somos levados a considerá-los como sobreviventes de um passado antigo vivendo em um isolamento marginal.

Defeitos nos estereótipos do mosaico e da escada

O ponto crucial a partir do qual devemos prosseguir para entender as falhas tanto na visão do mosaico quanto na visão da escada é cronológico. Tomemos como nosso período operacional os três ou quatro mil anos antes da "idade das descobertas" europeias, quando (começando mais ou menos em 1500) as Américas, a África, a Ásia e o Pacífico foram transformados pelas invasões.

Nesse período de tempo, os estados antigos se cristalizaram no Oriente Médio, na Índia e na China e na América Central – e outros estados deles derivados surgiram na África, no Sudeste Asiático, na Ásia e nas Américas. E é nesse período que a maioria das sociedades da África subsaariana, do Sudeste Asiático e do Pacífico se diversificou. Grande parte da África subsaariana estava apenas escassamente povoada por caçadores e coletores antes do começo da era cristã; a maior parte do Pacífico (exceto pelo Continente Sahul, inclusive o que hoje são a Austrália e a Nova Guiné) não estava habitada por humanos até que, nos últimos três a quatro mil anos, foi sendo progressivamente colonizada. Partes da Polinésia foram colonizadas apenas nos últimos mil anos. A questão é que os antepassados dos povos caçadores e coletores dos quais temos evidência etnográfica direta, os povos da Nova Guiné, de Bornéu ou da África Central ou da Amazônia, e os habitantes das cidades de Ur e Mohenjo-daro existiram contemporaneamente.

Quão profundamente separados uns dos outros estavam esses povos, desenvolvendo-se como experimentos humanos independentes, peças de várias cores no mosaico? A evidência que surge sugere hoje que os caçadores e coletores eram nesse período intimamente interdependentes com os povos horticultores e agrícolas à sua volta, e que esses últimos, nesse mesmo período, estavam extremamente conectados uns aos outros por complementaridade econômica, comércio e intercâmbio. Pastores e agricultores tinham relacionamentos complementares e simbióticos; como veremos, muitas vezes ocorria uma mudança de população entre as aldeias dos agricultores e os campos dos nômades. Em muitas partes do mundo, povos estavam direta ou indiretamente conectados com as margens das sociedades estatais.

Se olharmos para o mundo tribal como se fosse um mosaico de variação cultural, somos levados a atribuir uma antiguidade e uma estabilidade espúrias a esses modos de vida. Em alguns lugares a "duração média" de "uma cultura" como uma tradição coerente pode bem ter sido um século ou dois ou até menos. E somos levados a atribuir uma separação e uma autonomia espúrias a essas "culturas" e não perceber a maneira como esses povos estavam conectados em sistemas regionais de comércio, intercâmbio e política, pelos quais fluíam tanto as ideias quanto os objetos.

Se olharmos para esse mundo como uma escada de estágios evolucionários progressivos, estaremos inclinados a fazer inferências espúrias sobre o passado antigo a partir do presente. Os caçadores e coletores modernos cuja economia está intimamente ligada à economia dos cultivadores a seu redor são usados como evidência do passado paleolítico; um povo tribal que usa ferramentas de ferro e jarros ou gongos de cobre chineses como peças valiosas é usado para fazer inferências sobre um "nível" que existiu apenas com relação a sociedades mais complexas.

Ao criticar as visões do mosaico e da escada, não tenho a intenção de ignorar o valor dos estudos realizados nesses arcabouços ou de sugerir que meus colegas foram extremamente ingênuos sobre os tipos de conexões no tempo e no espaço para os quais irei apontar. Margaret Mead, cujos livros populares ajudaram a divulgar a visão mosaica de povos tribais, descreveu vividamente os arapesh das montanhas litorâneas da Nova Guiné como tendo uma "cultura de importação" reconstituída a partir das ideias e práticas de povos vizinhos de uma maneira distintiva.

O primeiro relato de Bronislaw Malinowski sobre os habitantes das Ilhas Trobriandesas da Melanésia – um povo em cujo modo de vida nós mesmos iremos ficar imersos profundamente na Parte 3 – descreveu um círculo extraordinário de intercâmbio cerimonial e o comércio com ele relacionado que unia povos culturalmente diversos através de uma ampla expansão de água. As conexões entre povos vizinhos tampouco implica que, individualmente, eles não desenvolveram e mantiveram costumes e crenças distintas – nem que não nos seja possível aprender sobre a possibilidade e a variação humanas estudando modos culturais diferentes. A questão é que estudos de tradições culturais locais produziram cumulativamente uma *imagem* de um mosaico – uma imagem da qual os antropólogos muitas vezes dependeram e, com isso, reforçaram, ao transmitir ideias sobre a variação cultural para o público leigo, para alunos e para colegas em outras disciplinas. E aquela imagem, aquele estereótipo, é de um mundo que nunca existiu.

Uma ressalva semelhante deve ser feita quando criticamos o estereótipo da escada. Os teóricos da evolução cultural muitas vezes fizeram uso cuidadoso de evidência histórica, etnográfica e arqueológica para unir sequências regionais de desenvolvimento. Examinando a evolução gradativa dos estados e do urbanismo na América Cen-

tral, por exemplo, encontramos povos passando por uma série de estágios de desenvolvimento de complexidade cada vez maior na sociedade, para os quais a subida em uma escada é uma imagem bastante aceitável. Tendo examinado essa sequência desenvolvimentista na América Central, o próximo passo óbvio é compará-la com sequências no Oriente Próximo e na China para buscar regularidades e testar teorias do processo de desenvolvimento.

Da mesma maneira, se quisermos testar uma teoria sobre a inter-relação entre caçadores e coletores, entre o modo de subsistência e a demografia, a divisão de trabalho, ou a organização política, faz bastante sentido comparar os sans da África do Sul com os aborígenes australianos, ou os habitantes das florestas tropicais africanas com os malásios. Não estou argumentando contra a comparação, contra a classificação ou até contra teorias. O que é perigoso e enganador sobre imagens de escadas evolucionárias (como são usadas no ensino, em popularizações, e na transmissão das descobertas da antropologia para outras disciplinas) são as implicações que elas sugerem de que os degraus inferiores da escada são anteriores aos degraus superiores, que povos de uma região tipicamente progridem subindo essas escadas (até que em um certo nível são interrompidos pela intrusão europeia), ou que a tarefa da antropologia é classificar as sociedades de acordo com o nível que elas atingiram.

A transição da coleta de alimentos para a produção de alimentos no Oriente Próximo não foi feita por pessoas cujo modo de vida parecia minimamente com o dos aborígenes australianos, ou os sans ou os inuítes contemporâneos e sim por habitantes de aldeias sedentários que colhiam grãos selvagens e caçavam ungulados selvagens em uma zona temperada. Os agricultores das aldeias dos milênios subsequentes tinham modos de vida que não se pareciam minimamente com aqueles dos povos da África Tropical ou da Nova Guiné que supostamente estariam um degrau acima dos aborígenes australianos na escada. Quando formas mais complexas de organização política surgiram no Oriente Próximo, não se pareciam com as chefaturas polinésias ou africanas. As sequências reais da transformação das sociedades na direção de maior complexidade muitas vezes ocorreram muito tempo antes de as sociedades colocadas em escadas hipotéticas pelos antropólogos sequer existirem, e ocorreram em zonas ecológicas muito diferentes, entre povos cuja economia e cuja vida social também eram radicalmente diferentes daquelas do mundo tribal descrito pelos etnógrafos.

No mundo tribal houve desenvolvimentos dos modos mais complexos de organização da sociedade a partir de modos mais simples – a emergência das classes sociais e outras formas de estratificação social, o surgimento de sistemas políticos hierárquicos e centralizados a partir de formas igualitárias. Mas nos capítulos que se seguem argumentarei que, para nós, é mais útil examinar esses processos regionalmente, no tempo e no espaço reais, do que em termos de tipologias de escadas. É melhor comparar um sistema de hierarquia política e de chefaturas hereditárias no sul da Malaita, nas Ilhas Salomão ou entre os mekeos da Nova Guiné litorânea com os sistemas políticos das sociedades a sua volta sem uma autoridade centralizada – para nos perguntarmos como e por que elas podem ter evoluído naquele lugar – do que colocá-las no mesmo degrau que as chefaturas africanas ou polinésias. Para ir mais além das visões do mosaico e da escada, precisamos começar a examinar o mundo tribal em termos da história real e dos sistemas regionais.

11 O mundo tribal como sistema

Um primeiro elemento em uma visão corretiva vem de um exame mais cuidadoso da história cultural recente de algumas das partes do mundo em que povos indígenas foram encontrados por exploradores e colonialistas e descritos por antropólogos. Examinemos em primeiro lugar a África Subsaariana.

As complexidades da história regional

A evidência linguística e arqueológica aponta para a dispersão dos povos de língua bantu de um centro na África Ocidental ou Central que começou cerca de dois mil anos atrás, acelerada pelas ferramentas de ferro que permitiram abrir passagem pela floresta e pelas savanas de forma mais eficiente. Os descendentes desses primeiros povos que falavam o bantu se espalharam por grande parte da África Subsaariana, desenvolvendo adaptações de cultivo e pastoreio, absorvendo ou substituindo populações anteriores e se diversificando nos muitos grupos descritos pelos antropólogos. A última dispersão dos falantes da língua bantu e de outras populações africanas é sugerida pela evidência histórica citada por Fage:

> A inferência [...] é [...] que no primeiro século d.C. não havia negros no litoral leste da África até o sul, mais ou menos Zanzibar [uma ilha em frente daquilo que é hoje a Tanzânia] que eles foram vistos pela primeira vez ao sul de Zanzibar no século IV; e que eles então se expandiram para o norte, alcançando suas fronteiras atuais mais ou menos no século X.
>
> No final do século XV [quando] os europeus conheceram a África [...] os negros que falavam as línguas bantu [...] ainda estavam se expandindo na direção sul [para

aquilo que hoje é a África do Sul] em detrimento dos povos khoisanos [caçadores e coletores indígenas, inclusive os sans] (1978: 21-22).

O mapa cultural da África Subsaariana é extremamente complicado e os movimentos da população e a adoção de novas tecnologias de subsistência e de adaptações ecológicas estavam ocorrendo no período em que mercadores europeus e árabes e depois exploradores e finalmente os colonialistas perturbaram e transformaram esses processos. Se examinarmos as adaptações pastorais com relação aos bantus em expansão (alguns dos quais passaram a ser pastores) e aos antigos caçadores e coletores de língua khoisan, vislumbramos essa complexidade:

> Os khoikhoi (hottentots) eram o produto de [...] contato entre várias culturas no sul da África [...]. Seus antepassados eram predominantemente caçadores indígenas do sul da África que em um determinado momento tinha adquirido ovelhas e gado de seus vizinhos e modificado suas instituições sociais e políticas como resultado dessa mudança na cultura material.
>
> [...] As transferências cruciais das ovelhas e do gado [...] devem ter ocorrido em épocas comparativamente recentes, talvez no começo do segundo milênio d.C. As comunidades caçadoras que primeiramente adquiriram ovelhas e gado no sul da África provavelmente o fizeram na Botswana Central. Os doadores teriam sido agricultores mistos que falavam o bantu. No momento em que essa mudança começou, ela tomou impulso. Os pastores formaram comunidades de maior escala que aquelas que os caçadores tinham e se expandiram pelos pastos melhores por toda a metade ocidental do sul da África [...]. Geraram uma série de novas unidades políticas [...]

> e também incorporaram membros das comunidades caçadoras [...]. Em boas estações, os caçadores adquiriram gado e ovelhas e se tornaram pastores; mas na época da seca ou de guerra, as pessoas perdiam seus animais e uma vez mais passavam a depender totalmente da caça e da coleta (CURTIN; FEIERMAN; THOMPSON & VANSINA, 1978: 292-293).

É possível que os próprios povos de língua bantu tivessem adquirido gado através dos povos khoisan:

> A evidência linguística [...] sugere que os bantus adquiriram gado dos povos do leste da África que falavam línguas afro-asiáticas e cuchíticas e é possível que o tenham feito por intermédio dos povos de língua khoisan que podem ter sido os antepassados dos sandawes modernos (FAGE, 1978: 32).

Como esses processos de expansão, absorção, deslocamento e transformação ainda continuavam quando o comércio europeu e árabe e os escravistas penetraram no interior africano, os padrões do "presente etnográfico" foram fortemente moldados por essas forças estrangeiras (cf., p. ex., EKHOLM, 1977). Mas o impacto dos europeus foi uma continuação de influências vindas de fora da África Subsaariana que remontam ao Egito dinástico e incluem a expansão dos povos indonésios para Madagascar, trazendo safras de alimentos e tecnologia do Sudeste Asiático, e a difusão do Islã. Não houve nenhum momento nos últimos quatro mil anos em que o mapa da África estivesse estático; pelo contrário, ele formava um mosaico de culturas diferentes.

A possibilidade proposta por Fage de que agricultores tinham sido apresentados ao pastoreio pelos caçadores e coletores khoisan soa como uma nota dissonante para o organizado construtor de escadas culturais. Mas essa confusão de tecnologia e "nível cultural" era generalizada, e concomitante com a presença, nos últimos milhares de anos, de pastoralismo, caça e coleta, metalurgia avançada e a construção de cidades e de canais de irrigação que ocorriam simultaneamente. Se pensarmos em termos de níveis, gostaríamos de imaginar povos tribais nas zonas tropicais do mundo como sendo neolíticos – isto é, como usuários de ferramentas avançadas de pedra – e, é claro, em alguns lugares eles o eram. Mas nas grandes áreas do Sudeste Asiático e da África, as ferramentas de ferro foram uma força propulsora importante para a distribuição de povos e economias (como foi o caso dos bantus cultivadores da floresta e da savana africana). No Sudeste Asiático e na África Tropical, alguns povos caçadores e coletores se especializaram na fundição de ferramentas de ferro, fornecendo-as aos povos agricultores vizinhos. Isso também é verdadeiro de alguns dos povos das florestas tropicais da África Central e da Malásia (cf., p. ex., SCHEBESTA, 1954: 150).

Complementaridade econômica em sistemas regionais

Esse tipo de interdependência entre caçadores e coletores e cultivadores modernos não é uma situação rara. Os fortes relacionamentos entre povos que se situam em degraus diferentes de uma escada imaginária exigem um exame mais atento. Hutterer (1976: 223) observa que virtualmente todos os grupos conhecidos de caçadores e coletores subsistentes no Sudeste Asiático comunicam-se e estabelecem intercâmbios regularmente e de forma relativamente intensa com seus vizinhos cultivadores. Hutterer se pergunta se isso é uma situação relativamente recente ou

antiga – e encontra clara evidência de que essa complementaridade entre povos em "níveis" diferentes é muito antiga:

> Esse intercâmbio de bens e serviços existe [...] não só entre agricultores e caçadores, mas também entre agricultores e horticultores e entre horticultores e caçadores [...]. A sobrevivência contínua de caçadores e coletores no Sudeste Asiático beneficiou as populações agrícolas... A interação entre populações caçadoras e agrícolas também introduziu um elemento de especialização entre os caçadores e os fez dependentes dos [...] agricultores (HUTTERER, 1976: 226; a distinção entre horticultura e agricultura que Hutterer faz é entre o uso de cultivo manual e do cultivo que usa arados e animais de tração).

Essa interdependência não está restrita ao Sudeste Asiático, como sugere Bronson ao comentar o trabalho de Hutterer:

> O padrão geral exemplificado pela integração econômica dos caçadores-coletores do Sudeste Asiático com grupos de agricultores cultural e etnicamente distintos ocorre quase que mundialmente. Nômades e agricultores no Sudeste Asiático são muitas vezes culturalmente diferentes, mas economicamente interdependentes, como são os *swiddeners* (horticultores nômades que fazem as queimadas) e irrigadores no norte da Tailândia e fazendeiros e pescadores nos Almirantados [Melanésia].
>
> [Caçadores e coletores] podem [...] ser grupos de especialistas econômicos que ganham a vida em virtude de sua habilidade extrema de extrair da floresta bens utilizados em uma economia regional mais ampla – em suma [...] eles existem não apesar de, mas em virtude de, conta-

tos com o mundo externo (BRONSON, 1976: 230).

Como os povos caçadores e coletores nos últimos vários milênios coexistiram na maior parte das regiões com os cultivadores e comercializavam com eles, sua ocupação de um nicho ecológico especializado não pode ser compreendido em termos de "sobreviventes" de um passado antigo. Há evidência forte e cumulativa de que não existe qualquer motivação inerente com relação ao "progresso" tecnológico que leve as pessoas a lutar para melhorar sua tecnologia ou a adotar uma tecnologia "melhor" quando estão expostas a ela, quando essa atitude iria obrigá-los a uma mudança substancial na organização da subsistência. A caça e a coleta são extremamente eficientes de mão de obra e permitem uma vida relativamente livre e com mobilidade. A prática do cultivo requer mais trabalho e restringe fortemente as opções de mobilidade. Os humanos parecem ter feito esses sacrifícios só quando eram forçados a fazê-lo em virtude de pressões demográficas, ecológicas ou políticas. Até sobre os aborígenes australianos que, segundo o que há muito se presumia, tinham ficado fora das revoluções na tecnologia mundial em virtude de seu isolamento e, com isso, "presos" no Paleolítico, foi finalmente descoberto que, pelo menos no norte, tinham conhecimento da tecnologia da horticultura neolítica e acesso a ela. Eles tinham aquilo que poderíamos chamar de padrões "protoagriculturais" de manejo de recursos (por exemplo, a distribuição de sementes de frutas e de plantas em ambientes onde elas poderiam crescer). Os aborígenes australianos, portanto, poderiam ter adotado a horticultura, mas não tinham motivo para fazê-lo.

Essa visão das economias no mundo tribal nos permite entender por que as margens entre a caça e a coleta e a produção de alimentos são enevoadas, e não claras como o modelo da escada sugeriria que deveriam ser. Assim muitos povos da Amazônia e alguns do Sudeste Asiático têm economias predominantemente organizadas em termos da coleta de alimentos, mas incrementada por um cultivo sazonal ou em pequena escala. Os bateks, povos da floresta da Malásia, que são primordialmente caçadores-coletores que vivem em bandos pequenos e móveis, às vezes limpam pequenos jardins na floresta e plantam raízes. Mas em vez de cuidar dos jardins e arrancar as ervas daninhas, como bons horticultores o fariam, eles os abandonam e viajam durante meses em sua busca nômade por alimentos selvagens. Voltam para perto de seu jardim após contarem os meses e colhem tudo aquilo que pássaros, animais e insetos predadores ainda não colheram – tratando o jardim como se fosse uma fonte de alimentos selvagens mais rica do que a normal.

Tudo isso significa parcialmente que – ao contrário dos estereótipos do mosaico e da escada – temos de examinar sistemas econômicos regionais que incluem povos com economias de subsistência distintas, e que ocupam nichos ecológicos complementares. A descrição clássica feita por Barth (1956) de como os pastores e os agricultores ocupam nichos complementares em Swat, no Paquistão, está agora sendo incrementada com dados sobre padrões semelhantes em muitas partes do mundo, evidência que está sendo coligida tanto da etnografia quanto da arqueologia. Essa complementaridade e diversidade nas economias de subsistência podem representar a coexistência de povos muito diferentes em sua cultura e origens históricas, ou povos cujo legado cultural é fundamentalmente semelhante, mas que se especializaram economicamente ou se adaptaram de forma diferente à microvariação no ecossistema. Assim Allen observa o seguinte:

> A Nova Guiné representa uma colcha de retalhos de estratégias de subsistência, a partir de uma dependência quase total de alimentos selvagens até uma base de alimentos totalmente domesticados; entre os plantadores, a tecnologia revela, da mesma forma, um espectro que vai de uma horticultura simples de quintais domésticos até uma agricultura complexa que transforma ecossistemas naturais em ecossistemas artificiais (1976: 227-228).

Modelos extensos de interdependência comercial e econômica na Nova Guiné e nas ilhas da Melanésia foram documentados nos últimos anos (cf. esp. SPECHT & WHITE, 1978). Assim, por exemplo, os ilhéus de Amphlett das Ilhas d'Entrecasteaux perto da Nova Guiné se especializaram na produção de vasos para a exportação; o povo langalanga de Malaita nas Ilhas Salomão exportavam objetos em forma de discos feitos de conchas moídas em troca de alimentos (hoje eles os exportam para a Papua-Nova Guiné por ar). Esse comércio e especialização são antigos na região. Uns 3.500 anos atrás, lâminas de alabarda feitas de obsidiana do Arquipélago de Bismarck estavam sendo comercializadas a uma distância de oitocentos quilômetros para o sul das Ilhas Salomão.

Processos de transformação

A coexistência de povos que supostamente estariam em "níveis" diferentes da evolução social no mesmo período de tempo também lança dúvidas sobre modelos pelos quais um povo avança de um nível para o próximo. Mesmo nos casos em que, digamos, uma chefatura é transformada em um sistema mais complexo, isso pode não representar uma simples sequência de desenvolvimento em um sentido evolucionário. Povos que estão "evolvendo" de um nível para outro podem estar fazendo isso sob a influência direta de uma civilização em cujas margens eles se encontram. Paul Wheatley cita um caso interessante do Sudeste Asiático, onde a influência bramânica vinda da Índia forneceu os modelos para a transformação de sistemas políticos mais antigos:

> O poder político no Sudeste Asiático tradicionalmente provinha do controle sobre a mão de obra e os chefes [...] indubitavelmente buscavam ampliar sua autoridade a fim de serem capazes de estabelecer direitos laborais no maior número possível de assentamentos. [Sob a influência da cultura bramânica] [...] surgiu e se desenvolveu a cidade-estado, o *nâgara*, focalizado no [...] templo. Todo o complexo representava o resultado de uma série de transformações sociais e políticas que substituíram o chefe tribal por um rei divino, o xamã por um brâmane [sacerdote], os membros da tribo como guerreiros por um ksatriya e os membros da tribo como cultivadores por um camponês [...]. A especialização ocupacional adotou o caráter do *jati* [subcasta], grupos etários foram transmutados em *asrama*, a reunião tribal foi formalizada em uma assembleia tendo como modelo o *sabha* [indiano] e o costume se endureceu, transformando-se em lei [...]. Essas transformações institucionais [...] foram manifestadas [...] na conversão da cabana do chefe em um palácio, a casa espiritual em um templo [...] e o marcador de fronteiras na muralha da cidade (1975: 246-247).

O ímpeto para a transformação dos sistemas políticos africanos subsaarianos na direção da centralização, dos luxos da realeza, e do desenvolvimento de estruturas burocráticas quase estatais, veio parcialmente da própria sociedade, já que a guerra, a intensificação da produção e a expansão demográfica tinham fornecido as bases para uma complexidade maior. Mas os modelos para esses desenvolvimentos vinham emanando para o sul a partir do mundo mediterrâneo, desde os faraós do Egito, através dos imperadores romanos, e dos sultões e califas do Islã que se expandia.

"Tribos"

Podemos proveitosamente voltar neste estágio para o conceito de "tribo" e as disputas que o rodeiam. A questão foi trazida à tona mais convincentemente por Morton Fried em 1975. O termo *tribo*, argumentou Fried, tinha sido aplicado livremente na antropologia (e em outras áreas) para referir-se a um grupo étnico específico que se distinguia de seus vizinhos por uma língua e cultura separadas, que tinha um nome específico e cujos membros tinham algum sentido de identidade comum. "Tribo" normalmente também implica alguma coerência política e organização econômica. Fried, revendo a evidência, sugere que as comunidades em sociedades sem estados raramente – se é que o fizeram alguma vez – tinham esse tipo de organização política ou econômica, exceto como uma reação secundária à invasão ou dominação por uma sociedade com um estado organizado. Mesmo a separação linguística e cultural que supostamente caracteriza "tribos" se rompe sob um exame mais atento (BÉTEILLE, 1986: 304). Descobre-se que aquilo que surge como unidades "tribais" no período colonial, tais como os iorubas da Nigéria ou os tolais da Papua-Nova Guiné, foram, no final, cristalizadas a partir de comunidades separadas e grupos dialéticos. Essa aparente unidade "tribal" e até o sentido de

identidade e de lealdade para com "nossa" tribo (tão frequentemente citada, digamos, por cientistas políticos como um obstáculo para a unidade em um nível nacional na África), são – argumenta Fried – artefatos do governo colonial. As sociedades estatais, particularmente aquelas do Ocidente em expansão, criaram "tribos", intencionalmente ou não, no processo de subjugar, controlar e/ou explorar os povos do interior; esses povos desenvolveram modos de organização interna em reação a (ou às vezes lutando contra) a dominação externa. O tribalismo, em suma, é um fenômeno secundário, não um modo de organização que se desenvolve em um mundo onde nossos vizinhos são semelhantes em escala, tecnologia e organização política (cf. FERGUSON & WHITEHEAD, 1992).

Com esses argumentos e os de indefinição, Fried rejeita o uso do termo tribal para descrever um conjunto de sociedades ou um nível de organização sociopolítica. Sahlins usou "tribal" para rotular

> uma série extraordinária de desenvolvimentos evolucionários [...] que contrapõem em seus extremos dois tipos radicalmente diferentes. Na extremidade subdesenvolvida do espectro estão as tribos social e politicamente fragmentadas em suas economias não diversificadas e com recursos modestos [...]. Em sua expressão mais desenvolvida, a *chefatura*, a cultura tribal antecipa o Estado em suas complexidades [...]. Entre a chefatura mais avançada e a tribo segmentária mais simples encontram-se muitos arranjos intermediários.

Fried rejeita não só o rótulo "tribo", mas o conjunto de sistemas sociais que ele cobre: ele continua um construtor de escadas no âmago, e quer garantir que vai deixar os degraus adequadamente organizados e rotulados:

> Não existe um "nível tribal" de sociedade. O conceito de tribo foi usado em conexão com uma organização totalmente acéfala e com [...] estruturas no verdadeiro nível de reinos, ou pelo menos de emirados. Uma terminologia que implicitamente iguala um dos homens antigos [...] acostumado a arengar os jovens entre os onas [da Terra do Fogo no extremo sul da América do Sul] com os khans dos mongóis não pode ser muito útil (FRIED, 1975: 65).

Mas podemos evitar o uso de "tribo" pelas razões sugeridas por Fried e ainda assim ter a necessidade de um termo intencionalmente amplo e vago para rotular o grupo a que Sahlins se refere. A meu ver, "tribal" continua a ser preferível a "primitivo" ou às alternativas disponíveis. O termo não precisa implicar que ou os onas ou os mongóis compreendem "tribos" em nenhum sentido exato, ou tinham qualquer coisa importante em comum; eles são classificados como grupos semelhantes em virtude daquilo que eles *não* são.

Povos tribais e estados

Mais interessante que as discussões sobre rótulos são as observações de Fried sobre os relacionamentos entre grupos étnicos sem Estado e sociedades estatais. Muito tempo antes da invasão europeia das Américas, da Ásia e do Pacífico, povos das áreas remotas foram lançados em relacionamentos de subjugação, comércio e tributos com sociedades estatais. Mesmo nas ilhas do Pacífico, onde nenhum Estado surgiu no período pré-europeu, sociedades extremamente estratificadas em Tonga, Yap e outras áreas expandiram

seu controle para formar aquilo que seriam impérios virtuais. Às margens ou além das margens dos Estados antigos, povos eram presos em relações externas, muitas vezes involuntariamente (como no caso dos escravos núbios capturados pelos faraós do Egito). Pagando tributos, fornecendo escravos ou vítimas para sacrifícios, servindo como soldados, fornecendo preciosidades ou matérias-primas no comércio, os povos das áreas remotas eram uma parte integral dos processos de formação e da economia do Estado antigo. Fox (1967) e Sinha sugeriram que muitos dos povos das zonas florestais da Índia não eram – como premissas convencionais acreditam – remanescentes isolados sobrevivendo entre as margens da civilização. Ao contrário, eles estavam incorporados nos sistemas econômicos e políticos estatais, e eram mantidos como "primitivos" para os serviços econômicos especiais que forneciam como pessoas que capturavam e domesticavam elefantes, forneciam mel, e coletavam outros produtos florestais. Caçadores-coletores na antiga zona central daquilo que é hoje o Sudão parecem, da mesma forma, terem sido mantidos dentro da órbita econômica e política do Antigo Reino do Egito dinástico. Em algumas partes do mundo registradas antropologicamente, grupos tribais podem representar um produto de *devolução*, como peças remanescentes hoje separadas, mas que, em um determinado momento, estavam ligadas marginalmente aos antigos sistemas estatais.

Diversidade cultural na perspectiva regional

Neste estágio podemos voltar à questão de distinção cultural. Se as sociedades tribais tinham fronteiras abertas, por que e como tradições culturais distintas evolveram e se mantiveram? Fredrik Barth (1969) em seu ensaio introdutório sobre *Ethnic Groups and Boundaries* [Grupos étnicos e fronteiras] sugere que as ideias do senso comum que afirmam que grupos culturais diferentes têm origens separadas, ou se separaram por isolamento, precisam ser radicalmente repensadas. Tornar-se diferente em costumes, em vestimentas, em dialeto é um processo social e político contínuo em sistemas regionais (cf. tb. BARTH, 1992; DESCOLA, 1992). Nossa "visão do mundo" ou nossos rituais religiosos não são simplesmente uma visão fechada do cosmos, mas um comentário sobre nossa identidade *vis-à-vis* nossos vizinhos. Exatamente por que motivo as fronteiras se formam onde se formam, de tal forma que esse grupo é caracterizado por um modo específico de vestuário, de estilo de habitação, de dialeto e de sistema de parentesco enquanto aquele grupo a alguns quilômetros de distância tem modos diferentes é normalmente um enigma, em áreas sem separações geográficas pronunciadas ou contrastes ecológicos, e na ausência de evidência histórica. Mas está claro que para explicar e compreender essas fronteiras étnicas precisamos examinar as diferenças culturais como afirmações simbólicas de dissociação, e não simplesmente como peças diferentes em um mosaico. E como manter, desenvolver ou apagar as linhas da fronteira cultural é um processo político, não podemos presumir (como a admoestação de Fried sobre "tribos" indica) que as linhas que encontramos são ou antigas ou estáveis – ou que elas devam ser as fronteiras para nossa análise.

Será que isso significa que não podemos aprender com essas diferenças culturais sobre a natureza, a possibilidade e a variação humanas? Certamente não. Cada aventura em diferenciação de costumes, acumulada durante gerações e mantida ao longo de suas fronteiras, realmente nos dá *insights* sobre os caminhos possíveis da humanidade e suas consequências.

Os costumes que as pessoas desenvolvem em um cenário específico serão acúmulos arbitrários? Ou existe ali uma lógica oculta que faz com que uma prática cultural específica se desenvolva neste vale e não no próximo? Trataremos dessa questão central nos dois próximos capítulos.

Chegamos longe o bastante para ver que estereótipos populares do mundo tribal reforçados antropologicamente, ainda que nem sempre criados pela antropologia, são extremamente enganosos. Culturas tribais não tinham sido como eram quando os europeus as descobriram "desde tempos imemoriais". Elas não estavam nitidamente separadas umas das outras, nem (na maioria das regiões) isoladas da influência de Estados e civilizações. Quando realmente encontramos grupos sobreviventes de caçadores e coletores não podemos tratá-los como se fossem janelas para um passado antigo, sobreviventes do despertar da humanidade. Podemos aprender com essas e com outras sociedades de pequena escala sobre as miríades de caminhos e potenciais da humanidade, sobre a natureza e a organização de sociedades. Mas teremos de procurar fazê-lo com um olhar criterioso e discriminador.

SUMÁRIO

As sociedades que chamamos de "tribais" não devem ser consideradas como entidades isoladas e autônomas. Normalmente elas pertenciam em um determinado momento a sistemas regionais de intercâmbio e interagiam com outros grupos com objetivos econômicos, religiosos e políticos. Em termos evolucionários, essas sociedades anteriormente eram consideradas como pertencentes a uma "escada" de desenvolvimento que consistia de vários estágios, começando com bandos de caçadores-coletores e terminando com chefaturas hierárquicas que seriam precursoras do Estado. As visões da "escada" são comparadas com as visões do "mosaico" em que cada cultura é tratada como um experimento – em termos de modo de vida – único e separado a ser comparado no mesmo nível com todos os outros experimentos desse tipo. Os dois pontos de vista são deficientes. A visão da "escada" pressupõe uma série suave de progressões evolucionárias; a visão do "mosaico" tende a retratar culturas como isoladas umas das outras e estáveis no decorrer do tempo, algo que pode não ser verdadeiro. A história regional da África Subsaariana mostra um relacionamento histórico complexo entre os povos de língua bantu e os de língua khoisan. Horticultores e caçadores-coletores ou pastores intercambiavam produtos por meio de redes comerciais. Essas redes se estendiam por centenas de quilômetros, também na Nova Guiné, conectando populações. Os grupos a que chamamos de "tribos" podem ter sua forma de existência atual em virtude das interações com chefaturas ou reinos centralizados e chefaturas também foram influenciadas pelas suas sociedades vizinhas menos estratificadas.

Categorias tais como a de "tribo" por si sós são também até certo ponto artefatos da política e das classificações coloniais. Apesar disso, povos se distinguiram uns dos outros, e a observação de Fredrik Barth com relação a grupos étnicos se aplica aqui: apesar das transações que ocorrem através delas, as fronteiras existem e um fluxo de transações existe apesar das fronteiras.

SUGESTÕES PARA LEITURAS ADICIONAIS
Seção 10

FRIED, M. (1967). *The Evolution of Political Society*. Nova York: Random House.

HONIGMANN, J.J. (1976). *The Development of Anthropological Ideas*. Homewood, Ill.: Dorsey Press.

LANGNESS, L.L. (1974). *The Study of Culture*. Novato, Calif.: Chandler and Sharp.

SERVICE, E.R. (1971). *Primitive Social Organization*: An Evolutionary Perspective. 2. ed. Nova York: Random House.

Seção 11

FAGAN, B.M. (1980). *People of the Earth*: An Introduction to World Prehistory. 3. ed. Boston: Little, Brown and Company.

FRIED, M. (1975). *The Notion of Tribe*. Menlo Park, Calif.: Cummings Publishing Company.

FRIEDMAN, J. & ROWLANDS, M.J. (1977). *The Evolution of Social Systems*. Pittsburgo: University of Pittsburgh Press.

Capítulo 6

Modos de subsistência, modos de adaptação

A visão sistêmica que adotamos nos adverte para que não sejamos arbitrários colocando caçadores-coletores, horticultores, ou pastores em cronologias imaginárias e escalas desenvolvimentistas. Mas não queremos deixar de perceber as interconexões entre os modos de subsistência e os modos de estrutura social e política, entre os ambientes ecológicos e a maneira como os humanos, dada uma tecnologia específica, organizam suas vidas. Neste capítulo iremos examinar rapidamente as economias de subsistência dos caçadores-coletores, horticultores tropicais e pastores modernos e começar a nos perguntar qual é a relação entre a economia e a organização da sociedade.

12 Os caçadores-coletores contemporâneos

O que os caçadores-coletores contemporâneos podem nos dizer – e não nos dizer?

Os caçadores-coletores que sobreviveram e mantiveram seus modos de vida por tempo suficiente para serem registrados antropologicamente não são uma fonte direta de evidência sobre a amplidão do passado paleolítico. Em primeiro lugar, suas tecnologias refletem avanços tecnológicos relativamente recentes:

> Nos últimos milhares de anos antes da agricultura, tanto a caça quanto a coleta se tornaram muito mais complexas. Essa adaptação final, incluindo o uso de produtos dos rios e do mar e a moagem e o cozimento de sementes e nozes que não seriam comíveis sem essa preparação, foi global, foi a base para a descoberta da agricultura e era muito mais eficiente e diversificada que as adaptações existentes anteriormente na caça e na coleta (WASHBURN & LANCASTER, 1968: 195).

A maioria dos caçadores-coletores modernos tinha acesso a complexos bastante recentes de progresso tecnológico. Em alguns casos, como nas sociedades marginais da América do Sul tropical, povos caçadores-coletores modernos podem ter tido a agricultura anteriormente, mas perdido ou abandonado essa tecnologia.

Segundo, os ambientes marginais em que os caçadores-coletores modernos sobreviveram não dão exatamente uma visão adequada dos modos de vida desses grupos nos ambientes muito mais ricos da Europa paleolítica ou nas primeiras savanas da África onde os hominídeos evolveram. Mesmo no caso da Austrália, nossos estereótipos são baseados em desertos remotos, e não nas florestas temperadas e bem-regadas do litoral leste.

> Não devemos basear nossas ideias sobre o mundo paleolítico no mundo que conhecemos hoje. O mundo paleolítico [estava]

Mulher usando um pesado bastão de escavar para arar o solo em um quintal após a queimada. Pangia, Papua-Nova Guiné.

pululando com animais de caça. As zonas onde as últimas tribos de caçadores-coletores se refugiaram hoje em dia só servem para colocar ideias errôneas em nossas mentes (BORDES, 1968: 235).

Tampouco os caçadores-coletores remanescentes e suas relações sociais e políticas necessariamente nos ensinam adequadamente sobre a organização social em um mundo em que todos os povos eram caçadores-coletores (KELLY, 1995: 333ss.).

Como veremos, até que ponto os sistemas sociais e políticos registrados entre os povos caçadores-coletores modernos refletem o impacto da intrusão ocidental é uma questão de debate permanente. Felizmente, a questão é mais importante para aqueles que querem saber (ou ainda pior, que acham que sabem e querem provar) o que estava no último degrau da escada do que para nós. A visão sistêmica que adotamos presume que durante vários milhares de anos os "ambientes" da maioria dos caçadores-coletores incluíram agricultores, pastores e, em muitos casos, reinos e impérios a sua volta. Questões sobre sua adaptação passam a ser questões sobre seu lugar nos sistemas regionais.

Economias de subsistência dos caçadores-coletores contemporâneos

Tendo dito isso, podemos começar a nos perguntar sobre a economia de subsistência dos caçadores-coletores modernos. Primeiro, há um longo contínuo entre povos que dependem principalmente ou unicamente da caça (alguns grupos inuítes constituíam o caso extremo de subsistência virtualmente total de produtos animais) e povos que dependem fortemente na coleta de alimentos vegetais selvagens. Como uma generalização global, quanto mais longe um povo estiver do Equador, maior tende a ser a importância de alimentos animais. Nas zonas tropicais o ambiente vegetal variado abre caminho para uma forte dependência de tubérculos, brotos, frutas, nozes e coisas semelhantes. Como só uns poucos povos caçadores-coletores sobreviveram até o século XX na zona temperada entre as florestas tropicais equatoriais e o norte congelado – exceto nos desertos áridos do sul da África e da Austrália – temos muito pouca informação sobre o nível médio. Especificamente nos falta evidência para as zonas temperadas ricas de recursos onde recursos marinhos ou terrestres abundantes permitiam a residência sedentária de grandes populações, e estruturas sociais e políticas complexas. O que podemos vislumbrar a partir da evidência do Paleolítico Superior na Europa, no litoral noroeste da América do Norte e até mesmo pelos raros registros de aborígenes australianos vivendo em ambientes temperados favorecidos sugere os riscos de falar sobre caça e coleta como um modo de subsistência único e uniforme, ou generalizar sobre as formas sociais adaptáveis a "ele".

Podemos dizer que, nas áreas sobre as quais temos conhecimento, as técnicas de subsistência são complicadas e diversas, mostrando íntima familiaridade com microambientes. Podemos também dizer que, apesar das pré-concepções que pudéssemos ter sobre as dificuldades de sobrevivência em um modo de vida caçador coletor, a busca de comida não parece ser uma tarefa constante e exaustiva. Para os bandos caçadores-coletores, ainda sem serem capazes de fazer muita coisa para controlar seu mundo natural, as possibilidades de conforto material e de acumulação são bastante limitadas. E dados esses limites para as metas viáveis da vida, os caçadores-coletores parecem ter tido uma vida surpreendentemente fácil apesar disso, e ter tempo considerável para o lazer e o relaxamento. Sahlins (1972), refletindo sobre as implicações da evidência detalhada sobre a subsistência dos sans no sul da África, e descobertas semelhantes sobre outros caçadores-coletores, apelidou o bando caçador coletor de "a primeira sociedade afluente".

> Uma sociedade afluente é aquela em que todas as necessidades materiais das pessoas são facilmente satisfeitas. Afirmar que os caçadores são afluentes é negar [...] que a condição humana [deve manter] o homem prisioneiro do árduo trabalho de uma disparidade perpétua entre suas necessidades ilimitadas e seus meios insuficientes [...].
>
> Há [em vez disso] um caminho para a afluência, que parte da premissa [...] de que as necessidades humanas são finitas e poucas, e os meios técnicos são constantes, mas, de um modo geral, adequados. Adotando a estratégia Zen, um povo pode

Tecnologia aborígene australiana: acendendo uma fogueira.

gozar de uma abundância material incomparável (SAHLINS, 1972: 1-2).

Tecnologia aborígene australiana: aparando a ponta de um bastão para cavar.

Pelo menos para os caçadores-coletores modernos, morando em zonas tropicais ou áridas, um estereótipo de "homem caçador" é bastante enganoso. Entre povos desse tipo na Austrália, na África Central e do Sul, e na Malásia, a coleta de alimentos vegetais selvagens e a caça de animais pequenos pelas mulheres é centralmente importante para a subsistência diária. O fato de os homens serem os que normalmente se envolvem na caça de animais maiores presumivelmente reflete em parte suas vantagens físicas em termos de tamanho, força e resistência e sua maior independência das tarefas como o cuidado de bebês e crianças pequenas. Mas essa caça, por mais que seja valorizada praticamente e recompensada simbolicamente, também é uma atividade incerta e

arriscada. A caça, por certo, fornece os tempos de abundância e contribui crucialmente para a dieta; mas como caçadores, os seres humanos, sem muita velocidade e sem um olfato aguçado, precisam de grandes esforços para fazer aquilo que para qualquer carnívoro é um difícil jogo de azar. A evidência moderna revela que, entre caçadores-coletores como os sans, raízes, frutas, nozes, sementes, frutas vermelhas e outros alimentos vegetais coletados pelas mulheres fornecem a base necessária para a sobrevivência (LEE, 1969). Para os povos caçadores-coletores das zonas de floresta tropical, uma divisão de trabalho pronunciada e difícil entre os sexos não é universal. A caça e a coleta podem ser atividades menos claramente

Uma mãe batek (Malásia) e sua filha cavam em busca de inhames selvagens.

separadas quando uma expedição em busca de alimentos encontra um amontoado de inhames selvagens, um lagarto ou uma tartaruga comestíveis, e uma árvore coberta de macacos um ao lado do outro. Assim os dados de Karen e Kirk Endicott sobre os bateks da floresta malásia indicam que virtualmente todas as atividades de subsistência podem ser, e muitas vezes são, realizadas tanto por homens quanto por mulheres (ENDICOTT, 1979).

A essa altura, precisamos lembrar que não estamos – pelo menos para o período em que estudos etnográficos modernos foram feitos – lidando com povos que vivem em um isolamento prístino e sim com povos que vivem entre agricultores já estabelecidos (e com frequência hoje em dia com agências de desenvolvimento no meio deles). As estratégias de busca de alimentos usadas pelos bateks incluem voltar às aldeias organizadas que eles foram convencidos a construir pelo governo da Malásia, para buscar

comida que lhes são jogadas por paraquedas – e depois disso voltam para a floresta. Os paraquedas podem ser recentes, mas os bateks e outros caçadores-coletores do Sudeste Asiático já lidam com o "mundo externo" de povos sedentários e até de povos urbanos há séculos e suas economias são especializadas de acordo com isso (no caso dos bateks, eles comercializam a palha de rotim e outros produtos da floresta).

Caçadores-coletores e o "estado natural" da humanidade

Como são organizadas as sociedades de caçadores-coletores? Como é que esses padrões são moldados por esses meios de subsistência? Interpretações da sociedade caçadora coletora com relação a questões tais como o relacionamento entre os sexos e conceitos de propriedade foram fortemente moldados pelas ideologias. Aqueles que consideram os caçadores-coletores contemporâneos como fontes diretas de evidência sobre as primeiras formas de sociedade humana buscam neles alguma confirmação de premissas sobre a natureza humana ou sobre a natureza da sociedade. Os caçadores-coletores seríamos nós mesmos, por assim dizer, em um *estado natural*. Olhamos para eles para descobrir nossa verdadeira natureza, que, para nós, está submersa sob as instituições de uma sociedade complexa e de uma tecnologia poderosa ou foi transformada por elas.

Em seu questionável *status* de antepassados, os caçadores-coletores modernos foram analisados para descobrirmos formas sociais "elementares" e/ou a natureza humana básica, não contaminada pelas desigualdades em riqueza e poder que resultam das adaptações na produção de alimentos [...]. A maioria dos pesquisadores estava menos preocupada em entender a qualidade da vida do caçador coletor do que em descobrir como os caçadores-coletores são – ou não são – como nós [...]. Coletores caçadores emergem ou como "ideólogos" puros que atuam suas estruturas mentais inatas [...] ou como meros animais culturais cujas ideias são simples reflexos de agrupamentos sociais ditados por necessidades biológicas (ROSALDO & COLLIER, 1981).

Tanto os estudiosos marxistas quanto os feministas acharam que os caçadores-coletores refletem um igualitarismo fundamental e uma falta de assimetria no poder e no *status* masculinos e femininos: sem propriedade privada, sem excedentes para serem acumulados e sem trabalho para apropriar além das necessidades da subsistência, não existem bases para a estratificação social ou para a desigualdade sexual (cf. LEACOCK, 1978). Nos casos em que instituições de propriedade privada ou de desigualdade sexual são relatadas, elas refletem ou uma interpretação etnográfica errônea ou o impacto da intrusão capitalista-colonialista. (Um longo debate na antropologia teve como tema se as aparentes instituições de "propriedade privada" entre os índios americanos no nordeste dos Estados Unidos, tais como os montanheses, são nativas ou refletem o impacto do comércio de peles europeu.)

Procuraremos (seguindo as sugestões de ROSALDO & COLLIER, 1981) caracterizar as relações sociais e os sistemas simbólicos em sociedades caçadoras-coletoras e suas bases ecológicas e econômicas em termos mais positivos – não em termos de natureza humana ou do que falta a essas sociedades, mas sim em termos da maneira como a vida social é ordenada e ganha significado.

Organização social

O modelo "clássico" da organização social dos caçadores-coletores é o **bando patrilocal**. Nessa organização social, os homens de um bando formam o núcleo político; os homens passam suas vidas caçando no território em que cresceram. As filhas, no entanto, deixam o bando quando casam. Assim esposas vêm para o bando com o casamento, deixando o território e lar de sua infância. Isso significa mudar os locais de busca de alimentos, mas isso é menos difícil como modo de adaptação ecológica do que seria para os jovens mudar para um novo território de caça. Esses bandos patrilocais foram considerados característicos dos aborígenes australianos e de muitos outros caçadores-coletores. Na Austrália e em algumas outras áreas os regulamentos com relação aos casamentos iam muito mais além dessa regra de casamentos fora do bando e envolviam regras complexas relacionadas com o intercâmbio de mulheres entre bandos.

Recursos escassos e espalhados em alguns ambientes ecológicos faziam com que bandos bastante estáveis e concentrados se adaptassem mal. Nessas áreas marginais, as famílias nucleares podiam se dispersar durante todo o ano ou por parte do ano. Os shoshoni basins que continuaram em tempos históricos a seguir o modo de adaptações Arcaico na América do Norte são um exemplo excelente (cf. Caso 3).

Um número de estudos modernos dos caçadores-coletores na Austrália, na América do Norte e na África sugeriu que o modelo do bando patrilocal clássico pode ser simples demais. Os bandos tendem a ser diferentes e heterogêneos, há uma mobilidade considerável e mudanças individuais e de subgrupos de um bando para outros, e os bandos caçam com muita frequência nos territórios uns dos outros. Mesmo o casamento

CASO
3

A organização social dos shoshonis

Os shoshonis de Nevada e outros povos de língua shoshoni da Grande Bacia do oeste dos Estados Unidos (utes e paiútes) tinham uma organização social extremamente simples e fragmentada, classificada por Steward (1955) como um "nível familiar de integração sociocultural".

O meio ambiente dos shoshonis era extremamente árido, severo, diversificado e imprevisível. Ele incluía deserto e quase deserto, lagos e rios, florestas de pinheiros altos, e uma variedade de cenários intermediários em altitudes diferentes. O inverno era frio e severo, o verão quente e seco. Os recursos de alimentos eram escassos, principalmente coelhos e outros animais pequenos e, ainda mais importante, pinhas e outros alimentos vegetais selvagens eram dispersos e imprevisíveis.

Em um cenário assim, o assentamento humano era esparso – uma pessoa para cada oito, 16 ou até oitenta ou 160 quilômetros quadrados. A mobilidade era necessária e, portanto, assentamentos permanentes não eram possíveis e só grupos muito pequenos conseguiam sobreviver no negócio de subsistência.

Os shoshonis e seus vizinhos desenvolveram uma adaptação pela qual uma família (ou um casal e seus filhos ou um homem, suas várias esposas e seus filhos) viviam sozinhos na maior parte do ano – talvez 80% do tempo. Eles se movimentavam em busca de comida, seguindo as estações. Só quando recursos tais como peixes ou pinhas eram temporariamente abundantes é que várias famílias viviam juntas. No inverno, às vezes acampavam juntos, se sustentando principalmente dos tipos de nozes e sementes secas que tivessem conseguido armazenar. Em outras ocasiões uniam-se para caçadas comunitárias de coelhos ou antílopes. Essas reuniões eram momentos para danças e rituais religiosos coletivos.

As esposas tinham de vir de fora da família. Caracteristicamente, no entanto, os arranjos matrimoniais eram acordados entre duas famílias, de tal forma que, quando um jovem de uma família se casava com uma jovem de outra, os filhos mais novos das duas famílias também se casariam no momento adequado. Quando um homem tinha duas ou mais esposas, essas deviam ser irmãs. Se uma esposa morria, o irmão ou irmã que lhe sobrevivesse deveria, se possível, se casar com a viúva ou o viúvo. As várias famílias unidas por esses casamentos eram normalmente aquelas que se organizavam para que todos os membros da família se reunissem sazonalmente quando os recursos permitissem (STEWARD, 1938, 1955).

fora do bando é muitas vezes menos nítido do que no modelo clássico. No Caso 4, os sans ilustram alguns aspectos dessa flexibilidade e diversidade.

Se essa flexibilidade e diversidade eram características dos caçadores-coletores no Paleolítico Superior, ou até no passado recente, foi tema de debates acalorados. Alguns especialistas insistem que essa flexibilidade representa um modo eficiente de adaptação ecológica e relações políticas e, portanto, é antigo e fundamental; outros contra-argumentam dizendo que é um produto secundário recente do colonialismo e da intrusão pelo mundo externo.

Sistemas políticos

A organização política das sociedades caçadoras coletoras é extremamente variada. Onde o ambiente era rico e a população relativamente grande e sedentária foi revelado, em registros antigos, um grau de centralização política que vai muito além daquele encontrado entre os caçadores-coletores marginais contemporâneos. Mesmo tendo em mente a tendência dos colonialistas a promoverem os líderes encontrados nos primeiros avanços coloniais a "reis" e "chefes", nos surpreendemos com os antigos relatos de liderança no ecologicamente rico sudeste australiano. Um

A religião australiana aborígene é rica em simbolismo e em relacionar o
presente visível ao mundo místico de sonhos do passado.

grupo dos primeiros colonialistas próximos à região que hoje é Melbourne "foi recebido por um número de nativos que, quando um tiro foi dado por cima de suas cabeças, se distanciaram um pouco correndo, mas logo se aproximaram outra vez com o rei, que usava uma coroa de turbante muito trabalhada e era sempre levado nos ombros dos homens" (HOWITT, 1904, apud SHILLINGLAW, 1870). Estruturas hierárquicas elaboradas envolvendo chefes de clãs, conselhos formais do clã ou tribais, e chefes supremos tribais são relatadas por fontes fidedignas.

Entre os povos marginais caçadores-coletores sobreviventes, com populações menores e muitas vezes dispersas, e com frequência com subserviência forçada aos povos a seu redor, a liderança política tende a ser muito menos formal e estratificada, baseada primordialmente em poderes pessoais – fossem eles poderes de caça, de ritual, de manutenção da paz, de oratória ou de liderança em geral – e levados a cabo por tomadas de decisão igualitárias ou por apoio consensual. O caso dos sans é um exemplo típico.

Lutas dentro do próprio grupo ou entre grupos sem dúvida eram mais generalizadas e muitas vezes mais violentas do que alguns estereótipos recentes de um paraíso primitivo sugerem. No auge da literatura sobre caçadores-coletores na

CASO
4

A organização social dos !kung sans

Os !kung sans são caçadores-coletores que vivem no proibitivo deserto de Kalahari no sul da África. O meio ambiente árido só permite a sobrevivência em bandos pequenos e dispersos. Esses bandos, cujo número de membros varia de vinte a sessenta pessoas, estão distribuídos por aproximadamente 16 mil quilômetros quadrados; a população total é só de umas mil pessoas.

Cada bando tem um território. Em um território só os membros do bando têm direito a coletar os alimentos vegetais selvagens que constituem a dieta básica da qual depende a sobrevivência do grupo. A água é outro bem escasso e cada bando tem direitos primordiais ao poço (ou poços) do qual depende (embora forasteiros possam usar a água com a permissão do bando).

Um bando de !kung sans.

Caçadores de animais grandes podem entrar nos territórios de outros bandos com bastante liberdade em busca de caça. Se o poço de um bando secar, as famílias que compõem o bando se mudam temporariamente e vão morar com outros bandos em que tenham parentes.

Cada bando é constituído por um grupo de famílias. Algumas delas consistem apenas do marido, esposa e filhos; outras são aumentadas pela presença de um ou mais filhos casados e suas famílias. Outras mais consistem de um homem com duas ou mais esposas e seus filhos. O casamento é proibido entre membros da mesma família imediata, entre certos parentes próximos e entre um homem e uma mulher cujo nome seja o mesmo que o da mãe do marido (há apenas um número limitado de nomes para homens e mulheres, que são transmitidos pelas linhas familiares; o compartilhamento de nomes implica um parentesco distante). No entanto, casamentos entre membros do mesmo bando são permitidos. Quando um homem se casa pela primeira vez, vai residir com o pai da noiva até que nasçam dois ou três filhos. Durante esse período ele contribui com seu trabalho para os parentes da noiva, adicionando comida à despensa de seu sogro e seu bando. Como em muitos casos o casamento ocorre muito tempo antes de a noiva atingir a puberdade, esse período pode durar de 8 a 10 anos, durante os quais o marido fica longe de seu bando. Depois disso, o marido pode levar a esposa e os filhos de volta para o bando de seu próprio pai ou pode escolher permanecer com o povo da esposa.

Cada bando tem um líder, escolhido por consenso. Esse líder tem autoridade formal sobre a disposição dos recursos do bando e seus movimentos; mas seus poderes políticos, na verdade, são bastante limitados. A ação do grupo é normalmente baseada no consenso de seus membros. De certa forma, o cargo do líder é simbólico. Seu poder *de facto* depende de suas habilidades pessoais de liderança, organização, planejamento e manutenção da harmonia interna. A liderança do bando é transmitida por linhas familiares, de um líder para seu filho mais velho.

Conflitos internos, como entre um líder e seu irmão mais novo ou outro parente, são solucionados ou pela transferência do membro dissidente para outro bando onde ele tenha parentes ou pela separação da facção dissidente que passa a formar um novo bando.

As pessoas relacionadas ao bando por matrimônio podem entrar para o bando e desfrutar de direitos iguais aos das pessoas nascidas no bando; mas esses direitos deixam de existir se eles deixarem o bando. Os direitos de uma pessoa nascida no bando de viver no território do bando e compartilhar de seus recursos permanecem mesmo se ele ou ela forem morar em outro lugar; a opção de voltar fica em aberto (MARSHALL, 1959, 1960, 1965).

década de 1960, o conflito e a guerra muitas vezes eram minimizados. Registros de guerra entre os aborígenes australianos e indícios semelhantes de um passado recente e de um mais remoto devem nos fazer mais cuidadosos ao projetarmos muita paz e harmonia em nossas concepções da vida humana durante o distante passado paleolítico. Além disso, para a Austrália aborígene e a América do Norte, a maior parte da evidência que temos vem de períodos em que as pressões indiretas da intrusão colonial foram consideráveis e os padrões de conflito foram modificados de acordo com isso.

Religião e visão do mundo

No Capítulo 15 examinaremos a religião e a visão do mundo entre povos tribais, inclusive entre povos caçadores-coletores. Aqui podemos pausar apenas para as observações mais gerais.

Os vários sistemas religiosos dos caçadores-coletores, por mais diversos que fossem, são caracterizados por uma unicidade com a natureza. Em um mundo que não podemos controlar, em um equilíbrio natural que devemos estudar e ao qual devemos nos ajustar, em um meio ambiente humano dominado pelo clima, o ciclo dos dias e dos anos, seu relacionamento com a natureza é imperioso e sagrado. Ele pode ser expresso em uma personificação mística das forças naturais; pela crença em seres sobrenaturais; pela crença em um criador divino; ou conceitualizando as relações entre grupos sociais em termos das relações entre animais, pássaros ou forças naturais. O retrato que Colin Turnbull faz dos bambutis da floresta Ituri – o imediatismo e a vivacidade de suas percepções do mundo natural, a intimidade de seu conhecimento dela, e sua unicidade mística com o espírito da floresta – dá um sentido muito convincente de humanos na natureza e não contra ela (TURNBULL, 1961).

As religiões dos caçadores-coletores contemporâneos não nos dão necessariamente uma janela para o passado humano antigo. Mas elas são úteis para nos lembrar de que quando os humanos não têm uma tecnologia que lhes permita ou exija que transformem ou controlem a natureza, eles desenvolvem filosofias que os situam *dentro* dos processos e forças da natureza, não por cima deles. Essas filosofias podem bem servir como fontes de sabedoria em um momento quando nossos esforços para controlar e dominar a natureza colocaram nosso meio ambiente e todo nosso planeta seriamente em risco. Um conhecido geneticista que passou algum tempo estudando os povos da floresta amazônica se expressou da seguinte maneira:

> A arrogância intelectual criada por nossos pequenos sucessos científicos deve agora ser substituída por uma humildade profunda baseada no novo conhecimento de quão complexo é o sistema do qual somos uma parte [...]. Da maneira mais sofisticada que possamos invocar, devemos voltar à admiração e até mesmo ao medo que o homem primitivo tinha com relação ao mundo misterioso a seu redor e, como

ele, devemos nos esforçar para viver em harmonia com a biosfera (NEEL, 1970).

13 Horticultores tropicais

Cultivo com queimadas

Um desenvolvimento específico entre as primeiras tecnologias de produção de alimentos foi sua adaptação à floresta tropical. Na América Central, na África e no Sudeste Asiático, os produtos agrícolas adaptados ao cultivo na floresta tropical incluíam aqueles propagados por semente: milho, painço, arroz. Mas o desenvolvimento mais característico da horticultura tropical foi a domesticação, em várias partes do mundo, de produtos agrícolas propagados por raízes, brotos e mudas (que podemos classificar conjuntamente como propagação *vegetativa*). O contraste não é algo trivial. Coursey (1978) argumentou que a propagação por semente e a propagação vegetativa geram tipos diferentes de visão da pessoa com relação ao mundo das plantas e ao ecossistema: o primeiro tipo é mais manipulativo e intervencionista, o último mais consciente das continuidades entre os mundos natural e cultural, dando ênfase à harmonia com o meio ambiente natural e não ao controle sobre ele.

A adaptação dos produtos propagados por sementes (na maior parte das vezes domesticados originalmente nas zonas temperadas) ou dos produtos propagados por raízes (inhame, taro, mandioca, batata-doce, cujos precursores selvagens são tropicais) à floresta tropical exige uma intensa cooperação com as forças da natureza. Normalmente acreditamos que a floresta tropical é um lugar viçoso e fértil. No entanto, isso é raramente verdade, a não ser nos casos em que um solo vulcânico cria um meio ambiente rico. Sob o alto dossel florestal a floresta tropical primária não é, de forma alguma, aquele emaranhamento viçoso de vegetação do estereótipo hollywoodiano. A luz do sol não penetra o suficiente para permitir uma densa vegetação rasteira, exceto nos locais em que rios ou outras aberturas rompem o dossel. A fertilidade que existe vem da grossa camada de vegetação em decomposição que cai do alto. Quando as árvores gigantescas são derrubadas – uma tarefa imensa com ferramentas de pedra e fogo – o terreno fica aberto para plantar inhame, taro, milho, arroz seco e mandioca. A queima das folhas e galhos acumulados no derrubamento das árvores temporariamente enriquece o solo. Mas depois começam os problemas. Chuvas torrenciais e o sol quente lixiviam os nutrientes rapidamente e podem produzir a laterização do solo que se transforma em crostas inférteis. Quando a safra é finalmente colhida, o solo muitas vezes está exausto. Após uma segunda safra, se é que isso é possível, o solo provavelmente já não será útil para o cultivo. (Enquanto isso, os insetos e pássaros famintos de safras vizinhas além da floresta já fizeram o possível para roubar os alimentos dos humanos que os plantaram.)

A solução elaborada pelos povos nos trópicos foi um sistema conhecido como **cultivo de rotação** ou **cultivo de queimada**. Uma família ou grupo de parentesco deve ter consideravelmente mais terra do que a necessária para plantações a qualquer momento. À medida que uma safra está sendo colhida em um terreno, um novo terreno está sendo limpo e plantado. Permite-se assim que o antigo terreno fique em pousio e o crescimento secundário de capim, arbustos e depois a floresta o cubram. Em um momento ideal – normalmente de 10 a 20 anos se a terra é suficiente – encontra-se um equilíbrio entre a fertilidade renovada da terra e a dificuldade de limpá-la outra vez para um novo terreno. Um

sistema assim depende de uma densidade populacional relativamente baixa.

Normalmente trabalha-se o terreno apenas usando bastões para escavar a terra, que muitas vezes são improvisados e, quando muito, endurecidos pelo fogo. Machados e enxós polidos, os instrumentos originais para cortar e derrubar árvores dos povos neolíticos, foram suplantados pelo ferro na África e no Sudeste Asiático, reduzindo o investimento de mão de obra no processo da derrubada e construção de cercas e fazendo com que seja mais viável derrubar a floresta virgem onde ela está disponível.

Muitos observadores europeus fizeram comentários sobre o desperdício do cultivo de rotação. Muitas vezes eles se iludiram com o viço e a fertilidade aparente das florestas tropicais e presumiram que a terra de pousio é desperdiçada e que uma agricultura mais intensiva iria suportar populações maiores e mais sedentárias com um padrão de vida mais alto. Mas na verdade o cultivo de rotação é uma adaptação ecológica extremamente eficiente e equilibrada; e esforços para introduzir agricultura intensiva nas florestas tropicais normalmente foram desastrosos. O *equilíbrio* é um elemento crucialmente importante na horticultura de queimada.

> Em termos ecológicos, a característica mais claramente positiva da agricultura de queimada é que ela está integrada no ecossistema natural preexistente e, quando genuinamente adaptativa, mantém a estrutura geral desse ecossistema [...]. Qualquer forma de agricultura representa um esforço para alterar um ecossistema determinado de uma maneira tal que aumente o fluxo de energia para o homem; mas um arrozal molhado consegue isso por meio de um retrabalho ousado da paisagem natural;

e uma queimada por meio de uma imitação engenhosa dessa paisagem (GEERTZ, 1963: 16).

A produção de cultivos de raiz e/ou semente é muitas vezes complementado com a criação de suínos, galinhas ou outros animais domesticados. Onde é possível, recursos aquáticos e pequenos animais de caça aumentam a dieta monótona de fécula e baixa em proteína. As queimadas de horticultores normalmente contêm não só os produtos básicos, mas também uma grande variedade de plantas suplementares, inclusive bananas, folhas verdes, abóbora, vagens, cana-de-açúcar e coisas semelhantes. Assim, em uma única área de queimada de três acres entre os hanunoos das Filipinas, Conklin (1957) registrou mais de 40 espécies de plantas sendo cultivadas ao mesmo tempo (os hanunoos têm nomes diferentes para mais de 400 plantas cultivadas).

A natureza da horticultura de queimadas como um modo de adaptação é bem-ilustrada pelos tsembaga marings da Nova Guiné, no Caso 5.

Consequências econômicas do cultivo de queimada

Estamos em um terreno mais seguro se nos perguntarmos, como fizemos no caso dos caçadores-coletores, como a organização da produção estrutura a vida social, a política e as relações entre os sexos entre horticultores como os marings. Primeiramente, há mais possibilidades para a produção e acúmulo de excedentes do que nas economias cotidianas dos caçadores-coletores. Alguns produtos agrícolas tropicais (inhame, arroz) podem ser armazenados, outros (mandioca, taro, bananas da terra) não. Eles podem, no entanto, ser produzidos em quantidades bem superiores às necessidades de subsistência e usados

para comemorações e intercâmbio. Assim, entre os marings, ciclos de produção de suínos podem igualmente ser planejados e orquestrados com relação a uma economia de prestígio de comemorações e intercâmbio.

Para os marings, como para muitos outros cultivadores de queimada, a maior parte do trabalho contínuo de produzir alimentos vegetais é feito pelas mulheres, mas a derrubada de árvores, a preparação de cercas e outras tarefas exigem períodos esporádicos de trabalho pesado por parte dos homens. Isso significa que um grupo doméstico de um homem e uma mulher adultos e seus filhos constitui uma unidade produtora de alimentos capaz de satisfazer as necessidades de subsistência. Mas isso, em conjunção com o potencial de produzir excedentes (e, como no caso dos marings, "poupá-los" na forma de suínos como capital vivo) significa que o controle masculino sobre o trabalho feminino pode se transformar em um instrumento político – homens adquirindo, por exemplo, múltiplas esposas ou controlando as finanças do casamento e com isso o fluxo do trabalho feminino.

Outra concomitante da horticultura de queimada é que a *terra* passa a ser um recurso essencial de grupos locais, em um sentido bastante diferente da territorialidade de caça e da saída em busca de comida dos caçadores-coletores. Enquanto povos como os aborígenes australianos e os sans raramente mantêm um controle exclusivo e defensivo de um território e de seus recursos, para os cultivadores tropicais a terra tem um caráter diferente. Como iremos ver no caso dos marings, a defesa e conquista de território são comuns. Mesmo quando a ocupação do território pela guerra não ocorre, os direitos de propriedade da terra são uma questão constante para povos horticultores. Isso é particularmente verdadeiro no caso dos horticultores de queimada como os da Melanésia que tradicionalmente usavam ferramentas de pedra. A derrubada da floresta primária era uma tarefa gigantesca; e o crescimento secundário, após a derrubada, constituía *propriedade*, controlada pelos sucessores daqueles que tinham limpado a terra. Veremos no Capítulo 9 como, em virtude de sua descendência de antepassados fundadores, alguns grupos exerciam em tais sociedades um tipo de controle que não diferia muito daquele normalmente exercido em corporações.

Consequências da tecnologia do ferro

Os povos do Sudeste Asiático que praticam o cultivo de queimada e usam ferramentas de ferro diferem de várias maneiras de horticultores como os marings. Em primeiro lugar, sua dependência primordial de um produto agrícola sazonal e de semente, o arroz, impôs restrições diferentes na vida social. Segundo, a tecnologia do ferro gerou outros tipos de divisões de trabalho e de relacionamentos com a terra e com a floresta, as quais tipos diferentes de agrupamentos sociais eram adaptativos. Os ibans de Sarawak em Bornéu (cf. Caso 6) ilustram esses contrastes. Eles servem também para nos lembrar de que as distribuições de pessoas no mundo tribal estavam em constante movimento e que os relacionamentos estáveis, adaptativos e ecologicamente reverentes com o meio ambiente estavam longe de ser universais.

Aqui podemos nos voltar e examinar brevemente a ecologia e a economia de povos pastores e as maneiras pelas quais a produção molda as relações e instituições sociais. Então, no capítulo seguinte, daremos um passo atrás para examinar de um modo mais geral os processos que moldam o desenvolvimento de sistemas socioculturais.

14 Adaptações pecuárias

Adaptações pecuárias no tempo e no espaço

Os primeiros produtores de comida do Oriente Próximo tinham economias mistas com cultivo e criação de rebanhos. Embora fosse a agricultura que, no longo prazo, possibilitou as mudanças revolucionárias na organização da sociedade, a criação de ovelhas e cabras gerou a possibilidade de uma adaptação especializada às áreas áridas em que o cultivo era limitado ou impossível. No cinturão montanhoso e árido que atravessa o sul da Ásia Central, desde a área mediterrânea até o Himalaia, essas adaptações pastorais permitiam que populações relativamente esparsas habitassem zonas que tinham se tornado secas demais para a agricultura como algumas áreas no Irã e no Afeganistão.

Historicamente, o pastoreio representa assim um ramo secundário dos antigos complexos mistos de agricultura e criação de animais em adaptação às pastagens secas. Enquanto o cultivo neolítico permitia que os humanos criassem ambientes em miniatura em que plantas domesticadas poderiam prosperar, a criação de animais domésticos não permitia esse tipo de controle. Eram os humanos que tinham de se conformar aos padrões pluviais e os da vegetação natural e até um grau substancial, aos ciclos biológicos e necessidades dos animais que criavam. Isso muitas vezes exigia a migração sazonal, ou **transumância**. A domesticação do cavalo, feita provavelmente na Eurásia Central mais ou menos em 2000 a.C., abriu novas possibilidades – para uma enorme mobilidade nova pelas encostas cobertas de pastagens da Ásia Central, e para uma vida plenamente nômade. A criação de gado, generalizada no mundo antigo, representa outro modo de adaptação. Como veremos brevemente, a centralidade do gado na vida

CASO
5

A ecologia da subsistência dos tsembaga marings

Os marings são um povo que vive em dois grandes vales de rios, o Simbai e o Jimi, nas áreas montanhosas da Nova Guiné. Há cerca de 20 grupos locais que falam o Maringá, e cujo tamanho varia de pouco mais de 100 pessoas até 900. Tivemos sorte porque três estudos detalhados sobre a ecologia maring já tinham sido realizados em diferentes grupos locais por Rappaport (1967, 1968, 1971c), Clarke (1971) e Vayda et al. (1961) e eles nos dão, na maioria dos casos, informações importantes. Aqui examinaremos os tsembaga marings, um grupo local de duzentas pessoas estudado por Rappaport.

Os tsembagas são horticultores nômades. Embora seu habitat seja um vale íngreme que começa a subir a menos de cinco quilômetros do Rio Simbai (720 metros) até um cume de 2.190 metros) (um território de mais de oito quilômetros quadrados) só os declives a partir do rio até aproximadamente uns 1.600 metros podem ser realmente cultivados. Cerca de 400 hectares dessa terra íngreme eram usados como hortas ou como terra de pousio. Quase 20 hectares foram plantados durante o ano do estudo; cerca de 40 hectares (10% da terra total da horta) eram usados por dois anos ou mais. Rappaport achou que a capacidade potencial habitacional da terra podia ser de cerca de 200 pessoas por cada 2,6 quilômetros quadrados de terra arável; a densidade populacional real era de 124.

Cultivos tsembaga maring: (à esquerda), uma nova horta é plantada; (à direita), uma horta na qual taro e batata-doce foram colhidos.

A horticultura fornece 99% da dieta cotidiana dos tsembagas. Mas eles também comem porcos, marsupiais, répteis e lagartas das florestas a seu redor. Uma horta típica contém não só os alimentos básicos principais, batatas-doces e taros, mas também outros tubérculos como inhame, mandioca e bananas; e uma grande variedade de legumes, folhas verdes e outros vegetais, tais como a cana-de-açúcar. A intermistura complicada de plantas na horta cria uma espécie de versão em miniatura de uma floresta tropical (GEERTZ, 1963).

Para construir uma horta uma família tsembaga precisava primeiramente derrubar a floresta secundária. Homens e mulheres começavam limpando as plantas rasteiras (agora com machadinhas, antes com enxós de pedra). Após cerca de duas semanas, os homens derrubavam a maior parte das árvores; as árvores maiores são desnudadas, mas não derrubadas. A limpeza do terreno, segundo a estimativa de Rappaport, exige duas vezes e meia mais investimento de energia por meio hectare do que a derrubada de árvores. A seguir, as hortas são cercadas para evitar a entrada de porcos selvagens e domésticos – um incentivo para aglomerá-las a fim de minimizar o cercamento. O cercamento exige um tanto menos que a metade do investimento de energia por meio hectare do que a limpeza inicial e, uma vez mais, é feito pelos homens. Quando os restos da horta secam, são empilhados e queimados, e arrancam-se as ervas daninhas. A preparação da horta exige um investimento relativamente breve de trabalho, mas mantê-la sem ervas daninhas durante os meses em que a plantação está amadurecendo exige um esforço contínuo – mais do que três vezes a energia total da limpeza inicial.

A colheita e a remoção das safras também são tarefas exigentes, embora visivelmente gratificantes. Rappaport estimou que cerca de trezentas mil calorias por cada meio hectare são investidas no cultivo e que cerca de cinco milhões de calorias de alimentos por meio hectare são colhidos – algo mais que uma razão de 16 para um como retorno da energia investida. Rappaport (1971c) estimou também que em um ano mais típico do que aquele que ele observou, quando as residências foram espalhadas pelas hortas, a razão da produção seria provavelmente de vinte para um. Essa proporção é mais que duas vezes maior que o retorno na energia de subsistência investida pelos caçadores-coletores sans do sul africano (LEE, 1969; HARRIS, 1971; cf. KEMP, 1971 para os inuítes) – evidência do investimento de energia progressivamente mais eficiente que é possibilitado pelo avanço da tecnologia humana*.

Um fator nas estratégias de horticultura é o número de porcos domésticos a serem alimentados. A criação de porcos dos tsembagas é feita alternativamente. Quando uma família está engordando apenas um ou dois porcos, ela cultiva apenas uma horta de bom tamanho, à meia altitude, e isso é suficiente para alimentar os animais e seus donos. Quando o número de porcos aumenta, uma horta contendo principalmente batatas-doce, (que é dada para os porcos e também comida pelos humanos) é cultivada no alto das colinas acima de 1.300 metros; e uma segunda horta, de baixa altitude, é plantada principalmente com taro e inhame.

Veremos no próximo capítulo como esse ciclo de criação de porcos está voltado para os rituais religiosos e a política dos tsembagas. Lá iremos examinar em detalhe o argumento sofisticado e persuasivo de Rappaport de que a cultura tsembaga maring – seus rituais religiosos bem assim como sua organização social e sua economia – representa um sistema adaptativo complexo e equilibrado que adapta a vida maring às exigências de seu difícil meio ambiente.

---

* Isso, como sugere o retrato de "afluência primitiva" de Sahlins, não significa necessariamente que os caçadores-coletores têm de trabalhar mais para ganhar a vida do que os cultivadores de queimada. Os tsembagas fazem investimentos muito altos de energia para criar porcos, enquanto que os sans caçam animais de caça selvagens como fonte de proteína animal; além disso as grandes quantidades de tubérculos que os tsembagas precisam comer para permanecerem vivos constituem um alto número de calorias, mas baixa nutrição. Os sans sobrevivem bem com um consumo calórico bem mais baixo. A questão é que é possível duplicar o retorno da energia investida – e, dependendo da forma adotada pelo retorno calórico e como ele é usado, é possível ter de trabalhar ainda mais arduamente e por longas horas para sobreviver.

humana é particularmente marcante em algumas partes da África Oriental.

Economias pastorais, desenvolvendo em áreas marginais ao redor daquelas em que a agricultura estabelecida já predominava foram, durante milênios, intimamente ligadas àquelas áreas de camponeses sedentários e aos Estados em cuja periferia elas se encontravam. Para compreender o mundo do pastoreio é preciso manter uma espécie de campo de visão duplo – vendo, ao mesmo tempo, a organização interna da vida pastoral e o sistema externo em que ela está estabelecida. Mesmo as fronteiras entre sedentarismo e nomadismo, e entre pastoreio e cultivo, não são de forma alguma nítidas. O movimento entre grupos sedentários e grupos pastorais foi historicamente comum; os nômades podem se estabelecer, depois mudar-se outra vez; e pastores muitas vezes também cultivam produtos agrícolas. Mesmo povos totalmente nômades como os mongóis não são totalmente independentes das comunidades agrícolas estabelecidas; apresentam, ao contrário, uma espécie de interdependência simbiótica com elas. Os cavaleiros que eram o flagelo do Egito, da Europa Medieval e da China dependiam das comunidades estabelecidas para muitos dos produtos de que necessitavam para sobreviver. Por sua vez, os rebanhos dos nômades contribuíam crucialmente para a economia dos grupos estabelecidos durante os períodos de paz. A vida nômade oferecia um escape da pobreza para os povos às margens; no entanto, em épocas de seca as comunidades estabelecidas forneciam um refúgio para os nômades.

Adaptações pastorais: o Sudeste Asiático e a África Oriental

Examinaremos brevemente dois modos de adaptação pastoral: um da zona do Sudeste Asiá-

Um pastor hindu no Himalaia. Esses pastores levam seus rebanhos de ovelhas e cabras para as pastagens altas no verão e para as planícies do Punjab no inverno.

tico em que a criação de ovelhas e cabras foi praticada por milênios (Caso 7) e outra da zona da África Oriental, em que tradições especializadas de criação de gado são, há muito tempo, foco do interesse antropológico (Caso 8). Depois voltaremos a examinar de forma mais geral o relacionamento entre ecologia pastoral, as maneiras como a produção é estruturada e a organização da vida social e política.

O complexo africano do pastoreio é baseado na criação de gado. Essa simbiose entre humanos e gado e as elaborações simbólicas do "complexo de gado" há muito atraíram o interesse antropológico. Essas elaborações são levadas a limites dos mais extraordinários na África Oriental. Os karmojongs de Uganda são uma vívida ilustração disso.

O pastoreio e a estrutura da sociedade

Como devemos interpretar mais geralmente o relacionamento entre as restrições ecológicas impostas pela criação de animais em ambientes marginais e a organização das sociedades pastorais? Dois temas foram predominantes na literatura. Um considera as pressões ecológicas e as restrições biológicas da criação de animais como forças ativas, e a organização das sociedades pastorais como uma espécie de adaptação passiva a essas exigências naturais. A outra tomou como modelo ideal uma sociedade "puramente nômade" fictícia, desenvolvendo-se em isolamento, e considerou quaisquer desvios dessa sociedade – tais como sedentarismo parcial ou agricultura parcial, como entre os karmojongs e os basseris – como resultado de influências externas. Assim, a natureza fundamentalmente igualitária das sociedades pastorais foi enfatizada por muitos autores. Quando encontramos estratificação social entre os pastores, então, essa deve ser, *ipso facto*, o resultado da influência de forças externas.

Essas perspectivas um tanto simplistas foram esclarecidas consideravelmente nos últimos anos. Primeiro, estudos muito mais detalhados e críticos da ecologia e da economia da produção pastoral ficaram disponíveis (principalmente DAHL & HJORT, 1976). Os dois apontam para a complexidade desse sistema – que elimina interpretações fáceis e generalizações radicais – e para sua diversidade. Como observa Dahl,

> O pastoreio não é um único tipo de adaptação ecológica. É ilusório igualar todas as sociedades orientadas para a criação de animais, até mesmo todos os pastores que devem se mudar regularmente [...].
>
> Sob certas circunstâncias, principalmente aquelas na África Oriental pastoral, a ecologia teve um maior impacto na sociedade que em outros contextos [...]. [Mas embora] muitas referências – gerais e muitas vezes vagas – sejam feitas na literatura sobre a "aridez da natureza" e embora restrições específicas às vezes façam parte da análise antropológica, pouco tem sido feito no estudo sistemático da natureza precisa dessas restrições [...] e seus efeitos restritivos na sociedade (DAHL, 1979: 263).

Essas e outras questões foram discutidas em uma conferência realizada em 1976 (L'ÉQUIPE ÉCOLOGIE ET ANTHROPOLOGIE DES SOCIÉTÉS PASTORALES, 1979). Tanto a tipificação ideal de "sociedade nômade" e a suposta determinação ecológica de sociedade igualitária foram examinadas em conjunto – particularmente como ocorreu com muitos casos de estratificação social em sociedades pastorais.

O tipo ideal da "sociedade nômade pastoral não estratificada" talvez tenha sobrevivido ao escrutínio crítico – mas não sem alguns arranhões. Lefébure (1979: 2) caracteriza tais sociedades por uma "combinação específica de padrões de produção domésticos e comunitários". Primeiro, a produção é centrada nos grupos familiares. Esses fornecem a mão de obra do pastoreio e dependem dos múltiplos produtos dos animais (leite, carne, lã etc.) para sua sobrevivência. Quando as unidades produtoras familiares cooperam, como na guarda ou mudança de rebanhos, elas o fazem em grupos temporários e mutantes como entre os basseris. Segundo, há um forte relacionamento entre o crescimento cíclico e a dissolução dos

A agricultura dos ibans

As comunidades ibans consistem em casas compridas (longhouses), e os apartamentos que as compõem são ocupados por famílias separadas. Mostraremos as origens desse padrão de organização familiar no Caso 26. Aqui o sistema do cultivo de arroz seco nos dá *insights* ecológicos importantes.

Uma "tribo" iban é uma população que ocupa uma série de comunidades de casas compridas em um único

Uma queimada iban: a encosta íngreme, derrubada e queimada, será plantada com arroz e colhida.
Se for plantada com uma segunda safra, o resultado poderá ser erosão e desflorestamento.

sistema fluvial. O casamento normalmente ocorre só na mesma tribo: caçadas de cabeças são dirigidas para outras tribos. As tribos não estão assentadas permanentemente, no entanto. Os ibans se multiplicaram e ampliaram em muito seu território em tempos históricos – indo gradativamente na direção das vastas florestas virgens da região Baleh e deslocando povos forasteiros que estavam em seu caminho, inclusive caçadores-coletores e outros horticultores, com "ataques ferozes":

> A "vegetação rica e intocada" da região Baleh foi, para os ibans, os prêmios mais atraentes e seu desejo de explorá-la foi o incentivo principal de seu avanço e um motivo importante para estimular seus ataques ferozes às tribos forasteiras que estavam em seu caminho. A caçada de cabeças e um anseio por terras virgens ocorriam paralelamente (FREEMAN, 1955: 111).

O desejo por terras virgens expressa um conhecimento da subsistência abundante que elas proveem. Em suas orações os ibans pedem terra:

> Terra que seja gorda, gorda de camadas profundas, terra luxuriante, terra que seja frutífera, solo macio e fecundo, terra abundantemente fértil (FREEMAN, 1955: 115).

Cultivando a floresta virgem – viável com suas ferramentas de ferro feitas em casa – os ibans garantem direitos sobre o território florestal que é criado. Mas o ímpeto não é apenas garantir terra, onde "a terra é riqueza" (FREEMAN, 1955: 115), mas continuar pressionando para ir adiante, com "um apetite insaciável".

Os ibans derrubam a floresta virgem, a limpam e a queimam de maneiras não muito diferente das práticas dos tsembagas. Mas a plantação do arroz seco impõe uma sazonalidade, na qual o plantio, a remoção de ervas daninhas, a colheita e a debulha do arroz estruturam o ciclo anual da vida. Esse ciclo pode ser ecologicamente equili-

brado se for permitido que a vegetação rasteira (*krukoh*) que cresce nas hortas antigas volte à floresta secundária e fique em pousio. Mas os ibans preferem maximizar as recompensas de curto prazo, e não o equilíbrio de longo termo. Sua estratégia mais normal é cortar e limpar a vegetação rasteira *krukoh* e plantar uma segunda safra anual de arroz na mesma horta. Isso faz com que a remoção de ervas daninhas, a queimada e outras tarefas sejam mais fáceis, e produz um retorno máximo, já que a segunda safra anual é muitas vezes melhor que a primeira. Mas o ciclo do segundo ano deixa a terra espoliada e a família vai desbastando cada vez mais a floresta virgem uma vez mais – deixando erosão, desflorestamento, e devastação ecológica em seu rastro.

> A razão para esse cultivo exagerado [...] [inclui] uma convicção com raízes históricas de que sempre há outras florestas a conquistar, uma visão de guerreiro dos recursos naturais como sendo pilhagem para ser explorada, um padrão de assentamento de aldeia grande que faz com que a mudança entre lotes seja uma tarefa mais onerosa do que o normal, e talvez uma indiferença superior com relação à proficiência agrícola (GEERTZ, 1963: 16).

Os relacionamentos produtivos contrastam com aqueles dos marings. A independência econômica das unidades familiares componentes, a unidade política do grupo da casa comprida em questões de guerra e ordem interna e um igualitarismo e individualismo tão feroz quanto sua política externa são princípios básicos da vida iban. Aqui vale a pena enfatizar o padrão característico dos povos do Sudeste Asiático que usam o ferro: para eles a própria floresta é um "bem grátis". Ao derrubar a floresta primária não se ganha o título sobre a floresta secundária que é criada. E da mesma forma, a relevância de um grupo baseado na descendência, como uma corporação que controla o título de uma propriedade de terra, deixa de existir.

CASO

7

Os nômades basseris do sul do Irã

Os basseris do sul do Irã são pastores nômades que vivem em tendas e são mais ou menos uns 16 mil. Migram sazonalmente por uma faixa de terra de uns 500 quilômetros de distância, uma área de cerca de cinco mil quilômetros quadrados. Alguns dos aldeões por cujas áreas os basseris passam reivindicam uma origem comum com os nômades; o mosaico de línguas e culturas dos aldeões agrícolas e dos nômades é bastante complicado.

O padrão de migração sazonal é moldado pelo ambiente físico. Há neve invernal nas montanhas do norte, uma região intermediária com poços de água e a uns 1.400 metros de altitude (onde a maioria dos agricultores está assentada), e pastagens em uma região mais baixa mais para o sul que se tornam áridas no verão. Cada uma das tribos nômades do sul do Irã tem seu próprio padrão migratório tradicional.

A economia dos basseris depende diretamente de seus grandes rebanhos de ovelhas e cabras. Leite, carne, lã e peles vêm desses rebanhos e podem ser comercializados com aldeões para satisfazer outras necessidades. O transporte é provido por cavalos, asnos e camelos. O leite de ovelha e o de cabra são misturados no momento da ordenha e azedados; leite azedo, coalhada e queijo são os alimentos primordiais. No verão, quando os pastos são abundantes, os basseris ficam assentados temporariamente. Os excedentes de comida são preparados rapidamente na forma de queijo e carne, o que provê a subsistência nos meses mais escassos do inverno. Os basseris também comem produtos agrícolas. A maioria é obtida por comércio, mas também plantam algum trigo em seus acampamentos de verão. A caça e a coleta contribuem minimamente para a economia.

A mobilidade dos basseris reflete-se na área de organização social. Grupos familiares, concebidos como "tendas" são as unidades principais de produção e consumo. Esses grupos em tendas, representados por seus chefes homens, têm direitos plenos sobre a propriedade e às vezes atuam como unidades políticas independentes. Toda a propriedade de um grupo de tenda – as tendas, roupas de cama, equipamento para cozinhar – devem ser transferidos, junto com os rebanhos, quando o grupo migra. Uma família média teria de seis a doze asnos e um pouco menos de cem ovelhas e cabras. No inverno, as famílias se separam em pequenos grupos de duas a cinco tendas, associadas como unidades pastorais. No resto do ano, acampamentos maiores de dez a quarenta tendas se mudam juntas. Membros desses acampamentos formam comunidades solidárias, mas, em virtude de seus padrões de mobilidade, as brigas podem levar a fissões temporárias ou até permanentes.

rebanhos e os ciclos que as próprias famílias atravessam:

> Cada criador procurando encontrar uma nova unidade de produção e garantir sua reprodução se depara com duas exigências: primeiro ele precisa adquirir animais e uma ou mais esposas; segundo, ele deve ser capaz de manter o tamanho de seu rebanho e de produzir herdeiros. A circulação controlada das mulheres por meio do casamento [...] implica a circulação de uma parte do rebanho por meio de vários pagamentos matrimoniais (para obter esposas para seus filhos) [...]. O tamanho do rebanho corresponde a um momento no ciclo de desenvolvimento do grupo doméstico; em outras palavras, as necessidades alimentícias do grupo tendo sido satisfeitas de uma forma ou de outra, o tamanho do rebanho é uma função da intensidade, naquele momento em questão,

Nos níveis mais altos, os basseris são divididos em *tiras* ou seções – unidades que são estruturalmente equivalentes, mas de tamanhos diferentes. A maioria delas está dividida em "famílias" ou *oulads* (às vezes chegam a seis) cada uma com um chefe, e com uma área de pasto e uma rota migratória especificas. *Oulads* da mesma seção têm rotas e cronogramas de migração muito semelhantes.

As seções [...] diferem um tanto quanto em prestígio – parcialmente em virtude das diferenças de riqueza, em parte em virtude das diferentes tradições genealógicas, especialmente o fato de a dinastia principal ter emergido de um ramo de uma delas (BARTH, 1961: 50).

Pertencimento a um *oulad* é determinado pela descendência na linha masculina e a estrutura das seções é – pelo menos nas versões idealizadas – baseada nas conexões de descendência na linha masculina.

As tendas de acampamento dos basseris, dispersas e em mudanças constantes, mantêm-se juntas e fundidas em uma unidade por seu sistema político centralizado, que culmina no único cargo do chefe [...]. O chefe [...] é o líder central e autocrático da tribo (NARTH, 1961: 71).

O chefe e seus parentes imediatos pertencem a uma categoria totalmente diferente do resto dos basseris [...]. Dependendo da aprovação do chefe governante eles podem se associar a qualquer *oulad* e a utilizar qualquer uma das pastagens basseris. A maioria deles, no entanto, tem terra própria e não participa muito da vida nômade [...]. O chefe e seus irmãos [...] são membros sofisticados da elite em um nível nacional [...] em termos de riqueza, eles estão em uma classe totalmente diferente dos outros basseris, cada um deles possuindo várias aldeias, bem assim como rebanhos de muitos milhares de cabeças de ovelhas e cabras (BARTH, 1961: 73-74).

Como veremos em breve, uma das questões centrais na interpretação contemporânea dos pastores é como lidar com a aparente contradição pela qual entre nômades tais como os basseris algumas relações sociais são fortemente igualitárias e no entanto o povo como um todo está intimamente incorporado em sistemas nacionais e regionais, de maneira que revela grandes disparidades de classe, riqueza e poder.

das práticas técnico-econômicas, matrimoniais, políticas e simbólicas destinadas a garantir a reprodução do grupo (LEFÉBURE, 1979: 3).

Mas grupos nômades domésticos são também organizados em comunidades maiores. As interconexões entre esses grupos são estabelecidas por meio de alianças temporárias na criação do gado, por meio de alianças e intercâmbios maritais e sua necessidade de acesso coletivo a pastagens e a recursos naturais. Lefébure caracteriza como em algum sentido ficcional a identidade "coletiva" das sociedades pastorais expressas em estruturas que cobrem toda a sociedade e baseadas no parentesco ou na idade ou em ritos religiosos – ocultando o atomismo fundamental das unidades de produção e consumo. O igualitarismo dessas sociedades se refere não à igualdade de jovens e velhos ou de homens e mulheres. Eles podem estar rigidamen-

CASO

8

O pastoreio entre os karimojongs

Os karimojongs compreendem uns sessenta mil pastores que ocupam cerca de dez mil quilômetros quadrados de planície semiárida no nordeste da Uganda. A posição do gado entre os karimojongs é muito bem-apresentada por seus etnógrafos, os Dyson-Hudsons:

> O gado é propriedade e por esse motivo representa graus variáveis de riqueza, de *status* social e de influência comunitária. É o legado que um homem deixa para seus filhos. Pode ser intercambiado para simbolizar contratos formais de amizade e assistência mútua. A transferência do gado da família do noivo para a da noiva é necessária para validar um casamento. O sacrifício do gado é uma característica vital das observâncias religiosas. O foco das aspirações dos karimojongs é a aquisição de gado, e a propriedade disputada de gado está na raiz da maior parte das brigas entre eles. O gado é considerado objeto apropriado da afeição de um homem e essa convicção é uma parte integral do ciclo vital de cada homem (DYSON-HUDSON & DYSON-HUDSON, 1969: 359).

No entanto, em primeiríssimo lugar, o gado fornece a subsistência, transformando a energia armazenada no capim, nas ervas e nos arbustos em um meio ambiente difícil.

O sangue e os produtos lácteos, e não a carne, fornecem a subsistência principal. O gado é sangrado uma vez a cada três ou cinco meses. As vacas são ordenhadas de manhã e de noite; *ghee* (manteiga e leite coalhado) pode ser armazenado e é centralmente importante na dieta. O leite, muitas vezes misturado com sangue, fornece a dieta principal, especialmente para os homens que se movimentam com os rebanhos.

O cultivo de sorgo provê a subsistência secundária. As mulheres, baseadas nos assentamentos permanentes no centro do território dos karimojongs, fazem esse cultivo, enquanto os homens acompanham a chuva escassa para encontrar pastagens. O cultivo e a coleta de alimentos selvagens também proveem uma subsistência cotidiana importante para as mulheres e também uma espécie de seguro na diversidade em um meio ambiente árido em que a seca e as doenças do gado são uma ameaça constante. Só raramente o gado é morto, principalmente para iniciações e sacrifícios e esses são realizados principalmente quando a seca obriga à redução do rebanho.

Com uma tecnologia limitada que impede que se traga comida ou água para seus rebanhos, ou que se armazene a maioria dos alimentos, os karimojongs devem usar estratégias que minimizem o risco em um meio ambiente árido e imprevisível, bem como maximizar a produção de subsistência. Em vez de modificar seu ambiente, os karimojongs devem adaptar suas vidas a ele; mas ao fazê-lo, constroem um mundo rico de símbolos culturais e ajustes sociais (cf., p. ex., o relato das faixas etárias dos karimojongs, no Caso 32, Capítulo 10).

te separados em termos de direitos e papéis. Ao contrário, são os chefes masculinos das unidades domésticas que são iguais – em termos de seu lugar no sistema, não necessariamente em riqueza (cf. tb. DAHL, 1987, sobre os papéis das mulheres no processo produtivo em sociedades pastorais.)

Lefébure continua para mostrar os desequilíbrios em tais sistemas que – mesmo sem considerar o impacto das sociedades estatais em cujas margens os pastores vivem – podem levá-los na direção da estratificação. O chefe próspero do domicílio pode

> tecer a seu redor uma rede de relações econômicas e sociais que subsequentemente podem demonstrar ser muito vantajosas. Ele será mais resistente, recuperando-se mais

Pastor da África Oriental: homem samburu com seu gado. Parque Nacional de Masai, Quênia.

rapidamente das consequências das secas, das epidemias dos animais, de ataques inimigos etc. Ele terá acesso a uma escolha de terras de pastagem e poços, tanto que entre os karimojongs [cf. Caso 8] [...] um boiadeiro pode ter acesso a quatro ou cinco vezes a quantidade de espaço [...] que o menos favorecido de seus pares. Ele está numa posição em que pode pagar ou garantir de alguma outra maneira os serviços de um pastor. Acima de tudo, sua riqueza irá afetar seu *status* social, dando-lhe maior influência no conselho dos anciãos. Um boiadeiro que recentemente ficou rico pode, portanto, adquirir a posição de notável ou líder (LEFÉBURE, 1979: 7).

A estratificação pode ir muito mais além, como muitos dos documentos da conferência de 1976 indicam. E não basta dizer que isso é uma consequência da contaminação externa. Pelo menos na Ásia Central e no Sudeste Asiático, essa "contaminação" é fundamental para a história dos povos pastorais (KRADER, 1979).

As questões sobre sociedades pastorais – possam elas ser compreendidas em termos da formação ecológica da estrutura social, ou analisadas adequadamente em termos dos tipos ideais livres de "contaminação", ou ainda ser adequadamente compreendidas como unidades culturais separadas – têm ramificações teóricas. Iremos remontar a elas nos capítulos que se seguem. Neste momento, um conjunto específico de perguntas é crucial.

Essas são perguntas com as quais lidamos desde que elas surgiram no fim do último capítulo. Até que ponto a organização das sociedades de caçadores e coletores é moldada por restrições ecológicas? Até que ponto a organização social dos horticultores tropicais é uma adaptação a seus ecossistemas? Com os pastores, a força moldadora da ecologia pareceria ser mais imediata, porque os humanos têm de organizar suas vidas tão diretamente ao redor das provisões de alimento e de água, dos hábitos de seus animais e das exigências do clima. Será que a adaptação ecológica é então o fator primordial moldando a organização das sociedades humanas, pelo menos aquelas com tecnologias limitadas? Se isso é verdade, será que esse processo de adaptação opera diretamente em algumas áreas da cultura, e de maneira mais frágil – ou até nem sequer opera – em outras? A adaptação ecológica molda a organização e distribuição de grupos sociais e sua vida econômica, deixando intocadas as crenças religiosas e rituais e outras elaborações simbólicas de uma cultura? Ou são essas outras áreas da cultura também moldadas, de formas ocultas, pelos processos de adaptação ecológica? Estamos confrontando, aqui, algumas das questões mais básicas da teoria antropológica. Precisamos examiná-las mais detalhadamente.

SUMÁRIO

As populações de caçadores-coletores no mundo contemporâneo não são necessariamente idênticas em seus modos de vida àquelas que viviam nos ambientes paleolíticos mais ricos, mas elas realmente parecem ter tempo para lazer e relaxamento. Geralmente são organizadas em bandos patrilocais cujas famílias podem se dispersar por áreas amplas em busca da subsistência (exemplos são os shoshonis e os sans). Lutas podem ocorrer entre os bandos. Suas religiões tendem a refletir seu intenso relacionamento com os recursos do mundo natural.

Horticultores tropicais que praticam o cultivo de queimadas têm um modo mais sedentário de vida e se envolvem em atividades em sua terra que têm vários graus de intensificação de mão de obra (exemplos são os tsembaga marings e os ibans).

Os pastores normalmente são transumantes, movendo-se entre nichos ecológicos de acordo com a disponibilidade de comida para seus animais (exemplos são os nômades basseris e os karimojongs). A produção está centrada em grupos domésticos, mas identidades coletivas mais amplas são construídas com base na descendência e em grupos etários. A desigualdade entre domicílios pode se desenvolver.

Os antropólogos debatem a extensão da influência que fatores ecológicos podem ter sobre a cultura, a organização social e a religião dos povos que eles estudam.

SUGESTÕES PARA LEITURAS ADICIONAIS
Seção 12

BICCHIERI, M.G. (org.) (1972). *Hunters and Gatherers Today*: A socioeconomic Study of Eleven Such Cultures in the Twentieth Century. Nova York: Holt, Rinehart and Winston.

COON, C.S. (1971). *The Hunting Peoples*. Boston: Little, Brown and Company.

CRUM, S.J. (1994). *The Road on Which We Came*: A History of the Western Shoshone. Salt Lake City: University of Utah Press.

GRABURN, N.H.H. & STRONG, B.S. (1973). *Circumpolar Peoples*: An Anthropological Perspective. Pacific Palisades, Calif.: Goodyear Publishing Company.

KELLY, R.L. (1995). *The Foraging Spectrum* – Diversity in Hunter-Gatherer Lifeways. Washington: Smithsonian Institution Press.

LEE, R.B. & DeVORE, I. (orgs.) (1974). *Kalahari Hunter-Gatherers*. Cambridge, Mass.: Harvard University Press.

_____ (1968). *Man the Hunter*. Chicago: Aldine Publishing Company.

OSWALT, W.H. (1973). *Habitat and Technology*: The Evolution of Hunting. Nova York: Holt Rinehart and Winston.

SERVICE, E.R. (1979). *The Hunters*. 2. ed. Englewood Cliffs, N.J.: Prentice-Hall.

TESTART, A. (1988). "Some Major Problems in the Social Anthropology of Hunter-Gatherers". *Current Anthropology*, 29 (10), p. 1-31.

Seção 13

CLARKE, W.C. (1971). *Place and People*: An Ecology of a New Guinea Community. Berkeley: University of California Press.

CONKLIN, H.C. (1954). "An Ethnoecological Approach to Shifting Agriculture". *Transcripts of New York Academy of Sciences*, 17 (2), p. 133-142.

DE SCHILIPPE, P. (1956). *Shifting Cultivation in Africa*. Londres: Routledge & Kegan Paul.

GEERTZ, C. (1963). *Agricultural Involution*. Berkeley: University of California Press.

HEALEY, C. (1990). *Maring Hunters and Traders*. Berkeley: University of California Press.

KUNTSTADTER, P. et al. (orgs.) (1978). *Farmers in the Forest*. Honolulu: University of Hawaii Press.

Seção 14

BECK, L. (1991). *Nomad*: A year in the Life of a Qashga'i Tribesman in Iran. Berkeley: University of California Press.

GALATY, J.G. & JOHNSON, D.L. (orgs.) (1990). *The World of Pastoralism*: Herding Systems in Comparative Perspective. Londres: Guilford Press.

IRONS, W. & DYSON-HUDSON, N. (orgs.) (1972). *Perspectives on Nomadism*. Leiden: W.J. Brill [International Studies in Sociology and Social Anthropology, vol. 13].

WEISSLEDER, W. (org.) (1978). *The Nomadic Alternative*: Modes and Models of Interaction in the African-Asian Deserts and Steppes. The Hague: Mouton and Company.

Capítulo 7

Como as culturas mudam

A importância da adaptação ecológica para moldar os patrimônios culturais foi um tema central na antropologia desde as explorações pioneiras do antropólogo americano Julian Steward e do antropólogo-geógrafo britânico Daryll Forde. Antropólogos tais como Roy Rappaport e A.P. Vayda deram uma forma moderna à Teoria de Culturas como respostas adaptativas a ecossistemas, em termos dos modelos sofisticados de **Teoria Sistêmica**; o mesmo foi feito também por arqueólogos interessados em teoria ao examinarem humanos em seus meio ambientes durante períodos longos de tempo. A teoria de que as culturas servem fins adaptativos, muitas vezes de maneiras disfarçadas pelas próprias explicações religiosas ou sociológicas, foi argumentada de maneira brilhante pelo antropólogo americano Marvin Harris, em uma série de livros populares e trabalhos técnicos. Argumentando em defesa de uma teoria de "materialismo cultural", Harris considera que as forças formativas primordiais no desenvolvimento de tradições culturais locais são os imperativos biológicos de sobrevivência em ecossistemas, particularmente a necessidade de proteína de alta qualidade e a necessidade de controlar o aumento da população. Para cada costume aparentemente exótico, há alguma racionalidade material e biológica, se investigarmos sob as ideologias culturais a fim de encontrá-la.

Neste capítulo ilustrarei as interpretações sistêmico-teóricas sofisticadas das culturas como sistemas adaptativos e apresentarei o argumento do materialismo cultural em dois estudos de caso sobre os quais houve bastante controvérsia.

Sugerirei que, apesar da plausibilidade e da forma científica dessas teorias que veem as culturas como respostas às pressões biológicas, elas são deficientes em alguns aspectos importantes. Argumentarei que as restrições biológicas realmente desempenham um papel importante no desenvolvimento de sistemas socioculturais – mas que os processos pelos quais elas operam são muito menos simples e diretos do que aqueles postulados pelos materialistas culturais.

No fim do capítulo, indicarei brevemente a necessidade de uma teoria mais poderosa de mudança sociocultural e sugerirei aquilo que considero ser as fontes para esse tipo de teoria – uma teoria que irá representar uma síntese de várias correntes do pensamento antropológico, e mal está começando a surgir. A esse esboço preliminar das fontes e abrangência de uma teoria emergente de mudança sociocultural (e estabilidade) será dada mais substância progressivamente em capítulos posteriores. Nesses capítulos, examinando o mundo "tribal" (definido de uma maneira muito ampla) em termos de economia, parentesco, política, direito, religião e assim por diante, tentarei estabelecer tanto as ferramentas conceituais como as bases da evidência concreta que irão tornar possível uma visão mais sofisticada do processo sociocultural. Primeiro pre-

Homem matando um porco pela remoção de suas vísceras. Melpa, Papua-Nova Guiné.

cisamos examinar cuidadosamente as teorias de culturas como sistemas adaptativos.

15 Ecologia cultural, materialismo cultural

Evolução: biológica e sociocultural

Humanos são animais, e como todos os outros animais precisam manter um relacionamento adaptativo com seus ecossistemas a fim de sobreviver – embora eles consigam essa adaptação principalmente por meio da cultura.

Um ponto de partida crucial é nos perguntarmos como as culturas mudam com o passar do tempo. Definimos a cultura como um sistema de desígnios ideacionais para um tipo de vida mais ou menos compartilhado, característico de um povo específico. Esses desígnios ideacionais são apenas um conjunto de elementos moldando o comportamento de uma população em um ecossistema; é com base nesses padrões de comportamento que os processos evolucionários operam. Portanto, não estamos simplesmente perguntando como as culturas evolvem, mas como os sistemas socioculturais no meio ambiente evolvem.

Quando colocamos o comportamento de populações humanas nessa perspectiva biológica mais ampla nos arriscamos a compreendê-lo erroneamente. É verdade que as populações humanas estão em última instância sujeitas a leis biológicas que afetam qualquer população animal: elas precisam se reproduzir em números adequados e não degradar seu ecossistema irreversivelmente.

Mas isso não é dizer que os processos de mudança nos componentes culturais (isto é, aprendidos) do comportamento humano são necessariamente idênticos aos processos de seleção natural que moldam a informação genética em uma população. Pica-paus não podem decidir que não vão mais cavar buracos nas árvores. Se seus padrões alimentícios degradassem os componentes vegetais de seu ecossistema, sua população seria afetada na mesma proporção – e seus genes mudariam apenas por um processo indireto de adaptação gradativa. Um povo pode mudar seus costumes: eles podem proibir a caça de um animal totêmico ou decidir que não vão construir usinas nucleares. As *consequências* de tais mudanças estão sujeitas a leis biológicas; *os processos* da mudança podem ser bastante diferentes.

Abordagens ecológicas na antropologia

Julian Steward (1955) propôs que há uma área central de sistemas socioculturais que é particularmente receptiva à adaptação ecológica: a divisão de trabalho; o tamanho e a estabilidade de grupos locais e sua distribuição no espaço; e as regras de residência. Ajustes às pressões ecológicas diretamente afetam esses elementos centrais da estrutura social; assim, a sazonalidade do clima, a disponibilidade de água, ou a fertilidade do solo determinariam quantas pessoas poderiam viver em assentamentos, quão permanentes esses assentamentos poderiam ser, como eles se dispersariam, e como a população iria organizar seus esforços produtivos. Essas influências na estrutura social então se ramificam por meio de uma cultura de forma a promover mudanças nas áreas relacionadas com a ecologia apenas secundariamente – ideias cosmológicas, padrões de sucessão política, arte e coisas semelhantes.

Teóricos subsequentes da adaptação cultural na maior parte dos casos seguiram Steward considerando que a tecnologia e a produção para a subsistência e a organização social pela qual os alimentos e outros bens materiais escassos são produzidos, controlados e distribuídos são as áreas centrais de sistemas socioculturais em que as pressões seletivas são mais diretas. Podemos examinar esses processos de adaptação ecológica ou durante longos períodos de tempo ou durante curtos períodos de tempo. Isto é, podemos examinar os processos de longo termo através dos quais sistemas socioculturais mais complexos evolvem a partir de outros mais simples. (Esse foi um caminho percorrido por Steward pela primeira vez e, de forma diferente, pelo cultural-evolucionista americano Leslie White, que examinou essa emergência de longo alcance de complexidade crescente em termos do desenvolvimento de eficiência termodinâmica progressivamente maior.) Ou podemos olhar mais de perto durante um período de tempo mais curto, procurando explicar processos daquilo que poderíamos chamar de "microevolução" sociocultural. Com uma visão mais próxima de processos microevolucionários, podemos buscar explicar por que um complexo de costumes específico – digamos, a regra da descendência, um padrão de formação de grupos locais, um modo de guerrear, ou um sistema de matrimônio –, aparece em algumas sociedades (digamos, na Nova Guiné) e não em outras.

Alguns antropólogos culturais interessados nos processos evolucionários e na moldagem ecológica de sistemas socioculturais escolheram adotar a visão de longo alcance, juntando-se aos pré-historiadores para interpretar a formação do Estado e a emergência de níveis mais altos de complexidade social (cf., p. ex., CARNEIRO, 1970; COHEN, 1978a, 1978b; SERVICE, 1975). Outros antropólogos orientados para a ecologia consideraram cenários diferentes como nichos ecológicos nos quais vários modos de vida evolveram por meio da adaptação.

Pode ser razoável explicar o "núcleo" de sistemas culturais de alguns povos da Nova Guiné como o faz Steward – isto é, o tamanho e composição e o padrão de assentamento de grupos locais, seus padrões de economia e exploração de recursos, suas relações políticas e suas guerras. Mas será razoável esperar que suas crenças religiosas, seus ritos de iniciação ou a ausência deles, seriam moldados por pressões físicas tais como aquelas que surgem das condições do meio ambiente?

Ecologia antropológica da Teoria de Sistemas

Roy Rappaport, um dos proponentes mais sofisticados da Antropologia Ecológica argumentaria que a resposta para a pergunta acima é sim. Baseando-se em sua detalhada etnografia dos tsembaga marings, que examinamos rapidamente no Capítulo 6 (Caso 5), Rappaport usa um modelo de Teoria de Sistemas para argumentar em defesa de uma racionalidade oculta na cultura maring. Sua posição é que os rituais maring têm um número de resultados adaptativos não intencionais que são benéficos para indivíduos e comunidades, como mostrado no Caso 9.

A visão que Rappaport tem dos humanos no meio ambiente como uma rede incrivelmente complexa de circuitos através dos quais passa a informação, uma rede que inclui crenças culturais e suas consequências, bem assim como eventos ecológicos, é ousadamente inovadora e a princípio difícil de compreender. Ela faz com que se considere que o ritual opera como uma "homeostase" (como um termostato de aquecimento) e como um "transdutor" (convertendo informação complexa sobre o número de porcos, o estado das relações humanas, a preparação para a guerra ou a força dos aliados em um simples binário ou "sim-não" sinal que os vizinhos podem "ler" facilmente: o *rumbim* está desenraizado). Isso o leva também a especular que a *santidade*, a inquestionável verdade última da crença religiosa, pode ter uma significância adaptativa importante na vida humana. Nossa elevação da ciência e da racionalidade, nossa perda da fé última, pode estar mais diretamente relacionada com nossa crise ecológica do que a maioria das pessoas imagina (RAPPAPORT, 1970, 1971a, 1971b).

Mas será que sistemas de crença cultural podem ser adaptativos e não mal-adaptativos se a essas crenças faltam bases empíricas? A precisão científica de uma crença cosmológica não é a questão crucial – apenas "se ela provoca ou não comportamento que contribui para o bem-estar dos atores e para a manutenção do ecossistema do qual elas são partes" (RAPPAPORT, 1971d: 261).

CASO
9

A cultura tsembaga como um sistema adaptativo

Rappaport (1967, 1968) começa observando o papel que a criação de porcos desempenha na vida tsembaga. Normalmente, quando alguns porcos estão sendo criados, eles escavam o solo em busca de comida livremente durante o dia e voltam para as casas dos donos à noite para serem alimentados com as batatas-doces de má qualidade. Os porcos são então sacrificados para os antepassados em momentos de lutas entre os grupos ou de doença. Rappaport observa que fisiologicamente esses sacrifícios têm consequências adaptativas, embora os participantes estejam presumivelmente inconscientes delas. Quando um porco é sacrificado para os antepassados para curar a doença de um paciente o paciente (bem assim como seu parente mais imediato) recebem a proteína de alta qualidade necessária em um momento de estresse físico (em uma situação em que a dieta normal é ligeiramente deficiente de proteína). O mesmo ocorre no caso dos guerreiros, quando um sacrifício é feito antes de uma luta.

Mais interessante em suas ramificações ecológicas são os ciclos rituais elaborados que elevam o número de porcos muito acima do normal. Para entender esses ciclos de porcos, Rappaport sugere, precisamos examinar as relações políticas. Os grupos locais dos marings vivem em estados alternativos de hostilidade e paz. Quando a guerra se deflagra entre grupos, normalmente aqueles que ocupam territórios vizinhos, a luta pode continuar esporadicamente por semanas. Muitas vezes ela é mais ou menos equilibrada, e não há qualquer vitória decisiva. Mas às vezes um dos grupos é expulso. Os sobreviventes se refugiam com os parentes em outros grupos: suas casas, suas hortas e seus porcos são

Mágica dos tsembaga maring. Objetos a serem usados na purificação do local de dança são enfeitiçados. A estaca é para perfurar a corrupção, a vassoura de folhas de dracena é para varrê-la para longe.

Um grupo visitante investe no terreiro de dança dos tsembaga marings.

destruídos. Mas o território que ficou vazio ainda não pode nesse estágio ser ocupado pelos vencedores; ele ainda esta guardado pelos antepassados dos vencidos.

Quando as hostilidades terminam, um grupo que não foi expulso de seu território realiza um ritual em que um rumbim, um arbusto de dracena sagrado, é plantado ritualmente. Todos seus porcos, que não sejam filhotes, são mortos e dedicados aos antepassados. A maior parte da carne vai para os aliados de grupos vizinhos que participaram da luta. Tabus rigorosos em vigor durante as hostilidades são parcialmente interrompidos, mas as dívidas materiais e espirituais para com os aliados e os antepassados ainda continuam pendentes. Essa situação de dívida e perigo – embora de paz formal – continua até que o rumbim possa ser desenraizado ritualmente e um festival de porcos (kaiko) possa ser realizado. E isso exige um número muito grande de porcos. Leva tempo e

muito esforço para criar rebanhos grandes, talvez cinco ou dez anos.

À medida que os rebanhos de porcos vão aumentando, a tarefa de alimentá-los exige uma grande expansão das hortas e um esforço imenso em termos de investimento. O rebanho dos tsembagas de 169 animais que Rappaport registrou pouco antes de seu kaiko festival de porcos estava comendo 54% das batatas-doces colhidas e 82% da mandioca. As hortas estavam 36.1% maiores antes do festival de porcos do que estariam mais tarde.

A pressão para desenraizar o rumbim e matar os porcos presumivelmente vem de parte das mulheres em cujos ombros recai a maior parte do trabalho de alimentar os rebanhos em expansão. Ela vem também de brigas e muitas vezes até da violência provocada por porcos invadindo hortas: para minimizar esse problema, o padrão dos assentamentos fica cada vez mais disperso.

O festival kaiko começa com a colocação de estacas na fronteira. Se um grupo vizinho vencido e disperso continuou em alguma outra parte como refugiados e não conseguiram se fortalecer o suficiente nos anos decorridos para reocupar seu território e plantar seu próprio rumbim, os vencedores podem a essa altura ampliar suas fronteiras para incorporar o território conquistado; como nenhum rumbim foi plantado lá, o território está oficialmente desocupado. Além disso, a participação por parte dos vencidos na vida ritual do grupo onde se refugiaram – especialmente na plantação do rumbim em outro lugar – transfere seus próprios antepassados e sua própria afiliação grupal para aqueles territórios.

Quando o rumbim é desenraizado, muitos porcos (no caso observado, 32 dos 169 existentes) são abatidos e distribuídos para os aliados e sogros e sogras em outros grupos. O kaiko continua por cerca de um ano. Durante esse período, o grupo anfitrião recebe grupos amigos vizinhos de vez em quando e preparam-se danças e distribuições de comida. Rappaport especula que essas danças funcionam como "exibições de galanteio", mas, mais importante, ao aproximar os aliados potenciais de um grupo, servem para mostrar ao mundo externo [como uma conferência política moderna de nações aliadas] a força da coalizão potencial no caso de guerra. Rappaport observa que convites para dançar são feitos por indivíduos, convidando parentes, sogros e amigos em outros grupos, seguindo as mesmas linhas que os convites para lutar:

> A dança e a luta são consideradas em algum sentido equivalentes. Sua equivalência é expressa na semelhança de alguns rituais pré-lutas ou pré-danças e os marings dizem que aqueles que vêm dançar vêm lutar. O tamanho de um contingente de visitantes que vêm dançar é consequentemente tomada (pelo grupo e seus inimigos potenciais) como uma medida do tamanho do contingente de guerreiros cuja ajuda pode ser esperada no próximo *round* da guerra (RAPPAPORT, 1967: 196).

Após uma noite de dança, os participantes negociam: o kaiko assim fornece um ambiente para intercâmbios pacíficos de bens escassos, inclusive sal e ferramentas de pedra, bem assim como riqueza simbólica.

O kaiko termina com importantes sacrifícios dos porcos adultos restantes, que são distribuídos para membros de outros grupos locais seguindo as linhas do parentesco e das alianças. Um número estimado de dois mil a três mil marings em dezessete grupos locais receberam carne de porco da distribuição do kaiko dos tsembagas segundo foi observado por Rappaport. Essa era também uma ocasião

Uma explicação precisa, naturalista (isto é, científica) pode até ter valor negativo de sobrevivência no longo prazo:

> Não é de forma alguma certo que as representações da natureza que nos são fornecidas pela ciência são mais adaptativas ou funcionais do que aquelas imagens do mundo, habitadas por espíritos que os homens respeitam, que orientam a ação dos marings e de outros "primitivos". Na verdade, elas podem até ser menos adaptativas ou funcionais, pois enrolar a natureza em véus sobrenaturais talvez seja provê-la com alguma proteção contra o paroquialismo e a destruição humanos (RAPPAPORT, 1971d: 262).

Interpretações semelhantes às de Rappaport foram propostas com relação à maneira como as crenças sobre os relacionamentos entre mulheres e homens – especialmente na Nova Guiné e em outros lugares na Melanésia – podem servir fins ecologicamente adaptativos. Em muitas sociedades da Nova Guiné, os domínios masculinos e os

para a distribuição de riqueza entre grupos em conexão com as negociações de casamento.

Quando o festival kaiko termina, a luta pode começar outra vez. E isso geralmente ocorre. Mas um segundo ciclo de ritual poderia eventualmente ser realizado se a paz foi preservada por tanto tempo assim; e então os dois grupos locais que tinham estado guerreando supostamente permaneceriam em paz para sempre.

Rappaport acredita que os ciclos rituais dos marings têm uma série de consequências das quais os participantes não estão conscientes, que eles ajudam a preservar o equilíbrio do ecossistema, manter relações organizadas entre os grupos locais, redistribuir os recursos fundiários com relação à população e distribuir recursos de um modo geral – inclusive bens escassos comercializados e a proteína animal que é extremamente necessária:

> Os ciclos rituais – desempenham um papel importante na regulamentação das relações desses grupos tanto com os componentes não humanos de seus ambientes imediatos quanto com os componentes humanos de seus ambientes menos imediatos (RAPPAPORT, 1968: 182).

Em análises posteriores Rappaport ampliou esse modelo esboçando as interconexões cibernéticas* entre a cul-

tura tsembaga e o ecossistema. Ele examinou em detalhe a cosmologia – as classes de espíritos que os marings acham que existem e que desempenham um papel nas questões humanas. E ele observa não apenas o valor adaptativo em algumas dessas crenças, mas até mesmo uma espécie de paralelo entre o mundo concebido em termos sobrenaturais e o ecossistema. "O comportamento de alguns espíritos, que, dizem os tsembagas, ocupam a porção inferior de seu território e as consequências de seu comportamento, corresponde muito proximamente àquela do mosquito anófeles que os tsembagas não sabem ser um vetor da malária" (RAPPAPORT, 1970: 49). Mas tal paralelismo não é necessário para que as crenças culturais tenham consequências adaptativas – isto é, para que provoquem e canalizem "mensagens" através dos "circuitos" do sistema de humanos-meio ambiente, a fim de corrigir desequilíbrios no sistema.

* Interconexões cibernéticas são linhas ou circuitos em um sistema de informação pelo qual as mensagens são transmitidas – um processo chamado de retroalimentação. Um simples exemplo físico da retroalimentação negativa – isto é, a retroalimentação que preserva o equilíbrio estável do sistema – é um termostato. À medida que a temperatura cai, o termostato ativa um sistema de aquecimento; à medida que a temperatura sobe, o termostato desativa o sistema. Mas um sistema cibernético não precisa ser mecânico – a baliza da corda bamba opera como um circuito que mantém o equilíbrio por meio de retroalimentação negativa. Os sistemas cibernéticos podem também incluir circuitos de retroalimentação positiva: mais de A produz mais de B que por sua vez produz mais de A; uma corrida de armamentos é um exemplo dramático (cf. o trabalho de Gregory Bateson "Cybernetic Explanation" em BATESON, 1972)

femininos são extremamente separados. Pode haver ritos de iniciação separados para os sexos. Os homens podem se organizar para a guerra e para o intercâmbio cerimonial que eles reivindicam como seu domínio (embora haja normalmente uma dependência da cooperação entre os sexos para alcançar esses objetivos). As mulheres criam porcos com os quais contribuem para os festivais onde os homens desempenham papéis proeminentes. Os sexos podem ocupar casas separadas e isso pode ser parcialmente explicado pelas pessoas como sendo resultado de ideias de que suas

substâncias corporais podem ser mutuamente perigosas.

Uma consequência comportamental de tal conjunto de ideias pode ser que o marido e a esposa evitem relações sexuais até que o filho pare de ser amamentado, depois de dois anos ou mais. A explicação cultural pode ser que o sêmen e o leite da mãe devem ser mantidos separados: mas ao espaçar o nascimento de filhos, as consequências adaptativas podem incluir a garantia de um máximo de proteína para os bebês em uma sociedade que subsiste perigosamente perto das margens da deficiência

CASO 10

Guerra, supremacia masculina, escassez de proteína e população na Amazônia

Estudos de povos da floresta tropical da Grande Amazônia, entre os quais os yanomami da Venezuela se tornaram mais conhecidos, revelaram altos níveis de guerra assassina entre as aldeias. Um incidente em 1976 servirá para ilustrar a violência contínua entre comunidades:

Os homens da [aldeia] Toropo-teri participaram de uma emboscada na aldeia próxima de Yamaho-teri, seus amigos e aliados. Os dois grupos convidaram os membros de uma aldeia distante Kobariwã-teri (4 dias de distância caminhando) para um banquete em Yamaho-teri. Quando os inocentes visitantes chegaram foram traiçoeiramente atacados por seus anfitriões e cinco homens foram mortos. Várias semanas mais tarde, os homens de Toropo-teri e Yamaho-teri, com o apoio de outros aliados, fizeram a dura viagem até Kobariwã-teri para atacá-los outra vez (CHAGNON & HAMES, 1979: 912).

Associado com esse ataque assassino e essa emboscada está um alto nível de violência entre grupos, entre homens (muitas vezes em duelos estilizados de socos no peito) e direcionados pelos homens a suas esposas (CHAGNON, 1968, 1977) Siskind (1973), Harris (1974) e Grass (1975), examinando dados comparativos de sociedades amazonenses, sugeriram correlações entre níveis de população, disponibilidade de proteína, padrões de assentamento e conflito entre grupos. Siskind levantou a hipótese de que limites culturais sobre a população por meio de infanticídio levam a "uma escassez de mulheres, produzida artificialmente ou culturalmente" que lança os homens em ataques contínuos e competição sangrenta. Isso, por sua vez, serve para dispersar populações em assentamentos pequenos e espalhados, um padrão que preserva as frágeis provisões de proteína animal. Gross, estimando o consumo de proteína para oito populações amazonenses, levantou a hipótese de que o fator que limita as densidades populacionais na Amazônia é possivelmente a escassez de proteína animal. Ao fazê-lo, ele apontou tanto para os controles culturais sobre a população que evolveram quanto para as consequências ecológicas dos ataques entre grupos. Harris sugeriu que o ataque dos yanomami é uma adaptação indireta à escassez de proteína, com o infanticídio (e com isso desequilíbrios na proporção dos sexos) lançando os homens em situações competitivas e em conflito.

Subsequentemente, Harris e W.T. Divale ampliaram o argumento, definindo aquilo que eles chamam de "complexo de supremacia masculina". É caracterizado pela subordinação masculina "material, doméstica, política e militar das mulheres [...] combinadas nas esferas rituais e ideológicas com crenças e práticas prevalentes que enfatizam a inferioridade das mulheres" (DIVALE & HARRIS, 1976: 525). Eles sugeriram que a guerra é o elemento fundamen-

de proteína (WHITING, 1964). As mesmas práticas também podem ajudar a garantir que o corpo da mulher é capaz de se recuperar da gravidez e aumentar a chance de um parto saudável na próxima vez.

Lindenbaum (1972, 1976) e outros também consideraram tabus sexuais, entre outras coisas, como meios simbólicos de controlar a população. Lindenbaum observa que esses tabus são encontrados mais comumente quando as pressões populacionais são extremas, como entre os engas da zona montanhosa da Nova Guiné. Proibições sobre as relações sexuais, encontradas sob condições de pressão populacional podem servir como

tal do complexo de supremacia masculina e associaram sua ocorrência nos bandos e nas aldeias com o controle de população. O aumento da população que iria degradar o meio ambiente é evitado pela seleção cultural contra crianças do sexo feminino, por meio de infanticídio ou negligência; premia-se a dominância masculina, a coragem a agressão com sistemas de recompensa sexual por meio da poligamia (múltiplas esposas) para homens bem-sucedidos.

Embora Harris e Divale estabeleçam padrões mundiais de correlação entre a guerra e os elementos componentes do "complexo de supremacia masculina", eles voltaram para a Amazônia – na verdade para os yanomami – para uma ilustração específica das reivindicações causais que postulam:

> Qualquer mudança súbita de dietas com altos níveis de proteínas e baixas calorias para dietas com baixos níveis de proteína e altas calorias deve produzir uma explosão de crescimento populacional, seguido de um aumento no infanticídio feminino e na intensificação da guerra. Os yanomami da Amazônia podem ser um caso clássico. A expansão de seu investimento em plantações de banana e *plantain* (banana da terra) provavelmente fornecia a oferta calórica de farináceos para uma [...] explosão populacional entre as aldeias centrais. Essa expansão pode ter afetado adversamente a frágil ecologia de proteína animal típica dos *habitats* da Amazônia entre-rios. O infanticídio feminino produzia proporções na primeira adolescência de 148 homens: cem mulheres para onze aldeias yanomami na zona de guerra intensiva e um complexo intenso de guerras resultantes da supremacia masculina se desenvolveu. Mas em 12 aldeias yanomami que estavam localizadas na periferia, as proporções eram apenas de 118: 100 e a guerra era menos intensa [...]. Recentemente grupos separados lutaram entre si pela posse de [...] lugares de hortas, bem assim como pela posse do número proporcionalmente decrescente de mulheres e de recursos de proteína (DIVALE & HARRIS, 1976: 532-533).

Atualização do caso

Os dados dos yanomami foram recentemente analisados outra vez de uma perspectiva diferente (cf. FERGUSON, 1989, 1995). Ferguson argumenta que a história colonial influenciou muito os padrões de guerra nessa parte do mundo. Confira também Western (1984) para uma consideração adicional do materialismo cultural.

uma "forma de controle da natalidade ideológico" (LINDENBAUM, 1972: 148).

Materialismo cultural

Marvin Harris e seus alunos tentaram generalizar estudos tais como as análises de Rappaport da adaptação dos tsembaga marings em uma teoria geral de mudança sociocultural. Harris chama essa teoria geral de *materialismo cultural*. A estratégia analítica do materialismo cultural inclui a seguinte expectativa:

> Tecnologias semelhantes aplicadas a meio ambientes semelhantes tendem a produ-

CASO

11

O sacrifício humano e o canibalismo entre os astecas

Harner (1977) argumentou que as explicações religiosas do sacrifício humano dos astecas por estudiosos famosos como Caso, Sòustelle e Vaillant são inadequadas para explicar "por que essa forma especifica de religião exigindo sacrifício humano em grande escala deveria ter surgido onde e quando o fez" (HARNER, 1977: 118). Harner sugere que o desenvolvimento do sacrifício humano asteca é uma consequência da intensa pressão populacional no Vale do México, a redução concomitante na disponibilidade de caça selvagem e a ausência de herbívoros domesticados como uma fonte de proteína animal.

Isso fez com que a situação ecológica dos astecas e seus vizinhos fosse única entre as principais civilizações do mundo [...] o canibalismo em grande escala, disfarçado de sacrifício, era a consequência natural dessa situação (HARNER, 1977: 119).

Harner observa que embora o sacrifício humano entre os astecas tenha atraído a atenção de muitos comentaristas, poucos comentaram sobre o canibalismo que o acompanhava.

A escala de sacrifício humano é terrível. Algumas setenta a oitenta mil vítimas foram sacrificadas na dedicação da pirâmide principal em Tenochtitlan em 1487. Enquanto estimativas anteriores tinham indicado um sacrifício anual médio de cerca de quinze mil vítimas humanas no México Central (de uma população de dois milhões) estimativas recentes elevam esse número para 250 mil – 1% da população total – que foram sacrificados a cada ano (HARNER, 1977, apud BORAH).

É bem sabido que o coração das vítimas sacrificadas era arrancado e oferecido pelos sacerdotes ao deus Sol. Mas o que era feito com os corpos? Harner cita evidência de autores espanhóis contemporâneos de que os braços e pernas dos corpos mutilados eram normalmente comidos:

Pelo menos três dos membros eram normalmente considerados propriedade do captor, que formalmente retinha a propriedade da vítima. Ele então realizava um banquete em seus alojamentos no qual o prato principal era um cozido de tomates e pimentões e os membros da vítima. O torso da vítima, pelo menos em Tenochtitlan, ia para o zoológico local para alimentar os mamíferos carnívoros, pássaros e cobras (HARNER, 1977: 120).

Pessoas comuns estavam proibidas de comer carne humana. Mas Harner infere que a contribuição da proteí-

zir sistemas semelhantes de mão de obra na produção e na distribuição e [...] esses, por sua vez, levam a tipos semelhantes de agrupamentos sociais, que justificam e coordenam suas atividades por meios de sistemas semelhantes de valores e crenças (HARRIS, 1968: 4).

Harris, como o proponente mais radical do materialismo cultural obrigou-se a examinar de uma forma crítica virtualmente todos os casos antropológicos importantes em que costumes e instituições foram interpretados em termos simbólicos – ideologias religiosas, sistemas de valores, organização cognitiva – e a produzir uma contrainterpretação materialista. Em seus livros populares *Cows, Pigs, Wars and Witches: The Riddles of Culture* [Porcos, guerras e bruxas: os enigmas da cultura] (1974) e *Cannibals and Kings* [Canibais e reis] (1977), em seu texto gena da carne para a dieta das classes altas teria sido significativa. Ele especula também que uma razão pela qual os comuns apoiavam e participavam da guerra (e se arriscavam a se transformar em vítimas nos sacrifícios do inimigo) era que o sucesso na guerra pela captura de prisioneiros era uma maneira de ascender à nobreza. O complexo do sacrifício humano não só mantinha – e fornecia carne para – os sacerdotes; ela também fornecia um reforço para os dogmas de que os sacerdotes eram necessários como mediadores no sacrifício, para fazer as safras crescerem. Quando as safras não eram boas, eles podiam afirmar que mais sacrifícios eram necessários. Quando as safras eram boas, eles podiam reivindicar o crédito.

> De qualquer forma, os deuses podiam ser vistos como os benfeitores da população [...]. A manutenção do mito religioso era assim do interesse da autopreservação da classe alta (HARNER, 1977: 131).

A hipótese de Harner foi endossada por Harris (1977), mas questionada por outros, principalmente Ortiz de Montellano (1978) e Sahlins (1979)*. As justificativas para uma divergência incluem opiniões contrárias afirmando que a dieta asteca era adequada em proteína sem carne humana, que os relatos sombrios dos observadores espanhóis contemporâneos podem refletir esforços propagandistas (para induzir o rei a trazer a civilização e o cristianismo para uma terra assim cruel e bárbara) e que as motivações religiosas

do sacrifício foram mal-entendidas e subestimadas. Sahlins escreve sobre o sacrifício como comunhão do sacerdote e da vítima e Ortiz de Montellano fala da

> aquiescência das vítimas sacrificadas a seu destino [...]. Só vítimas de sacrifícios e de batalhas poderiam ir para um céu associado com o sol e posteriormente renascer como beija-flores e borboletas (1978: 615).

Para outra reconsideração dos materiais astecas, confira Hassig em Ferguson e Whitehead (1992).

---

* Arens (1979), na verdade, afirma que os astecas sequer praticavam o canibalismo – e que o canibalismo nunca existiu como um costume humano, apenas como uma fantasia que os povos atribuem a seus vizinhos e inimigos. Arens afirma que não há nenhum caso solidamente documentando de canibalismo institucionalizado e que as pessoas sempre o atribuem a outras, nunca a si próprias. Tendo lido os testemunhos fidedignos de meu bisavô sobre os banquetes canibais em Fiji e eu próprio tendo passado horas conversando com amigos kwaio nas Ilhas Salomão que alegremente descreviam as delícias culinárias das pessoas que eles tinham comido quando jovens, considero as afirmações de Arens como simplesmente errôneas.

ral (1975) e em inúmeras publicações técnicas, Harris propôs explicações materialistas que sugerem uma racionalidade oculta, em termos de adaptação ecológica, para uma série de práticas culturais que, na superfície, sintetizam a irracionalidade humana disfarçada de cultura. O gado sagrado na Índia, a criação de porcos na Nova Guiné, o *potlatch* dos índios kwakiutls nos quais cobertores e objetos de valor eram vistosamente destruídos e outros costumes emergem como

meios de regular recursos, adquirir proteína, controlar a população ou de outras maneiras adaptar-se às exigências materiais e biológicas.

Dois problemas importantes que os povos em sociedades de pequena escala enfrentam surgem como temas focais na obra de Harris. O primeiro é a tendência ao crescimento da população – que, se não for controlada por meios culturais, irá ameaçar o relacionamento de um povo com seu ecossistema. O segundo é a limitação do suprimento de proteína. Os dois, sugere Harris, estão intimamente relacionados (cf. Caso 10).

Será que essas pressões ecológicas estruturam as instituições e sistemas de crenças apenas para pessoas com tecnologias e sistemas sociais relativamente simples? Não, dizem Harris e outros materialistas culturais tais como Harner (1977). Um caso importante e polêmico é o da civilização asteca do Vale do México cujos ritos religiosos, descritos no Caso 11, deixaram os invasores espanhóis horrorizados.

As interpretações culturais *materialistas adaptacionistas* são inerentemente persuasivas. Elas têm uma forte aura de serem científicas. Isso vem parcialmente de seu estilo que inclui medidas, números e cálculos biológicos e parcialmente da natureza do argumento. Fenômenos sociais são explicados não com referência à mente, ou símbolos, mas com referência a cálculos de energia, aminoácidos, à biologia da fertilidade e outros dados "sólidos". Esse cientificismo persuasivo lança as explicações culturais em uma luz desfavorável como sendo não científicas, não substanciais, difusas e circulares – em contraste com explicações "reais" baseadas em fatos sólidos do mundo real.

Mas quão sólidos são os fatos? E qual é a validade das premissas das quais eles dependem (já que "fatos" podem ser usados para construir uma teoria apenas dentro de um arcabouço de premissas)? Será que a mudança nos sistemas socioculturais é guiada por uma mão invisível de racionalidade ecológica? E se isso é verdade, como ocorre? E como precisamente?

16 Além da explicação ecológica

Precisamos examinar cuidadosamente uma série de premissas implícitas nas interpretações materialistas da Amazônia, do sacrifício asteca, da religião maring e dos sistemas de poluição.

A adequação dos dados ecológicos

Quão confiáveis são os fatos biológicos "sólidos" nos quais se baseiam as interpretações ecológicas? Os ecossistemas são extraordinariamente complexos. Será que um ou dois etnógrafos podem registrar dados suficientes sobre as redes complicadas de interconexão nos ecossistemas para estabelecer com segurança as relações causais que buscam?

Análises críticas e novos estudos, em alguns casos envolvendo equipes interdisciplinares de pesquisa, lançam dúvidas crescentes sobre a adequação de estudos tais como o estudo clássico de Rappaport entre os tsembaga marings. Tais estudos envolvem um trabalho hercúleo por um ou dois etnógrafos mapeando hortas, pesando a produção das safras, tirando amostras do solo, registrando a chuva, registrando o consumo de alimentos, contando porcos, coletando dados botânicos e assim por diante. Mas isso nos diz o bastante? Um exame cuidadoso revela que aproximações e extrapolações radicais são usadas na avaliação de produções agrícolas nutritivas, de gastos de energia, e de padrões meio ambientais. Pequenas amostras coletadas durante períodos curtos de uns poucos setores de um sistema extremamente complexo são usadas para extrair inferências sobre o sistema total (cf. McARTHUR, 1974 para uma crítica do estudo de Rappaport com essas justificativas). Estudos de acompanhamento mais sofisticados (tais como os de Chagnon e seus colegas sobre os yanomami da Amazônia; cf. CHAGNON & HAMES, 1979) às vezes indicam que as inferências anteriores estavam radicalmente erradas.

Aqui, o materialismo cultural, ao aspirar a ser uma antropologia científica, pode buscar de uma maneira demasiado otimista e superficial pedir emprestado métodos e modelos da biologia.

> Os conceitos da degradação meio ambiental e da capacidade de sustento são usados indiscriminadamente sempre que é necessária uma explicação para a presença ou função de algum padrão cultural. Mas quando é que um meio ambiente está degradado ou quando é que a capacidade de sustento foi superada? [...] O uso da terminologia e da análise ecológica na antropologia... pede muito emprestado a campos antigos, mais estabelecidos com patrimônios conceituais mais ricos. Como os ratos acumuladores, nós caçamos por ai procurando coisas brilhosas e cintilantes para levar de volta para nossos ninhos (NIETSCHMANN, 1975: 165).

A passividade da resposta cultural

A ideia proposta por Rappaport de que os ciclos rituais dos tsembaga marings acompanham o ciclo natural das populações de suínos – de tal forma que à medida que o número de suínos aumenta e alcança um número problemático, os abates ritualizados fornecem a ocasião para reduzir esse número outra vez – segue um argumento mais geral proposto anteriormente por Vayda, Leeds e Smith (1961) sobre as áreas montanhosas da Nova Guiné. Isto é, as populações de suínos cresceram progressivamente (porque sua reprodução está além de um eficiente controle humano); e os humanos que os criam criaram ocasiões culturais para matá-los em números maciços em nome de festejos de prestígio e intercâmbio regional.

Mas dados coletados por Robin Hide (1074) entre os simbus mostra muito claramente que os habitantes das áreas montanhosas da Nova Guiné são perfeitamente capazes de controlar e planejar as populações de suínos muito cuidadosamente. Quando as populações aumentam, não é por meio de processos "naturais" acima do controle humano, e sim por meio de estratégias sistemáticas de reprodução orientadas para o aumento dos rebanhos para que festas e intercâmbios possam ser realizados. Salisbury propôs o mesmo argumento, extraindo dados comparativos de seu próprio trabalho entre os sianes:

> A dinâmica da população de suínos, que Rappaport considera "natural" ou inerente a esses animais e algo a que os humanos se adaptam, é, na verdade, o resultado de um planejamento deliberado dos criadores de suínos. As festas dos suínos e as crises que provocam as matanças finais são todas resultados de um planejamento de longo prazo e proposital [...]. [O] ano final [do ciclo de reprodução de suínos] que Rappaport testemunhou [foi] um ano para o qual os marings tinham planejado deliberadamente anos antes, sabendo que a enorme população suína iria gerar enorme demanda da produção de batatas-doces para mantê-los alimentados até o abate, e sabendo para que demandas e problemas eles tinham de planejar [...]. As crises, humanas e porcinas, para as quais Rappaport achou que as festas com porcos eram um ritual de adaptação, devem ser consideradas como uma maneira previsível de planejar programas de reprodução, planejados para produzir crises (1975: 130-131).

A noção de humanos passivamente acomodando suas instituições religiosas ou seus sistemas de intercâmbio para adaptar às demandas naturais de seu fornecimento de proteína já não é aceitável. Os humanos, como veremos claramente no próximo capítulo, organizam seus esforços produtivos ao redor de metas culturalmente definidas – e não o contrário.

A premissa de equilíbrio

Estabelecer que um sistema sociocultural traz uma população para um equilíbrio estável em um ecossistema exige tanto dados ecológicos extremamente detalhados quanto evidência sobre relacionamentos ecológicos durante longos períodos de tempo. Examinar uma população durante um período de dois, três, ou até mesmo dez anos, e inferir que, fazendo o que fazem, eles preservam um equilíbrio (isto é, que não estão degradando o ecossistema, que sua população é estável, que estão nesse ambiente tempo suficiente para que sua cultura tenha se adaptado a ele etc.) nunca é bastante. Evidência diacrônica (de períodos longos) e não evidência sincrônica (um único período) é sempre necessária. Se isso não ocorrer, tudo o que podemos dizer é que uma população está adaptada suficientemente bem a um ecossistema para ter sobrevivido tempo bastante para ser observada:

> A diacronia é necessária para distinguir o adaptativo do mal-adaptativo e as forças seletivas dos processos neutros. Um relato sincrônico de sobrevivência é apenas uma afirmação existencial (MORTON, 1978: 50-51).

Vamos dar a essas admoestações alguma substância considerando os marings. Como sabemos se os antepassados dos marings atuais já estavam vivendo em um meio ambiente tal como aquele que Rappaport observou quando os costumes de plantar o rumbim, ou os padrões de guerra e ritual, evolveram? Como sabemos se eles não estão degradando seriamente seu meio ambiente atual?

Como sabemos se eles estão diminuindo em números ou proliferando?

Os grupos locais marings estarão realmente tão bem-adaptados a seu meio ambiente? Outros estudos na mesma área por Georgeda Buchbinder (1973) e William Clarke (1971) sugerem que podem não estar. O estudo demográfico e nutricional que Buchbinder fez dos marings sugere que eles estão sendo ameaçados por declínio demográfico. Além disso, a subsistência que eles extraem de seu meio ambiente relativamente infértil pode ser muito menos adequada do que Rappaport supôs (cf. McARTHUR, 1977). Os dados de Buchbinder sugerem que uma dieta marginalmente deficiente em proteína e drasticamente deficiente em iodo pode ter consequências sérias para a saúde e a reprodução dos marings. A fertilidade feminina parece ser reduzida por deficiências nutricionais; o começo da menstruação, em particular, parece atrasar muito. Os marings podem, na verdade, estar se agarrando como podem a sua sobrevivência em um meio ambiente difícil. Mas de forma alguma isso não pode ser confortavelmente presumido. Nem existe qualquer evidência sólida de que os marings estão nesse meio ambiente marginal por um período longo. A cultura maring pode bem ter evolvido em um ecossistema diferente, mais fértil e menos íngreme.

O aumento da população e a pressão de povos vizinhos pode ter empurrado pelo menos alguns grupos marings para um cenário onde suas dietas e, com isso, sua demografia, começou a declinar. Aqui podemos perceber que as interpretações da maioria dos ecologistas culturais ao presumir equilíbrio e ao buscar a interconexão "funcional" da organização social, religiosa e econômica tiveram como base implicitamente uma visão "mosaico" – aquela que presume o relativo isolamento, a estabilidade e o longo espaço de tempo das tradições culturais. Essa falta de uma visão dinâmica, que levaria em conta o impacto do mundo externo, torna as interpretações baseadas em economias de subsistência atuais duplamente suspeitas. Há algumas contradições curiosas na premissa de que, porque um sistema existe, ele é adaptativo. Como é que mudanças adaptativas evolvem? Porque se um povo desenvolveu costumes mal-adaptativos de tal forma que sua população expandiu ou suas provisões de proteína foram ameaçadas, ele perderia na luta pela sobrevivência frente aos povos a seu redor que tivessem desenvolvido costumes que evitavam a superpopulação ou a desnutrição. Portanto se encontramos um povo sobrevivendo, ele deve ser aquele que tem costumes adaptativos; portanto nossa tarefa é descobrir sua racionalidade oculta.

"Sucesso evolucionário" e adaptações estáveis

Quando realmente temos registros históricos eles muitas vezes mostram que os povos que "tiveram sucesso" na luta pela existência são precisamente aqueles cujas populações estão expandindo, tais como os ibans de Sarawak (Caso 6) – que, em tempos históricos, estavam ocupados em destruir os povos circundantes e a floresta primária. O próprio poder de expandir, de deslocar povos vizinhos, pode muitas vezes ser uma expressão de uma instabilidade e desequilíbrio cultural, com frequência do tipo que contém as sementes de sua própria destruição. No Caso 12, outro exemplo da Nova Guiné irá ilustrar a complexidade de interpretar sucesso ou capacidade de adaptação no campo da cultura.

Esse caso sublinha a supersimplificação e o perigo de presumir que os costumes de um povo são ecologicamente adaptativos, como produtos da seleção natural, e que suas consequências são manter relações equilibradas com um ecossistema.

Salisbury, após rever várias centenas de anos de provável expansão rápida da população e mudança sociocultural entre o povo da Ilha Nova Bretanha, que passou a ser o Tolai, sugere o seguinte:

> Parece provável que em um momento determinado quaisquer mais sociedades estão em fase de expansão que dura vários séculos do que em estado de equilíbrio dinâmico, mediado por mecanismos de retroalimentação, com seu meio ambiente (SALISBURY, 1975: 143).

Salisbury também dá o seguinte aviso:

> Quando o antropólogo social quantitativamente registra o comportamento social em um momento determinado e em um lugar, ele não está descrevendo uma adaptação equilibrada a um meio ambiente específico e sim uma realização específica das regras culturais, por um povo específico que modifica seu comportamento para administrar aquelas restrições específicas [...] de tempo e espaço (SALISBURY, 1975: 141).

A visão de sistemas regionais: povos no tempo e no espaço

Aqui, a necessidade de uma visão sistêmica do mundo "tribal" tal como vislumbramos no Capítulo 5 torna-se urgente. O antropólogo no campo, trabalhando em uma única aldeia ou em um aglomerado de assentamentos e tomando essa área como um microcosmo de uma cultura e de uma sociedade, muitas vezes teve uma visão limitada demais no espaço e também no tempo. A abordagem ecossistêmica a populações humanas pode provavelmente ser mais produtiva se nós simplesmente não considerarmos (como Rappaport fez para os tsembaga marings) como um grupo local específico ou até mesmo um grupo tribal

CASO

12

Os marind anims

Os marind anims do litoral sul da Nova Guiné têm uma cultura extraordinária que aparentemente vinha atravessando uma eflorescência – no sentido de criatividade artística e ritual coletivo e também no sentido de expansão em detrimento de povos vizinhos – no século seguinte ou um pouco mais antes do contato europeu.

A cultura marind anim centrava-se à volta de cultos de homossexualidade masculina, liberdade ritual e caçada de cabeças. Os meninos marind anim passavam por um conjunto de graus iniciatórios onde eram introduzidos a um culto orgíaco de sodomia em que eles eram os parceiros passivos, mantidos pelo dogma cultural de que o sêmen é essencial para o crescimento.

O ciclo cerimonial elaborado era construído ao redor da ficção masculina de supremacia sexual e independência, mas envolvia relações sexuais rituais com mulheres naquilo que constituía um estupro grupal: o sêmen era coletado e misturado com comida ou usado na decoração ritual. A interpretação de Van Baal aborda questões com as quais iremos lidar em seções subsequentes e, portanto, vale a pena citá-lo:

> O grande segredo é que o poder venerado (da potência masculina e, portanto, dos homens em geral) não é realmente tão poderoso quanto fingia ser. A fonte de toda a vida, o esperma, é eficiente apenas [...] se produzido na copulação. Esses homens autossuficientes precisam das mulheres e eles sabem disso [...]. Em segredo, na celebração dos ritos, eles permitem sua dependência e imediatamente depois saem para caçar cabeças. É como se a essa altura sua raiva tivesse chegado a tal ponto que eles precisassem buscar um escape para ela (VAN BAAL, 1966: 949).

O casamento começa com esse estupro grupal da noiva pelo grupo de parentesco do marido; e isso é repetido com as jovens mulheres casadas, a custo de seu sofrimento físico – um custo que é validado pelo dogma cultural da fertilidade pelo qual o esperma misturado dos homens da comunidade supostamente manteria a fertilidade. Embora existam poucos dados sobre relações sexuais maritais, é claro que a homossexualidade continua a ser um tema central na vida da maioria dos homens casados.

A preocupação cultural com a fertilidade não deixava de ter alguma substância, já que a infertilidade era muito alta (subsequentemente exacerbada por doenças venéreas) e a população estava ameaçada de colapso demográfico. Um estudo demográfico da Comissão do Pacífico Sul concluiu que o costume de ataque sexual coletivo – em parte, uma reação cultural à infertilidade – era, na verdade, um fator importante na perpetuação e piora daquele problema.

No entanto, embora as práticas sexuais dos marind anims não ajudassem demograficamente à reprodução da população, isso era um centro de eflorescência em cerimonialismo, arte e mito. Além disso, os marind anims mantinham com bastante sucesso uma "política externa" expansionista que dizimava as populações vizinhas. O poder dos marind anims era sustentado por abundantes recursos de sagu que permitiam que grandes populações se concentrassem em aldeias sedentárias.

Mas e o que dizer do declínio demográfico? Aparentemente no período para o qual a evidência foi coletada, os marind anims mantinham sua população capturando crianças em seus ataques para caçar cabeças. Eles literalmente drenavam a capacidade reprodutiva dos povos vizinhos para manter uma "política externa" predatória e expansionista e um estilo de vida orgíaco (VAN BAAL, 1966).

Por sua vez essa prática sublinha o desequilíbrio de longo prazo da adaptação dos marind anims. Como na Europa imperialista, a prosperidade em casa era sustentada por exploração e assassinato no exterior: e a expansão e o sucesso eram inevitavelmente limitados. Esse padrão de adaptação dos marind anims provavelmente não tinha sido mantido por muito tempo; e se os europeus não tivessem se intrometido, ele provavelmente teria desmoronado, ainda que apenas em virtude da destruição das populações ao redor nos limites viáveis da guerra. Para uma discussão adicional do caso dos marind anims, confira Knauft (1993).

Marind anim: (alto) Um homem recebe um penteado sofisticado. (esquerda) Um
guerreiro com toda sua indumentária. (direita) A casa dos homens.

está adaptado a seu meio ambiente; e sim se nós virmos uma série de populações humanas contíguas (ou que se interpenetram) em um ecossistema mais amplo. Assim, o marind anim e seus vizinhos constituiriam um sistema regional, como também seria o caso dos povos do Massim melanésio, as ilhas ao largo do leste da Nova Guiné, que fazem o comércio de objetos valiosos à volta de um grande círculo de ilhas (cf. Caso 15). Os marings e povos vizinhos, os ibans de Bornéu e seus vizinhos (cujas cabeças eles caçavam e cuja terra eles invadiram; cf. Caso 6), os yanomami amazonenses e seus parentes culturais iriam cada um deles ser visto como sistemas regionais cujas populações, limites, recursos e força *podem* estar em um equilíbrio estável, mas podem estar sumamente instáveis e desequilibrados na direção da absorção, conquista, extinção e assim por diante. Cada povo até certo ponto estaria competindo pela terra e por recursos (cf. SAHLINS, 1961; VAYDA et al., 1961) e, portanto, ser mais ou menos bem-sucedido. Mas seu relacionamento pode também ser complementar e simbiótico – como no caso dos pastores basseris (Caso 7) e os povos de Swat (norte do Paquistão) que ocupam nichos ecológicos complementares na mesma região (BARTH, 1956).

Na maior parte do mundo tribal o ambiente regional foi, por vários séculos, direta ou indiretamente ligado com a economia europeia e a expansão colonial. Armas de fogo, o comércio do marfim, e a busca de escravos eram parte do "ambiente" ao qual os africanos subsaarianos vêm se "adaptando" por vários séculos; o Bornéu da expansão iban do século XIX foi o Bornéu dos "rajás brancos" britânicos.

A antropologia ecológica precisa examinar sistemas regionais em perspectiva histórica e não em mosaicos imaginários. Mas o que dizer, então, sobre a proteína? As pessoas podem, na Amazônia ou em outras partes, depender igualmente de alimentos animais ou vegetais? A proteína é o motor principal?

A necessidade de proteína

A premissa de que as populações humanas precisam de altos suprimentos de proteína para alcançar seu pleno potencial e sua saúde vem sendo cada vez mais questionada em estudos nutricionais. Muitos especialistas em nutrição argumentam que somos vítimas de um "mito da proteína" que levou até especialistas a exagerarem a necessidade e o valor do suprimento de proteína animal. A questão principal não é saber se os amazonenses atacam em busca de proteína e sim se eles – e outros povos do Terceiro Mundo – morrem e sofrem com a falta dela. Um eixo propulsor do esforço desenvolvimentista no Terceiro Mundo foi fornecer mais proteína para eliminar a fome de proteína que supostamente afligiria os pobres.

No entanto, estudos sugerem três coisas. Primeiro, virtualmente nenhuma população humana tem níveis de suprimento de proteína abaixo do nível de adequação nutricional – que aliás estamos descobrindo ser consideravelmente mais baixo do que a maioria dos especialistas imaginava. Os humanos evolveram como onívoros, e parecem ser capazes de sobreviver admiravelmente com níveis muito altos ou surpreendentemente baixos de suprimento de proteína. Esse componente proteínico pode vir ou da proteína animal ou da proteína vegetal, contanto que um espectro necessário de aminoácidos seja coberto. A evidência sugere o seguinte:

> Se uma dieta tem 5% de suas calorias de proteína de boa qualidade, tal como a do ovo, as necessidades do indivíduo de pro-

teína serão satisfeitas independentemente se esse indivíduo é uma criança de jardim de infância ou um homem adulto *contanto que o indivíduo coma o suficiente para satisfazer suas necessidades de energia* [grifo acrescentado] [...]. Com relação à energia, uma criança sem dúvida irá necessitar mais proteína dietética que um adulto [...] [mas] até o leite humano contém apenas 5 ou 6% de suas calorias como proteína (SUKHATME, 1975: 57).

A segunda descoberta importante é a evidencia de que a frase "contanto que o indivíduo coma o suficiente para satisfazer suas necessidades de energia" é crucial. Desnutrição e doenças de deficiência de proteína tais como Kwashiorkor não são mitos. Mas o fator crucial parece não ser deficiências absolutas de proteína, na maioria dos casos, mas sim consumo calórico insuficiente:

> A menos que uma dieta forneça o custo energético de sintetizar e manter proteína uma pessoa deve perder proteína (SUKHATME, 1975: 59).

Isto é, o processamento da proteína pelo corpo exige um alto investimento de energia. Uma pessoa que está em uma dieta de fome não pode processar a proteína e sofre de fome de proteína, embora as quantidades absolutas de proteína necessárias estejam sendo consumidas.

Uma terceira descoberta sobre o papel da proteína é que as proteínas vegetais podem ser suficientes para satisfazer as necessidades humanas se outros componentes dietéticos forem adequados. Aqui os preconceitos ocidentais a favor de proteína animal são enganosos. Mas nossa própria biologia também pode ser enganosa. Alguma evidência está sendo acumulada de que em áreas tais como a Melanésia, em que as dietas com base em legumes farináceos e de raiz e (segundo os padrões ocidentais) muito baixas em proteína animal vêm prevalecendo por mais de cem gerações os humanos se adaptaram fisicamente a extrair e processar proteína de legumes. Assim, por exemplo, Watson (1977), ao discutir possível estresse de proteína nas montanhas da Nova Guiné, cita um estudo por Oomen (1970) que "sugere [a existência] de uma adaptação orgânica em alguns nova guineanos capacitando-os para subsistir com um suprimento claramente mais baixo do que aquele que vem sendo considerado normal para o homem" (WATSON, 1977: 62).

> Oomen chama a atenção para a saúde, o crescimento e o vigor dos objetos de seu estudo, escolhidos entre uma população geralmente robusta. Com base nas medidas de insumo e excreção de nitrogênio ele infere que é possível que os povos locais possuam uma flora intestinal especializada que beneficia seu anfitrião nesse aspecto, bem assim como tendo a capacidade de digerir uma grande quantidade de alimentos farináceos (WATSON, 1977: 63).

Tudo isso sugere que considerar a escassez de proteína e competição por uma proteína animal de "alta qualidade" como sendo os motores primários que moldam os padrões bélicos ou a estrutura social é um argumento tênue e precário.

Vale a pena voltar brevemente ao caso do canibalismo asteca. Price observa que enquanto a proteína animal parece ser um fator limitante na Amazônia entre os povos caçadores que cultivam farináceos e raízes, a "hipótese de privação protética" não pode ser diretamente transferida para a situação asteca, à luz das economias de subsistência de camponeses contemporâneos:

> Na Bacia do México o alimento com carboidrato mais consumido era e continua

a ser o milho, que é regular e consistentemente consumido com feijão. Os dois são efetivamente produtos complementares; a fonte da maior parte do suprimento calórico é também a fonte do maior suprimento de proteína. Só ocasionalmente há uma suplementação com proteína de fontes animais (1978: 99).

Price continua comprometido com a explicação materialista cultural, mas ele considera o canibalismo como um produto secundário da guerra expansionista, para a qual ela propõe uma interpretação ecológica. Para o caso amazonense ela continua convencida de que a hipótese de privação de proteína é apropriada:

> O tamanho da população e as distribuições de assentamentos inteiros, a mobilidade populacional e a competição dentro do grupo e entre grupos todos mostram uma conexão próxima e poderosa com a qualidade e a distribuição de fontes de proteína selvagem (PRICE, 1978: 99).

No entanto, a evidência lança dúvidas sobre a adequação de estudos comparativos da conexão entre proteína animal e organização social amazonense por Siskind (1973), Gross (1975), Ross (1978) e Ferguson (1989). Um estudo cuidadoso do consumo de proteína entre os yanomami (cujo alto nível de guerras entre grupos supostamente refletiria a competição pela escassa proteína animal) mostra que o consumo de proteína pelos yanomami é alto, muito acima dos níveis estipulados de adequação para populações humanas. Seu suprimento de proteína

> os poria no mesmo nível que as populações nacionais dos países mais desenvolvidos do mundo [...] dos dados de consumo de proteína [...] a hipótese geral de Harris sobre a relação entre disponibilidade

de proteína e práticas bélicas permitiria a predição que os ianomami da bacia do Rio Padamo deveriam ser pacíficos e provavelmente não se envolveriam em guerras (CHAGNON & HAMES, 1979: 912).

Dados semelhantes emergem em estudos detalhados de outra área yanomami por Lizot (1978). O retrato dos yanomami que emerge de estudos biomédicos é que "os yanomami estão em boa condição física, são bem-nutridos por padrões mundiais e não mostram qualquer sinal de deficiência de proteína" (CHAGNON & HAMES, 1979: 911) contrasta fortemente com a descrição de Harris dos yanomami como um povo que

> "comeu a floresta" – não suas árvores, mas seus animais – e [...] está sofrendo as consequências disso em termos de um aumento nas guerras, traição e infanticídio e um vida sexual brutal (HARRIS, 1977: 102).

A vida sexual dos yanomami pode bem nos trazer de volta à outra preocupação de Harris, o controle populacional.

A regulação da população

Como é que populações de pequena escala com economias de subsistência caçadora coletora e de horticultura mantêm a estabilidade demográfica, evitando um aumento de população que supere os recursos disponíveis? Há pouca dúvida de que povos com espaço e recursos finitos em muitas partes do mundo praticavam infanticídio, de ambos os sexos ou de mulheres, a fim de restringir os números da população. Isso era verdade, por exemplo, no caso de alguns ilhéus do Pacífico que viviam em ilhas pequenas; e de alguns caçadores-coletores de florestas tropicais e zonas áridas. Alguns povos propositalmente controlavam a gravidez por meio de abortos e através de técnicas para espaçar os nascimentos conscientemente controladas tais como tabus de sexo após o parto e o prolongamento da amamentação (que inibe a concepção em virtude da supressão da ovulação). Podemos presumir que a maioria dos povos tinha um sentido suficientemente coerente de si mesmos com relação a seu meio ambiente e sabiam se seus números estavam aumentando de tal maneira que iriam ameaçar os recursos, e uma compreensão suficiente da biologia reprodutiva para fazer *algumas* intervenções quando ameaçados pelo crescimento populacional.

No entanto, contra Harris, ainda estamos muito longe de saber o suficiente sobre a demografia de populações humanas de pequena escala e a biologia da fertilidade e da doença para fazer afirmações sérias sobre as tendências demográficas "naturais" de populações humanas, na ausência de intervenções humanas diretas. Biólogos ainda não entendem totalmente os mecanismos reguladores que normalmente – embora nem sempre – mantêm as populações e outras espécies mamíferas estabilizadas bastante abaixo da capacidade de sustento de seus ecossistemas. Equilíbrios naturais entre espécies predadoras e suas presas são parte desse processo. Mas aparentemente existem mecanismos sutis de autorregulação no próprio processo reprodutivo que ajuda a manter o equilíbrio. Tais mecanismos existem claramente em humanos e também em outros mamíferos.

A fertilidade das mulheres parece ser extremamente influenciada pela dieta. Um mecanismo importante aqui é o nível de gordura corporal. Uma proporção baixa de gordura corporal em relação ao peso corporal em mulheres (característica de populações de caçadores-coletores e intensificada pela amamentação prolongada) atrasa o começo

da menstruação e o recomeço da ovulação após o parto (FRISCH & McARTHUR, 1974). Parece provável que os aumentos dramáticos na população que acompanha a produção de alimentos refletiram um relaxamento dessa restrição de fertilidade. O espaçamento de nascimentos em virtude do prolongamento da amamentação por si só não parece um fator suficiente para evitar um crescimento constante da população (VAN GINNEKEN, 1974). Mas há outras restrições biológicas em funcionamento. Sob condições marginais de dieta em sociedades horticulturais, o começo da menstruação pode ser muito tardio. No caso dos Maring, os dados de Buchbinder sugerem uma idade bastante tardia para a menarca, em média entre 18 ou 19 anos. Além disso, há relatos frequentes de outras sociedades horticulturais sobre a irregularidade nos ciclos menstruais, e presumivelmente uma forte redução da fertilidade sob condições de uma dieta inadequada. Esses mecanismos podem regular a fertilidade quando as populações chegam a níveis que começam a ameaçar as provisões de alimentos, porém antes de as dietas deficientes começarem a causar danos neurológicos em crianças pequenas. Há alguma evidência de outros processos que reduzem a fertilidade, mas ainda está pouco documentada. A amamentação não nutritiva de bebês por mulheres que não estão elas próprias produzindo leite, por exemplo, pode ativar controles hormonais da ovulação.

Um outro fator de complexidade aqui é o papel das doenças na manutenção do equilíbrio populacional. Doenças generalizadas no mundo tropical – principalmente a malária, que, por vários milhares de anos, parece ter sido relacionada com a demografia humana e a ecologia (LIVINGSTONE, 1958) – parecem também ter desempenhado um papel importante na regulamentação da população. Nos trópicos, nos lugares em que a malária foi erradicada ou fortemente reduzida, as populações aumentaram rapidamente. Os humanos e os micro-organismos e insetos que evoluíram com eles como agentes ou vetores de doenças podem ter estado conectados a equilíbrios que se regulam mutuamente. Muitas das ameaças ao equilíbrio populacional presumidas por Harris e seus colegas podem ser imaginárias (cf. tb. McELROY & TOWNSEND, 1985).

Adaptativo quando?

Se encontramos um povo praticando o infanticídio ou obedecendo a um conjunto de crenças religiosas que limitam o crescimento populacional (tais como o "controle de natalidade sobrenatural" sugerido por Lindenbaum), será que isso significa que, naquele momento, o grupo está sofrendo uma pressão populacional? Ou que estava sob essa pressão 20 ou 50 anos antes, quando houve a intervenção europeia? Ou a 500 ou 1.000 anos antes, quando esses costumes foram adotados? Se optarmos pela última escolha, estaremos em uma posição que nos impede de encontrar a racionalidade oculta nos costumes atuais das pessoas que mapeiam suas hortas, fazem recenseamentos ou pesam seu jantar. Como se expressa Nietschmann,

> podemos mostrar a função de um mecanismo que mantém ou regula um sistema em uma sociedade primitiva atual, mas como e por que esse mecanismo se desenvolveu? Será que os "modos de vida" ecologicamente adaptativos se desenvolveram em algum momento no passado, quando a sociedade dos antepassados excedeu, na prática, a capacidade biótica máxima? (1975: 165).

E se os costumes duram mais do que as condições nas quais eles surgiram, como podemos compreender o fato de eles continuarem a significar algo para as pessoas que os praticam sem conceder uma força motivacional aos sistemas simbólicos por si mesmos – aquilo que os materialistas culturais mais fervorosos mais querem evitar?

É bem possível que o costume do infanticídio do primogênito entre os melanésios de São Cristóvão, Ilhas Salomão, tenha se desenvolvido historicamente como um mecanismo para o controle populacional (embora não haja evidência para nenhum tipo assim de pressão populacional no passado*). Mas ainda que isso fosse verdade, não podemos explicar nos termos de uma racionalidade materialista a maneira pela qual o povo de São Cristóvão, mesmo quando 80% da população foram eliminados pela introdução de doenças epidêmicas no final do século XIX e começo do século XX, continuou a matar seus primogênitos – apenas porque o costume assim o exigia – e depois procurou adotar bebês dos vizinhos Malaita para substituir aqueles que tinham matado.

A mão invisível da racionalidade

Se os humanos percebem a ameaça de superpopulação ou a destruição de valiosas fontes de alimentos, é bem possível que eles inventem costumes que sirvam como forças corretivas. Mas o que dizer da emergência de costumes – tais como o cultivo do *rumbim*, ou a crença em espíritos vermelhos, entre os Maring – que têm um efeito positivo do qual a própria população não está consciente? Como é que os humanos inventam costumes adaptativos e não costumes mal-adaptativos? Será, como se pergunta Nietschmann, a mão invisível do "Grande Ecologista no Céu"?

---

* Não podemos presumir que a necessidade de controle populacional em um nível comunitário seja uma explicação suficiente para que as pessoas matem seus próprios bebês.

Ou será que os humanos inventam tanto costumes e crenças mal-adaptativas quanto adaptativas – e até neutras – e as mal-adaptativas são arrancadas como ervas daninhas? Como? Que pressões seletivas eliminam regras rituais que levam à subnutrição ou às doenças, crenças que ineficientemente dispersam a população, ou costumes sociais que reduzem a produção para a subsistência? Até que ponto esses mecanismos de extirpação de ervas daninhas ou de poda são eficientes? E da mesma maneira, com que grau de confiabilidade podemos presumir que o ritual que observamos ou a crença que encontramos não é ecologicamente mal-adaptativa?

Será possível que os povos que adotam práticas culturais mal-adaptativas têm dificuldade de competir com seus vizinhos e são eliminados ou absorvidos por uma tradição sociocultural mais viável? Talvez sim, se levarmos em devida consideração os sistemas regionais em que povos viveram por séculos (que podem incluir sociedades estatais, invasores europeus etc.) e se tivermos evidência histórica adequada para avaliar o caso. Mas, se não for por isso, a premissa operacional que guiou a maior parte da etnografia cultural materialista – ou seja que qualquer coisa que *exista* é adaptativa – pode nos levar a erros. Os costumes que gravamos podem ser mal-adaptativos: condenados, talvez, à extinção se forem seguidos por tempo suficiente, mas ainda assim (como as práticas sexuais e a guerra dos Marind-Anim, estão "lá" para serem "explicados". O caso mais surpreendente também vem da Nova Guiné. Envolvendo uma doença chamada *kuru*, ele é descrito no Caso 13.

O *kuru* e o canibalismo ritual que o transmite são relativamente recentes entre os Fore. Eventualmente, por tentativas e erros, eles próprios podem ter abandonado a prática do canibalismo ritual e rompido o ciclo. Mas, enquanto não o faziam, a reação que tiveram – construir uma teoria de feitiçaria sofisticada e ainda mais mal-adaptativa para explicar a doença – é, ela própria, reveladora. Ela reforça a hipótese de Lindenbaum de que rituais são parcialmente afirmações simbólicas sobre o corpo político e sobre a situação demográfica de um povo como ela é percebida. Por outro lado, ela não reforça muito a noção de mecanismos eficientes de poda que cortam os costumes mal-adaptativos ou de que os humanos inadvertida e acidentalmente criam apenas costumes adaptativos. E tampouco dá muita força à premissa operacional dos materialistas culturais segundo a qual os costumes que eles encontram devem ser adaptativos ou não estariam lá, ou à busca de Harris para encontrar a racionalidade oculta mesmo nos costumes mais "bizarros".

Mas ela sim reforça, no entanto, a noção de que, nos ecossistemas regionais, as populações, e, portanto, suas culturas, estão em competição em um grau bastante substancial. Embora todas as populações provavelmente tenham uma teia complexa de costumes adaptativos, parcialmente mal-adaptativos, drasticamente mal-adaptativos e adaptativamente neutros, o sucesso organizacional econômico e demográfico das várias populações irá variar – e com esse sucesso diferencial as populações portadoras de cultura irão se espalhar, se contrair, definhar, conquistar ou ser absorvidas. Em última instância os Fore podem ter estado condenados a serem absorvidos por seus vizinhos cuja cultura menos mal-adaptativa os sobreviventes eventualmente iriam adotar.

A questão mais urgente – uma que poderia ser ilustrada com uma quantidade de casos menos dramáticos – é que muitas sociedades prati-

CASO

13

O *kuru* e suas consequências

Entre o povo fore, da Nova Guiné, cerca de 1% da população, principalmente mulheres, morre anualmente de uma doença degenerativa do sistema nervoso, inevitavelmente fatal, chamada *kuru*. Demograficamente, as consequências foram catastróficas: uma proporção de três homens para cada mulher em algumas áreas e uma estrutura populacional decadente e frágil.

Para os fores, o *kuru* é causado por bruxaria. O *kuru* não só deu lugar a um sistema de matrimônio e uma organização social um tanto desenfreados em virtude da pro-

O resultado fatal de *kuru*: uma menina fore em fase terminal da doença.

porção desequilibrada dos gêneros e a morte frequente de esposas e mães, mas quando mulheres de um grupo morriam de *kuru* os homens tinham a tendência de guerrear com seus vizinhos para vingar-se da bruxaria, perturbando ainda mais a ordem social e dizimando a população.

No entanto, estudos* mostraram que o *kuru* é uma doença causada por um agente (hoje conhecido como um príon) que ataca o sistema nervoso central após um longo período de incubação que pode durar quinze anos ou mais. O agente, que se concentra nos tecidos cerebrais da vítima, era transmitido por um costume específico dos fores: as mulheres e crianças ritualmente comiam os corpos de seus próprios parentes falecidos, inclusive seus cérebros. Só comendo o cérebro de uma vítima é que uma pessoa pode se tornar uma vítima futura. A administração colonial, ao proibir o canibalismo, rompeu o ciclo.

Mas a questão é que a seleção natural não eliminou uma prática ritual desesperadamente mal-adaptativa. A seleção natural não elimina automaticamente costumes que têm consequências prejudiciais: *são os seres humanos que precisam modificá-los*. E como as pessoas na maior parte das vezes não percebem direta e conscientemente as consequências ecológicas de seus costumes, o processo de uma mudança consciente desses costumes para outros mais adaptativos é, no melhor dos casos, acidental. Lindenbaum (1972: 251) sugere que, ironicamente, o canibalismo ritual dos fores pode ser uma tentativa simbólica de autorregeneração em uma sociedade cujos membros percebem a ameaça da despopulação (cf. LINDENBAUM, 1979; ZELENIETZ & LINDENBAUM, 1981).

---

* O Dr. Carlton Gajdusek foi instrumental ao identificar o mecanismo que causa o *kuru*. No entanto, vale a pena observar que o trabalho de detetive que inicialmente indicou o modo de transmissão quando isso ainda era um mistério, foi feito pelos antropólogos Shirley Lindenbaum e Robert Glasse (cf. LINDENBAUM, 1979).

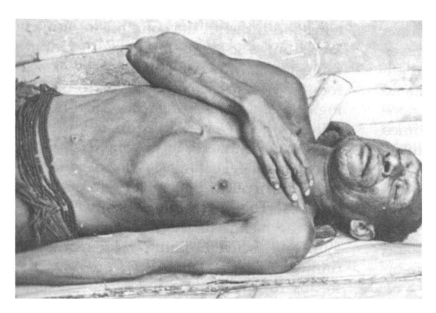

A vingança dos fores: um homem fore está deitado, tendo sido brutalmente espancado pelos relativos de uma vítima do *kuru* que o acusou de bruxaria. Muitas vezes a vingança fatal contra homens suspeitos de bruxaria contribui para as consequências demográficas catastróficas do *kuru*.

cam rituais, seguem costumes e mantêm crenças que têm consequências ecológicas ou demográficas perniciosas ou, no melhor dos casos, neutras. E o fazem com uma fé e um compromisso persistentes com as maneiras do passado, que é tão caracteristicamente humano quanto à flexibilidade e ao pragmatismo. O mágico da horta que faz mágicas sobre as safras está se comportando de acordo com o estilo de seus antepassados, embora empiricamente as mágicas possam não surtir qualquer efeito e ecologicamente sua energia pudesse ser mais bem gasta construindo uma cerca mais eficiente ou cavando valas de drenagem. No entanto, o mágico pode também ser um líder que organiza e motiva os trabalhadores de uma horta, de tal forma que suas mágicas realmente têm um efeito benéfico nesse sentido. Em todos os casos temos de considerar o "equilíbrio líquido" das consequências da ação, como o sociólogo Robert Merton assinalou.

Isso nos leva em uma direção menos negativa que a crítica de uma ecologia cultural determinista. Podemos começar a colocar em termos mais positivos os processos que geram a mudança sociocultural – processos que incluem, mas não são nem limitados pela adaptação ecológica nem necessariamente controlados por ela. As pressões ecológicas podem ser consideradas como fatores restritivos, mas não determinantes; e elas operam por meio de sistemas de motivo e significado humanos. Podemos começar a esboçar os elementos de uma teoria mais complexa e multidimensional da mudança sociocultural.

Restrições ecológicas como fatores limitantes

Podemos começar com o princípio geral de que a adaptação opera por meio de *restrições negativas*. Restrições ecológicas e demográficas (sejam de dieta, população, fertilidade do solo etc.) estabelecem limites para aquilo que é viável. Elas propõem problemas. Mas essas restrições negativas nunca criam soluções, nunca produzem formas culturais. Uma falta de proteína e uma explosão populacional no Vale do México não criaram e não poderiam ter criado um sistema religioso em que os deuses exigiam sacrifícios humanos.

Na evolução biológica, as restrições são igualmente negativas. Os processos pelos quais novas possibilidades são geradas são também essencialmente negativos: a mutação genética aleatória, que na maioria das vezes produz formas não viáveis ou menos viáveis, mas às vezes produz possibilidades novas e adaptativas; e o embaralhar aleatório das cartas distribuídas geneticamente por meio dos acasalamentos em cada geração. Mas nos humanos os processos são radicalmente diferentes. As forças que criam novas formas são positivas, não negativas; e elas são produtos de escolhas, não processos biológicos aleatórios.

Racionalidade, escolha e inovação

Os humanos podem perceber um problema e fazer alguma coisa para solucioná-lo. Isso, presumivelmente, foi um retorno importante na evolução da inteligência humana no decorrer de centenas de milhares de anos. Como solucionadores inteligentes de problemas, nossos antepassados podiam planejar caçadas, criar armas e construir abrigos para permanecerem secos. A capacidade de avaliar problemas e inventar soluções continua a ser um elemento crucial na mudança sociocultural.

Ao envolver o mundo, mesmo das maneiras mais práticas e direcionadas para metas, os humanos fazem escolhas. Essas escolhas não dependem simplesmente dos retornos materiais dos cursos alternativos, mas de valores e significados simbólicos. A energia é gasta não simplesmente caçando proteínas, mas caçando o ocre usado na pintura corporal ritual. Ignorar os motivos e valores simbólicos pelos quais os humanos orientam suas vidas como sendo uma forma de esconder algu-

ma racionalidade ecológica oculta é interpretar erroneamente a natureza do animal que estamos tentando entender. A racionalidade está na visão do ator cultural e não na do Grande Ecologista no Céu.

O intelecto humano parece ter uma tendência quase compulsiva para criar *regras*. E essas proclividades (bem assim como a natureza da vida social) nos leva não simplesmente a solucionar problemas e transmitir as soluções para nossos companheiros, mas também a definir maneiras de fazer as coisas como sendo *as* maneiras de fazer as coisas, ou seja, como costumes. Parecemos também ter a tendência de observar, classificar, organizar, rotular as coisas do mundo. A resolução humana de problemas depende, para seu poder, dessa incansável busca, organização, classificação e teorização em domínios mais além dos imediatamente práticos. A curiosidade ociosa deste ano pode fornecer os meios para solucionar o problema do próximo ano. A ciência popular, indo muito além do imediatamente prático, muitas vezes fornece meios para ele. (Imagine quantas gerações de olhar e observar o céu foram necessárias, sem a escrita, para fornecer as bases para um calendário de valor prático.) A capacidade humana de solucionar problemas, de classificar e teorizar e de converter a prática prevalente ou novas ideias em costumes, é a soma dos elementos interconectados de nossa capacidade de desenvolver localmente modos de vida viáveis.

As culturas como sistemas ideacionais são distribuídas nas comunidades, entre indivíduos que impõem versões ou perspectivas diferentes dos modos de seu povo. Um modelo de mudança precisa lidar com esse nível de significados e escolhas individuais. Assim, Salisbury assinala a importância da

Inventividade individual para modificar regras que se enquadram a circunstâncias pessoais. A cultura [...] por si só não se adapta a meio ambientes, mas é o meio pelo qual os indivíduos se adaptam a seu meio ambiente [...]. A cultura desenvolve, elabora ou estagna em um processo de inovação cultural individual. A vasta maioria de inovações, como mínimas mutações genéticas, não estão relacionadas com a sobrevivência seja dos indivíduos ou da cultura. Mas a riqueza no número de inovações [...] leva a uma [...] probabilidade de que *alguns* comportamentos relacionados com a sobrevivência irão ocorrer (1975: 145).

Os indivíduos fazendo escolhas, então, são um mecanismo importante da mudança sociocultural de longo prazo e da resposta adaptativa às circunstâncias materiais da vida. Membros de uma população que desenvolveram um conjunto de regras sobre possíveis parceiros matrimoniais e que então, gerações mais tarde, em virtude de uma mudança nas circunstâncias, descobrem que cada vez menos pessoas têm esposas permissíveis, pode começar a evitar as regras ou mudá-las de uma maneira que soluciona o problema. Um povo que se depara com uma pressão populacional séria pode começar a matar recém-nascidos e mais tarde, descobrindo que só é necessário matar uns poucos para evitar o problema, pode definir um costume de matar o primogênito ou de matar um ou dois bebês do sexo feminino quando a família já alcançou um tamanho aceitável. Ou podem proibir a queimada na floresta para caçar animais porque podem descobrir que a vegetação queimada pode voltar a ser pastagem ou sofre com a erosão. Nessas áreas, os humanos, (com uma medida de tentativa e erro, sucesso e

fracasso) percebem problemas e tomam iniciativas para solucioná-los. As restrições ecológicas moldam (mas nunca determinam) essas soluções culturais. Mas o povo que muda as regras matrimoniais ou os padrões da caça também inventa divindades e cria rituais.

Além da racionalidade

Para os humanos, as faculdades não racionais da mente – o sonho, a fantasia, as sensações de forma, padrões e ritmo – são tão essenciais quanto a racionalidade que inventa arcos e flechas, arados e máquinas. Rappaport nos diz que os dançarinos coletivos dos tsembaga marings comunicam a força e a vivacidade de um grupo de parentesco, e a dança é como uma exibição para conquistar parceiros potenciais. A coisa importante é dançar ou não dançar. Se os dançarinos seguem os ponteiros do relógio ou vão na direção contrária, se estão no centro do assentamento ou em um terreno específico longe dele, se usam penas brancas ou folhas verdes, nada disso, presumivelmente, importa ecologicamente. No entanto, são precisamente esses detalhes de arranjo simbólico que distinguem as criações da mente.

A mente impõe exigências próprias. Diante da ansiedade, da incerteza, da tragédia, a mente exige explicação e segurança e projeta fantasia. A mágica da horta pode, como Malinowski argumentou, ser adaptativa psicologicamente e não ecologicamente; o mesmo pode se aplicar a uma teoria de doença.

As elaborações simbólicas de um povo podem ou não ter consequências adaptativas ocultas. Um povo pode matar uma espécie particular de pássaro a fim de usar suas penas brilhantemente coloridas como decorações em rituais, sem saber que esses pássaros se alimentam dos insetos que são o vetor de uma doença contagiosa que os atormenta – uma doença para a qual eles usam remédios mágicos que podem, por sua vez, ter consequências prejudiciais à saúde. Poucas pessoas vivem tão próximas às margens da sobrevivência que sua existência seria ameaçada por uma coleção substancial de costumes que têm consequências neutras ou negativas.

É a essência de nossa humanidade perseguir simbolicamente metas definidas em nossos momentos aparentemente práticos (trabalhando e comendo) bem assim como nossos momentos mais etéreos (pintando, desenhando ou realizando rituais). Esses padrões simbólicos podem estar, em última instância, restritos pela viabilidade ecológica. Mas a não ser nos mais hostis dos meio ambientes, essas restrições negativas permitem uma ampla latitude para elaborações culturais.

Restrições ecológicas e significados culturais

Retratar as culturas como adaptações às pressões ecológicas e demográficas – meios de preservar o suprimento de proteína, o equilíbrio populacional ou o equilíbrio ambiental – subestima radicalmente a importância dos sistemas simbólicos através dos quais os homens envolvem o mundo. Os humanos estão famintos por comida como eles a concebem, não por proteína. Eles modificam habitações em termos de suas ideias sobre relações sociais, não simplesmente para se manterem secos e aquecidos. Modificam suas práticas sexuais em termos de suas concepções do matrimônio, não simplesmente pelas exigências da reprodução e da demografia. Os humanos percebem os problemas e os solucionam dentro do arcabouço de um sistema ideacional. Eles vivenciam a chuva, a temperatura, o solo, o nascimento, a morte, planos e animais por meio de sistemas de classificação e interpretação – nunca diretamente. E é por meio desses sistemas simbólicos mediadores que as mudanças devem ocorrer. Os "espíritos da podridão" que os tsembaga marings acham que habitam as partes mais baixas de seus vales e causam mal e doenças aos humanos podem realmente em algum sentido serem personificações dos agentes invisíveis da malária, que, na realidade, são mosquitos anófeles. Mas os espíritos e as ações que os marings adotam com relação a eles são elaborações de uma tradição simbólica antiga pela qual os povos da Nova Guiné atribuem ordem e significado aos eventos de um meio ambiente para cujo controle eles podem fazer muito pouco. Algumas dessas respostas simbólicas – a mágica para garantir o sucesso na guerra ou para curar a febre e resfriados – podem ser bastante inúteis para influenciar o resultado dos eventos. Algumas, como evitar ou não o território dos espíritos, podem ser úteis. Outras como o costume generalizado na Nova Guiné pelo qual os homens enfiam gravetos dentro de suas narinas para produzir sangramento – uma imitação simbólica da menstruação – são prejudiciais fisiologicamente e às vezes podem causar hemorragias fatais. Mas todas elas são profundamente significativas para aqueles que realizam essas práticas. Além disso, embora tais práticas possam não ser, por si sós, medicamente eficazes, podem, apesar de tudo, ter um efeito fisiológico benéfico em virtude das reações neurológicas e imunológicas que são reguladas pelas emoções. Humanos, como insiste Sahlins (1977), nunca envolvem o meio ambiente físico diretamente; eles sempre encontram a natureza *através* da cultura, através de sistemas de símbolos, significados e valores.

Mágica nas Ilhas Salomão: Ela serve fins adaptativos? Um mágico siuai (na Ilha de Bougainville) é carregado em cima de um enorme tambor cortado para reduzir o peso magicamente.

Processos sociais de mudança

Uma teoria de mudança sociocultural que busca encontrar respostas dentro da natureza da mente e das redes de significados culturais que os humanos criaram é tão parcial e, portanto, tão ilusória, quanto o materialismo cultural. Pois formas culturais não são simplesmente inventadas pela mente humana. Elas são produzidas dentro de *sistemas sociais*.

Os humanos não encontram o mundo físico simplesmente através de sistemas de símbolos culturais; eles encontram o mundo em sistemas de relacionamentos sociais. Esses relacionamentos mudam e, parcialmente, em resposta a considerações práticas. Se, dada uma tecnologia agrícola específica, as condições do meio ambiente dão oportunidades para um terraceamento ou um sistema de irrigação, então novas modalidades de trabalho coletivo ou cooperação provavelmente aparecerão. Mas elas são criadas a partir de relacionamentos sociais existentes e através deles.

O impacto das restrições ecológicas e das possibilidades meio ambientais assim opera tanto em termos de significados, valores e metas culturais e por meio de sistemas de relações sociais através das quais os humanos perseguem esses valores e metas. Isso suscita uma questão adicional e crucial. Os valores e as metas dos homens marings e das mulheres marings serão necessariamente os mesmos? Na sociedade hipotética em que sistemas de irrigação são construídos, algumas pessoas podem ser donas da terra enquanto outras são rendeiros que devem dar uma grande parte da safra para os proprietários. Seus interesses e valores, com relação à intensificação da produção e o trabalho para criar um sistema de irrigação, serão os mesmos?

Os membros de uma sociedade podem ter direitos e privilégios diferentes, com relação aos recursos do meio ambiente e uns com relação aos outros. Considere uma sociedade como os marings ou os marind anims (Caso 12) da Nova Guiné, onde todos são, com efeito, proprietários da terra, e onde não existem classes sociais. Uma mulher maring deve trabalhar nas terras para alimentar os porcos que seu marido irá usar para aumentar seu prestígio. Uma mulher marind anim não só está subordinada e simbolicamente humilhada (embora ela trabalhe para produzir a farinha de sagu que é o alimento vital), mas, quando se casa, sofre um estupro grupal. E se por acaso ela vir um objeto secreto do culto masculino será estuprada por vários homens ou assassinada.

Realmente queremos, como Sahlins (1977) parece sugerir, ver essas coisas como produtos simbólicos oriundos da mente humana? Ou queremos ser capazes de ver conflitos internos de interesse em uma sociedade, mesmo em uma sociedade sem classes como a dos marind anims

ou dos marings? Onde homens oprimem mulheres, ou os mais velhos oprimem os mais novos (como na exploração e dominação sexual dos meninos marind anims pelos mais velhos) devemos estar preparados para investigar sob as ideologias culturais e o compromisso aparentemente compartilhado com relação a significados e valores para ver os conflitos e contradições que eles ocultam.

Há um corpo de teoria social importante que se concentrou tanto na maneira como os homens envolvem o mundo por meio de sistemas de relacionamentos sociais quanto na maneira pela qual os conflitos e contradições subjazem um consenso e uma integração aparente. Ele irá, creio eu, fornecer um componente importante da Teoria de Mudança Social de que precisamos. Esse corpo de teoria se origina em Marx.

Contribuições neomarxistas para uma teoria de mudança

São necessárias algumas explicações. Marx formulou suas teorias sociais durante o século XIX, procurando tanto elaborar um modelo geral do processo social e compreender as forças históricas e a dinâmica oculta que tinham moldado a Europa em que ele vivia. No século XX, as revoluções deflagradas em seu nome, e os Estados reorganizados em seu nome, transformaram as relações políticas mundiais. Esses eventos – sendo o mais surpreendente a criação do Estado policial stalinista na antiga União Soviética – estavam separados por um enorme golfo daquele mundo novo livre de opressão que Marx tinha imaginado. Além disso, nesse processo, o marxismo como uma ideologia do Estado se tornou um determinismo econômico grosseiro longe daqueles entendimentos sutis e multidimensionais que o próprio

Marx propôs ao analisar o feudalismo europeu: as comunas de Paris, a indústria vinícola de Bordeaux, as relações econômicas entre os donos das fábricas britânicas e seus operários*.

O marxismo para o qual alguns antropólogos e outros cientistas sociais se voltaram em busca de inspiração teórica foi o Marx do século XIX iluminado pelo século XX. Essa renovação da ciência social marxista, à qual irei me referir como neomarxismo, buscou ampliar os entendimentos alcançados por Marx com base tanto nos eventos das décadas subsequentes quanto nos avanços radicais no conhecimento humano, nas ciências físicas, biológicas e sociais desde a época em que Marx escreveu. Esses incluem as descobertas da antropologia, que, nos dias de Marx, eram rudimentares e muitas vezes errôneas.

Apesar do espírito geralmente aberto e exploratório da ciência social neomarxista, há ainda com muita frequência um uso servil dos conceitos técnicos que Marx criou para analisar sistemas sociais muito diferentes e uma preocupação com a ortodoxia textual – aquilo que Marx realmente disse ou realmente quis dizer. Ao buscar incorporar as perspectivas e conceitualizações neomarxistas em um modelo complexo do processo social, não me sentirei obrigado a usar termos do século XIX quando os do XX forem melhores, nem por uma preocupação com a ortodoxia textual. Os esquemas intelectuais são sempre parciais e provisórios: não podemos fazer deles objetos de reverência quando isso impede que descartemos antigas ferramentas conceituais quando outras melhores nos vêm à mão. Tendo dito isso, podemos começar perguntando o que as perspectivas neomarxistas podem nos dizer sobre a organização de sociedades tais como a dos tsembaga marings e dos astecas, e sobre os processos de mudança social.

Os neomarxistas concordam com os materialistas culturais que as circunstâncias materiais da vida humana são em algum sentido primordiais e que as instituições sociais e os sistemas de crença são, em algum sentido, secundários. Mas os marxistas começam com a premissa que já assinalei: que ao produzir os meios materiais da vida, os humanos envolvem o mundo em um sistema de relações sociais e por meio dessas relações o marxismo focaliza a economia, como um sistema de relações sociais e valores, bem assim como a tecnologia.

Os neomarxistas tampouco presumem um simples determinismo econômico. Em uma forma de sociedade específica, relacionamentos econômicos podem não dominar outros tipos de relações e instituições (tais como o parentesco ou a religião) como eles fazem em uma sociedade capitalista complexa. Entre os tsembaga marings e outros povos da Nova Guiné, as relações sociais são baseadas primordialmente no parentesco e não nos relacionamentos econômicos. Na Índia hindu tradicional, ou na Europa Medieval, a religião fornecia o idioma através do qual as relações sociais eram organizadas. A teoria neomarxista – ao contrário da antiga versão soviética do marxismo – *não* presume que um sistema econômico determina diretamente a maneira como uma sociedade é organizada, ou que sistemas ideacionais podem ser diretamente inferidos das circunstâncias materiais ou atribuídos a elas (cf. KAHN & LLOBERA, 1981).

O trabalho do próprio Marx estava principalmente voltado para a compreensão da natureza e

---

* O próprio Marx era melhor na aplicação de seu método do que em sumarizá-lo; de tal forma que algumas de suas próprias afirmações gerais de seus princípios serviram como textos para interpretações materialistas grosseiras e unidimensionais.

da emergência histórica da sociedade capitalista europeia do século XIX, a partir de seus antecedentes feudais. A teoria marxista está mais plenamente desenvolvida com relação aos conflitos entre as classes sociais e com a estrutura das sociedades complexas. A emergência de uma antropologia neomarxista, dentro de uma frente mais ampla de teoria social, representou uma tentativa de expandir esse corpo de teoria marxista já desenvolvido para lidar com toda a variedade de sociedades – uma tarefa que o próprio Marx imaginava, mas tinha realizado só superficialmente com a frágil evidência então disponível.

Mesmo em sociedades de pequena escala e sem classes, encontramos fissuras internas e conflitos de interesse do tipo que assinalei no caso dos marings e dos marind anims. Ideologias segundo as quais as mulheres são poluidoras e perigosas, sistemas que as subordinam e extraem seu trabalho para servir os interesses políticos dos homens, indubitavelmente têm significados culturais – significados com os quais as próprias mulheres, bem assim como os homens, podem estar comprometidas. Mas essas ideologias podem, apesar disso, ser instrumentos da dominação masculina. Pode ser verdade que elas possam ser consequências para a limitação da população, e elas podem ser um dos fatores que levam uma população a adotar ou a inventar um conjunto assim de práticas, e outra população a rejeitar esse caminho ou deixá-lo inexplorado. Mas os interesses políticos que subjazem tais elaborações simbólicas nunca podem ser ignorados: e as consequências ecológicas e demográficas de tais práticas nunca podem ser consideradas como uma explicação necessária e suficiente para sua existência.

O retrato que Harris faz do "complexo de supremacia masculina" caracteriza apropriadamente os conflitos sexuais-políticos que subjazem a guerra e a agressão masculina amazonense. Mas por que, então, temos de nos voltar para fora do sistema social para encontrar a racionalidade oculta de políticas sexuais brutais nos domínios politicamente neutros da biologia e da nutrição da população?

A mesma contradição emerge em um intercâmbio entre Harris e Sahlins (1979) sobre o sacrifício asteca. Sahlins argumenta que o sacrifício asteca implicava uma feliz comunhão entre os sacerdotes e as vítimas, unidos em sua busca religiosa por significados simbólicos e metas coletivas. A isso Harris deu uma resposta que se encaixaria muito bem dentro da tradição marxista:

> Sahlins afirma que o que importava para as vítimas cujos gritos terminaram quinhentos anos atrás era que elas eram parte de um sacramento e não que eram parte de uma refeição [...] como se ao rotular o sacrifício humano como "comunhão" transubstancia as facas obsidianas e a carne humana [...]. Os antropólogos deveriam certamente tentar entender por que as pessoas acham que elas se comportam da maneira como o fazem, mas não podemos parar aqui, nesse entendimento. É imperativo que tenhamos o direito de não acreditar em algumas explicações. A maioria entre nós deve se reservar o direito de não crer nas explicações das classes dominantes. Uma classe dominante que diz que está comendo algumas pessoas por preocupação com o bem-estar de todos não está contando a história completa [...] o canibalismo asteca era "a forma mais alta de comunhão" para os comedores, mas não para os comidos (HARRIS, 1979b: 52).

Mas por que, se formos procurar os interesses constituídos das classes dominantes (ou seu equivalente entre os mais velhos na África tribal, os cultistas dos homens na Nova Guiné, ou os espancadores de esposas dos yanomami) teremos de encontrar alguma racionalidade ecológica oculta de deficiência de proteína, ou regulação da população nas ideologias religiosas, sistemas de propriedade ou padrões de guerra?

Olhando mais adiante: em busca de uma teoria mista de mudança sociocultural

O que precisamos é de uma perspectiva teórica que explique as forças moldadoras e restritivas da adaptação ecológica, mas considerá-las como operando por meio de sistemas de significados culturais e relacionamentos sociais; isso considera o conflito interno e as contradições dentro de sistemas sociais, bem assim como a adaptação às circunstâncias materiais, como forças dinâmicas; e que incorpore o imperativo humano para criar e elaborar um mundo de símbolos, uma rede de significados, muito além de quaisquer necessidades práticas ou metas materiais. Um marxismo doutrinário que via apenas conflito e interesse constituído não poderia explicar os compromissos compartilhados com relação a metas e significados culturais que os antropólogos encontraram nas comunidades reais da Nova Guiné ou da África; uma antropologia que focalizasse só a integração da sociedade e da cultura não poderia explicar o conflito e a mudança; e uma antropologia simbolista que focalizasse uma comunhão de significados compartilhados poderia estar cega para suas consequências políticas e sua história. Precisaremos de um sistema conceitual que explique a dinâmica interna e conflitos, culturas como sistemas compartilhados de significado cultural e as restrições e pressões impostas pelas circunstâncias materiais das vidas das pessoas. Nos capítulos que se seguem, iremos construir progressivamen-

te as conceitualizações de que precisamos. E antes de nos voltarmos para a complexidade do mundo moderno, faremos uma pausa para colocar essas conceitualizações juntas, da melhor maneira possível, em um sistema coerente.

SUMÁRIO

As restrições ecológicas desempenham um papel na restrição dos sistemas sociais, mas não os determinam de nenhuma maneira simples. A ecologia claramente desempenha um papel na formação de práticas econômicas, mas seu papel em outras esferas, tais como na da religião, pode ser mais difícil de perceber. Roy Rappaport, em seus estudos do povo tsembaga marings na Papua-Nova Guiné, argumentou que os festivais grandes e periódicos da matança de porcos, conhecidos como *kaiko*, foram instrumentais entre esses povos para regular a adaptação ao reduzir os rebanhos de porcos a tamanhos administráveis, bem assim como na regulação da guerra, do território e da dispersão da população. Marvin Harris argumentou que os padrões bélicos entre os yanomami da Venezuela representam uma adaptação indireta à escassez de proteína quando as reservas de animais de caça estão esgotadas. Harner e Harris afirmaram que os sacrifícios humanos e o canibalismo asteca também são baseados na escassez de proteína.

Todas as interpretações anteriores dos dados, no entanto, foram questionadas e também não podemos presumir que as populações estivessem em um estado de equilíbrio estável com seus ambientes. Os marind anims do sul da Nova Guiné foram guerreiros bem-sucedidos e caçadores de cabeças, mas suas práticas sexuais, destinadas a aumentar a fertilidade humana, na verdade reduziram essa fertilidade. Entre os fores, povo das regiões montanhosas do leste da Papua-Nova Guiné, a prática de comer os cérebros de parentes mortos permitiu a transmissão de uma doença neurológica séria, conhecida como *kuru*, que resultou em muitas mortes. Os costumes podem, portanto, ser mal-adaptativos, assim como adaptativos. As teorias neomarxistas reconhecem as complexidades envolvidas na determinação de práticas sociais, sem implicar qualquer racionalidade ecológica por trás delas. Teorias mais complexas e mistas são necessárias para que possamos examinar os problemas da mudança cultural.

SUGESTÕES PARA LEITURAS ADICIONAIS
Seção 15

BURNHAM, P.C. & ELLEN, R.F. (orgs.) (1979). *Social and Ecological Systems*. Nova York: Academic Press.

DAMAS, D. (org.) (1969). *Contributions to Anthropology*: Ecological Essays. Ottawa: National Museum of Canada Anthropological [Bulletin, n. 86].

FERGUSON, R.B. & WHITEHEAD, N.L. (orgs.) (1992). *War in the Tribal Zone*: Expanding States and Indigenous Warfare. Santa Fé: School of American Research Press.

HARRIS, M. (1993). *Culture, People, Nature*: An Introduction to General Anthropology. 6. ed. Nova York: Harper Collins Colleges.

_____. (1974). *Cows, Pigs, Wars and Witches*: The Riddles of Culture. Nova York: Harper & Row.

HEIDER, K.G. (1972). "Environment, Subsistence and Society". *Annual Review of Anthropology*, 1, p. 207-226.

KOTTAK, C.P. (1974). *Anthropology*: The Exploration of Human Diversity. Nova York: Random House.

MEGGERS, B.J. (1971). *Amazonia*: Man and Nature in a Counterfeit Paradise. Chicago: Aldine.

MORAN, E.F. (1979). *Human Adaptability*: An Introduction to Ecological Anthropology. North Scituate, Mass.: Duxbury.

NETTING, R.M. (1971). *The Ecological Approach in Cultural Study*. Reading, Pa.: Addison-Wesley.

RAPPAPORT, R.A. (1971). "Nature, Culture and Ecological Anthropology". In: SHAPIRO, H. (org.). *Man Culture and Society*. Londres: Oxford University Press, p. 237-267.

_____ (1968). *Pigs for the Ancestors*: Ritual in the Ecology of a New Guinea People. New Haven, Conn.: Yale University Press.

STEWARD, J.H. (1977). *Evolution and Ecology*: Essays on Social Transformation. Urbana: University of Illinois Press [org. de J.C. Steward e R.F. Murphy].

VAYDA, A.P. (org.) (1969). *Environment and Cultural Behavior*: Ecological Studies in Cultural Anthropology. Garden City. N.Y.: Natural History.

VAYDA, A.P. & RAPPAPORT, R. (1968). "Ecology, Cultural and Noncultural". In: CLIFTON, J.A. (org.). *Introduction to Cultural Anthropology*. Boston: Houghton Mifflin.

Seção 16

FRIEDMAN, J. (1974). "Marxism, Structuralism and Vulgar Materialism". *Man 9*, p. 444-469.

GAJDUSEK, D.C. (1980). *Journal of Further Explorations in the Kuru Region and in the Kukuku-ku Country, Eastern Highlands of Eastern New Guinea, and of a Return to West New Guinea*: 25/12/1963-04/05/1964. Bethesda, Md.: National Institutes of Health.

NIETSCHMANN, B. (1975). "Beyond the Bizarre with Rumplestiltskin". *Reviews in Anthropology*, mai., p. 157-168.

SAHLINS, M. (1977). *Culture and Practical Reason*. Chicago: University of Chicago Press.

SALISBURY, R.F. (1975). "Non-Equilibrium Models in New Guinea Ecology: Possibilities of Cultural Extrapolation". *Anthropologica*, 17 (2), p. 127-147.

Parte
3

O mundo tribal: o legado da diversidade humana

Começamos, a essa altura, a atingir uma compreensão mais profunda dos vários modos e instituições e da natureza da humanidade. Mas há ainda muita coisa para aprender com os sistemas sociais e costumes do mundo tribal. Vale a pena fazer uma pausa neste ponto para considerar uma vez mais por que é importante procurar entender a resolução de disputas na sociedade africana, a estrutura familiar em Bornéu, crenças religiosas nas Ilhas Salomão, ou a produção de inhame nas Ilhas Trobriandesas.

Para interpretar costumes e instituições assim tão diferentes, somos levados a fazer perguntas fundamentais sobre a sociedade e a natureza humana. Como o sacrifício humano dos astecas e os cultos masculinos amazonenses, eles nos levam a buscar a lógica cultural que faz com que costumes aparentemente estranhos sejam significativos e racionais para os que deles participam. Mas eles também nos levam mais além desses significados culturais até questões fundamentais da teoria social. Devemos, como os marxistas, procurar encontrar conflitos e o interesse de "classes" opostas que separam os governantes e os governados, ou os homens e as mulheres? Ou devemos, como Sahlins, presumir um consenso de compromisso com símbolos culturais? Começamos com a premissa de que a tendência natural dos humanos é a de serem indivíduos autônomos e perguntamos então o que os leva a sacrificar sua liberdade para viver em sociedade? Ou presumimos que é o estado natural dos humanos viver em grupos com um compromisso compartilhado para com seu patrimônio cultural e suas instituições sociais? Será que a guerra ou a subordinação das mulheres são expressões inevitáveis de nossa natureza biológica ou produtos de tipos específicos de instituições sociais? Procurar compreender os ilhéus das Trobriandesas da Melanésia, a quem estamos prestes a encontrar, ou outros povos não ocidentais é procurar compreender a nós mesmos.

Essas questões fundamentais sobre a sociedade e a natureza humana não estão restritas aos debates arcanos de teóricos sociais e filósofos trabalhando à sombra de Platão e Aristóteles, de Hobbes e Rousseau, de Spencer, Marx, Durkheim e Weber: elas permeiam a prática cotidiana da ciência social, do direito e da política ocidental. Os economistas que buscam controlar a inflação trabalham com um sistema teórico construído sobre premissas a respeito da natureza humana e da sociedade. O mesmo ocorre com cientistas políticos e sociólogos.

A antropologia busca colocar essas questões fundamentais de uma maneira franca; e, ao fazer essas perguntas com relação a toda a variedade de modos humanos em épocas e lugares diferentes, ela tenta fornecer bases mais sólidas para a ciência social comparativa.

Nos capítulos que se seguem iremos explorar, através de uma série de passos estratégicos, o caminho para uma compreensão mais profunda das instituições sociais nessa perspectiva mais ampla. Começaremos com os humanos envolvendo o mundo no trabalho, em um cenário longe do nosso em termos de espaço e longe do nosso em sua lógica de significados culturais. Para chegar lá faremos uma viagem antropológica clássica.

Capítulo 8

Sistemas econômicos

Deixando as rochas bronzeadas e a selva escura das Amphletts... navegamos para o norte para um mundo totalmente diferente de ilhas de corais... Nós... entramos em um mar opaco e esverdeado, cuja monotonia só é interrompida por uns poucos bancos de areia, alguns sem vegetação e banhados pelo mar, outros com alguns pandanos acocorados sobre suas raízes aéreas... Mais adiante, através do borrifo nevoento, a linha do horizonte fica mais grossa aqui e ali, como se marcas leves tivessem sido desenhadas sobre ela com um lápis. Essas marcas ficam mais fortes, uma delas se alonga e se alarga, as outras surgem nas formas distintas de pequenas ilhas e nos encontramos na grande lagoa das Trobriandesas (MALINOWSKI, 1922: 49).

Assim começou uma das viagens antropológicas mais famosas quando Bronislaw Malinowski levou seus leitores na travessia dos mares do sudeste do Pacífico e ao leste da Nova Guiné até as Ilhas Trobriandesas. Dessa perspectiva, em um mundo de jardins viçosos, lagoas e mares rasos, Malinowski realmente lutou com aquilo que acreditou serem os mitos de uma ciência social vinculada à cultura: "o homem econômico" maximizando valores como um autômato, o complexo de Édipo, a "mentalidade primitiva".

Seguiremos a viagem intelectual de Malinowski até as Trobriandesas neste capítulo e nos que se seguem em busca de uma perspectiva sociocientífica mais generalizada e mais poderosa e de uma compreensão mais profunda da diversidade humana e da unicidade que a subjaz. Uma odisseia assim de volta às Trobriandesas não é uma questão de sentimentalismo antropológico: há elaborações e complexidades especiais naquele recanto distante da Melanésia que desafiam a interpretação antropológica hoje como o faziam quando Malinowski as descreveu pela primeira vez nos anos seguintes à Primeira Guerra Mundial. Há um sentido em que a compreensão dos ilhéus das Trobriandesas é a compreensão da riqueza total dos sistemas simbólicos humanos, da total complexidade das instituições sociais, da total sutileza dos valores e motivos humanos.

Os ilhéus das Trobriandesas, ainda plantando seus inhames e intercambiando suas pulseiras e colares como faziam na época de Malinowski, irão desafiar nossos poderes analíticos e aguçá-los. Neste capítulo examinaremos os sistemas de produção e intercâmbio das Trobriandesas e os colocaremos em uma perspectiva comparativa. Isso irá expor as questões da economia antropológica. Mas nos deixará com uma grande quantidade de outras perguntas. Nos capítulos que se seguem iremos progressivamente adquirir meios melhores de conceitualizar a analisar os modos de vida dos

Notas de dinheiro arrumadas em círculos decorativos e enfeitadas com flores em um pagamento em recompensa por um assassinato. Melpa, Papua-Nova Guiné.

ilhéus das Trobriandesas – e assim dos nômades basseris, dos sans, dos tsembaga marings – e, por meio deles, de nós mesmos.

17 Sistemas de produção

A produção como uma atividade técnica e social

A produção é o processo pelo qual o mundo é envolvido e transformado pelo trabalho humano. Ela sempre tem um lado físico – as ferramentas e a tecnologia do trabalho, os recursos dos quais a produção depende – e um lado social. Os humanos trabalham em grupos, para fins que são tanto coletivos quanto individuais; e os produtos de seu trabalho passam por redes sociais, e seu significado e valor são dados por grupos em seu meio.

Tanto o lado físico-tecnológico quanto o lado social da produção ficarão mais claramente em foco se acompanharmos a viagem de Malinowski até as Trobriandesas no Caso 14 – primeiro para ter uma visão geral do cenário, depois para ir até

CASO
14

Os sistemas de produção dos ilhéus das Trobriandesas

O cenário

As Ilhas Trobriandesas compreendem e uma ilha de coral plana de cerca de cinquenta quilômetros de comprimento e várias ilhas menores que a rodeiam (Figura 8.1). As aldeias das ilhas estão espalhadas pelo litoral ocidental, com suas lagoas rasas e no interior. Nenhuma aldeia tem acesso a todos os bens materiais de que sua população precisa; e em nenhum lugar das Trobriandesas é possível obter alguns materiais cruciais. Esses incluem o diorito necessário para lâminas de enxós e machados, que vêm da Ilha Murua ao leste; o ratã (rotim) para cordas e bambu, que vem da Ilha Fergusson ao sul; e o barro para a cerâmica, cuja maior parte é feita nas Ilhas Amphletts ao sul (cf. Figura 8.3, Caso 15).

Além disso, há amplas regiões da especialização na ilha principal das Trobriandesas. Ao longo do litoral ocidental, circundando a lagoa, estão aldeias que se especializam na pesca. A seção norte da ilha é uma rica área agrícola com aldeias espalhadas pelo interior. Algumas aldeias se especializam em um artesanato especial: uma no polimento de ferramentas de pedra, outra em esculturas de madeira, outra em decorar vasos de cal – tudo para a exportação. No entanto, artigos menos delicados, para uso diário, de quase todos os tipos podem ser produzidos em qualquer aldeia Trobriandesa – dependendo, quando muito, da importação de matérias-primas (MALINOWSKI, 1935,1: 21-22).

Os jardins

É melhor que nos concentremos, como Malinowski o fez, nos ricos distritos agrícolas do norte. Ele nos dá um retrato oral vívido dos jardins de inhame na época da colheita, jardins que são o orgulho e a alegria dos ilhéus:

> Caminhando pelo campo naquela estação, é possível ver alguns jardins em toda a glória de sua folhagem verde, que começa a ficar dourada. Essas seriam algumas das principais plantações de inhame... Uma vez mais você veria alguns dos jardins da pró-

xima estação que estão sendo iniciados, e de vez em quando, através de um trecho plano de largas folhas verdes – os jardins de taro. Durante minha primeira inspeção rápida dos jardins fiquei maravilhado com a variedade espantosa de cenários de jardim, de trabalhos de jardim e do significado dos jardins. Em um local ocorria a colheita, homens e mulheres cortavam as vinhas, desenterravam as raízes, limpando-as e empilhando-as em montes; em algumas das plantações de taro as mulheres tiravam as ervas daninhas; os homens retiravam a vegetação rasteira com machados em partes do jardim, em outras organizavam o terreno em pequenos quadrados como um tabuleiro de xadrez (MALINOWSKI, 1935, 1: 10).

O produto agrícola principal é o inhame, embora o taro seja um importante alimento secundário de subsistência. Como os inhames podem ser armazenados, um ciclo sazonal regular de plantação e colheita é possível, com base no ciclo de ventos e chuvas. Esse ciclo anual da estação do inhame estrutura muitos aspectos da vida das ilhas; expedições comerciais, guerras, cerimônias, e até a vida sexual.

A organização do trabalho

Vamos começar o ciclo quando uma área é escolhida para o cultivo daquele ano, nesse sistema de horticultura de queimada. Aqui podemos começar a classificar as unidades sociais da produção. A *equipe da jardinagem* que irá trabalhar a grande área escolhida para os jardins normalmente consiste de todos os residentes de uma aldeia. As aldeias podem ser relativamente pequenas – 20 domicílios – ou podem ser muito maiores. Uma aldeia pode consistir de um "subclã" – um grupo de homens e mulheres descendentes pela linha feminina de uma antepassada comum, que tem o título coletivo da terra. Ou uma aldeia pode ser composta de dois ou mais subclãs. Quando há dois ou mais subclãs,

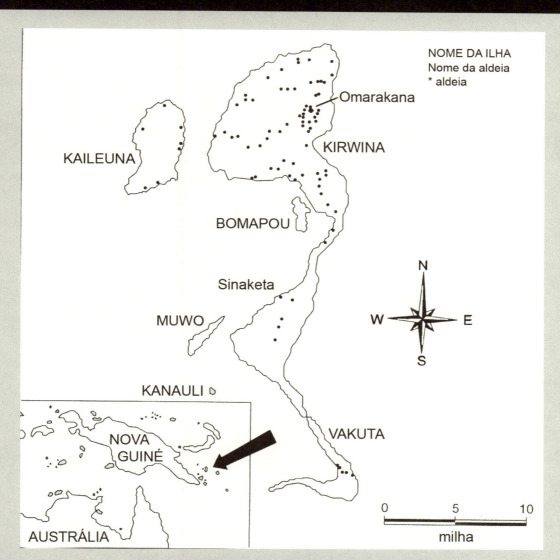

Figura 8.1 As Ilhas Trobriandesas (fonte: um mapa de Powell)

seus membros normalmente trabalham juntos como uma única equipe de jardinagem:

> A aldeia... é a unidade efetiva das atividades econômicas... Na preparação dos jardins, aldeias inteiras ... operam como órgãos corporativos organizados sob a direção dos líderes do subclã e dos mágicos do jardim (POWELL, 1969b: 581).

A equipe de jardinagem faz parte de seu trabalho coletivamente sob a direção de um *mágico de jardim* que é também seu especialista técnico. Todo o jardim é dividido em quadrados menores. Essa fase de trabalho coletivo pela equipe de jardinagem da aldeia é chamada de *tamgogula*. Cada homem tem vários quadrados do jardim maior que seu *grupo domiciliar* cultiva. Tarefas diárias são realizadas separadamente por cada família constituída pelo pai, mãe, e filhos; esse trabalho domiciliar é chamado de *tavile'i*.

Para outras tarefas, são formados grupos de trabalho maiores, em alguns casos membros de vários domicílios, ou, às vezes, a equipe de jardinagem inteira pode unir seus esforços para executar coletivamente as tarefas que cada grupo domiciliar, com menos velocidade e companheirismo, poderia fazer sozinho. Esse trabalho comunitário "ocorre sempre que um número de aldeões concorda em fazer uma fase da jardinagem em comum, com base na reciprocidade" (MALINOWSKI, 1922: 161). Normalmente o domicílio cujo trabalho de muitos dias é feito em um único dia por uma grande equipe fornece rações para os trabalhadores, que vão de um lote para o outro; mas "nenhum pagamento especial ou de grande valor ocorre" (1922: 161).

Outra forma de trabalho comunitário implica a convocação de parentes, sogros e vizinhos por um indivíduo, para que trabalhem para ele. Ele então tem de distribuir comida para todos. Essa convocação pode ser feita por qualquer homem comum naquilo que é chamado de trabalho *kabutu*, para construir uma casa ou uma casa de inhame. Mas o *kabutu* também é usado pelos líderes de alto gabarito – que têm riqueza em termos de excedentes de alimentos – para mobilizar seus seguidores. Esses excedentes, como veremos, são contribuições feitas pelos aldeões de acordo com as obrigações de parentesco; os excedentes permitem que os líderes usem a redistribuição para manter o apoio dos parentes e mobilizar "vassalos" e aliados. Por meio do *kabutu*, um líder importante dirige uma força de trabalho comunitário que constrói casas de inhame, faz canoas e se encarrega de outros projetos de grande escala por meio dos quais ele – e eles – obtêm prestígio. Ser capaz de alimentar uma força de trabalho, com legumes que foram contribuições de seguidores, é o pré-requisito para tais mobilizações de trabalho comunitário.

Produção Trobriandesa. Pescadores de tainha de rede usando métodos tradicionais no litoral norte da Ilha Kiriwina (1971).

Um horticultor trobriandês usa um bastão
de cavar a terra para plantar inhames.

Todos os adultos nas Trobriandesas participam plenamente da produção agrícola. A não ser pelos serviços
especiais do líder da aldeia ou seu parente imediato por
ele designado, a divisão de trabalho é principalmente por
sexo e idade. Os homens cortam a vegetação rasteira; homens e mulheres limpam o terreno e preparam para o
plantio. Os homens plantam e as mulheres arrancam as
ervas daninhas; os homens treinam as vinhas de inhame e
as raízes frágeis; e ambos os sexos participam da colheita.
As ferramentas são simples: bastões com uma extremidade afiada para cavar e tirar ervas daninhas e machados de
pedra e enxós para a derrubada das árvores.

A produção de inhame

Cada grupo domiciliar produz inhames individualmente em seu lote de terra. Dois fatores dessa produção
são cruciais aqui. Provavelmente a esfera mais importante da vida para um casal trobriandês é a produção de
sua horta. Enormes pilhas de inhames acumulados, muito
mais do que eles necessitam para alimentar seu domicílio, são seu orgulho e sua alegria – quanto mais, melhor.
Eles trabalham arduamente para produzir quantidades
enormes e "inúteis" de comida em um meio ambiente no
qual um modo de vida poderia ser obtido com esforços
bem mais limitados.

Segundo, cerca da metade dos inhames produzidos
por um domicílio vão para os domicílios da irmã do marido e outros parentes próximos do sexo feminino. Os
inhames que o domicílio doa para outros domicílios e
para o líder do subclã são os melhores e maiores que
ele produz. Quanto maior o número e a qualidade dos
inhames doados, tanto maior é o prestígio de quem os
produziu. Existem até competições espetaculares de
"doação" de inhame que são uma espécie de duelo por
prestígio entre subclãs e aldeias. O lado simbólico da
produção de inhame das ilhas Trobriandesas fica bem
claro se observarmos que muitos dos inhames que recebem os maiores elogios e são exibidos mais conspicua-
mente não são sequer usados como alimento doméstico
e podem simplesmente apodrecer. Além disso, os inhames mais valiosos, exibidos em armazéns, especialmente
pelos líderes de maior gabarito, passam a ser símbolos
de prestígio e poder. Um líder de primeiro escalão, tal
como o "Chefe Paramount" dos prósperos omarakana
no norte, recebe enormes quantidades de inhame como
tributo das aldeias de uma ampla região – e isso por sua
vez gera os motivos para mobilizar uma força de trabalho obrigatória em empreendimentos coletivos.

o núcleo da produção – e da própria vida – das Trobriandesas: os jardins.

> O ilhéu das Trobriandesas é acima de tudo um jardineiro que cava com prazer e colhe com orgulho, para quem a comida acumulada dá a sensação de segurança e prazer na realização, para quem a folhagem viçosa das vinhas de inhame ou das folhas do taro é uma expressão direta de beleza (MALINOWSKI, 1935, I: 10).

Poderíamos ir mais longe descrevendo a natureza, a organização e a aparente motivação da produção – examinando a pesca, os artesanatos, o trabalho doméstico tal como cortar lenha e cozinhar e assim por diante. Mas nosso pequeno esboço da horticultura trobriandesa vai longe o suficiente para suscitar questões importantes sobre a natureza e a lógica da vida econômica naquelas ilhas e começar a levantar questões mais centrais na economia antropológica. Vamos examinar primeiro os enigmas postulados pelos trobriandeses e depois dar um passo atrás para implicações comparativas.

Buscando a lógica da produção

Alguns desses problemas foram postulados por Malinowski décadas atrás. Por que os ilhéus das Trobriandesas produzem muito mais inhame do que aquele de que precisam para sua subsistência, e depois deixam que muitos deles apodreçam? E por que um domicílio doa uma grande proporção de sua colheita de inhame, inclusive os inhames mais valiosos, para a irmã e o cunhado do dono da casa?

Outras questões são organizacionais. Por que as aldeias são compostas de subclãs que investigam a descendência pela linha feminina desde as ancestrais fundadoras? Isso é um matriarcado?

Como é que esses subclãs têm títulos coletivos de propriedade da terra – uma questão de grande significado emocional e importância mitológica para os ilhéus? E ainda existem enigmas organizacionais mais complicados aqui, como veremos.

E que dizer dos líderes de alto escalão tais como o "Chefe Paramount" dos omarakana? Por um lado, esses líderes recebem vastas quantidades do produto como tributo, e desempenham um papel importante no intercâmbio de objetos de prestígio (como veremos em breve); e exigem deferência por parte dos "comuns" que têm de se prostrar diante desses líderes. Por outro lado, no entanto, não há qualquer instituição estatal mantendo o poder de uma classe dominante, nenhum exército ou polícia para exigir produtos excedentes como tributo ou exigir deferência. E os "chefes", por mais autoritária que seja sua presença, trabalham eles próprios os seus jardins, e remam suas próprias canoas. Por que é que os trobriandeses doam inhames para os líderes de alto gabarito? Quanto poder esses líderes realmente têm?

E como devemos interpretar o mágico do jardim, que desempenha ritos importantes a cada estágio do procedimento? Como analistas da economia trobriandesa, devemos tratar a mágica como se fosse um componente importante da tecnologia ou como uma superstição inútil?

Primeiras questões em economia comparativa

Isso nos leva a um problema mais geral. Em termos dos trobriandeses, os jardineiros estão sendo extremamente racionais quando fazem mágica ou quando contratam um especialista para fazê-la. Estão sendo completamente racionais ao produzir muito mais inhames do que poderiam comer, ao doar os melhores, ao exibir inhames excedentes e deixá-los apodrecerem. Uma definição de um economista do comportamento econômico como sendo fazer escolhas sobre a distribuição de meios escassos – isto é, como *maximizar* – é adequada para os trobriandeses como é adequada para todas as sociedades humanas se examinarmos as escolhas em termos dos próprios trobriandeses. Mas isso não nos diz nada, a menos que possamos compreender os "termos trobriandeses": o significado e motivos que guiam a escolha e o arcabouço institucional em que essas escolhas ocorrem.

Aqui começamos a nos deparar com a necessidade de tomar uma posição com relação a controvérsias importantes na economia antropológica. Poderemos aplicar os modelos da economia formal, da tradição neoclássica que domina os departamentos de economia ocidentais, às economias tribais? Ou são eles diferentes em espécie e estrutura básica daqueles das sociedades modernas capitalistas dominadas pelos princípios do mercado? Mesmo para caracterizar o que é economia significa tomar uma posição com relação a essas questões. A visão que adotarei se origina principalmente da antropologia neomarxista, mas também é inspirada por perspectivas complementares.

A produção em sociedades tribais

Podemos nos distanciar um pouco das Trobriandesas para adotar uma visão comparativa mais ampla. Lembrem-se de que os tsembaga marings da Nova Guiné estudados por Rappaport (Casos 5 e 9) são, como os trobriandeses, horticultores de queimada. E como os trobriandeses, estão organizados em grupos baseados na descendência que atuam como corporações ao deter o título coletivo da terra. (Os marings constituem esses grupos através da descendência na linha masculina, os trobriandeses da descendência na linha feminina.)

Mas, para os marings, o cultivo de queimadas não é uma atividade de toda a comunidade. As terras são limpas, plantadas e colhidas separadamente por cada grupo domiciliar. A batata-doce, ao contrário do inhame, não pode ser armazenada por períodos longos. Elas são colhidas continuamente. Como os trobriandeses, os marings plantam mais tubérculos do que aqueles de que necessitam para sua subsistência cotidiana. Mas os que eles não comem não são nem guardados nem doados; servem de alimentação para os porcos. Esses porcos, algo que vimos rapidamente no Caso 9, são usados em ciclos de intercâmbio e festas com poder e prestígio como moeda. (Para entender a racionalidade dos marings, seríamos levados, como somos no caso trobriandês, a um mundo cultural de metas simbólicas, motivos e significados.)

Em comparação ao feudalismo ou ao capitalismo europeu, ou aos Estados antigos, as economias maring e trobriandesa são relativamente simples. As duas mobilizam a mão de obra excedente, se definirmos mão de obra excedente como o trabalho que excede aquele que é necessário para sustentar o trabalhador; por esse meio, provê-se para os jovens, os idosos, os enfermos e os feridos e as necessidades da comunidade (a construção de um espaço ou caminho para a dança no caso dos marings, ou os andaimes usados no ritual pelos trobriandeses) são satisfeitas. Entre os marings, a mão de obra excedente é necessária para produzir a batata-doce usada para alimentar os porcos criados para intercâmbio e para os ciclos de festas; e entre os trobriandeses, para produzir o inhame para doação e exibição.

Tanto os marings quanto os trobriandeses têm uma divisão de trabalho que é relativamente simples, baseada principalmente no gênero e na idade. As tarefas da produção de safras de raízes comestíveis são distribuídas de forma um tanto diferente nas duas sociedades, embora em cada caso os homens façam mais do que as tarefas esporádicas de derrubar árvores e preparar cercas que exigem esforços de trabalho pesado em que a força bruta é necessária, e as mulheres façam mais do que tarefas demoradas e contínuas, bem assim como o trabalho doméstico de preparação da comida, de carregar água etc.

Se examinarmos a produção artesanal, veremos que as técnicas necessárias para produzir virtualmente todos os utensílios feitos nas Trobriandesas são distribuídas por toda a região. Além disso, as pessoas que produzem artesanato também trabalham nos jardins. Há uma especialização entre as comunidades na pesca ou na horticultura nas Trobriandesas e a especialização na produção de itens artesanais que vão mais além dos utensílios cotidianos comuns. Entre os marings, em um meio ambiente menos variado, todas as comunidades na região são produtoras de batata-doce e criam porcos e todas dominam técnicas equivalentes de artesanato. No caso dos trobriandeses, portanto, o **comércio** dos produtos do trabalho floresce junto com o **intercâmbio**. No caso dos marings, o intercâmbio é predominante.

Se examinarmos a distribuição dos produtos do trabalho, descobrimos que, nos dois casos, ela é estruturada bastante diretamente por sistemas de parentesco e casamento. (Até mesmo os inhames-tributo que são dados para o líder de alto escalão são apresentados em termos da obrigação entre sogros, como veremos.) Em breve iremos examinar as categorias de transações no sistema sumamente complexo de distribuição e intercâmbio dos trobriandeses. A questão por enquanto é que não há instituições estatais regulando a produção e distribuição de excedentes — como aquelas que, nos primeiros Estados do Oriente Próximo ou da América Central, extraíam os excedentes dos fazendeiros na forma de impostos. Os processos políticos, tanto no caso dos marings quanto no dos trobriandeses, são realizados dentro de estruturas e idiomas de parentesco e comunidade.

Meios e modos de produção

Os **meios de produção** — nessas sociedades, a terra, as ferramentas, os materiais para a plantação, o conhecimento técnico e mágico — são mantidos coletivamente pelos grupos. A terra é mantida, entre os marings e os trobriandeses, por grupos cuja participação depende da descendência de antepassados comuns. Tais grupos, atuando como indivíduos legais e de certo modo análogos a corporações, serão uma parte central do próximo capítulo. As ferramentas e materiais para a plantação podem nominalmente pertencer a indivíduos, mas o controle sobre eles é mantido nos grupos domiciliares que são — tanto para os marings quanto para os trobriandeses — as unidades principais da produção cotidiana. O conhecimento mágico pode ser mantido por indivíduos, mas normalmente como curadores que o usam no interesse de seu domicílio, do grupo de irmãos/irmãs, do grupo de descendência ou da comunidade. O mágico do jardim trobriandês atua em nome de toda a equipe da jardinagem, embora mágicas cotidianas menores sejam conhecidas pela maioria das pessoas. Os meios de produção são, então, de um modo geral, acessíveis a todos os domicílios trobriandeses.

Um complexo assim de relações entre a produção e a distribuição, o comando sobre o trabalho excedente e seus produtos e o acesso aos meios de produção compreende o **modo de produção**. Os teóricos neomarxistas lutaram com a questão do como (ou se) usar esse conceito técnico, criado principalmente para analisar o feudalismo e o capitalismo, para analisar outras sociedades. Marx analisou períodos específicos da sociedade europeia em termos de dois ou mais modos de produção que ocorriam simultaneamente (ele assinalou que houve uma época na Inglaterra quando era contra a lei pintar nossa própria casa ou trabalhar em nossa horta no sabá, enquanto que ao mesmo tempo era contra a lei para o trabalhador se recusar a trabalhar em uma fábrica no sabá; isso representava a conjunção de um modo de produção novo e de um antigo e as leis apropriadas para cada um deles). Será, então, que devemos analisar uma sociedade como a dos trobriandeses – onde um dia um domicílio está trabalhando em seus próprios lotes de terra e no dia seguinte todos os membros da equipe de jardinagem da aldeia estão trabalhando juntos em tarefas coletivas dentro do jardim de toda a aldeia – como tendo dois (ou mais) modos de produção? Ou são elas apenas duas manifestações de um único modo de produção?

E se há um único modo de produção, do qual há expressões ou fases alternativas, como devemos chamá-lo? Alguns usos enfatizaram a canalização da mão de obra excedente e seus produtos dentro de estruturas de parentesco e comunidade (HINDESS & HIRST, 1975). Outros enfatizaram a importância de agrupamentos baseados na descendência no controle corporativo da terra, como no caso do "modo de produção da linhagem" (1972); no entanto, outros enfatizaram a maneira pela qual a unidade social primária, tanto na produção e no consumo, é o domicílio, como o "modo de produção doméstico" descrito por Sahlins e Meillassoux (MEILLASSOUX, 1975; SAHLINS, 1972).

Para nossos objetivos, o termo **modo de produção comunitário tribal** será suficiente. Mas imaginar que rotular uma família assim tão ampla de sistemas de produção como aquela dos

ibans, dos marings, e dos trobriandeses com um único termo iria nos levar muito longe na análise seria sucumbir a uma ingênua "construção de tipologias" – simplesmente terminaríamos com uma "escada" um tanto diferente. Para alguns objetivos será útil colocar os marings, os trobriandeses, os ibans e centenas de outros povos juntos e contrastá-los com os astecas, os incas e os maias, ou com camponeses no México e na Tailândia. Mais comumente, na economia antropológica, estaremos buscando entender as diferenças entre os marings e os trobriandeses e a operação interna de cada sistema. Classificá-los como tendo o mesmo modo de produção não nos dá um começo muito promissor.

Uma questão importante que surgiu do longo debate por antropólogos neomarxistas sobre modos de produção em sociedades tribais é se é apropriado falar sobre *exploração* nessas sociedades. O debate se concentrou principalmente nos mais velhos da tribo em sociedades africanas e se é possível dizer que eles exploram os mais jovens (ou "cadetes"). Isso pode ser generalizado para incluir outras sociedades onde não há classes sociais (cf. Capítulo 13), mas onde a mão de obra excedente é extraída de mulheres para dar mais prestígio e poder aos homens. Será que os homens marings, especialmente aqueles que buscam poder e prestígio por meio das festas e do intercâmbio de porcos, exploram as mulheres que trabalham para alimentar os porcos? E será que os líderes trobriandeses que controlam a economia do prestígio e exercem poder pela redistribuição de inhames produzidos por outros estão explorando esses produtores? Essas perguntas nos levam ao âmago das sociedades tribais – para o campo da política, da política sexual e até da religião. Teremos de nos esforçar para encontrar as respostas.

O sistema de produção de um povo constitui o meio pelo qual eles envolvem e transformam seu ambiente físico. Observe, então, como mudamos nosso foco de ecossistemas (o contexto biológico) para sistemas econômicos (o contexto *social*). Passamos de uma visão do meio ambiente como um sistema natural que molda as adaptações humanas para uma visão de humanos organizados em grupos envolvendo e transformando o mundo natural por meio do trabalho.

Esse mundo natural estabelece limites para a organização econômica de uma sociedade, mas não pode determiná-la. O sistema econômico, considerado nesses termos, não está nitidamente separado das instituições de parentesco (que organizam os processos de produção e de distribuição) ou das crenças sobre antepassados e poderes mágicos (que legitimam o direito aos meios de produção e fornecem elementos cruciais de tecnologia).

Base e superestrutura

Muitos debates e muitos mal-entendidos têm ocorrido entre as concepções marxistas e neomarxistas de como os sistemas econômicos e as instituições sociais, políticas e religiosas das sociedades se inter-relacionam. Observei que o marxismo muitas vezes foi retratado como determinismo econômico, uma visão segundo a qual as instituições políticas e religiosas de uma sociedade são o reflexo de seu sistema econômico. O próprio Marx afirmou repetidamente que as relações econômicas determinam apenas "em última instância" as formas do direito, da política e da religião; e observou como as instituições jurídicas da antiga Roma tinham desempenhado um papel predominante na organização da sociedade, e na Idade Média na Europa as instituições religiosas tinham sido centrais. Mas por que, perguntou ele, foram as instituições jurídicas dominantes em um caso e as instituições religiosas em outro? As razões últimas subjacentes, argumentou ele, encontram-se nos modos de produção predominantes nos dois casos. Mas o que é que determinação "em última instância" significa?

A teoria marxista distingue o sistema econômico – as relações sociais e a tecnologia de produção – das instituições e ideologias político-jurídicas que o sustêm. A metáfora de uma estrutura física é utilizada. O sistema econômico constitui a **base** (ou **infraestrutura**). As instituições que sustentam e perpetuam as forças e relações de produção constituem a **superestrutura**.

Mas quando se trata de aplicar esse esquema conceitual a sociedades históricas reais – e especialmente ao vasto leque de sociedades que os antropólogos estudam – tem havido muito espaço para debate. Observei que no século passado as próprias interpretações de Marx foram institucionalizadas. A ortodoxa interpretação soviética de Marx considerou que "determinação em última instância" era um determinismo econômico bastante direto, comparável ao determinismo ecológico de materialistas culturais como Harris. Foi contra esse marxismo doutrinário que muitas rejeições foram dirigidas, da antropologia e da história e de outras áreas que adotam uma visão ampla e comparativa dos modos de ser humanos.

> Para Radcliffe Brown foi bastante mostrar que o parentesco era o fator dominante entre os aborígenes australianos... Dumont vê essa rejeição como alimentada pela óbvia dominação da religião na Índia e pelo fato de o sistema de castas adotar a forma de uma oposição ideológica entre puro e impuro. Para o historiador Will, a dominação da política na Grécia Antiga mostra claramente que a economia não desempenhou o papel determinante... Como é que os marxistas reconciliam

a hipótese de que é a infraestrutura que é determinante em última análise com o fato de em certas sociedades históricas encontrarmos uma superestrutura ocupando uma posição dominante? (GODELIER, 1978: 765).

Determinação "em última instância"

Neomarxistas tais como Godelier (1978), procurando no próprio trabalho de Marx uma base mais viável para a economia antropológica, rejeitam determinismos econômicos. Godelier observa que nas sociedades, passadas e presentes, que os antropólogos estudaram principalmente, não há nenhuma separação clara entre as instituições econômicas e as instituições de parentesco, política ou religião. Se há qualquer distinção a ser estabelecida entre base e infraestrutura ela deve ser estabelecida com base em *funções*. Se as relações de parentesco ou os rituais religiosos servem para organizar a produção e a distribuição, então nesses aspectos eles são elementos no sistema econômico.

As relações de parentesco e os rituais religiosos parecem, superficialmente, funcionar como parte da superestrutura de um sistema social. Isto é, eles sustentam um sistema prevalente de relações sociais ou, em termos marxistas, eles *reproduzem* os meios para a existência do sistema. O parentesco, ao regular o casamento e a descendência, reproduz a força de trabalho. A religião, através dos olhos de seus participantes, sustém o cosmos – as estações, a fertilidade das safras, os poderes da magia – sem o qual o esforço produtivo humano não poderia ser realizado. Mas, argumenta Godelier, em uma sociedade tribal o parentesco faz mais do que fisicamente reproduzir a força de trabalho por meio do nascimento,

da assistência física e psíquica e da subsistência, uma função que o parentesco também realiza em uma sociedade industrial ou em um sistema feudal. Em uma sociedade tribal ele fornece o sistema através do qual a própria produção é organizada, e pelo qual a distribuição ocorre. Na Índia hindu, em contraste, as instituições religiosas não só "reproduzem" o cosmos e reforçam as relações sociais de produção: pelo sistema de castas, uma ordem religiosa baseada na pureza e na poluição estabelece relações de produção. Os intocáveis fazem trabalhos servis porque seria poluente para os demais fazê-los.

Mas por que o parentesco é dominante – isto é, central na estruturação das relações de produção – em uma sociedade tribal? E por que a religião é dominante na Índia hindu, como foi na Europa na Idade Média? Aqui voltamos para a noção de Marx sobre determinação "em última instância". Como Godelier (1978: 766) observa, "Devemos tentar explicar como é que o parentesco (ou a religião) vem a funcionar como uma relação de produção e, portanto, a dominar." Em sistemas sociais complexos, os produtos do trabalho humano são acumulados na forma de riqueza, em estruturas físicas de edifícios, cidades, sistemas hidráulicos, no gado, nas ferramentas etc. Em um sistema de **classes sociais** (digamos, camponeses, escravos, guerreiros, artesãos, sacerdotes, governantes) a classe dominante controla o sistema por meio dos aparatos estatais de repressão e força que extraem excedentes de comida e mantêm o controle sobre os meios de produção (e por meio de ideologias religiosas que definem observâncias tais como os sacrifícios humanos astecas como sendo necessários para a fertilidade da agricultura e a boa vontade dos deuses).

Mas nas sociedades tribais, sem classes sociais, há apenas uma acumulação muito limitada dos produtos de trabalho humano passado – pouca riqueza, nenhum templo gigantesco ou cidades, poucas ferramentas a não ser aquelas que cada domicílio pode ele mesmo produzir. O que importa, sugere Godelier, é o trabalho humano vivente; e disso resulta o papel dominante, na produção, das instituições de parentesco, de casamento e descendência que fisicamente reproduzem a força de trabalho (GODELIER, 1978: 766).

A questão crucial é que, se formos usar as concepções derivadas de Marx de base e superestrutura para analisar o grupo de sociedades que os antropólogos estudam, não pode ser por meio de uma busca de compartimentos separados – "o sistema econômico" "o sistema de parentesco", "a religião" – com a economia como base e o resto como superestrutura. A compartimentalização nesses subsistemas funcionalmente especializados é peculiar a certos tipos de sociedades complexas. Precisamos examinar os costumes e instituições do mundo tribal não simplesmente em termos dos modos simbólicos nos quais eles são expressos (obrigações de parentesco, crença na poluição de mulheres, as demandas dos antepassados), mas em termos daquilo que eles fazem, em termos da organização das relações de humanos uns com os outros e com o mundo da natureza (para tratamentos posteriores dessas e de outras questões relacionadas por Godelier, cf. GODELIER, 1986, 1996).

A reprodução das relações sociais

O conceito de "reprodução" ainda precisa ser examinado. Para evitar confusão com o sentido biológico, podemos distingui-lo melhor como **reprodução social**. Um sistema de produção não está automaticamente sustentado e perpetuado através de gerações. Nós vislumbramos como, em um Estado antigo, os mecanismos da repressão do Estado e um sistema religioso serviam para suster o poder de nobres e sacerdotes, seu controle sobre os meios de produção e sua extração dos excedentes. Tais mecanismos estatais mantêm uma ordem social existente; o mesmo se aplica a sistemas de casamento e da organização domiciliar de famílias camponesas, através dos quais a força de trabalho é perpetuada. Esses mecanismos superestruturais reproduzem o sistema.

E que dizer de uma sociedade tribal? Mesmo onde não há classes, as mulheres podem fazer a maior parte do trabalho horticultural diário (que pode incluir, como ocorre entre os tsembaga marings, produzir um excedente para alimentar os porcos usados para objetivos do prestígio masculino). Homens mais velhos podem comandar o trabalho de várias coesposas, e de rapazes jovens, através de seu controle sobre objetos de prestígio usados nos pagamentos dos casamentos. Uma ideologia religiosa que define as mulheres como poluídas e, portanto, as exclui do ritual religioso e da política, as destina, como produtoras, à área doméstica. Todos esses mecanismos reproduzem um sistema de relações de produção. O foco sobre reprodução de um sistema social por gerações também nos permite ver como o trabalho que pode ser excedente em termos de satisfazer as necessidades de subsistência pode, no longo termo, ser necessário para manter o sistema:

> A produção social humana exige reprodução – do trabalho e dos meios de produção. Ferramentas precisam ser substituídas, sementes mantidas para uma nova plantação, a terra renovada através do pousio ou da fertilização, as crianças nascidas e alimentadas, novas unidades de produção formadas. O que parece ser excedente do ponto de vista da produção imediata pode, com efeito, ser necessário para a reprodução social (O'LAUGHLIN, 1975: 360-361).

Se virmos a reprodução de um sistema social como problemática, se considerarmos todas as sociedades como processos no tempo, então teremos os meios conceituais para lidar com as mudanças progressivas de um sistema para outro. Tal transformação pode ocorrer em sociedades tribais, como na emergência de chefes e de uma hierarquia social nas Trobriandesas, bem assim como em sociedades complexas e estratificadas em classes. Se um sistema produtivo fornece, digamos, uma abertura para o acúmulo de recursos de capital, depois um aproveitamento gradual e cumulativo dessas oportunidades pode levar à emergência gradativa de uma nova classe de mercadores ou proprietários da terra. À medida que eles ganham poder, o sistema de relações produtivas é transformado – e o mesmo ocorre com as ideologias, as instituições jurídicas, e outros elementos superestruturais do antigo sistema. Qualquer sistema social contém as sementes de sua própria transformação.

Reprodução e limites do sistema

Lembrem-se do retrato feito por Sahlins (1972) e Meillassoux (1975) das sociedades tribais como representando um "modo de produção doméstico". É verdade que, na maioria das sociedades tribais, os grupos sociais que desempenham o trabalho cotidiano de produção compreendem domicílios. Uma viúva e seus filhos pode não ser uma unidade produtora independente; podem ter de depender de parentes do sexo masculino para fazer algumas tarefas. Mas um grupo domiciliar intacto em uma comunidade tribal caracteristicamente pode desempenhar todas ou a maioria das tarefas produtivas necessárias (talvez com a exceção da mágica) e o faz em uma base cotidiana – periodicamente, talvez, alistando-se em ou participando de grupos de trabalho mais amplos, como nas Trobriandesas. Por que, então, isso não é adequadamente caracterizado como um "modo de produção doméstico"?

Os domicílios podem ser independentes, ou relativamente independentes no "nível da produção imediata". Mas quando vemos a economia da distribuição e particularmente quando examinamos os processos pelos quais o sistema de relações sociais é reproduzido, descobrimos que os domicílios estão necessariamente unidos dentro de um sistema mais amplo; um sistema no qual os domicílios são criados e perpetuados pelo casamento, e através do qual os produtos fluem. É um erro analítico fundamental examinar grupos de pessoas que na verdade trabalham juntas na produção cotidiana e inferir que esses grupos e as relações sociais *dentro* deles caracterizam adequadamente o modo de produção.

A necessidade de ver o processo de reprodução operando dentro de um sistema mais amplo que as unidades nas quais o trabalho é executado tem uma outra implicação. O que constitui um sistema social apropriado para análise nunca é uma pergunta fácil ou respondível imediatamente. É uma aldeia trobriandesa? Uma região trobriandesa? Todas as Ilhas Trobriandesas? Ou o sistema que queremos analisar poderia incluir as ilhas ao redor e seus povos também? Isso depende parcialmente das perguntas que queremos responder. Esse dilema irá nos confrontar diretamente quando examinarmos o sistema mundial moderno na Parte 4. As aldeias trobriandesas, e virtualmente todas as comunidades na Terra, estão pelo menos indiretamente conectadas em um único sistema global. Para os objetivos da análise, precisamos estabelecer limites em algum momento e não incluir "o mundo inteiro".

Mas o lugar apropriado para desenhar uma linha, se estivermos examinando como um sistema de relações sociais e econômicas é reproduzido, pode bem não coincidir com as fronteiras de uma língua e de uma cultura. Muitas vezes precisamos analisar como um único sistema um complexo regional de grupos étnicos. A questão é particularmente crucial teoricamente quando consideramos pastores – e se há uma coisa que possamos chamar de "modo pastoral de produção". Podemos ilustrar essa questão com referência aos nômades da Ásia Central. Como observa Krader:

> No norte da China e na vizinha Ásia Central... houve uma grande especialização de produção social de cada lado da Grande Muralha da China, e por isso os turcos e mongóis nômades tiveram como interesse principal a criação de gado, e como interesse menor a agricultura; e os chineses, predominantemente agricultores, devotavam apenas uma pequena parte de seu trabalho social e de sua terra para a criação de gado, camelos, ovelhas ou cavalos. Cada lado era dependente do outro (KRADER, 1979: 225-226).

Não podemos presumir, então, que um povo pastoral constitui uma unidade significativa de análise, com relação a povos sedentários a sua volta: isso deve ser descoberto por meio de uma classificação cuidadosa das relações de produção e apropriação e distribuição de excedentes dentro do sistema regional do qual os pastores são uma parte. Talal Asad observa o seguinte no caso da China e dos mongóis.

> Já no começo do século XX... uma vasta quantidade de produto excedente estava sendo extraído dos produtores (pastores mongóis) por meio de uma aliança entre os mercadores chineses e os lordes mon-

góis. O relacionamento crítico nesse caso é aquele entre o produtor direto do qual a mão de obra excedente é extraída e seus apropriadores (tanto príncipes "nômades" e "forasteiros" não nômades) (ASAD, 1979: 423).

> A questão é identificar a natureza do sistema social total no qual os nômades existem e se reproduzem como uma entidade cultural, política e econômica distinta... E como as condições e o sistema que as reproduz [perpetua] varia radicalmente de acordo com o tempo e o lugar, não pode haver uma "sociedade nômade pastoral" essencial (ASAD 1979: 422).

Como sugerem as observações de Asad sobre a apropriação e distribuição de excedentes e as advertências de O'Laughlin contra a preocupação com "o nível de produção imediata", só podemos entender a organização e os limites de um sistema econômico examinando o processo de distribuição, assim como o processo de produção.

18 A economia da distribuição

Gudeman (1978) argumenta que nem os neomarxistas nem outros estudantes da economia antropológica desenvolveram teorias suficientemente amplas e sistemáticas da distribuição. Ele observa que uma teoria antropológica de distribuição deve ser ao mesmo tempo formal, no sentido de lidar sistematicamente com a distribuição dos produtos do trabalho, e cultural, ao compreender, nos termos do povo a ser estudado, o significado de tempo, trabalho e lazer, de consumir, de dar e receber e do valor tanto simbólico quanto nutritivo dos produtos. Temos de descobrir e analisar os significados culturais do trabalho – como no caso de "o tempo gasto no serviço dos santos ou construindo grandes canoas para levar argonautas em suas expedições comerciais" (GUDEMAN, 1978: 369). E com isso nos encontramos de volta às Ilhas Trobriandesas (cf. Caso 15).

19 Visões conflitantes da economia antropológica

Como é que, podemos bem nos perguntar, é possível construir uma economia que irá abranger a complexidade e a particularidade cultural da distribuição e das trocas das Trobriandesas? O sistema claramente faz sentido para os ilhéus e seus vizinhos mais próximos – e um sentido convincente, a julgar pela resistência das trocas tradicionais. Dados os motivos dos trobriandeses os participantes que produzem inhames e os doam, que procuram objetos e os passam adiante estão agindo racionalmente. Um homem ou mulher importante emerge das páginas dos relatos etnográficos como um grande jogador de xadrez movendo as peças de acordo com estratégias sutis e globais. Mas como podemos captar analiticamente os valores que motivam o jogo e orientam as estratégias?

A Antropologia Econômica formalista e substantivista

Esse tipo de pergunta provoca as questões que dividiram os antropólogos econômicos em campos opostos desde o começo da década de 1960. Uma posição importante – defendida de várias maneiras por H.K. Schneider (1974) Belshaw (1965), Cook (1973) e Nash (1966) – veio a ser conhecida como *formalista*. Essa posição presume que as teorias formais da economia neoclássica oficial são em princípio aplicáveis a uma economia tal como a dos trobriandeses. A economia é o estudo de escolhas – escolhas que maximizam valores. Quando um trobriandês com uma pilha de inhames decide se vai usá-la na distribuição *sagali* ou doá-la para o marido de uma irmã na expectativa de receber em troca um objeto, se vai comê-la ou dá-la ou deixar que ela apodreça, ele está fazendo uma escolha econômica racional, colocando seus meios escassos de forma estratégica. Decidir a qual entre os vários pretendentes entre nossos parceiros *kula* dar nossos braceletes de concha é uma decisão econômica, embora as conchas sejam intrinsecamente inúteis e simplesmente continuarão dando voltas em um círculo. Os valores que os estrategistas trobriandeses procuram maximizar podem incluir coisas intangíveis tais como prestígio, mas, afinal de contas, um americano rico compra um carro "de prestígio" e isso é um comportamento que o economista pode interpretar sem dificuldade. A natureza de sistemas de intercâmbio deveria permitir que encontrássemos transações em que bens escassos de valor mensurável são trocados por intangíveis, permitindo-nos "medir" esses últimos. Ao fazê-lo podemos não só retratar em termos formais a racionalidade do comportamento econômico em ambientes não ocidentais, tais como as Trobriandesas, mas também, como antropólogos, podemos pedir emprestado métodos e modelos formais daquela que é a mais precisa e mais metodologicamente sofisticada entre as ciências sociais, e usá-los no comportamento em sociedades não ocidentais.

Não é bem assim, dizem seus adversários, adotando uma posição que veio a ser chamada de *substantivista*. Esses antropólogos econômicos, principalmente George Dalton (1961, 1965, 1972) inspiram-se no historiador econômico Karl Polanyi (1957, 1959). Polanyi argumenta que existem três modos de intercâmbio principais nas

CASO
15

Distribuição, consumo e intercâmbio nas Ilhas Trobriandesas

A fama dos ilhéus das Trobriandesas na antropologia começou com os "argonautas em suas expedições comerciais" que foi o foco do primeiro relato de Malinowski. Mas para entender a economia de distribuição e consumo precisamos começar não nos verdes mares do "Braço marítimo de Pilolu", reino das bruxas voadoras, das viagens místicas, e de aventuras perigosas e sim no reino menos dramático da lareira e do lar. Começando no ambiente doméstico para depois nos dirigirmos ao domínio público de prestígio e intercâmbio, vislumbraremos uma complexidade muito maior do que aquela descrita por Malinowski — complexidade que vem à luz por meio dos recentes reestudos das Trobriandesas, principalmente *Women of Value, Men of Renown* [Mulheres de valor, homens de prestígio], de Annette Weiner. Felizmente para nossos objetivos não precisamos compreender o sistema em sua totalidade, apenas extrair alguns *insights* dele.

Trabalho doméstico, consumo doméstico

O domicílio trobriandês, unidade primária de produção de subsistência, é também o ambiente para o consumo cotidiano dessa subsistência. O que Malinowski nos fala sobre o assunto é menos do que gostaríamos de saber:

> A divisão de funções no domicílio é... bastante definida. A mulher tem de cozinhar a comida, que é simples e não exige muito preparo. A refeição principal é ao pôr do sol, e consiste de inhames, taro ou outros tubérculos, assados no fogo aberto — ou, com menor frequência, fervido em uma panela pequena ou assado no chão — com a adição ocasional de peixe ou carne. Na manhã seguinte, o que sobrou é comido frio, e às vezes, embora não regularmente, frutas, frutos do mar ou algum outro alimento leve podem ser comidos ao meio-dia (1929: 19).

A coleta de alimentos selvagens, animais e vegetais, é aparentemente o trabalho das mulheres — um lado do trabalho perdido em nosso vislumbre da jardinagem: "As mulheres podem ter ido apanhar frutos do mar ou frutas selvagens", nos diz Malinowski (1929: 18). A pesca e a caça são feitas pelos homens.

Aqui, podemos perceber que esse trabalho doméstico rotineiro não é simplesmente caracterizado por uma divisão de trabalho por gênero, mas por elaborações simbólicas. As mulheres carregam pesos na cabeça, em "um receptáculo especialmente para mulheres, a cesta em forma de sino" (1929: 19); os homens só carregam objetos no ombro. Só as mulheres carregam garrafas de água, feitas de casca de coco; e essas garrafas, bem assim como as cabeças que as sustentam, estão carregadas de simbolismo sexual, como veremos no Caso 54. Essa tarefa das mulheres simbolicamente pesada ajuda a criar um domínio separado controlado por elas, o poço. "O poço é o clube da mulher e o centro para mexericos, e como tal é importante, pois há uma opinião pública e um ponto de vista femininos em uma aldeia trobriandesa" (1929: 20). Veremos em breve que esse lado feminino da vida nas Ilhas Trobriandesas continuou em grande parte oculto por cinquenta anos.

Comida, jardins e jardins de intercâmbio

Qual é o relacionamento entre inhames produzidos para intercâmbio e os inhames e taros plantados para a subsistência cotidiana? Malinowski indicou que mais da metade da produção de inhame de um domicílio era doada para outros domicílios, especialmente o da irmã do marido; e os dados subsequentes de Powell (1960) indicaram que essa combinação de domicílios era feita segundo um planejamento sistemático: a responsabilidade de plantar inhames para irmãs específicas de membros do subclã era cuidadosamente atribuída pelos líderes do grupo. A evidência de Weiner mostra que as coisas iam ainda mais longe. A partir do momento que um lote de terreno é preparado, já fica decidido se vai ser um *jardim de comida* — um jardim do qual um domicílio vai extrair as necessidades de subsistência diárias — ou um *jardim de intercâmbio* — aquele com o qual o domicílio cumpre suas obrigações.

Um homem que planta e cuida de um jardim de intercâmbio não possui nenhum dos inhames. A partir da plantação, os inhames pertencem à pessoa a quem a colheita será doada (WEINER, 1976: 138).

Além disso, os materiais para a plantação são fornecidos por aquele que eventualmente irá receber os inhames (da safra do ano anterior) de tal forma que o que é realmente doado pelo homem que planta um jardim de intercâmbio e cuida dele e por sua esposa é *trabalho* incorporado nos inhames (WEINER, 1976: 147).

Malinowski não distinguiu claramente entre os jardins de comida e os jardins de intercâmbio (porque estava tão mais interessado nos últimos). Isso fez com que deixasse de notar um fato curioso:

> Um homem usa a mágica de jardim apenas naqueles jardins em que planta para alguma outra pessoa; ninguém usa mágica nos jardins de subsistência, pois esse produto é imediatamente convertido em comida e não facilita a manutenção de longos relacionamentos sociais formalizados (WEINER 1976: 217).

Mas quais relacionamentos sociais. E por quê?

Doações da colheita

Malinowski usou o termo trobriandês *urigubu* para se referir à doação anual dos melhores inhames que um domicílio produz a outro domicílio — idealmente, o domicílio da irmã e do cunhado do marido. Parece-nos que Malinowski pode ter usado a palavra errada, por isso chamaremos esse evento simplesmente de *doações da colheita*.

A doação de inhames para outro domicílio — que ao recebê-los os armazena em um prédio especialmente construído para objetivos de exposição, onde eles serão mantidos por até seis meses e às vezes até apodrecerem — é uma questão muito diferente de cozinhá-los para comer. Enquanto um inhame estiver cru ele é um item de riqueza que pode ser investido. No momento em que é cozido,

só pode ser comido. A conversão de inhames crus em alimentos cozidos é, em termos trobriandeses, não a realização de um esforço produtivo, mas sim uma entrega à necessidade prática que, se possível, devemos evitar:

> No momento em que as casas de inhame estão cheias, os aldeões comem muito poucos inhames como parte de sua dieta cotidiana. Os inhames empilhados de forma organizada dentro de uma casa de inhame são o capital de um homem — eles são uma exibição de seu potencial. Inversamente, o apodrecimento dos inhames significa que o homem cumpriu todas suas obrigações de intercâmbio de inhames, que ele tem terra suficiente, e que ele tem sementes de inhame e subsistência para si próprio. O processo natural de apodrecimento é uma afirmação visual pública do controle total que um homem tem sobre seu ambiente social, financeiro e ecológico (WEINER, 1974).

Quando membros de um domicílio trobriandês trabalham em um jardim de intercâmbio para produzir o maior número possível de inhames, o que é que estão ganhando com isso? Será "racional" trabalhar mais para produzir para outra pessoa do que para nós mesmos?

O lado organizacional dessas doações de colheita terá de permanecer pouco claro até que exploremos, nos dois próximos capítulos, a organização dos subclãs trobriandeses e as estruturas de descendência, parentesco e casamento que são tão centrais na produção, distribuição e reprodução nas sociedades tribais. A essa altura, no entanto, podemos deixar isso temporariamente de lado.

A reciprocidade pelas doações de colheita

O que é que volta para o domicílio que dá seus inhames a outro domicílio? Quando um jardineiro trobriandês empilha os inhames colhidos de um jardim de intercâmbio para exibi-los, a maior parte deles é doada à irmã e ao cunhado específicos que ele tem a responsabilidade de cuidar: algumas quantidades menores

Inhames da doação de colheita são carregados para seu destinatário pelo produtor e parentes mais próximos (1974).

são deixadas de lado para serem doadas a outras irmãs (ou a parentes próximos equivalentes do sexo feminino) e seus maridos. Uma cesta desses inhames e talvez um porco e algumas nozes arecas para mascar betel são doados à irmã; e o marido dessa última retribui dando ao doador uma lâmina de machado de diorito polido ou um vaso de barro. No ano seguinte o doador original doa uma pilha maior de inhames "como retribuição pelo objeto valioso" – isto é, a lâmina de machado ou vaso. Mas por que lâminas de machado de pedras ou vasos, nenhum dos quais foi colocado em uso prático, mesmo

nos dias antes da tecnologia ocidental? O recipiente de uma doação insolitamente grande pode, da mesma forma, doar um objeto de valor – uma lâmina de machado, um vaso, um ornamento – em reconhecimento pelo trabalho extra que foi feito. Isso, por sua vez, irá atrair mais trabalho árduo em anos futuros. Mas por que trabalho extra em troca de objetos inúteis?

Outro elemento na retribuição para a doação de inhames emerge se olharmos as festas mortuárias de mulheres. Esses são eventos espetaculares em que as mulheres distribuem grandes quantidades de saias de fibra e trouxas

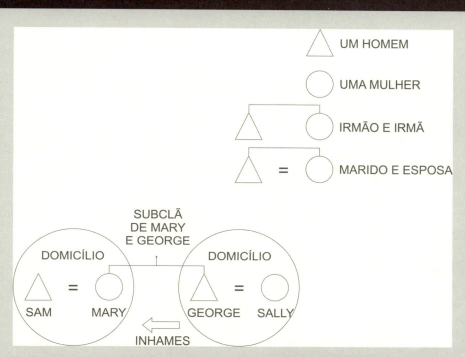

Figura 8.2 – Domicílios hipotéticos conectados por doações de colheita (para uma explicação mais completa dos diagramas de parentesco, cf. Figura 9.1: p. 220).

de folhas de banana – itens que, em termos práticos, são tão inúteis quanto as lâminas de machado e os vasos que são guardados separadamente e não são usados. Quando uma mulher está fazendo uma distribuição de mortalhas, as mulheres para quem seu marido doou inhames de colheita desfilam até ela e lhe presenteiam com as trouxas de folhas e saias.

Aqui um exemplo usando nomes ocidentais* pode ajudar (cf. Figura 8.2). George e sua esposa Sally fazem jardins de intercâmbio para a irmã de George, Mary e seu marido Sam. George e Sally também doam inhames para as outras irmãs de George e suas primas (Elizabeth, Pam, Laura...). Quando esses inhames são presenteados, considera-se que eles vieram "de" George "para" Mary,

Elizabeth, e assim por diante (embora se objetos forem doados em retribuição serão presenteados por Sam, pelo esposo de Elizabeth, pelo esposo de Pam etc. – os homens em cujas casas de inhame os inhames foram colocados). E o que dizer dos pacotes de folha e das saias? Quando o irmão de Sally ou algum parente próximo do subclã morre, Sally toma a dianteira em ritos mortuários. E Mary, Elizabeth, Pam e Laura (a casa de inhame de cujos maridos o trabalho de Sally ajudou a encher) presenteiam Sally com trouxas e saias.

Há ainda um tipo mais importante de retribuição para doações de colheita. Imagine que agora é Mary que está tomando a dianteira em uma cerimônia mortuária pela morte de alguém em seu subclã (descendência é pela linha feminina, portanto isso poderia ser pela morte do irmão ou tio maternal de George). A pessoa que acima de

_____

* Os nomes ocidentais podem parecer deslocados, mas os nomes trobriandeses têm, muitas vezes, quatro, cinco ou seis sílabas cada um.

Uma casa de inhame trobriandesa,
símbolo de orgulho e riqueza.

todos é responsável por financiar as distribuições pródigas de riqueza simbólica, em trouxas e saias, que Mary irá distribuir no rito mortuário, é seu marido Sam. Aqui Sam esta investindo seus recursos para apoiar sua esposa Mary, em retribuição ao trabalho de plantar inhames dado pelo irmão de Mary, George. George pode fazer uma declaração mais ou menos assim, como fez um dos informantes trobriandeses de Weiner:

Nós observamos o marido de nossa irmã cuidadosamente para ver com que rapidez ele a ajuda a se preparar para a cerimônia de mortuário das mulheres. Se ele não a ajuda rapidamente a coletar suas coisas, então dizemos que o homem [Sam] não é um bom marido e nós não queremos mais fazer um jardim para nossa irmã [Mary] (WEINER, 1976: 198).

As doações de colheita e o poder dos chefes

Malinowski observou que as doações de colheita são um mecanismo importante pelo qual líderes poderosos de alta categoria mantêm seu poder. Só os chefes têm direito a casamentos polígamos. Com efeito, os representantes do chefe serão enviados ao líder de um subclã com o qual ele e seus conselheiros buscam uma aliança matrimonial. Eles jogam ao chão uma lança com quatro cocos amarrados na ponta. Se eles decidirem ir adiante com um casamento, esse subclã fornecerá uma esposa; mas eles então devem designar homens que irão fazer quatro grandes jardins de intercâmbio para essa "irmã" e seu marido (WEINER, 1976: 201-202).

Isso coloca o subclã da esposa naquilo que Malinowski descreveu como um relacionamento de "tributo" com um chefe proeminente: suas casas de inhame são cheias até o teto pelos subclãs de todo um distrito. Mas como Weiner (1976: 202) assinala, "esses chefes precisam usar seus recursos para prover suas esposas com riqueza das mulheres [como parte da] reciprocidade formal que cada homem tem com relação aos parentes homens de sua esposa".

Para entender essas ligações de parentesco e obrigação, precisamos saber mais sobre como laços de nascimento, casamento e descendência entrelaçam povos tribais em grupos e redes – uma tarefa que vem a seguir nos dois próximos capítulos. Isso reforça o argumento de Godelier de que a produção e a distribuição em sociedades tribais são organizadas em termos de parentesco – que então é parte integral da base econômica e também da superestrutura.

Uma distribuição *sagali* de inhame nas Ilhas Trobriandesas.

No entanto, a lógica cultural de *significados*, assim como a lógica organizacional de grupos, ainda nos escapa. Por que objetos como trouxas de folha e lâminas de machados cerimoniais? Precisamos examinar mais detalhadamente outras categorias de intercâmbio. Primeiro, há uma categoria geral de distribuição, *sagali*, da qual as distribuições de mortuário das mulheres são um subtipo. Essas fornecem outros mecanismos para a redistribuição da riqueza em inhames concentrada nas mãos de líderes proeminentes.

Sagali

Um *sagali* é uma distribuição de comida em conexão com algum cerimonial ou alguma ocasião especial – um banquete mortuário, um banquete comemorativo, uma competição, ou coisas semelhantes. O prestígio no sistema é obtido, expresso e validado pela capacidade de dar grandes quantidades de comida, de patrocinar um banquete, uma guerra, um projeto de trabalho. Assim, um líder importante de uma aldeia ou distrito dá em *sagali* grande parte daquilo que ele recebe.

As distribuições mais espetaculares de comida e objetos aparentemente vêm na distribuição de mortuário após um falecimento. Aqui, como já vislumbramos, as mulheres desempenham um papel dramático e central, embora nem Malinowski nem H.A. Powell – que fez um reestudo do primeiro – publicaram qualquer informação detalhada sobre os sistemas de intercâmbios das mulheres. Só com a pesquisa de Weiner nas Ilhas Trobriandesas no começo da década de 1970 foi que ficou claro que o mundo dos homens de altas finanças e intercâmbio é complementado por – e se entrelaça com – um sistema em que as mulheres publicamente intercambiam objetos simbolicamente femininos e competem por altos níveis de prestígio.

Quando uma pessoa do próprio subclã de uma mulher morre, ela e as outras mulheres do mesmo subclã dão vastas quantidades de saias femininas e especialmente de trouxas de folha de bananeira (cujo número pode alcançar 15 mil) em uma distribuição *sagali* especial de mortuário, uma das longas séries de distribuições mortuárias. "Nessa cerimônia as mulheres são as atrizes principais no palco no centro do vilarejo desempenhando um papel exatamente tão firme, agressivo e competitivo como [o dos] homens" (WEINER, 1974). A mulher também desempenha um papel central na distribuição após a morte de seu próprio pai e um papel menor após a morte de outra pessoa no subclã de seu pai. Vimos como a mulher adquire saias e trouxas de seu marido e das parentes femininas de seu marido a quem ela já deu cestas de inhames. Ela também adquire riqueza para financiar pródigas distribuições mortuárias estrategicamente investindo inhames que ela e seu marido receberam como doações de colheita de seus parentes masculinos de seu subclã e fazendo objetos de artesanato que possam ser vendidos.

Pokala

Outra categoria de transação importante é a *pokala*, uma doação assimétrica para uma pessoa com um *status* superior ao nosso. O termo *pokala* cobre uma variedade de transações conceitualmente relacionadas. Primeiramente ele cobre a doação de presentes e serviços por parte de membros juniores de um subclã ou clã para membros seniores em troca de potenciais benefícios materiais e vantagens de *status*. Assim os presentes da *pokala* são um meio de garantir vantagem política futura, validando direitos de herança matrilinear, ou prestando tributo ao líder de nossa categoria. Implica, assim, uma doação por parte de uma pessoa de *status* mais baixo a uma de *status* mais alto em troca de obrigações – obrigações de proteção, de *status* futuro, de vantagens materiais futuras e assim por diante. No Capítulo 11 iremos examinar em maior detalhe as políticas de condições sociais e prestígio que são validadas por essas transações.

Em outro sentido, a *pokala* também se refere ao tributo pago a um chefe de distrito ou a alguma outra pessoa notável. Os elementos essenciais da *pokala* são: (1) que ela implica assimetria de *status*, com o doador estando abaixo do recipiente e (2) que ela cria uma obrigação difusa ou específica, de tal forma que o doador melhora sua posição com relação a seus rivais (mesmo quando o "doador" é uma aldeia enviando tributos).

Duas outras formas de distribuição devem ser mencionadas antes de examinarmos os objetos trobriandeses que estão carregados de valor simbólico e o padrão extraordinário de viagens além-mar que foi o foco original de Malinowski. Essas são importantes porque são mecanismos para o intercâmbio de produtos especializados, que desempenham partes na organização regional da economia trobriandesa.

Wasi

Um intercâmbio formalizado entre aldeias litorâneas que se especializam na pescaria e aldeias do interior que produzem excedentes de inhames é chamado de *wasi*. Aqui existem alianças tradicionais entre as aldeias e dentro delas há "parcerias" entre um pescador específico e jardineiros específicos. Após a colheita, os jardineiros levam uma boa quantidade de taro ou inhames para seus congêneres no litoral. O mais cedo possível depois disso, os moradores das lagoas organizarão uma grande pescaria. A redada de peixes é levada diretamente para a aldeia do interior, onde pacotes com peixes são presenteados em retribuição à doação anterior de inhames, segundo padrões estabelecidos de equivalência.

Gimwali

O *gimwali* compreende as formas de troca dos trobriandeses – transações sem dinheiro segundo princípios do mercado. Aqui formas de regateio e esforços publicamente reconhecidos para superar o outro homem prevalecem. Nas aldeias ou entre elas o *gimwali* implica trocas irregulares de peixe por legumes ou de itens recentemente fabricados de vários tipos. Nosso conhecimento do fluxo dos produtos agrícolas e da troca de raízes leguminosas por peixe foi colorida e limitada pela ênfase dada por Malinowski (e pelos próprios trobriandeses) às transações dramáticas, formais e ritualizadas em detrimento de transações mais mundanas, impessoais ou informais. Assim sabemos muito mais sobre o intercâmbio wasi de legumes por peixe entre parceiros do que sobre o *vava*, uma forma de *gimwali* onde os legumes são trocados diretamente por peixe.

A troca cotidiana de inhames ou bens manufaturados, saias, visgos, espátulas, pentes – por outros objetos é claramente crucial na economia trobriandesa, mas os dados nos dão apenas vislumbres raros desse tipo de troca. O valor simbólico de lâminas de machado, vasos e ornamentos de conchas continua a ser um enigma. Examinaremos primeiro os machados e os vasos; os ornamentos de conchas nos levarão além-mar para os verdes mares de mitos e perigos.

Vaygu'a

Vaygu'a (Weiner: veguwa) são objetos usados em doações e trocas cerimoniais.

De todos os objetos de troca, os objetos de concha e de pedra são inerentemente os mais duráveis e permanentes. Dentro do sistema de troca interno em Kiriwina (ilha principal do grupo trobriandês) as lâminas de machado de pedra (*beku*) são as mais valorizadas. Um homem é chamado de rico... se ele possui tais lâminas. O termo geral para *beku* é *veguwa*. Os vasos de barro fabricados nas Ilhas Amphlett são usados como panelas ou utensílios para cozinhar, mas são também usadas como *veguwa* para troca... O *beku* é... considerado o objeto primordial de riqueza... As lâminas de machado feitas de pedra podem ser convertidas por meio de trocas em uma ampla variedade de outros objetos e serviços... O *beku* pode ser trocado por porcos, fórmulas mágicas, sementes de inhame e inhames crus. Ao contrário dos inhames, as lâminas de machado, virtualmente indestrutíveis, circulam por gerações. Além disso, as lâminas de machado, ao contrário dos inhames, não são um produto caseiro. Como com certos objetos – por exemplo, vasos de barro e decorações com conchas – as lâminas de machado são fabricadas por especialistas. Acesso a esses bens manufaturados em Kiriwina é obtido primordialmente por meio de trocas por porcos, inhames e fórmulas mágicas (WEINER, 1976: 179-180). Esses *vaygu'a* podem ter um valor puramente simbólico, mas é um poder que impele homens e mulheres.

> O acesso a objetos é da maior importância política. Gerentes de vilarejos, sejam de alta ou baixa posição social, constantemente precisam de objetos a fim de fazer pagamentos para o uso contínuo da terra. Os homens que controlam a força de trabalho precisam de objetos para pagar outros homens por grandes jardins de inhame (isto é, para doações de colheita). Homens precisam de objetos para o casamento de seus filhos, irmãos e filhos de suas irmãs, e homens precisam de objetos quando uma morte ocorre (WEINER, 1976: 181).

A busca por poder transmitida pelos objetos simbólicos leva os homens trobriandeses mar adentro, em um dos sistemas regionais mais extraordinários do mundo tribal.

Kula

As Ilhas Trobriandesas formam parte do Arquipélago d'Entrecasteaux (Figura 8.3) encontrando-se ao longo da extremidade sudeste da Nova Guiné. Embora as culturas dessas ilhas formem uma família relacionada, os costumes e línguas de cada grupo são bastante diferentes. No entanto elas estão unidas em um anel gigantesco de trocas cerimoniais que atravessa várias centenas de quilômetros, de tal forma que cada grupo tribal é uma unidade dentro do círculo inteiro.

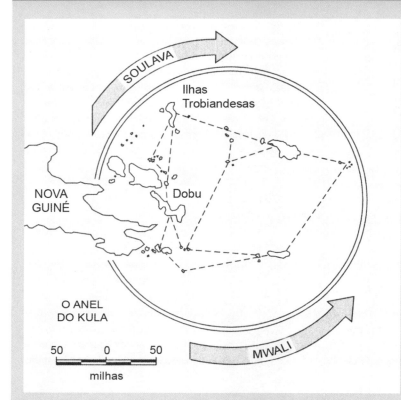

Figura 8.3 O anel do Kula: Colares (*soulava*) são trocados de um grupo de ilhas para outro grupo de ilhas na direção dos ponteiros do relógio ao redor do anel; braceletes de concha (mwali) são trocados a partir dali, na direção contrária aos ponteiros do relógio. As trilhas de intercâmbio são mostradas em linhas pontilhadas (Mapa por Gilbert Hendren).

O que eles trocam ao redor do anel são dois tipos de objetos cerimoniais também classificados pelos trobriandeses como *vaygu'a*. Cada tipo é trocado ao redor do anel de ilhas em uma direção diferente. *Soulava*, colares longos de discos de conchas, se movimentam na direção dos ponteiros do relógio ao redor do círculo. Os *mwali*, braceletes de conchas brancas (Figura 8.4), viajam na direção contrária. Mas o que é que "viajar" significa? Quem recebe os objetos? Como é que eles são trocados?

Vamos olhar do ponto de vista dos trobriandeses, que são um elo nessa cadeia. A regra essencial é que eu, cerimoniosa e publicamente, presenteei você, meu parceiro, com um colar. Você fica obrigado a me dar, algum tempo depois, um bracelete de concha igualmente valioso. Nosso relacionamento, como parceiros, dura por toda a vida e é mantido pelo nosso intercâmbio periódico de *vaygu'a*. De qualquer ponto nas Ilhas Trobriandesas, um homem

recebe colares de parceiros ao sul e oeste, e braceletes de concha de parceiros ao norte e leste.

Um homem médio tem um número de parceiros *kula*, em casa e no além-mar. Seus parceiros em casa são principalmente amigos e sogros; e seu intercâmbio de *vaygu'a* é parte de um relacionamento que implica formas diferentes de intercâmbio e ajuda. Ele também irá fazer *kula* (isto é, trocar *vaygu'a*) com um ou dois líderes importantes de alta posição social.

As parcerias *kula* em um único distrito (como as Trobriandesas) constituem o "*kula* de ilha". Trocas no *kula* de ilha são em menor escala, individuais e tratados com menos formalidade cerimonial do que a troca no *kula* de além-mar, que envolve viagens de grande escala e complexos de magia e cerimonial grandiosos. As estratégias e princípios das transações no *kula* de além-mar visto da

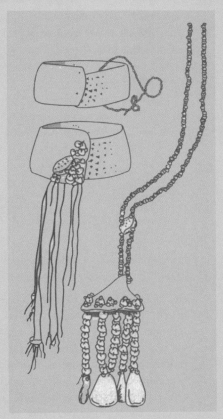

Figura 8.4 Objetos valiosos do Kula: os braceletes de concha (esquerda) são feitos com uma concha troquídea em espiral. Os colares (direita) são feitos primordialmente de discos de concha espondilo rosa presas em fibra.

perspectiva da importante aldeia litorânea de Sinaketa, parte das Trobriandesas, são bem sumarizadas por Malinowski.

Vamos supor que eu, um homem Sinaketa, tenho em minha posse um par de braceletes de concha grandes. Uma expedição além-mar de Dobu [no Arquipélago d'Entrecasteau] chega a minha aldeia. Tocando uma trombeta de concha, pego meu par de braceletes e os ofereço ao meu parceiro do além-mar, com algumas palavras mais ou menos assim: "Isso é um vaga [presente inicial] – eventualmente você me retornará uma grande *soulava* (colar) por isso". No ano seguinte, quando visito a aldeia de meu parceiro, ele ou possui um colar equivalente e isso ele me dá como um *yotile* [presente de retribuição] ou ele não tem um colar bom o suficiente para pagar meu último presente. Nesse caso ele me dará um colar menor – declaradamente não equivalente ao meu presente – e me dará esse colar como *basi* (presente intermediário). Isso significa que o presente principal ainda tem que ser retribuído em uma ocasião futura e o *basi* é dado como um gesto de boa-fé – mas ele, por sua vez, deve ser retribuído por mim com um presente de braceletes pequenos. O presente final, que me será dado para fechar toda a transação, seria então chamado de *kudu* (presente equivalente) que é diferente do *basi*...

Se eu... acontecer de ter em minha posse um par de braceletes de concha melhor do que o normal, sua fama se espalha. Deve ser observado que cada um dos braceletes e colares de alta qualidade tem um nome pessoal e uma história própria, e como eles todos circulam ao redor do grande anel do *kula*, são todos bem conhecidos e seu aparecimento em um determinado distrito sempre cria uma sensação. Ora, todos meus parceiros – sejam de além-mar ou do distrito – competem pelo favor de receber esse artigo específico meu, e aqueles que estão especialmente interessados tentam obtê-lo dando-me *pokala* (oferendas) e *kaributu* (presentes solicitadores) (1922: 99-100).

Um homem tenta manter uma reputação como um generoso parceiro *kula*. Quanto mais importantes e numerosos forem os objetos que passam por suas mãos (pois ele não pode mantê-los por muito tempo ou fazer muita

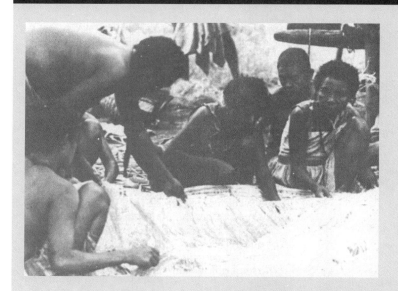

Mulheres de Vakuta, Ilhas Trobriandesas, se preparam para uma distribuição mortuária.

coisa com eles), maior é seu prestígio. Isso exige tanto que ele doe generosamente e também que *obtenha* estrategicamente; ele claramente não pode fazer uma coisa sem a outra. Mas o estrategista de prestígio melanésio, como o capitalista ocidental, às vezes encontra alguns atalhos. Aqui é como Dobuan explicou suas estratégias:

> Suponha que eu, Kisian de Tewara, vá às Trobriandesas e consiga um bracelete de concha chamado Monitor Lagarto. Vou então para Sanaroa e em quatro lugares diferentes consigo quatro colares de conchas diferentes, prometendo a cada homem que me dá um colar de conchas que lhe darei em retribuição um Monitor Lagarto futuramente. Eu, Kisian, não preciso ser muito específico em minha promessa. Ela será transmitida na maior parte por implicação e presunção. Mais tarde, quando quatro homens aparecerem em minha casa em Tewara, cada um deles esperando ganhar um Monitor Lagarto, só um deles irá recebê-lo. Os outros três não estarão sendo enganados permanentemente, no entanto. É verdade que estarão furiosos, e seu intercâmbio fica bloqueado por aquele ano. No ano seguinte quando eu, Kisian, for uma vez mais às Trobriandesas, direi eu tenho quatro colares em casa esperando por aqueles que me derem quatro braceletes. Obtenho mais braceletes do que tinha obtido anteriormente, e pago minhas dívidas um ano mais tarde. Os três homens que não receberam o Monitor Lagarto estão em uma situação de desvantagem em minha terra, Tewara. Mais tarde, quando eles voltarem para suas casas estão longe demais para ser um perigo para mim. Provavelmente tentarão matar seu rival vitorioso, aquele que realmente recebeu o Monitor Lagarto, pela magia negra. Isso é verdade. Mas isso é problema deles. Eu já me tornei um grande homem aumentando minhas trocas conseguindo bloquear as trocas deles por um ano. Não posso bloquear suas trocas por muito tempo, no entanto, ou ninguém mais confiará nas minhas trocas. Eu sou honesto na questão final (FORTUNE, 1932: 217).

A troca *kula* está intimamente ligada a *kula* o sistema de estratificação social que iremos examinar em maior detalhe mais adiante.

Um líder do subclã principal constrói, reforça e valida seu poder político não só acumulando e redistribuindo inhames e outros alimentos, mas também por sua participação no *kula*. O número de parcerias *kula* que um homem de alta condição social possui, o prestígio e poder de seus parceiros, e a fama dos objetos que ela adquire e passa adiante, constituem validações simbólicas de *status* e poder. Observe que só homens participam do *kula*.

O *gimwali* também ocorre, em grande escala, nas expedições do *kula*. É por esse meio que matérias-primas e bens manufaturados de alguns segmentos do anel do *kula* são trocados através do sistema para lugares onde faltam esses objetos e recursos. Com isso os trobriandeses obtêm a cerâmica, o ratã, bambu, dioritos e outros itens por meio do *gimwali* que acompanha o *kula*. Tanto os itens de uso cotidiano e aqueles de alto valor simbólico chegam até as Trobriandesas pelo *kula* de além-mar.

No *kula* de além-mar, os homens têm a oportunidade de encontrar... vasos de barro, objetos de conchas e lâminas de pedra para machados... Colares e braceletes de concha que ainda não são parte do *kula* fornecem algumas das competições mais intensas no *kula*... O sucesso dá a um homem não só prestígio, mas também [a opção de colocar esses objetos] no anel do *kula*, com isso estabelecendo novos parceiros ou fortalecendo os antigos [ou usando-os] como riqueza em Kiriwina... A busca por objetos continua a ser um motor propulsor por trás da troca do *kula* ou um bracelete de concha ou um colar (WEINER, 1976: 180-181).

Canoas do *kula* sendo lançadas ao mar.

Inspecionando as amarras de uma canoa *kula* antes de enfrentar o mar aberto.

Enquanto os parceiros do *kula* estão passando por seus intercâmbios dramáticos, a barganha está ocorrendo a seu redor. A regra é que os parceiros *kula* não podem regatear – isso misturaria regateio com o cerimonial; mas todos podem regatear com os parceiros de todos os outros.

Já foi argumentado que, entre outras coisas, o *kula* constitui uma espécie de pacto de paz regional sob o qual povos que sem isso seriam hostis podem realizar o comércio essencial em seu ambiente ecológico. Tais redes e cadeias de comércio regional eram comuns na Melanésia. Um elemento crucial nesses sistemas comerciais é a produção de cerâmica, amplamente usada na Melanésia, mas feita unicamente em alguns centros especializados de "exportação". No Arquipélago d'Entrecasteaux, o povo das Ilhas Amphlett vizinhas eram os produtores de cerâmica; e eles, como seus congêneres em outras redes comerciais melanésias, dominavam uma posição estratégica (HARDING, 1967; SAHLINS, 1972); grande parte de sua comida era importada de seus vizinhos que, em termos agrícolas, eram mais ricos. Grandes canoas eram importadas das ilhas do leste, bem assim como os dioritos usados para machados e enxós. O comércio do *gimwali* que acompanha o *kula* envolvia, aparentemente, um grande volume de cocos, e areca para mascar betel, visgo, sagu, materiais de construção e bens manufaturados tais como pentes, cestas e acessórios relacionados com mascar betel. É uma pena que em virtude de os etnógrafos se concentrarem mais nas trocas do *kula*, que são mais espetaculares e simbolicamente centrais, sabemos muito pouco sobre o volume e a natureza do comércio que o acompanhava.

Mais dados surgiram sobre o *kula* como sistema regional, e sobre perspectivas a respeito do anel de trocas a

O *kula* em ação; objetos na praia em Vakuta.

partir de outras ilhas. A coleção de trabalhos organizada por Leach e Leach (1983) não só demonstra o fascínio contínuo exercido pelo *kula*, mas também sua resistência histórica diante do colonialismo e agora da independência. O *kula* ainda continua, embora hoje motores de popa e até aviões sirvam, ao lado das antigas canoas decoradas, como transporte para os argonautas.

Atualização do caso

Começando com Malinowski e continuando até o dia atual, os sistemas de troca, comércio e reciprocidade nas Ilhas Trobriandesas foram o foco de uma grande quantidade de valiosas pesquisas antropológicas.

Leituras sugeridas

BATTAGLIA, D. (1995). "Problematizing the Self: A Thematic Introduction". In: BATTAGLIA, D. (org.). *Rhetorics of Self-Making*. Berkeley: University of California Press.

BELL-KRANNHALS, I. (1990). *Haben um zu Geben:* Eigentum und Besitz auf den Trobriand-Inseln Papua-New Guinea. Basel: Wepf.

DAMON, F.H. & WAGNER, R. (orgs.) (1989). *Death Rituals and Life in the Societies of the Kula Ring*. DeKalb: Northern Illinois University Press.

WEINER, A. (1992). *Inalienable Possessions:* The Paradox of Keeping-While-Giving. Berkeley: University of California Press.

sociedades humanas: *reciprocidade, redistribuição* e *troca mercantil.* A troca mercantil é a troca de bens com preços baseados na oferta e na procura. A redistribuição é o movimento de bens até um centro administrativo e sua recolocação para baixo, para os consumidores. A reciprocidade é a troca de bens que não ocorre nem através dos mercados nem através de hierarquias administrativas.

Polanyi contrasta esses modelos de troca indicando que eles refletem meios sociais fundamentalmente diferentes de distribuir os bens materiais de uma sociedade. Embora às vezes Polanyi pareça argumentar que qualquer sociedade poderia ser caracterizada pela predominância de um desses três modos, seus seguidores na antropologia econômica reconheceram que todos os três modos podem

CASO
16

O *Tambu* dos tolais

A população da ilha melanésia de Nova Bretanha que surgiu como tolais no período colonial e se tornou uma força cultural próspera e poderosa na emergência da Papua-Nova Guiné moderna, originalmente compreendia uma cadeia de comunidades de primos próximos culturais, conectados pelo comércio regional, por casamentos intertribais, pela realização de banquetes e pela observância cerimonial.

As redes de comércio e mercado, as transações de casamentos que conectavam as comunidades e as festas de mortuário que eram um foco de poder político e prestígio (como nas Trobriandesas) dependiam do *tambu*, discos de conchas em cordões que serviam como moeda e objetos cerimoniais. O comprimento padrão do *tambu* era uma braça, mas havia comprimentos menores que serviam como denominações fixas. Havia preços padrões para muitos itens comprados com *tambu* (DANKS, 1887; EPSTEIN, A.L., 1963, 1968, 1969, 1979; EPSTEIN, T.S., 1964; SALISBURY, 1966, 1970; SIMET, 1992).

O *tambu* dos tolais estava intimamente relacionado com o tratamento cultural dos mortos: o mérito de uma pessoa na vida era afirmado pela distribuição de *tambu* em sua morte. Embora cordões de *tambu* fossem usados em uma ampla variedade de transações, desde a compra de alimentos nos mercados até pagamento de dotes, era nessas distribuições mortuárias que seu pleno significado simbólico mais se expressava. Em sua preocupação com o *tambu*, os tolais não se comportavam como os economistas do desenvolvimento teriam imaginado, em resposta ao impacto do cultivo comercial e da riqueza ocidental substancial nas últimas décadas. Embora os tolais estejam muito envolvidos no cultivo comercial e muitos juntaram fortunas consideráveis e estejam bastante ocidentalizados, o *tambu* continua a ser extremamente importante em sua vida. Mesmo nas transações comerciais tais como o comércio em mercados urbanos, o *tambu* é intercambiável com a moeda nacional; os tolais podem escolher entre formas alternativas de pagamento. Mas em "preços da noiva", distribuição mortuária e outras transações tradicionais, o *tambu* mantém uma posição central. O *tambu* passou a ser um símbolo de identidade cultural.

ocorrer na mesma sociedade. A reciprocidade e a redistribuição podem bem ser universais. Ainda assim, argumentam eles, um dos modos provavelmente será dominante enquanto os outros serão periféricos (para uma retrospectiva sobre o debate formalista-substantivista, cf. ISAAC, 1993).

As teorias de Polanyi, introduzidas na antropologia mais vigorosamente por George Dalton (1961), foram aplicadas a fenômenos do mundo tribal tais como a troca mercantil (que aparece de forma limitada no *gimwali* trobriandês e é desenvolvida com mais sofisticação – mas, ainda assim, no sentido de Polanyi, perifericamente – em algumas outras áreas melanésias) e ao uso de objetos de uma forma que faz com que eles pareçam dinheiro. Não há objetos que desempenhem o papel de moeda nas Trobriandesas (lâminas de machado, vasos e os objetos do *kula* são muito especializados em seu uso). Mas, em outras partes da Melanésia, objetos de conchas são muito mais parecidos com o "dinheiro", como é o caso do *tambu* descrito no Caso 16.

Como o *tambu* foi usado em uma variedade muito grande de transações, como qualquer coisa que uma pessoa pudesse possuir, poderia ser comprada e vendida a um preço fixo ou negociável, e como o *tambu* era intercambiável, em denominações-padrão, esses objetos de conchas penduradas parecem com o dinheiro ocidental de várias maneiras. No entanto, como assinala Dalton (1965), a função mais periférica dos mercados em uma sociedade melanésia e sua significância central como objetos do cerimonial exigem um certo cuidado quando se tenta equiparar esse tipo de "moeda" com o dinheiro ocidental.

Polanyi (1957, 1959) e Dalton (1961) continuaram a argumentar que os modelos básicos da economia, e noções como escassez, poupança, distribuição e maximização, aplicam-se apropriadamente a sistemas de troca mercantil. Falar nesses termos sobre a economia tribal é superimpor noções baseadas no mercado sobre instituições sociais que diferem em espécie, não apenas no grau e na natureza de bens escassos. Eles defendem uma economia comparativa baseada em modos diferentes de organização e intercâmbio dos meios de subsistência material.

Racionalidade e a economia antropológica

A natureza da racionalidade em sistemas econômicos é uma questão que enfatiza o relacionamento triangular entre a economia neoclássica (formalista), o desafio substantivista a ela, e a oposição neomarxista a ambas. A economia neoclássica presume que "o sistema" representa o resultado de forças do mercado; e que essas, por sua vez, refletem o resultado cumulativo de atos de maximização por indivíduos e firmas. Os antropólogos econômicos substantivistas aceitam a aplicabilidade desses modelos para os setores da economia governados pelo mercado, mas questionam sua aplicabilidade para economias em que a reciprocidade e/ou a redistribuição são dominantes. A racionalidade de sistemas econômicos se afunda, com muita frequência, nas análises substantivistas em uma

espécie de relativismo malcosido. O desafio marxista à economia formalista é mais radical e geral. A racionalidade da ação econômica não está, do ponto de vista marxista, em jogo. Todos os humanos, inclusive os trobriandeses, agem racionalmente a maior parte do tempo, ao escolher entre percursos e opções alternativas. Mas dizer que os trobriandeses, ao escolher entre parceiros *kula*, em permitir que os inhames apodreçam, ao decidir se regatear o peixe ou comê-lo, estão agindo racionalmente, não nos diz nada de novo – a menos que possamos compreender a estrutura historicamente criada das instituições e significados culturais em cujo contexto essas alternativas surgem (GODELIER, 1974). A premissa de que o sistema é o produto cumulativo de atos de maximização individuas é, na visão marxista, uma racionalização ideológica dos relacionamentos econômicos capitalistas: uma implícita caracterização da maximização como natureza humana (ROWTHORN, 1974). As concepções marxistas de valor em termos de trabalho, e não de bens, e as ideias de relacionamentos exploradores de classe, representam uma desafio muito mais sério à teoria econômica oficial.

Análise da distribuição

Gudeman (1978) insiste que, na criação de uma economia antropológica, é necessário mais atenção aos sistemas de distribuição. Os marxistas deram uma atenção primordial à produção nas sociedades tribais e só uma atenção secundária aos processos de distribuição que presumivelmente corresponderiam a elas. O caso trobriandês, em que os inhames são produzidos de acordo com os caminhos pelos quais eles serão doados, confirmam a importância da distribuição na formação da produção e reprodução das relações sociais.

Gudeman sugere que as tentativas neomarxistas de generalizar a análise de Marx das relações de classe sob o feudalismo e o capitalismo para cobrir a variedade das economias que os antropólogos estudam ainda não desenvolveram maneiras apropriadas de lidar com a lógica e o processo da distribuição. É muito simplista usar o conceito de "exploração" de Marx para analisar a maneira como os homens tsembaga marings usam o trabalho das mulheres para produzir porcos que eles usam para obter prestígio através de intercâmbio (Casos 5 e 9) ou para analisar a maneira como os inhames excedentes mantêm o poder dos líderes trobriandeses de alto nível.

> A noção marxista de exploração fornece uma visão abreviada da variabilidade dos padrões distributivos... A exploração como explicação é postulada sobre uma visão unidimensional da natureza humana (GUDEMAN, 1978: 374).

Precisamos de uma conceitualização que leve totalmente em conta as metas simbólicas perseguidas e fomentadas em uma sociedade tal como a trobriandesa em que se busca objetos a fim de doá-los.

Nós precisamos também, sugere Gudeman, de modelos de distribuição e intercâmbio que façam as coisas que os modelos da economia oficial fazem, mas que sejam baseados em alicerces mais sólidos de premissas. Ele assinala a crítica neorricardiana da economia neoclássica como uma fonte possível para um modelo útil para a antropologia. Não precisamos nos preocupar com os detalhes aqui. Mas vale a pena observar que na própria economia os modelos que parecem ser solidamente estabelecidos e que a antropologia econômica formalista tentou pedir emprestado estão sob ataque geral por parte de críticos que argumentam segundo as tradições de Marx e Ricardo. A perspectiva geral de Gudeman é importante para nós:

> Qual é a relação entre antropologia e economia?... O grande oferecimento [potencial] da antropologia – e aqui seu papel complementa o da história – está em sua capacidade de elucidar economias diferentes como *sistemas* (1978: 373; ênfase acrescentada).

O que uma economia antropológica necessita é abranger a lógica cultural e organizacional da produção em termos do "contexto do padrão de distribuição total e culturalmente único" (GUDEMAN, 1978: 374). Isso, então, leva a um esforço para perceber e analisar a integração de um sistema econômico em termos de ambos seus significados culturais e seu engaste no mundo material real (cf. tb. os ensaios em LANDA, 1994).

20 A integração de sistemas econômicos

Economias como sistemas

Podemos começar voltando rapidamente às Trobriandesas para nos perguntarmos como as formas de distribuição e intercâmbio esboçadas no Caso 15 se encaixam em um sistema coerente. Esse processo é discutido no Caso 17.

Lógica cultural e dinâmica oculta

As teorias neomarxistas de economias tribais, talvez ampliadas segundo as linhas sugeridas por Gudeman, deveriam possibilitar cada vez mais uma conceitualização que não presuma que tais sistemas estejam em um equilíbrio nitidamente perfeito, mas que os considere em termos dos processos históricos (mesmo nos casos, como nas Trobriandesas, que pouca história é conhecida) e que abranja tanto sua dinâmica oculta e seus significados culturais. O último elemento pode ser clarificado de uma maneira útil. Como Sahlins (1976) argumenta, os humanos encontram a natureza não como uma série física de produtos potenciais para satisfazer as necessidades humanas de nutrição, vestuário e habitação. Ao contrário, eles encontram a natureza por meio de um sistema de significados culturais. Para um trobriandês que mergulha na lagoa a concha espôndilo é significativa como uma parte potencial de um colar *kula*, não como um objeto físico. Até mesmo um peixe não é apenas um pedaço de proteína que nada, mas tem um significado econômico em termos dos usos que ele possa ter em um intercâmbio *wasi* ou em uma troca *gimwali* ou em uma refeição – uma refeição estruturada por premissas culturais sobre comida, sobre comer e sobre relacionamentos sociais.

Ao mesmo tempo, devemos olhar sob as conceitualizações sobre braceletes de conchas e lâminas de machado, saias, trouxas e inhames para ver as relações com a produção e com a distribuição que elas expressam e até disfarçam. Uma perspectiva neomarxista nos leva a perguntar como o símbolo de prestígio e obrigação serve para manter relações de poder e controle sobre a mão de obra. Para mostrar que em termos culturais os sacerdotes astecas controlam as estações e a fertilidade dos produtos agrícolas, ou um chefe trobriandês do subclã tabalu tem direito à deferência e a tributos em virtude da antiga emergência de seus antepassados do subclã, não é uma análise de "como o sistema funciona" ou de como passou a ser assim.

Equilíbrio e mudança

"Como passou a ser assim" nos lembra de que não podemos presumir nada sobre equilíbrio. Um sistema como o dos trobriandeses pode "se reproduzir" no curto prazo. Uma análise em termos de produção e distribuição deve identificar esses mecanismos de reprodução social. Mas os povos das ilhas vizinhas, os parentes culturais mais próximos dos trobriandeses, têm economias de prestígio menos complexas e uma estratificação social menos marcante. O sistema trobriandês quase que certamente se originou de um sistema mais simples e mais igualitário. Como e por quê? O potencial para a produção de inhames excedentes nas Trobriandesas é maior que o das ilhas vizinhas que são menos ricas em terras agrícolas. Mas quais são os mecanismos e processos pelos quais um sistema de produção orientado mais intensamente para a produção de subsistência por grupos domiciliares é transformado em um sistema de produção orientado para a produção de excedentes para o intercâmbio, organizado em um nível de subclã ou de aldeia, no qual os líderes de alto nível servem como pontos centrais por meio dos quais excedentes e objetos são acumulados e depois dispersados?

No entanto, os líderes trobriandeses não estão tão seguros de seus poderes de chefe como os chefes da Polinésia. Suas reivindicações são hereditárias, mas seu controle de objetos e de inhames e a força de trabalho que eles representam é tênue e vulnerável. Se o sistema trobriandês tivesse ficado mais estratificado, será que estaria em um processo de evolução para uma chefatura? Se não, que restrições evitaram que os chefes de mais alta posição social obtivessem um monopólio sobre os objetos mais valiosos, e garantissem seu poder sobre seus súditos e seu trabalho?

CASO 17

A integração da economia trobriandesa

Aqui podemos fazer uma pausa apenas para ilustrar as questões que iríamos explorar em uma análise global da economia trobriandesa, e para vislumbrar alguns dos mecanismos que conectam a economia em um único sistema coerente. Vimos no Caso 15 uma série de modos de intercâmbio. Alguns são cerimoniais e negociados como padrões estabelecidos de equivalência com uma obrigação de retribuição direta. Outros implicam obrigações de retribuição muito menos específicas, tais como a *pokala*, ou implicam os ajustes da oferta e da procura do mercado, como no *gimwali*. Para alguns, a retribuição pode simplesmente ser prestígio como em algumas formas de *sagali*.

Para compreender os sistemas econômicos trobriandeses precisamos saber urgentemente como os subsistemas de intercâmbio se combinam. Isso implicaria saber mais sobre o seguinte:

1) De que maneira valores ou objetos são convertidos de uma esfera de intercâmbio para outra, e segundo que padrões de valor.

2) Como os objetos, os alimentos, as matérias-primas e os bens manufaturados fluem através do sistema e como esse fluxo se relaciona com o poder, o prestígio, o parentesco e assim por diante.

3) Que estratégias levam às transações entre os subsistemas de intercâmbio e no interior de cada um deles, e a investimento em um subsistema e não em outro.

Dados coletados por Annette Weiner nos dão pistas importantes. Ela descreveu uma "estrada principal de intercâmbio" pela qual viajam todos os homens e mulheres trobriandeses e ligada por trilhas laterais a outros ciclos de intercâmbio. Essa estrada liga não só a riqueza dos homens e a riqueza das mulheres, mas também conecta a produção agrícola com a rede de relações sociais e com os ritos mortuários que são um foco importante da cultura trobriandesa.

Os itens de intercâmbio de valor crucial na estrada principal são os inhames de intercâmbio. Os inhames constituem os bens mais importantes, conversíveis em outras formas de riqueza e em última instância em prestígio e poder. "Se um homem tem inhames ele pode encontrar tudo o mais de que ele precisa", os trobriandeses disse-

E o que dizer do equilíbrio de poder entre os sexos? Como vimos rapidamente, as mulheres trobriandesas desempenham um papel proeminente na economia de prestígio. Elas têm poder? Esse poder estava aumentando ou diminuindo? Que parte o dinheiro e a comercialização de produtos desempenhavam no processo histórico? (cf. tb. JOLLY, 1992).

Questões sobre poder, estratificação, homens e mulheres irão nos ocupar nos próximos capítulos. Gradativamente teremos *insights* mais profundos sobre os trobriandeses e outros povos tribais.

Penetração capitalista do mundo tribal

Uma questão final sobre os trobriandeses pode nos levar a olhar um pouco mais à frente. Mesmo quando Malinowski estava nas Ilhas Trobriandesas durante a Primeira Guerra Mundial, as ilhas tinham uma população residente de comerciantes de pérolas e outros europeus que tentavam recrutar os trobriandeses para mergulhar na lagoa em busca de pérolas.

A distância entre a economia trobriandesa e a economia capitalista surgiu nesses encontros: os trobriandeses só intercambiavam pérolas de boa qualidade pelos bens comerciais cerimoniais traram a Weiner. E mesmo nos dias atuais em que o dinheiro penetrou muitas áreas da economia trobriandesa "nada ocupa o lugar da distribuição de inhames em cerimônias mortuárias ou banquetes – e o dinheiro tampouco pode substituir a doação de inhames a mulheres – ou a doação de inhames em intercâmbios matrimoniais...

Intercâmbios que envolvem a criação ou a manutenção de relacionamentos importantes não foram substituídos [por dinheiro]" (Weiner 1974).

> A circulação de... inhames de intercâmbio... produz acesso para outros objetos de riqueza e outros comestíveis, bem assim como acesso a obrigações imediatas e futuras... Uma cesta de inhames doada produz objetos recebidos que, por sua vez, produzem caminhos adicionais para outras coisas e outras pessoas (WEINER, 1974).

Assim uma mulher pode usar os inhames de colheita que foram doados a seu marido por seu irmão ou parente matrilinear e convertê-los por meio de intercâmbio em saias de capim ou trouxas de folha. Ela pode também converter entre subsistemas trocando itens que ela fabrica, por exemplo, bolsas tecidas, ou em riqueza de mulheres ou em inhames que podem ser convertidos mais uma vez. A meta última é o aumento do prestígio por meio da apresentação cerimonial de objetos de intercâmbio (saias e trouxas de folhas para mulheres, objetos do *kula* e do *sagali* para os homens) e também pela conversão final de inhames de intercâmbio de volta para o reino da natureza em que eles apodrecem.

O caminho principal de intercâmbio pelo qual todos os homens e todas as mulheres convertem inhames em uma medida de prestígio leva por trilhas laterais até as estradas para o *kula* e outros subsistemas; e, por essas trilhas, eles abrem caminhos para grande poder e riqueza para homens de posição social elevada. (Veremos o sistema de posições sociais e política no Capítulo 11). A rede de conexão entre esses subsistemas de intercâmbio transforma qualquer modelo de intercâmbio de presentes que tem como foco a reciprocidade direta simples demais: "Um tipo de presente dado a A leva a outro tipo de presente dado a B, o que, por sua vez, leva a outro objeto dado a C" (WEINER, 1974).

dicionais, não por dinheiro; recusavam-se a mergulhar por pérolas quando os jardins estavam em pleno vapor; e preferiam pescar a mergulhar por pérolas, mesmo quando o pagamento pelas pérolas tinha um valor dez ou vinte vezes maior do que o peixe que eles iriam trocar (MALINOWSKI, 1935, I: 20). Uma larga distância separava a lógica de valor trobriandês da lógica de valor capitalista. Já na Primeira Guerra Mundial, os trobriandeses estavam sendo invadidos por um sistema colonial que trouxe trabalho assalariado, dinheiro e relacionamentos de classe entre empregador e empregado – um modo de produção diferente. Nos anos desde então, o dinheiro penetrou cada vez mais o mundo trobriandês, justaposto ao modo de produção e distribuição tradicional. O surgimento do empreendedorismo individualista e a divulgação dos princípios do mercado em economias tradicionais são considerados pelos economistas desenvolvimentistas das correntes oficiais (e seus congêneres antropológicos) como um estágio de decolagem necessário para a modernização. Críticos marxistas deram uma interpretação contrária: a propagação das instituições capitalistas em sociedades coloniais e pós-coloniais constitui parte de um *design* global em que a periferia tropical fornece mão de obra barata e matérias-primas e mercados e os países industriais metropolitanos mantêm a prosperidade industrial e o controle global (cf., p. ex., DUPRÉ & REY, 1973; REY, 1971). Voltaremos a essas questões na Parte 4.

Antes de continuarmos para examinar o poder político, a estratificação social, as relações entre homens e mulheres e os sistemas religiosos – e depois seguir em frente para examinar o impacto do Ocidente em outros povos precisamos examinar os sistemas de descendência, parentesco e matrimônio. Por meio de grupos tais como o subclã dos trobriandeses, e as relações estabelecidas pelo casamento e definidas pelo parentesco, os povos tribais organizam seus mundos sociais e reproduzem as condições de sua existência.

SUMÁRIO

As complexidades e ramificações da produção agrícola são mostradas no caso dos ilhéus das Trobriandesas da Papua-Nova Guiné. O trabalho de jardinagem é liderado por um mágico da aldeia e realizado por ambos os sexos, às vezes comunalmente. Cada grupo domiciliar produz inhames em seus próprios terrenos, mas cerca da metade da produção vai para a irmã e outros parentes do sexo feminino do homem do domicílio. Há orgulho em realizar esse trabalho e na produção de um excedente acima das necessidades de subsistência. Um sistema como esse normalmente é chamado de modo de produção tribal comunitário. Em uma estrutura desse tipo não há qualquer separação definitiva entre a economia e o parentesco, a política ou a religião. Essas instituições reproduzem os meios de existência para a sociedade e também regulam esferas de igualdade e desigualdade entre categorias de pessoas através dos valores simbólicos atribuídos aos bens. As doações de colheita, as distribuições de funerais (*sagali*) e as doações ou serviços (*pokala*)

de homens mais jovens para os mais velhos entre os trobriandeses contribui para a reprodução mais ampla das relações sociais. Além disso, o intercâmbio *kula* de objetos de conchas é um meio para a competitividade por prestígio entre homens. A tradição do *kula* continua hoje em dia, mas os trobriandeses e a sociedade como um todo foram profundamente influenciados pelo mundo capitalista, e as relações entre os sexos, bem assim como entre os chefes e seu povo, foram modificadas.

SUGESTÕES PARA LEITURAS ADICIONAIS
Seções 17-20

BELSHAW, C. (1965). *Traditional Exchange and Modern Markets*. Englewood Cliffs, N.J.: Prentice-Hall.

BOHANNAN, P. & DALTON, G. (orgs.) (1962). *Markets in Africa*. Evanston, Ill.: Northwestern University Press.

CLAMMER, J. (org.) (1978). *The New Economic Anthropology*. Londres: Macmillan & International.

DALTON, G. (org.) (1967). *Tribal and Peasant Economics*. Garden City, NY.: Natural History.

FIRTH, R. (org.) (1967). *Themes in Economic Anthropology*. Londres: Tavistock [ASA Monographs, 6].

GODELIER, M. (1977). *Perspectives in Marxist Anthropology*. Cambridge: Cambridge University Press.

_____ (1972). *Rationality and Irrationality in Economics*. Nova York: Monthly Review Press [Trad. por B. Pearce].

LeCLAIR, E.F. & SCHNEIDER, H. (1968). *Economic Anthropology*. Nova York: Holt, Rinehart and Winston.

SAHLINS, M. (1971). "Economic Anthropology and Anthropological Economics". *Social Science Information*, 8 (5), p. 13-33.

SCHNEIDER, H.K. (1974). *Economic Man*: The Economics of Anthropology. Nova York: The Free Press.

SEDDON, D. (org.) (1978). *Relations of Production*: Marxist Approaches to Economic Anthropology. Londres: Frank Class.

Capítulo 9

Parentesco, descendência e estrutura social

Em muitas sociedades, o lugar de uma pessoa no esquema das coisas é estruturado pelas circunstâncias do nascimento. Ter nascido de pais específicos define a posição em um grupo, o coloca em uma rede de obrigação e cooperação dentro da qual sua vida será vivida do nascimento até a morte (e com frequência além da morte também, como um espírito ancestral). Como nas Trobriandesas, a produção e a distribuição em uma sociedade podem ser organizadas por meio do parentesco e da descendência. É dentro dessas estruturas e por meio delas que o casamento, e, com isso, a reprodução de um sistema social é organizado.

Mas como devemos interpretar um sistema tal como aquele que vislumbramos nas Trobriandesas, onde a descendência é traçada pelas linhas das mulheres? Entre os tsembaga marings da Nova Guiné, a descendência normalmente é traçada pelas linhas dos homens. Como é que esses sistemas de descendência por linhas femininas e masculinas se comparam? Como e por que eles evoluíram em ambientes diferentes?

21 Estrutura social: alguns princípios básicos

Estrutura social e estrutura cultural

Quando os antropólogos falam da "estrutura social" ou da "organização social" de uma comunidade, estão adotando uma perspectiva teórica que foi introduzida sucintamente no Capítulo 2. Ou seja, estão examinando um sistema social como sendo composto de grupos, e examinando as relações sociais em termos de posições e papéis que se entrelaçam. Como nas comunidades em que os antropólogos desenvolveram suas ferramentas conceituais esses grupos e essas relações entre papéis estão baseadas tão essencialmente no parentesco e no matrimônio, o estudo antropológico da estrutura social foi quase sinônimo com o estudo do parentesco. Quando dizemos que a estrutura social de uma comunidade compreende seus sistemas de relacionamentos sociais, corremos o risco de criarmos uma confusão conceitual. Vale a pena fazer uma pausa, portanto, antes de examinarmos os sistemas de parentesco e casamento para enfatizar a distinção estabelecida no Capítulo 2 entre sistema cultural e sistema social.

Para estudar a estrutura social, diz-se com frequência, começamos com *relacionamentos sociais*. Mas o que é um relacionamento social? Se tomarmos duas pessoas, A e B, veremos dois lados ou duas facetas de seu "relacionamento". Primeiro, há as maneiras em que eles interagem, as coisas que eles fazem e dizem em seus contactos um com o outro. Mas há também suas ideias sobre seu relacionamento, suas concepções um do outro, os entendimentos, as estratégias e as expectativas que guiam seu comportamento.

Mulher com filho ao lado do leito seco de um riacho. Seu rosto está decorado para participar de um festival. Ao seu lado ela tem a bolsa tecida para carregar a criança. Melpa, Papua-Nova Guiné.

Tanto os padrões de comportamento quanto os sistemas conceituais têm "estrutura" no sentido de que não são desordenados e aleatórios. Mas são tipos diferentes de estrutura. Imagine uma interseção comandada por semáforos. Se a observarmos por alguns momentos, poderemos registrar o "comportamento" dos carros em termos da densidade do tráfego nas várias direções em vários momentos e o número de carros que param, atravessam e diminuem a marcha, segundo a sequência das luzes que vão mudando. Desses registros se cristalizariam padrões de regularidade, a "estrutura social" da interseção. Provavelmente descobriríamos que a estrutura social da interseção norte-americana seria bastante diferente de uma interseção sul-americana. Mas, alternativamente, poderíamos descrever os princípios para tomar decisões usadas pelos motoristas quando atravessam a interseção – não apenas as leis que estão escritas, mas as "regras" não escritas sobre buzinar e passar enquanto as luzes estão mudando. Essas regras também têm uma estrutura, mas ela é bastante diferente dos padrões de fluxo do tráfego: ela consiste de *conhecimento* organizado. Precisamos perceber e estudar tanto a estrutura social quanto a cultural para que possamos entender os processos da vida social e as maneiras como os sistemas sociais são perpetuados e transformados com o passar das gerações.

Categorias e grupos

Aqui e nos capítulos que se seguem essa distinção entre o cultural (ideias, categorias e "regras") e o social (pessoas, atos, eventos e grupos) terá uma importância central. Ela nos permite ver desde o começo um contraste entre *categorias culturais* e *grupos sociais*. Uma categoria cultural é um conjunto de entidades no mundo – pessoas, coisas, eventos, sobrenaturais – que são classificadas como semelhantes para alguns objetivos porque têm em comum um ou mais atributos culturalmente relevantes. Assim, árvores, ervas daninhas, homens solteiros e lançadores canhotos de beisebol são categorias em nossa cultura. Como categorias, eles existem apenas nas mentes humanas. Observe também que nem todas as categorias têm rótulos de uma palavra em nossa língua. E tampouco são conjuntos de entidades que mantemos em "nacos" em nossos esquemas mentais. Ao contrário, elas são conjuntos ao redor dos quais nós desenhamos linhas mentais em contextos particulares. Mulheres que usam vestidos tamanho P compreendem uma categoria relevante apenas em uns poucos contextos (principalmente para pessoas que fazem ou vendem vestidos, enquanto estão no trabalho). Assim qualquer entidade única pode ser classificada, em contextos vários, como pertencente a dúzias de categorias culturais diferentes. A uma categoria de seres humanos, agrupada conceitualmente em virtude de algumas características socialmente relevantes que elas compartilhem (como homens, ou guerreiros ou descendentes do antepassado X), podemos chamar de *categoria social* (i.e., um tipo de categoria cultural).

Um *grupo social*, por outro lado, consiste de seres humanos verdadeiros com sangue nas veias. O que distingue um grupo social de uma reunião temporária é sua organização. Primeiramente, os membros interagem recorrentemente. Segundo, eles o fazem em um conjunto de capacidades e posições (culturalmente definidas). Tais posições ou capacidades são tecnicamente chamadas de *identidades sociais*. Elas são definidas com relação às identidades sociais correspondentes: médico/enfermeira; vendedor/cliente; patrão/empregado etc.; os comportamentos apropriados para tais capacidades compreendem papéis (de tal forma que podemos falar do papel de uma enfermeira com relação aos pacientes, aos médicos e a outras enfermeiras). Um grupo social é uma agregação de seres humanos, então, que recorrentemente interagem dentro de um conjunto interconectado de identidades sociais. Assim grupos podem ser diferenciados de formas de agregação que são temporárias e limitadas. Os membros de um grupo social não precisam interagir cara a cara, embora esses *grupos primários* sejam comuns em todas as comunidades em pequena escala que os antropólogos estudam normalmente. O que define um grupo é sua organização interna, a conexão de seus membros em um conjunto de papéis interconectados. Assim os acionistas da General Motors compreendem um grupo secundário. Embora a maioria de seus membros não interaja um com o outro, eles estão unidos em um grupo por seus relacionamentos com a gerência.

Quem pertence a um grupo é raramente definido nitidamente por algum princípio cultural tal como ser descendente de um mesmo antepassado ou ser da mesma idade ou classe social. Tal pertencimento a uma categoria social normalmente define a *elegibilidade* para ser membro de um grupo. Se uma pessoa elegível participa ou não de um grupo, provavelmente irá depender das circunstâncias de sua história vital, de interesses e recursos econômicos e até de escolha pessoal.

Para ilustrar alguns pontos básicos sobre categorias e grupos, examinaremos um exemplo hipotético de nossa própria sociedade – um exemplo que se equipara bastante às categorias baseadas no parentesco e grupos de outras sociedades.

Imagine que há três gerações, em uma comunidade da Nova Inglaterra, dez homens fundaram um festival de música que é realizado desde então. A prioridade para os bilhetes para o festival agora vai para os patronos do festival que compreendem todos os descendentes dos dez fundadores que participam de reuniões e mantêm um ativo interesse nos eventos. Muitos dos descendentes *elegíveis* para serem patronos, é claro, se mudaram dali e perderam contato. Mas se eles voltassem a morar na região, poderiam se tornar ativos uma vez mais, e, se por acaso visitassem o local no dia do festival, alguém sempre providenciaria para encontrar um bom lugar para eles. Em qualquer das representações sempre haverá pessoas na plateia que vieram como convidados dos patronos ou que estão simplesmente preenchendo os lugares restantes.

Que tipos de unidades sociais temos aqui? Primeiro, todos os descendentes dos fundadores, sejam eles patronos ou aqueles que se mudaram ou perderam interesse no festival, formam uma *categoria social*. Seu *status* como descendentes os torna elegíveis para fazer uso de um conjunto de direitos se puderem e quiserem fazê-lo. Segundo, aqueles descendentes que são patronos compreendem um *grupo corporativo* que em última instância controla as atividades do festival – e cujos membros desfrutam o privilégio de poder assistir todas as representações, embora possam não vir a uma representação específica. Final-

mente o público que está realmente assistindo ao evento compreende um *ajuntamento de pessoas*. Mas se elas se juntassem de uma maneira mais organizada para realizar uma tarefa comum – para construir um novo palco, por exemplo – poderíamos chamar aquele grupo misto que realmente compareceu de um *grupo de ação* ou *grupo de tarefa*. A literatura antropológica está cheia de confusões sobre "clãs" e "moieties"* e "linhagens" e "consanguinidade" onde essas diferenças entre grupos e categorias, corporações e grupos de ação se tornaram indistintas ou foram ignoradas.

22 O parentesco em sociedades tribais

Para nós é difícil compreender um modo de vida em que os relacionamentos com as pessoas são predominantemente relações com parentes. Em muitas sociedades, todos os membros da comunidade investigam as conexões de sangue ou matrimônio entre si; em alguns lugares uma pessoa ou é seu parente ou seu inimigo. Tais sistemas provavelmente prevaleceram durante a maior parte da existência humana na Terra.

O estudo das formas de organização social construídas ao redor do parentesco vem sendo um tema predominante na antropologia por quase um século. Quase todas as figuras importantes na antropologia participaram em um determinado momento de debates sobre parentesco, e um corpo de literatura técnica muito extenso sobre o assunto continua a expandir. Mesmo aqueles que não são especialistas nessa área precisam levar seus leitores pelas complicações do parentesco – em um jargão incompreensível para o não inicia-

---

* Moieties: cada um de dois grupos de parentesco baseados em descendência unilateral que juntos constituem uma tribo ou sociedade [N.T.].

do – ao descrever a vida em uma sociedade em pequena escala. Não tentaremos aqui cobrir todos os conceitos e controvérsias técnicas, embora o leitor que abrir seu caminho pelas páginas que se seguem estará bem mais capaz de compreender obras mais técnicas nessa área (KEESING, 1975 e 1990, procura levar o principiante antropólogo que esteja interessado mais adiante no culto dos mistérios do parentesco). Antes de começarmos, será útil nos perguntarmos por que antropólogos se preocuparam tanto e por tanto tempo com as complexidades do parentesco.

O parentesco como idioma básico das relações sociais

Ao analisar uma comunidade tribal, precisamos entender o parentesco para poder entender qualquer outra coisa. Mesmo quando as pessoas em uma sociedade tribal estão competindo por vantagens econômicas ou poder político, é provável que elas falem sobre o que estão fazendo em termos de parentesco. Além disso, os laços de parentesco servem como modelos ou padrões para relacionamentos com não parentes e muitas vezes com divindades.

O antropólogo que estuda uma comunidade pode prever que as pessoas nem sempre vão corresponder aos padrões ideais de comportamento entre parentes e que elas agem entre si em muitos papéis além daqueles baseados no relacionamento sanguíneo. No entanto, um primeiro desafio é classificar o elenco de personagens e normalmente tem sido útil começar com as redes complexas de conexões por sangue e casamento. Tendo feito isso, podemos então prosseguir para decifrar os complexos processos sociais levados a cabo nesse idioma e perceber como o parentesco serve como um modelo básico para se relacionar com outras pessoas. O antropólogo muitas vezes descobre que

a ele ou a ela deve ser atribuído um lugar, embora fictício, nesse esquema de parentesco, para que ele ou ela possa participar da vida da comunidade.

As obrigações entre parentes são consideradas como moralmente obrigatórias e seu cumprimento está entre as virtudes mais importantes. As obrigações do parentesco têm uma significância simbólica central que podemos compreender à luz das transformações hominídeas pelas quais surgiu um grupo familiar nuclear baseado no vínculo de um casal, com proibição do incesto e compartilhamento de comida. As obrigações do parentesco simbolizam o coletivo em oposição ao individual, a obrigação social em vez da autogratificação; e elas simbolizam o cultural em contraste ao biológico. À luz de nossa herança primata, não é nenhuma surpresa que o parentesco tenha sido central nos mundos mentais dos povos tribais, como expressão e símbolo daquilo que faz os humanos humanos; e também não é surpresa que emocionalmente o sangue seja muito mais grosso que a água.

O parentesco e a organização de relações econômicas

Como a análise feita por Godelier (1978) dos modos de produção explicita (cf. Capítulo 8) e como o caso trobriandês ilustra claramente, há uma razão teórica irresistível para se concentrar no parentesco naquelas comunidades em pequena escala. Nas cidades contemporâneas como Nova York, Moscou ou Tóquio, a reprodução da força de trabalho e do sistema social depende de produzir e criar filhos em grupos domésticos criados pelo casamento. O parentesco e o casamento são, nesse sentido, elementos universalmente importantes na "superestrutura" (em termos neomarxistas) de uma sociedade. Mas em Nova York, Moscou e Tóquio, esses grupos domésticos não

CASO

18

O "casamento espiritual" dos nuers

Em duas formas incomuns, mas perfeitamente legítimas de casamento entre os nuers, o pai reconhecido socialmente (*pater* no sentido latino) de uma criança não é o homem cuja relação sexual com a mãe presumivelmente levou à gravidez (*o genitor*). Uma mulher nuer cujo marido morreu continua sujeita a um contrato legal pelo qual os direitos aos filhos que ela tiver foram transferidos para o grupo de seu marido. Ao dar gado para o grupo do pai da mulher, o grupo do marido adquire direito perpétuo sobre seus poderes reprodutivos. Idealmente, se o marido morre, o contrato será mantido através do casamento da viúva com o irmão do marido falecido ou algum outro membro de seu grupo. Mas os filhos que ela tiver das relações sexuais com seu segundo marido são socialmente definidas como filhos de seu primeiro marido falecido (por isso "casamento fantasma"). A viúva, em vez de casar outra vez, pode simplesmente ter amantes; mas mesmo assim, os filhos que ela tiver de suas relações sexuais com esses amantes são definidos como filhos de seu marido falecido.

Em uma forma mais rara, uma mulher mais velha e importante pode (adquirindo gado) "casar" com uma jovem. A mulher mais velha financia as transações do casamento como se ela fosse um homem. A mulher jovem então tem filhos com amantes. Eles são socialmente definidos como filhos da "marida" que por sua vez é seu "pai" (por isso eles pertencem ao grupo do pai dela, embora a pertença a esse grupo seja transmitida pela linha masculina).

Atualização do caso

Estudos mais recentes clarificaram mais esses arranjos. Por exemplo, confira Hutchinson (1996) sobre essas e outras práticas dos nuers em épocas contemporâneas e passadas.

---

são centrais para a organização e distribuição da produção.

Mas, nas Trobriandesas ou entre os tsembaga marings ou entre os aborígenes australianos, os grupos domésticos e estruturas maiores baseadas no parentesco, na descendência e no casamento são cruciais não só para a reprodução da força de trabalho, mas também na organização da produção e da distribuição – e, como o caso trobriandês ilustra, até para criar a motivação para a produção. As relações sociais de produção são organizadas em termos de linhagens, domicílios e redes de obrigação definidas pelo parentesco e pelo casamento.

Dizer que o parentesco, a descendência e o casamento são centrais na organização de relações econômicas, bem assim como em sua perpetuação,

não é explicar por que isso deve ser assim. Nos dois capítulos que se seguem, tanto os padrões organizacionais e as razões por sua importância generalizada ficarão mais claros.

Enigmas recorrentes: variações limitadas nos sistemas de parentesco

Veremos que os sistemas de parentesco e descendência não só são importantes de um modo geral, mas a amplitude de variação que encontramos é muito menor do que poderia ser. Padrões formalmente semelhantes aparecem em partes totalmente separadas do mundo. Assim, a mesma maneira específica, complicada e, segundo nossos padrões, estranha, de classificar parentes é usada pelos trobriandeses e pelos índios seminoles da reserva de Cow Creek – embora eles estejam separados por milhares de quilômetros, não tiveram nenhum contato uns com os outros e falam línguas não relacionadas. Os povos de língua kwara'ae da Malaita, nas Ilhas Salomão da Melanésia, têm um sistema complexo e bastante diferente para classificar parentes; e, no final, é quase idêntico ao sistema usado pelos índios Sêneca daquilo que é hoje o norte do Estado de Nova York. Há lógicas sistemáticas e padrões recorrentes para serem decifrados nessa área de parentesco; esse foi um dos desafios que levou gerações de antropólogos a tentar solucionar esses enigmas.

O que é parentesco?

O que *é* parentesco? Aqui nos deparamos com um dilema conceitual recorrente na antropologia de tentar fazer com que um termo de uma tradição cultural e linguística – a nossa própria – seja elástico o suficiente para cobrir a variedade de variações culturais e ainda assim preservar seu sentido essencial. O parentesco, para nós, intuitivamente se refere a "relacionamentos sanguíneos". Nossos parentes são aqueles ligados a nós por laços de "sangue". Nossos sogros, por certo, são parentes por casamento e não pelo sangue – e o mesmo se aplica a algumas de nossas tias e tios. Mas são as conexões sucessivas entre pais e filhos que são os fios essenciais do parentesco (cf. uma vez mais KEESING, 1990).

Isso é verdade em outras sociedades? O Caso 18 considera os nuers, um povo pastoral do Sudão que se tornou antropologicamente famoso através da obra do antropólogo britânico E.E. Evans-Pritchard.

No sistema nuer e em muitas outras formas de paternidade definida socialmente há uma distância entre a paternidade física presumida (e até

mesmo a *maternidade*) e a ascendência socialmente atribuída (mesmo deixando de lado costumes que, como a adoção nas sociedades ocidentais, transferem a atribuição de ascendência). Como então podemos definir *ascendência*? E como podemos falar de um relacionamento de "sangue" entre pai e filho ou mãe e filho em culturas que têm teorias bastante diferentes ou metáforas sobre a conexão entre pais e filho? Em algumas, acredita-se que a mãe não contribui qualquer substância à criança e só fornece um receptáculo para seu crescimento. Os lakhers de Myanmar, por exemplo, acreditam que duas crianças com a mesma mãe e pais diferentes não são parentes de forma alguma.

Além disso, os ilhéus trobriandeses e alguns aborígenes australianos negam peremptoriamente que a copulação entre pai e mãe seja a causa da gravidez – e por isso aparentemente negam que o pai tenha uma conexão física com a criança. Em cada caso, afirma-se que a gravidez foi realizada por seres espirituais – no caso trobriandês por meio de um espírito *baloma* do antepassado do subclã da mãe que entrou em sua vagina. Um relacionamento físico, no entanto, é pressuposto, porque diz-se que o sêmen do marido e as relações sexuais "moldam" (*kopo'i*) o feto no útero. Estamos lidando, provavelmente nos dois casos, e certamente no caso das Trobriandesas, com um dogma teológico. A relação sexual com um homem é uma condição necessária para a gravidez; mas a *animação* da criança potencial criada pela síntese do sêmen e dos fluidos femininos é uma questão espiritual e não física (SCHEFFLER, 1973).

Tais variações podem nos levar no começo a ter cuidado em presumir que o parentesco é simplesmente uma questão de "relacionamento sanguíneo". É mais seguro ampliar nosso escopo consideravelmente e dizer que as relações de parentesco são conexões modeladas naquelas que segundo se acredita existem entre um pai e um filho e entre uma mãe e o filho. Em uma cultura específica essas conexões podem ser consideradas como as mesmas para o pai e para a mãe (como com nossos parentes "sanguíneos") ou como diferentes – baseadas em metáforas de semente e solo, de ossos e carne, de substância e receptáculo. Além disso, a expressão "modeladas em" deixa espaço para aqueles casos como os nuers em que se sabe que um pai ou uma mãe socialmente definidos na verdade não geraram nem pariram a criança. (A paternidade adotiva em nossa sociedade e muitas outras seria igualmente modelada na "paternidade" natural.)

Concebemos relações de parentesco, baseadas no "sangue", como sendo naturais e imutáveis; elas implicam obrigações generalizadas de solidariedade (aquilo que Fortes chama de "axioma de amizade"). Elas contrastam com relacionamentos "na lei" – isto é, relações contingentes e legais estabelecidas pelo contrato de casamento. D.M. Schneider (1972, 1984) argumentou que esse sistema simbólico é apenas indiretamente relacionado com o sexo e a reprodução, e que outros povos podem ter conceitualizações bastante diferentes da área de parentesco igualmente relacionadas só indiretamente com as relações percebidas de paternidade biológica.

Mas o contraste nesse campo parece menos amplo do que poderia ser. Seja como for que um povo conceitualize a conexão biológica entre o pai presumido e a criança e a mãe e a criança, é esse relacionamento – inalienável e profundo – que é a base dos laços de parentesco. E mesmo nos casos em que as contribuições do pai e da mãe são consideradas diferentes, esses laços de parentesco são estendidos, em quase todas as sociedades, tanto através do pai quanto através da mãe, como se eles fossem equivalentes. Nós às vezes somos iludidos, como no caso do casamento entre duas mulheres entre os nuers, porque os pais caracteristicamente ocupam vários papéis diferentes com relação a seus filhos. E alguns desses papéis – tais como ter custódia, cuidar e alimentar a criança, ou ser socialmente reconhecido em termos de descendência e herança – podem depender de os pais naturais serem casados ou de alguma validação legal da conexão de paternidade.

Investigando o parentesco

Investigando as relações de parentesco através do pai e da mãe cria redes de laços de parentesco (Figura 9.1). A maior importância dessas redes de laços de parentesco nas sociedades tribais já foi enfatizada. Mas as formas como os povos tribais usam as redes de parentesco muitas vezes são equivalentes às formas como nós as usamos. Nossos laços com parentes parecem mais claramente em ocasiões especiais como o Natal ou aniversários, quando são dados e trocados presentes ou cartões, e especialmente nos eventos mais importantes de nossas vidas, nosso batismo ou *bar mitzvah*, nosso casamento e nosso funeral.

Assim também em muitas sociedades os laços de parentesco entre indivíduos vêm à tona mais dramaticamente nos pontos focais da vida de uma pessoa – nascimento, iniciação, festas, casamento, morte. O grupo de ação que se mobiliza ao redor de uma pessoa dando-lhe apoio, em comemorações e no luto, é, em quase todas as sociedades, cristalizado a partir das redes dos parentes e sogros do indivíduo. Nos casos em que esses parentes ou alguma rede próxima deles são conceitualmente reconhecidos como uma categoria cultural especial, ela é chamada de **parentesco** ou **parentesco pessoal**. Um parentesco idealizado está diagramado na Figura 9.2.

As setas descendentes na Figura 9.2 indicam que os descendentes dos irmãos dos avós (ou de bisavós e parentes mais distantes) podem ser incluídos para alguns objetivos dentro de uma categoria de parentesco. Como na vida real as famílias muitas vezes incluem muitos irmãos, não simplesmente dois, o parentesco real pode incluir dúzias de parentes. O número que participa realmente nos grupos de ação com base no parentesco pode ser muito menor – já que muitos membros potenciais moram muito longe, têm outras obrigações, pertencem a facções políticas opostas e assim por diante

Famílias não podem servir como base de corporações permanentes: os grupos cristalizados a partir delas são sempre temporários e mobilizados em situações particulares (como em um casamento ou batizado ou funeral em nossa sociedade). A razão é que cada indivíduo tem um único grupo de parentes, e, no caso das famílias, existe uma imbricação. Seu tio George é também o pai de alguma outra pessoa, o irmão de outra pessoa, o primo de ainda outra pessoa. George pode atuar em cada uma dessas capacidades em ocasiões diferentes, mas ele não pode atuar em todas elas o tempo todo. Se você se casar no dia em que o filho mais velho do Tio George está se formando, é bastante provável que ele irá perder seu casamento.

Os laços de parentesco em muitas sociedades desempenham um papel em inúmeras esferas da vida. A população que mora em uma comunidade,

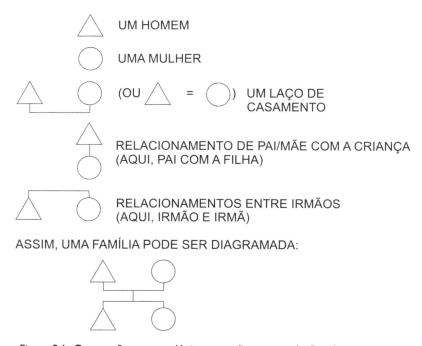

Figura 9.1 Convenções antropológicas para diagramar relações de parentesco.

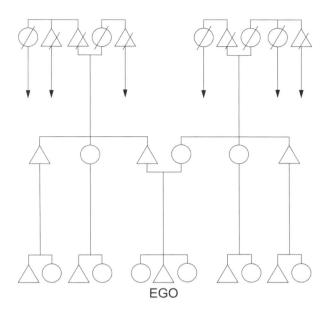

Figura 9.2 Uma família pessoal (O traço diagonal indica "falecido") (DE KEESING, 1975: 15).

as pessoas que trabalham juntas, as pessoas que competem e brigam são, como veremos, principalmente parentes. Antes de podermos entender como o parentesco molda os grupos sociais, devemos examinar alguns problemas organizacionais e ver as maneiras pelas quais o parentesco está acostumado a solucioná-los.

23 Sistemas de descendência

Descendência, corporações e continuidade

Alguns povos caçadores-coletores definem seus relacionamentos com territórios em termos de conexões espirituais através de linhas de antepassados até o passado antigo, envolto em mitos. Assim, muitos povos aborígenes australianos definem os relacionamentos dos povos vivos com a paisagem em termos de locais sagrados em que eventos antigos celebrados nos mitos e atuados nos rituais ocor-

reram – eventos que unem os vivos espiritualmente com os antepassados e entre si.

Com o advento do cultivo neolítico, a terra se transformou em natureza e valor. A conexão dos vivos com o passado ancestral adquire uma nova importância muito atraente. A terra como *propriedade* passa a ser o meio central de produção e o título da propriedade deve passar de uma geração para a próxima. Especialmente nas zonas tropicais em que o cultivo de rotação era predominante, a terra não precisava ser dividida ou o título de propriedade atribuído a cada lote segundo as regras da herança. Ao contrário, uma propriedade em terra podia ser mantida, e o título pertencer a uma *corporação* (não muito diferente dos patronos de nosso festival de música imaginário na Nova Inglaterra na primeira parte deste capítulo).

Para que um sistema assim funcione é necessário uma regra ou princípio definidor (como com os patronos imaginários) que determine quem é elegível para ser um membro da corporação. Considere um sistema em que você é elegível para ser um membro tanto da corporação de sua mãe, quanto da corporação de seu pai (presumindo que elas são diferentes). Mas então seu pai teria, por sua vez, sido elegível para pertencer a duas corporações diferentes (a do pai e a da mãe dele); e sua mãe também teria tido laços com duas corporações diferentes. Como é possível formar corporações de tal maneira que a pessoa seja membro de só uma delas?

Uma inovação crucial aqui é a **descendência unilinear**. Isto é, um direito a ser membro de uma corporação é adquirido (em cada geração) apenas através do pai – ou apenas através da mãe. Uma linha de descendência culturalmente reconhecida assim passa ou por uma linha de homens:

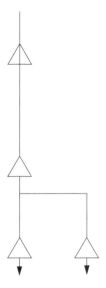

ou por uma linha de mulheres:

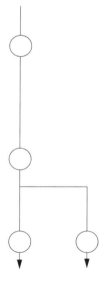

No primeiro caso as crianças dos membros do sexo feminino não pertencem à corporação; no último caso, as crianças dos membros do sexo masculino não pertencem à corporação. A primeira alternativa, a **descendência patrilinear** (ou agnatícia) serve parcialmente para formar grupos de descendência entre os tsembaga marings (Ca-

sos 5 e 9) e muitos outros povos tribais. O último, a **descendência matrilinear**, serve para formar os subclãs trobriandeses que vislumbramos no capítulo anterior. Iremos examiná-los em maior detalhe brevemente.

A descendência é um processo através do tempo. Os descendentes de um antepassado ou antepassada proliferam as linhas do ramo de descendência. A descendência patrilinear foi um princípio organizador eficiente entre os pastores, e também entre os horticultores – como no caso das tribos dos israelitas nos tempos bíblicos, ou dos nômades basseris do Irã que examinamos rapidamente no Caso 7 (Capítulo 6).

Os sistemas de descendência são meios de definir continuidade com o passado, de especificar relações entre os vivos em termos dos relacionamentos com antepassados há muito falecidos. Na Nova Guiné ou na África, eles prendem os humanos à terra pelas tradições de origem antiga; nas zonas áridas do norte da África, no Oriente Próximo e na Ásia Central, eles conectam os pastores, espalhados por vastas áreas e em constante movimento para lugares distantes – permitindo que eles se dispersem e se reagrupem, permitindo que agrupamentos maiores se cristalizem e se dissolvam outra vez.

Descendência patrilinear e matrilinear como esquemas organizacionais

Será útil examinar um projeto idealizado de uma corporação definida por descendência patrilinear e sua aparente imagem de espelho, uma corporação definida por descendência matrilinear. Em uma corporação definida por descendência patrilinear, os membros incluem tanto homens quanto mulheres (cf. Figura 9.3). Mas observe que só os homens podem transmitir o privilégio de pertencer à corporação para seus filhos. É claro, no mundo real, números de crianças não funcionam assim tão perfeitamente; algumas linhas de descendência desaparecem, outras proliferam e se espalham durante várias gerações. A imagem de espelho (pelo menos em um diagrama; cf. Figura 9.4) é uma corporação definida por descendência matrilinear. Aqui tanto homens quanto mulheres são membros, mas só as mulheres transmitem para seus filhos esse privilégio de pertencer à corporação.

São necessárias algumas precauções. Primeiro, a descendência patrilinear ou matrilinear do antepassado fundador normalmente não faz que uma pessoa seja membro de uma corporação de descendência, um grupo social real. Ser descendente na linha correta dá direito a uma pessoa a ser um membro de uma corporação de descendência: isto é, a descendência patrilinear ou matrilinear define uma categoria de pessoas que tem direito a ser membros. Se elas realmente *são* membros depende das circunstâncias da história de suas vidas e muitas vezes da estratégia e escolha individual. Nesse aspecto, grupos de descendência são como a corporação controlando nosso festival de música na Nova Inglaterra: nem todos aqueles que eram elegíveis para serem membros na verdade eram membros. Além disso, em muitas sociedades assim, muitas pessoas na verdade atuam como membros de corporações de descendência mesmo sem ter as "credenciais" apropriadas de descendência. Essa lacuna entre direito de descendência e pertença como membro da corporação – entre estar em uma categoria cultural e estar em um grupo social – é muitas vezes importante para tornar essas formas de organização flexíveis e adaptativas.

Segundo, no momento em que percebemos esse abismo entre o direito de descendência e pertença como membro da corporação, podemos entender outro modo de formar corporações de descendência. Isso é dizer que todos os descendentes de um antepassado fundador, por meio de qualquer combinação de conexões masculinas e femininas, compreendem uma categoria de descendência. Um modo assim não exclusivo de investigar a descendência é chamado de **descendência cognática**.

Terceiro, correntes de descendência muitas vezes servem para definir regras e direitos além da participação como membro de uma corporação. Assim, a sucessão para uma posição ou função pode ser determinada pela descendência na linha masculina; ou a propriedade que pertence a um

△⚋ : FALECIDOS

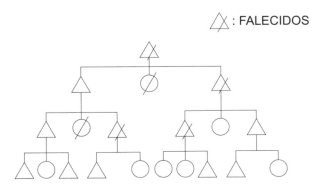

Figura 9.3 Corporação definida por descendência patrilinear.

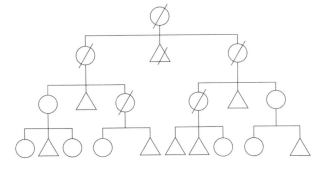

Figura 9.4 Corporação definida por descendência matrilinear.

indivíduo pode ser herdada pela descendência na linha feminina. Alguns antropólogos não querem chamar isso de descendência. Mas, de qualquer forma, categorias de descendência – patrilinear, matrilinear ou cognática – podem ter relevância cultural mesmo nos casos em que nenhum grupo corporativo está envolvido.

Finalmente, isso nos permite entender como, em uma única sociedade, modos diferentes de pesquisar a descendência podem ser usados para objetivos diferentes. Assim devemos ser cautelosos quando falamos sobre uma sociedade como sendo "patrilinear" ou "matrilinear" como muitos antropólogos fizeram para classificação tipológica ou uma referência abreviada. Além disso, pode haver outros modos de conceitualizar a solidariedade e a continuidade com o passar do tempo – por exemplo, por meios de conceitos da "casa" ou dos lugares onde os mortos estão enterrados (BLOCH 1971; CARSTEN & HUGH-JONES, 1995).

O Caso 19 apresenta um esboço da descendência tallensi. Aqui, em uma única sociedade aparentemente dominada pela descendência patrilinear nós encontramos – usados de maneiras diferentes para objetivos diferentes – os três modos principais de conceitualizar a descendência, bem assim como redes generalizadas de parentesco bilateral.

Sistemas de descendência patrilinear

Há duas razões pelas quais é mais útil começar um breve exame de sistemas de descendência por aqueles que são baseados na descendência patrilinear. Primeiro, as formas patrilineares de organização social são muito mais generalizadas e comuns – mais ou menos três vezes mais comuns – que as formas matrilineares. Segundo, os sistemas

matrilineares estão sujeitos a restrições estruturais bastante severas, de tal forma que a variedade de possibilidade organizacional é consideravelmente menor. É estrategicamente útil identificar essas restrições tendo em vista a amplitude maior de variação nos sistemas patrilineares.

Para estudantes que vivem nas sociedades ocidentais industrializadas, cujos laços sociais mais próximos são com amigos e vizinhos, e não com parentes, é difícil visualizar a vida social em uma sociedade onde a escala da comunidade é drasticamente reduzida e onde o parentesco e a descendência definem onde você mora e como se relaciona com as pessoas em seu mundo social. É útil também introduzir modos pouco familiares de organizar relações sociais expressando-os em termos mais familiares: ou seja, descrever um sistema de descendência hipotético em termos com os quais o leitor ocidental esteja familiarizado. Tendo considerado um sistema imaginário idealizado nesses termos, teremos à nossa disposição um modelo que pode ser comparado com as muitas formas encontradas no mundo real. Aqui damos a essa sociedade imaginária rótulos em inglês para pessoas e locais; mas seus congêneres no mundo real são sociedades na África, na Ásia, nas Américas e no Pacífico.

Um sistema patrilinear hipotético

Imagine uma cidade de umas dez mil pessoas, composta de seis distritos. Cada distrito é por sua vez composto de cinco ou dez bairros pequenos. Todas as pessoas na cidade têm um de uma dúzia de nomes – Smith, Jones, Brown e assim por diante (Aqueles que acharem que esses nomes são nomes de famílias brancas, anglo-saxãs e protestantes podem substituí-los por outros, mas eles têm a vantagem de serem curtos e familiares.) As crianças, como na sociedade ocidental contemporânea, têm o mesmo sobrenome que seu pai. Duas pessoas com o mesmo sobrenome não podem se casar.

Em um bairro específico, as casas e a terra em uma rua específica todas pertencem a pessoas com um mesmo nome. Vamos concentrar nosso foco nos Smiths que moram na Elm Street (Figura 9.5). Todos eles são descendentes de Sam Smith, o avô dos homens mais velhos que ainda estão vivos. A Elm Street pertence a eles coletivamente. Cada Smith tem um domicílio separado para sua família, embora as famílias se ajudem em seu trabalho.

John Smith, um dos homens mais velhos, atua como porta-voz para esses Smiths da Elm Street em questões comerciais e de propriedade e os guia nos serviços religiosos no templo em sua casa. Uma das peculiaridades do sistema jurídico é que se um dos Smiths de Elm Street se casar, ferir alguém, ou cometer um crime, todos os Smiths da Elm Street se juntam para pagar os custos, ou são todos responsáveis pelo pagamento. Para um forasteiro, um Smith da Elm Street é igual a todos os outros. Observe que são apenas os Smiths homens, suas esposas (que não são Smiths) e seus filhos solteiros que moram na Elm Street. As filhas casadas dos Smiths foram morar com seus maridos.

Na próxima rua mora um grupo de Joneses e do outro lado um grupo de Browns. Mas nesse mesmo bairro existem seis outras ruas de Smiths. Todos esses Smiths são descendentes de um tataravô comum, e eles reconhecem essa descendência comum (de George Smith) em uma igreja Smith do bairro. Lá George Smith está enterrado e lá eles se reúnem ocasionalmente para rituais coletivos. Os Joneses e Browns – e outros – do bairro

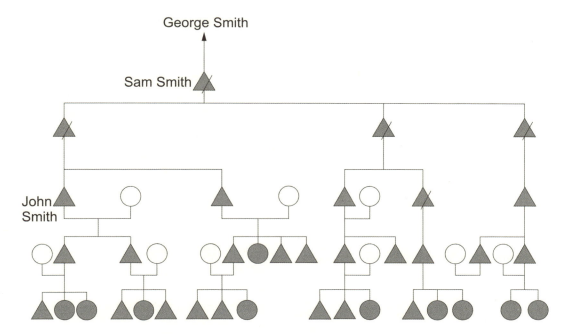

Figura 9.5 Os Smiths da Elm Street: a genealogia hipotética mostra os homens, as mulheres e as crianças que moram na Elm Street. Observe que a maioria das mulheres adultas Smith casaram-se com pessoas externas e as mulheres não Smith casaram-se com pessoas do grupo (DE KEESING, 1975: 29).

também têm suas próprias igrejas. As pessoas com um nome comum e uma igreja comum são donas da propriedade da igreja coletivamente, e embora elas realizem algumas atividades não religiosas juntas, não são um grupo pequeno e unido como os Smiths da Elm Street. Os Smiths do distrito não se veem com muita frequência, a não ser em um passeio religioso anual, mas têm uma sensação geral de unidade baseada na descendência comum que eles remontam a um antepassado Smith, sete gerações atrás.

Finalmente, todos os Smiths na cidade acreditam que são descendentes de um Smith fundador, embora não saibam de que maneira estão relacionados. Eles têm alguns símbolos religiosos em comum, mas nenhuma outra unidade social. Lembrem-se de que, idealmente, nenhum par de Smiths – por mais distante que seja o parentesco – deve se casar. Aliás, Smiths de distritos diferentes ocasionalmente se casam, mesmo que o casamento seja desaprovado. O casamento entre dois Smiths do mesmo distrito é considerado um grande erro e o casamento entre Smiths do mesmo bairro seria estritamente proibido.

Nas circunstâncias do dia a dia, os Smiths da Elm Street são uma corporação separada e lidam com outros Smiths, mesmo aqueles na mesma igreja do bairro, como lidam com qualquer outra pessoa. Mas se os Smiths da Elm Street brigam com os Browns de uma rua próxima, ou de outro bairro, as coisas podem escalar de tal forma que os Smiths da Elm Street terão o apoio de alguns ou de todos os Smiths do bairro e os Browns também terão o apoio de outros Browns. Mas essas alianças, que podem às vezes unir Smiths do mesmo *distrito* (mas de bairros diferentes), são temporárias e limitadas a uma disputa específica ocasional. Quando as coisas são resolvidas – e isso muitas vezes ocorre graças ao arbítrio de Smiths cujas mães são Browns e de Browns cujas mães são Smiths – as alianças se dissolvem.

Sutilezas conceituais e pontos de variação

Há muitas variações nesse padrão e iremos examinar rapidamente algumas delas. Algumas características importantes dos sistemas de descendência patrilinear podem ser ilustradas em termos dos Smiths e dos Joneses, mas algumas delas exigem termos técnicos definidos.

Em primeiro lugar, observe que os Smiths da Elm Street são parentes por descendência comum; mas o mesmo se aplica a todos os Smiths no bairro e todos os Smiths no distrito e – segundo a tradição – a todos os Smiths na cidade. Ou seja, categorias de descendência podem ser formadas em níveis cada vez mais altos, com antepassados cada vez mais "no cume" servindo como ponto de referência. Mas observem que os Smiths da Elm Street formam um *grupo de descendência* enquanto todos os Smiths na cidade formam apenas uma categoria de descendência. Os Smiths na Elm Street formam uma pequena, mas sólida corporação local, com propriedade coletiva, responsabilidade legal coletiva e assim por diante. Os Smiths no bairro formam um grupo também, mas as coisas que fazem e possuem como um grupo são muito menos importantes. As categorias de descendência mais inclusivas servem para definir regras de casamento e fornecem bases para alianças políticas. Tais grupos e categorias de descendência, baseados na descendência de antepassados cada vez mais remotos, são chamados **segmentários**. Uma olhada em uma genealogia hipotética mais ampla dos Smiths ilustrará o que foi dito acima (Figura 9.6).

Tais sistemas são chamados de segmentários porque estão divididos a cada nível em segmentos (os descendentes de Sam, Joe e Ed Smith; e como segmentos de uma ordem mais alta, os descendentes de George e Fred Smith). Sua estrutura genealógica é hierárquica. Mas essa visão deles que obtemos a qualquer momento é "congelada" como uma cena de um filme cinematográfico. Para entender como um sistema assim funciona, e como grupos se formam e se modificam, devemos examiná-lo em termos de processos no tempo. Considere os Smiths da Elm Street, um grupo baseado na descendência comum de um avô, Sam Smith. Se visitarmos Elm Street três gerações mais tarde, Sam Smith seria seu tataravô, e o número de Smiths descendentes dele seria demasiado grande para morar na Elm Street. Como é, então, que o sistema pode funcionar?

Ele funciona porque o que parece em qualquer ponto no tempo ser um arranjo estável e permanente de pessoas, territórios e conexões genealógicas é, na verdade, uma cristalização temporária. No decorrer de períodos mais longos, novos grupos estão se formando e grupos antigos vão morrendo. Quando olharmos três gerações mais tarde, John Smith, que era o líder dos Smiths antes, pode agora ser tratado como fundador dos Smiths da Elm Street que agora irão incluir seus descendentes, mas não os descendentes de outros homens que moraram com John Smith na Elm Street (cf. Figura 9.6). Alguns dos irmãos e primos de John Smith podem, a essa altura, já não ter descendentes vivos; outros podem ter tido só filhas, ou netas, que casaram e se foram. Os des-

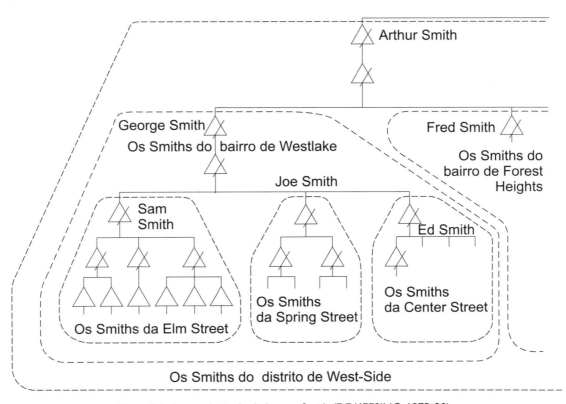

Figura 9.6 A genealogia das linhagens Smith (DE KEESING, 1975: 30).

CASO 19

Descendência e parentesco entre os tallensis

Os tallensis de Gana, cujo sistema de restrições envolvendo os primogênitos examinamos no Caso 2, têm uma organização social e ritual complicada, na qual a descendência patrilinear é central (FORTES, 1945, 1949). Assim grupos corporativos da sociedade tallensi são compostos de pessoas que descendem patrilinearmente de um antepassado comum. Os tallensis dão tanta ênfase à descendência patrilinear que foram muitas vezes citados como um exemplo clássico de uma "sociedade patrilinear". No entanto, os indivíduos tallensis são ligados por redes complexas de parentesco tanto do lado maternal quanto do lado paternal. Um homem faz sacrifícios para os espíritos de sua mãe e seus parentes maternos próximos, mas os faz também para aqueles do lado paterno.

Além disso, um homem tallensis tem interesse não apenas no grupo de descendência corporativo de seu pai: tem também interesses secundários no grupo de sua mãe, no grupo da mãe de seu pai, e em outros com os quais tem um parentesco mais distante por meio de um elo feminino. Quando membros de um grupo de descendência patrilinear fazem sacrifícios para seus antepassados, qualquer descendente, tanto pelo elo feminino quanto pelo elo masculino, tem o direito de participar da refeição sacrificatória.

E mais. Não só os membros de um grupo de descendência patrilinear estão proibidos de se casarem uns com os outros (como em muitos desses sistemas), mas qualquer homem e mulher que sejam descendentes do mesmo antepassado por qualquer corrente de elos masculinos ou femininos estão proibidos de se casarem. Tais padrões sugerem que os tallensis podem conceitualizar seu parentesco em termos de descendência cognática, e também como descendência patrilinear e parentesco bilateral (KEESING, 1970).

Finalmente, os tallensis também atribuem importância ao relacionamento na linha feminina. Assim considera-se que duas pessoas que são descendentes, mesmo que de maneira distante, por meio de uma corrente de elos femininos de um par de irmãs, têm laços muito próximos e especiais; e acredita-se especificamente que os poderes da bruxaria passam por meio dessas linhas de conexão matrilinear.

Atualização do caso

Confira Verdun (1982) para um estudo das variações na organização social dos tallensis e um questionamento do conceito geral de "um sistema de linhagem segmentário". O estudo de Verdun, no entanto, não invalida os pontos expostos aqui.

cendentes de outros podem ter proliferado, mas podem ter mudado da cidade para fundar novas corporações, muitas vezes em virtude de brigas internas ou disputas familiares. Depois de três gerações, aquilo que tinha sido uma rua Jones, agora pode ser uma Rua Smith. Todos os Browns no bairro inteiro podem agora ter desaparecido.

Outra característica importante de um sistema assim de agrupamentos de descendência patrilinear é que para qualquer corporação e território específicos – digamos os Smiths da Elm Street – há

na verdade duas categorias de pertencimento parcialmente sobrepostas. Primeiro, há todos aqueles homens, mulheres e crianças cujos pais eram Smiths da Elm Street, e que, portanto, são membros da corporação por nascimento. Mas nem todos eles moram lá. As mulheres adultas Smith da Elm Street em sua maioria partiram para morar com seus maridos e, portanto, estão espalhadas por outras ruas e bairros. Segundo, há o grupo de pessoas que realmente estão morando na Elm Street: homens Smith, suas esposas (que não são Smith)

Um sacrifício de linhagem tallensi. A árvore baobá é um templo para os antepassados da linhagem. Aqui são colocados vasos de cerveja; eles serão usados para libações rituais, depois partilhados entre os presentes – que incluem tanto membros da linhagem quanto descendentes cognáticos dos antepassados.

e seus filhos. O grupo descendente, que é apenas parcialmente localizado, e o *grupo local*, que é apenas parcialmente baseado na descendência, são normalmente ambos importantes em contextos diferentes – e é perigosamente fácil confundi-los.

Finalmente, alguns termos técnicos são necessários. Uma **linhagem** é um grupo de descendência que consiste de pessoas descendentes patrilinear ou matrilinearmente de um antepassado conhecido por meio de uma série de elos que é possível rastrear. Quando a descendência é na li-nha masculina (como no caso dos Smiths e dos Joneses), podemos chamá-las de **patrilinhagens**. Quando a descendência é na linha feminina, falamos de **matrilinhagens**. Uma categoria de descendência maior como todos os Smiths na cidade, que creem ser descendentes de um antepassado comum, mas não sabem as verdadeiras conexões, é chamada de **clã**.

Na antropologia, sogros e sogras, cunhados e cunhadas normalmente são chamados de **afins**. Assim, Mary Brown que se casou com um dos Smiths da Elm Street é uma *afim* de outros Smiths da Elm Street (e eles são seus *afins*) Seu marido é um *afim* de seus parentes Brown da Lake Street. Em alguns sistemas desse tipo todos os Smiths da Elm Street têm um relacionamento *afim* com todos os Browns da Lake Street com base nesse casamento.

A regra que exige o casamento fora de um grupo ou categoria específica é tecnicamente chamada de regra de **exogamia** ("casamento fora"). Um grupo ou categoria cujos membros estão proibidos de se casar uns com os outros é **exógamo**. Patrilinhagens (e matrilinhagens) como aquelas dos Smiths e Joneses são normalmente exógamas (embora o nível de segmentação no qual uma regra de exogamia tem de ser estritamente cumprida varia consideravelmente de uma sociedade para outra). Regras de exogamia são muitas vezes ampliadas para proibir que uma pessoa se case com um membro da linhagem de sua mãe, bem assim como de sua própria.

Sistemas de descendência patrilinear no mundo real

Há muitas variações do sistema "típico" de patrilinhagens segmentárias ilustradas pelos Smiths e Joneses. Na maior parte dos sistemas de patrilinhagens segmentárias verdadeiros, é claro, as pessoas não moram em cidades e sim estão espalhadas por grandes áreas. O equivalente da Elm Street ocupada por uma patrilinhagem corporativa é provavelmente um território de vários quilômetros quadrados, com as pessoas aglomeradas em aldeias, vilarejos, ou propriedades rurais espalhadas.

Uma variante, representada por um povo como os tivs da Nigéria ou os nuers do Sudão (cujo sistema de casamento vimos rapidamente no Caso 18), é uma correspondência entre a organização de territórios no espaço e a estrutura de uma genealogia segmentária. Cada nível da hierarquia segmentária corresponde a um segmento territorial separado. É como se em vez das linhagens Smith estarem espalhadas por um bairro também ocupado por Joneses, Browns e outros, todo um bairro fosse composto de Smiths e todo um distrito composto de Smiths, Browns e Joneses, todos eles rastreavam sua descendência comum do mesmo antepassado distante, e assim por diante. A Figura 9.7 ilustra esse modo de organização segmentária entre os tivs. Todos os tivs – centenas de milhares deles – são considerados como descendentes em linha masculina de um antepassado fundador tradicional. Mas observe então que, como com os Smiths e Joneses, as regras proibindo o casamento entre codescendentes devem ser aplicadas apenas em nível de linhagem ou de clã – ou nenhum tiv poderia se casar com outro tiv.

Uma expressão um tanto semelhante do modelo de patrilinhagem, mas sem sua ligação com a terra, ocorre entre povos islâmicos tais como os basseris. É possível conceber grupos nômades dispersos em grandes áreas como sendo conectados em uma única vasta genealogia patrilinear com "tendas", "famílias", e "linhagens" correspondendo a linhagens locais, clãs e assim por diante – embora os únicos "territórios" em jogo possam ser áreas de pastagens ou rotas migratórias.

Linhagens, produção e política

A essa altura é útil voltarmos para um foco teórico do capítulo anterior: modos de produção. Lembrem-se de que alguns estudiosos na tradição neomarxista (principalmente especialistas franceses na África) falaram sobre o "modo de produção de linhagem". Qual *é* o papel das linhagens na produção?

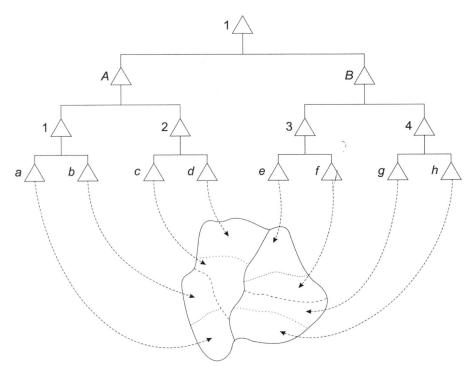

Figura 9.7 Organização segmentária entre os tivs: observe aqui como a distribuição geográfica das linhagens corresponde a seus relacionamentos genealógicos (DE P. BOHANNAN, 1954, por permissão do Instituto Internacional Africano).

Lembrem-se também de que para os tsembaga marings o grupo domiciliar é a unidade principal tanto de produção quanto de consumo. O mesmo se aplica aos tivs ou aos tallensis na África, se nós considerarmos como domicílio um grupo misto que consiste de coesposas e seus filhos, enchendo com seu trabalho produtivo em conjunto um celeiro do qual eles subsistem (lembrem-se do Caso 2, que descrevia as regras rituais evitando que o primogênito tallensi visse o interior do celeiro de seu pai). O caso trobriandês é complicado pelo trabalho comunal frequente dentro de uma grande horta. Mas a maior parte do tempo uma família faz um trabalho de subsistência separadamente em seu próprio lote de terra, e é dentro desse domicílio que o consumo diário ocorre. Qual é, então, o papel produtivo das linhagens?

O elemento mais importante dos meios de produção é o controle territorial da terra. Uma família pode ter o título do *jardim* que representa o acúmulo de seu trabalho. Mas eles teriam muito problema, sozinhos, de evitar que outros se apossassem desse jardim. O controle sobre a terra por um grupo corporativo de um tamanho adequado para sua defesa coletiva garante que domicílios individuais poderão trabalhar na terra para satisfazer suas necessidades. Isso significa também que o título de propriedade da terra não é fracionado; se uma família morre, o título da terra – que é mantido pela corporação inteira – continua intacto. Ao criar corporações que são também unidades políticas localmente soberanas, a organização da linhagem ou do clã é crucial para a reprodução de um sistema de produção, embora as linhagens por si sós não compreendam uma força de trabalho coletiva.

Em uma sociedade pastoral, grupos domésticos tais como a "tenda" dos basseris constituem as principais unidades de produção e consumo. Mas, como no caso da organização de linhagem entre os horticultores, os maiores agrupamentos em níveis segmentários mais altos (no caso dos basseris, "famílias" e "seções") fornecem defesa coletiva das terras de pastagem ou das rotas migratórias – elementos cruciais na produção, entre pastores, que grupos individuais domésticos não poderiam controlar eficazmente.

Nos sistemas de patrilinhagem segmentares, as relações genealógicas entre segmentos podem fornecer um idioma em que as relações políticas entre segmentos sejam expressas e os resultados do conflito sejam racionalizados. O entrelaçamento da descendência patrilinear com a política é explorado no § 32. Existem processos políticos no sistema segmentar dos nuers (Caso 34) e o entrelaçamento de grupos de descendência patrilineares com monarquia centralizada (os bunyoros, Caso 38) são ilustrados. Esses irão fornecer outros contextos substantivos.

O tamanho das corporações locais é um eixo importante de variação: elas podem compreender vinte ou trinta indivíduos ou várias centenas deles. Os sistemas também variam quanto à profundidade das hierarquias segmentares. Os tivs, todos rastreando sua descendência de um único antepassado, ilustram um dos extremos. No outro extremo, linhagens locais podem não rastrear quaisquer conexões de alto nível de descendência comum umas com as outras.

A importância relativa de grupos de descendência, inclusive irmãs que se casam externamente, e grupos locais baseados na descendência, excluindo irmãs e incluindo esposas, também varia.

Em um extremo estão sistemas em que a esposa perde todos os interesses legais em sua patrilinhagem de nascimento e adquire plenos interesses na corporação na qual ela se casa. Entre os antigos romanos, quando uma jovem se casava, ela era ritualmente removida de sua linhagem, e era ritualmente introduzida na linhagem de seu marido – adquirindo até um novo conjunto de antepassados, os de seu marido. Os direitos legais do marido sobre ela substituíam, então, os do pai da jovem (FUSTEL DE COULANGES, 1864). Em alguns outros sistemas, laços com o marido são muito frágeis, o casamento é frágil e a esposa mantém plenos interesses legais na linhagem de seu nascimento. Normalmente consegue-se um equilíbrio entre a força dos laços de uma mulher com seu irmão e a linhagem de seu nascimento e seus laços com seu marido e o grupo dele.

Esquemas ideais e realidades sociais: flexibilidade e adaptação

Mesmo se olharmos apenas para os membros masculinos, e não as mulheres que se casam interna ou externamente, a correspondência entre pertencimento a uma categoria de descendência e pertencimento a um grupo local é às vezes bem menos clara que nosso exemplo dos Smiths e Joneses sugere. Isso é onde nossa distinção entre categorias e grupos – entre aqueles que têm direitos em uma corporação e aqueles que na prática os exercem – é extremamente necessária. Em muitos sistemas "patrilineares" principalmente aqueles nas áreas montanhosas da Nova Guiné, uma proporção muito grande de homens (às vezes mais do que a metade deles) não estão morando no território ao qual têm direito pela sua descendência patrilinear. Em vez disso, estão espalhados, alguns morando nos territórios de sua mãe, outros nos territórios da mãe de seu pai, e assim por diante.

Alguns dos direitos legais e os relacionamentos rituais de uma pessoa podem ser baseados diretamente na descendência patrilinear, de tal forma que uma pessoa os retém independentemente do local onde ele ou ela moram, mas esses não têm qualquer correspondência direta com agrupamentos locais.

A mesma falta de correspondência nítida entre agrupamentos locais e o esquema de descendência patrilinear enfatizada no "mapa oficial" ocorre em algumas sociedades africanas, como os nuers, que parecem a princípio ser muito parecidos com os Smiths e Joneses e que concebem seus relacionamentos políticos em termos de descendência patrilinear.

Nosso rápido exame de modos patrilineares de solucionar os problemas organizacionais de sociedades pode muito bem estar terminando nessa nota desordenada, com uma falta de correspondência clara entre o modelo formal de descendência e as realidades de quem realmente mora lá e faz o que com quem. A descendência patrilinear parece uma linda solução formal para problemas organizacionais importantes – manter relações políticas ordenadas sem instituições centrais de governo e manter o título corporativo da terra como o meio de produção mais crucial. Mas há problemas que não estão claros aqui. Como é que o "sistema" se ajusta às marés mutantes da guerra, da inimizade familiar, e da política? E como são ajustadas as relações do homem com a terra, dados os inevitáveis desequilíbrios que surgem quando um grupo prolifera e outro se reduz? Vimos como, entre os tsembaga marings da Nova Guiné, a ocupação do território do vizinho pela guerra pode ser uma solução. Mas muitos outros mecanismos para redistribuir a terra e para redistribuir humanos na terra estavam em funcionamento em várias partes do mundo.

Esses problemas evitam que qualquer sistema unilinear de descendência seja tão claro e estável como seu projeto formal. Deve haver flexibilidade para acomodar mudanças demográficas, adaptar agrupamentos humanos aos recursos e pressões de um ecossistema, seguir as marés da política e permitir espaço para as lutas e fraquezas dos indivíduos humanos. A questão não é, como alguns a colocaram, se uma sociedade é "clara" ou "confusa" – pois toda a vida social é um bolo de camadas de ordem e desordem. É, ao contrário, saber por quais mecanismos a flexibilidade e a adaptabilidade são mantidas e como elas são justificadas, ignoradas, racionalizadas ou disfarçadas ideologicamente? (Cf. STRATHERN, 1972, para uma discussão dessas questões com relação aos melpas ou povo do Monte Hgen da Papua-Nova Guiné.)

Descendência matrilinear

Em um diagrama, a descendência matrilinear – o rastreamento da descendência de uma antepassada por uma linha de filhas – é uma imagem de espelho da descendência patrilinear. Mas, na prática, elas não são imagens de espelho; e isso não tem nada a ver com as frentes de batalha da política sexual.

Se as mulheres em uma sociedade organizada matrilinearmente ocupassem as posições-chave do poder político nas corporações de descendência, então os homens poderiam partir e se casar com outras linhagens e clãs. O equivalente matrilinear dos Smiths da Elm Street consistiria de uma linha de mulheres Smith relacionadas matrilinearmente (digamos uma bisavó idosa como matriarca e suas filhas e netas). Essas mulheres Smith controlariam a corporação; seus maridos, morando na Elm Street, seriam Joneses e Browns e Greens – forasteiros na comunidade local. Um sistema assim parece, à primeira vista, estar representado entre um

CASO

20

A organização social dos hopis

Os índios hopis, moradores de "pueblos", têm uma organização social e cerimonial extremamente complicada. Os agrupamentos principais são clãs matrilineares, cada um rastreando seu parentesco com um animal, planta ou fenômeno natural específicos. Esses clãs são corporações que possuem terra. São também importantes nos ciclos cerimoniais elaborados, nos quais cada um deles tem um papel especial a desempenhar e um conjunto especial de parafernália ritual.

Esses clãs são segmentados em matrilinhagens sem nome, localizadas em seções do pueblo. O núcleo desses agrupamentos locais é uma linha de mulheres relacionadas matrilinearmente. Um homem hopi muda-se para o domicílio da esposa – e ela pode dispensá-lo a qualquer momento que ela assim o desejar. Um domicílio típico consiste de uma mulher mais velha e seu marido, se ela ainda tiver um; suas filhas e seus maridos e filhos; e seus filhos solteiros. Observem que os maridos são forasteiros e que os filhos mais velhos da mulher idosa já se casaram e mudaram para outros locais. Assim, embora a linhagem mantenha um controle efetivo sobre suas mulheres e seus filhos, os homens adultos estão espalhados como forasteiros nos domicílios de suas esposas. As mulheres têm um poder considerável no domínio público e poder proeminente na esfera doméstica.

Atualização do caso

Confira Whiteley (1985) para uma reconsideração do papel da descendência matrilinear na sociedade hopi. Whiteley questiona se as unidades de descendência hopi são verdadeiras corporações. W. Adams (1983) também argumentou sobre o povo navaho que grupos são os produtos de decisões sobre o local da residência em vez de simples reflexos das regras de descendência.

número de povos organizados matrilinearmente, tais como os hopis do Arizona, como discutido no Caso 20.

Uma forma de residência pós-marital como a dos hopis é a imagem de espelho da residência pós-marital com o povo do marido. Mas será que o caso hopi e outros como ele realmente constituem uma imagem de espelho dos Smiths e Joneses de nosso exemplo original, ou de seus congêneres no mundo real tais como os tivs? A questão-chave aqui é o controle político da corporação de descendência, tanto em seus negócios internos quanto em seu relacionamento com outros grupos de descendência. Em sua introdução para um importante estudo comparativo em que os sistemas matrilineares receberam, ainda que tardiamente, uma atenção cuidadosa, D.M. Sch-neider (1961) argumenta que em todos os sistemas matrilineares registrados, o controle sobre corporações de descendência continua nas mãos dos homens. No caso hopi, e em outros como ele, Schneider argumenta, os homens em última instância controlam as questões de linhagem apesar da dominação das mulheres nos grupos domésticos. Mas a diretoria da corporação, por assim dizer, é composta por homens.

Mas como? Um homem hopi é um forasteiro em seu domicílio, vulnerável à expulsão a qualquer momento pelo divórcio. Ele mora com a linhagem da esposa, mas é um membro da diretoria em sua própria linhagem – onde suas irmãs moram. Como é que o líder de um clã pode morar em um lugar e atuar eficazmente na política em outro lugar? A resposta para os hopis é que "o outro lugar" é no mesmo pueblo, muitas vezes apenas do outro lado da praça. Uma corporação de descendência teria muita dificuldade em manter sua força se todos ou a maioria de seus homens adultos estivessem muito espalhados. Na maior parte das vezes o problema potencial é evitado, como com os hopis, porque a população é aglomerada em comunidades bastante grandes; e em qualquer uma comunidade, várias matrilinhagens ou clãs matrilineares estão aglomerados juntos. "Casar fora" provavelmente significará casar em um grupo próximo. Os homens estão perto o suficiente para participar ativamente dos negócios da corporação.

Schneider enfatiza aquilo que A.I. Richards tinha anteriormente chamado de "o enigma matrilinear". Ou os homens casam fora, como com os hopis, de tal forma que a "diretoria" masculina deve ser reconstituída quando surge a necessidade; ou as mulheres casam fora (como no caso dos Smiths e Joneses patrilineares) em que a corporação matrilinear precisa ganhar novamente o controle dos filhos nascidos nos locais de seus pais. Em qualquer dos dois casos, os laços de uma mulher com seu marido estão potencialmente em disputa com seus laços com seu irmão; para que a corporação possa durar e ser forte, seus laços com o irmão devem predominar sobre os laços com seu marido em momentos cruciais. É seu irmão que deve manter controle primordial sobre os filhos da irmã. E os filhos dela devem ser herdeiros de seu irmão. Em uma situação assim de conflito estrutural o casamento é quase que inevitavelmente frágil. As taxas de divórcio provavelmente serão altas.

Descendência matrilinear, "matriarcados" e o poder das mulheres

Mas tudo isso depende da premissa de que homens e não mulheres controlam a "diretoria" em uma sociedade matrilinear. Não existem ma-

triarcados? Muito provavelmente as mulheres hopis exercem mais poder do que alguns teóricos antropológicos concederam (cf. SCHLEGEL, 1973; UDALL, 1969). O mesmo ocorria com as mulheres entre alguns dos povos organizados matrilinearmente do sudeste americano tais como os choctaws e os creeks e entre os iroquois, como descrito no Caso 21.

Como exatamente deveríamos interpretar o poder político das mulheres iroquois, que se estendia de seu poder nas corporações das *longhouses*, é tema de alguma polêmica. Richards (1957) argumenta que o poder das mulheres na arena política foi exagerado. Ela considera que a interpretação do sistema iroquois como "matriarcal" é enganosa e vê nos registros históricos evidência de um papel cada vez maior das mulheres iroquois no domínio político em virtude de dois séculos de guerras implacáveis e uma resultante diminuição da população masculina. Não podemos avaliar com segurança o papel político das mulheres iroquois antes do contato europeu. Claramente não era "matriarcal", mas é igualmente claro que a "diretoria" masculina era fortemente moldada e orientada por mulheres mais velhas. Avaliar o poder político das mulheres em uma sociedade tal como a dos iroquois é uma questão complexa. Que peso devemos dar às instituições e regras formais, que peso atribuir aos reais relacionamentos políticos entre indivíduos? E quanta importância atribuir a uma mulher como "o poder por trás do trono" se os homens tomam a dianteira em ambientes públicos formais? Como veremos, avaliar o *status das mulheres* em qualquer sociedade implica problemas profundos e ainda não solucionados.

Por que descendência matrilinear?

A questão do poder político das mulheres suscita uma nova pergunta. Se a descendência matri-

CASO

21

A matrilinearidade e o poder das mulheres entre os iroquois

As tribos iroquois do nordeste americano são um exemplo marcante de um "Estado de parentesco". A famosa Liga dos Iroquois, uma confederação política que os autores da Constituição dos Estados Unidos usaram como modelo, foi conceitualizada como uma extensão da família extensiva matrilinear e a matrilinhagem.

A confederação dos iroquois consistia de cinco "tribos" culturalmente relacionadas, os onondagas, os mohawks, os sencas, os oneidas e os cayugas. Nosso conhecimento de sua organização social é nublada por uma falta de detalhes sobre a época pré-colonial e pela diversidade entre as tribos e dentro delas que dificulta qualquer simples generalização. Mas um conjunto relativamente claro surge da literatura que é bastante extensa e difusa.

As tribos iroquois pré-coloniais viviam, pelo menos durante a maior parte do ano, em doze ou treze grandes aldeias de entre trezentas e seiscentas pessoas (FENTON, 1957: 41). Na estação, as famílias componentes deixavam as aldeias para caçar e pescar em grupos menores. O núcleo dos agrupamentos de parentes dos iroquois era o grupo domiciliar que compreendia várias famílias nucleares relacionadas matrilinearmente que, juntas, ocupavam uma *longhouse* (pares de famílias compartilhavam uma lareira no corredor central). As mulheres dessa família extensa mantinham coletivamente os lotes da horta e as ferramentas e trabalhavam juntas no cultivo do milho e de outros produtos agrícolas básicos. Os homens caçavam e pescavam. No entanto, o domicílio era controlado por suas mulheres mais velhas; em virtude do padrão de residência, os homens eram forasteiros sem parentesco com o resto do domicílio que pertenciam a matriclãs diferentes.

Um aglomerado desses domicílios matrilinearmente aparentados compreendiam uma matrilinhagem, que, por sua vez, era localizada em uma seção de uma aldeia. Como veremos, todas ou a maioria das linhagens tinham líderes masculinos escolhidos por suas mulheres mais velhas. As matrilinhagens eram, por sua vez, agrupadas em clãs matrilineares exógamos.

No entanto, os clãs – idealmente, oito em cada tribo – aparentemente não estavam localizados em uma única aldeia:

cada aldeia tinha matrilinhagens de vários clãs, cada clã incluía matrilinhagens localizadas em duas ou mais aldeias. As matrilinhagens normalmente eram fortemente corporativas; pertencendo à mesma matriciana implicava laços e obrigações de parentesco, inclusive ajuda mútua em épocas de conflito.

Entre os iroquois ocidentais, os matriclãs eram divididos em *moieties* tribais – isto é, divisões da "tribo" em duas metades, segundo a descendência. Cada metade era representada em cada aldeia, e em muitos contextos rituais – sobretudo cerimônias funéreas – as duas *moieties* tinham papéis importantes e complementares. A fissão potencial entre matrilinhagens e entre clãs era controlada em parte por essa dependência ritual dos membros da *moietie* oposta. Além disso, o padrão de exogamia de clã e a residência de um homem com o povo de sua esposa significava que os homens de linhagens diferentes estavam unidos em uma única corporação domiciliar. E significava também que um homem ou uma mulher tinha fortes laços de parentesco com a matrilinhagem de seu pai; que a linhagem também desempenhava uma parte importante na vida de uma pessoa, ritual e socialmente. As linhagens componentes de uma comunidade eram assim conectadas por redes de casamentos, e, portanto, de parentesco, obrigação ritual e interesses comuns.

A sociedade iroquois também era mantida unida por um sistema político extraordinário, no qual as mulheres desempenhavam um papel proeminente correspondente a seu poder no domínio doméstico e seu papel central na economia de subsistência. A Confederação dos Iroquois que unia as cinco tribos era governada por um conselho de 50 *sachems*. Esses chefes masculinos, que atuavam para manter a paz e levar a cabo relações "estrangeiras", tinham posições ou títulos que pertenciam hereditariamente a tribos específicas; e, nas tribos, os matriclãs ou as matrilinhagens particulares. A sucessão ao título de *sachem*, quando aquele que ocupava o posto morria, seguia linhas matrilineares. Mas o verdadeiro sucessor era nomeado pelas mulheres da linhagem ou clã. Entre os iroquois ocidentais, a nomeação de um *sachem* era confirmada pela *moietie* à qual ele pertencia, e depois pela *moietie* oposta. No caso em que o novo *sachem* era jovem demais para desempenhar suas obrigações, elas eram desempenhadas em seu lugar por uma mulher mais velha atuando como regente. Os títulos de *sachem* não eram todos iguais em termos de poder e prestígio. A tribo ononddaga tinha os três títulos *sachem* mais importantes, inclusive o de guardador do *wampum* (guardador dos bens comerciais, especialmente as contas – o nome vem da língua algonquiana). Os donos de títulos *sachem* menos importantes também tinham obrigações específicas que lhes eram atribuídas.

A organização era incrivelmente simples e, no entanto, eficiente. As tribos componentes tinham, cada uma, conselhos separados, compostos dos *sachems* daquela tribo específica. O conselho tratava dos negócios internos da tribo. Como no conselho da Liga a discussão era aberta, com um prêmio para dons de oratória. E as decisões do conselho eram unânimes.

Vale a pena avaliar o *status* e o poder das mulheres na sociedade iroquois (cf. RANDLE, 1951). O sumário de Randle é útil:

> A estrutura da família extensa da *longhouse*, simbolizada na Liga, explica a função das matronas de manter os nomes dos chefes em seus clãs e seu direito consequente de nomear e depor chefes. As festividades de morte e luto eram responsabilidade das mulheres. Mulheres guardavam os cintos brancos *wampum* que significavam os nomes principais. [Elas tinham] a capacidade... de influenciar as decisões do conselho tanto diretamente através do presidente e indiretamente pelo peso da opinião pública... Como a unanimidade era necessária para que a decisão fosse implementada, qualquer proposta pouco popular com as matronas poderia ser prejudicada por sua desaprovação. Indiretamente, também, é afirmado que as mulheres podiam atrapalhar ou até mesmo evitar uma guerra não aprovada por elas, não dando as provisões de milho

seco e os mocassins de que os guerreiros precisavam. As mulheres chefes das aldeias são mencionadas em mitos, e embora seja possível que elas não governassem realmente as aldeias, esse conceito reflete o poder que as pessoas achavam que elas possuíam. A importância das matronas do clã na decisão do destino de prisioneiros... é bem conhecida (1951: 171-172).

A base do poder feminino dependia em grande parte de seu papel central na subsistência: "Economicamente, a manutenção do domicílio era um empreendimento conjunto, mas as mulheres tinham a responsabilidade principal no cuidado dos campos e no cultivo dos alimentos básicos. Homens e mulheres cooperavam na limpeza dos novos campos, mas depois disso as mulheres assumiam o trabalho" (RANDLE, 1951: 172).

No século XIX, Morgan tinha observado que "o índio considerava a mulher como inferior, dependente e a serva do homem, e, por criação ou por hábito, ela na verdade achava que ela realmente era assim" (MORGAN, 1851: 315). Uma das primeiras feministas adotou um ponto de vista diferente: "por comparação com as restrições... que existem entre povos civilizados, as mulheres iroquois tinham uma posição superior e direitos superiores" (CONVERSE, 1908: 138). As observações de Randle – em 1951 – parecem como se tivessem sido feitas vinte anos mais tarde: "Por trás do movimento feminista, assim como por trás da maior parte do chauvinismo masculino, está o conceito de que a diferença entre os sexos deve sempre ser interpretada como inferioridade... os homens e as mulheres iroquois tinham padrões de cultura separados e diferentes, valores diferentes e metas de vida diferentes" (RANDLE, 1951: 173-174).

Atualização do caso

Confira também Thomas R. Trautmann (1987) para uma resenha do trabalho de Lewis H. Morgan sobre a sociedade iroquois (sobre relações de gênero nas sociedades dos índios americanos, cf. tb. LEACOCK, 1981; 1983).

linear não é uma expressão de "matriarcado" o que é que ela expressa? As repostas revolvem em parte ao redor da conceitualização dos poderes reprodutivos das mulheres. Fisicamente, as mulheres têm o papel mais óbvio e mais importante na criação da vida. Pela gravidez, pelo vínculo umbilical entre mãe e bebê, pelo drama do nascimento e pela amamentação, as mulheres literal e visivelmente criam novas vidas. Os ideólogos masculinos podem retratar as mulheres como receptáculos passivos e cuidadoras de uma vida criada pela semente masculina, mas isso é uma negativa um tanto superficial do mundo como os humanos o vivenciam. A descendência matrilinear representa um reconhecimento cultural do vínculo mãe-filho/a como a base das continuidades através das gerações. Essa construção cultural da biologia, usada para formar grupos, não define a natureza das mulheres e dos homens como seres sociais. Ela é compatível com uma definição dos homens como atores políticos essenciais em gerações sucessivas, com sua conexão indo de um homem para o filho/a de sua irmã (isto é, conectados por poderes de fertilidade de uma irmã): e seria igualmente compatível com uma transferência de poder de uma matriarca para sua(s) filha(s) e depois neta(s).

Os grupos de descendência matrilinear são tipicamente encontrados em sociedades com as seguintes características:

1) São predominantemente agrícolas.

2) Têm uma produtividade alta o suficiente para permitir a residência sedentária de populações substanciais.

3) Têm uma divisão de trabalho na qual as mulheres desempenham muitas das tarefas produtivas principais e/o têm um controle substancial sobre o que é produzido.

Mas aqui, como na maioria das questões comparativas de estrutura social, não há correlações perfeitas. Assim, muitas sociedades dentro dessa amplitude de escala, tecnologia e produtividade têm sistemas de descendência patrilinear.

Essas correlações são mais consistentes quando examinamos as restrições negativas. Assim, a descendência patrilinear parece ser geralmente incompatível com as economias pastoris de subsistência, e é rara entre caçadores-coletores e nas sociedades com sistemas de classe desenvolvidos e instituições políticas centralizadas.

Descendência, residência e flexibilidade

Chegamos a um estágio em que podemos utilmente voltar a um enigma organizacional do capítulo anterior: o subclã trobriandês descrito no Caso 22. Como com a descendência patrilinear entre os Smiths e Joneses, a descendência matrilinear é usada nas Trobriandesas para formar fortes grupos corporativos que solucionam muitos dos problemas organizacionais da vida tribal nesse ambiente. Ao permitir a flexibilidade, a escolha e o reajuste da moradia, ela também permite uma adaptação eficaz às pressões mutantes de um meio ambiente e dos processos da política.

Próximo às Trobriandesas, na ilha melanésia de Dobu, uma solução conciliatória de residência ainda mais fascinante foi adotada. Marido e mulher alternam anualmente entre residência na aldeia de matrilinhagem dela (onde ele era um forasteiro temido e inseguro) e residência na aldeia de matrilinhagem dele (onde ela era a forasteira). A descrição de Fortune (1932) das tensões envolvidas é um clássico da antropologia.

Em muitas sociedades com grupos de descendência matrilinear, a esposa vai morar com seu marido; e, no entanto, o marido mora no local de seu pai, não em seu território de matrilinhagem. Se investigarmos as implicações de um esquema desse tipo, pareceria que as linhagens não podiam ser localizadas. Nem os homens, nem as mulheres da corporação moram juntos. Tais sistemas, comuns na Melanésia e em partes da África, são convencionalmente considerados como representativos de um estágio tardio na desintegração de um sistema matrilinear que esta se transformando em um sistema patrilinear ou cognático; a matrilinhagem já não é uma corporação forte e sim uma espécie de categoria remanescente ou uma sociedade de debates. Mas alguns estudos detalhados mostraram que as linhagens nessas sociedades podem ser surpreendentemente localizadas e poderosas apesar da regra de residência que ostensivamente evita localização (cf., p. ex., o Caso 14; cf. tb. KEESING, 1975).

Outras formas de organização de descendência

Lembrem-se de que dois ou mais modos de descendência podem ser relevantes em contextos diferentes na mesma sociedade. A **descendência dupla**, onde grupos de descendência patrilinear corporativos e grupos de descendência matrilinear corporativos ocorrem na mesma sociedade, fornece a ilustração mais dramática, como é mostrado no Caso 23.

Outra organização de descendência é a *descendência cognática*, mencionada anteriormente nesta seção. Especialistas em parentesco compreenderam um tanto recentemente que a descendência cognática, onde qualquer série de elos masculinos ou femininos com o antepassado fundador estabelece o direito à descendência, também pode produzir corporações de descendências que funcionam. O problema é limitar, e dos muitos grupos dos quais uma pessoa poderia ser membro, encontrar aquele em que ela realmente é membro. Aqui uma série de mecanismos é possível. Um deles é especificar que um casal pode morar ou com o grupo do marido ou com o grupo da mulher; mas seja qual for o grupo que ele/ela escolha, seus filhos pertencerão àquele grupo. Outro é dar um *status* privilegiado entre aquelas pessoas elegíveis para serem membros, para aqueles que rastreiam a descendência na linha masculina. Assim, outras coisas sendo iguais, uma cadeia de afiliações com o grupo do pai será feita, embora algumas pessoas em cada geração vão se afiliar com o grupo de sua mãe em virtude de estratégias econômicas ou das circunstâncias da história de vida. Uma pessoa raramente tem tanta liberdade para escolher ou mudar seu pertencimento como as regras formais parecem sugerir. Na prática, a descendência cognática pode produzir corporações semelhantes àquelas baseadas em descendência unilinear, e de uma forma que tem, organizacionalmente, a mesma eficiência. Em um sentido, a diferença é que a descendência cognática introduz nas regras uma grande amplitude de flexibilidade e depois usa apenas uma parte daquela amplitude, enquanto que a descendência unilinear dá pouca flexibilidade nas regras e, no entanto, permite essa flexibilidade quando é necessária de alguma forma disfarçada. O Caso 24 descreve a descendência cognática como é praticada pelos kwaios nas Ilhas Salomão.

Famílias, parentes e organização bilateral

As corporações baseadas na descendência fornecem soluções eficazes para os problemas organizacionais de muitas sociedades. Os povos caçadores-coletores podem conceber que o parentesco entre os membros do bando em seu território é baseado na descendência (como ocorre com muitos povos aborígenes australianos), mas as pressões para o controle corporativo dos recursos surgiu

CASO

22

O subclã dos trobriandeses

A paisagem trobriandesa está dividida em territórios. Cada território contém lugares sagrados dos quais, mitologicamente, sua antepassada supostamente surgiu. Dela descenderam, na linha feminina, os membros de um *dala*. Como os elos genealógicos precisos não são conhecidos, mas os grupos são fortemente corporativos, os *dala* são conhecidos na literatura trobriandesa como *subclãs*. Um subclã trobriandês é um grupo de descendência matrilinear que consiste dos seguintes membros:

1) Homens relacionados por meios de suas mães, das mães de suas mães, das mães das mães de suas mães e assim por diante.

2) As irmãs dos homens e outras mulheres igualmente relacionadas na linha feminina.

3) Os filhos e filhas dessas mulheres (mas não os filhos e filhas dos homens).

Concebe-se o *dala* como sendo passível de regeneração perpétua:

> Nas Trobriandesas a substância interior de uma criança é sangue *dala*, concebido pela união de uma mulher e um espírito criança que foi, ele próprio, reencarnado de um antigo *baloma* [os balomas são espíritos dos mortos que moram no submundo de Tuma] (WEINER, 1976: 122).

Uma criança pertence à *dala* de sua mãe, mas interage ao longo da vida com a *dala* do pai:

> Nas Trobriandesas, as crianças são criadas e cuidadas por seus próprios *dalas* e pelo seu pai e o *dala* dele. As crianças se beneficiam de seu lugar em seu próprio *dala* e de sua posição em outro *dala*... Como uma criança representa um amálgama da essência feminina e do aprovisionamento masculino, tanto o *dala* da mulher quanto o de seu esposo são infundidos com vida nova e novo potencial (WEINER, 1976: 130).

Noções culturais sobre concepção e as noções de tempo e causalidade expressas por meio delas não existem como ideias abstratas sobre o universo e sim como ideias sobre os grupos cruciais em que as vidas humanas são vividas, sobre as conexões entre humanos com o passar do tempo – humanos que, como nas Trobriandesas, incluem tanto os vivos quanto os mortos. Em muitas partes do mundo as pessoas acham que linhagens ou clãs incluem tanto membros vivos quanto membros mortos, que, em épocas de sacrifício ou outros ritos, participam todos juntos. Veremos no Caso 53 como os espíritos *baloma* retornam para suas aldeias todos os anos.

Um *dala* é uma corporação que controla terra. A qualquer momento, os interesses proprietários e corporativos do *dala* são representados por aquilo que Weiner chama de seu "gerente":

> Teoricamente o *status* gerencial... passa de um gerente para seu irmão mais novo até que o último grupo de irmãos [de homens em uma geração] tenha morrido. Aí o *status* de gerente passa para o filho mais velho da irmã mais velha... Os filhos da irmã mais nova em um grupo de irmãos têm muito pouca oportunidade de se tornarem gerentes (1976: 154).

O gerente e outros líderes masculinos do subclã (a versão trobriandesa daquilo que nós comparamos anteriormente com uma "diretoria") tomam decisões coletivas sobre como as obrigações de um *dala* de doações de colheita para seus membros femininos e seus maridos serão atribuídas – isto é, quem irá fazer os jardins de intercâmbio para quem (POWELL, 1969b). Eles também planejam e realizam os ritos mortuários e outras afirmações coletivas de seu prestígio de seus deveres de parentesco. Nesse sentido o poder político fica principalmente nas mãos dos homens. Mas o sistema trobriandês celebra simbolicamente a natureza e os poderes das mulheres e seu papel essencial nas conexões entre gerações. E, como vimos no

Caso 15, as mulheres ocupam um lugar principal nos ritos mortuários; as mulheres ricas e de alta posição social têm muito prestígio e um poder considerável. E comparadas com as mulheres em muitas sociedades organizadas patrilinearmente, as mulheres gozam de autonomia substancial sobre sua vida pessoal e sua sexualidade.

Residência pós-marital nas Trobriandesas contrasta fortemente com o sistema hopi descrito no Caso 20. As esposas vão morar com seus maridos no casamento. Mas como, então, os *dalas* se constituem como grupos locais? Se as mulheres do subclã não ficam na terra de seu *dala*, então devem ser os homens que permanecem e dirigem os negócios do subclã. Mas como isso pode ocorrer? Um diagrama aqui será útil:

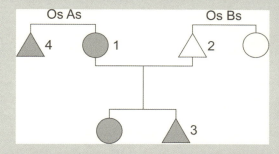

Uma mulher A, número 1, casa-se com um homem B, número 2, e vai viver com ele. Seus filhos então crescem no vilarejo de seu pai. Como é, então, que o filho número 3 acaba no território *dala* de sua mãe? (Que, portanto, é o seu próprio.) A resposta dada por Malinowski foi que, quando um filho tal como o número 3 alcançava a adolescência, ele deixava o vilarejo de seu pai e ia viver com seu tio materno, número 4. Esse padrão, repetido por gerações, significaria que os homens adultos de um subclã viveriam em sua própria terra, enquanto os meninos estariam crescendo com seus pais.

Os dados de Powell sobre as Trobriandesas da década de 1950 deixaram claro que a residência era mais variada e mais flexível do que Malinowski sugeriu. Muitos homens estavam vivendo no vilarejo das mães dos pais de seus pais ou em outros vilarejos (POWELL, 1960, 1969a). Os dados de Weiner esclarecem ainda mais a situação. Ela observa que eram apenas os gerentes potenciais que precisavam deixar os lugares de seus pais e se mudar para a terra de seu próprio subclã com seus tios por parte de mãe (um padrão de residência tecnicamente chamado de "avunculocal"):

> Se o filho de um homem é o próximo na fila para herdar o controle de sua própria terra *dala*, ele é enviado por seu pai para morar com o irmão de sua mãe. Muitas vezes um grupo de irmãos será enviado para morar avunculocalmente de tal forma que um homem venha a ter o apoio de seu irmão mais novo... Se um homem "volta para casa" para morar com o irmão de sua mãe ele potencialmente estará em uma posição de se tornar um homem influente (WEINER, 1976: 154-155).

Um subclã é categorizado ou como "principal" ou como "comum" (como veremos no Caso 36). Dentro dessas categorias o prestígio e o poder real dos subclãs variam consideravelmente. Mas seja qual for seu *status*, o subclã trobriandês é uma corporação proprietária de terra forte e duradoura, com regras estritas de exogamia.

Diz-se que cada subclã pertence a um de quatro *clãs*. A importância desses clãs é obscura, mas é claro que eles são categorias sociais, cada uma delas compreendendo um aglomerado de subclãs tradicionalmente associados por descendência matrilinear e tendo conexões simbólicas com uma espécie particular de ave ou animal. Eles não são grupos corporativos; e um único clã pode incluir alguns dos subclãs de maior e de menor posição social. A regra da exogamia do subclã se estende teoricamente a todos os membros do mesmo clã, mas alguns casamentos de membros de outros subclãs com membros do clã ocorrem realmente. Relações sexuais entre membros do mesmo clã, mas de subclãs diferentes, são consideradas erradas, mas não ultrajantes.

O sistema como foi esboçado é simples e estável – um subclã possuindo um território em que há uma aldeia onde os membros masculinos e suas famílias moram. Esse relacionamento, validado pelos mitos de origem, implica grande estabilidade e permanência. Mas como vimos quando tratamos de agrupamentos de descendência patrilinear, o verdadeiro mundo social de pessoas verdadeiras é sempre menos organizado e estável do que isso. Corporações de descendência não ficam sempre do mesmo tamanho: a proliferação, redução e extinção de linhagens exigem mecanismos para grupos que se dividem, desmoronam, e ocupam as terras uns dos outros. A qualquer momento, os interesses, estratégias e alianças de indivíduos e grupos e as variações demográficas exigem que a residência e a afiliação sejam mais flexíveis e variáveis do que exigido pelo dogma.

Na realidade, se pudéssemos examinar o cenário social trobriandês durante o período de um século ou dois, a identidade e organização de subclãs e seus territórios certamente iria se transformar drasticamente durante aquele período de tempo. Um mecanismo pelo qual isso ocorre é a ramificação de um segmento de um subclã que prolifera (normalmente um subclã importante) de tal forma que ele se une à aldeia e território de um outro subclã. Isso pode ocorrer quando uma mulher do subclã B casa com um homem importante do subclã A que então – para alavancar sua força e seu prestígio – dá a seus filhos uma base na aldeia A. Os filhos das irmãs e os descendentes matrilineares desses filhos que ficaram na vila B então estabelecem um ramo do subclã B na aldeia do subclã A.

Com esse mecanismo, muitos segmentos locais de subclãs estão morando em territórios diferentes daqueles onde seus antepassados supostamente se originaram. Além disso, muitas aldeias são compostas de dois, três ou mais segmentos de subclãs. Às vezes os segmentos "imigrantes" do subclã superam e dominam politicamente os "donos" originais. Isso perturba nossa clara equação anterior: 1 aldeia = 1 subclã. Pois uma aldeia pode conter seu subclã original e também segmentos de um ou dois outros subclãs. E, inversamente, segmentos de um único subclã podem estar ligados em vários territórios diferentes de tal forma que o segmento do subclã, e não o subclã total, é o grupo corporativo com base naquele local. Com efeito, em muitos aspectos, a aldeia (quando composta de dois ou mais segmentos de subclã) é tão importante quanto o subclã na vida trobriandesa (como veremos no Caso 31).

A flexibilidade de organizações residenciais fornece mais um ajuste às pressões demográficas mutantes, à terra, e às marés da sorte política. A opção de permanecer na terra de nosso pai – ou até mesmo de um pai de sair e ir viver com um filho bem-sucedido politicamente na terra do *dala* desse filho (WEINER, 1976: 155) – dá opções de residência que podem ser escolhidas com relação à disponibilidade de terra, à preferência pessoal e à vantagem política.

Finalmente os caprichos da demografia são sujeitos à reorganização humana, já que um grande número de crianças é adotado em domicílios que não aqueles onde elas nasceram. Isso não influencia seu *status* como membros do subclã, mas os transfere para domicílios diferentes – muitas vezes aqueles de subclãs que não são o de seu pai ou o de sua mãe – durante sua infância.

principalmente com o começo da produção de alimentos. Com a revolução urbana e tecnologias avançadas, formas de agrupamentos sociais não relacionadas com o parentesco vieram à tona. No entanto, antropólogos que trabalham em comunidades camponesas muitas vezes encontram agrupamentos sociais importantes baseados na descendência (Capítulo 18).

Grupos corporativos baseados na descendência na verdade estão longe de serem universais. Há outras soluções, igualmente adaptativas, para os mesmos problemas. Muitos horticultores de queimada do Sudeste Asiático, em particular, e alguns pastores tais como os Lapps usam o parentesco bilateral como o princípio mais importante da organização social. Assim em muitas partes das

CASO
23

Descendência dupla entre os yakös

Os yakös da Nigéria, que moram em cidades grandes de até 11 mil pessoas, estão organizados de uma maneira que, à primeira vista, é muito semelhante aos nossos Smiths e Joneses patrilineares. Um pequeno grupo patrilinear, como os Smiths da Elm Street, residem juntos em um conjunto de casas. Mas enquanto as ruas dos Smith estavam espalhadas entre ruas de Joneses e de Browns, o conjunto dos yakös estão agrupados em um aglomerado, uma patrilinhagem grande local que tem corporativamente a propriedade da terra. Finalmente, uma série de aglomerados de patrilinhagem estão agrupados para formar um clã, ocupando um único "distrito" da cidade. Essa correspondência entre territórios e níveis segmentários nos lembra os tivs (Figura 9.7). Os clãs são exógamos, portanto as esposas de um homem yakö (ele muitas vezes têm várias) vêm de outros distritos.

No entanto, ao mesmo tempo, os yakös têm uma descendência matrilinear e qualquer yakö pertence ao clã matrilinear de sua mãe. Enquanto as patrilinhagens estão interessadas em imóveis e rituais envolvendo terras e primeiros frutos, os clãs matrilineares corporativos estão interessados em propriedade móvel, com responsabilidade legal para seus membros, direitos a pagamentos por sua morte e com o ritual envolvendo os espíritos da fertilidade. Qualquer yakö pertence tanto à patrilinhagem de seu pai ou à matrilinhagem de sua mãe.

Assim dois modos diferentes de organização de grupos corporativos, por meio da descendência patrilinear e matrilinear, preenchem funções complementares nas várias esferas da vida yakö. Como só irmãos plenos normalmente pertencem tanto ao mesmo clã de patrilinhagem e ao mesmo clã de matrilinhagem, as pessoas que se opõem em uma situação podem muito bem ser aliadas em outra – com isso ajudando a unir as grandes comunidades yakös (FORDE, 1950).

Para mais um estudo clássico de descendência dupla em uma sociedade africana confira Goody (1962).

Filipinas, Bornéu e Indonésia, a propriedade pertence aos grupos familiares e a estrutura social é formada com os agrupamentos locais – famílias, assentamento e bairros (cf. Casos 25 e 26). Aqui o parentesco bilateral fornece soluções para muitos dos problemas organizacionais que em outras partes do mundo são resolvidos por meio de grupos de descendência. Grupos locais são compostos de parentes consanguíneos e afins e grupos de ação são cristalizados temporariamente com parentes pessoais (cf. tb., uma vez mais, para um exemplo, CARSTEN & HUGH-JONES, 1995).

É uma boa ideia terminar esta seção com uma nota admonitória. Agrupamentos de descendência são óbvia e facilmente registrados e eles se prestam elegantemente a esquemas comparativos. No entanto, antropólogos podem muitas vezes ter superestimado a importância da descendência em detrimento de princípios mais sutis de agrupamentos sociais. Concentrando-se em categorias de descendência eles usaram muito engenhosidade para explicar por que as pessoas que não estão relacionadas patrilinearmente a um determinado lugar estão morando lá. Poderia ser melhor focalizar grupos locais e não categorias de descendência, em suas estratégias de jardinagem, amizades, interesses proprietários e outras coisas semelhantes, que levam as pessoas a morarem onde moram. Um povo pode falar sobre os resultados cumulativos de escolhas individuais em termos de ideologias de descendência, mesmo que "as regras de descendência" na verdade possam ter pouco a ver com quem decide morar onde e fazer o quê. A descendência pode ser, em

CASO
24

Descendência cognática entre os kwaios

Os kwaios melanésios das Ilhas Salomão dividem seu terreno montanhoso em dúzias de pequenos territórios. Acreditam que cada um desses territórios foi fundado por antepassados conhecidos há umas nove a doze gerações passadas. Todos os descendentes cognáticos do antepassado fundador de um território têm direito de viver lá e usar a terra e a maioria deles cria porcos para sacrificá-los aos antepassados associados com aquele território.

No entanto, uma pessoa obviamente não pode viver em todos os muitos territórios (muitas vezes uma dúzia ou mais) aos quais está relacionada por descendência cognática e ainda ter igualmente direitos a eles. Normalmente há uma afiliação mais forte para com apenas um dos territórios e para com o grupo de descendência ali baseado. Aqueles que são afiliados com o grupo descendente formam o núcleo da corporação de propriedade da terra; eles são, por assim dizer, membros e eleitores com plenos direitos. Os outros descendentes cognáticos, afiliados em algum outro lugar, têm direitos secundários e interesses rituais menores.

Como é, então, que uma pessoa vem a ter uma afiliação primordial entre o grande número de afiliações potenciais por meio do pai e da mãe? Na prática, ele ou ela raramente se afilia a um grupo de descendência que não seja o do pai ou da mãe. Mas qual dos dois? Primeiro, acredita-se que uma pessoa que é descendente patrilinearmente do antepassado fundador de um território tem os direitos mais fortes na corporação e sua opinião é a mais importante nas questões de ritual. Segundo, uma mulher normalmente reside no território de seu marido; e uma

pessoa normalmente se afilia ao grupo com o que ele ou ela cresceu na infância. Todos esses fatores se combinam de tal forma que a maioria das pessoas se afiliam ao grupo de descendência de seu pai. Cumulativamente, a maioria dos grupos de descendência é composta principalmente de descendentes patrilineares do antepassado fundador. Descendentes cognáticos que moram em outro lugar têm um interesse secundário na corporação. No entanto em cada geração, em virtude das circunstâncias da história de vida, algumas pessoas crescem com seus parentes maternos e se afiliam ao grupo de descendência de sua mãe. Contanto que mantenham uma participação ativa na corporação, elas serão tratadas como membros com todos os direitos.

No entanto, muitos homens não moram no território em que têm interesses primordiais. Com efeito, a residência kwaio é bastante fluida e muitos homens moram em quatro ou cinco territórios ou mais no decorrer de suas vidas. Eles participam ativamente, embora tenham um interesse secundário, no ritual e questões seculares de vários grupos de descendência diferentes.

Dependendo do contexto do momento, um membro do grupo A e um membro do grupo B podem ambos estar participando das questões rituais ou festividades do grupo C em que ambos têm interesses secundários, com base na descendência cognática. Aqui a interação de descendência cognática e descendência patrilinear e as estratégias de festividades e da jardinagem além das circunstâncias da história de vida produzem grupos de descendência solidamente corporativos, embora flexíveis e adaptativos (KEESING, 1970).

algumas sociedades, mais uma maneira de pensar sobre grupos locais do que de formá-los. A descendência pode também fornecer uma retórica importante em termos da qual mobilizar a ação e a solidariedade (STRATHERN, 1972). O arcabouço teórico delineado no capítulo anterior, no qual examinamos a organização da produção e

da distribuição, permite-nos classificar a maneira como as ideias sobre descendência e parentesco são usadas – e ao mesmo tempo perceber o papel das ideologias sobre clãs ou a reencarnação de antepassados na reprodução de um sistema de relações sociais que atravessa as gerações.

CASO
25

Os subanuns das Filipinas

Os subanuns são horticultores de queimada espalhados pelas montanhas da ilha filipina de Mindanao. Sem qualquer estrutura política formal, eles estão organizados em grupos de parentesco que não são duradouros e são maiores que a família. No entanto, eles mantêm redes complexas de relações de parentesco e direitos legais que entrelaçam as famílias. Uma família, que consiste de pais e dos filhos solteiros, forma uma corporação independente – que possui propriedade, compartilha a responsabilidade legal e produz e consome seus próprios produtos agrícolas de subsistência.

Duas famílias arranjam um casamento entre seus filhos por meio de negociações legais prolongadas. Até que o pagamento de dote seja feito em sua totalidade, o novo casal deve contribuir com trabalho para os pais da noiva, mas ao casar-se eles deixam as famílias dos pais e fundam uma nova corporação independente. A corporação familiar formada por um casamento, como uma parceria legal, é dissolvida pela morte de um dos parceiros (ou pelo divórcio) e sua propriedade é dividida. Membros sobreviventes ou parceiros divorciados – mesmo uma viúva ou viúvo sem filhos solteiros – formam uma nova corporação, por mais fragmentária que seja, que é economicamente autônoma e legalmente independente. Só um novo casamento ou adoção pode incorporar sobreviventes de uma família dissolvida em uma nova família. Uma vez casado, um subanun nunca mais pode voltar para seu domicílio natal. No entanto, as obrigações contratuais entre as famílias dos pais que patrocinaram o casamento são fortes e duradouras: se um dos cônjuges morre, seu domicílio é legalmente obrigado a prover outro cônjuge se for possível.

Casamento entre parentes próximos, até primos de primeiro grau, é comum. Dada a independência de cada família e a ausência de grandes agrupamentos corporativos, o casamento de parentes próximos implica poucos problemas; cada casamento é por sua natureza "um casamento fora". Cada domicílio mora em uma clareira separada, tão distante dos outros quanto a organização dos campos permite. Embora de três a doze domicílios vizinhos formem um "assentamento" disperso, esses alinhamentos são apenas temporários. Qualquer família é o centro de um aglomerado único de vizinhos e parentes, ligado primeiramente com as duas famílias que patrocinaram sua formação e mais tarde com as famílias com as quais está contratualmente conectada pelo patrocínio do casamento. O etnógrafo Charles Frake faz a seguinte observação:

> Apesar da rede de laços sociais formais e informais entre as famílias, não surgiram unidades sociopolíticas separadas, grandes e estáveis... A família subanun [é] em grande parte uma "nação soberana". Mas... a família subanun não é um grupo de descendência. Sua unidade corporativa dura tanto quanto o laço de matrimônio de seus fundadores. A continuidade da sociedade subanum deve ser procurada no processo contínuo de formação e dissolução de grupos corporativos e não na permanência dos próprios grupos (1960: 63).

24 A classificação de parentes

Teorias alternativas de terminologia do parentesco

A maneira como os parentes são classificados é uma preocupação antiga da Antropologia. Como observamos, os mesmos esquemas formais para classificar parentes surgem em partes do mundo extremamente distantes umas das outras, entre povos cujas línguas não são relacionadas e que não tiveram qualquer contato histórico. Além disso, há visíveis correlações entre as maneiras como os parentes são classificados e a organização dos grupos de descendência e dos sistemas de casamento. **As terminologias de parentesco** são meios de classificar "tipos de pessoas" que são so-

CASO

26

A organização social dos ibans

Os ibans de Bornéu, cujo cultivo de arroz seco expansionista e nômade nós examinamos no Caso 6, têm uma organização social que parece ser extremamente adaptativa a seu modo de vida e seu ecossistema. No entanto, como muitos povos do Sudeste Asiático, eles organizam grupos corporativos sem referência à descendência unilinear, embora de uma maneira muito diferente da dos subanuns.

Os ibans vivem em comunidades relativamente grandes, cada uma delas politicamente independente e ocupando um território definido. Essas comunidades podem incluir um número não menor do que trinta pessoas e não maior do que 350 pessoas. Elas são surpreendentes, no sentido de que os habitantes vivem juntos em uma única *longhouse*. As famílias em uma *longhouse* são principalmente relacionadas cognaticamente, mas não compreendem um grupo corporativo. Sua unidade é expressa na observância de rituais.

Cada uma das famílias componentes, ou *bilek*, é fortemente corporativa. Um bilek é uma unidade econômica separada, que cultiva arroz e outras safras e que possui propriedade transmitida por herança. Ele é também uma unidade separada de ritual, realizando seus próprios ritos e possuindo um conjunto separado de encantos mágicos e proibições rituais. Cada bilek mora em um apartamento na *longhouse*.

Tipicamente um bilek contém três gerações, um casal de avôs, um filho ou filha e seu cônjuge e os netos. O bilek continua (ao contrário da família subanun) como uma corporação por gerações. O artifício pelo qual isso é obtido é simples: pelo menos um filho ou filha em cada geração fica no local, traz um cônjuge e perpetua a corporação. Os outros filhos caracteristicamente casam-se com pessoas de outros domicílios. A fissão de um bilek pode ocorrer quando dois dos filhos se casam e trazem suas esposas; um dos filhos(as) casados(as) pode reivindicar sua parte da propriedade familiar e sair da casa com a nova família nuclear para formar uma nova corporação.

Uma *longhouse* iban recentemente construída rodeada por arrozais.

cialmente relevantes na vida de uma pessoa; e isso depende de como uma sociedade é organizada em grupos e como esses grupos estão ligados uns com os outros.

Considere os hipotéticos Smiths e Joneses. Os Smiths da Elm Street, do ponto de vista de pessoas de fora, compreendem uma corporação solidária. Membros da linhagem têm responsabilidade e comutabilidade coletivas (de tal forma que, se um homem comete um malfeito, os outros são considerados responsáveis). Irmãos mais jovens ocupam o lugar de irmãos mais velhos.

Um casal a ponto de se casar se depara com a escolha de viver com o grupo *bilek* da noiva ou com o do noivo. Essa escolha determina a que corporação seus filhos irão pertencer (FREEMAN, 1960: 67). Filhos e filhas na verdade ficam na casa da família quando se casam com aproximadamente a mesma frequência. Eles devem se casar com um(a) forasteiro(a), já que o *bilek* é exógamo. No entanto, quaisquer primos de primeiro grau ou outros parentes mais distantes que estão em um *bilek* diferente têm permissão para se casar. O casamento é muito uma questão de escolha pessoal e depois dos primeiros anos do casamento o divórcio é raro.

Grupos de ação maiores são predominantemente recrutados entre os moradores da *longhouse*, segundo o contexto do momento. Como entre os subanuns, esse recrutamento é normalmente feito segundo as linhas de parentesco. O parente pessoal é uma categoria social importante para os ibans, inclusive uma categoria de parente que se expande bilateralmente. Em teoria, isso inclui todos os parentes sanguíneos conhecidos de um indivíduo; na prática, provavelmente só parentes bastante próximos serão socialmente relevantes. Parentes, é claro, se superpõem; eles não são grupos corporativos. Quando ritos do ciclo de vida, inimizades familiares ou outros eventos intermitentes colocam uma pessoa específica no centro do palco, seus parentes se unem para fornecer o elenco de apoio (FREEMAN, 1955, 1958, 1960).

Uma família iban: membros de um *bilek* comem sua refeição do meio-dia.

(Em muitos sistemas desse tipo, um irmão mais jovem irá se casar com a viúva do irmão. Lembrem-se do "casamento fantasma" dos nuers, Caso 18.) Como isso pode ser expresso na classificação de parentes?

Um padrão muito comum é que os irmãos do pai de uma pessoa sejam classificados junto com o pai e as irmãs da mãe daquela pessoa sejam classificadas junto com a mãe. No caso dos Smiths e Joneses, se "ego" (a pessoa que faz a classificação) é um Smith da Elm Street, seu pai e os irmãos de seu pai também serão Smiths da Elm Street. Com efeito todos os Smiths da Elm Street da geração do pai são colocados juntos terminologicamente como "pais". A mãe de Ego pode ser uma Brown da Spring Street, e todas as mulheres Brown da geração da mãe serão classificadas como "mães".

Existem duas posições fortemente contrastantes no estudo de modos de classificação de parentes. Uma posição importante, mais vigorosamente articulada pelos americanos Lounsbury e Scheffler, é que as terminologias de parentesco são sempre estruturadas genealogicamente. O termo pelo qual o pai é classificado pode ser estendido para incluir outros parentes homens da geração do pai (e talvez parentes distantes cujo verdadeiro relacionamento seja desconhecido mas que se enquadram em uma relação com o pai socialmente equivalente com base em, digamos, pertencer ao mesmo clã). Isso reflete padrões de equivalência social, comutabilidade, ou sucessão potencial que faz com que esses parentes sejam "como um pai" em algum aspecto importante. A conexão de Ego com o sistema de classificação, ou seu ponto de referência, é sempre sua própria mãe e seu próprio pai; portanto, o sistema é sempre genealógico em última instância, mesmo que, ao classificar parentes distantes, a pertença ao grupo ou a idade possam ser mais importantes do que a real conexão genealógica. Lounsbury e Scheffler exploraram, usando regras formais para expressar equivalências entre posições de parentesco, modos alternativos de classificar um parente, tais como o extremamente complexo sistema "Crow" que é o tipo de terminologia dos trobriandeses (LOUNSBURY, 1965).

Uma posição oposta no estudo de parentesco (que surge principalmente da Inglaterra e é representada mais ilustremente por Needham e Leach) é que nossa própria maneira de classificar parentes seriamente deturpa nossa compreensão de um sistema baseado em descendência unilateral tal como os dos Smiths e Joneses ou o dos trobriandeses. Como alguns sistemas encontrados na Europa e na América do Norte são bilaterais, não têm grupos de descendência e distinguem parentes lineares de parentes colaterais (isto é, irmãos de primos, pais de tias e tios), podemos pensar em parentesco em termos de cadeias de conexão genealógica entre indivíduos. Povos cujo mundo social está organizado em termos de corporações de descendência não classificam indivíduos com base em sua conexão genealógica com Ego, mas com base em seu pertencimento a categorias e grupos sociais amplos, definidos por descendência e casamento. Um termo pode significar, digamos, "homem do clã do pai" ou "mulher com quem é possível casar"; mas, em virtude de nosso viés genealógico, somos iludidos e tentamos defini-lo em termos genealógicos, como "pai" ou como "filha do irmão da mãe".

Para nossos objetivos é desnecessário examinarmos as questões técnicas muito complicadas que estão envolvidas, ou introduzir uma tipologia das maneiras de classificar parentes. O leitor interessado deve se voltar para um livro introdutório sobre parentesco tais como o de Keesing (1975) (cf. tb. KIPP, 1984, para uma reconciliação dos dois pontos de vista discutidos aqui). Vale a pena fazer uma pausa para se perguntar por que tanta atenção antropológica foi dada à terminologia do parentesco por mais de um século de estudo comparativo.

Por que estudar termos de parentesco?

A motivação permanente por trás dos estudos de terminologias de parentesco é que, se pudermos descobrir como eles mapeiam o universo social de um povo, podemos obter uma chave para a análise comparativa. Embora a busca por correspondências sistemáticas entre modos de descendência ou formas de casamento e maneiras de classificar parentes tenha continuado por muitas décadas, há razões crescentes para achar que as correspondências não são tão nítidas como era esperado (KEESING, 1975). Mais recentemente a simetria formal e as possibilidades algébricas das terminologias do parentesco fizeram delas uma preocupação central na semântica etnográfica (cf. READ et al., 1984). Tentativas de usar análise componencial na semântica lidou principalmente com termos de parentesco (lembrem-se da tentativa no § 6 para definir "cadeira", "banqueta" e "banco" em termos da interseção de características distintivas). Quando a análise componencial é usada para definir o significado de um termo de parentesco, critérios tais como geração, gênero, ou idade relativa são usados como características distintivas.

Infelizmente, analisar termos de parentesco apenas em seus sentidos genealógicos, extraídos dos contextos sociais, dá ao analista um tipo de liberdade espúria (cf. KEESING, 1972b). A análise se torna muito facilmente um tipo de jogo algébrico, em que as soluções nos dizem muito pouco ou sobre os significados dos termos para aqueles que os usam (nos sentidos metafórico e não genealógico e também nos sentidos genealógicos) ou sobre como as palavras transmitem significados.

Nossa meta primordial foi ver como o parentesco e a descendência se entrelaçam para formar o tecido da ordem social nas sociedades. Vale a pena fazer uma breve pausa para avaliar a importância do parentesco e da descendência na formação de relações sociais.

25 Parentesco e relações sociais

Uma geração anterior de etnógrafos normalmente registrou os esboços formais do "sistema de parentesco" de uma sociedade – os termos para os parentes, a regra de residência, a regra de descendência, o número e nomes dos clãs, as regras de exogamia e formas de casamento, as regras especiais de que parentes evitar e questões semelhantes. Quando um detalhe mais sofisticado começou a ser registrado, esses registros ideais terminaram por corresponder bastante imprecisamente aos padrões reais de relações sociais. Grupos locais acabaram não sendo exclusivamente compostos de descendentes lineares, como as regras informais supunham; "casamentos errados" eram comuns e a residência pós-marital muitas vezes "violava" a "regra"; e os parentes competiam entre si e brigavam embora a ideologia insistisse que não deveriam fazê-lo. O que fazer sobre esse abismo emergente entre aquilo que as pessoas realmente fazem em uma sociedade e a versão idealizada de seu sistema de parentesco que elas apresentavam ao etnógrafo foi um tema importante da Antropologia Social moderna.

Ideologias de parentesco e processos políticos

Para alguns antropólogos, parece melhor se concentrar nas metas e estratégias individuais e na maneira como são formadas as coalizões para levar adiante fins coletivos e manipular o poder, a riqueza e o *status*. As "regras" então aparecem como ideologias que são manipuladas para levar adiante metas políticas. Quando elas são retiradas desses contextos e apresentadas em formas codificadas ao etnógrafo elas não só dão um quadro muito organizado do "sistema" (e, portanto, criam a ilusão de um abismo entre as regras e o verdadeiro comportamento), mas também criam

CASO

27

Os "grupos de descendência" e as relações sociais entre os kwaios

O "sistema de descendência" dos kwaios só é compreensível se percebermos como o papel que uma pessoa está atuando em uma situação particular determina o papel que ele ou ela irá desempenhar, e como isso pode não corresponder nitidamente à sua "pertença" a um grupo de descendência. Considere o seguinte:

> Um dos meus sujeitos é um agnado no grupo de descendência A e ele é padre* para os As embora não tenha morado com eles desde a infância. Ele cresceu e morou sempre com os parentes de sua mãe, do grupo de descendência B. No decorrer de uma festividade mortuária que nosso homem estava dando, um líder do grupo A se aproximou pela esquerda e lhe presenteou com um objeto valioso importante, que ele aceitou com a mão esquerda. No mesmo momento, um homem de B se aproximou pela direita e presenteou-o com outro objeto valioso – que ele aceitou simultaneamente com a mão direita. Nosso sujeito estava agindo no mesmo momento tanto como A quanto como B – e ninguém ficou confuso. Esse é, é claro, um caso-limite em que a pertença dupla

* No original *priest* = "be a priest to someone": estar ao lado da pessoa na hora da morte ou causar a morte [N.T.].

é expressa simultaneamente. No entanto, no decorrer de uma festividade ou casamento, um indivíduo atua muitas vezes como um membro não só de mais de um grupo de descendência, mas de meia dúzia de outras [categorias de descendência]. O *status* em cada caso está claramente rotulado, de acordo com o contexto (KEESING, 1968b: 83).

Confusão e conflito de interesse são evitados porque o *status* do ego é definido pelo contexto. Um dia ego se comporta como um membro do [grupo] A, outro dia ele pode se comportar como membro de B, C e D. A pertença a um grupo de descendência não exige, na maior parte do tempo, alguma lealdade exclusiva, tal como residência. Ela meramente inclui ego em uma categoria social da qual os grupos estão cristalizados em certos contextos definidos. O que é necessário para fazer com que um sistema assim funcione é a classificação situacional, ou a rotulação clara de *status*, e um conjunto de princípios para tomar decisões naquelas situações em que duas lealdades estão em conflito ou em que a presença é exigida em dois lugares diferentes ao mesmo tempo (KEESING, 1968b: 83)

No ritual kwaio os papéis estão fortemente estruturados pela descendência: mulheres de um grupo de descendência seguram o "crânio de um ancestral" – um coco brotando – em um rito que renova o repositório de crânios do grupo (página anterior, à esquerda); e homens e meninos do grupo fazem uma dança sagrada em acompanhamento (página anterior, à direita); no entanto, em todas as relações sociais e no trabalho as partes que as pessoas desempenham dependem tanto da amizade e dos laços entre vizinhos quanto da descendência e do parentesco (à esquerda).

Analisei os grupos de ação que se cristalizam em ambientes diferentes – nas festividades, nas lutas, nos rituais e assim por diante – como o desempenho de *papéis* diferentes. Uma pessoa atua como anfitrião de uma festividade um dia, como membro de um grupo de luta no outro. Nas duas situações, a que corporação de descendência ele pertence pode parcialmente explicar sua participação e aquilo que ele faz com quem. No entanto o grupo que se une para lutar irá previsivelmente apenas parcialmente imbricar-se com o grupo que patrocinou a festividade; e nenhum dos dois irá corresponder nitidamente ao grupo que se junta no ritual que mais proximamente corresponde ao "grupo de descendência" dos kwaios:

> A categoria de pessoas cuja afiliação primordial de descendência é com um território com um nome específico (por exemplo, "Kwangafi") porque elas são agnaticamente descendentes de seu fundador, está relativamente clara. Mas essa categoria não define um "grupo de descendência localizado", já que as mulheres adultas estão principalmente espalhadas nos territórios de seus maridos e alguns membros masculinos moram em territórios que não são o Kwangafi. "As pessoas de Kwangafi", nesse sentido claro de uma categoria de descendência, estão cristalizadas em um grupo social apenas em uns poucos contextos, sobretudo os que envolvem ritual; elas compreendem uma comunidade ritual dispersa, não um grupo local. Por outro lado, em contextos diferentes a expressão "as pessoas de Kwangafi" se refere a pessoas domiciliadas em Kwangafi e suas famílias; isto é, inclui esposas que se casam internamente não relacionadas com Kwangafi e exclui mulheres Kwangafi que moram em outros lugares. "As pessoas de Kwangafi" pode se referir também a uma categoria muito mais ampla de todas aquelas pessoas cognaticamente descendentes dos fundadores de Kwangafi que fazem sacrifícios para os antepassados Kwangafi. Em ainda outros contextos, "as pessoas de Kwangafi" pode se referir a um grupo de ação temporariamente cristalizado ao redor dos homens de Kwangafi para algum objetivo tais como uma contenda, ou uma festividade; esses podem incluir uma ampla difusão de cognatos, afins, vizinhos e aliados políticos...
>
> Os elementos componentes que contribuem para ser uma "pessoa Kwangafi" em contextos diferentes (ser membro da categoria de descendência, domicílio, residência verdadeira, gênero, ser membro do aglomerado do bairro etc.) podem ser analiticamente desenredados. Distinguir os vários contextos em que o *status* de descendência é relevante e analisar os papéis envolvidos nos permite fazer sentido de grande parte do fluxo aparente de interação social. Podemos prever com bastante precisão, como os kwaios podem, que grupo ou categoria irá compreender "as pessoas de Kwangafi" em um ambiente ou evento específico (KEESING, 1972b: 23).

um retrato falso de como as regras operam: as regras são vistas como ditados morais que restringem o comportamento. Críticos como Leach (1961) e Barth (1966a) argumentariam que as afirmações das supostas "regras" nos contextos sociais reais são atos políticos; as ideologias são produtos secundários e instrumentos dos processos da economia e da política. Assim, um homem kwaio (Caso 24) pode argumentar eloquentemente no decorrer de uma litigação que agnados têm direitos primordiais em um caso de custódia, citando a ideologia de descendência agnática – e todos compreendem que ele está fazendo isso porque ele e seus aliados são os agnados da criança.

No dia seguinte ele pode insistir em receber uma parte da compensação sexual pela filha itinerante de sua irmã – e pode, com igual veemência, citar a ideologia do parentesco cognático.

Ideologias de parentesco e regras implícitas

Mas há outra abordagem igualmente reveladora para o abismo aparente entre regras ideais e ideologias e aquilo que as pessoas realmente fazem. Os kwaios, como outros povos tribais, não esperam uns dos outros que essas regras "ideais" sejam seguidas (cf. Caso 27). Mas eles sim conseguem entender, interpretar e até prever tais atos como eu descrevi. Se eles podem fazer isso, deve haver algum código mais sutil que eles compartilham. Um tema importante na antropologia recente foi perscrutar sob as regras informais, regras ideais e categorias para descobrir e descrever da melhor maneira possível esse conhecimento compartilhado que faz com que a comunicação e relações sociais ordenadas sejam possíveis.

Meus esforços para descrever esse conhecimento compartilhado entre os kwaios ilustram claramente como foi dado às "linhagens" e a outros agrupamentos de parentesco uma falsa concretude. Muitas das coisas que as pessoas fazem, os lugares aonde vão, e os grupos de ação de que participam temporariamente não têm nada – ou têm muito pouco – a ver com o fato de elas serem membros em corporações de descendência. Assim, quando estudamos organização social, devemos examinar mais cuidadosamente do que normalmente fizemos os grupos que se formam temporariamente para juntos prepararem os jardins, caçar, buscar água nos riachos ou sentar e tagarelar; e, portanto, devemos dar uma ênfase mais adequada ao papel da amizade e da escolha pessoal, assim como o *status* do paren-tesco ou da descendência, no tecido da vida social cotidiana (cf. HOLY, 1976).

Isso é útil como um aviso contra um perigo no arcabouço teórico neomarxista esboçado no capítulo anterior, bem assim como nas abordagens "estrutural-funcionais" mais tradicionais que dominaram a antropologia social. Podemos muito facilmente dar a uma linhagem ou a um clã – ou até mesmo a um domicílio – uma concretude espúria ao falar sobre sistemas de produção. Aquilo que é uma categoria conceitual nas mentes de um povo, em termos da qual ele cria grupos em contextos específicos para trabalhar juntos, pode ser "reificada" na unidade de produção fundamental. Grande parte da literatura marxista sobre linhagens africanas sofre dessa falsa concretude, uma questão a que Fortes se referiu:

> Quando Terray... cita "o modo linhagem de produção" em que "a linhagem e o segmento... são simultaneamente unidades de produção, de consumo, de organização política e de religião" é evidente que ele não se atualizou com os estudos modernos (1978: 17).

O antropólogo analisando as relações sociais de produção e distribuição deve dar atenção especial a quem está fazendo o que, com quem, bem assim como às categorias conceituais em termos das quais eles falam sobre o que estão fazendo. (Uma ênfase assim em pessoas reais, envolvendo o mundo no trabalho, em oposição a categorias e classes de alcance geral, irá inevitavelmente ser desprezada por aqueles com maior compromisso ideológico como sendo "empirismo".) É verdade que os eventos no mundo não falam por si mesmos como fatos e que precisamos explicá-los em termos de uma teoria. Mas se, em última instância, a teoria não estiver baseada em humanos reais e eventos reais, ela irá se referir apenas a um mundo imaginário em que as abstrações batalham umas com as outras.

Clarificamos um pouco mais algumas facetas da organização de sociedades tais como as trobriandesas. Mas outras facetas – a constituição de grupos domésticos, as alianças entre corporações de descendência criadas pelo casamento, e a organização de comunidades – ainda precisam ser exploradas.

SUMÁRIO

Uma distinção é feita entre categorias culturais, como entidades classificatórias e grupos sociais que consistem de pessoas que interagem e realizam atividades de uma maneira organizada. Grupos podem ser baseados em regras de parentesco que definem quem deve pertencer a eles e como eles devem cooperar. O próprio parentesco pode ser complexo, baseado ou em elos físicos putativos por meio de procriação ou por meios de outros princípios tais como a corresidência ou transações na riqueza. Laços de filiação entre as pessoas podem se tornar a base para a formação de parentes pessoais ou de grupos corporativos fundados sobre princípios de descendência patrilinear ou matrilinear ou cognática. A descendência pode dar a uma pessoa o direito de ser membro de um grupo assim, mas não o determina. Grupos baseados em processos de afiliação que não sejam a descendência podem usar uma retórica de descendência compartilhada como meio de manter sua solidariedade. Na vida social é preciso haver flexibilidade, permitindo que as pessoas se movimentem e se reafiliem se lhes faltam recursos ou se existem brigas.

Os grupos de descendência patrilinear são encontrados mais comumente do que os matri-lineares. A matrilinearidade não implica necessariamente poder ou *status* para as mulheres, embora possa fazê-lo. Regras e práticas complexas de residência podem surgir em sistemas matrilineares (exemplo: os trobriandeses). Às vezes tanto os grupos de descendência patrilinear quanto os de descendência matrilinear são encontrados na mesma sociedade, com funções diferentes, tais como com relação à propriedade de bens imóveis *versus* a de bens móveis (exemplo: os yakös). Com a descendência cognática, um indivíduo tem a escolha do grupo ao qual vai se afiliar e pode manter um interesse em mais de um grupo (exemplo: os kwaios). As sociedades podem ser baseadas não em grupos de descendência, mas em grupos de parentesco ou familiares com regras de recrutamento durante as gerações (exemplo: os ibans).

SUGESTÕES PARA LEITURAS ADICIONAIS
Seções 21-25

BOHANNAN, P.J. & MIDDLETON, J. (orgs.) (1968). *Kinship and Social Organization*. Garden City, N.Y.: Natural History Press.

CHUN, A.; CLAMMER, J.; EBREY, P.; FAURE, D.; FEUCHTWANG, S.; HUANG, Y.K.; SANGREN, P.S. & YANG, M. (1996). "The Lineage-Village Complex in Southeastern China: A Long Footnote in the Anthropology of Kinship". *Current Anthropology*, 37 (3), p. 429-440.

EGGAN, F. (1968). "Kinship: An Introduction". *International Encyclopedia of the Social Sciences*, 8, p. 390-401. Nova York: The Macmillan Company.

FOX, R. (1967). *Kinship and Marriage*. Baltimore: Penguin Books.

GOODY, J.R. (1968). "Kinship: Descent Groups". *International Encyclopedia of the Social Sciences*, 8, p. 401-408.

GOODY, J.R. (org.) (1971). *Kinship*: Selected Readings. Baltimore: Penguin Books.

GRABURN, N.H.H. (1971). *Readings in Kinship and Social Structure*. Nova York: Harper & Row.

PASTERNAK, B. (1976). *Introduction to Kinship and Social Organization*. Englewood Cliffs, N.J.: Prentice-Hall.

SAHLINS, M. (1968). *Tribesmen*. Englewood Cliffs: Prentice-Hall.

SCHEFFLER, H.W. (1977). "Kinship, Descent and Alliance". In: HONIGMANN, J.J. (org.) *Handbook of Social and Cultural Anthropology*. Skokie, Ill.: Rand McNally & Company.

SCHNEIDER, D. (1968). *American Kinship*: A Cultural Account. Englewood Cliffs, N.J.: Prentice-Hall.

SCHNEIDER, D. & GOUGH, K. (orgs.) (1961). *Matrilineal Kinship*. Berkeley: University of California Press.

SCHUSKY, E.L. (1974). *Variation in Kinship*. Nova York: Holt, Rinehart and Winston.

Capítulo 10

O casamento, a família e a comunidade

Abordamos algumas das complexidades organizacionais das sociedades em que o parentesco desempenha um papel predominante. Mas a organização de grupos domésticos, que são as unidades primordiais tanto da produção quanto do consumo em muitas sociedades, ainda não foi explorada. E os processos de casamento pelos quais as famílias são formadas e nas quais os filhos nascem e são criados ainda precisam ser examinados.

Na verdade, poderia parecer que o casamento e a organização da família seriam pontos de partida mais lógicos para a compreensão das estruturas de parentesco do que as corporações baseadas na descendência. Mas, como veremos, o casamento em muitas sociedades implica contratos ou alianças entre grupos corporativos de descendência; e os grupos domésticos muitas vezes são formados segundo as linhas da descendência. Portanto, a trilha que seguimos é, para as sociedades que estamos examinando, mais direta do que pode parecer.

Finalmente, a organização de *comunidades* que podem ser maiores que os grupos de descendência e formadas de maneiras complexas, também ainda precisa ser examinada. Encontramos, muito brevemente, os vilarejos e aldeias trobriandesas que são mais importantes que os subclãs em muitos contextos do trabalho comunitário, do empreendimento coletivo em busca de prestígio e

no conflito e na guerra. Ao examinar as comunidades trobriandesas e outras, aumentaremos ainda mais nossos poderes analíticos. Precisamos primeiramente voltar-nos para o casamento, o processo pelo qual os grupos domésticos são formados, os grupos de descendência são interligados e a reprodução biológica e social da sociedade é realizada.

26 O casamento em uma perspectiva comparativa

Será que o casamento ocorre em todas as sociedades? Ao tentar comparar costumes os antropólogos sempre se deparam com um dilema: até que ponto estender o significado de um termo como *casamento* de tal forma que ele possa cobrir muitos costumes diferentes sem perder totalmente sua forma. Alguns antropólogos, principalmente Gough (1959) e Goodenough (1970), buscaram encontrar denominadores comuns do casamento em várias sociedades a fim de distinguir características essenciais das não essenciais e distinguir também o casamento de outras formas de ligação que possam ser socialmente reconhecíveis. Outros, tais como Leach (1955, 1971, 1982), enfatizaram a diversidade das formas de casamento, os vários elementos envolvidos – sexuais, econômicos, legais e políticos – e a futilidade de tentar encontrar uma definição universal.

Ndamba, um grande homem Melpa, inspeciona um sinal de proibição colocado no caminho de uma festa de casamento para proteger de uma suposta infração das regras de incesto, Melpa Papua-Nova Guiné.

Definindo "casamento"

Gough (1959) considera o casamento como sendo, em todas as épocas e lugares, uma transação costumeira que serve para estabelecer a legitimidade das crianças recém-nascidas como membros aceitáveis da sociedade. Goodenough concentra-se nos direitos contratuais sobre a sexualidade de uma mulher ao tentar atingir uma definição universal:

> O casamento [é] uma transação e o contrato resultante em que uma pessoa (homem ou mulher, corporativa ou individual, em pessoa ou por procuração) estabelece uma reivindicação permanente ao direito de acesso sexual a uma mulher – esse direito tendo prioridade sobre os direitos de acesso sexual que outros têm atualmente ou possam adquirir subsequentemente com relação a ela (exceto em uma transação semelhante) até que o contrato resultante da transação seja terminado – e no qual a mulher envolvida é elegível para ter filhos (1970: 12-13).

A definição de Goodenough é ampla o suficiente para incluir "o casamento fantasma" dos nuers (o segundo marido atua por procuração) e o casamento entre duas mulheres. Talvez ela tenha de ser estendida ainda mais para acomodar os casamentos entre homossexuais masculinos (nas sociedades ocidentais modernas e em algumas partes do Oriente Próximo muçulmano, tais como o Oásis de Siwah no Egito ocidental descrito por CLINE, 1936), onde os relacionamentos legais são modelados no casamento entre homem e mulher. Precisa também de uma correção para seu viés sexista. Como Di Leonardo (apud QUINN, 1977) indica, o casamento também dá à mulher direitos, sexuais e de outros tipos, sobre seu marido.

A análise comparativa de Goodenough é útil não tanto porque, em virtude de sua amplitude, ela nos dá uma definição que pode ser estendida e que é bastante funcional, mas também porque ela relaciona convenções culturais e sociais com os fundamentos da psicologia e da biologia humanas. A ênfase de Leach e Goodenough na variabilidade também é importante: não devemos achar que o casamento serve a uma única função. O casamento é crucial porque ele embrulha montes de direitos e relacionamentos em um pacote – ou vários pacotes (uma sociedade pode ter mais de uma forma de casamento): regula relações sexuais; define a posição social de indivíduos e sua associação em grupos; estabelece direitos e interesses legais; cria unidades domésticas econômicas; relaciona indivíduos com outros grupos de parentes além dos seus próprios; e serve como um instrumento de relações políticas entre indivíduos e grupos.

Podemos listar uma série de premissas gerais que são cruciais para compreender o casamento em muitas partes do mundo:

1) O casamento caracteristicamente não é um relacionamento entre indivíduos e sim um contrato entre grupos (muitas vezes entre corporações). O relacionamento contratualmente estabelecido no casamento pode permanecer apesar da morte de um dos parceiros (ou até da morte de ambos).

2) O casamento implica uma *transferência ou fluxo de direitos*. O conjunto exato de direitos que passam do grupo da mulher para o grupo do marido (ou vice e versa) – serviços de trabalho, direitos sexuais, direitos sobre os filhos, propriedade, e assim por diante – variam muito. Mas se perguntarmos que direitos são transferidos, e presumirmos que algo tangível ou intangível passa na outra direção para equilibrar a transação, progrediremos bastante em nosso entendimento de muitos sistemas de casamento que, sem esse entendimento, pareceriam muito peculiares.

3) Embora o casamento envolva direitos à prioridade de acesso sexual por parte do marido, como vimos, isso não precisa ser exercido direta ou exclusivamente. Daí os casos de casamentos entre mulheres, empréstimos de esposas, casos extramaritais sancionados, ou parceiros alternativos; em 63% das amostras de sociedades de Murdock (1949), por exemplo, as relações sexuais entre um homem e a mulher de sua esposa eram permitidas.

4) O casamento não precisa ser monógamo. Mais de um relacionamento de casamento pode, em muitas sociedades, ser contratado ao mesmo tempo, e às vezes um único contrato pode envolver duas ou mais esposas ou dois ou mais maridos.

Para compreender o casamento comparativamente, então precisamos vê-lo como um relacionamento legal; explicitar cuidadosamente quem são as partes, que direitos e que objetos valiosos são transferidos, para quem esses são distribuídos e atribuídos e que interesses de indivíduos e grupos são promovidos por meio desses arranjos contratuais.

27 Casamento: contratos e negociações

Será útil começar examinando contratos entre grupos de parentesco em que os direitos são transferidos para o grupo do noivo em troca de objetos valiosos simbolicamente importantes: sistemas de **"preço da noiva"** (bridewealth).

O "preço da noiva" (*bridewealth*) e a transferência de direitos

O "preço da noiva" é mais comum entre horticultores-agricultores e pastores. Entre os criadores de gado tais como os karimojongs (Caso 8) ou os nuers do Sudão, a transferência de gado no casamento assume um lugar central nos negócios de grupos de descendência. Na Nova Guiné, os suínos desempenham o papel preenchido pelo gado na África. A variedade dos objetos de "preço da noiva" é surpreendente, como objetos físicos caracterizados por sua escassez e investidos com valor e prestígio simbólicos. Gongos de cobre, presas de marfim, dentes de cão, anéis de conchas de molusco, colares de conchas amarradas, rolos de tiras de pena de pássaros e uma quantidade de outros objetos foram registrados.

Mais comumente, o "preço da noiva" ocorre nos sistemas de descendência patrilinear. Aqui os direitos que são transferidos para o grupo do marido incluem principalmente direitos sobre a fertilidade de uma mulher. Se as partes no contrato de casamento são patrilinhagens, então o que a linhagem do marido está adquirindo não é simplesmente a sexualidade e o trabalho da mulher, mas os filhos que serão os futuros membros daquela linhagem. O dote é caracteristicamente considerado por aqueles que o praticam como uma compensação ao grupo de parentesco da mulher pela perda de seus serviços e sua presença, bem assim como de sua fertilidade. Quando o "preço da noiva" ocorre em sistemas de descendência matrilineares, isso é normalmente nos locais em que uma regra de residência pós-marital leva uma mulher – e seus serviços – para longe de seus parentes de sua matrilinhagem. O "preço da

O "preço da noiva" (*bridewealth*): Os habitantes das montanhas da Nova Guiné (chimbu) do subclã do noivo presenteiam os parentes da noiva com argolas de conchas para lábios.

noiva" é comum nas sociedades do Sudeste Asiático organizadas em linhas cognáticas, mas é bem provável que seja uma transação primordialmente entre famílias que compensa os parentes da noiva pela perda de seu trabalho e ritualiza a criação de uma nova corporação doméstica (como entre os subanuns, Caso 25).

Os objetos de prestígio trocados como "preço da noiva", por mais diversos que sejam em sua aparência física, normalmente têm várias características em comum:

1) São suficientemente escassos (muitas vezes vindos de fontes externas) que não podem ser obtidos com facilidade por esforço individual.

2) Sua circulação é controlada por homens mais velhos, de tal forma que, para casar, os homens jovens precisam se subordinar e assumir obrigações em nome dos mais velhos (e fornecer mão de obra, apoio político, carregar armas etc. em seu nome).

3) Por meio do controle sobre esses objetos de prestígio como meios para a circulação de mulheres em casamento, os homens mais velhos têm controle (além do controle sobre os jovens) sobre a distribuição da mão de obra das mulheres, de sua fertilidade e de sua capacidade como reprodutoras de humanos.

Os homens mais velhos usam o controle de objetos de prestígio e política marital para eles próprios acumularem múltiplas esposas em detrimento dos jovens (e com isso extrair o poder de trabalho e a fertilidade das jovens esposas diretamente? Ou eles atribuem mulheres jovens como parceiras no casamento com homens jovens, e por meio da obrigação que resulta disso extraem o poder de trabalho de ambos? Os dois mecanismos são comuns, muitas vezes ocorrendo na mesma

sociedade. O primeiro modelo é particularmente predominante na África Subsaariana e o último na Melanésia.

Por que é que os sistemas de "preço da noiva" são característicos de agricultores e pastores, mas não de caçadores-coletores ou de chefaturas ou estados mais complexos onde há estratificação de classes? A natureza da mão de obra e da produção de excedentes são elementos cruciais. A produção de excedentes pode ser usada pelos homens para manter seu prestígio e operações políticas dão muito valor ao poder de trabalho de jovens, homens e mulheres, e na reprodução física da força de trabalho. Mas, nas sociedades de tamanho médio, a produção de excedentes e a incorporação da mão de obra não são acumuladas, e construídas na forma de edifícios físicos, sistemas hidráulicos ou coisas semelhantes. Entre os pastores, os rebanhos – os produtos do trabalho – seguem ciclos da própria reprodução da força de trabalho. Lembrem-se das observações de Lefébure citadas no § 14:

> [Um homem] deve ser capaz de manter o tamanho de seu rebanho e de gerar herdeiros. A circulação controlada das mulheres por meio do casamento... implica a circulação do rebanho por meio de vários pagamentos matrimoniais [para obter esposas para seus filhos]... O tamanho do rebanho é uma função da intensidade das práticas tecnoeconômicas, matrimoniais, políticas e simbólicas destinadas a garantir a reprodução do grupo (1979: 3).

Para os agricultores o produto excedente pode ser usado para obter objetivos de prestígio masculino, diretamente por meios das distribuições nas festividades ou indiretamente por meio dos rebanhos de suínos (como entre os tsembaga marings). Tanto o poder de trabalho das mulheres e dos assistentes masculinos sustêm essas conver-

"Preço da noiva" (*bridewealth*) kwaio: parentes do noivo avaliam a adequação dos objetos de conchas amarradas penduradas em uma festa de casamento.

sões de excedentes em poder político e prestígio para os homens mais velhos.

O dote, que poderia parecer no papel como sendo o inverso do "preço da noiva", na verdade é característico de sociedades com sistemas econômicos diferentes. Tais sistemas, que em um determinado momento eram comuns entre camponeses europeus e generalizados na Ásia, são característicos de economias baseadas na agricultura de lotes estabelecidos e nas relações econômicas feudais. O dote é, simplesmente, um pagamento, para uma esposa que se casa fora, de seus direitos sobre a propriedade familiar. Como Goody e Tambiah (1973) indicam, o dote é caracteristicamente mais importante entre as camadas mais altas de uma sociedade, em que o *status* e a propriedade estão centralmente em jogo. A noiva traz para o relacionamento conjugal sua parte da propriedade da família; o marido traz riqueza correspondente, chances de herança, ou alto *status* social (ou todos os três) como sua contribuição para a família recém-formada.

Goody e Tambiah observam que há uma forma de transação de casamento que à primeira vista parece mais com o "preço da noiva", mas em um nível mais profundo parece com o dote em alguns aspectos. Aquilo que Goody (1973) chama "dote indireto" implica uma contribuição por parte do noivo ou de um de seus parentes próximos para a noiva (diretamente ou através do pai dela). A diferença entre esse sistema e o preço da noiva é que, enquanto o preço da noiva é um pagamento para um grupo de homens que controlam os direitos sobre uma mulher por outro grupo de homens para quem esses direitos são transferidos, o dote indireto vai para a mulher, para seu próprio uso (cf. tb. UPADHYA, 1990).

Parentes afins

Um contrato de casamento, uma vez concluído, não produz um grupo doméstico novo simplesmente. As corporações ou alinhamentos de parentes – relacionados como afins – que contrataram o relacionamento continuam a ter interesses importantes no casamento e através dele.

No Caso 28, a natureza, centralidade e complexidade dos relacionamentos afins entre grupos de parentesco são vividamente ilustrados pelo sistema trobriandês que já encontramos.

O casamento como um processo

A perspectiva de tempo que temos com relação ao casamento muito provavelmente irá nos confundir quando examinamos os direitos afins e

CASO

28

Relações matrimoniais nas Trobriandesas

Examinamos rapidamente o sistema de doação de colheita (em Malinowski *urigubu*) pelo qual um domicílio trobriandês dedica uma grande parte de suas energias produtivas para plantar jardins para intercâmbio. A partir do momento em que um jardim de intercâmbio é preparado, os inhames nele plantados (que crescem de mudas fornecidas pela pessoa que eventualmente irá receber os inhames) pertencem ao domicílio para o qual é doado. Os cultivadores, marido e mulher, estão fornecendo seu trabalho.

Na maior parte das vezes, um domicílio faz par com o domicílio da irmã do marido. Aqui será útil recapitular o diagrama e o exemplo da Figura 8.2. adicionando-lhe novos elementos (cf. Figura 10.1).

George fará jardins de intercâmbio (nos quais sua esposa Sally irá trabalhar com ele) para sua irmã Mary e o marido dela Sam. Em alguns contextos, será dito que os inhames pertencem à Mary, em outros que pertencem a Sam. Os inhames vão para a casa de inhame de Sam, uma expressão visível do cumprimento generoso de suas obrigações por parte de George. George e Sally também,

como vimos no Caso 15, doam cestas de inhames para o domicílio das outras irmãs de George e para outros parentes próximos membros de seu subclã (Figura 10.2).

Em um estágio posterior do ciclo, quando os filhos de Sam e Mary estiverem crescidos e se casarem, seu filho Ed e sua esposa Janet irão fazer doações de colheita para os pais de Ed (Figura 10.3).

Da década de 1950, os dados de Powell sobre as Trobriandesas indicam que um subclã tal como o de George e Mary toma decisões coletivas atribuindo responsabilidades para fazer jardins de intercâmbio a seus membros do sexo masculino. Ou seja, a George é atribuída a responsabilidade de produzir inhames para sua irmã Mary e o marido dela, Sam. Os irmãos de George ou primos homens matrilineares receberão a obrigação de plantar jardins de intercâmbio para Pam, Wilma, Elizabeth e Laura e seus respectivos maridos. Coletivamente, o *dala* deve satisfazer as responsabilidades de intercâmbio para com os membros do sexo feminino em demonstrações públicas de produtividade e generosidade, pois a fertilidade dessas mulheres irá reproduzir os membros do *dala* na próxima geração.

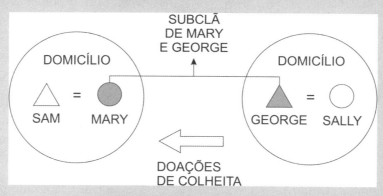

Figura 10.1 Os domicílios de Mary e George.

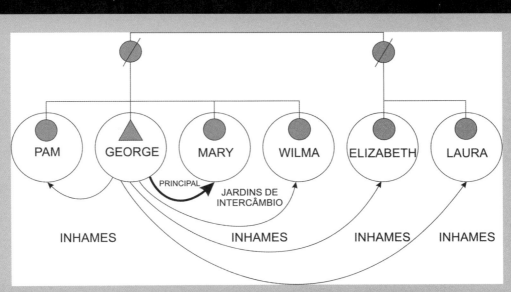

Figura 10.2 Distribuições de inhame de George

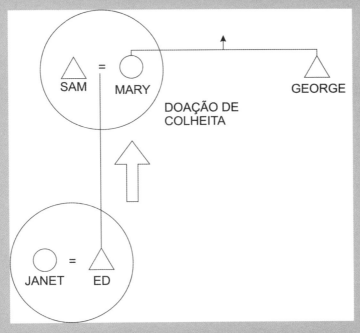

Figura 10.3 A doação de colheita de Ed.

Segundo os escritos de Malinowski, a lógica dessas doações de colheita parecia relativamente clara. Os homens adultos viviam na propriedade da corporação do subclã; as mulheres através das quais a descendência era traçada nunca viveram lá: moravam com seus pais antes do casamento e com seus maridos após o casamento. Como o dote, essas doações de colheita pareciam ser uma recompensa para as mulheres da corporação que casavam fora em produtos da terra de seu *dala*. Essa interpretação agora parece menos satisfatória. Parcialmente isso é em virtude da maneira como a doação do inhame é, em muitos contextos, retratada como uma doação entre afins masculinos (de George para Sam) e não de irmão para irmã (George para Mary). Mas, ainda mais importante, há evidência mais recente sobre padrões flexíveis de residência.

> A maior parte dos homens adultos que cuidam dos jardins para [mulheres do subclã] não residem nas aldeias de seu subclã, de tal forma que o *urigubu* que eles fornecem não é produto da terra de seu próprio subclã ou do de sua irmã (POWELL, 1969b: 581).

Com essa evidência, no entanto, veio a compreensão de que os subclãs estão ligados em redes complexas de aliança de afins. Um casamento é um ato político, estabele-

cendo um laço formal e um relacionamento contratual entre subclãs corporativos que dura tanto quanto o casamento: e a doação da colheita anualmente reafirma esse laço.

Simbolicamente, a doação da colheita sublinha tanto a união dos homens da corporação no cumprimento de suas obrigações para com afins e a união dos membros masculinos e femininos da corporação. Além disso, há um elemento de subordinação implicado nessas doações. Simbolicamente, elas implicam a dominação do subclã do marido – e por conseguinte, como veremos no Capítulo 11, sua fácil conversão em um tributo mais formal para o subclã de alta posição social do marido em um casamento politicamente estratégico.

Vimos no Caso 15 como as grandes e dramáticas doações de inhame na apresentação anual têm, em retorno, uma doação periódica de objetos. Mas esses representam apenas um elemento das redes complexas de transações e obrigações que unem os subclãs e os indivíduos em um casamento trobriandês. Para entender o que ocorre quando uma jovem trobriandesa se casa, e depois do casamento, temos de pensar em termos de dois casamentos diferentes e duas relações de afins entre subclãs (Figura 10.4). O casamento 1 é o casamento de seus pais que liga, de forma afim, o subclã de sua mãe A com o subclã de seu pai, B. A seguir há o casamento 2,

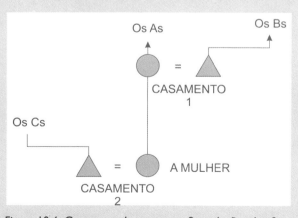

Figura 10.4   Casamento 1, casamento 2 e relações de afins.

seu próprio casamento com um homem do subclã C que de forma afim liga o subclã A, da mulher, com o subclã C. À época do casamento 2 há oito doações diferentes de comida e objetos para os parentes da noiva e por parte deles. Mas, curiosamente, a maior parte dessas doações ocorre entre os Cs e os Bs; e os As ficam principalmente numa posição secundária. Uma vez mais os Bs desempenham um papel central quando a filha fica grávida. São as mulheres dos Bs que fazem um manto de gravidez, os Bs que fazem magia, os Bs que estão diretamente envolvidos nos eventos do nascimento das crianças, embora essas crianças sejam As. Se o casamento 1 termina com a morte do marido, os parentes de sua esposa, os As, devem preparar o corpo e conduzir os rituais funéreos; os membros do subclã do homem morto, os Bs, devem se abster de contato direto. Se o casamento 1 termina com a morte da esposa, os As devem se abster e os Bs, relacionados como afins, tomam a dianteira. No rito mortuário final, o subclã da esposa falecida faz grandes doações para o subclã do marido sobrevivente, e o relacionamento de afins termina. Durante todo o ciclo de vida e morte, então, os laços criados pelos casamentos unem os domicílios e os subclãs em linhas permanentes de obrigação, reciprocidade e dependência mútua.

Intercâmbio entre as mulheres nas Trobriandesas: essa mulher, com a cabeça raspada e o corpo pintado de preto, é a irmã do homem morto. Ela dirige os intercâmbios e aqui ocupa o centro do palco.

os relacionamentos em sociedades não ocidentais, em que o casamento é um processo longo e lento que envolve várias transações ou estágios. Os relacionamentos estabelecidos na transação do casamento podem continuar muito tempo depois da morte de uma das partes ou de ambas. Assim, entre os kwaios das Ilhas Salomão (Caso 24), o casamento implica um pagamento aberto e uma festa importante que pode ocorrer vários meses depois, na qual o preço da noiva é pago; e, finalmente, uma terceira transação em que a mãe da noiva lhe presenteia com um avental púbico de mulher casada. Só então é que o casamento é consumado fisicamente. E, em algumas dessas sociedades, o casamento só pode ser legalmente válido após a concepção ou o nascimento do primeiro filho.

O contrato entre a linhagem do marido e a linhagem da esposa pode permanecer mesmo depois da morte de um deles ou de ambos. Se ele morrer, os direitos sobre a sexualidade dela e das crianças futuras podem continuar com a linhagem dele de tal forma que o irmão do marido falecido ou algum outro parente próximo o substitui como marido. Isso é conhecido como **levirato**. É o que ocorre no "casamento-fantasma" dos nuers, onde o primeiro marido, embora falecido, é ainda considerado pai das crianças. Se a esposa morrer, sua linhagem pode ser contratualmente obrigada a fornecer uma substituta – sua irmã, a filha de seu irmão, ou alguma outra parente próxima. Isso é conhecido como **sororato**.

Mesmo quando uma viúva se casa com um homem que não é da linhagem de seu primeiro marido, a linhagem do marido falecido pode ter alguns direitos e interesses. Entre os kwaios, por exemplo, parte do "preço da noiva" pago por uma viúva vai para os parentes de seu primeiro marido. Mesmo depois da morte do casal, o conjunto de obrigações estabelecidas no casamento podem continuar. Entre os kwaios, por exemplo, os parentes que ajudam a financiar o pagamento do "preço da noiva" de um homem têm direito a uma porção importante do "preço da noiva" quando, anos mais tarde, as filhas daquele casamento que eles ajudaram a financiar se casam. Isso também ocorre em partes das áreas montanhosas da Nova Guiné.

A escolha, a preferência e a obrigação do casamento

Vendo o casamento como um relacionamento contratual entre grupos ajuda a nos libertar de nossa preocupação com o marido e a esposa. É útil perguntar-nos, sob essa perspectiva, até que ponto o casamento nessas sociedades é baseado na livre escolha pelo par que se casa e até que ponto ele é coagido por regras e pelos parentes mais velhos.

Em algumas sociedades, o casamento é baseado mais ou menos na livre escolha. Mas, quando um "preço da noiva" substancial está envolvido, é bastante provável que um jovem não tenha os meios para financiar seu próprio casamento; com isso seus desejos pessoais provavelmente ficarão subordinados aos desejos dos mais velhos que escolherão uma companheira política e economicamente apropriada. O advento dos sistemas de plantação e das economias fiduciárias deu aos homens jovens em muitas dessas sociedades mais poder e liberdade de movimento do que tinham em épocas pré-coloniais. Os líderes podem tentar recapturar o poder canalizando a riqueza em formas superdimensionadas de intercâmbio (STRATHERN, 1979).

A escolha de um parceiro para casar pode ser limitada não só pela política de aliança de afins, mas também pelos padrões de casamentos considerados apropriados ou culturalmente valorizados. O casamento com uma mulher em uma categoria específica de parentesco pode ser fortemente preferido, socialmente desejável ou uma questão de direito legal. Assim o casamento com a filha do irmão da mãe ou a filha da irmã do pai ou algum outro parente ou categoria de parente pode ser a forma ideal, mas, embora menos favorecidas, outras combinações são permitidas. Onde isso ocorre, a forma preferida pode ser uma maneira de consolidar a propriedade ou driblar a regra de descendência ou de herança. Quando as pessoas dizem que é "melhor" para uma pessoa se casar com um tipo de parente específico, só podemos entendê-los perguntando "melhor para quem, quando e por quê"?

Uma forma preferencial importante ocorre entre os beduínos, outros árabes do Oriente Próximo e alguns povos islâmicos. É o chamado *casamento com primo paralelo* onde um homem tem direito de se casar com a filha do irmão de seu pai ou uma prima paterna próxima classificada como equivalente a ela. As causas e consequências estruturais dessa forma peculiar de casamento foram muito discutidas. O casamento com a filha do irmão do pai implica **endogamia** de linhagem (casamento interno). Ou seja, dado um sistema de descendência patrilinear, espera-se que um homem se case com uma mulher de seu próprio grupo. Em lugares diferentes, esse sistema de casamentos pode consolidar a solidariedade do grupo, pode evitar a dispersão da propriedade, e pode ser um modo de intercâmbio direto de filhas entre parentes próximos do sexo masculino (cf. tb. BOURDIEU, 1977, para uma discussão detalhada de como o costume pode operar na prática).

"Primos paralelos" são os filhos de dois irmãos (como no caso islâmico) ou de duas irmãs. Uma forma muito mais comum de preferência de casamento é que esse se dê entre "primos cruzados", os filhos de um irmão e irmã (ou primos de segundo e terceiro graus equivalente a eles) que, em tais sistemas, pode evitar a dispersão da propriedade e manter elos próximos entre grupos de parentes que se casam. Outra forma comum de casamento preferencial é o intercâmbio de irmãs entre dois homens de linhagens diferentes. Em breve veremos como esses modos de intercâmbio matrimonial e de aliança estratégica são usados em algumas sociedades de uma maneira muito mais sistemática e total para organizar os relacionamentos entre grupos.

Estabilidade no casamento e divórcio

Em algumas sociedades o casamento é muito frágil e os divórcios são comuns. Em outras a maioria dos casamentos é permanente. Os americanos, por exemplo, preocupados com o aumento nos índices de divórcio, provavelmente irão buscar nessas variações algum segredo para tentar reverter essa tendência. Mas como nas sociedades não ocidentais o divórcio com tanta frequência envolve um contrato entre corporações, para a visão ocidental é difícil entender o que ocorre.

Uma linha de explicação anterior mostrava que quando o "preço da noiva" é alto (em termos da economia em questão) o casamento tende a ser estável; mas quando o "preço da noiva" é baixo, o divórcio é comum. Mas isso leva àquilo que parece uma pergunta do tipo da galinha e do ovo: o casamento é estável por causa do alto custo do "preço da noiva" ou uma sociedade só pode ter "preços da noiva" altos se ela tem uma forma estável de casamento?

Uma linha de abordagem é examinar a regra de descendência. Como os laços entre marido-esposa e irmão-irmã estão em uma oposição mais direta no caso da descendência matrilinear, foi argumentado que a instabilidade marital é concomitante com grupos de descendência matrilinear corporativa. Um forte sistema de descendência patrilinear, argumentou-se, estaria associado com um casamento estável. Mas, como já vimos, o que é realmente importante é a força relativa dos laços irmão-irmã e marido-esposa. Quando o laço de uma mulher com seu grupo natal (onde ela nasceu) é rompido ou muito enfraquecido quando ela se casa, o divórcio é pouco comum. Quando sua filiação com seu grupo natal continua forte, ela pode se casar várias vezes sucessivamente. Isso não explica totalmente a estabilidade diferencial do casamento nos sistemas de descendência patrilineares, já que ele apenas empurra a questão para um passo anterior. Mas, corretamente, enfatiza a importância de examinar cuidadosamente a significância relativa daqueles dois agrupamentos imbricados em um sistema de descendência unilinear – a linhagem, composta de irmãos e irmãs unilinearmente relacionados e o grupo local, composto de homens unilinearmente relacionados (ou mais raramente mulheres) e seus cônjuges. Outro fator importante a considerar são os laços estabelecidos entre afins, por exemplo, por meio de parcerias intercambiáveis.

As causas do divórcio em sociedades não ocidentais vão desde a infertilidade e o adultério até brigas e incapacidade de cumprir os papéis esperados (uma esposa preguiçosa, um marido imprudente). O divórcio pode ser extremamente formalizado, ou pode ser apenas uma questão de um parceiro mandando o outro sair ou dando um aviso público de que a união terminou; uma esposa hopi simplesmente coloca as coisas de seu marido do lado de fora da porta da casa. Mais interessante para o antropólogo social é o que ocorre com os pagamentos do "preço da noiva", se é que houve algum, e o que acontece com o contrato entre grupos de parentesco em termos dos direitos sobre os filhos, relações de parentesco e assim por diante. Às vezes todo o "preço da noiva" ou parte dele deve ser devolvido, embora isso possa depender da causa do divórcio, se a mulher gerou filhos e assim por diante. Isso sublinha a importância de investigar como os direitos são distribuídos e transferidos em uma sociedade. Não é nenhum acidente que alguns dos melhores etnógrafos amadores antigos eram especialistas em jurisprudência que começaram a estudar padrões de distribuição de direitos enquanto seus contemporâneos antropólogos estavam estudando padrões de tecer cestas.

Casamentos plurais

A forma mais comum de casamento plural em sociedades tribais é a **poligamia**, ou casamento de um homem com duas ou mais mulheres. Em algumas áreas, a poligamia é o padrão normal de casamentos, como na maior parte da África, embora isso não signifique por si só que a maioria dos homens são polígamos em um determinado momento. Veremos ao discutir a estrutura familiar que famílias polígamas geram alguns problemas estruturais difíceis. Esses problemas têm mais a ver com o acesso a recursos, poder relativo e conflitos de interesse com relação aos filhos, do que com ciúme sexual. Mas fortes solidariedades às vezes também se desenvolvem entre coesposas.

Coesposas podem ser de linhagens diferentes, ou podem ser irmãs (naquilo que é chamado de **poligamia sororal**). O último tipo, pelo menos como uma forma preferida, evita alguns dos conflitos que podem atrapalhar as famílias polígamas. A poligamia pode ser praticada apenas por homens ricos ou de alta posição social ou pela maioria dos homens na sociedade. É comumente associada com uma assimetria etária entre os parceiros, em que a segunda esposa e as subsequentes são adquiridas por homens que obtiveram poder e proeminência na meia-idade. Em algumas sociedades a poligamia está correlacionada com altos índices de mortalidade masculina em guerras.

Interesses conflitantes de coesposas nos filhos que cada uma gera por um único pai são uma fonte importante de divisão, tanto nos domicílios quanto nas patrilinhagens. As relações entre meio-irmãos e a distribuição de direitos para cada um, com relação a seu pai comum e suas mães diferentes, são sempre importantes nesses sistemas. A segmentação de linhagem em um sistema patrilinear muitas vezes ocorre entre meio-irmãos, com os laços em virtude de suas mães diferentes (e suas linhagens ou antepassados) refletindo e simbolizando os contrastes entre os segmentos.

Em um bom número de sociedades dois ou mais homens compartilham o acesso sexual a uma mulher. Esses arranjos foram chamados de **poliandria**. Mas é um problema delicado de definição se eles envolvem um casamento plural ou simplesmente a extensão de direitos sexuais por parte do marido para outros homens (por várias razões em sociedades diferentes). Só quando a paternidade é atribuída a dois ou mais maridos, ou é, em algum sentido, coletiva, é que isso realmente envolve casamento plural e não apenas extensão dos direitos de acesso sexual. Uma forma comum desse acasalamento plural envolve um grupo de irmãos (o que foi chamado de poliandria fraternal). A poliandria é muitas vezes associada com desequilíbrio populacional, produzida em alguns lugares por infanticídio de bebês do sexo feminino. No Himalaia onde tais sistemas estão concentrados, a poliandria também é normalmente associada com a escassez de terra. É uma das várias estratégias maritais para adequar o tamanho da força de trabalho à quantidade de terra. Como uma

mulher só pode ficar grávida, digamos, uma vez a cada dois anos – não importa quantos maridos ela tenha –, a poliandria fraternal é um meio eficiente para que as famílias evitem a expansão em tamanho ao mesmo tempo em que garantem sua perpetuação (BERREMAN, 1978). A poliandria não está caracteristicamente associada com a descendência matrilinear ou uma posição social alta incomum das mulheres.

Vimos como, para entender os costumes matrimoniais que nos parecem estranhos ou exóticos à primeira vista, devemos investigar sua lógica subjacente. Restringir o casamento a um relacionamento intensamente pessoal entre marido e mulher, do qual a criação de filhos e tantas outras coisas mais dependem, coloca um peso terrível nas pessoas envolvidas, algo que a fragilidade humana muitas vezes não pode suportar. Uma volta para relacionamentos contratuais mais amplos seria praticamente impossível. Mas à medida que as pressões da vida separam mais e mais famílias, a antropologia social comparativa pode trazer *insights* sobre as razões estruturais para a força e para a fragilidade do casamento.

28 Incesto, exogamia e aliança

O incesto e sua proibição

Uma questão central na Antropologia Social por décadas foi saber por que as sociedades humanas proíbem o acasalamento entre irmãos e entre pais e filhos, como sendo incestuosos. Por que existe o **tabu do incesto**?

Existiram algumas exceções parciais. Acasalamentos de irmão e irmã e de pai e filha eram aparentemente comuns e aceitos no Egito ptolemaico e romano; e entre os azande da África, alguns aristocratas têm permissão para manter suas filhas e irmãs como amantes, embora não seja permitido que essas mulheres tenham filhos. Há vários casos de incesto dinástico em que – como no Egito Antigo, no Peru e no Havaí – irmãos e irmãs da família real cujo *status* se aproximava ao dos deuses e deusas, eram acasalados para preservar a sacralidade de uma linha real.

Embora algum tipo de tabu do incesto seja universal, nem mesmo no âmbito da família nuclear imediata esses tabus são uniformemente conceitualizados ou aplicados. Assim um homem da tribo kachin da Birmânia não pode ter relações sexuais com sua filha ou sua irmã porque é pecado ser incestuoso; mas ele não pode ter relações sexuais com sua mãe porque isso seria *adultério*. E aparentemente meios-irmãos ou meias-irmãs com a mesma mãe podem ter relações sexuais entre os lakhers, também na Birmânia. Algumas sociedades definem o incesto como um pecado terrível que atrai o castigo mais drástico; outras despreocupadamente declaram que é impensável ou não existente.

Além disso, a extensão da proibição do sexo a partir da família imediata para parentes mais distantes segue caminhos genealógicos extremamente diferentes. Pode depender dos graus de parentesco entre primos; mas pode depender da linearidade, de tal forma que relações sexuais entre membros da mesma linhagem são definidas como incestuosas. Assim, embora o núcleo de parentes proibidos – pais e filhos – é quase sempre o mesmo, a extensão do tabu para categorias mais distantes de parentes, e sua conceitualização, varia enormemente – tanto que Needham (1974) negaria que existe algo que possa ser considerado como *o* tabu do incesto.

Muitas teorias, psicológicas, sociológicas e evolucionárias foram propostas para explicar a universalidade do tabu do incesto. A teoria de que

humanos criados juntos desde a primeira infância têm menos atração sexual uns pelos outros recebeu o apoio recente na evidência chinesa na obra de A.D. Wolf (1966, 1970). Em algumas partes da China, famílias pobres transferem as filhas muito jovens para outras famílias como esposas futuras – de tal forma que, à medida que elas vão crescendo com os meninos com quem irão se casar, elas trabalham para suas futuras sogras. Evidência estatística mostra que esses casamentos de "pequenas noras" eram muito insatisfatórios para o marido e a esposa que tinham sido criados juntos como se fossem irmão e irmã. Os laços de quase fraternidade entre eles aparentemente bloqueava a atração sexual (para uma revisão desta e de outras questões, cf. ROSCOE, 1994; GODELIER, 1990).

A descoberta dos obstáculos psicobiológicos para o acasalamento entre pais e filhos e entre irmãos, em muitas espécies mamíferas – inclusive espécies de primatas –, lançou toda a questão de proibição do incesto sob uma nova luz (BISCHOF, 1974). Presumivelmente o valor adaptativo de tais obstáculos psicobiológicos reside em suas consequências de evitar procriação consanguínea e na maximização de variabilidade genética.

Mas para os humanos, especialmente para mãe e filho e pai e filha, além dos obstáculos há vulnerabilidades com relação à ligação sexual – como os complexos de Édipo e de Electra testemunham. O reforçamento cultural das barreiras psicobiológicas, e o horror fomentado culturalmente daquilo que poderia ser, se não fosse por isso, uma tentação, serviram para impedir o incesto na maioria das épocas e lugares.

Será que a ameaça de procriação consanguínea é uma explicação suficiente para a força emocional que as proibições do incesto normalmente carregam? Alguns teóricos argumentaram que o incesto não é simplesmente uma ameaça biológica, mas um desafio para a sociabilidade humana e, portanto, para a própria sociedade.

Incesto e exogamia

Em um *insight* anterior brilhante, Tylor sugeriu a significância social das regras que evitam o casamento em um grupo:

> A exogamia, permitindo que uma tribo em crescimento se mantenha compacta por meio de uniões constantes entre seus clãs em dispersão, permite que ela supere qualquer número de grupos pequenos, isolados e impotentes que se casam entre si. Repetidamente na história mundial, tribos selvagens devem ter tido claramente diante de suas mentes a simples e prática alternativa entre casar fora do grupo ou ser extinta (1889: 267).

A evidência de sociedades caçadoras coletoras e de assentamentos humanos sugere que o intercâmbio de parceiros entre os bandos os estava unindo em redes mais amplas dentro das quais culturas regionais poderiam se desenvolver, redes que podiam fornecer a base para a cristalização temporária de grupos maiores.

Mas o argumento de Lévi-Strauss (1949) de que a exogamia e o tabu do incesto se desenvolveram como um complexo único é especulativo. Lévi-Strauss argumentou que proto-humanos, vivendo em bandos dentro dos quais eles se acasalavam e criavam seus filhos, eram autossuficientes. Não havia qualquer base para a união dos bandos em uma sociedade mais ampla. O passo crucial na direção da cultura e, portanto, da integração social mais ampla, teria sido uma renúncia por parte dos homens de um bando com relação às suas próprias mulheres de forma a obter como parceiras as mulheres de outros bandos. Lévi-Strauss considerou

isso como um grande risco social, que, uma vez que deu resultado e estabeleceu laços de intercâmbio entre bandos, foi o passo essencial para formar a sociedade humana. O tabu do incesto passou a ser a regra simbólica da própria cultura e a transição da ordem natural para a ordem cultural. Ele adquire uma fascinação central nos mundos ideacional e emocional dos humanos. Embora Lévi-Strauss esteja especulando quando conecta o tabu do incesto com a evolução da exogamia dos bandos, ele provavelmente está certo ao enfatizar (seguindo Tylor e acrescentando os *insights* do grande sociólogo francês Marcel Mauss) a importância simbólica e política da exogamia. (Outro problema em sua teoria, no entanto, é sua atribuição de agência apenas aos homens, não às mulheres.)

Sistemas de aliança simétricos

Com base nessa teoria de exogamia e intercâmbio, Lévi-Strauss construiu uma teoria de casamento de influência geral. Quando a maioria dos antropólogos tinha se concentrado na descendência e no parentesco, Lévi-Strauss se concentrou no intercâmbio de mulheres por grupos de homens como o elemento essencial na estrutura social. Tais sistemas de intercâmbio são soluções para o problema "primordial" de como obter mulheres de outros grupos no lugar de nossas próprias mulheres que são proibidas como parceiras. Os sistemas de descendência e parentesco, na visão de Lévi-Strauss, são primordialmente artifícios para definir e regulamentar a natureza desse intercâmbio.

Lévi-Strauss argumenta que somos iludidos pelo fato de que para cada um de nós há um número aparentemente infinito de parceiros potenciais. Para nós o risco imposto por uma regra de casamento fora do grupo é um risco estatístico –

renunciamos a nossas irmãs e irmãos e temos uma escolha ampla de parceiros em recompensa. Isso não é necessariamente a solução mais simples ou mais segura para garantir a volta de uma esposa, particularmente nas pequenas sociedades características da maior parte da história humana.

O que é mais simples e mais seguro, em uma sociedade de pequeníssima escala, é especificar uma regra para o intercâmbio de mulheres com outros grupos. Lévi-Strauss chama os sistemas que especificam um modo de intercâmbio entre grupos de **sistemas elementares de parentesco**. Uma sociedade que simplesmente especifica uma série de esposas proibidas é um *sistema complexo*. Embora os sistemas elementares sejam raros, eles ocorrem em algumas sociedades contemporâneas e, como vestígios, nos sistemas antigos da China e da Índia. É possível que eles tenham sido muito mais generalizados em um determinado momento, talvez até as formas características da sociedade até alguns milhares de anos atrás. O sistema mais simples para intercambiar mulheres é aquele em que toda a tribo é dividida em duas categorias de descendência exogâmica (nosso lado e o lado deles, com nosso lado definido por descendência patrilinear ou matrilinear). Tais categorias são chamadas de **moieties** (metades). Elas representam a forma mais simples daquilo que Lévi-Strauss chama de **intercâmbio restrito**: os homens de cada lado dão suas irmãs para o outro lado e obtêm esposas de volta. Em um desenvolvimento subsequente daquilo que veio a ser conhecido como "Teoria da Aliança" esse intercâmbio direto de esposas entre grupos – tanto o caso simples de *moieties* e os sistemas muito mais complicados da Austrália aborígene – vieram a ser chamados de **aliança simétrica**.

Os sistemas de parentesco australianos caracteristicamente incluem terminologias de parentes-

co bastante complicadas e uma regra prescritiva de casamento que especifica uma única categoria da qual um homem deve escolher sua esposa. O parentesco australiano é caracteristicamente dominado por aquilo que é chamado de **sistemas seção** e é também conceitualizado em termos desses sistemas. Em um sistema de quatro seções, grupos locais são divididos em dois tipos. Um consiste de As e Bs, em gerações alternadas (Um homem que é um A tem um pai que é um B e um avô que é um A). O segundo tipo consiste de Cs e Ds, uma vez mais em gerações alternadas. Esse esquema se encaixa na regra de casamento e a simplifica: tipicamente a regra é que um homem A deve se casar com uma mulher C e seus filhos são Bs. Observe, então, que isso significa uma forma ligeiramente mais complicada de intercâmbio direto (nos termos de Lévi-Strauss, "restrito"): o A + Bs estão intercambiando mulheres com o C+Ds. Sistemas australianos mais complexos, tais como o famoso sistema aranda (= arunta), têm oito seções. Aqui há quatro tipos de grupos: A+Bs, C+Ds, E+Fs e G+Hs. Em um sistema de quatro seções, um homem se casa no mesmo tipo de grupo que seu pai, mas a seção alternativa (se você é um homem A casa-se com uma mulher C: seu pai, um B, se casou com uma mulher D); o parente mais próximo que é permitido como esposa é uma prima de primeiro grau, a filha do irmão da mãe ou filha da irmã do pai. Em um sistema de oito seções não podemos casar no mesmo tipo de grupo que o grupo de nosso pai, e o parente mais próximo que é permitido como esposa é uma prima de segundo grau.

Outros sistemas, como o dos Murngin, igualmente clássico, são ainda mais complicados e repletos de inconsistências internas. Especialistas em parentesco australiano estão longe de concordar que a interpretação engenhosa de Lévi-Strauss desses sistemas como sistemas de aliança simétrica, e as interpretações subsequentes de tais teóricos da aliança como Dumont, Maybury-Lewis e Needham, realmente abarcam fatos extremamente complexos; ou se as terminologias de parentesco, sistemas de casamento e rótulos de seções estão secundária e inconsistentemente interconectados (HIATT, 1965; KEEN, 1994; SCHEFFLER, 1978).

Aliança assimétrica

Lévi-Strauss interpretou os sistemas de seção australianos, por mais complicados que fossem, como simétricos ou "diretos": o grupo para o qual seu grupo dá esposas, dá esposas de volta para seu grupo. Lévi-Strauss mostrou como uma forma alternativa é possível, sob uma regra pela qual seu grupo dá suas mulheres para um conjunto de grupos e recebe mulheres de um conjunto diferente de grupos. Lévi-Strauss argumenta que esse sistema, chamado de **intercâmbio generalizado**, arrisca mais na aposta de abdicar de suas próprias mulheres – mas as recompensas em termos de integração social são maiores. Nenhum par de grupos pode alcançar autossuficiência e, com isso, isolamento social – e essa interdependência das unidades sociais possibilita uma "integração global".

As sociedades que praticam o intercâmbio indireto, ou, como é normalmente chamado agora, **a aliança assimétrica**, estão principalmente no Sudeste Asiático – o nordeste da Índia, a Birmânia e algumas partes da Indonésia. Ideologicamente eles concebem seus sistemas como "casar-se em um círculo" e expressam sua regra de casamento em termos de uma categoria de parentesco, incluindo a filha do irmão da mãe e muitas mulheres que são parentes muito mais distantes, entre as quais um homem deve escolher sua esposa. Tanto os "círculos" e o "casamento da filha do irmão da mãe" provocaram confusão e polêmicas ilimita-

das entre estudiosos que, seguindo Lévi-Strauss, examinaram cuidadosamente a escassa evidência sobre esses grupos.

O quadro que surgiu é de sistemas muito mais complexos e dinâmicos do que "casar-se em um círculo" poderia sugerir. Essas sociedades são normalmente compostas de muitas patrilinhagens localizadas e pequenas. São essas linhagens que servem como "grupos de aliança" no sistema de casamentos. Essas linhagens podem ser graduadas, e podem ser marcantemente desiguais em *status*, como no caso dos kachins de Myanmar (Birmânia) (LEACH, 1954), ou elas podem não ser classificadas como no caso dos puruns do nordeste da Índia. Nos dois casos, o casamento passa a ser um instrumento de negociação política e de *status*. Alguns casamentos em cada geração podem servir para manter o *status* político das linhagens. Outros casamentos são menos importantes e em algumas sociedades não precisam necessariamente estar de acordo com a regra de casamentos.

Do ponto de vista de uma única linhagem qualquer, algumas mulheres não podem ser escolhidas como esposas porque suas linhagens partilham uma descendência comum em um nível segmentar mais alto. Algumas linhagens podem simplesmente estar distantes demais para que o casamento seja provável. Mas existem ainda duas outras categorias cruciais de linhagens. Há linhagens cujas mulheres se casaram com homens de nossa própria linhagem (elas são "doadoras de esposas") e linhagens para as quais a nossa própria linhagem deu mulheres (são as "tomadoras de esposas"). A regra básica de casamento é que nenhuma outra linhagem pode ser simultaneamente doadora e tomadora de esposas. Embora padrões reais de casamento possam se desviar do modelo ideal, a maior parte dos "casamentos errados" (pelo menos aqueles que têm consequências políticas) são tratados como se fossem certos, e, com isso, faz-se simplesmente um reajuste da rede mutável de alianças. Esse sistema de alianças é normalmente refletido proeminentemente no esquema cosmológico de um povo. O contraste entre doadores de esposas e tomadores de esposas é refletido nos dualismos cosmológicos (direita/esquerda, sol/lua) e no simbolismo ritual. Essa estrutura "global" e abrangente levou Needham (1962) a fazer uma forte distinção entre tais sociedades, que "prescrevem" o casamento em uma categoria particular e outras que simplesmente especificam os casamentos "preferidos". Essa distinção provocou muita polêmica e cisões entre Needham e seus alunos (KORN, 1973; NEEDHAM, 1974) e o próprio LÉVI-STRAUSS, 1969).

Os debates intermináveis na década de 1970 sobre os sistemas de "casamento prescritivo" pareceram aos olhos das pessoas estranhas à área como o auge de formalismo estéril nos estudos de parentesco. Mas sob o argumento técnico subjaz um problema central que encontramos com os Smiths e Joneses, e vislumbramos uma vez mais ao discutir o parentesco e as relações sociais. Há uma enorme distância entre os modelos conceituais ideais e as ideologias que são centrais no mundo das ideias e pessoas reais competindo, escolhendo e manipulando. Igualmente às vezes há também uma grande distância entre modelos antropológicos e os próprios modelos ideais das pessoas (para um estudo detalhado, tanto dos modelos quanto das práticas, cf. McKINNON, 1991, sobre os tanimbareses da Indonésia).

Pessoas reais vivem em um mundo de pressões ecológicas, lutas econômicas e políticas, variabilidade individual e os caprichos de sua história de vida. Um modo de vida consiste, em um sentido, de acomodações e ajustes entre um mundo em que se vive e um mundo sobre o qual se pensa.

Especialistas que se concentram em modelos cristalinos do mundo de pensamentos veem sistemas nítidos, enquanto especialistas que se concentram nas confusas realidades de escolhas reais veem a complexidade e as exceções para as supostas regras. Isso leva a algumas perguntas mais gerais sobre a análise comparativa da estrutura social.

Estruturas de parentesco, sistemas de casamento e análise comparativa

Como os sistemas de parentesco e casamento se prestam tão facilmente a formalismos e diagramas, eles nos tentam a basear as comparações em semelhanças formais – embora isso nos leve a colocar na mesma categoria sociedades cuja escala e cujas economias são radicalmente diferentes. Assim Goody nos previne que a organização de grupos de parentes e de sistemas de casamento sempre tem a ver diretamente com propriedade e *status*:

> Então claramente os sistemas de parentesco e casamento devem ser vitalmente influenciados pelo tipo de economia e pelo tipo de estratificação. Por isso classificação tanto da China quanto dos miwoks (índios da Califórnia) como sistemas de intercâmbio generalizado ou com os aborígenes australianos como estruturas elementares só pode ter um uso analítico limitado (1973: 31).

É uma virtude da teoria neoevolucionária na antropologia que quando as comparações são feitas cuidadosamente elas colocam na mesma categoria sociedades com bases econômicas semelhantes, semelhantes também em escala e na natureza de sua integração política. Uma vez mais, então, devo enfatizar que minhas críticas das teorias de "escada" não têm a intenção de descartar os pontos fortes do cuidadoso trabalho comparativo dessa tradição. Minhas disputas são com a classificação improvisada – por exemplo, colocar todos os "caçadores e coletores" no mesmo degrau da escada, e com isso colocar os coletores de sagu que vivem em aldeias enormes na Nova Guiné ao lado de habitantes das florestas da Malásia, os inuítes e os caçadores paleolíticos da Dordogne – e com a ilusão, muito comum nos textos e popularizações da antropologia, que a tarefa fundamental é classificar e rotular, colocando todas as sociedades no degrau certo ou no escaninho correto. Uma teoria comparativa que junte sociedades semelhantes em escala e economia a fim de analisar como elas são organizadas e examine as sequências reais de seu desenvolvimento – e não sequências imaginárias de sociedades extremamente separadas no tempo e no espaço – está indo ao encalço de questões importantes de maneiras estrategicamente úteis.

29 Grupos domésticos

Vimos que em sociedades tais como os marings, os ibans e os trobriandeses, e também em nossa própria sociedade, os grupos domésticos – os domicílios – são as unidades primordiais na produção e no consumo cotidianos. O motivo pelo qual é mais viável examinar esses tijolos básicos da sociedade em termos de sistemas de descendência e de casamento é que é nos termos desses sistemas que os grupos domésticos são formados, organizados e conectados.

Muita tinta foi usada, na antropologia e na sociologia comparativa, tentando definir "a família". A **família nuclear** – um casal e seus filhos – é universalmente importante? Os antropólogos registraram formas de organização social em que grupos domésticos são construídos com base nos laços de irmã e irmão e não nos laços de marido e esposa.

Eles também estudaram comunidades, especialmente no Caribe, em que a forma mais comum de grupo doméstico consiste de uma mãe e seus filhos, com os parceiros sexuais da mãe sendo, quando muito, membros temporários do grupo.

A unidade mãe e filhos como elemento de base

Para objetivos comparativos é útil enfatizar que a unidade fundamental com a qual são construídos os grupos domésticos é a mãe com seus filhos. (Esse passo analítico é significativo em termos evolucionários, já que entre os primatas não humanos as unidades mãe e filhotes são universalmente importantes e constituem os elementos de base para a formação de grupos sociais maiores.) A maneira como os homens são ligados a essas unidades componentes e em que capacidades varia muito de uma sociedade para outra. Um homem, o parceiro da mãe, pode atuar como pai dos filhos e parceiro sexual da mãe, como é convencional nas sociedades ocidentais; ou os papéis de provisão de sustento, de ter autoridade sobre os filhos, e de ser parceiro sexual da mãe, podem ser atribuídos a pessoas diferentes. Todos eles, à exceção do elemento sexual, podem ser desempenhados pelos irmãos da mãe; ou as funções podem ser divididas entre o parceiro e os irmãos. Considerar a mãe e os filhos como o núcleo de grupos domésticos nos permite enquadrar no espectro comparativo alguns dos arranjos que se desenvolveram a partir dos movimentos de libertação das mulheres, em particular aqueles em que as ligações sexuais entre mulheres e a independência legal e econômica eliminaram os homens de todos ou da maioria dos papéis que eles desempenharam historicamente (cf. WESTON, 1991).

Podemos então considerar que os grupos domésticos são construídos tendo por base o núcleo familiar – acrescentando um pai, unindo famílias conjugais pela regra de descendência, conectando várias unidades mãe-filho a um único marido-pai, e assim por diante.

Domicílios de família nuclear

A melhor forma de compreender os casos em que famílias nucleares, consistindo de um casal e seus filhos, vivem sozinhas, é em termos da ausência de fatores que produzam formas mais complexas. Elas ocorrem onde a descendência não une unilinearmente homens relacionados (pai e dois filhos casados, irmãs casadas) em domicílios maiores e onde o casamento plural não produz uma replicação parcial (como com três esposas e seus filhos com um pai em comum).

Assim famílias nucleares, sozinhas, tendem a ocorrer nos casos em que grupos de descendência estão ausentes ou têm menos importância. Nessas sociedades que enfatizam o parentesco bilateral, as famílias nucleares carregam uma "carga funcional" muito pesada – como ocorre em nossa própria sociedade e entre os inuítes. Não é por acaso que nossos exemplos vêm de cada extremidade do contínuo da escala e da complexidade da sociedade. É no meio que estão concentradas as proliferações de domicílios mais complexos.

Em sociedades organizadas bilateralmente tais como os subanuns (Caso 25), a família nuclear serve como o centro do universo social de uma criança – é nele que ela é criada e cuidada, cresce e aprende a cultura. Relações sexuais e, portanto, a reprodução e a continuidade da sociedade estão concentradas na família. Ela serve como uma corporação econômica que possui propriedade e produz (ou compra) e consome alimentos. Conexões entre famílias nucleares produzem as unidades sociais e políticas maiores – grupos, aldeias e bairros – de uma sociedade. No entanto, em outras sociedades as famílias nucleares podem ser cultural e socialmente importantes, e, no entanto, serem componentes de agrupamentos locais maiores que também podemos chamar de "domicílios" em um nível superior, como veremos em breve.

Domicílios complexos baseados em casamentos múltiplos

A poligamia é a forma de casamento predominante em partes da África e em algumas outras áreas. Em termos organizacionais, os problemas nesses sistemas reside nos interesses econômicos e políticos conflitantes das coesposas, especialmente com relação a seus filhos, seu trabalho e sua lealdade para com seus parentes. A solução mais comum é que cada esposa tenha seu próprio domicílio. O marido desempenha um papel secundário em cada um deles; e nos casos em que, como é comum, uma esposa é tabu sexual por um longo período após o nascimento da criança, o isolamento dos domicílios aumenta. Os domicílios só em uns poucos casos são totalmente independentes em termos econômicos, já que um dos motivos principais para a poligamia é criar um força de trabalho conjunta e reunir os esforços produtivos (e também os esforços reprodutivos) de várias mulheres. O Caso 29 descreve domicílios polígamos entre os tallensis.

Cada grupo domiciliar pode ser uma unidade parcialmente separada na produção e no consumo. Na vida cotidiana esses componentes domiciliares são, em muitos aspectos, unidades sociais separadas. Isso não soluciona todas as tensões nos domicílios polígamos e os papéis das coesposas são sempre uma questão delicada; há, por exemplo, uma correlação entre poligamia e acusações de bruxaria. Em algumas sociedades africanas, no entanto, as

---

CASO

29

Domicílios polígamos entre os tallensis

A família polígama entre os tallensis em Gana (Casos 2 e 19) ilustram bem tanto esse modo de organização doméstica e a maneira como ele pode fornecer os elementos de base para a formação de agrupamentos domésticos maiores. A maioria dos jovens tallensis tem apenas uma única esposa. Sua família doméstica, que se concentra em um pequeno pátio e um quarto de dormir com paredes de barro, com uma cozinha e celeiro, pode viver em uma única granja cercada de muros de barro. Às vezes a mãe do marido vive com eles, e por ser uma mulher de mais idade terá um pátio e alojamentos separados. Com mais frequência nessa sociedade em que grupos locais são patrilinhagens superficiais, o homem com uma única esposa irá ocupar um "apartamento" dentro da granja de um pai ou de um irmão mais velho.

Quando ele chega à meia-idade, um homem de substância terá adquirido duas ou mais esposas. Ele provavelmente já estará vivendo em sua própria granja. Cada esposa terá seu próprio pequeno pátio, seu próprio quarto de dormir e sua própria cozinha. Ela e seus filhos compõem um *dug* ou grupo domiciliar doméstico. A esposa mais velha (ou a mãe do marido) é uma espécie de líder na área de mulheres, mas para cada esposa seu apartamento é o centro vital, o lugar que está sob sua responsabilidade e ao qual só seus filhos e seu marido têm livre acesso.

O chefe masculino do grupo da granja controla o celeiro da família, que abastece os grupos *dug* componentes e para o qual todos eles contribuem com o produto de seu trabalho. A importância da unidade *dug* na estrutura social tallensi é profunda. As linhas de segmentação da linhagem normalmente não atravessam as unidades *dug*, mas dividem meio-irmãos com o mesmo pai e seus descendentes.

Embora as relações entre coesposas sejam normalmente bastante amigáveis em virtude da separação de suas esferas de influência, brigas sobre partes dos grãos, direitos dos filhos e outros assuntos são comuns. A organização dos apartamentos das coesposas reflete seus relacionamentos sociais:

> Esposas que são irmãs de clã normalmente terão alojamentos contíguos; esposas que não se dão bem serão colocadas em alojamentos bem separados... Se uma mulher tem um temperamento agressivo – seus alojamentos ficarão separados daqueles da esposa vizinha por um muro... baixo (FORTES, 1949: 8)

---

acusações de bruxaria são dirigidas principalmente pelos homens contra mulheres e aparentemente representam uma espécie de "paranoia estrutural" na qual os homens temem tanto a solidariedade das mulheres quanto sua sexualidade.

Quando as coesposas compartilham um único domicílio e lareira, as possibilidades de conflito entre elas – ou, ao contrário, a solidariedade entre elas – aumentam. Em algumas sociedades africanas um domicílio separado é estabelecido para cada coesposa, exceto quando elas são irmãs (poligamia sororal) – presumindo que irmãs podem conseguir conviver no mesmo domicílio, como fizeram na infância. Uma coesposa mais velha, com seus filhos crescidos, pode obter maior independência com o passar do tempo (BESTEMAN, 1995).

Como vimos ao discutir o preço da noiva, domicílios polígamos representam um controle por parte de homens mais velhos, tanto sobre o poder de trabalho e a fertilidade das mulheres e sobre homens mais jovens. A rivalidade estrutural entre a geração dos filhos e a dos pais que predomina e que eventualmente é substituída é expressa nas regras e ritos que se concentram no filho primogênito tallensi.

O exemplo tallensi no Caso 29 pode servir para sublinhar os perigos de achar que todas as sociedades tribais têm o mesmo modo de produção (se o rotulamos como "comunismo primitivo" ou "linhagem" ou até "doméstico"). Um grupo doméstico compreendendo um homem, uma esposa e seus filhos não é mais nem menos "doméstico" do que um grupo que compreende um homem e várias coesposas. Ambos podem ser representados na mesma sociedade, ou em estágios diferentes da carreira de um homem (como entre os tallensis) ou entre pessoas comuns e homens de importância ou alta categoria social (como entre os trobriandeses). Apesar disso, muitas sociedades (tais como os tsembaga marings ou os kwaios da Melanésia), rejeitam o casamento polígamo de tal forma que a força de trabalho e a escala de produção de um domicílio são bastante limitadas em contraste com uma sociedade africana em que meia dúzia de coesposas e seus filhos trabalham para encher o celeiro de um homem mais velho. Para analisar a dinâmica de uma sociedade em termos de trabalho, excedentes e relações de produção e distribuição precisamos investigar cuidadosamente como ela funciona e como o sistema é perpetuado. Rótulos amplos que classificam "modos de produção" podem muito facilmente servir como substitutos para essa análise.

A poliandria, em que uma mulher tem vários maridos, não pode implicar a criação de domicílios separados de maridos e seus filhos. Uma mulher que coabita com vários homens não pode produzir um filho de cada um deles ao mesmo tempo. Comaridos, portanto, partilham um único domicílio – um domicílio no qual os homens (que normalmente são irmãos, de qualquer forma) trabalham em conjunto. Uma vez mais, no entanto, há riscos de cairmos em tipologias simples. Berreman (1978) mostrou como a poliandria entre os

hindus do Himalaia é uma das várias estratégias pelas quais as famílias adéquam seus recursos humanos a seus recursos de terra. Na mesma comunidade, famílias poliandras, famílias nucleares, famílias polígamas e arranjos ainda mais complexos podem todos ocorrer.

Famílias extensas e famílias conjuntas

A descendência patrilinear ou matrilinear e um modelo de residência que alinha um núcleo de homens ou mulheres relacionados em um grupo local se combinam para produzir muitas estruturas familiares complicadas. Famílias extensas ou famílias conjuntas são produzidas quando, com descendência patrilinear, um pai e seus filhos casados formam um domicílio ou quando dois irmãos formam um domicílio. Muitas vezes esse é um grupo de segunda ordem, em que o componente de famílias nucleares atua separadamente para alguns objetivos e junto para outros. Domicílios de família extensa também são possíveis com a descendência matrilinear, como ocorre entre os hopis (Caso 20).

Domicílios de famílias extensas e de famílias conjuntas adotam muitas formas e podem ser baseados em elos de pais-filhos ou de irmãos com irmãos. O Caso 30 descreve um tipo de organização dos tivs. É melhor classificá-los como **famílias extensas** quando elas têm como base as conexões pais-filhos. Nos casos em que domicílios complexos são formados com base nos elos entre irmãos, em vez de elos de descendência entre pais e filhos, elas são normalmente classificadas como **famílias conjuntas** (*joint families*). Muitas variedades de famílias conjuntas foram descritas antropologicamente, principalmente aquelas da Índia hindu.

Processos e ciclos: a dinâmica de grupos domésticos

A distância entre uma forma de domicílio ideal (família nuclear, domicílio de família extensa, domicílio polígamo) e a composição de domicílios reais é, com frequência, muito grande. Domicílios estão sempre se dissolvendo em virtude da morte dos pais, de divórcios e coisas semelhantes – com viúvas, órfãos, pessoas idosas e outros se ligando a domicílios existentes. Em algumas sociedades, a adoção – a atribuição de uma criança a novos pais, o que pode ou não implicar um rompimento dos laços com os pais antigos (cf. tb. a definição em CARROLL, 1970: 3) – e tutela são muito comuns. Em partes da Polinésia, a adoção é tão frequente que chega quase a ser a forma normal; nessas ilhas, em que a terra é muito escassa, a adoção serve, entre outras coisas, para ajustar o desequilíbrio populacional entre grupos que possuem propriedades. Se tentarmos classificar os domicílios que realmente encontramos, corremos o risco de definir quase tantos tipos quantos os domicílios que encontramos. Um passo importante na direção certa veio de Meyer Fortes (1959b) que mostrou que muitos tipos diferentes de domicílio representam o mesmo tipo de família em fases diferentes em um ciclo de desenvolvimento. Um grupo domiciliar caracteristicamente passa por uma "fase de expansão" durante a qual as crianças nascem; "uma fase de dispersão" que pode coincidir com a primeira, durante a qual os filhos se casam, e uma "fase de substituição" que termina com a morte do casal original. A composição de um domicílio (e, portanto, segundo teorias antigas, a classificação de seu tipo) depende de que fase do ciclo ele está quando o observamos. Essa abordagem melhorou muito as antigas tentativas classificatórias, embora às vezes seja difícil estabelecer claramente quais são as fases de desenvolvimento.

30 Parentesco e comunidade

Já abordamos grupos locais em vários momentos. Ao falar sobre a emergência da produção de alimentos, quando examinamos os caçadores-coletores, os pastores e os horticultores de queimada, quando examinamos as teorias adaptacionistas de como as culturas mudam, vislumbramos grupos locais de várias escalas e complexidades. Ao examinar a produção trobriandesa vimos a aldeia formando a base para as equipes de jardinagem; e neste capítulo e no capítulo anterior vimos a inter-relação entre descendência e parentesco na estruturação de grupos locais.

Nesta seção restringiremos nosso foco, voltando-nos para a comunidade. Ao fazê-lo, acrescentaremos novos elementos à nossa compreensão da estrutura social em uma perspectiva comparativa. E acrescentaremos também uma dimensão útil à nossa compreensão da sociedade e da cultura trobriandesas – uma meta escolhida para ilustrar os desafios de entrar nos mundos de outras pessoas e iluminá-los.

Eixos de variação na estrutura comunitária

Os tipos de aldeias e vilarejos encontrados no mundo tribal representam um ponto médio entre os campos nômades dos caçadores-coletores e as cidades de sociedades urbanizadas (com as quais eles coexistem há vários milhares de anos). Mesmo entre sociedades daquilo que vimos classificando, em termos gerais, como mundo tribal, encontramos grandes variações no tamanho das comunidades. Entre alguns horticultores nômades, grupos domiciliares vivem espalhados pela paisagem em aglomerados de dois ou três ou quatro – ou até únicos – que muitas vezes são obrigados a mudar para acompanhar o ciclo das queimadas. Na outra extremidade da série estão aldeias grandes (que em algumas áreas ecologicamente ricas da Nova Guiné podem ter mais de mil habitantes); em partes da África, como entre os yakös, encontramos cidades com um número de habitantes que podem chegar a dezenas de milhares.

CASO

30

Famílias extensas patrilineares entre os tivs

Entre os tivs da Nigéria a unidade doméstica de produção é o "condomínio". O "condomínio" dos tivs é uma organização oval ou circular de cabanas e celeiros com um espaço aberto central que é o "centro da vida familiar tiv" (BOHANNAN & BOHANNAN, 1968: 15). O núcleo do condomínio é um homem mais velho, na verdade o mais velho do grupo, que atua como seu chefe. Ele arbitra, disputa, controla as forças mágicas e supervisiona a produção.

Tem também várias esposas, cada uma delas geralmente com uma cabana separada no condomínio. O grupo do condomínio tipicamente inclui os filhos menores do chefe e as filhas solteiras e seus filhos casados com suas esposas e filhos. A esse núcleo da família extensa pode ser acrescentado um irmão mais novo ou um sobrinho do chefe com suas respectivas esposas e filhos. Também pode haver estranhos – amigos ou colegas de mesma faixa etária dos homens no condomínio – que também moram lá. Os membros do grupo, especialmente esses outros ligados ao núcleo da família extensa, podem mudar consideravelmente com o passar do tempo. A composição genealógica e o arranjo espacial de um condomínio tiv estão diagramados na Figura 10.5.

Embora em um sentido cada esposa tenha uma cabana separada e ela e seus filhos constituam uma unidade doméstica separada, o grupo maior do condomínio – uma família extensa patrilinear aumentada pela presença de estranhos – e a unidade doméstica central da vida cotidiana dos tivs e de seu empreendimento econômico coletivo (BOHANNAN & BOHANNAN, 1968).

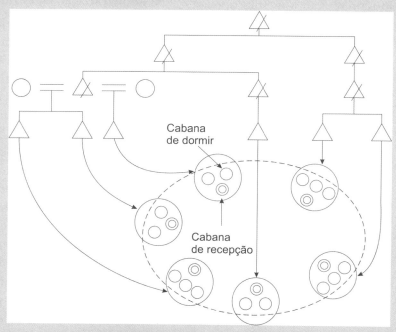

Figura 10.5 Mapa e genealogia de um "condomínio" tiv
(baseado em um diagrama em BOHANNAN, 1954).

Ao olharmos comparativamente toda essa variedade de comunidades, será útil fazermos um número de perguntas sobre sua estrutura interna.

1) Ela é composta de unidades menores que são separadas espacialmente e semelhantes umas às outras em estrutura? Uma aldeia ou vilarejo pode ser composto simplesmente por domicílios separados ou pode ser algum tipo de condomínio. Ou seja, pode ser algo assim como uma laranja em estrutura, composta de segmentos distinguíveis. Esses segmentos podem estar claramente visíveis para um forasteiro ou pode haver linhas culturais invisíveis entre as "peças". Um padrão recorrente é uma separação em subvilarejos, e um aglomerado de subvilarejos compreende uma aldeia. Outro padrão comum divide uma comunidade em áreas residenciais ou *repartições* com alguma separação social e política.

2) As comunidades ou segmentos estão associados a grupos de descendência ou outras unidades de parentesco? E, se é assim, cada segmento está associado a um grupo ou a vários? A comunidade pode estar localizada em um território do grupo e conter seus homens e suas esposas. Mas, alternativamente, a comunidade pode estar composta de membros de vários grupos. É estruturalmente crítico saber se grupos de parentesco estão segregados espacialmente em segmentos, de tal forma que cada repartição ou subvilarejo corresponda a um grupo de descendência. Mesmo quando os próprios segmentos contêm mais de um grupo de descendência é crucial se no nível dos domicílios individuais há separação de acordo com o **grupo de parentesco** ou se os domicílios são "misturados". Nesse último caso, a organização pode normalmente ser interpretada como uma expressão da precedência da comunidade sobre o parentesco. Essa tem sido a tendência nas sociedades com escala e complexidade maiores.

3) As comunidades são socialmente independentes? A maioria dos casamentos ocorre *dentro* da comunidade? Em algumas sociedades encontramos muitas vezes exogamia comunitária, em que cada assentamento (ou aglomerado de assentamentos) está associado a um grupo de descendência exogâmico. Aqui o casamento entre grupos fornece uma conexão entre os assentamentos e, no longo prazo, nenhum assentamento é socialmente autossuficiente. Outras comunidades, especialmente quando elas são maiores e compostas de segmentos, são em grande parte autônomas. Isto é, a maior parte dos casamentos ocorre dentro da aldeia, de tal forma que em termos de parentesco e outros laços sociais o sistema é mais fechado. Tais comunidades relativamente autônomas – socialmente, embora não economicamente – são particularmente características de camponeses. Mesmo no mundo tribal, redes de comércio e especialização econômica provavelmente irão ligar essas comunidades em sistemas mais amplos, como no caso do comércio de vasos, de nefrite, de madeiras para fazer canoas, fibras e outras matérias-primas e bens manufaturados na zona melanésia em que os intercâmbios do *kula* ocorrem.

Parentesco, comunidade e estrutura simbólica

Este tema muito utilmente nos leva de volta às Trobriandesas onde a organização de comunidades e sua articulação com esquemas simbólicos irão revelar outros padrões da ordem cultural e da estrutura social descritas no Caso 31.

Um dos modelos mais interessantes de organização comunitária é aquela em que as comunidades maiores são modeladas com base na estrutura das linhagens segmentárias. Fustel de Coulanges (1864) em um clássico estudo pionei-

A aldeia trobriandesa

Lembrem-se de que os trobriandeses estão organizados em subclãs matrilineares corporativos, cada um deles associado a um território por tradições de emergência ancestral. No caso mais simples a aldeia trobriandesa é a "sede" de um único subclã. Isso significa que todos ou a maioria de seus membros do sexo masculino e suas esposas moram lá, enquanto as mulheres do subclã moram em outros lugares com seus maridos.

Como observamos no Caso 22, no entanto, um grande número de aldeias trobriandesas contêm segmentos de dois ou mais subclãs. Nessas aldeias, em que o subclã e a aldeia não coincidem, podemos ver que, de muitas maneiras, a aldeia toda – e não o subclã – é a unidade social mais importante. "A aldeia inteira é o contexto da vida familiar" (POWELL, 1969a: 188), não simplesmente o segmento do próprio subclã de uma pessoa.

A aldeia pode ter um subclã "proprietário" e outros segmentos de subclã que estão ligados a ele (algumas aldeias trobriandesas são na verdade "condomínios" em que há dois subclãs "proprietários" cada um dos quais pode ter segmentos de subclã ligados a ele – uma complexidade que podemos ignorar). A importância da aldeia, bem assim como dos subclãs corporativos individuais baseados nela, vem à tona na jardinagem. Como observamos quando vislumbramos pela primeira vez a produção trobriandesa (Caso 14) é a partir da aldeia, e não do subclã, que as equipes da jardinagem são formadas.

A organização espacial da aldeia trobriandesa reflete tanto sua unidade quanto a separação parcial dos segmentos de subclã que a compõem. A Figura 10.6 mostra o plano de uma aldeia trobriandesa grande e internamente complexa com um "chefe" de alta posição social. A organização é mais ou menos circular, consistindo de uma praça central com espaço para dança e espaço para enterrar os mortos, e dois anéis concêntricos de construções com uma "rua" entre eles. O anel externo de construções é composto de casas domésticas. O anel interior consiste dos armazéns de inhame e das casas dos homens solteiros em que as aventuras amorosas dos jovens se concentram.

Nessa aldeia específica a presença do chefe muito importante dá forma à distribuição dos residentes ao redor do círculo externo. Os chefes têm direito a casamentos polígamos, e esse chefe tem muitas esposas, bem assim como forasteiros residentes como seus "empregados". Em uma aldeia mais típica cada segmento de subclã estaria associado com um setor do círculo. Assim, o círculo externo de construções serve para enfatizar a separação parcial dos segmentos, enquanto que a praça interna simboliza a união da aldeia.

Um arranjo circular da aldeia como esse não é um costume arbitrário. Como Lévi-Strauss mostrou, as aldeias circulares dos índios no Brasil Central e de outros povos representam um mapeamento dos princípios básicos da cosmologia. Para os trobriandeses ele sugere que os anéis concêntricos refletem uma série de polaridades simbólicas na cultura trobriandesa:

Uma rua circular rodeia os armazéns com as cabanas de casais casados construídas na extremidade externa. Isso Malinowski chamou de a parte "profana" da aldeia. Não só existem oposições entre parte central e parte periférica e entre sagrado e profano. Há outros aspectos

ro da estrutura social mostrou que na Grécia e na Roma antigas o domicílio da família extensa patrilinear que rodeava um fogo sagrado e templo forneceu um modelo que foi copiado não só nos níveis mais altos da estrutura da linhagem (com templos e lareiras sagradas da linhagem), mas também na cidade-estado. Assim uma cidade-estado antiga tinha seu fogo e templo sagrados que simbolizavam sua união como se fosse um grupo de descendência. Um padrão surpreendentemente semelhante foi descrito por Vogt (1965) entre os maias das áreas montanhosas do sul do

também. Nos armazéns do anel interno é guardada a comida crua e não é permitido cozinhar.

> [...] A comida só pode ser cozida e consumida dentro das moradias familiares do anel externo ou em volta delas. As casas de inhame são construídas e decoradas com mais sofisticação do que as moradias. Só homens solteiros podem morar no anel interno, enquanto os casais devem morar na periferia. E, finalmente, os dois anéis concêntricos... são opostos com relação ao sexo: "Sem trabalhar esse ponto exageradamente, o lugar central poderia ser chamado de porção masculina da aldeia e a rua a porção das mulheres" (MALINOWSKI, 1929: I).

Nas Trobriandesas vemos, portanto, um sistema complexo de oposições entre o sagrado e o profano, o cru e o cozido, o celibato e o casamento, masculino e feminino, central e periférico (1963b: 137).

LOCAL PARA DANÇAS

CASA DE INHAME PRINCIPAL

LOCAL PARA ENTERRAR OS MORTOS

CABANA DO CHEFE

Figura 10.6 Plano de uma aldeia trobriandesa: essa aldeia, Omarakana, é o centro do próspero distrito e a sede do "chefe" mais poderoso.

México (um padrão que iremos examinar no Capítulo 18). Vogt sugere que essa capacidade de copiar um padrão social e ritual em níveis sucessivamente mais altos pode ter permitido que o maia pré-colombiano criasse os grandes centros de templos pelos quais são famosos.

31 Mais além do parentesco: grupos etários e associações voluntárias

Antes de nos voltarmos para processos políticos, vale a pena examinar muito rapidamente as formas de agrupamento social baseados não no parentesco, mas sim em idade ou associação voluntária.

CASO

32

Os grupos etários dos karimojongs

Os karimojongs, pastores de Uganda cuja economia tem como núcleo a pecuária e que nós olhamos rapidamente no Caso 8 tem um sistema elaborado de grupos etários.

As linhas gerais são bastante simples e diretas. Os homens são iniciados, no começo da idade adulta, em um grupo etário (*age set*) determinado. A cada cinco ou seis anos, o grupo etário em que os homens estão sendo iniciados é fechado, e um novo grupo etário é formalmente aberto. A qualquer momento, haverá uns seis grupos etários ativos, cobrindo idades que vão do começo da idade adulta até a velhice.

Os grupos etários são agrupados em divisões maiores ou grupos de geração. Um grupo de geração compreende cinco grupos etários e adota um de quatro nomes. A ordem dos grupos etários e dos graus de idade é cíclica, como mostra a Figura 10.7.

Haverá, a qualquer momento, duas gerações adjacentes representadas entre os vivos – A e B, ou B e C, ou C e D, ou D e A. Uma será sênior, a outra júnior, e esse relacionamento de senioridade e juventude é relacionado universalmente em todo o sistema.

Os grupos de geração são simbolicamente correlacionados de modo alternado, de tal forma que B e D e A e C estão conectados simbolicamente. Membros de um par usam ornamentos de bronze e são simbolicamente "amarelos"; o outro par usa cobre e são simbolicamente "vermelhos". Os nomes dos grupos de geração permanecem constantes, portanto "se reciclam". Os nomes dos grupos etários são escolhidos de uma coleção de nomes associados com cada par de grupos de geração, portanto eles reaparecem, mas não em uma sequência fixa.

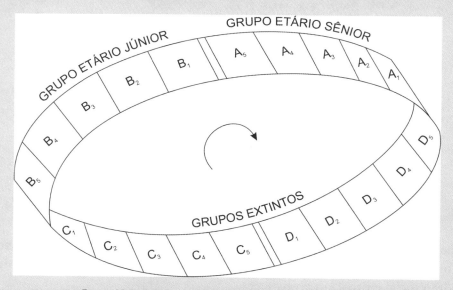

Figura 10.7 O sistema etário dos karimojong (esquemático)
(Adaptado de DYSON-HUDSON, 1966).

Observem que apenas dois grupos de geração podem ser representados ativamente. Isso não ocasiona problemas na metade do ciclo, quando, por exemplo, os três últimos grupos etários dos As constituem o grupo de geração sênior (A3, A4, A5 – embora sejam principalmente os A5s e alguns dos A4s que ainda estarão vivos e ativos); e os dois ou três primeiros grupos etários dos Bs (B1, B2 e B3) constituem o grupo de geração júnior. Mas 15 anos mais tarde, quando quase todos os As tiverem morrido, os Bs estarão irritados com o fato de serem juniores, e haverá homens jovens que deverão apropriadamente ser iniciados como Cs (e, com isso, convertendo os Bs em um grupo de geração sênior). A essa altura, os As ritualmente fazem uma cortesia e se retiram do cenário ativo.

O relacionamento de seniores e juniores é claramente definido entre grupos de geração e é bastante explicitamente modelado no relacionamento pai e filho. O grupo de geração sênior está encarregado de iniciar novos membros no grupo júnior, e no ritual e nos contextos políticos seculares o poder dos mais velhos, que se origina de sua sabedoria, é constantemente reforçado.

Cada grupo etário está igualmente em um relacionamento em que é júnior com relação aos grupos acima dele e em um relacionamento sênior com aqueles abaixo dele. Como isso funciona aparentemente depende de onde está a linha divisória entre os grupos de geração. Considere o ponto em que os As acabaram de se aposentar, os Bs se tornaram seniores e abriram o primeiro dos grupos etários C. Se todos os Bs exercessem sua senioridade *en masse* com relação aos poucos Cs haveria seniores em excesso e juniores de menos; portanto presumivelmente os B1s e B2s exercem autoridade e senioridade com relação aos B4s e os B5s, e também aos C1s. Na outra extremidade da escala, 25 anos mais tarde, a maior parte dos Bs terá morrido e muitos dos C1s estarão atuando como seniores (de tal forma que eles podem, se necessário, iniciar C5s, se não há sobreviventes entre aqueles que agora são B4). Cada grupo etário sobrevivente tem uma parte definida a desempenhar na vida pública. Os grupos etários seniores sentam-se jun-

tos em litigação; recursos podem ser feitos após seus julgamentos, e eles finalmente dão um veredicto. O grupo etário júnior está envolvido grande parte do tempo em prestar serviços aos mais velhos – coletando lenha, servindo carne, apresentando danças. Cada grupo etário está, além disso, em um relacionamento formalmente subordinado ao grupo imediatamente acima, cujos membros são seus "mestres"; as insígnias ornamentais usadas pelos membros de um grupo etário são estabelecidas e limitadas pelo grupo acima dele. Regras complexas sobre que irmãos, ou meios-irmãos são iniciados em que ordem ajudam a manter os relacionamentos dos grupos etários paralelos aos outros relacionamentos de *status*.

Tudo isso não implica que os grupos etários dos karimojongs são grupos fortemente organizados e corporativos. Os membros não moram juntos, como no caso dos grupos etários dos maasais e os regimentos etários militares dos zulus. Eles continuam a desempenhar seus papéis familiares normais e viver em grupos locais ou "seções" parcialmente baseadas em laços superficiais de descendência agnata. Além disso, essas seções ou aglomerados deles, muito espalhados por terras áridas de pastagem, conduzem suas iniciações de grupo etário separadamente. Os negócios públicos em que os grupos etários funcionam como tais são locais e regionais, não envolvendo toda a tribo. Isso significa que embora todas as seções dos karimojongs estejam na mesma posição do ciclo de grupos etários, e todos os membros têm insígnias comuns e um nome comum, a natureza corporativa de grupos etários em toda a tribo é muito tênue. Um karimojong não conheceria outros membros de seu grupo etário de outras regiões, embora ele tenha uma ligação muito próxima com aqueles de sua área local. No entanto, Dyson-Hudson (1966), seu etnógrafo, sugere que com esse modelo espalhado de assentamento e tanta mobilidade individual no uso de recursos pastoris, os grupos etários desempenham uma função crucial ao permitir que um homem se relacione com um não parente, até mesmo com estranhos, de formas padronizadas e que receba hospitalidade e proteção entre membros de grupos estrangeiros..

Sistemas de grupos etários

Em muitas sociedades, principalmente no leste da África, os **grupos etários** ou agrupamentos sociais baseados na idade atravessam os agrupamentos sociais baseados no parentesco. Nos sistemas de grupos etários, os jovens – normalmente apenas homens – se agrupam em uma unidade corporativa, com um nome específico. À medida que ficam mais velhos, permanecem juntos no mesmo grupo. Assim, aquilo que foi um grupo de jovens, trinta anos mais tarde é um grupo de homens de meia-idade; e a essa altura é possível que haja dois novos grupos etários de homens mais jovens. Esses sistemas com frequência são muito complicados, especialmente no leste africano onde são mais comuns. Uma distinção foi feita entre sistemas *cíclicos* de grupos etários, na qual o mesmo grupo etário aparece depois de várias gerações, e os sistemas de grupos etários *progressivos*, nos quais um grupo etário com um nome aparece apenas uma vez. A diferença é particularmente interessante porque sistemas de grupos etários cíclicos e progressivos tendem a ser refletidos em contrastes correspondentes no cálculo do tempo e na cosmologia e visão do mundo de um povo.

Em algumas sociedades africanas, jovens com idade para irem à guerra são separados dos laços normais de parentesco e comunidade. Antropologicamente, os mais famosos são os regimentos etários do bélico povo zulu e os graus de idade dos guerreiros dos maasais, em que homens solteiros formam segmentos extremamente unidos e disciplinados que ficam isolados da vida comunitária cotidiana. Os karimojongs no Caso 32 ilustram um sistema mais típico de grupos etários no leste africano (cf. tb. SPENCER, 1965).

Os **graus etários** diferem dos grupos etários em que constituem uma série de níveis pelos quais as pessoas, normalmente homens, atravessam no curso de seu ciclo vital. Assim os jovens são iniciados em um grau etário; e depois, vários anos mais tarde, coletivamente ou um por um, são iniciados no próximo grau etário mais alto. Essa sequência de graus etários muitas vezes envolve revelação progressiva dos mistérios sagrados controlados pelos homens mais velhos.

As funções sociais dos grupos etários e dos graus etários variam muito. Eles podem lutar juntos, morar juntos, e assim por diante. Em virtude da atenção preponderante que a antropologia dá ao parentesco, é interessante observar que os grupos etários às vezes contrabalançam os grupos de parentesco ao fornecer segurança coletiva em inimizades sangrentas e ao proteger os direitos dos membros de sua idade diante de seus próprios parentes. A função dos grupos etários como complementares aos laços do parentesco ou substitutos desses laços foi enfatizada por Eisenstadt (1956) em seu importante estudo da idade como princípio organizador.

Associações voluntárias

Antropólogos – alguns deles – há muito se interessam por associações voluntárias, agrupamentos mais ou menos equivalentes às fraternidades, clubes e lojas maçônicas das sociedades ocidentais. Assim, quando as primeiras notícias surgiram sobre sociedades secretas espetaculares ou dramáticas tais como as sociedades dukduk e tamate da Melanésia, ou ordens fraternais secretas na África, tais como os leopardos homicidas, as sociedades militares dos índios das planícies, os antropólogos tentaram classificá-los, investigar seu desenvolvimento, interpretar suas funções. Webster (1932), Lowie (1920) e Wedgewood (1930) fizeram as primeiras tentativas úteis de sintetizar essas informações. Mas embora muitos antropólogos tenham há muito observado esses fenômenos, não foram muitos os que se interessaram ativamente pelo assunto. No Caso 33, um rápido olhar de duas "sociedades secretas" clássicas, na Melanésia, ilustra as associações voluntárias formais e sofisticadas encontradas em algumas partes do mundo.

CASO
33

As sociedades secretas da Melanésia

A sociedade secreta Dukduk do Arquipélago Bismarck na Melanésia recebe em seus graus mais baixos de associação virtualmente todos os membros do sexo masculino das comunidades em que está estabelecida. Os pais querem que seus filhos pertençam pelo prestígio e privilégio que a afiliação traz. O homem que fica de fora quase que certamente se meterá em dificuldades mais cedo ou mais tarde em virtude de uma de suas regras secretas e com isso ser sujeito a multas mais altas do que a "taxa" que é exigida para entrar para a sociedade. Os graus mais altos da sociedade, no entanto, com sua relação mais próxima com o "grande mistério", estão reservados para homens importantes. A entrada e a passagem por esses graus vão ficando cada vez mais difíceis e mais caras, especialmente em termos de distribuição de riqueza cerimonial. O círculo mais secreto compreende os líderes mais importantes da área. O dukduk realiza rituais privados e públicos muito elaborados, principalmente para suas figuras mascaradas. A sociedade dukduk serve funções políticas sutis ao unir com regras e ritos comuns comunidades que não têm outros laços a não ser a chegada periódica das figuras mascaradas dukduk.

Nas ilhas Banks e Torres da Melanésia um número de sociedades secretas masculinas, ou *tamate*, são encontradas em cada ilha. Algumas sociedades importantes ocorrem por toda a região. As sedes dessas sociedades são isoladas e proibidas para mulheres e meninos ainda não iniciados. Para se tornar membro, o candidato precisa satisfazer os gastos iniciatórios que variam de acordo com o prestígio e dignidade da sociedade e ele deve passar por um período de jejum e isolamento. Uma vez aceito como membro, ele usa a sede como um centro de atividade de lazer, embora como novato ele deva ajudar a preparar as refeições. As atividades cerimoniais do tamate envolvem danças festivas, mas também períodos de pilhagem e licenciosidade quando os membros usando máscaras e costumes sofisticados (Figura 10.8) personificam fantasmas e perseguem mulheres e crianças. Cada sociedade tem certos mistérios tais como os dispositivos que produzem os barulhos dos "fantasmas".

Atualização do caso

O relato de Codrington refere-se ao fim do século XIX. Versões das práticas desses cultos continuam, muitas vezes com novos significados (cf., p. ex., EPSTEIN, 1992; SIMET, 1992).

Figura 10.8 Um mascarado *tamate* (Ilha Banks) (Reprodução de um desenho de Codrington).

Iremos encontrar outro sistema de sociedades secretas bem conhecidas na antropologia – as sociedades Poro e Sande dos povos da África Ocidental, tais como os kpelles e os mendes, no Caso 39 (Capítulo 11). Lá veremos como o conhecimento secreto fornece os meios para o poder. Mais adiante, quando examinarmos, no Capítulo 20, o estudo antropológico das cidades, veremos como as sociedades secretas tais como a Poro operam em situações urbanas.

Relações sociais informais

De um modo geral os antropólogos foram mais negligentes no caso do estudo de relações informais de amizade e cooperação que atravessam os agrupamentos formais baseados no parentesco ou interagem com o parentesco na formação de grupos de ação cotidianos. Como já indiquei (KEESING, 1972b), os antropólogos sabem muito sobre relações formalmente padronizadas de parentesco. Mas eles algumas vezes ignoraram ou minimizaram o papel da *amizade* na determinação de quem faz o quê com quem em uma sociedade em pequena escala – embora em nossa própria sociedade estejamos conscientes da importância da amizade. O comportamento de primatas superiores e outros mamíferos muitas vezes pode ser interpretado só se nós inferirmos que os animais que ficam juntos *gostam* uns dos outros; e isso parece ser verdadeiro dos humanos em todas as sociedades.

Sabe-se muito pouco sobre a maneira como a amizade e parcerias informais na jardinagem, no comércio ou em outros empreendimentos são urdidos no tecido da vida social cotidiana. Um dos benefícios colaterais de uma preocupação crescente da antropologia com a organização de sociedades complexas é que nelas somos *obrigados* a prestar atenção às maneiras como os elos individuais de amizade, a estratégia econômica e a aliança política operam. A tendência foi que antropólogos ignorassem essas coisas considerando-as "fora do sistema" de grupos de descendência e relações de

parentesco. Nas complexas sociedades modernas, precisamos lidar com sua importância central – e isso pode trazer novos *insights* para as forças que moldam o comportamento real em outros lugares.

Agora precisamos examinar os processos da política, as estruturas e usos do poder, em uma perspectiva comparativa. Vimos nos últimos capítulos buscas de prestígio na Melanésia, sociedades segmentárias sem instituições formais de governo, e vislumbres de sistemas políticos hierárquicos e mais complexos. Voltamo-nos agora para os sistemas políticos e os processos da política em perspectiva comparativa.

SUMÁRIO

Este capítulo considera uma variedade de definições de casamento que nos permitem examinar os costumes de uma maneira aplicável em várias culturas. Em muitas partes do mundo o casamento é um contrato entre grupos e implica transferências de direitos sobre atividades sexuais e a filiação de crianças, com ou sem transferências correspondentes de bens de riqueza. O casamento também estabelece laços de intercâmbio entre famílias com relações afins (exemplo: os trobriandeses da Papua-Nova Guiné), e esses podem continuar por mais de uma geração. Pode haver regras para o casamento entre certas categorias de pessoas relacionadas, citando preferências, bem assim como proibições. Formas plurais de casamento incluem a poligamia e a poliandria. Tabus de incesto especificam os tipos de parente com quem não se pode casar. Há às vezes uma distinção entre aqueles com quem o sexo é proibido e aqueles com quem não é possível casar. Regras positivas especificando o casamento com categorias de pessoas levam a formas de aliança, simétricas ou assimétricas.

Grupos domésticos são baseados nos laços de pais e filhos. Famílias nucleares são encontradas em contextos onde grupos domésticos mais amplos, baseados na descendência unilinear, estão ausentes. Domicílios complexos resultam da poligamia ou da poliandria e da corresidência de irmãos ou irmãs e seus respectivos cônjuges em famílias extensas. Comunidades podem ser construídas com vários subgrupos baseados em laços de descendência ou parentesco. Elas podem também depender de outros princípios, tais como grupos etários, graus etários e sociedades secretas cuja afiliação é dividida por gênero. Além disso, os laços informais de amizade podem ser importantes.

SUGESTÕES PARA LEITURAS ADICIONAIS
Seções 26-29

BOHANNAN, P.J. & MIDDLETON, J. (orgs.) (1968). *Marriage, Family and Residence*. Garden City, N.Y.: Natural History.

COMAROFF, J.L. (org.) (1980). *The Meaning of Marriage Payments*. New York: Academic Press.

FOX, R. (1967). *Kinship and Marriage*. Baltimore: Penguin Books.

GOODY, J. (1977). *Production and Reproduction*: A Comparative Study of the Domestic Domain. Cambridge: Cambridge University Press [Cambridge Studies in Social Anthropology].

_____ (1972). *Domestic Groups* – Addison-Wesley Modules in Social Anthropology. Reading, Mass.: Addison-Wesley Publishing Company.

KEESING, R.M. (1975). *Kin Groups and Social Structure*. Nova York: Holt, Rinehart and Winston.

OGBU, J.U. (1978). "African Bridewealth and Women's *Status*". *American Ethnologist*, 5 (2), p. 241-262.

Seção 30

HOGNIN, H.I. & WEDGEWOOD, C. (1953). Local Groupings in Melanesia, *Oceania* 23(4): 241-276; 24(1): 58-76.

KEESING, R.M. (1975). *Kin Groups and Social Structure*. Nova York: Holt, Rinehart and Winston.

Seção 31

BAXTER, P.T.W. & ALMAGOR, U. (orgs.) (1978). *Age, Generation and Time*: Some Features of East African Age Organizations. Nova York: St. Martin's Press.

HAMMOND, D. (1972). *Associations*. Reading, Mass.: Addison-Wesley [McCaleb Module in Anthropology, n. 14].

KERRI, J.N. (1976). "Studying Voluntary Associations as Adaptive Mechanisms". *Current Anthropology*, 17 (1), p. 23-47.

KERTZER, D.I. (1978). "Theoretical Developments in the Study of Age-Group Systems". *American Ethnologist*, 5 (2), p. 368-374.

LA FONTAINE, J.S. (org.) (1978). *Sex and Age as Principles of Social Differentiation*. Nova York: Academic Press.

MENDELSON, E. (1967). "Primitive Secret Societies". In: MACKENZIE, N. (org.). *Secret Societies*. Nova York: Holt, Rinehart and Winston.

STEWARD, F.H. (1977). *Fundamentals of Age-Group Systems*. Nova York: Academic Press.

VAN GENNEP, A. (1960). *The Rites of Passage*. Londres: Routledge and Kegan Paul.

WEDGEWOOD, C.H. (1930). "The Nature and Functions of Secret Societies". *Oceania*, 1, p. 129-145.

Capítulo 11

Poder e política

Em todas as comunidades que estudaram os antropólogos encontraram os processos da "política" – pessoas liderando, organizando, obtendo e usando o poder. No entanto em uma sociedade de pequena escala que não tem um governo nem um Estado, ou sequer qualquer sistema formal de liderança centralizada, é difícil definir o que é "político" ou delinear "o sistema político".

Olhando as sociedades como sistemas estáveis e isolados, mesmo que não exista uma organização política formal, podemos ver certos problemas serem solucionados por algum tipo de meio institucional: a manutenção de direitos territoriais e da ordem interna, a delegação do poder para que sejam tomadas decisões com relação à ação do grupo. Podemos dizer que a "organização política" de uma sociedade compreende sejam quais forem as regras e funções usadas para administrar esses problemas, haja ou não qualquer tipo formal de organização governamental. Já vimos líderes trabalhando em uma variedade de cenários: dos mínimos bandos sans até os campos nômades dos basseris, e as aldeias, jardins de inhame e expedições kula que atravessam oceanos das Trobriandesas. Aqui podemos ampliar essa visão comparativa de sistemas políticos para ver uma série de instituições e funções de liderança.

Tendo feito isso, precisaremos voltar para uma visão mais ampla de *processos* políticos. Cada vez mais os antropólogos encontram líderes políticos não em ambientes tradicionais, mas fomentando revoluções, organizando uma facção, unindo minorias étnicas ou competindo por um mandato político em um país que poucos anos atrás nem sequer existia. Precisamos de meios para conceitualizar os processos da política, a natureza e os usos do poder que nos permitam interpretar cenas políticas sejam elas desempenhadas em uma tenda nômade, em uma cabana na selva, ou em uma grande cidade.

Ao adotar primeiramente uma visão comparativa de sistemas políticos no mundo tribal teremos de tentar ir mais além dos esquemas tipológicos simplistas. O conhecimento que acumulamos nos três últimos capítulos nos será muito útil.

32 Sistemas políticos

Sistemas políticos como superestrutura

Antes de examinarmos os sistemas políticos em uma perspectiva comparativa, vale a pena rever rapidamente a orientação teórica adotada no Capítulo 8. A base econômica de uma sociedade, a organização da produção e da distribuição tem um lado social – a maneira que os humanos estão organizados – e um lado tecnológico, as ferramentas, o conhecimento e os recursos físicos, tais como a terra que são distribuídos para realizar as

Dispondo partes de porcos para distribuição. A gordura do porco deve ser abundante e é exposta claramente. Melpa, Papua-Nova Guiné.

metas humanas. Juntas, essas relações sociais e esses recursos tecnológicos compreendem a *base* ou *infraestrutura*.

Um sistema econômico é mantido e perpetuado por instituições "superestruturais" que garantem não só a reprodução física dos membros de uma sociedade, mas a reprodução *social* de seus relacionamentos uns com os outros. As instituições políticas, em uma sociedade complexa, fornecem os meios organizacionais para a defesa contra invasões; mas elas também fornecem a uma classe dominante os meios de perpetuar seu poder, mantendo os relacionamentos de produtores e consumidores, governantes e governados. Mas o que dizer de sociedades sem classes sociais, sociedades em que todos os adultos saudáveis são produtores, sociedades sem instituições centrais de governo, sem governantes?

"Tribos" sem governantes

Esse é um problema clássico da antropologia. Os bandos de aborígenes australianos ou dos sans eram pequenos o suficiente para que uma liderança informal, ou mesmo a autoridade dos mais velhos, parecesse adequada para a escala de organização. Mas quando antropólogos sociais com interesses teóricos estudaram sociedades africanas com populações de dezenas ou até centenas de milhares o problema da ordem se avultava. Como é que "tribos sem governantes" (MIDDLETON & TAIT, 1958) mantêm a ordem interna? Como é que as relações sociais são reproduzidas através das gerações? Podemos sequer dizer que pessoas sem instituições de governo têm um "sistema político"? (HINDESS & HIRST, 1975). Considere um caso clássico na história da antropologia política – os nuers do Sudão, no Caso 34.

A dinâmica de sistemas políticos

Podemos, a essa altura, deixar os nuers e olhar novamente para os Smiths e Joneses do Capítulo 9, para examinar como conflitos e inimizades são solucionados. É claro que tais fissuras nas relações sociais perturbam o funcionamento normal da vida. Mas será que elas perturbam "o sistema"? Em um sentido, sim, o fazem. Mas como Max Gluckman e seus alunos argumentaram, elas também o mantêm e o renovam. Mais além do segmento do grupo de descendência local como os Smiths da Elm Street, membros de tribos raramente se unem *por* qualquer coisa; eles se unem *contra* alguma coisa. Sem contendas e conflito os agrupamentos sociais seriam muito mais atomistas e isolados uns dos outros do que são. Além disso, o processo pelo qual grupos e alianças de grupo resolvem as rixas reafirma sua união dentro de um sistema social e de uma ordem moral mais amplos. São os Smiths da Elm Street cujas mães eram Browns que serviam de mediadores em uma contenda entre Smiths e Browns; e a resolução das contendas assim sublinha as redes de parentesco que ligam os grupos e não as linhas de descendência que os separam.

Nessas sociedades sem Estado, muitas vezes existe uma possibilidade latente de que das linhagens componentes ou dos grupos locais alguma aliança maior e mais eficiente possa ser cristalizada. Às vezes, um líder que faz uso de símbolos religiosos ou sonhos místicos e visões pode unir grupos fragmentados e opostos em uma guerra coletiva de libertação ou conquista ou em alguma outra ação dramática. Joana d'Arc e El Cid ilustram esse tema na história europeia. Os mahdis que uniram as linhagens inimigas do Sudão em uma guerra sagrada de libertação nos dão outro exemplo. Entre povos tão imensamente distantes uns dos outros como os índios americanos assiniboin das planícies do leste e os ibans de Bornéu, grupos locais fragmentados foram unidos temporariamente por líderes cuja missão de conquista foi revelada em sonhos.

De uma maneira muito útil, isso virou o processo de "reprodução social" ao contrário. Não podemos presumir que seja "natural" para um sistema social ou econômico permanecer estável durante gerações. Nós mesmos vivemos em um mundo no qual o crescimento econômico e o aumento populacional são aceitos como dados. Que restrições militaram contra os nuers evitando que eles desenvolvessem um sistema político complexo e hierárquico em vez de deixar que alianças temporárias se tornassem permanentes? Vimos a expansão dos nuers em detrimento dos dinka. Por que isso não foi acompanhado de uma hierarquia política? Por que os líderes nuers (tais como os chefes pele-de-leopardo) não acumularam gado suficiente – e, através dele, poder – de tal forma que controlassem alianças e casamentos políticos (e, como os "chefes" trobriandeses, tivessem as pompas de alta posição social e sacralidade)? Uma vez mais, se considerarmos que cada sistema social contém as sementes de sua própria transformação, então somos levados a considerar tanto a estabilidade e a mudança como naturais, mas, ao mesmo tempo, precisando de explicação.

A natureza dinâmica dos sistemas econômicos e políticos surge em um volume intitulado *The Evolution of Social Systems* [A evolução de sistemas sociais] (FRIEDMAN & ROWLANDS, 1978). A evolução de sistemas políticos mais complexos é documentada em muitas partes da África, da Ásia e das Américas. Nosso foco nos sistemas regionais pode bem nos lembrar de que a transformação de um sistema econômico e político na direção de maior complexidade – uma "tribo" para uma chefatura, uma chefatura para um mini-Estado – pode ser estimulada por ideias que vêm dos vizinhos. A divulgação de ideias religiosas e políticas hindus a partir da Índia para o Sudeste Asiático catalisou, da mesma forma, a emergência de Estados a partir de chefaturas.

A análise que Friedman (1979) faz dos kachins de Myanmar (Birmânia) argumenta de maneira convincente que uma sociedade igualitária baseada em linhagens pode ter, até mesmo "internamente", o potencial para a emergência de uma hierarquia, através da concentração de bens simbolicamente valiosos e de poder sobre alianças maritais.

Pesquisas nas áreas montanhosas da Nova Guiné por Jack Golson e seus colegas sugere que o desenvolvimento de sistemas econômicos e políticos mais complexos não precisam necessariamente seguir um curso suave sempre "para cima". Golson revelou evidência de que várias vezes durante um período de seis mil anos grupos locais fragmentados podem ter sido unidos em sistemas políticos regionais muito maiores e mais coesos, caracterizados por irrigação extensa e intensificação da produção – sistemas políticos que depois se desintegraram outra vez em seus elementos componentes (para uma análise recente da evidência, cf. GOLSON & GARDNER, 1990).

"Homens grandes"

Isso serve como uma útil advertência contra algumas das tipologias simples que dominaram a literatura. O "homem grande" melanésio, um líder empreendedor que obtém apoio pela proeminência na realização de festas e de intercâmbio, tornou-se uma figura estereotipada na literatura. Mas homens grandes em partes das áreas montanhosas densamente povoadas da Nova Guiné, com grandes excedentes de batatas-doces sustentando enormes rebanhos de suínos e sistemas de intercâmbio regional de uma escala vastíssima, tais como o *moka* dos hagens e o *tee* dos engas (FEIL, 1978a, 1978b, 1987; MEGGIT, 1974; STRATHERN, A., 1971, 1982) são muito diferentes de seus congêneres em muitas partes das áreas planas das ilhas melanésias: muito "maiores", e entrincheirados muito mais firmemente como parte da estrutura política corrente. Bem mais abaixo na escala de "grandeza" está o grande homem entre os kwaios das Ilhas Salomão, como apresentado no Caso 35.

Nos locais em que a produção intensificada, a maior densidade populacional, e o controle sobre os porcos e objetos de intercâmbio aumentam a base de poder do grande homem melanésio, como nas áreas montanhosas da Nova Guiné, tais líderes podem não só obter mais poder e influência, como também cada vez mais atuar como uma elite, capaz de transmitir poder e influência para seus filhos. A distância entre os homens grandes

CASO
34

A organização segmentária dos nuers

Uns 200 mil nuers vivem espalhados pelos pantanais e áreas de savana do Sudão. Embora não exista um governo central, os nuers mantêm uma medida de união e relações políticas ordenadas entre as divisões territoriais – que Evans-Pritchard chama de *tribos* – e entre segmentos delas. Uma tribo nuer é o grupo maior cujos membros têm o dever de se juntar para invasões do território inimigo e defesa. Cada tribo tem um território, um nome e laços de sentimento comuns. Dentro de uma tribo as contendas supostamente devem ser controladas por arbitragem.

A tribo está dividida em segmentos. O relacionamento entre segmentos é concebido em termos de hierarquias de descendência patrilinear, como no caso dos Smiths e Joneses, embora a verdadeira correspondência entre descendência e a composição dos grupos territoriais seja bastante confusa. O princípio básico é oposição e aliança contextual: "Lutamos contra os rengyans, mas, quando um de nós está lutando contra um terceiro, nós nos juntamos a eles" (EVANS-PRITCHARD 1940: 143). Evans-Pritchard (1940: 143-144) dá a seguinte ilustração: "quando o segmento Z^1 luta contra Z^2 nenhuma outra seção está envolvida. Quando Z^1 luta contra Y^1, Z^1 e Z^2 se unem como Y^2. Quando Y^1 luta contra X^1, Y^1 e Y^2 se unem e o mesmo fazem X^1 e X^2. Quando X^1 luta contra A, X^1, X^2, Y^1 e Y^2 todos se unem como B. Quando A invade os dinkas (um povo vizinho), A e B podem se unir" (cf. Figura 11.1).

Disputas começam por muitos tipos de insatisfações, tendo a ver com o gado, com dano à propriedade, adultério, direitos sobre recursos, para mencionar alguns. Muitas disputas levam a derramamento de sangue. Dentro da própria aldeia os nuers lutam com clavas ou sem armas. O confronto entre membros de aldeias diferentes levam ao uso de lanças e a guerras sangrentas entre os homens de cada aldeia. Quando um homem foi morto, o parente patrilinear mais próximo tentará matar o assassino ou um de seus parentes próximos patrilineares. O matador vai a um "chefe pele-de-leopardo" para proteção: esse último procura mediar e conseguir que a linhagem ofendida aceite "sangrar o gado" e assim evitar uma luta sangrenta. Uma morte envolvendo membros de segmentos de nível baixo que assim têm relacionamentos sociais próximos, como Z^1 e Z^2 ou mesmo Z^1 e Y^1, provavelmente será solucionada sem vingança sangrenta. Quanto mais distante for o parentesco dos grupos envolvidos, maior a probabilidade de uma luta em grande escala entre alianças temporárias tais como os Xs contra os Ys.

Mas que dizer do chefe-de-pele-de-leopardo que arbitra as disputas e dá proteção? Isso não indica uma forma de organização política central? Segundo Evans Pritchard (1940), um "chefe" assim tem poderes rituais e uma função como mediador e negociador, mas não tem qualquer autoridade secular ou privilégios especiais. Seu desempenho como pacificador é possível porque ele está fora do sistema de linhagem e tribal e não porque ele seja uma parte central dele. A importante função que ele preenche, em outras sociedades segmentárias, deve ser normalmente preenchida por pessoas com obrigações conflitantes em virtude dos laços de parentesco cognato que atravessam as linhagens. Sua presença permite que

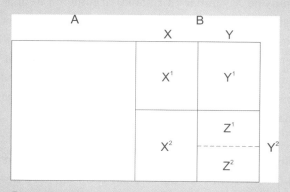

Figura 11.1 Organização política dos nuers: A e B são os segmentos principais de uma "tribo" nuer. X e Y são os ramos principais de B e são, por sua vez, divididos por segmentação (EVANS-PRITCHARD, 1940).

os nuers levem a postura de hostilidade e ameaça mais longe do que o fariam se ele não existisse, porque ele é um obstáculo para as mortes efetivas que a maioria dos nuers espera evitar.

O sistema político dos nuers é interessante no sentido de que as perspectivas sobre seu funcionamento e como pode ser compreendido que foram mudando desde o clássico livro de Evans-Pritchard em 1940, *The Nuer*, revelam horizontes mais amplos no estudo da organização política e social. A visão que Evans-Pritchard tinha dos nuers era essencialmente estática: seus modelos mostram como a sociedade nuer "funciona" em um vácuo a-histórico onde o equilíbrio prevalece. Mas estudos por Newcomer (1972), Haight (1972), Gough (1971) e outros reexaminaram os nuers mais de perto, em um contexto temporal e ecológico. "A sociedade nuer" emerge como um estágio instável em um processo de invasão e assimilação de seus primos culturais, os dinkas, que foi modificado pelo colonialismo.

Para nossos objetivos basta sugerir essa mudança de visão delineando em um esboço bem simples um intercâmbio entre Greuel (1971) e Haight (1972) com relação à suposta "falta de poder" do chefe pele-de-leopardo ou mediador. Greuel sugeriu que, longe de ser impotente, o chefe pele-de-leopardo era um líder rico, parcialmente em virtude do gado que recebia por seus serviços como mediador e podia mobilizar o apoio de uma coalizão substancial de seguidores. Se um homem assassinasse um parente próximo da linhagem, seus parentes ofereceriam dinheiro sangrento; se ele assassinasse um forasteiro distante, um feudo sangrento não seria nenhuma ameaça à solidariedade da comunidade. Mas se um homem matasse um parente marginalmente próximo ou vizinho, em que um feudo sangrento rompesse a solidariedade econômica e social, o chefe-pele-de-leopardo poderia muitas vezes mediar eficazmente. E podia fazê-lo porque era capaz de mobilizar uma coalizão dominante que tivesse interesse em evitar lutas internas. Assim, embora literalmente ele não tivesse poder direto para garantir o cumprimento de decisões, na prática, possuía muito poder político implícito.

Um chefe pele-de-leopardo nuer.

Haight (1972), invocando uma interpretação histórica, questiona se o chefe pele-de-leopardo que chegou à proeminência em virtude da capacidade pessoal de uma linhagem específica de peles-de-leopardo normalmente era o centro de uma coalizão numericamente dominante. Em muitas áreas, ou na maioria delas, a linhagem pele-de-leopardo não era a linhagem dominante; e Haight considera que o poder do chefe-pele-de-leopardo era mais religioso do que político. Onde, em algumas áreas, a linhagem pele-de-leopardo exercia o controle político, o chefe-pele-de-leopardo podia realmente mobilizar o apoio de uma coalizão dominante. Mas ambas as situações, argumenta Haight, podem ser mais bem compreendidas em termos do processo histórico de conquista pelo qual os nuers mantiveram o domínio sobre os dinkas através da absorção, e preservaram uma ordem social igualitária enquanto mantinham um firme controle sobre os territórios.

Atualização do caso

Confira uma vez mais os trabalhos de Kelly (1985), Hutchinson (1996) e também Johnson (1994) para reanálises extensas da história, da política e da liderança dos nuers.

e os homens comuns pode então se ampliar de tal forma que os primeiros passam a constituir uma nova classe.

A emergência da hierarquia

Ao compreender que os homens grandes podem se tornar cada vez mais importantes como "chefes" ao controlar os objetos de intercâmbio e o trabalho das esposas e seguidores masculinos, e vão progressivamente se rodeando com símbolos de seu *status* elevado e legitimando esse *status* no mito e no ritual, podemos começar a compreender como o sistema político trobriandês, descrito no Caso 36, representa uma transformação parcial dos sistemas dos homens grandes de outros povos da região.

Chefaturas e a legitimação do poder

Os sistemas políticos hierárquicos da Polinésia são a expressão de um avanço na direção da centralização da autoridade e de sua legitimação em termos da sacralidade e dos deuses. O Caso 37 apresenta o sistema havaiano.

Monarquia africana

A África nos dá muitos exemplos da emergência de mini-Estados, muitos deles compreendendo vários grupos étnicos. Tais sistemas ilustram como a partir dos sistemas de linhagem segmentários descentralizados podem se desenvolver formas sociais mais complexas que são capazes de continuar a fornecer os "elementos básicos" em um nível local. Na África, como no Sudeste Asiático, a emergência de sociedades estatais mais complexas foi muitas vezes acelerada por ideias e modelos organizacionais vindos de fora, bem assim como do acúmulo de poder internamente. No Caso 38, os bunyoros da Uganda nos dão um exemplo instrutivo de um Estado africano de pequena escala.

Em vez de estender a análise de instituições políticas até sociedades de maior escala e complexidade, tais como os antigos Estados da Mesopotâmia e da América Central, será melhor se nos voltarmos para examinar a natureza dos processos políticos. Precisaremos interpretar esses processos e a natureza e os usos do poder em uma variedade de cenários em que a análise em termos de instituições políticas já não seja adequada.

33 Os processos da política

A comparação de instituições políticas inevitavelmente nos leva a presumir que as sociedades sendo comparadas são entidades relativamente independentes e que os sistemas políticos são relativamente estáveis. Mas essas premissas sobre autonomia, estabilidade e integração não são muito úteis para nossa compreensão dos processos políticos de um mundo moderno que é complicado e muda rapidamente. São os *processos* da política, não suas instituições, que cada vez mais atraem a atenção. Os antropólogos, portanto, também examinam "campos" de eventos políticos que atravessam os limites tradicionais das sociedades. Eles examinam as maneiras como as leis, as burocracias e os partidos políticos invadem os povos tribais ou de aldeias; e observam o "intermediário político" que transpõe o abismo entre o mundo externo e seu próprio povo. Em tais ambientes, não podemos presumir qualquer estabilidade ou equilíbrio. Os processos políticos produzem novos papéis, novos grupos, novos conflitos e nova integração. Não é simplesmente uma questão de dar continuidade ao sistema. Ao não presumir que todos os participantes compartilham as mesmas regras culturais ou que papéis e grupos são estáveis, podemos ver indivíduos que moldam e manipulam os padrões da vida social em vez de segui-los simplesmente.

Indivíduos e sistemas

Será que isso significa que podemos considerar "o sistema" como o resultado cumulativo de escolhas e estratégias individuais? Alguns teóricos adotaram essa visão, como uma oposição às teorias de sistemas sociais segundo as quais esses sistemas transcendem e restringem os atores individuais. Um estudo pioneiro essencial aqui foi a análise que Barth (1959a) fez dos processos políticos entre os Swat pathans do norte do Paquistão. O sistema político dessa sociedade segmentária não era, argumentou Barth, mantido em equilíbrio porque os grupos sociais que a compunham estavam em uma oposição estrutural equilibrada uns com os outros – como nos clássicos estudos africanos dos nuers, tivs e outros. Ao contrário, o sistema era gerado e mantido por atores individuais que buscavam aumentar seu poder por meio de escolhas e coalizões estratégicas (BARTH, 1959a, 1959b).

A partir dessa análise de como as estratégias individuais podem cumulativamente produzir integração e equilíbrio sistemáticos, Barth voltou-se para o estudo da mudança. Se considerarmos sistemas sociais como resultados de decisões individuais, argumentou ele, não estaremos atados a premissas de equilíbrio: não há qualquer razão pela qual todos os indivíduos precisem seguir as mesmas estratégias e nenhuma razão para presumir que – mesmo que o fizessem – os resultados iriam preservar "o sistema" em vez de progressivamente transformá-lo (BARTH, 1966a, 1966b, 1967).

F.G. Bailey, levando esse modelo ainda mais adiante, analisou o processo político na Índia e em outros lugares em vários artigos e livros importantes. Em *Stratagems and Spoils* [Estratagemas e espólios] (BAILEY, 1969), uma síntese importante, ele elabora um modelo da maneira como os indivíduos procuram maximizar o poder, e dos temas comuns de estratégia, coalizão e conflito que emergem nas lutas competitivas pelo poder em épocas e lugares diferentes. Em *Gifts and Poison* [Presentes e veneno] (1971), Bailey e seus alunos voltam-se da arena pública para a arena privada e argumentam que uma política informal de reputação e *status* nas relações inter-

CASO

35

O "homem grande" dos kwaios

Os kwaios da Melanésia são fragmentados em dúzias de grupos de descendência locais. Cada um deles possui um território, e não há qualquer governo central ou função política que unifique esses pequenos grupos politicamente. A influência, a autoridade e a liderança nos negócios seculares vêm do sucesso na mobilização e na manipulação da riqueza. Um "homem grande" em um grupo de descendência é um empreendedor que tem mais sucesso do que seus companheiros – seu capital visível é as contas de concha enfiadas em uma corda e os porcos; e seu capital invisível é o prestígio. Para adquirir fama e ser respeitado, um grupo deve realizar grandes festas mortuárias homenageando seus mortos importantes. Se um homem do grupo A morre, o parente do homem morto do grupo rival B pode ser um dos vários emissários que têm a permissão para enterrá-lo. O homem grande do grupo A irá liderar uma grande mobilização de riqueza por parte de seu grupo. As pessoas que carregam o caixão, inclusive aquelas do grupo B, serão recompensadas com grande quantidade de bens. Mas tudo isso precisa ser retribuído. Quando, meses ou anos mais tarde, um membro equivalente do grupo B morre, um parente do grupo A tem o direito de enterrá-lo e os Bs devem organizar uma apresentação em sua homenagem tão grande quanto aquela que foi feita na primeira festa. O que parece um ato de obrigação de parentesco é, na verdade, um duelo por prestígio entre homens grandes, em nome de seus grupos. Um homem grande torna-se "grande" graças à bem-sucedida manipulação da riqueza. Para obter muito sucesso ele deve ser um filho mais velho e deve ter um grupo bastante grande de parentes próximos e comembros do grupo de descendência que possa mobilizar. Sua estratégia é fazer com que as pessoas fiquem lhe devendo, já que ele contribuiu para suas festas, financiou seus casamentos e investiu seus recursos de outras formas.

Um homem grande não tem qualquer autoridade ou poderes formais, e nenhuma posição bem definida. Ele é simplesmente um homem que lidera porque as pessoas o seguem e que decide porque as pessoas se submetem a ele. Um homem grande toma a liderança ao fazer reivindicações ou pedidos contra outros grupos de descendência e na resolução de contendas. Ele mantém a estabilidade interna e a direção, dizem os kwaios, como o timoneiro de uma canoa. O filho mais velho de um homem grande pode ter alguma pequena vantagem na busca por prestígio e poder. Mas não há nenhuma sucessão hereditária e nenhuma posição para a qual ser sucessor. A grandeza é uma questão de grau, em uma sociedade em que todos os homens dão algumas festas e desempenham algum papel no jogo de investimento; e muitos grupos de descendência não têm nenhum homem grande claramente definido.

Keesing (1978) dá uma explicação mais detalhada das festividades e das altas finanças dos kwaios, como introdução para a autobiografia do homem grande kwaio mais importante em épocas recentes. Keesing (1992) prossegue com a história dos kwaios até os períodos colonial e pós-colonial.

---

pessoais é crucial nas comunidades europeias que estudaram. Dão uma atenção especial às "pessoas que competem para permanecer iguais" e à "tragédia, a amargura que vemos no conflito entre aqueles que são iguais e que, portanto, poderiam ter sido amigos" (BAILEY, 1971: 19).

A ideia de que estratégias individuais para maximizar e preservar o poder e a reputação geram "o sistema" foi extremamente reveladora. Fomos levados, mais além das premissas sobre estabilidade, a ver como os motivos individuais dão sentido ao comportamento coletivo, levados também a ver estratégias informais bem assim como ideologias e regras formais. No entanto, embora isso revele um lado da política, pode ocultar outro lado.

Um "homem grande" kwaio em ação: "Elota (KEESING, 1978) dá instruções para seus parentes sobre a encenação em uma festa mortuária (*esquerda*) e combina bens de conchas para um pagamento de casamento (*direita*).

Essa distorção é enfatizada por Talal Asad (1972) que, em uma reinterpretação da evidência de Barth (1959a) sobre os swat pathans, argumenta que os tomadores de decisão em que Barth se concentrou constituem uma classe de proprietários de terra cujo poder sobre seus inquilinos se origina de uma posição econômica exploradora com raízes históricas profundas. O sistema, argumenta Asad, foi mudando progressivamente. A consolidação do poder pelos donos da terra, e uma polarização entre eles e a classe de camponeses sem terra, foi acelerada pelo colonialismo britânico na Índia e, mais tarde, estabilizada pelo controle militar britânico da fronteira ao norte. A

A organização política dos trobriandeses

Lembrem-se dos elementos centrais na organização social trobriandesa: os subclãs matrilineares, a regra de residência após o casamento que traz os homens casados de volta para a aldeia de seu subclã e as doações de colheita de inhames dos membros desse subclã aos maridos de seus membros do sexo feminino que se casam fora da aldeia.

Como vimos, cada subclã matrilinear tem uma aldeia em sua terra: e algumas aldeias também contêm uma ramificação de um segundo subclã. Um número de aldeias na mesma área, relacionadas por casamentos mistos e alianças tradicionais, formam um *aglomerado* (POWELL, 1960).

Cada aldeia tem um líder cujo papel é, de muitas maneiras, semelhante ao do homem grande kwaio. Mas há algumas diferenças essenciais, pois os trobriandeses têm um conceito difuso de *posição social*. Não são as pessoas que têm uma posição social, mas sim os subclãs. Basicamente há duas posições sociais, "chefia" (*guyau*) e o homem comum. Assim, qualquer aldeia é controlada por um subclã que tem uma posição social alta ou baixa. Mas os subclãs de alta posição social estão eles próprios em uma luta competitiva de longo prazo por prestígio e poder; e, portanto, há uma categoria de subclãs *guyau* que é conhecida publicamente ainda que não seja oficial, fixa ou bem definida.

Ora, o líder de uma aldeia de comuns, obtendo sua posição manipulando o poder e a riqueza e exercendo uma liderança sábia, é muito parecido com o homem grande kwaio, exceto pelo fato de ele e seu grupo serem peças em um desenho mais amplo. O líder de uma aldeia *guyau*, no entanto, tem uma importante prerrogativa: ele pode ter mais de uma esposa. Se você for um homem trobriandês com seis esposas, imagine o que ocorreria na época da colheita. Você teria doações de colheita de inhames de seis subclãs diferentes – e os inhames significam prestígio. As doações de colheita passam a ser uma forma de tributo político. Quanto mais poderoso um subclã, mais subclãs no mesmo aglomerado e em outros aglomerados são colocados em uma posição politicamente subordinada a ele por meio de alianças de casamento estratégicas e manipuladas. Mandar uma esposa é, por assim dizer, o primeiro ato de um relacionamento de tributos – embora Weiner (1976) deixe claro que o líder com múltiplas esposas deve lhes dar saias e trouxas, de tal forma que o relacionamento de tributos não fica, de forma alguma, sem retribuição.

Os homens comuns devem mostrar deferência física formal para com os líderes dos subclãs da posição social mais alta, cuja posição é simbolizada pelas altas plataformas em que eles se sentam. O líder de uma aldeia de alta posição social simboliza o *status* e o prestígio de seu subclã e ao mesmo tempo orienta suas decisões e políticas e representa-o publicamente. É possível que ele tenha de mobilizar seus aliados na guerra para manter ou melhorar sua posição com relação a outros grupos importantes. Líderes importantes têm os papéis mais proeminentes nos intercâmbios *kula*, de tal forma que cada fluxo de braceletes de conchas e colares que passa pelas Trobriandesas dá validade ou ajusta o equilíbrio de poder e prestígio de subclãs e aglomerados.

O líder do subclã de maior posição social e mais poderoso em um aglomerado, manipulando alianças de casamento e distribuindo riqueza de maneira eficiente, vem a atuar como líder daquele aglomerado. Seu papel é semelhante ao do líder de uma aldeia *guyau*, mas em uma escala maior. Uma vez mais sua autoridade e seus poderes estão longe de serem absolutos. Eles lhe são atribuídos como representante da vontade dos subclãs no aglomerado e também porque tantas pessoas estão obrigadas a apoiá-lo ou a se submeter a ele, em virtude de suas manipulações de riqueza.

A posição social de um líder reflete a posição de seu subclã, sua autoridade é aquela que lhe é atribuída pelo grupo e ele contrata seus casamentos e recebe sua riqueza como uma expressão do poder e prestígio de seu grupo. No entanto, a rede de casamentos estratégicos deve ser estabelecida desde o princípio por aquele que aspira a ser líder e a balança de poder está mudando constantemente (POWELL, 1960).

Como Weiner (1976: 45) observa, os líderes da categoria guyau "compartilham todas as dificuldades de construir e manter um eleitorado que são encontradas entre os homens grandes em outras partes da Melanésia". Mas ela observa também que três características os separam de seus congêneres em outras sociedades massins. Primeiro, "os chefes trobriandeses parecem aderir estritamente às reivindicações hereditárias". (Isso não evita a rivalidade entre pretendentes potenciais legítimos, ou a necessidade de um pretendente com sucesso construir sua base de poder desde o princípio – mas ela elimina pretendentes ilegítimos.)

Segundo, a separação de líderes de alta posição social é caracterizada pela "parafernália de decorações e tabus sociais e físicos". Finalmente, só os poucos homens *guyau* que realmente tiveram sucesso e alcançaram o *status* legítimo que Weiner chama de "gerente do vilarejo" têm permissão para ter múltiplas esposas (de tal forma que essa é uma prerrogativa, por assim dizer, do "mandato" e não da posição social; Weiner (1976: 45)).

Os "chefes" trobriandeses, conclui Weiner, não se encaixam nem no padrão dos homens grandes melanésios, nem no dos chefes polinésios, cuja autoridade se origina da sacralidade de sua posição social que é determinada genealogicamente (SAHLINS, 1963).

> [Um sistema desse tipo] não é encontrado em nenhuma outra ilha massim. O estilo de ser um chefe trobriandês conserva muito da dinâmica do homem grande melanésio... [Mas] o dogma do direito hereditário só dá a uns poucos homens trobriandeses o acesso potencial a mais recursos do que qualquer outra pessoa. Por meio dessas crenças, os trobriandeses concedem aos chefes essa posição privilegiada (WEINER, 1976: 46).

O objetivo de fazer essa comparação não deve ser colocar os trobriandeses em um degrau imaginário pequeno e fino entre os homens grandes e os chefes – e sim nos perguntarmos como é que eles alcançaram essa posição. É a produtividade maior na horticultura dos trobriandeses que permite o acúmulo de excedentes de inhame? É bastante provável que isso seja um dos fatores. É a posição dos trobriandeses no intercâmbio *kula*? As respostas não são claras. Uma das várias hipóteses interessantes foi proposta por Brunton (1975) que observa que a concentração do poder de chefia nos distritos no interior, no norte de Kiriwina, está *inversamente* correlacionada com o acesso aos bens do *kula* (já que os distritos litorâneos para o leste e sudoeste têm muito mais acesso direto aos bens). Brunton sugere que os líderes nesses distritos agrícolas – relativamente separados de um sistema de intercâmbio *kula* que, ele acredita, já era operado pelos massim – foram capazes de participar do intercâmbio de bens de uma maneira muito mais monopolista do que seus primos litorâneos; e que eles foram capazes de explorar com sucesso seu controle monopolista de bens de prestígio em dogmas de posição social, legitimidade e privilégios.

Se esse ou algum outro modelo de transformação ocorreu nas Trobriandesas, podemos extrair algumas inferências sobre os processos envolvidos. Primeiro, um poder contingente e transitório foi legitimado em termos de sucessão e de direito hereditário. Segundo, essa legitimidade de poder foi aparentemente conseguida (de alguma maneira) por meio de um controle crescente de produtos excedentes e bens de intercâmbio. Terceiro, esse controle implicava também controle sobre o poder de trabalho de outras pessoas – esposas, empregados e, no caso trobriandês, membros de subclãs colocados em um relacionamento tributário por meio do casamento. Quarto, essa legitimidade – na qual o poder era convertido em posição social –, implicava a criação de ideias sobre sacralidade (e, com isso, a exigência e a observância da deferência, simbolicamente expressada) e a criação de mitos políticos que justificavam a ascendência em termos do passado ancestral.

CASO
37

O sistema político havaiano

Os polinésios das ilhas havaianas tinham um sistema político extremamente complexo e sofisticado baseado na posição social, nas classes hereditárias, na teocracia e no direito divino; no entanto o sistema era, ao mesmo tempo, flexível e mudava constantemente em termos de alinhamentos políticos reais.

A sociedade havaiana era baseada em três classes sociais hereditárias principais – os comuns, os nobres e os inferiores. Os comuns, de longe os mais numerosos, eram agricultores, pescadores e artesãos – na sua maioria autossuficientes, mas sempre morando e trabalhando à sombra dos nobres a quem suas próprias vidas podiam ser sacrificadas a qualquer momento, e abastecendo-os com tributos. Os nobres, posicionados na sacralidade, ocupacionalmente se especializavam como guerreiros, sacerdotes e funcionários políticos. A posição social hereditária dos nobres era baseada em sua descendência dos deuses, traçada genealogicamente; a posição social de indivíduos e de segmentos era traçada em termos da ordem do nascimento, com as posições mais altas transmitidas através de primogênitos (homens ou mulheres) do primogênito descendo as árvores genealógicas. Os nobres de posição mais alta eram tão sagrados que uma deferência extrema e elaborada – por exemplo, prostração – lhes era devida pelas categorias inferiores, sob pena de morte.

As ilhas eram divididas em chefaturas, cada uma delas governada por um chefe supremo cujos poderes sobre seus súditos eram aparentemente absolutos e validados pelo direito divino transmitido pelo seu deus superior. O governo do chefe supremo era administrado e mantido por um aglomerado de nobres de alta posição que atuavam como sacerdotes, conselheiros e líderes militares. Os distritos de sua chefatura eram, por sua vez, governados por chefes locais também de alta posição social que cobravam tributos e canalizavam grande parte deles para que o chefe supremo pudesse sustentar os ritos religiosos elaborados e a vida secular da elite dominante. Os nobres eram sustentados quase que totalmente por tributos cobrados dos comuns nas áreas locais, que, por sua vez, eram administradas por chefes e supervisores de posição inferior, especificamente selecionados. Todo o sistema era formalmente hierárquico, até mesmo feudal em muitos aspectos, culminando nos direitos de vida e morte, e desapropriação, que o chefe supremo exercia sobre seus súdi-

crítica de Asad coloca uma série de argumentos importantes: (1) "Um sistema político deve ser visto como parte de um sistema mais amplo e em uma perspectiva histórica de longo prazo: a aparente estabilidade pode ser ilusória". (2) "O poder – quem tem quanto e que estratégias e opções estão abertas para aumentar esse poder – em última instância tem como raízes o controle dos recursos e meios de produção." (3) Uma análise de classes revela como a consciência individual – e, portanto, as metas, motivações, valores e ideologias individuais – estão condicionados pelas circunstâncias de nossa classe social. Criar um modelo geral de motivação humana a partir das estratégias de uma elite é um erro.

Asad também questiona a premissa funcionalista de que a ordem política é mantida em uma sociedade por meio de um pacto implícito de consentimento com relação à autoridade legítima. A premissa de consentimento pelo qual os governados aceitam a autoridade política como legítima está implícita na interpretação de Barth e explícita na tradição da antropologia política – de Fortes e Evans-Pritchard (1940) passando por Smith (1956), Easton (1959) e Swartz e seus colegas (1966). Asad, ao reinterpretar o material dos swat pathans e sua própria evidência dos árabes kababish do Sudão (1970), argumenta que uma classe ou grupo dominante mantém o poder político sotos. Tendo a mais alta posição social e sendo, ele próprio, sagrado, esse chefe tinha quase o mesmo *status* que o deus que lhe conferia esses direitos divinos. Os poderes políticos seculares e as relações rituais com os deuses estavam combinados em sua pessoa. Pelo que parece esse sistema quase feudal era estabelecido, estável e imutável.

Na prática, porém, ele era altamente flexível e instável. O território de uma chefatura era estabelecido e mantido por conquista e a sorte política dos chefes supremos aumentava e diminuía com seu sucesso ou fracasso nas batalhas e seu sucesso em manter suas chefaturas unidas diante das insurreições e intrigas. O mandato sagrado para governar tinha de ser continuamente revalidado pelo sucesso secular: se um chefe perdesse uma batalha ou um rival o desafiasse com sucesso usurpando o direito que só o chefe supremo tinha de exigir sacrifício humano, ficava demonstrado que ele tinha perdido a proteção de seu deus ou que o deus de algum outro era mais poderoso. Mesmo se o chefe conseguisse manter sua chefatura unida ou estendesse seus limites por meio de conquistas, seu sucessor selecionado – se houvesse um – passava a ser imediatamente foco de novas rivalidades e intrigas.

Ilhas inteiras eram acrescentadas às chefaturas, ou eram perdidas; o mapa político, bem assim como o elenco dominante de personagens, mudava constantemente. E, com cada novo chefe supremo ou conquista territorial, a elite dominante prévia perdia seus empregos – e muitas vezes suas vidas, em sacrifício ao deus do novo governante. Dos níveis mais altos até os níveis mais baixos do governo do chefe supremo, cargos e privilégios eram conferidos por um chefe supremo e eram associados a seu poder político. Só raramente, quando a chefatura suprema passava por uma sucessão dinástica ordenada, havia continuidade de poder nos níveis administrativos inferiores. Como no sistema trobriandês, as marés da sorte política estavam sempre mudando: ganhar e preservar o poder exigia uma direção habilidosa e a manipulação de recursos físicos e humanos – e uma boa medida de sorte (DAVENPORT, 1969).

Atualização do caso

Confira também Kirch (1989), bem assim como Sahlins e Kirch (1992), para mais informações sobre o desenvolvimento histórico da monarquia no Havaí.

bre uma classe ou grupo subordinado porque as circunstâncias históricas e econômicas lhes deram os meios para fazê-lo. A própria legitimidade de sua autoridade é uma ideologia criada pelos politicamente poderosos e imposta aos impotentes: a noção de consentimento passa a não ter sentido. A legitimidade não é um contrato social e sim um instrumento de poder.

Ahmed (1976) acrescentou novos argumentos à crítica da obra de Barth, enfatizando a importância das ideias religiosas na criação da liderança carismática e na centralização histórica do poder. Esse tipo de análise pode ser acrescentado à explicação do próprio Barth, em vez de simplesmente substituí-la.

Barth fez alguns avanços conceituais importantes com relação aos modelos que tinham dominado a antropologia política. Os estudos clássicos dos nuers ou dos bunyoros presumiam que "o sistema" estava (pelo menos antes do colonialismo) em um equilíbrio estável. A conceitualização de Barth, bem como suas implicações, que foram desenvolvidas na década de 1960, podiam ver decisões cumulativas como fonte de mudança, e também como reprodutoras da estabilidade. Os estudos clássicos, embora reconhecendo que um povo podia estar em conflito com seus vizinhos,

O sistema de linhagem e de parentesco dos bunyoros

Acredita-se que o reino dos nyoros de Uganda, que compreende cerca de cem mil pessoas, é formado por três grupos étnicos historicamente separados: um povo agrícola original, um grupo invasor pastoril, os humas; e um grupo nilótico invasor mais recente, os bitos, de quem descendem os reis dos tempos modernos. Embora os nyoros tivessem sido muito modificados pela dominação colonial, as linhas gerais do sistema tradicional podem ser reconstituídas.

Os agrupamentos locais da sociedade nyoro tradicional eram, pelo menos idealmente, segmentos de clãs patrilineares. Um aglomerado de domicílios de famílias extensas compreende uma comunidade dispersa. Exatamente como essas linhagens locais ou segmentos de clãs foram agrupados territorialmente é difícil de reconstruir, já que os clãs agora estão miscigenados. Mas os rituais, as transações matrimoniais, o sistema legal e a terminologia da realeza sugerem que grupos de descendência patrilinear podem ter sido mais fortemente corporativos no passado do que no período histórico.

Acima desse sistema de descendência, que se enquadra mais ou menos com o modelo dos Smiths e Joneses, estava um sistema de monarquia e hegemonia política que se parecia, em algumas coisas, com o sistema feudal da Europa Medieval. Em seu ápice estava o rei, descendente da dinastia tradicional dos reis bitos. Ele exercia uma soberania formal sobre toda a sociedade e todo o território, expressa tanto em termos de autoridade política quanto de sacralidade. Sua saúde e bem-estar eram essenciais para o bem-estar de seu povo; se ele adoecesse, todo o país sofria.

A autoridade para administrar os territórios era delegada pelo rei aos chefes: grandes chefes controlavam vastos territórios; chefes menores controlavam áreas locais. Mas a chefatura em todos os níveis era uma nomeação, e não resultado de um poder hereditário; embora normalmente o poder fosse transmitido nas famílias, ele poderia ser retirado segundo a vontade do rei. Chefaturas não eram estritamente classificadas por categorias, mas sua importância variava de acordo com o tamanho, a população e a riqueza do território que controlava e a pro-

presumia que as fronteiras de um sistema político essencialmente correspondiam às fronteiras da língua e da cultura. "Os nuers" ou "os bunyoros" constituíam uma unidade de análise apropriada. Os estudos de Barth sobre os swats mostraram brilhantemente como os vários grupos étnicos de uma região estavam ligados em um sistema político e econômico único. As limitações do ponto de vista de Barth, como enfatizou Asad, residem na maneira como essa visão eleva escolhas individuais em sistemas, e em sua inocência relativa da história e das conexões entre terra, classe social e poder.

Precisamos combinar os pontos fortes das duas abordagens. Uma análise da política precisa estar enraizada nas realidades históricas de controle sobre os recursos e meios de produção. A análise de escolhas e estratégias individuais devem ser estabelecidas em um arcabouço de análise de classes, que nos diz por que atores individuais tinham valores diferentes, interesses diferentes e capacidades diferentes para escolher e agir. Mas uma análise marxista mecânica e doutrinária não lida com escolhas individuais e apenas reifica abstrações tais como "a classe dominante" transformando-as em agentes causais – como se "uma coi-

ximidade do relacionamento com o rei. Embora a maioria dos chefes poderosos fosse membro da dinastia dominante bito, a maioria dos chefes menores era pecuarista humas ou pessoas do grupo dos comuns, descendentes de homens que tinham atraído a proteção do rei anterior.

Os chefes maiores, principalmente parentes bitos do rei, eram os "príncipes" de uma aristocracia que exigia deferência dos comuns e vivia dos bens excedentes cobrados como tributos desse povo comum. Mas esses grandes chefes eram ameaças potenciais ao poder do rei, através de rebeliões e lutas políticas sobre a sucessão. Seu poder era ativado pelo fato de residirem não nos territórios que governavam, mas sim na capital do rei; cada um deles deixava os negócios correntes de sua área nas mãos de um representante. Com isso serviam como elos entre o rei, em cuja corte eram figuras importantes, e as populações rurais que forneciam alimentos, bens, gado e guerreiros para o rei.

Como o rei representava, simbolizava e governava o país inteiro, era importante que ele não se envolvesse primordialmente com os interesses dos bitos. O filho mais velho do rei anterior tradicionalmente ocupava um cargo como Okwini, ou "irmão oficial" do rei; e tinha autoridade primordial sobre os negócios do grupo dominante bito. Uma meia-irmã do rei atuava como Kalyata, a "irmã oficial" do rei. Ela, por sua vez, estava oficialmente encarregada das mulheres da aristocracia bito, que desfrutavam de uma alta posição social e de prestígio e eram consideradas como sendo "iguais aos homens", ao contrário das mulheres comuns com seus deveres domésticos. Anteriormente, a essas mulheres de alta posição social não era permitido casar ou ter filhos. O poder da Kalyata era na verdade considerável: ela controlava propriedades como os chefes homens, obtendo renda e serviços delas, e resolvia disputas entre as mulheres bitos.

Assim, entre os nyoros, um sistema de descendência patrilinear fornecia os grupos corporativos básicos e dava forma à organização em um nível local. No entanto, superimposta a esse sistema de descendência havia uma hierarquia feudal, uma aristocracia hereditária e um rei com um poder político abrangente e grande sacralidade (BEATTIE, 1958, 1960).

Atualização do caso

Confira Uzoigwe (1977) para uma consideração da base militar do poder entre os bunyoros e em outros lugares no leste da África.

sa" tivesse motivos, tomasse decisões e inventasse e usasse ideologias.

Precisamos ficar perto das realidades dos humanos em suas escolhas e atos. Mas, ao mesmo tempo, precisamos entender as forças que moldam sua ação. A crítica de Asad e a perspectiva neomarxista que ela incorpora nos ajuda a ver as conexões diretas entre o poder político e o controle econômico. Essa conexão toma formas diferentes de acordo com o modo de produção. Assim o poder político dos homens entre os marind anins da Nova Guiné depende de seu controle do trabalho e da fertilidade das mulheres, do controle que homens mais velhos têm sobre os mais novos nos graus iniciatórios homossexuais, e do controle dos homens sobre os ritos sagrados, o conhecimento e os objetos do culto. O poder político da classe dominante na Antiga Roma ou no Tenochtítlan dos astecas era sustentado pelo poder e pela conquista estatal que supria os tributos e os escravos. Mas nessas ou em quaisquer outras sociedades, chegamos ao âmago do poder político examinando questões de "economia política" e as relações entre o controle da produção e o controle das pessoas.

34 Religião, poder e a política do conhecimento

Religião e políticas mundanas

Essa representação do poder secular em termos religiosos exige um exame teórico cuidadoso. As tradições culturais, tais como aquela que encontramos nas Trobriandesas, retratam um universo que é fechado, eterno, e ordenado sobrenaturalmente. Aquilo que, na verdade, são resultados cumulativos de gerações de política sexual, de adequação às exigências práticas da vida, e da criatividade simbólica humana, são retratados como absolutos e eternos. Uma representação assim da natureza das realidades políticas e econômicas em termos ideológicos é chamada, na tradição marxista, de **mistificação**.

A mistificação, em algumas sociedades, caracteristicamente adota a forma de definir as realidades mundanas em termos cósmicos: em representar o poder político em termos de *sacralidade*, em popular o universo com antepassados ou deuses ou espíritos para os quais humanos poderosos atuam como intermediários, em definir os poderes humanos como conferidos sobre-humanamente, e regras humanas como sendo impostas por seres sobrenaturais. Para essa representação de realidades mundanas em termos cósmicos, o próprio Marx introduziu o termo *celestialização* (MARX, 1939, I: 367a). Essa abordagem atrai nossa atenção para as maneiras pelas quais o poder religioso e o poder político podem estar entrelaçados. Mas podemos ir mais à frente e argumentar que em muitos casos não é feita qualquer distinção entre poder religioso e poder político e ambos são uma parte de um cosmos que tudo abrange.

A política do conhecimento na sociedade tribal

O poder dos africanos idosos, ao controlar os casamentos e a economia de prestígio e ao subordinar as mulheres e os jovens, baseia-se fortemente no seu controle sobre o conhecimento sagrado. O mesmo ocorre com o poder dos homens em algumas sociedades da Nova Guiné ou do Amazonas, mais visivelmente aquelas onde os cultos secretos e/ou os sistemas de iniciação progressivamente levam os meninos de um mundo de mulheres para um lugar sagrado privado de segredo masculino (cf. GODELIER, 1987; HERDT, 1982). Mas o controle sobre a sacralidade acompanha o poder na política secular – como demonstra o Caso 29.

A celestialização cultural das fontes e natureza do poder masculino sobre mulheres e jovens tem uma consequência importante. Aqueles que estão subordinados ficam trancados em um sistema não por uma superestrutura política e legal do poder estatal, mas sim por sua encapsulação dentro de um universo fechado de poder cósmico. Em um universo assim, os subordinados não podem desafiar o poder que os confina; eles têm de "crer nele" além de submeter-se a ele. Se regras, tais como aquelas que excluem as mulheres dos domínios religioso e político, fossem visivelmente criações dos homens, poderiam ser desafiadas. Mas se são impostas pelos antepassados, que têm poderes de vida e morte sobre os vivos, estão mais além de qualquer desafio.

Precisamos, então, olhar *através* das conceitualizações culturais além de observá-las. Sob os sistemas simbólicos, sob ideias sobre sacralidade e pureza e dever religioso, precisamos ver as realidades do poder: quem o tem, quem o usa, de que maneiras, para que fins. Mas isso então exige uma clareza conceitual a que ainda não chegamos. O que *é* poder? Como podemos identificar o poder e seus usos, em um ambiente cultural tal como a sociedade poro ou o subclã trobriandês?

O que é poder?

Mesmo após a publicação de um volume comparativo importante sobre a antropologia do poder (FOGELSON & ADAMS, 1977) e esforços contínuos por cientistas políticos e sociólogos, o estudo do poder permanece conceitualmente confuso. Cientistas sociais caracteristicamente têm intuições bastante claras sobre o poder e dificuldade em transmiti-las de uma maneira precisa e explícita. Talvez isso seja inevitável: como comentou Balandier, "a ambiguidade... é um atributo fundamental do poder" (1970: 40). Talvez isso também tenha a ver com a natureza dos fenômenos para os quais o "poder" forneceu um rótulo.

O poder, virtualmente todos os analistas concordam, é uma questão de *relacionamentos* – relacionamentos entre indivíduos (ou unidades tais como corporações ou governos) que exercem controle e aqueles que são controlados por eles. Adams (1977: 388) define poder como "a capacidade de uma pessoa ou unidade social de influenciar a conduta e o processo decisório de outro". Adams conceitualiza as restrições impostas pelos poderosos em termos de energia (1975, 1977). Distinguindo uma série de modalidades de poder, Adams observa que "quando falamos do poder de um indivíduo, estamos falando da totalidade da influência que se origina da totalidade de controles que ele exerce, direta ou indiretamente" (ADAMS, 1977: 388).

O que é importante é considerar o "poder" em termos *relacionais* – em termos do indivíduo A exercendo controle sobre indivíduos B e C (sejam esses indivíduos seres humanos ou entidades corporativas), de tal forma que A restringe as opções e ações possíveis de B e C. Além disso, essa restrição é sempre *situacional*. Em um contexto específico, com relação a uma questão particular, um item de propriedade específico e assim por diante A pode impor controle sobre B. Em outro contexto, B pode impor controle sobre A.

Considerar o "poder" como situacional e relacional aponta para um problema conceitual oculto em nossa *língua*. A palavra-chave para descrever o relacionamento de A com B e C é *poderoso*. Em um contexto A é poderoso em um relacionamento com B e C, em outro C é poderoso em um relacionamento com A e B. O problema surge quando tentamos computar quanto poder "A" tem. Essa tentativa para computar quanto "poder" indivíduos, ou classes de indivíduos, ou governos, ou companhias, "têm" reflete uma espécie de armadilha linguística. Em inglês, a partícula morfológica "-ful" no final de palavras como "wonderful" [maravilhoso] ou "awful" [pavoroso] não precisam sugerir que há uma substância ou uma entidade da qual estamos "full" [cheios] (dizer que algo é "wonderful" não significa que aquilo está "full" [cheio] de "Wonder"; dizer que algo é "awful" não significa que aquilo está "full" de "awe" [pavor]). Mas de alguma maneira nós partimos do relacionamento de ser "powerful" [poderoso] para tentar medir e definir uma substância imaginária "power" [poder] do qual as pessoas estariam mais ou menos "full" [cheias]. Acadêmicos exercem muita engenhosidade tentando definir o que "ele" [o poder] é e medir quem tem quanto "dele".

CASO
39

Conhecimento sagrado, sigilo e poder entre os kpelles e os golas

Os kpelles são o maior grupo étnico da Libéria. Sua economia é baseada primordialmente no cultivo itinerante de arroz seco que exige um trabalho pesado, masculino e feminino. Os kpelles e outros povos a eles relacionados, como os vizinhos golas e os mendes de Serra Leoa, são bem conhecidos antropologicamente em virtude das sociedades secretas em que homens e mulheres são iniciados. Embora existam várias sociedades secretas subsidiárias, as mais conhecidas são a sociedade Poro, para homens, e a sociedade Sande, para mulheres.

Essas duas sociedades têm longos períodos de iniciação, tradicionalmente quatro e três anos respectivamente – períodos em que os iniciados são "educados" em isolamento nas "escolas no mato". Cada sociedade tem áreas especiais para reuniões:

> Uma aldeia tradicional é rodeada por essas áreas secretas embutidas na floresta adjacente. A extremidade da floresta na saída da aldeia é o umbral de um... mundo de espíritos ocultos e atividades secretas (MURPHY, 1980: 196).

A sociedade Poro está interessada primordialmente na terra e sua sacralidade:

> Ofensas contra a terra, tais como certos tipos de morte acidental, são julgadas pela sociedade Poro, muitas vezes em reuniões secretas fora da aldeia no "bosque sagrado" dos Poros (MURPHY, 1980: 195).

A sociedade de mulheres Sandes, congênere dos Poros, tem uma função complementar como "administrador ritual" da terra. Em algumas épocas do ano, a terra é colocada sob a custódia ritual das sandes: "a terra pertence às mulheres", dizem os kpelles. Nesse período,

> a sociedade poro dos homens não fica completamente inativa... somente suas atividades rituais diminuem. Os homens ainda se encontram no "bosque sagrado" dos poros para tomar decisões importantes que afetam a comunidade. A dominação dos homens e os poros não são influenciados por essa transferência das atividades rituais para as mulheres (MURPHY, 1980: 196).

O conhecimento controlado pelas sociedades secretas é *sále* (o mesmo termo que os kpelles usam para medicina).

Os vários tipos de sále importantes pertencem aos líderes rituais das sociedades secretas respectivas. Essa ideia cultural de propriedade é expressa pelo termo composto "dono da medicina" que designa aqueles que possuem o conhecimento secreto de uma "medicina" específica. O dono da "medicina" mais poderosa e líder nas sociedades secretas é chamado de "especialista em medicina" ou "líder ritual" (MURPHY, 1980: 197).

Outro domínio importante de propriedade da sociedade secreta é o conhecimento da história – particularmente a história recente das famílias individuais, que serve para validar os direitos da terra e as reivindicações políticas. Aqui, para os kpelles e seus primos culturais os golas, a política presente é *celestializada* com referência aos antepassados:

> Os interesses individuais na propriedade e feudos antigos dependem de... validação... por referência aos compromissos, feitos e desejos dos antepassados (D'AZEVEDO, 1962: 26).

Assim o conhecimento sagrado, apenas parcialmente visível nos ambientes públicos, é uma fonte importante de poder político: "os mais velhos em uma comunidade procuram proteger e promover suas versões da história"

(MURPHY, 1980). Quando muita coisa é divulgada em público, os jovens entre os golas dizem, "os mais velhos estão perdendo sua propriedade... como um homem com um buraco em um saco cheio de arroz que não sabe por que as galinhas vieram correndo" (D'AZEVEDO, 1962: 19). Os mais velhos tentam preservar o conhecimento mais profundo da história familiar, já que, dizem eles, "a verdade para homens adultos que fará deles reis no mundo" (D'AZEVEDO, 1962: 20).

Para os mais velhos entre os kpelles e os golas o conhecimento sagrado é tanto os meios para o poder político quanto sua celestialização:

> Como os kpelles mais velhos reivindicam o privilégio de serem os únicos com o conhecimento da ("medicina") e da história, eles têm a maior preocupação em manter as barreiras e limites que protegem seu conhecimento... Os jovens aprendem a honrar esses limites por meio do treinamento da sociedade secreta que os imbui com medo e respeito pela propriedade que os mais velhos têm do conhecimento e suas prerrogativas com relação à distribuição desse conhecimento (MURPHY, 1980: 199).

Pelo seu controle do conhecimento secreto, os mais velhos controlam o trabalho bem assim como a deferência dos jovens. Como Meillassoux (1960: 49) observou, mais geralmente com relação ao poder dos africanos mais velhos, "a autoridade dos mais velhos depende da retenção do conhecimento e é isso que apoia e justifica o controle que eles têm dos produtos do trabalho dos jovens".

A dominação política expressa em termos da sacralidade e do segredo é visível se examinarmos as posições da linhagem entre os kpelles:

> Os kpelles mais velhos são diferenciados de acordo com suas conexões de linhagem. Os mais velhos das linhagens proprietárias da terra – aquelas linhagens que "possuem" a terra da chefatura ao exercerem os direitos primordiais sobre seu uso – controlam a autoridade secular e sagrada de uma chefatura... Controle do mundo "secular" tem sua contrapartida no controle das sociedades secretas. Aqui, uma vez mais as linhagens de proprietários da terra dominam. O controle das sociedades secretas é conseguido em grande parte preenchendo as altas posições rituais, especialmente nas sociedades Poro e Sande, com membros dessas linhagens... Como as conexões de linhagem predominam sobre o *status* etário, a maioria dos jovens kpelles não pode simplesmente esperar o momento propício até que a idade mais velha lhes dê posições mais altas nas sociedades secretas (MURPHY, 1980: 201).

Essa desigualdade de posições de linhagem e suas consequências disfarçadas para o *status* nas sociedades secretas (entre os kpelles, os golas, os mendes e muitos outros povos da África Ocidental) forçam uma reconsideração da premissa muitas vezes expressa na literatura de que tudo de que um jovem precisa para ser poderoso é envelhecer. "Embora os jovens se transformem em homens idosos, nem todos os idosos passam a ser 'os mais velhos'... A maioria dos idosos, junto com as mulheres e os jovens, permanecem juniores, dependentes dos 'mais velhos' das linhagens de alta posição social" (MURPHY, 1980: 202).

O ponto mais crucial, no entanto, é a maneira como o controle sobre "as crenças místicas tradicionais da sociedade secreta" se combina com o controle que os mais velhos têm sobre "importantes questões comunitárias" por meio de "deliberações sobre assuntos políticos e econômicos pragmáticos" (MURPHY, 1980: 203).

Atualização do caso

Para um estudo recente dos kpelles, confira Lancy (1996).

Ao contrário, seria melhor começar e ficar com uma concepção relacional de "being powerful" [ser poderoso] com relação a pessoas específicas (ou tipos de pessoas) com relação a tipos específicos de coisas em situações específicas.

Podemos presumir que impor restrições uns aos outros – ser "poderoso" – é um motivo básico e presente em todas as sociedades humanas. Construir meios e recursos que nos permitam exercer mais restrições a mais pessoas com relação a mais coisas em uma variedade maior de contextos é, em todas as partes, uma das dinâmicas da vida social. Para compreender qualquer sociedade – não simplesmente aquilo que aparece como sendo seu "sistema político", mas parentesco e religião também – temos de explorar essa dinâmica. Se entendermos "poder" como uma abreviação para esses relacionamentos e processos, ele nos vai ser muito útil. Se o reificarmos em uma substância imaginária da qual as pessoas têm mais ou menos, ele não servirá para nada.

Precisamos agora nos voltar diretamente para áreas em que os processos da política e a dinâmica do poder são sutis, mas ainda assim difundidos, ou seja, para a esfera das relações de gênero.

SUMÁRIO

Os sistemas políticos podem ser baseados em princípios segmentários em termos dos quais a ordem é mantida por meio de inter-relações equilibradas dos segmentos uns com os outros via um cálculo hierárquico de união e diferença (exemplo: os nuers). A liderança pode ser exercida pelos mais velhos e outros homens proeminentes, ou por sacerdotes. Na Melanésia, encontramos o tipo do "homem grande" (entre outros tipos, tais como o "homem grandioso") que geralmente baseia sua influência no papel importante que desempenha nos intercâmbios de bens de riqueza e nos discursos que acompanham esses intercâmbios (exemplo: os kwaios). Ou os líderes podem ser chefes, que pertencem a uma série ordenada de posições de chefia, mas que precisam também trabalhar muito para manter sua posição nos intercâmbios (exemplo: os trobriandeses). Os sistemas de chefia podem ser mais ou menos hierárquicos. Eles podem ocorrer em reinos, tais como aqueles desenvolvidos no Havaí no Pacífico ou na África entre o povo bunyoro. A legitimidade de chefes e reis se origina de seu *status* sagrado. A política na prática não é uma simples consequência das regras de hierarquia e autoridade. Ela envolve estratégias e conflitos individuais.

Fazer com que aqueles com autoridade sejam sagrados lhes dá uma legitimidade que eles poderiam não ter de outra forma. O *status* sagrado pode ser adquirido por qualquer um dos gêneros por meio de iniciações secretas. Esse *status* outorga poder sobre outras pessoas em certos relacionamentos, embora não necessariamente em outros. Duas esferas que ainda precisam ser consideradas são as do gênero e aquelas entre homens seniores e juniores.

SUGESTÕES PARA LEITURAS ADICIONAIS
Seções 32-34

BAILEY, F.G. (1969). *Stratagems and Spoils*: A Social Anthropology of Politics. Oxford: Basil Blackwell & Mott.

BALANDIER, G. (1970). *Political Anthropology*. Nova York: Random House.

BARTH, F. (org.) (1969). *Ethnic Groups and Boundaries*. Boston: Little, Brown and Company.

COHEN, A. (1969). "Political Anthropology: The Analysis of the Symbolism of Power Relations". *Man*, 4, p. 215-235.

FOGELSON, R.D. & ADAMS, R.N. (orgs.) (1977). *The Anthropology of Power*. Nova York: Academic Press.

FRIED, M. (1967). *The Evolution of Political Society*. Nova York: Random House.

HAMNETT, I. (1975). *Chieftainship and Legitimacy*. Londres: Routledge and Kegan Paul.

MAIR, L. (1977a). *Primitive Government*: A Study of Traditional Political Systems in Eastern Africa. Ed. rev. Londres: Scholar Press.

_____ (1977b). *African Kingdoms*. Oxford: Oxford University Press.

SHACK, W.A. & COHEN, P.S. (orgs.) (1979). *Politics in Leadership*. Oxford: Clarendon Press.

SWARTZ, M. (org.) (1968). *Local Level Politics*. Chicago: Aldine Publishing.

Capítulo 12

Vidas determinadas pelo gênero

O gênero é uma dimensão importante de classificação e ação sociais em muitas sociedades ao redor do mundo, que define tarefas e papéis que as pessoas desempenham nas várias esferas da vida. Há uma variação considerável nos papéis que são considerados apropriados para homens e mulheres em culturas diferentes e há também uma arena de superposição em que mulheres e homens individuais desempenham papéis que são classificados como específicos de um gênero em uma cultura específica. Os homens podem, até certo ponto, adotar papéis femininos e vice e versa. Há sempre limitações na flexibilidade que se aplica aqui e a área é caracterizada por justificativas ideológicas que muitas vezes recorrem a fatores supostamente fisiológicos/anatômicos e psicológicos. A evidência em várias culturas, no entanto, mostra que não podemos simplesmente deduzir os papéis dos gêneros de universais fisiológicos. O trabalho de antropólogas contribuiu enormemente para a compreensão da variabilidade e significados de papéis dos gêneros em diferentes contextos etnográficos. Seu aprimoramento de pontos de vista antropológicos é comparável ao de alterações semelhantes de perspectiva que resultaram do trabalho de antropólogos indígenas e antropólogos/as homossexuais que investigam problemas tanto em suas próprias culturas quanto em outros locais.

35 Os mundos das mulheres

Contrastes nos papéis das mulheres, em suas vidas e em suas imagens simbólicas em épocas e lugares diferentes, vieram claramente à luz após muitos anos de um trabalho etnográfico sério sobre os mundos das mulheres. Uma série de volumes tentou generalizar a partir desse conjunto de relatos etnográficos – uma tarefa cada vez mais difícil à medida que a literatura fica cada vez mais rica e variada. Como expressou Naomi Quinn em um excelente artigo crítico:

> Começando no início da década de 1970 e atingindo o aumento progressivo atual de livros e artigos, antropólogos representando todas as convicções teóricas, a maior parte deles americanos e a maioria mulheres, produziram uma literatura totalmente nova sobre o *status* das mulheres em várias culturas. Essa literatura se espalhou tão rapidamente que visões aparentemente rivais, e em alguns casos visões compatíveis e que se complementam e apoiam, não receberam nenhum reconhecimento; as datas de publicação de algumas obras são virtualmente simultâneas. O resultado é um número espantoso de hipóteses desconectadas sobre o *status* das mulheres (QUINN, 1977: 181).

Uma mulher conta dinheiro que ela inovadoramente coletou de outras mulheres como contribuição para um Festival *moka*. Melpa, Papua-Nova Guiné. Observe que o dinheiro é colocado nos tecidos coloridos usados pelas mulheres.

Quinn (1977) e Rogers (1978) fizeram tentativas dignas de nota para classificar essas "hipóteses desconectadas" e sumarizar os temas mais importantes na literatura. Sumários subsequentes foram feitos por Ortner e Whitehead (1981), Sanday e Goodenough (1990), Miller (1992) e outras.

Antes de examinarmos algumas das descobertas e controvérsias nessa área de estudo, precisamos examinar a questão teórica e conceitual: se é correto afirmar que as mulheres em sociedades como a dos marings ou dos marind anins são exploradas pelos homens – ou, outro lado da mesma questão, se os jovens são explorados pelos mais velhos.

A questão da exploração

As mulheres são "exploradas" em sociedades em que foram retratadas como simbolicamente humilhadas, politicamente dominadas e economicamente controladas pelos homens? Os homens jovens são explorados nas sociedades africanas, tais como os tivs (Caso 30), os tallensis (Casos 19 e 29) e os kpelles (Caso 39), em que a autoridade política e religiosa é privilégio dos homens mais velhos que extraem o trabalho e o poder de luta dos jovens? As duas situações parecem diferir no sentido de que jovens subordinados, se viverem tempo o bastante, podem se tornar seniores masculinos (embora a política da linhagem entre os kpelles indique que isso não é necessariamente verdade); mas mulheres subordinadas nunca se transformam em homens. (Continue a ler, no entanto, para mais uma crítica sobre essas questões.)

Aqueles que argumentam que juniores e mulheres não são, estritamente falando, "explorados", de um modo geral adotam o ponto de vista segundo o qual a exploração só pode ocorrer em um sistema de classes sociais – isto é, onde há uma fenda entre aqueles que controlam os meios de produção e aqueles cujo trabalho produtivo eles extraem. As classes sociais, em um sentido técnico, nunca podem estar baseadas em idade (já que todas as pessoas ficam mais velhas) ou no gênero, mas são definidas por posições contrastantes em um sistema de produção. Aqueles que argumentam que os africanos mais velhos exploram os juniores, ou que os homens da tribo na Nova Guiné exploram as mulheres, insistem que o conceito de exploração precisa ser ampliado para que a teoria neomarxista investigue sob as ideologias culturais para analisar as realidades dessas sociedades. Se a questão fosse simplesmente uma questão de terminologia, ela seria trivial. Mas ela concentra nossa atenção na maneira como as pessoas que vivem presas em um sistema de significados culturais estão comprometidas com esse sistema mesmo nos casos em que ele as subordina e humilha.

Portanto, vemos repetidamente que ideologias culturais que subordinam e excluem as mulheres, extraem seu trabalho e se aproveitam delas para a geração e criação de filhos, e as colocam sob o controle legal de pais, irmãos e maridos são apoiadas com a mesma veemência pelas mulheres do que pelos homens. Ao aceitar, como elas têm de fazê-lo, um sistema *celestializado* que as destina a papéis domésticos e a um regime de trabalho que beneficia o prestígio masculino, as mulheres se retratam em termos de virtude e dever. Dentro

O *status* das mulheres: Mulheres kwaios (Ilhas Salomão) são aparentemente humilhadas e excluídas por uma ideologia de poluição (cf. Caso 49), mas elas participam de forma essencial na economia do prestígio. Aqui uma jovem mulher contribui para o "preço da noiva" de seu irmão.

das restrições da subordinação, as próprias mulheres podem se tornar atores políticos importantes que não só, dos bastidores, influenciam substancialmente os assuntos políticos públicos dos homens, mas que buscam elas próprias estratégias para controlar o trabalho e o prestígio dentro das restrições do sistema (cf., p. ex., STRATHERN, 1972; LEDERMAN, 1986). Aqui as observações de Bledsoe sobre os kpelles, descritos no Caso 40, também são instrutivas.

CASO
40

As estratégias femininas entre os kpelles

Bledsoe (1976: 372) começa com a observação de que "muitas mulheres africanas são tão conservadoras quanto os homens ao tentar preservar as instituições que passam o controle dos serviços das mulheres para outras pessoas". Ao analisar seus dados sobre os kpelles, cujas sociedades secretas nós vimos no Capítulo 11, ela descobre que, no curso do ciclo de vida, as mulheres podem conseguir uma autonomia pessoal considerável apesar de sua subordinação (legal) e que elas buscam estratégias (especialmente à medida que chegam à meia-idade e depois disso) por meio das quais elas controlam trabalho e serviços.

Embora as moças solteiras "sejam muito as peças do jogo de seus parentes masculinos e femininos, tanto antes quanto depois de seus casamentos arranjados, elas têm amantes com relativa liberdade."Uma moça com um amante bonito, ou um amante que migra para trabalhar e lhe traz presentes de roupas, é invejada por suas amigas." Mas "embora possa ter casos amorosos, ela continua sob o controle legal de seus parentes ou de seu marido... que pode coletar multas dos amantes dela" (BLEDSOE, 1976: 378).

Homens poderosos têm múltiplos casamentos – eles podem "emprestar" esposas para homens solteiros que ficam obrigados a fornecer mão de obra e patrocínio. "Os homens tentam usar... os direitos das mulheres para atrair outros homens para que lhes fiquem devendo, por meio de 'preços da noiva', serviço da noiva, ou clientela" (BLEDSOE, 1976: 377). Uma mulher dependente dos homens "tem poucos meios de escapar da subordinação". A grande maioria das mulheres falta poder formal, socialmente sancionado, sobre outros adultos. E sem muitas vezes poder obter direitos legais para si mesmas, é ainda menos possível que tenham direitos sobre outras pessoas (BLEDSOE, 1976: 377).

Apesar disso, as mulheres kpelles apoiam o arcabouço tradicional (diante das influências ocidentais) e o usam para seus próprios fins. Usam os relacionamentos de clientela para melhorar seus próprios fins econômicos, e estrategicamente manipulam os casamentos das filhas para controlar mão de obra em sua velhice e realizar metas políticas.

A maioria das mulheres... está bastante ansiosa para permanecer casada pelo sustento econômico, embora o casamento as subordine ao controle legal de um homem. Sem ter direitos legais sobre seus filhos... ela manipula a disposição desses direitos de maneiras que venham a beneficiá-la mais. As mulheres apoiam firmemente o sistema de casamento, que elas usam para obter o trabalho e o apoio de jovens (BLEDSOE, 1976: 380).

Bledsoe sugere que a maioria dos escritos sobre homens e mulheres nas sociedades africanas, ao enfatizar a separação legal e cultural dos domínios masculino e feminino, deixou de examinar a semelhança das estratégias políticas de homens e mulheres: "Tanto homens quanto mulheres tentam usar os recursos econômicos e políticos para escapar daqueles que têm direitos de controlá-las." Ela indica que as estruturas de dominação, ostensivamente ponderadas tão fortemente a favor dos homens, tiram nossa atenção "do grupo que realmente sustenta o cargo do trabalho produtivo nas sociedades africanas [...] os jovens" (BLEDSOE, 1976: 387).

Isso, então, nos traz de volta à questão da "exploração". A escolha que os fatos comparativos da antropologia nos apresentam é a seguinte: ou aceitamos a concepção mais ampla de exploração como um termo técnico, de tal forma que ele cobre a subordinação das mulheres e de jovens e a extração de seu trabalho para manter o prestígio e o poder de outros; ou desenvolvemos um sistema conceitual mais diferenciado com termos alternativos à exploração e que sejam mais apropriados para analisar os kpelles e outros povos.

Os argumentos para isso – para o desenvolvimento de uma terminologia mais refinada – parecem fortes. Lembremos na crítica de Gudeman (1978: 374) sobre a antropologia econômica neo-marxista (§ 19) seu argumento de que "a noção marxista de exploração nos dá uma visão condensada da variabilidade de modelos distributivos" encontrados no mundo não ocidental (um problema semelhante perpassa uma controvérsia recente sobre se os camponeses são "explorados").

Exatamente que termos são mais adequados para os vários fenômenos continua a ser tema de debates. Uma variedade de termos diferentes pode ser necessária para elementos diferentes daquilo que muitas vezes é um único complexo. Um termo algo assim como *"subordinação cultural"* poderia ser usado para sistemas *celestializados* de dominação em sociedades sem classes. Para o comando culturalmente sancionado que os homens mais velhos exercem sobre o poder de trabalho de mulheres e/ou jovens, um termo como *controle do trabalho* poderia ser adequado. Nos casos em que nosso foco é a distribuição dos produtos do trabalho excedente para beneficiar os fins político-econômicos daqueles que o controlam, mas nos casos em que tais usos de excedentes (nos intercâmbios de porcos ou em festas ou rituais) são sustentados pelos produtores (em termos de dever, prestígio, poder vindos dos antepassados etc.) um termo como *apropriação consensual de excedentes* poderia ser útil.

Armados com esses conceitos, poderíamos analisar mais eficazmente as sociedades sem classes onde os próprios "controladores" fazem o trabalho produtivo, em que o lugar de uma pessoa nas hierarquias do poder pode mudar drasticamente no decorrer do ciclo vital, e em que aqueles que estão dominados, cujo trabalho é controlado, podem bem estar tão comprometidos com aqueles valores culturais e com aquelas regras ancestrais quanto aqueles que exercem os poderes seculares. O que importa não é a própria terminologia, e sim o paradoxo de examinar um modo de vida "de dentro" e de examiná-lo "de fora". Se examinarmos um modo de vida através dos olhos daqueles que o vivenciam, mulheres e homens, jovens e velhos, podem estar igualmente comprometidos com um sistema de regras e significados – embora esse sistema possa dar poder e vantagens para alguns deles e subordine outros. Com que legitimidade, e com que dúvidas, podemos sair desse sistema e vê-lo como uma ideologia – sem simplesmente impor *a nossa* ideologia sobre ele? Com essa questão em primeiro plano, podemos agora nos voltar para os mundos das mulheres em uma perspectiva comparativa.

A subordinação de mulheres

Em um dos livros da década de 1970 que examina as relações masculinas e femininas em uma perspectiva comparativa (ROSALDO & LAMPHERE, 1974), um número de antropólogas proeminentes deu apoio, de várias maneiras, ao argumento de que as mulheres estão universalmente subordinadas aos homens: que em todas as sociedades conhecidas a vida pública e política estiveram primordialmente nas mãos dos homens. Embora o *status*, a independência e a importância política e econômica das mulheres sejam relativamente altos em algumas sociedades e bastante baixos em outras, essas autoras argumentam que eles nunca estão coordenados com os dos homens, nem são maiores que os deles.

Em sua introdução, Rosaldo (1974) argumenta que a atribuição para as mulheres das tarefas da gestação dos filhos levou, em todas as sociedades conhecidas, a uma separação entre a esfera doméstica e a esfera "pública". Mulheres têm suas raízes mais importantes e seu compromisso mais importante na esfera doméstica: os papéis das mulheres se centram ao redor da lareira e da casa. A esfera pública é proeminentemente o mundo dos homens, embora em várias épocas e lugares as mulheres vieram a desempenhar um papel fundamental no cenário público, bem assim como em seus bastidores:

> Em termos simples, os homens não têm nenhum compromisso tão duradouro, tão demorado e tão emocionalmente coercitivo – e tão próximo de parecer necessário e natural – como a relação da mulher com seu bebê, e com isso os homens estão livres para formar aquelas associações mais amplas que nós chamamos de "sociedade", sistemas universalistas de ordem, significado e compromisso que conectam grupos específicos de mãe-filho (ROSALDO, 1974: 24).

A questão continua a ser por que razão, aparentemente de forma universal e para ambos, homens e mulheres são os papéis associados com os homens e com a esfera pública que são mais valorizados – papéis de guerreiro, ancião, sacerdote ou chefe. As virtudes das mulheres são virtudes de subordinação e de cidadania de segunda classe. (Todo esse ponto de vista, no entanto, foi questionado subsequentemente, junto com a dicotomia público-doméstico no qual está baseado.)

As diferenças biológicas podem explicar a subordinação cultural?

Rosaldo examina as expressões culturais de subordinação feminina mesmo nas sociedades em que as mulheres têm um *status* relativamente alto e poder e em que a polarização dos papéis dos gêneros não é extrema – sociedades tais como os arapeshes (MEAD, 1935), onde as mulheres eram excluídas dos ritos sagrados; os merinas de Malagasy (KEENAN, 1974), onde os homens falam publicamente com formalidade, enquanto as mulheres são "idiotas culturais de quem se espera que falem sem pensar o que querem dizer; e os iorubas, onde as mulheres controlam o comércio e a economia e ainda assim devem se ajoelhar para servir seus maridos e fingir ignorância e obediência" (ROSALDO, 1974: 20). É possível que essa subordinação seja explicada com base em "ciclos hormonais diferentes, níveis de atividade infantil, capacidades sexuais ou orientações emocionais"? (ROSALDO, 1974: 20).

> Será que eles explicam o fator constante nos cultos secretos da flauta dos arapeshes, a falta de sutileza da mulher merina, ou as reverências e a dissonância da esposa ioruba? Embora não haja dúvida de que a biologia é importante, e que, em seu desenvolvimento, a sociedade humana é restringida e direcionada por fatos de tipo físico, acho difícil ver como essas coisas poderiam possivelmente levar a avaliações morais. A pesquisa biológica pode iluminar a variedade de inclinações e possibilidades humanas, mas ela não pode explicar a interpretação desses fatos em uma ordem cultural. Ela pode nos falar sobre

os dons médios de grupos de indivíduos específicos, mas não pode explicar o fato de culturas em todas as partes terem dado ao Homem, como categoria oposta à Mulher, valor social e merecimento moral... A biologia... se torna significativa apenas à medida que é interpretada por atores humanos e associada com modos de ação característicos (ROSALDO, 1974: 22-23).

Em outro importante trabalho nesse volume, Ortner (1974) elabora as bases lançadas por Simone de Beauvoir (1953) e Ardener (1972). Se os homens têm controle político nas esferas públicas da sociedade, há sempre um poder – o maior poder de todos – que continua misterioso e além de seu controle: o poder da própria vida, de dar à luz. Os homens podem arranjar ou intercambiar direitos legais sobre os filhos das mulheres, mas o poder de criar a vida (e de sustentá-la com o leite do peito) continua a estar além de sua compreensão. A gravidez e o parto são processos que parecem obscuros, misteriosos e ameaçadores – no entanto são invejados. Esse tema de inveja masculina remonta, na literatura antropológica, a Mead (1949) e tem uma história mais antiga na teoria psicanalítica.

Ardener e Ortner, observando essa inveja do poder incontrolável pelos homens que criam ideologias culturais, sugerem que as mulheres são muitas vezes conectadas simbolicamente com o mundo selvagem da natureza, em contraste com o mundo ordenado e controlado da cultura. A mulher é simbolicamente marginal ou *liminar*, totalmente nem no mundo da natureza nem no mundo da cultura. Ortner fez essa observação:

O corpo da mulher parece condená-la à mera reprodução da vida; o homem, em contraste, a quem faltam as funções criativas naturais, deve (ou tem a oportu-

nidade de fazê-lo) afirmar sua criatividade externamente, artificialmente através dos meios da tecnologia e dos símbolos (1974: 75).

Em um sentido, as criações masculinas são estéreis e superficiais em contraste com a criação da vida. Mas, paradoxalmente, "ele cria objetos relativamente duradouros, eternos, transcendentes, enquanto a mulher cria somente seres humanos – perecíveis" (ORTNER, 1974: 75). Simone de Beauvoir sugeriu que a avaliação cultural de tirar a vida pelos homens (na caça e na guerra) como estando acima da criação da vida pelas mulheres, reflete uma celebração não da destruição, mas de arriscar a vida; e Ortner elabora a ideia argumentando que a guerra e a caça são sociais e culturais, enquanto dar à luz é natural.

Essas interpretações representam um avanço considerável sobre tentativas anteriores de explicar com base em supostas diferenças biológicas a subordinação universal das mulheres, ou seu envio para a esfera doméstica. Provavelmente há diferenças na distribuição de predisposições comportamentais/temperamentais entre homens e mulheres em nossa espécie, como entre outros primatas. Mas diferenças não contêm *significados* – esses são uma questão de símbolos culturais, e, portanto, específicos no tempo e no espaço. Além disso, a distinção cultura-natureza é mais um produto de categorizações históricas europeias do que uma noção que seja aplicável em várias culturas (cf. MacCORMACK & STRATHERN, 1980).

Mais além dos universais

Críticos da universalização do público-privado, e das dicotomias dominante-subordinado e cultura-natureza, não custaram muito a aparecer. Alguns são estudiosos na tradição marxista, que questionam o uso da distinção "público-pri-vado" que se origina de um modo de produção capitalista para ser aplicado às concepções muito diferentes de povos tribais. Nos casos em que, em algumas sociedades, a produção ocorre primor-dialmente nos grupos domésticos, as relações in-ternas nesses grupos são fundamentais e cruciais – embora o ritual, a guerra e a oratória sejam ativi-dades masculinas realizadas mais visível e drama-ticamente na comunidade. A esfera "privada", se isso significa o que ocorre dentro dos domicílios, é o núcleo econômico da sociedade. Mas em uma sociedade capitalista o local de trabalho no qual a produção está centrada e no qual o trabalho é re-compensado financeiramente está fora da esfera doméstica. As donas de casa fazem o trabalho sem pagamento e substancialmente não recompensa-do de gerar e criar os filhos; de cozinhar e fazer os trabalhos domésticos em uma esfera que é pe-riférica e secundária. Dizer que as mulheres são sempre destinadas à esfera doméstica e "privada" e que essa é a chave para seu *status* universalmen-te subordinado obscurece o fato crucial de que em muitas sociedades a esfera doméstica *é* o local de trabalho.

Outra pedra angular da posição de Rosaldo que foi seriamente questionada é a questão da subordinação universal. Eleanor Leacock questio-nou especificamente a premissa de que as mulhe-res são ou eram subordinadas nas sociedades de caçadores e coletores. Leacock (1978) argumen-tou fortemente que o *status* subordinado das mu-lheres é um concomitante das mudanças trazidas pela produção de alimentos e os relacionamentos proprietários a que isso levou. Os povos caçado-res e coletores, argumenta ela, tinham relações fundamentalmente igualitárias entre os sexos. Onde se relata que os caçadores-coletores con-temporâneos subordinam as mulheres, Leacock

(1978) argumenta que isso ou reflete um relato parcial dos fatos ou as consequências da invasão ocidental e da subjugação colonial (ETIENNE & LEACOCK, 1980).

Leacock coleta evidência mostrando que a transformação dos relacionamentos entre homens e mulheres entre os caçadores-coletores é uma consequência da penetração capitalista da econo-mia e a emergência de novas relações de proprie-dade e de subjugação. Há também evidência que entre alguns povos caçadores-coletores um foco etnográfico nas atividades masculinas e nas visões masculinas do "sistema" levou os observadores a não notar o ritual correspondente das mulheres e seu poder considerável na organização de ca-samentos e nas decisões políticas (BELL, 1980).

Mas, mesmo levando em consideração o im-pacto do colonialismo e o viés etnográfico, as assi-metrias de *status* e poder entre homens e mulheres parecem ser antigas e básicas entre muitos caçado-res-coletores. Rosaldo e Collier (1981) exploram essas assimetrias, sugerindo que em um número de sociedades de caçadores e coletores e em algu-mas que aumentam a coleta de alimentos com a horticultura o conteúdo dos relacionamentos assi-métricos entre homens e mulheres é estabelecido por meio dos homens jovens que competem por esposas e amantes solicitando o favor de sogros potenciais oferecendo-lhes trabalho e caça. A car-ne, que os homens fornecem, é um instrumento para políticas de intercâmbio, redistribuição e casamentos; os vegetais coletados pelas mulheres constituem a maior parte da subsistência diária, mas não lhes é dada a importância simbólica que é associada à carne. Rosaldo e Collier veem nes-se complexo uma chave para a maneira como as mulheres nessas sociedades, embora lhes sejam dadas autonomia substancial e muitas vezes liber-dade sexual, desempenhem um papel subordinado na vida política. Nessas sociedades as mulheres são em grande parte excluídas dos jogos políticos sutis da negociação de intercâmbios maritais, da obtenção de segundas e terceiras esposas e da competição pela liderança. Os riscos nesses jogos não são materiais, mas envolvem controlar outras pessoas. Aqui se pressupõe uma complexa inter-relação entre as pressões e necessidades de subsistência, a organização da produção, o teor e a estrutura dos relacionamentos sociais, e os interesses do ritual e da religião.

O *status* das mulheres, o poder das mulheres

Avaliar o "*status* das mulheres" em qualquer sociedade é um processo complicado. Há evidência considerável de que as regras formais e as estruturas institucionais que colocam as mulheres sob o controle masculino e as restringem e humilham podem ser expressas, na vida cotidiana, de maneiras tais que dão às mulheres autonomia e escolhas consideráveis. Sistemas simbólicos que pareceriam polarizar os sexos e humilhar as mulheres, em algumas sociedades podem ser "vivenciados" sem a tensão, o conflito ou as autoimagens negativas que esperaríamos que eles provocassem. As mulheres podem exercer um poder substancial nos bastidores e às vezes até na arena central, em sistemas onde a dominação masculina parece clara. As mulheres podem ser fundamentais economicamente e periféricas ritualmente.

Como podemos definir questões de poder quando um xeique do deserto no Oriente Médio pressiona seus congêneres em outros grupos para participarem de uma aliança estratégica que é de seu interesse, e não do deles, quando, no entanto, é a esposa do xeique – que nunca é vista em público – que, nos bastidores, pressionou seu marido a adotar esse curso quando ele estava relutando a fazê-lo? Quanto poder ele tem, quanto poder

ela tem? Nas comunidades camponesas da América Central os homens podem ocupar o centro do palco em questões de ritual e política comunitária, exercendo seu poder nas arenas públicas; e as mulheres podem exercer poder principalmente em questões de economia doméstica e nos bastidores da vida comunitária. Como Rogers (1975) indica, a questão de quem tem que poder em que contexto passa a ser ainda mais complicada nas comunidades camponesas onde os homens de uma comunidade podem não ter poder e estar subordinados e humilhados por proprietários da terra, funcionários do governo e outros estranhos. O que parece poder político de uma perspectiva dentro de uma comunidade camponesa pode ser uma espécie de postura vazia e ostentação com relação às restrições impostas de fora. Rogers sugere que o poder das mulheres exercido nos bastidores pode, em algum sentido, ser mais genuíno que o poder dos homens representado no palco central. Pelo menos, hoje sabemos que é impossível fazer afirmações simples sobre o *status* das mulheres com base nas instituições e ideologias de um povo: devemos ver como elas são "vivenciadas" (cf. tb. KEESING, 1985, 1987).

A tendenciosidade masculina na antropologia

Atualmente já está bastante documentado que em virtude da tendenciosidade histórica de nossa sociedade e da ciência social, os antropólogos – homens e mulheres – examinaram eventos nos mundos de outros povos e os descreveram com uma forte tendenciosidade masculina. Basta lembrar as distribuições mortuárias espetaculares das mulheres nas Trobriandesas que durante anos passaram praticamente despercebidas e não descritas. O fato de esses aspectos dramáticos das vidas das mulheres e dos mundos femininos não terem sido notados, em sociedade após sociedade, não é muito surpreendente. A tendenciosidade masculina na interpretação é um tema permanente. Assim, como Leacock (1972) indica, quando as mulheres vão para as cabanas menstruais, é porque os homens as estão "excluindo da sociedade"; e quando os homens vão para as casas masculinas, eles estão "excluindo as mulheres do sagrado". Ao lidar com sistemas de poluição, um foco na poluibilidade das mulheres levou os etnógrafos tanto a desconsiderar a poluibilidade paralela dos homens (o sêmen pode ser tão poluente quanto o sangue menstrual: FAITHORN, 1975) e desconsiderar os poderes positivos que podem ser atribuídos ao sangue menstrual (MEIGS, 1978). Há inúmeros exemplos de distorções semelhantes. Mas, por sua vez, isso reflete a maneira como os próprios homens se apresentaram aos etnógrafos – masculinos e femininos – como porta-vozes e ideólogos do sistema. Pareceria que, em sociedade após sociedade, a "cultura" pública e oficial é primordialmente uma criação masculina. Com isso as teorias dos antropólogos os levaram a buscar uma ideologia cultural coerente e articulada e descrever essa "cultura" os colocou na posição de porta-vozes dos ideólogos (masculinos) de uma sociedade.

Por meio de etnografias sensíveis de mundos femininos, e relatos autobiográficos, antropólogos acumularam evidência de que essas versões públicas de uma "cultura" articuladas pelos homens não esgotam os recursos simbólicos de uma sociedade ou representam perspectivas sobre "a cultura" necessariamente compartilhadas pelas mulheres. As contraculturas femininas, as ideologias alternativas e as perspectivas contrastantes sobre as versões "oficiais" de uma cultura – e os compromissos para com ela – estão surgindo na literatura. O fato de as mulheres terem sido mui-

tas vezes porta-vozes e ideólogos relativamente inarticulados, com uma visão menos "global" do "sistema" pode ser verdadeiro em algumas sociedades, mas certamente não é verdadeiro em todas elas. Em algumas sociedades, inclusive aquelas onde as mulheres aparentemente são subordinadas e excluídas do ritual e da vida política, foi percebido que, na verdade, elas eram articuladas e contraideólogas poderosas – quando surgiram contextos sociais, políticos e etnográficos em que suas perspectivas podiam ser expressas.

O poder e os papéis econômicos das mulheres

Embora teorias materialistas pouco refinadas afirmem que o *status* e o poder das mulheres estão diretamente moldados por seu papel no sistema econômico, no final, está-se percebendo que esses relacionamentos são indiretos e complexos. Vimos evidência suficiente de como o trabalho feminino é extraído para beneficiar as metas masculinas de poder e prestígio para que possamos rejeitar qualquer correlação simples entre o trabalho que as mulheres fazem e seu *status* político. Poderíamos imaginar que em um matriarcado verdadeiro, se um existisse, os homens poderiam muito bem ter de fazer a maior parte do trabalho árduo para beneficiar os fins políticos e econômicos das mulheres. Portanto, quando encontramos as mulheres desempenhando o papel que exige esforço físico na produção, não podemos presumir que isso reflete, ou é a base material do poder feminino. É mais revelador examinar o controle sobre a distribuição, especialmente a dos excedentes.

Nos casos em que as mulheres desempenham um papel central na produção e têm influência e controle substanciais sobre a distribuição de excedentes, elas caracteristicamente desempenham um papel político substancial e são alvos de importante reconhecimento simbólico. Mas isso não pode, por si só, ser uma "explicação" do *status* das mulheres: o controle parcial que as mulheres têm sobre a distribuição de excedentes é uma expressão, e não uma causa, de sua importância política. Mas uma vez mais, mesmo nos casos em que as mulheres têm um alto *status* simbólico e um lugar garantido na economia de prestígio e na distribuição de excedentes – como nas Trobriandesas –, isso ainda pode deixá-las em uma situação bem inferior à paridade com os homens. Lembrem-se de que nas Trobriandesas, o *kula* é completamente um empreendimento masculino, só os homens são gerentes do vilarejo, e os desempenhos das mulheres na economia de prestígio são em grande parte financiados pelos homens.

Mulher efe, com o bebê nas costas, cuida do jardim abandonado. Ituri, Zaire.

Voltaremos à complexa integração dos mundos masculinos e femininos nas Trobriandesas quando examinarmos a religião e os sistemas simbólicos dessas ilhas.

Os mundos das mulheres: a visão de dentro, a visão de fora

Embora as mulheres em muitas sociedades possam ter contraideologias ou perspectivas sobre a ordem social complementares às dos homens elas são, na maioria das sociedades que conhecemos, em última instância, compromissadas com as regras e os significados culturais. Vimos como, dada a ilusão de um universo fechado e a *celestialização* das regras humanas, o sistema parece para aqueles que vivem dentro dele como impossível de ser desafiado. Nos casos em que as armas de agressão – bastões, arcos e flechas, lanças – estavam concentradas nas mãos dos homens, havia muitas vezes uma ameaça de violência por trás das ideologias religiosas.

Mas a questão de nossas posições como observadores continua não solucionada. Se estivermos examinando um sistema que coloca o controle legal sobre uma mulher nas mãos de seu pai e irmãos, e depois de seu marido e sua linhagem, um sistema que a obriga a manter sua castidade, que lhe atribui os papéis de gerar e criar os filhos e de fazer a maior parte do trabalho produtivo – e, no entanto, tira de suas mãos o controle sobre aquilo que ela produz e a exclui da vida política e religiosa – como devemos avaliar sua vida, em seus termos ou nos nossos? Se avaliarmos a vida nos termos dela, ela pode ser um pilar de virtude, responsável pela ordem moral da comunidade e o bem-estar de sua família seguindo as regras dos antepassados sobre poluição e observando os pa-

drões de castidade. Ela será tão rápida em criticar uma filha ou outra esposa que não cumpra seus deveres ou que tenha um caso romântico, como qualquer homem. Ela vê seu papel na geração dos filhos e na produção da subsistência como realização de sua natureza essencial, e considera o controle político e vida religiosa dos homens e os direitos que os homens têm sobre ela como parte da ordem essencial do universo. Quem somos nós, então, como observadores imbuídos com valores sobre liberdade, igualdade e a libertação das mulheres para lhe dizer que suas ideias de virtude são uma ilusão? O papel do antropólogo não é compreender os mundos das outras pessoas através dos olhos *delas*?

Não há nenhuma resposta simples. Precisamos, de alguma maneira, ver cada cultura – inclusive a nossa – tanto de dentro quanto de fora. Se olharmos para cada tradição cultural unicamente em seus próprios termos e compreendermos a vida das pessoas apenas através de seus próprios olhos, então estaremos em última instância limitados a um relativismo que vê tudo que *é* como correto. Se aplicarmos algum conjunto de padrões políticos e morais a outros povos, de uma forma pouco crítica, deixaremos muito facilmente de perceber que esse próprio conjunto de padrões tem uma história, que é ideológico, que é um produto de uma tradição sociocultural ocidental que incorpora valores sobre individualismo, igualdade e a natureza do trabalho que estão longe de serem universais. Grande parte da antropologia ficou muito do lado do relativismo e deixou de ver perspectivas externas essenciais. Mas grande parte daquilo que passou por idealismo revolucionário foi pouco crítico de suas próprias raízes culturais e suas bases ideológicas. Ver outros mundos culturais tanto de dentro quanto de fora não é um desafio fácil. Mas é provavelmente o mais fundamental entre aqueles com que os materiais da antropologia nos confrontam.

Talvez seja verdade que as mulheres foram subordinadas em algum sentido em todas as sociedades tradicionais. Mas tem havido enormes diferenças no *status* das mulheres, em sua posição econômica com relação aos meios de produção e seu poder nas esferas doméstica e pública. Para entender a subordinação das mulheres, precisamos examinar essas variações e ter um forte sentido de história e processo – um sentido que é entorpecido se enfatizarmos universais.

Essas percepções são necessárias para que uma antropologia comparativa das mulheres beneficie os interesses de transformar de maneiras positivas o papel das mulheres na sociedade ocidental. E uma antropologia de mulheres foi fortemente – e eu diria corretamente – motivada não simplesmente pelo desafio de entender o mundo, mas pelo desafio de mudá-lo. A reflexão sobre esse desafio, para a transformação dos mundos das mulheres, terá de esperar até a Parte 4. Precisamos continuar a construir mais e a reforçar as bases teóricas para uma compreensão comparativa voltando-nos agora mais diretamente para a natureza da hierarquia social.

SUMÁRIO

O gênero é uma dimensão importante da descrição e da análise de muitas culturas. Historicamente, o interesse no gênero surgiu dos estudos de mulheres na sociedade, inclusive questões relacionadas com a dominação e exploração entre os gêneros que surgiram das abordagens neomarxistas interessadas tanto no gênero e no controle de jovens homens pelos homens mais velhos.

As mulheres podem (ou não) elas próprias concordar com o controle masculino, e ao mesmo tempo procurar na prática exercer influência por sua própria conta (ex., os kpelles). A subordinação cultural das mulheres é encontrada em muitas (mas não todas) as sociedades e às vezes (mas nem sempre) conectada com categorizações que opõem as esferas femininas às esferas masculinas em termos das funções reprodutivas, que seriam "naturais" *versus* capacidades "culturais". Eleanor Leacock demonstrou que entre as populações de caçadores-coletores as relações de gênero tradicionalmente tendem a ser relativamente igualitárias. Mulheres etnógrafas foram capazes de enfatizar a significância dos papéis econômicos e cerimoniais das mulheres nos casos em que esses papéis tinham sido anteriormente contextualizados (exemplo: Annette Weiner nas Trobriandesas). Além disso, devemos reconhecer que, como observadores, nossas avaliações dos "fatos etnográficos" podem ser bastante diferentes daquelas feitas pelas próprias pessoas.

SUGESTÕES PARA LEITURAS ADICIONAIS
Seção 35

ARDENER, S. (1978). *Defining Females*: The Nature of Women in Society. Londres: Croom Helm.

ARDENER, S. (org.) (1975). *Perceiving Women*. Londres: Malaby.

FRIEDL, E. (1975). *Women and Men*: An Anthropologists View. Nova York: Holt, Rinehart and Winston.

HAMMOND, D. & JABLOW, J. (1976). *Women in Cultures of the World*. Menlo Park, Calif.: Cummings.

KUHN, A. & WOLPE, A.M. (1978). *Feminism and Materialism*: Women and Modes of Production. [s.l.]: Routledge and Kegan Paul.

MITCHELL, J. (1974). *Psychoanalysis and Feminism*. Londres: Allen Wayne.

_____ (1971). *Women's Estate*. Nova York: Random House.

PAULME, D. (1971). *Women of Tropical Africa*. Berkeley: University of California Press.

REITER, R. (org.) (1975). *Toward an Anthropology of Women*. Nova York: Monthly Review.

SCHLEGEL, A. (1972). *Male Dominance and Female Autonomy:* Domestic Authority in Matrilineal Societies. New Haven, Conn.: HTAF.

Capítulo 13

Estruturas de desigualdade

Em vários pontos, falamos sobre classes sociais – por exemplo, ao examinar os primeiros Estados e, em um sentido negativo, ao examinar as sociedades sem classes do mundo tribal que durante anos eram o foco principal da antropologia. Cada vez mais a atenção dos antropólogos tem se voltado para os camponeses e, mais recentemente, para urbanidades – seres humanos incorporados em sistemas de classe. Embora só na Parte 4 nossa atenção vá se voltar com mais ênfase aos sistemas de classe, precisamos de razões teóricas para fazer uma breve pausa e examinar sistemas de hierarquia e desigualdade em uma perspectiva comparativa.

36 Classes sociais e estratificação

Os trobriandeses da categoria "chefes" e os de categoria "comuns" pertencem a classes diferentes? E que dizer dos nobres e comuns polinésios? Ou dos guerreiros e sacerdotes astecas? Os escravos na Roma e na Grécia antigas formavam uma classe? E se formavam, essa classe seria a mesma que a dos escravos nas plantações da América do Sul e do Caribe?

Conceitualizando desigualdade

Há poucas áreas de teoria sociocientífica que sejam tão confusas como o estudo das estruturas de desigualdade. Qual é a diferença entre classes sociais e agrupamentos ocupacionais? Podemos falar de uma "classe dominante" ou devemos escolher o termo mais neutro, *elite*? Podemos legitimamente falar de uma "classe média" nas sociedades ocidentais modernas? As amplas divisões de uma sociedade em tipos de pessoas constituem "classes" quando elas são classificadas em termos de prestígio, mas não separadas claramente em funções econômicas? E, finalmente, podemos legitimamente usar o termo *casta* originário da civilização indiana, para designar grupos minoritários excluídos da corrente mais importante da sociedade (como os afro-americanos foram em um determinado momento) ou obrigados a fazer um trabalho degradante (como os *burakumins* no Japão tradicional) com base em sua "impureza"?

Quando encontramos divisões de "tipos de pessoas" que perpassam toda uma sociedade e são classificados em termos de prestígio, eles não constituem necessariamente classes em um sentido técnico. Para esse fenômeno geral, o termo **estratificação social** será suficiente e as divisões classificadas podem ser chamadas de **camadas sociais**. As camadas sociais em um sistema de estratificação social perpassam toda a sociedade; portanto, elas são mais gerais que agrupamentos ocupacionais. Não estão baseadas em características biológicas tais como idade ou gênero. (Vimos que a polarização dos gêneros, ou dos jovens e velhos, em sociedades que são tecnicamente não estratificadas e sem classes, podem levar a interesses conflitantes e papéis econômicos contrastantes que manifestam algumas das características e têm algumas das consequências, da oposição classista.)

Classes são camadas sociais de um tipo especial. São "peças" que se entrelaçam dentro de um sistema social definido de acordo com seus relacionamentos econômicos. Não é dizer que elas sejam necessariamente mais ricas ou mais pobres, e sim que sua *função* dentro de um sistema de produção é especializada. E é especializada não em termos do trabalho que as pessoas realmente *fazem* (açougueiro, padeiro e fazedor de castiçais são todos membros da mesma classe, contanto que trabalhem por salários e não sejam donos do açougue, da padaria ou da fábrica de castiçais). Ao contrário, uma classe é definida em termos do relacionamento do trabalho das pessoas com suas fontes de subsistência e com os meios de produção. Assim, os relacionamentos de classe, de um modo geral, agrupam os membros de uma sociedade em trabalhadores, proprietários, artesãos, escravos e assim por diante.

Por isso Marx e Engels escreveram sobre a evolução da sociedade moderna em termos de uma história de relacionamentos de classe em que aqueles que trabalham foram polarizados em oposição àqueles que controlam os meios de produção: "homem livre e escravo, patrício e plebeu, senhor e servo, mestre da guilda e artífice".

> Nas primeiras épocas da história encontramos quase em todas as partes uma organização complicada de categorias sociais. Na Roma Antiga temos patrícios, cavaleiros, plebeus, escravos; na Idade Média, senhores feudais, vassalos, mestres das guildas, artífices, aprendizes, servos; em quase todas essas classes, uma vez mais, gradações subordinadas (MARX & ENGELS, 1848).

Marx considerava os camponeses ambíguos em termos dessa teoria de classe. Classes no sentido pleno são distinguidas pela consciência de ser um grupo comum, do lugar de nosso grupo no esquema das coisas – em relação aos outros, a solidariedade coletiva de nosso grupo e interesses comuns com relação à produção. Os camponeses europeus, observou ele, não manifestam essa comunalidade que define as classes no sentido pleno.

> Os camponeses com pequenas propriedades formam uma vasta massa, cujos membros vivem em condições semelhantes, mas sem entrar em relações múltiplas uns com os outros. Seu modo de produção os isola uns dos outros em vez de trazê-los para uma relação mútua... Na medida em que milhões de famílias vivem sob condições econômicas de existência que separa seu modo de vida, seus interesses e sua cultura daqueles de outras classes, e os coloca em uma oposição hostil a essas últimas, elas formam uma classe. Na medida em que há meramente uma interconexão local entre esses camponeses com pequenas propriedades, e a identidade de seus interesses não produz qualquer comunidade... eles não formam uma classe (MARX, 1852).

Os camponeses podem, como a experiência do final do século XIX e começo do século XX deixa claro, se cristalizar em uma classe com poder revolucionário. No Capítulo 18 voltaremos ao estudo antropológico de camponeses.

Classes em uma perspectiva comparativa

A compreensão dos fenômenos de classe progrediu consideravelmente no século que se passou desde a obra de Marx e Engels. Enquanto o capitalismo do século XIX mostrava uma polarização cada vez mais ampla entre a burguesia (como "donos dos meios de produção e empregadores do trabalho assalariado") e o proletariado (como "a classe... de trabalhadores assalariados, que, não tendo quaisquer meios de produção próprios, são obrigados a vender sua força de trabalho a fim de sobreviver"), a sociedade pós-industrial moderna ficou muito menos simples em termos de classe – com uma vasta classe média de profissionais liberais que vendem suas técnicas especializadas e suas capacidades técnicas e gerenciais e não a força de seus músculos. Teorias de uma "classe dominante" que controla as classes a ela sujeitas por meio dos instrumentos do poder do Estado e pela ideologia tiveram de ser refinadas: "tipos diferentes de sociedade estão de acordo com o modelo de Marx de uma sociedade que é claramente dividida entre uma classe dominante e classes subalternas" (BOTTOMORE, 1964: 28). A nobreza guerreira da Europa feudal "que tinha seguramente em suas mãos a propriedade da terra, a força militar e a autoridade política e que recebia o apoio ideológico de uma Igreja poderosa" (BOTTOMORE, 1964: 29), se aproximava muito à concepção idealizada de Marx de uma classe dominante (embora ela fosse descentralizada e não coesa); e a burguesia ascendente na Inglaterra na época de Marx parecia ir em uma direção semelhante, mas com uma coesão muito maior, e com plenos instrumentos do poder do Estado em suas mãos. Mas em outros sistemas sociais, inclusive nas sociedades industriais contemporâneas, o modelo de uma "classe dominante" é menos obviamente aplicável.

Os Estados das Américas e de partes da África e da Ásia antes da conquista estavam organizados em classes. Entre as sociedades que examinamos, os astecas (com seus artesãos, nobres guerreiros, escravos e sacerdotes) e os havaianos da Polinésia exibiam estratificação em classes.

A escravidão

A escravidão torna-se mais compreensível se a examinarmos em termos dos relacionamentos de classe. Aqui nossos estereótipos sobre a escravidão nas plantações são enganosos. Primeiro, vale a pena pensar sobre a centralidade da escravidão na Grécia e na Roma antigas:

> Foi a escravidão que possibilitou pela primeira vez a divisão de trabalho entre a agricultura e a indústria em uma escala considerável, e, ao lado disso, a flor do mundo antigo, o Helenismo. Sem a escravidão nenhum Estado grego, nenhuma arte e ciência gregas; sem a escravidão, nenhum Império Romano. O aumento e desenvolvimento da produção por meio do trabalho escravo... [possibilitou] a extensão do comércio, o desenvolvimento do Estado e do direito... [o] começo da arte e da ciência. [Essas coisas] só foram possíveis graças a uma maior divisão de trabalho entre as massas que executavam o trabalho manual simples e as poucas pessoas privilegiadas que dirigiam o trabalho, conduziam o comércio e os negócios públicos e, em um último estágio, se ocupavam das artes e da ciência. A forma mais simples e mais natural dessa divisão de trabalho foi... a escravidão (ENGELS, 1878: 205-207).

A escravidão do mundo antigo, baseada principalmente na captura de prisioneiros de guerra, era bastante diferente em termos de classe da escravidão nas plantações das Américas.

O mesmo se aplica à escravidão das sociedades pré-coloniais africanas. Para entender a variedade enorme de fenômenos na África que foram classificados como "escravidão", argumentam Miers e Kopytoff (1977) em sua longa introdução a um volume sobre esses sistemas, devemos rejeitar algumas premissas ocidentais sobre individualismo e autonomia. Lembrem-se de que o casamento e a política são caracteristicamente questões que implicam grupos corporativos. Uma corporação de descendência tem direitos sobre seus membros – de tal forma que indivíduos podem ser designados para casar, mandados matar, ou penhorados pelos "diretores" de sua corporação:

> Nem o critério de [indivíduos como] propriedade nem o de sua *vendabilidade* pode ser útil... ao separar a "escravidão" do simples "parentesco" nas sociedades africanas em que direitos sobre as esposas, crianças e membros do grupo de parentes são normalmente adquiridos por meio de transações envolvendo transferências materiais e nas quais os grupos de parentes "possuem" e podem dispor de seus cosanguíneos (MIERS & KOPYTOFF, 1977: 12).

A escravidão era, em muitos casos, mais uma extensão desse controle corporativo, uma transferência de humanos em sistemas político-econômicos nos quais o trabalho e um grupo de seguidores obedientes eram meios para o poder:

> A aquisição de pessoas... era um processo que ia desde transações pessoais voluntárias ou pacíficas entre grupos vizinhos até as transferências compulsórias e, com graus crescentes de coerção e organização, até os empreendimentos em grande

escala das invasões e da guerra... Os estrangeiros buscando patronos eram bem-vindos; órfãos ou crianças abandonadas eram desejados; prisioneiros... eram procurados ansiosamente. Sequestradores encontravam um mercado pronto para suas vítimas... Pessoas adquiridas forneciam esposas e crianças extras para expandir um grupo de parentesco, trabalhar para arar os campos, empregados no condomínio, soldados para a guerra, remadores para as canoas do comércio ou de guerra, agentes comerciais, servos e funcionários na Corte e até vítimas para os sacrifícios. O poder político e social estava com aqueles que podiam comandar um grande número de parentes e dependentes, fossem eles clientes, seguidores ou "escravos" (MIERS & KOPYTOFF, 1977: 14).

Há várias lições em tudo isso. Primeiro não podemos compreender a posição de escravos simplesmente por classificá-los como tais. Eles ocupavam um lugar dentro de um modo de produção, um sistema de classes, uma estrutura social. Que direitos eles tinham e como eram incluídos no sistema social ou excluídos dele são fatos que devem ser entendidos com referência ao sistema total.

Segundo, o "sistema total" não necessariamente coincide com um grupo que fala uma língua específica ou com uma entidade política. Os escravos na África eram capturados e comercializados através de grandes extensões. Os capítulos em Miers e Kopytoff (1977) descrevem sistemas regionais longínquos através dos quais os escravos eram comercializados e as mercadorias e bens fluíam. Essas redes regionais se expandiram e intensificaram quando os europeus entraram no comércio de escravos – e o transformaram drasticamente. Vale a pena fazer uma pausa para observar que para entendermos a escravidão das plantações nas Américas precisamos não só de uma visão local, mas também de uma visão global. Veremos como eventos nas plantações de açúcar e de algodão, os primeiros estágios da Revolução Industrial na Inglaterra e a devastação da África Central e Ocidental foram sistematicamente inter-relacionados.

Uma análise dos relacionamentos de classe em um sistema social complexo não deve presumir desde o início a respeito das classes individuais e seus *status*, exceto com relação umas às outras, nem presumir sobre os limites geográficos ou culturais do sistema. Vale a pena lembrar a crítica de Asad sobre "o modo de produção pastoril" que é exatamente nesses termos: os relacionamentos de classe podem atravessar as fronteiras entre "sociedades" e "sociedades" diferentes podem estar conectadas em um sistema regional político e econômico (cf. tb. WATSON, 1980, uma coleção organizada de estudos sobre o funcionamento da escravidão na África e na Ásia).

Trabalho infantil

Outro contexto no qual podemos discutir o conceito de exploração é o do trabalho infantil. Crianças são usadas em muitos países para complementar as capacidades de trabalho em muitos sistemas econômicos, seja com base no parentesco ou não. Crianças podem ser levadas para trabalhar em uma fazenda familiar sem remuneração monetária. Nos períodos iniciais da industrialização na Europa, crianças pobres eram empregadas extensivamente como ainda continuam a ser empregadas em outras partes do mundo. Se o trabalho de mulheres e de jovens pode ser considerado sujeito à exploração, o mesmo pode ser

dito sobre o trabalho de crianças antes mesmo da adolescência.

Uma vez mais, a questão é parcialmente uma questão de definição daquilo que chamamos de exploração. Que nível de recompensa seria suficiente para dizermos que o relacionamento não é explorador? Haverá uma diferença entre trabalhar na família e trabalhar no mercado industrial? E até que ponto levamos em conta os sentimentos e juízos daqueles que supostamente estão sendo explorados? Respostas para essas questões dependem do conjunto de valores e interesses do observador, mas vale sempre a pena levantar essa questão, já que a existência de trabalho infantil é considerada por muitos como uma questão de direitos humanos (cf. MENDELIEVICH, 1980, para uma pesquisa em várias sociedades).

Casta

Um modo final de classificação social hierárquica precisa ser mencionado: o sistema de *castas*, a diferenciação de uma sociedade (na Índia hindu, e nas áreas influenciadas pelo hinduísmo no sul e no sudeste da Ásia) em categorias sociais endógamas segundo a pureza e a impureza ritual. As castas são hierarquizadas, da mais sagrada e pura até os intocáveis que fazem as tarefas mais poluidoras e subalternas.

Grupos de casta locais podem desempenhar funções prescritas e hereditárias – serviços subalternos tais como barbear ou varrer – em troca de pequenos pagamentos em cereal. Serão eles, então, classes? A resposta geral é "não". Em algum momento no passado antigo os quatro *varna* ou caminhos da vida – sacerdotes, guerreiros, comerciantes e agricultores – podem ter sido mais parecidos com classes. Mas agora, em muitas partes da Índia, os grupos locais de casta que supostamente teriam o *status* de guerreiros ou de brâmane são primordialmente agricultores nas aldeias. As relações econômicas, em geral, não correspondem ao esquema ideal de castas. Mas não são essas categorias vastas de casta que importam e sim as subcastas locais como grupos corporativos. Essas subcastas locais podem estar presas a relações econômicas que são mais parecidas com classes – embora sejam expressas em termos de pureza e poluição, obrigação hereditária e ritual hindu (cf. BAILEY, 1957, 1963).

Desigualdade e mistificação

A natureza das castas suscita uma questão mais geral. Lembrem-se de como a dominação de mulheres e de jovens pode ser disfarçada por ideologias culturais que *celestializam* as relações de subordinação e a extração de trabalho. O mesmo é verdadeiro das sociedades estruturadas em classes. O sacerdócio dos antigos Estados da Mesopotâmia e das Américas criaram ideologias religiosas que justificavam e sustentavam o poder das elites dominantes.

Aqui, no entanto, pode haver um forte compromisso consensual por parte dos dominantes e dos dominados. Lembrem-se do comentário de Harris, em resposta ao retrato lírico que Sahlin faz do sacrifício humano asteca como a mais alta forma de comunhão, que "devemos nos reservar o direito de não acreditar nas explicações da classe dominante" (HARRIS, 1979a: 521). Em sociedades estatais em que sacerdotes e governantes viviam na opulência sustentados pelas guerras de pilhagem e pelo suor dos outros, precisamos ser capazes de examinar as religiões como ideologias que reforçam o controle daqueles no cume e instilam entre aqueles na base um sentimento de dever e devoção e a esperança pela recompensa em

uma vida depois da morte por sua subserviência nesta vida. O fato de aqueles no cume e aqueles na base poderem ser igualmente piedosos e igualmente comprometidos com a devoção aos deuses não nos impede de perguntar sobre a economia política do sagrado. De alguma maneira estamos na mesma posição, ao examinar um sistema religioso vasto em escala, rico de sabedoria filosófica, e antigo em suas bases textuais, como quando estamos analisando as flautas sagradas e o culto de iniciação dos homens na Nova Guiné. Precisamos entrar e entender um mundo de significados simbólicos – e depois caminhar por ele para ver como ele mistifica e reforça as realidades mundanas.

Se podemos, e se devemos, fazer essas perguntas sobre a casta na Índia hindu – ou em vez disso devemos ver, em uma filosofia antiga e rica de escala cósmica, meios alternativos de conceber a humanidade e o ser espiritual (DUMONT, 1966) –, é uma questão sobre a qual os autores discordam. Muitos insistiriam que nosso desafio é compreender as redes de teias de aranha de significado cultural, e não atravessá-las para buscar algo mais "real" por baixo delas.

Na tradição marxista, diz-se que as ideologias religiosas, como as instituições políticas, operam como sistemas superestruturais que sustentam – reproduzem – um modo de produção e disfarçam sua natureza real. A evidência da antropologia não nos diz diretamente se precisamos dar esse passo. Mas nos diz que, se o dermos, podemos fazê-lo legitimamente só depois de mergulharmos em um sistema de significados culturais de "dentro" e só com uma consciência autocrítica de que nossas ideias e valores são eles próprios produtos da história e da tradição cultural e não ideais absolutos.

Os sistemas de direito através dos quais as regras sociais são aplicadas e impostas nos apresentam o mesmo paradoxo. Do ponto de vista dos homens de negócios nos subúrbios as leis são a base de uma sociedade ordenada e aqueles que não as cumprem são criminosos. Do ponto de vista dos pobres nos centros das cidades, a lei é uma charada, uma maneira de o estabelecimento manter sua própria hipocrisia; as pessoas que são presas por não cumpri-las são prisioneiros políticos. Que ponto de vista nós adotamos sobre os sistemas de lei e ordem na África ou na Polinésia? Eles legitimam, e, portanto, mantêm, um sistema predominante de privilégio e poder? Ou eles são os meios pelos quais a integridade de um sistema cultural e seus padrões de direito e virtude são mantidos e a ordem social preservada?

Uma vez mais, à medida que formos examinando os sistemas de direito e controle social, confrontaremos a necessidade de nos situar tanto dentro quanto fora de um conjunto de significados culturais e relacionamentos sociais predominantes.

SUMÁRIO

Este capítulo aborda alguns conceitos de desigualdade e sistemas de hierarquia que existem em várias culturas. A conceitualização e a definição de desigualdade são uma tarefa difícil que precisa ser examinada a partir do interior da cultura que está sendo discutida – isto é, a ideologia local deve ser explorada. O capítulo também discutiu ideias de estratificação social em que as camadas de grupos separados de indivíduos existem, levando em consideração a teoria marxista de estrutura social. O funcionamento dos agrupamentos de classe e dos sistemas escravistas foi apresentado com relação às ideologias religiosas e ao conceito de mistificação.

SUGESTÕES PARA LEITURAS ADICIONAIS
Seção 36

BENDIX, R. & LIPSET, S.M. (orgs.) (1966). *Class, Status and Power*: Social Stratification in Comparative Perspective. 2. ed. Nova York: The Free Press.

BERREMAN, G. (1973). *Caste in the Modern World*. Morristown, N.J.: General Learning Press.

BÉTEILLE, A. (1970). *Social Inequality*. Londres: Penguin Books.

BOHANNAN, P. (1963). *Social Anthropology*. Nova York: Holt, Rinehart and Winston.

COX, O.C. (1970). *Caste, Class and Race*. Nova York: Monthly Review Press.

DE REUCK, A. & KNIGHT, J. (orgs.) (1967). *Caste and Race*: Comparative Approaches. Londres: J. and A. Churchill.

DUMONT, L. (1970). *Homo Hierarchicus*. Chicago: University of Chicago Press.

EISENSTADT, S.N. (1971). *Social Differentiation and Social Stratification*. Glenview, Ill.: Scott, Foresman and Company.

FRIED, M. (1967). *The Evolution of Political Society*. Nova York: Random House.

KLASS, M. (1980). *Caste*: The Emergence of the South Asian Social System. Filadélfia: Institute for the Study of Human Issues.

LEACH, E.R. (org.) (1960). *Aspects of Caste in South India, Ceylon and Northwest Pakistan*. Cambridge: Cambridge University Press [Cambridge Papers in Social Anthropology, 2].

MENCHER, J.P. (1974). "The Caste System Upside Down, or The Not-So-Mysterious East". *Current Anthropology*, 15, p. 469.

MIERS, S., & KOPYTOFF, I. (orgs.) (1975). *Slavery in Pre-Colonial Africa*. Madison: University of Wisconsin Press.

OSSOWSKI, S. (1963). *Class Structure in the Social Consciousness*. Nova York: The Free Press.

PLOTNICOV, L. & TUDEN, A. (1970). *Social Stratification in Africa*. Nova York: The Macmillan Company.

_____ (1969). *Essays in Comparative Social Stratification*. Pittsburgo: University of Pittsburgh Press.

RICHARDSON, P. (1971). *Empire and Slavery*. Nova York: Harper & Row.

SINGER, M. & COHN, B.S. (org.) (1968). *Structure and Change in Indian Society*. Chicago: Aldine Publishing [Viking Fund Publications in Anthropology, 47].

WATSON, J.L. (org.) (1980). *Asian and African Systems of Slavery*. Berkeley: University of California Press.

WINKS, R. (org.) (1972). *Slavery*: A Comparative Perspective. Nova York: New York University Press.

Capítulo 14

Direito e controle social

Nos estados – antigos e modernos, africanos, asiáticos e do Novo Mundo, bem assim como europeus –, instituições de tribunais, muitas vezes codificadas em estatutos legais, mantiveram a lei e a ordem. A variedade de instituições legais foi ampla; mas nós as reconhecemos como manifestações da lei. Mas onde não há Estados, e muitas vezes nenhuma instituição política além daquelas dos grupos de parentesco locais, os processos legais não se destacam com tanta clareza dos processos correntes de relações sociais. Quando uma linhagem africana negocia o casamento de um de seus membros, selado pela transferência do gado como "preço da noiva" em troca de direitos sobre a progênie, será isso um contrato "legal"? Quando os homens inuítes, brigando por alguma injustiça, cantam canções se insultando mutuamente diante de seus vizinhos, isso é "lei"?

Aqui, como ocorre com tanta frequência no estudo comparativo da humanidade, encontramos uma área que é claramente definida, institucionalizada e compartimentalizada em sociedades complexas e, no entanto, nas sociedades tribais, está submersa nas estruturas de parentesco e nos processos da vida social cotidiana. Poderíamos então dizer que não há "lei" nessas sociedades? Ou nos perguntamos que funções são realizadas pelas instituições legais nas sociedades complexas – solução de conflito, adjudicação de disputas, punição de ofensores, recompensa de danos,

manutenção de relacionamentos contratuais – e rotulamos como "legal" sejam quais forem os processos que executam os mesmos fins nas sociedades de pequena escala? Deparamo-nos com a mesma dificuldade ao examinar "sistemas econômicos" e "sistemas políticos". O problema pode parecer enfadonho, especialmente se ele leva ao debate sem fim sobre definições. Mas se nós nos preocuparmos com questões de substância e não com definições, podemos aprender muito sobre a organização da sociedade, o alcance da variação cultural – e sobre nós mesmos. E isso é que é antropologia.

Antes de examinarmos os processos de solução de disputas e de conflitos em uma perspectiva comparativa, vale a pena refletir em termos mais gerais sobre as forças de controle social – algumas delas sutis – que atam as pessoas em relações sociais contínuas e em convenções culturais.

37 Controle social e pressões para a conformidade

Normas, conformidade e dissensão

Textos sobre "dissensão e conformidade", especialmente na sociologia, normalmente começam com uma concepção restrita de uma "norma" como algo que as pessoas dizem que deve ou não ser feito. Você viola uma norma – se você descumpre ou não uma lei formal – se você roubar, enganar, casar com dois homens ao mesmo tempo, entrar nu na igreja ou cruzar um sinal vermelho com seu carro. Você está conforme quando segue essas normas; você dissente se as viola.

Algumas normas são realmente públicas e são seguidas ou infringidas conscientemente. Mas outras "regras" ocultas abaixo da superfície foram reveladas por pesquisadores na antropologia seguindo os indícios fornecidos pelas regras da gramática. Essas regras são implícitas em nosso comportamento, profundamente enraizadas nos hábitos e nos processos mentais inconscientes. No entanto, o fato de as seguirmos se encontra no âmago da vida social ordenada. O homem que rouba um banco é, em termos sociológicos, criminalmente dissidente. Mas o antropólogo pode percebê-lo também como um conformista preso à rotina. Ele vai para o banco vestido de maneira apropriada, andando e não engatinhando, pela calçada e não pelo telhado ou pelas calhas. Ele pronuncia ou escreve suas exigências na língua convencional e, quando ele foge, vai pelo lado direito da rua. Nós precisamos obedecer inconscientemente uma miríade de regras e convenções culturais para cometer um roubo de banco "gramatical" – que é, na verdade, um ato complexo de comunicação.

As regras que infringimos, ou gostaríamos de infringir, encontram-se próximas da superfície daquele sistema complexo e confuso de conhecimento compartilhado que chamamos de cultura. Para comunicar, somos e devemos ser seguidores de regras. Para simplificar, iremos nos referir a esses padrões de comportamento sobre os quais falamos e pensamos conscientemente como normas públicas. Nosso seguimento de regras inconsciente, em níveis mais baixos e ocultos, não explica por que nós seguimos as normas públicas

com tanta frequência como o fazemos, mas ele dá uma perspectiva diferente sobre elas. Outra fonte de perspectivas sobre conformidade e dissidência é nossa compreensão crescente de nossa herança biológica. Desde os escritos de Freud, um conflito entre os impulsos biológicos humanos e as regras da vida social ordenada tem sido normalmente presumido. Somos, biologicamente, animais – e comportar-nos como humanos exige um preço em frustração e repressão.

Nossas visões da vida biossocial humana mudaram drasticamente com os estudos modernos sobre o comportamento animal. Freud estava imaginando o animal individual, impelido por sua natureza agressiva e sua sexualidade e livre para expressar esses instintos naturais. Mas nós vimos animais em *grupos*. O fato de os primatas serem "programados" com instintos para a dominação, a agressão e a sexualidade não implica a livre-expressão desses instintos: um jovem babuíno pode estar tão frustrado quanto um paciente psiquiátrico vienense. A organização social, seja ela animal ou humana, exige que os organismos individuais em busca de suas metas se misturem em padrões ordenados de comunicação, de direitos e poderes reconhecidos, e de ação coletiva.

Além disso, a própria noção de nossos impulsos biológicos estarem "bloqueados" parece pouco realista a essa altura. Como vimos, as proclividades biológicas humanas são abertas, e dependem do conteúdo simbólico das tradições culturais para seu conteúdo e seu foco. É somente na matriz de significados culturais que as metas e os motivos humanos fazem sentido: o sentido que eles fazem é um sentido social; somos seres sociais. Mas ao lutar por metas, nós inevitavelmente competimos e entramos em conflito; os códigos que tornam possível a vida social ordenada restringem a busca de metas individuais. O que

336 DIREITO E CONTROLE SOCIAL

então evita que nós cortemos caminho com maior frequência do que fazemos?

Autointeresse e interesse social

Provavelmente as pressões mais irresistíveis para nossa conformidade vêm do autointeresse esclarecido. O cínico que acha que os humanos só são motivados pelo autointeresse e o idealista que vê o destino humano como uma doação e compartilhamento altruísta estão vendo os cinzas da vida social em preto ou branco. Os humanos construíram os labirintos da vida social – porque tiveram de fazê-lo – de tal forma que os caminhos através deles até as metas individuais só se abrem com a cooperação, o compartilhamento e a obediência às regras.

Às vezes, as recompensas de jogar o jogo juntos e de ajudar nossos colegas são imediatas e diretas. Outras, elas são de longo prazo, como quando um jovem serve os mais velhos de boa vontade na expectativa de que ele próprio vá alcançar esse *status*. Nossa sociedade está perdendo rapidamente uma forma de dar e receber circular que é formada pelo ciclo vital e muitas vezes axiomática no sistema moral de alguns povos: pais que cuidam de seus filhos quando eles são jovens e indefesos podem ser cuidados por eles quando estiverem velhos e indefesos. Às vezes as recompensas são difusas, como no caso da cooperação familiar ou da satisfação da amizade, da segurança, ou da popularidade.

Vimos a peculiar força moral do parentesco. Cumprir obrigações para com nossos parentes pareceria ser algo contrário ao autointeresse. Mas se parentes nem sempre correspondem às expectativas dos padrões ideais, eles cumprem as obrigações bem o suficiente para dar ao parentesco essa força moral extraordinária. Por quê? Em uma ins-

peção mais de perto, seguir obrigações do parentesco no final acaba beneficiando e não entrando em conflito com o autointeresse; e, muitas vezes, os interesses do grupo *são* autointeresses.

Isso pode muito bem nos lembrar de que um modelo de sociedade baseado no autointeresse é em parte uma expressão da ideologia econômica e política ocidental. É claro que as tendências para que os humanos sejam individualistas e motivados por autointeresse são reforçadas pela experiência na infância que enfatiza o individualismo competitivo.

Todo modo de vida, todo sistema social implica contradições internas e linhas de estresse. Aquelas pessoas cuja cooperação é essencial para a ação coletiva podem ser colocadas em competição por recursos, *status* ou uma sucessão. Esposas que se casam localmente podem ser filhas de inimigos; coesposas podem ser colocadas em uma situação de conflito com relação aos direitos de seus filhos. Para ampliar nossa esfera de influência ou prestígio por meio de intercâmbio, é possível que tenhamos de nos arriscar na esperança de que nossos rivais não irão retribuir; ter muito sucesso pode nos colocar em risco, pois eles podem usar meios mágicos para revidarem.

A canalização cultural do conflito

Uma maneira de se aliviar da pressão nos pontos mais estressantes de um sistema social é ritualizar a expressão do conflito. O rito tallensi pelo qual se mostra a um primogênito o celeiro de seu pai só quando o pai morre (Caso 2) dramatiza o conflito estrutural entre gerações, dando uma expressão pública em uma forma definida aos conflitos e ressentimentos privados. Licenciosidade sexual em uma situação limitada ou hostilidade aberta contra as regras das autoridades

CASO
41

Familiaridade e evitação entre os trobriandeses

Os trobriandeses ilustram tanto a familiaridade privilegiada quanto a evitação, embora nenhum dos dois na forma extrema em que são encontradas em algumas áreas. Demonstraremos a importância desses costumes no Capítulo 16. Embora o irmão e a irmã trobriandeses tenham interesses comuns no subclã e seus filhos sejam seus herdeiros, o abismo da sexualidade dela os separa. A partir da infância suas relações são caracterizadas pela distância e evitação de qualquer contato íntimo. Quando a irmã começa suas aventuras amorosas, o irmão deve evitar ter qualquer conhecimento disso. Mesmo quando ela se casa, as questões referentes a sua vida reprodutiva são território proibido para ele. O relacionamento sob tabu entre irmão e irmã é a regra com maior carga emocional e moralmente fundamental na cultura trobriandesa.

Mas a irmã do pai de um homem tem um relacionamento muito diferente com ele. "Sua presença sempre traz consigo a sugestão de licenciosidade, de piadas indecentes e histórias impróprias" (MALINOWSKI, 1929: 535). Ela é uma espécie de objeto sexual prototípico para ele – em geral consideravelmente mais velha e, portanto, raramente uma parceira sexual na realidade – embora isso seja bastante permissível –, mas tratada com familiaridade sexual e franqueza. Um homem não pode se misturar com uma tia paternal e com a irmã ao mesmo tempo: as regras para cada uma delas são contrastantes demais.

Para uma discussão dos tabus sexuais dos trobriandeses de uma perspectiva freudiana, confira Spiro (1982).

---

estabelecidas pode ser uma maneira eficiente de "esfriar a cabeça". Acesso sexual privilegiado fora do casamento, como aquele entre um homem e a irmã de sua esposa, pode aliviar o conflito e a tensão potenciais. **Relacionamentos de brincadeira** envolvendo brincadeiras e muitas vezes licenciosidade sexual entre certas classes de parentes foi um clássico foco da atenção da antropologia social. O mesmo se aplica ao lado oposto da mesma moeda, os **relacionamentos de evitação**, em que regras estritas de decoro ou até de evitação total restringem a interação entre um homem e sua sogra, sua cunhada, sua irmã, ou algum outro parente desse tipo ou uma classe de parentes. Os relacionamentos de evitação, como os relacionamentos de brincadeira, ocorrem nos pontos de tensão de um sistema de parentesco; mas eles controlam as pressões e tensões por meio de uma distância ritualizada e não as descarregando. O

Caso 41 descreve os relacionamentos de brincadeira e os relacionamentos de evitação favoritos entre os trobriandeses.

Bruxaria

Os seres sobrenaturais, muitas vezes, embora nem sempre, observam de perto a conduta moral dos vivos. Além disso, dá-se às regras e aos procedimentos costumeiros um selo de origem divina que os valida e lhes dá uma aura de serem últimos, absolutos e sagrados. Infringir as regras da vida social é muitas vezes infringir as leis que governam o universo.

Uma força poderosa de controle social em muitas sociedades é a bruxaria – um poder malevolente que opera por meio de indivíduos como uma força involuntária. Mesmo no ambiente social externamente tranquilo e contido dos índios

CASO 42

Bruxaria e controle social entre os kagurus

Os kagurus da Tanzânia acreditam que muitos de seus companheiros, homens e mulheres, possuem *uhai*, poderes sobrenaturais de bruxaria. Crenças na bruxaria são conceitualmente bastante separadas das crenças religiosas dos kagurus que envolvem principalmente a aplacação dos antepassados.

Os kagurus creem que a maior parte dos infortúnios, desde a morte e a doença até o fracasso da colheita, a perda de objetos e má sorte na caça, são resultados da bruxaria. As bruxas representam uma inversão dos valores morais e simbólicos dos kagurus, com suas intenções cruéis e antissociais e, nas formas mais temidas da bruxaria, com seu incesto com membros do clã, canibalismo e nudez.

Um kaguru que crê ser vítima de bruxaria muitas vezes irá suspeitar quem é a bruxa; mas ele pode ir a um adivinhador para descobrir ou confirmar a identidade da bruxa. No passado, um suspeito acusado seria julgado pela comunidade local, normalmente com uma provação extrema. Se considerado culpado ele ou ela seriam golpeados com um bastão até morrer. Se considerado inocente, o acusador pagaria uma enorme multa. Hoje acusações públicas de bruxaria são ilegais, mas a pessoa suspeita de ser bruxa pode ficar ciente da acusação por rumores ou por meio de algum sinal; sua horta pode ser destruída e sua casa queimada. Um homem a quem essas acusações são dirigidas várias vezes provavelmente se mudaria para outro lugar.

Quem é acusado? Membros do próprio clã matrilinear de uma pessoa supostamente não estariam aptos para dirigir a bruxaria contra ela, mas muitas acusações ocorrem mesmo dentro dos limites mais fechados de uma matrilinhagem. Embora qualquer um possa ser uma bruxa, os seguintes são especificamente suspeitos: (1) pessoas economicamente bem-sucedidas; (2) chefes e líderes poderosos; (3) não conformistas; (4) uma esposa que o marido não pode controlar facilmente; (5) uma mulher invejosa de suas coesposas; e (6) pessoas que se recusam a cumprir obrigações importantes que têm com seus parentes (BEIDELMAN, 1963: 74).

Como é que a bruxaria age como uma força de controle social? Beidelman (1963) observa que o homem poderoso pode na verdade encorajar crenças em seus poderes de bruxaria a fim de aumentar sua influência e controle. Um homem poderoso pode ser temido como bruxa, mas seria necessário uma pessoa com um poder semelhante para acusá-lo. Não está claro com que sucesso e por que meios as acusações de bruxaria podiam ser usadas nos tempos antigos para eliminar o homem forte que foi longe demais em termos de riqueza ou poder. Certamente rivalidades políticas e uma sucessão disputada trazem acusações e suspeições de bruxaria à tona. Para o homem de meios e poderes mais limitados, a ameaça de acusações de bruxaria era um forte encorajamento para a conformidade e um comportamento social aprovado (BEIDELMAN, 1963: 96-97). Confira também Beidelman (1993) para uma discussão adicional sobre as ideias dos kagurus.

pueblos em Zuni ou hopis a violência pode irromper com a expulsão de uma bruxa para o deserto. Em muitas sociedades na África, América do Norte e em outros lugares, o dissidente que não cumprir as normas do parentesco ou se comportar de acordo com as regras – ou simplesmente tiver mais sucesso que todos os outros – provavelmente seria considerado como uma bruxa e morto ou exilado. Acusações de bruxaria, que em algumas sociedades significa atribuir responsabilidade por todas as mortes que ocorrem, é uma maneira muito conveniente de se livrar daqueles que enganam, desobedecem ou têm muito sucesso – e um incentivo maravilhoso para ser um cidadão honrado (cf. Caso 42). O medo de ter a bruxaria dirigida contra uma pessoa faz com que a conformidade com as normas da vida social seja estrategicamente sábia. Da mesma forma, as acusações de bruxaria podem ser vistas como atos hostis dos poderosos contra aqueles que parecem ameaçar seu poder.

Um estudo comparativo da bruxaria foi um tema importante na antropologia social moderna. A premissa de que as acusações de bruxaria irão seguir as "linhas de estresse" de uma estrutura social subjaz a maior parte dessa pesquisa. As acusações são normalmente dirigidas contra parentes? Contra coesposas? As correlações sistemáticas entre formas de estrutura social e a natureza da bruxaria sustentaram e reforçaram essa premissa.

O exame das forças de conformidade nos dá apenas um lado da situação. O conflito social e sua resolução, o comportamento fora dos limites permitidos, existem em todas as sociedades. E assim ficamos com um problema complexo que é como distinguir e analisar processos legais em vários ambientes culturais, sociedades em que não existem a separação e a pompa simbólica que distinguem as instituições legais nas sociedades ocidentais.

38 O direito: uma visão comparativa

O que distingue o "direito"?

Alguns princípios básicos nos ajudarão a fazer sentido da amplitude da variação cultural. Primeiro, se começarmos por buscar *o* sistema legal em uma sociedade, nossa busca pode estar mal-orientada desde o início. Pode haver vários "sistemas legais" na mesma sociedade. Pessoas diferentes podem tomar decisões em tipos diferentes de grupos, ou casos, ou ambientes, com referência a conjuntos diferentes de padrões. Os vários subsistemas legais em uma sociedade podem envolver esferas de vida diferentes. Eles podem envolver tipos diferentes de violações. Assim, nossa distinção entre ofensas civis e ofensas penais pode ser refletida, em uma sociedade não ocidental, por um contraste entre "delitos privados" e "delitos públicos". Ou essas ofensas podem envolver grupos diferentes. Assim, casos envolvendo membros de uma linhagem podem pôr em ação um conjunto de mecanismos legais, casos envolvendo membros de uma comunidade maior, outro, e casos envolvendo membros de comunidades diferentes, um terceiro. Nas sociedades sem Estado ou lei centralizada, a distinção entre ofensas civis e penais pode nem sequer operar (cf., p. ex., STRATHERN, 1970, sobre o Estado *versus* a lei tribal na Papua-Nova Guiné).

Mas como identificamos um sistema legal ou um processo legal quando o encontramos? É porque existe um conjunto de "leis" claras e codificadas (mesmo que não escritas)? Não, diz Pospisil (1968, 1971, 1978). Ele argumenta que tais regras abstratas são raras e especializadas nas sociedades humanas, principalmente limitadas às sociedades ocidentais desde a codificação da lei romana. Princípios legais são, com mais frequência, implícitos e flexíveis e mudam constantemente. Cada vez mais os processos legais e os princípios legais de uma sociedade vieram à luz quando examinamos *casos*, em exemplos específicos em que conflitos de direitos ou ruptura de regras são solucionados socialmente. Os princípios legais de uma sociedade emergem do estudo das decisões nesses casos.

Quem toma essas decisões? Em que cenários e por quais processos? E se há não qualquer código formal de leis, que diretrizes, princípios ou precedentes são usados para essa tomada de decisões?

Como fazer com que elas sejam cumpridas? Cada uma dessas questões, se acompanhada, mostrará uma ampla gama de variações. Aqui só temos tempo para olhar cada uma delas rapidamente.

Quem toma as decisões legais? Nos casos em que a organização social é simples, como nas sociedades de bandos, elas provavelmente serão tomadas pelo líder do bando. Os poderes legais que ele exerce poderão depender de seu sucesso ao liderar a caçada, para lidar com seres sobrenaturais, ou para manter a paz interna e externa. Esse é o caso também do homem grande da Melanésia que tem poder para tomar decisões legais apenas até o ponto em que as pessoas respeitam sua habilidade e sua sabedoria e seu sucesso e poder como empreendedor.

Mesmo nos casos em que um líder de um grupo ou comunidade de descendência tem direitos formais baseados em sua posição e não simplesmente em seu poder pessoal, estes direitos só serão obrigatórios para os membros de seu próprio grupo. Em um sistema de linhagem segmentária, quem tem o direito de tomar decisões pode depender de quais são os lados em contenda e sobre o que é o caso. Ofensas envolvendo membros de corporações diferentes podem levar a uma contenda ou guerra sangrenta, ou podem ser solucionadas de acordo com os princípios "legais" para evitar ou terminar um confronto armado. Em algumas sociedades a resolução de conflitos pode levar a intercâmbios positivos recíprocos (STRATHERN, 1971).

Direito e poder político

Isso utilmente nos mostra que – exceto até certo ponto em sociedades mais complexas onde os tribunais formais e especialistas legais se desenvolveram – a ação legal está entrelaçada com a política. O poder de tomar decisões que têm necessariamente de ser cumpridas em casos de conflito é, em sociedades menos complexas, um poder político. Mas, para nós, tentar traçar ou apagar uma linha entre legal e político seria uma perda de tempo. É melhor pensar sobre o político e o legal como duas maneiras de examinar eventos, às vezes até os mesmos eventos; cada um desses dois pontos de vista ilumina uma faceta diferente.

Isso nos traz de volta a um ponto mencionado no fim do capítulo anterior. A classe que tem o poder em uma sociedade tem os meios de definir leis que legitima seus próprios direitos e interesses estabelecidos e os protege e perpetua. (Precisamos ter cuidado com a reificação de abstrações: "classe" é uma maneira abreviada de se referir a indivíduos que têm interesses e perspectivas em comum; só indivíduos humanos tomam decisões e desempenham atos – classes ou linhagens não o fazem.) Assim aquilo que é legal e moralmente obrigatório da perspectiva daqueles que retêm o poder pode ser um instrumento de opressão política do ponto de vista daqueles que não o fazem. Embora esse conflito de interesses e contraste de perspectiva seja mais marcante em uma sociedade estratificada em classes, as mesmas questões podem ser suscitadas em uma sociedade sem classes. Não é tanto o fato de o poder estabelecer o que é direito e mais o fato de o poder transmitir os meios de definir o que é legítimo.

Mecanismos formais e informais da resolução de disputas

A variedade de ambientes em que processos de resolução de disputas ocorrem vai desde tribunais formais com especialistas jurídicos até assembleias informais de parentes e vizinhos. Isso obviamente depende até uma medida substancial da escala e modo de organização política de uma sociedade.

Nos mini-Estados e chefaturas complexos e centralizados da África tribal, encontramos instituições legais tão sofisticadas quanto as das sociedades ocidentais. Por exemplo, o Caso 43 descreve o sistema de tribunais tswana.

Mesmo em uma sociedade com tribunais sofisticados, a litigação informal pode muitas vezes ser usada para resolver casos fora do tribunal. Assim processos legais sutis e pouco dramáticos podem ser encontrados lado a lado com sistemas legais mais formais. Por exemplo, o Caso 44 descreve o **debate** (um empréstimo da terminologia legal feito pela antropologia) dos kpelles – uma reunião constituída informalmente e não oficial de parentes ou vizinhos ou outras partes interessadas que ouvem um caso e tentam descobrir uma solução.

Sem tribunais: a variedade de processos legais

Onde não há qualquer estrutura política formal que una os membros de grupos de parentesco diferentes, é provável que os mecanismos para a resolução de disputas sejam baseados na negociação ou confronto entre os indivíduos ou grupos de parentesco envolvidos. Nas sociedades sem Estado, as disputas podem facilmente transformar-se em feudos. Assim, uma ofensa pode ser administrada ou por meio de negociação legal ou fora do arcabouço da lei. Já vimos como alguns dos mecanismos – tais como o chefe pele-de-leopardo dos nuers e a intervenção de parentes com lealdades divididas – militam contra a hostilidade aberta ou solucionam os feudos quando postos para funcionar.

A variedade de mecanismos usados para resolver disputas em sociedades sem Estado inclui os *ordálios* (que também foram usados na Europa). (Um exemplo das Filipinas, em uma sociedade organizada, é apresentado no Caso 45.) A premissa de que seres sobrenaturais irão distribuir justiça nos ordálios – que os culpados serão descobertos e os inocentes libertados – depende, ela própria, de um tipo especial de visão do mundo. Os kwaios das Ilhas Salomão, cuja organização oficial já examinamos em vários momentos, às vezes usam ordálios para solucionar acusações. Mas os kwaios, com uma visão personalizada dos antepassados e dos poderes que eles transmitem para descendentes favorecidos, acrescentam um giro especial. Se você roubar um porco ou bens de conchas, e for forçado a passar por um ordálio para provar a inocência que está proclamando falsamente, a solução é orar para seu antepassado por ajuda: o antepassado irá, se estiver com a disposição adequada, ajudar você a demonstrar sua inocência no ordálio, mesmo que você seja culpado. (Com maior frequência, você faz um juramento falso de negação, esperando que os antepassados sobre cujas pedras do altar sagrado você jurou sua inocência irão lhe apoiar em vez de puni-lo.)

Entre a maioria dos caçadores-coletores, encontramos uma variedade de mecanismos para a resolução de disputas. Um deles, dos inuítes, é apresentado no Caso 46.

Normas e o processo legal

O lugar das normas no processo legal foi um foco de atenção recente. É a essência da lei, em contraposição à política do poder, que as decisões tomadas sejam consideradas legítimas, com referência a padrões ou regras morais que tenham alguma aplicabilidade universal. Esses padrões não refletem simplesmente a prática comum na comunidade, mas sim aquilo que Hamnett descreve como "um conjunto de abstrações a partir da prática normativamente revestida" (HAMNETT, 1977: 7) – abstrações "que os atores em uma situação social... investem com uma autoridade compulsória" (HAMNETT, 1975: 14).

No entanto, essa referência a normas no estudo comparativo de processos legais gera um problema. Pois, em algumas sociedades, os atores em litigação fazem referência frequente a princípios normativos abstratos; em outras sociedades esses princípios estão implícitos no contexto, mas não são citados pelos participantes. Além disso, não parece haver "qualquer relacionamento óbvio [...] entre a claridade com a qual as normas abstratas são articuladas, a maneira como elas são empregadas e sua importância no processo decisório" (COMAROFF & ROBERTS, 1977: 79).

Dois povos africanos, os arushas (GULLI-VER, 1963) e os sogas (FALLERS, 1969), servirão como exemplo. Entre os arushas "normalmente se depende das normas no curso de uma disputa;

mas raramente refere-se às normas explicitamente nas disputas sogas: em vez disso, o argumento e o processo decisório procedem por meio de referência a fatos, e a escolha desses fatos implica dependência de uma norma que é mutuamente compreendida" (COMAROFF & ROBERTS, 1977: 79).

Por que o maior apelo a princípios normativos abstratos em algumas sociedades do que em outras? Bohannan (1965: 39) sugeriu que os princípios normativos seriam explicitados mais claramente em sociedades com sistemas judiciais centralizados, em que as decisões são com mais frequência baseadas na adjudicação e não em uma solução conciliatória entre os litigantes. Mas Comaroff e Roberts observam que isso não se enquadra com a evidência comparativa, tal como aquela dos arushas, povo sem Estado, que citam normas

CASO

43

O sistema judicial dos tswanas

As tribos tswana no sul da África Central têm um sistema judicial complexo e hierárquico, que se assemelha à hierarquia política. Como foi estudado e relatado por Schapera (1955) cada patrilinhagem local ou "departamento" tinha seu próprio tribunal com o líder como juiz; e cada aldeia tinha seu tribunal e juiz. Esses tribunais inferiores tinham jurisdição em casos civis (isso é, casos lidando com *status*, propriedade e contratos); mas casos difíceis podiam ser referidos a um tribunal superior. Um caso "penal" envolvendo uma ofensa tal como homicídio ou bruxaria poderia ser revisto em níveis locais; mas as decisões eram tomadas pelo tribunal do chefe tribal, que incluía especialistas jurídicos e procedimentos formais elaborados.

Em um caso judicial dos tswanas, o juiz e seus conselheiros ficavam de frente para os litigantes. Declarações formais pelos litigantes eram seguidas pelos depoimentos das testemunhas e interrogação pelos conselheiros do

tribunal, profundamente envolvidos nos princípios sutis e detalhados da lei tswana. Os conselheiros debatiam os méritos do caso, e depois disso o juiz resumia a evidência e proferia o veredicto.

As complexidades e os detalhes da lei tswana, que são conhecidos pelos especialistas jurídicos que atuam nos tribunais, são incríveis. Schapera, seu etnógrafo, tinha anos de experiência nas questões judiciais dos tswanas – no entanto, quando foi convidado para atuar como conselheiro no tribunal, não se sentiu suficientemente versado nas complexidades da lei tswana para fazê-lo com a habilidade de um especialista local.

Atualização do caso

Para desenvolvimentos mais atuais nos "tribunais do povo" dos tswanas, confira Pavlich, 1992.

CASO
44

A assembleia popular dos kpelles

Entre os kpelles da Libéria na África Ocidental (cujas sociedades secretas nós examinamos no Caso 39) uma estrutura política de chefes da cidade, do distrito e regionais é acompanhada paralelamente por uma hierarquia de tribunais formais. No entanto, esse sistema formal de tribunais e processos decisórios legais oficiais tem desvantagens sérias para a resolução de disputas entre parentes, afins, e vizinhos cujas relações sociais precisam ser mantidas depois de uma questão jurídica específica ser resolvida. Os tribunais formais, coercivos na imposição de decisões dicotômicas, em termos preto e branco, tendem a deixar os litigantes polarizados e amargos.

Um meio mais eficiente de resolver disputas entre as pessoas que precisam preservar o tecido das relações sociais é a "conferência domiciliar" ou "*debate*". Entre os kpelles são normalmente os problemas domésticos – conflitos matrimoniais, dívidas entre parentes, brigas sobre heranças – que são resolvidos por meio de uma exposição da disputa diante do "debate". O grupo é um aglomerado *ad hoc* de partes interessadas e envolvidas, principalmente parentes e vizinhos. A conferência é realizada na casa do querelante que convoca o "debate" sob os auspícios de um parente que atua como mediador. O mediador é um homem mais velho e respeitado que é habilidoso na resolução de disputas.

Um debate kpelle: este difere do debate normal porque está sendo realizado ao ar livre e envolve uma disputa entre um carpinteiro e seu cliente.

CASO
45

Os ordálios entre os ifugaos

Entre os ifugaos das Filipinas, casos criminais e casos civis como as disputas sobre propriedade são muitas vezes solucionados por ordálios. Uma pessoa acusada de uma ofensa que persistentemente nega a culpa pode ser submetida a um ordálio como um desafio; ou o acusador pode desafiar o indivíduo a provar sua inocência. Uma pessoa ou grupo de acusados que se recusam a se submeter a um ordálio são considerados errados.

Há várias formas de ordálios. No ordálio da água quente, uma pessoa deve enfiar a mão em um pote de água fervendo, retirar uma pedrinha e depois colocá-la de novo. Em outras regiões ifugao, uma faca em brasa é colocada sobre a mão de uma pessoa. Nos dois casos, acredita-se que se a parte for culpada sua mão ficará seriamente queimada; se inocente (ou com a razão, no caso de uma disputa de propriedade), ela não será se-

riamente queimada e o acusador ou rival terá de pagar recompensa. Duas partes em uma disputa deve cada um ter a faca incandescente colocada sobre ambas as suas mãos; aquele que estiver com razão será queimado menos seriamente. Finalmente, há várias formas de duelos e lutas em que as partes em uma disputa testam a veracidade de seu caso. Aqui, como nos ordálios individuais, acredita-se que o apoio sobrenatural vai para a parte que tem razão.

Os ordálios e competições são supervisionados por um *monkalun*, ou árbitro, uma parte neutra que nesses casos age como um juiz. Em outras formas de litigação, o *monkalun* atua como um intermediário e tenta atingir uma solução conciliatória ou traz os fatos à luz negociando com as partes na disputa ou interrogando-as (BARTON, 1919).

com grande precisão. Além disso, a hipótese de Bohannan "não ajuda muito com relação àquelas sociedades, tais como os tswanas [Caso 43] em que uma hierarquia de agências para a resolução de disputas inclui níveis em que a resolução por solução conciliatória é tentada e outras em que o resultado envolve uma decisão [imposta] (COMAROFF & ROBERTS, 1977: 81).

Comaroff e Roberts observam que, entre os tswanas, as normas são citadas em alguns contextos de litigação mas não em outros. Em vez de procurar entender essa diferença em termos de "tipos" diferentes de sociedades, argumentam os autores, devemos examinar com mais cuidado a dinâmica do processo de litigação em sociedades específicas. Entre os tswanas, a litigação em um caso específico é conduzida com referência – im-

plícita ou explícita – a um arcabouço particular de normas. No caso em que todos os participantes compartilham o conhecimento geral desse arcabouço normativo "a maneira pela qual um grupo organiza os fatos irá transmitir aos outros presentes seu paradigma do argumento": isto é, ele irá estabelecer implicitamente o arcabouço normativo em termos do qual esses fatos "falam" (COMAROFF & ROBERTS, 1977: 105). Os autores também sugerem que as normas são declaradas explicitamente quando um disputante deseja redefinir o "paradigma" do argumento. "Quando as disputas apelam para ordens de normas diferentes e em oposição uma à outra, esperaríamos que eles declarassem e argumentassem com relação à prioridade que eles atribuem às normas competitivas" (p. 109). As normas são explicitadas pelos juízes "quando esses são obrigados, ou sentem ser

Um ordálio ifugao: um acusado apanha uma pedrinha que está na água fervendo.

necessário, distinguir ou adjudicar entre uma pluralidade de paradigmas de argumento" (p. 107).

O direito e relacionamentos sociais

Para compreender a litigação em sociedades não ocidentais, precisamos perceber que nós próprios vivemos em um mundo curioso em que as relações sociais são em grande parte esboçadas em termos econômicos: os termos da propriedade e do mercado. Em uma sociedade ordenada primordialmente por linhas de parentesco, a litigação pode ser sobre coisas como a terra; mas ela é caracteristicamente associada com relacionamentos sociais. Abertamente, as questões em jogo podem ser triviais; mas, sob a superfície, elas têm a ver com a resolução ou a restauração de elos sociais de parentesco e comunitários que conectam os seres vivos uns aos outros e a seus antepassados.

Isso suscita um problema teórico interessante no estudo da lei pela antropologia. É verdade que o sistema jurídico entra em jogo quando ofensas criminais são cometidas, direitos sobre pessoas ou coisas são contestados ou surgem disputas. Mas os sistemas jurídicos nas sociedades ocidentais desempenham um papel menos visível, mas igualmente importante, criando e preservando um sistema ordenado de expectativas e compreensões mútuas cuja intenção é evitar conflito. Grande parte do trabalho realizado por advogados tem a ver com *contratos*.

Nas questões civis, a litigação ocorre em apenas uma proporção muito pequena até de disputas e essas por sua vez são quase que infinitesimalmente poucas em comparação com o número enorme de interações em que o direito serve meramente como um contexto consensual e implícito de discurso transacional. Realmente, o que o direito... oferece principalmente é a vantagem crucial de saber mais ou menos a posição exata deles próprios e de seus parceiros (HAMNETT, 1977: 5).

Uma Antropologia do Direito que focaliza em controle e disputa social está muito pressionada para trazer à tona o aspecto que preserva expectativas e mantém o equilíbrio dos princípios legais nas sociedades tribais. Pois isso nos leva diretamente de volta à ampla área do costume, de uma cultura compartilhada que possibilite uma definição consensual do apropriado. Para operar no mundo – cultivar ou construir casas ou dirigir rituais religiosos – os humanos precisam de um conjunto de "regras" implícitas para atuar, fazer

e decidir. Essas não precisam ser totalmente compartilhadas ou coerentes ou elegantes; elas estão sendo mudadas e adaptadas constantemente para se enquadrar com circunstâncias mutantes. A elaboração de códigos jurídicos em sociedades complexas para preservar um universo de expectativa compartilhada, entre a diversidade cultural e a "economização" das relações sociais, serve essa função, mas apenas a muito custo. Pois códigos normativos implícitos são enormemente flexíveis, adaptáveis à peculiaridade de cada situação. Ao transformar códigos normativos em códigos jurídicos explícitos, nós os "congelamos". Precisamos, então, de uma enorme sabedoria humana e de muita habilidade para reintroduzir essa flexibilidade em um sistema judicial – para seguir o "espírito" da lei e não "a letra da lei" para re-

CASO

46

As canções de duelos dos inuítes

Entre os grupos inuítes, sem mecanismos formais de governo ou tribunais, as disputas são solucionadas com um "tribunal" de opinião pública – a pequena comunidade inuit. Sem qualquer conjunto de regras codificadas ou formais, os inuítes são livres para tratar cada disputa sobre roubos de esposas, homicídio, ou coisas semelhantes, como uma constelação única de pessoas e circunstâncias (HOEBEL, 1954).

Para disputas menos sérias que homicídios, a maioria dos grupos inuítes têm uma maneira pouco comum e eficaz de esfriar a hostilidade enquanto solucionam a questão legal: o duelo musical. Aqui cada parte envolvida na disputa compõe canções que ridicularizam seu adversário e contam de uma maneira exagerada sua queixa ou sua versão dos eventos sendo disputados. Sátiras grosseiras, sarcasmo, insinuações, deturpações e palhaçadas trazem alegria por parte dos espectadores à medida que as can-

ções vão e vêm. Quando finalmente o "caso" foi exposto por cada parte, os litigantes já desabafaram e a opinião pública já tomou partido com relação à decisão que irá reparar as queixas válidas ou rejeitar as que não têm força legal. Talvez uma função mais importante do que uma tomada de decisão legal é que, por seu duelo musical, o par que está em conflito pôde se expressar em público e pôde continuar seu relacionamento normal – mordidos apenas temporariamente pelas "pequenas palavras afiadas... como uma farpa de madeira" (RASMUSSEN, 1922: 236).

Atualização do caso

Estudos mais recentes também foram documentados (para uma nova análise do duelo musical dos inuítes, confira ECKERT & NEWMARK, 1980).

conhecer e saber administrar a peculiaridade de cada caso. Nos casos em que isso não é feito, a lei permanece proverbialmente "um instrumento cego" incapaz de lidar com as complexidades das disputas individuais – por exemplo, na área da lei familiar e em casos de divórcios.

A continuidade entre "lei" e vida cotidiana nas sociedades tribais, a maneira como a litigação serve para preservar e reconstruir as redes de relações sociais nos permitem entender por que

> Processos que ocorrem dentro do arcabouço jurídico nem sempre se relacionam com a verdadeira resolução de disputas. Eles podem... fornecer o contexto para a ratificação pública de relações estabelecidas... [Assim] os barotses* podem buscar a lei sabendo que eles perderão o caso ou podem cometer uma ofensa a fim de serem levados ao tribunal (COMAROFF & ROBERTS, 1977: 80).

A ação legal é uma ação social em toda sua complexidade multifacetada. A descrição vívida que Frake faz da litigação entre um grupo subanun (Caso 25) nas Filipinas contribui para nos deixar com uma visão da lei como uma faceta da vida social e não como um compartimento separado dela:

> O litígio em Lipay... não pode ser compreendido totalmente se nós o considerarmos apenas como um meio de manter o controle social. Uma grande parte, se não a maioria, dos casos legais lida com ofensas tão insignificantes que só a imaginação fértil de uma autoridade jurídica subanun pode ampliá-las transformando-as em uma

ameaça séria para alguma pessoa ou para a sociedade em geral... Uma festividade sem litígio é quase tão impensável como uma sem bebida.

> Em alguns aspectos, um julgamento Lipay é mais comparável a um jogo de pôquer americano do que a nossos procedimentos legais. É uma competição de habilidade, nesse caso uma habilidade verbal, acompanhada de muita folia social, em que o perdedor paga uma prenda. Ele paga quase pela mesma razão pela qual nós pagamos uma dívida de pôquer: para poder jogar outra vez...

> O litígio, apesar disso, tem uma significância muito maior em Lipay do que essa analogia com o jogo de pôquer pode sugerir. Pois ele é mais do que diversão. O litígio, junto com os direitos e deveres que ele gera, perpassa tanto a vida Lipay que ninguém poderia repetidamente se recusar a pagar as multas e continuar um membro ativo da sociedade. Junto com a bebida, as festas e as cerimônias, o litígio fornece meios padronizados de interação conectando as famílias nucleares independentes de Lipay em uma unidade social, embora não haja laços formais de grupos de uma maneira comparável. A importância do litígio como atividade social faz com que seja compreensível sua prevalência entre os residentes pacíficos e, de acordo com nossos padrões, cumpridores da lei de Lipay (FRAKE, 1963: 221).

SUMÁRIO

Todas as sociedades têm meios de exercer o controle social sobre seus membros e de solucionar disputas, se chamarmos ou não esses meios

---

* Um povo africano bem conhecido na Antropologia do Direito através de um trabalho de Gluckman (1955).

de "legais". Todas as sociedades, igualmente, dependem da manutenção de normas sociais que podem ser explícita ou implicitamente sancionadas. Há até meios culturalmente padronizados de infringir normas. As pressões para a conformidade podem ser postas em alinhamento com autointeresse e as tensões entre pessoas podem ser aliviadas ou por meio de brincadeiras ou relacionamentos de evitação. Entre os trobriandeses, por exemplo, há um relacionamento de evitação entre irmã e irmão com base no tabu sexual entre eles, mas o relacionamento com a irmã do pai, que é considerada uma "estranha" e uma parceira sexual possível, é uma relação de brincadeiras.

As ideias de bruxaria podem funcionar como um controle das relações sociais, desencorajando as pessoas a serem ambiciosas ou a enganar. As acusações de bruxaria também podem expressar ciúme ou hostilidade, tais como entre as coesposas (ex.: os kagurus).

É difícil dar uma definição universal de lei, e a ação legal é muitas vezes entrelaçada com a política. Ela pode ser controlada por aqueles que têm poder político e podem, portanto, agir de uma maneira opressiva. Nas sociedades estatais encontramos instituições legais separadas e complexas relacionadas com o poder hierárquico (ex.: os tswanas). O litígio informal em assembleias que é levado a cabo por meio de discussão e negociação pode coexistir com tais tribunais ou funcionar separadamente em sistemas políticos descentralizados (ex.: os kpelles). Mecanismos tais como ordálios podem entrar em jogo para testar a verdade completamente (ex.: os ifugaos); ou duelos musicais podem ser usados para desgastar a rivalidade entre os disputantes (ex.: os inuítes). As normas podem ser citadas explicitamente em algumas disputas, mas não em outras.

A lei também pode preservar a ordem em um sentido mais geral, como dando apoio a contratos e acordos. Em algumas sociedades essas funções são realizadas por instituições difusas tais como a doação de presentes. Quando os costumes estão codificados e "congelados" eles perdem sua capacidade de se adaptar flexivelmente às situações de mudança. A ação legal então fica simplificada e perde suas funções complexas.

SUGESTÕES PARA LEITURAS ADICIONAIS
Seções 37 e 38

BELL, D. & DITTON, P. (1980). *Law*: The Old and the New; Aboriginal Women in Central Australia Speak Out. Canberra: Central Australian Aboriginal Legal Aid Service.

BOHANNAN, P.J. (org.) (1967). *Law and Warfare*. Garden City, N.Y.: Natural History Press.

DIAMOND, A.L. (1971). *Primitive Law, Past and Present*. Londres: Methuen & Company.

MIDDLETON, J. (org.) (1967). *Magic, Witchcraft and Curing*. Garden City, N.Y.: Natural History Press.

NADER, L. (1968). *Law in Culture and Society*. Chicago: Aldine Publishing.

NADER, L. (org.) (1965). "The Ethnography of Law". *American Anthropologist Special Publications*, vol. 67, parte 2, p. 6.

NADER, L. & TODD Jr., H.F. (1978). *The Disputing Process in Ten Societies*. Nova York: Columbia University Press.

POSPISIL, L. (1974). *Anthropology of Law*: A Comparative Theory. New Haven, Conn.: Hraf.

_____ (1958). *Kapauku Papuans and Their Law*. New Haven, Conn.: Yale University Publications in Anthropology, 54.

SIMS, M.M. (1995). "Old Roads and New Directions: Anthropology and the Law". *Dialectical Anthropology*, 20 (3-4), p. 341-360.

Capítulo 15

Religião: ritual, mito e o cosmos

Mencionamos crenças e ritos religiosos em muitos pontos nos capítulos anteriores. Olhamos para eles, muitas vezes, como expressões de "alguma coisa mais": como modos de adaptar o comportamento humana às exigências de um ecossistema ou às pressões da demografia, como "celestializações" que mantêm o poder da classe dominante ou disfarçam a subordinação das mulheres. Tais questões não precisam ser deixadas para trás. Mas agora precisamos examinar os sistemas religiosos por si mesmos; perguntar por que os humanos povoaram seu universo com seres e poderes invisíveis, contaram nos mínimos detalhes relatos místicos de ocorrências antigas e maravilhosas, criaram rituais sofisticados que precisam ser realizados corretamente para que a vida humana possa prosperar. O que é que dá à religião seu poder emocional, seu lugar central na experiência humana? As religiões podem servir os objetivos de adaptação e políticas mundanas; mas elas também parecem satisfazer necessidades profundas ao relacionar as vidas de indivíduos e os meios de vida das comunidades com preocupações fundamentais, um mundo mais além daquele da experiência imediata.

39 A religião em uma perspectiva comparativa

Formas religiosas

Ao entrar nos mundos de outros povos os antropólogos raramente tiveram dificuldade de reconhecer alguns eventos e comportamentos como sendo "religiosos". Aldeões filipinos colocando uma porção extra em uma refeição para um participante invisível; anciãos africanos derramando um pouco de vinho de arroz ou matando um bode enquanto falam com companheiros invisíveis; trobriandeses colocando porções de comida e construindo plataformas para visitantes invisíveis que vêm à aldeia; índios americanos indo sozinhos para as florestas em busca de visões. Não é tão fácil, no entanto, definir o que é que essas e outras manifestações de religião têm que as caracterizam como tais e distingui-las de outras áreas da vida social.

Tylor, há mais de um século, definiu religião como "uma crença em seres espirituais". Um número de antropólogos sociais voltou a essa definição de religião em termos de uma extensão das relações "sociais" para seres ou forças sobre-humanas. Outros seguem Durkheim, que localizou o sagrado no próprio domínio da sociedade, vista em forma divinizada. Todos eles procuraram encontrar alguma qualidade especial de "sacralidade" que delimita o religioso do secular.

As religiões variam enormemente nos poderes e agências que elas pressupõem existir no universo e nas maneiras como as pessoas se relacionam com elas. Pode haver uma variedade de divindades, uma única divindade, ou nenhuma – simplesmente espíritos ou até mesmo poderes im-

Participantes masculinos de um desfile funéreo com lanças nos ombros e os corpos cobertos com lama amarela. Melpa, Papua-Nova Guiné.

pessoais e difusos. Essas agências podem intervir constantemente nas questões humanas ou estar distantes e não envolvidas; podem ser punitivas ou benevolentes. Ao lidar com eles, os humanos podem sentir temor e reverência ou medo; mas podem também barganhar com os sobrenaturais ou tentar ser mais espertos do que eles. As religiões podem governar a conduta moral das pessoas ou não estar preocupadas com a moralidade.

Estudos de religião comparativa foram durante muitas décadas interessados em catalogar os sistemas religiosos, classificando-os em "tipos". No século XIX isso foi motivado por um interesse em descobrir – por pura especulação – qual era a forma mais antiga de religião humana. Seria o **animismo**, uma crença em espíritos que moram em algum lugar – em fantasmas, em espíritos de árvores, e em outros seres espirituais? Ou seria o **animatismo**, uma crença em um poder espiritual impessoal e difuso, tal como o *mana* da Polinésia e da Melanésia ou o *wakan* e *orenda* da América do Norte? Ou seria ainda o **totemismo**, onde um relacionamento místico conecta os grupos humanos com espécies animais ou com fenômenos naturais?

Esses esquemas tipológicos antigos provaram ser enganosamente simplistas. Em um exame mais minucioso, as religiões mostraram ser caracteristicamente muito sutilmente complicadas para se encaixar em um conjunto limitado de escaninhos. Uma única religião pode incorporar elementos dos "tipos" diferentes. Alguns elementos do sistema de crença de um povo muitas vezes parecem ser, superficialmente, incompatíveis com outros. Assim, os tallensis (Casos 2 e 29) e alguns outros povos da África Ocidental, acreditam que a vida de cada pessoa segue um destino predeterminado. Mas, ao mesmo tempo, acreditam que indivíduos têm o poder de escolher os caminhos do bem ou do mal e que os antepassados da linhagem controlam e podem intervir no desdobramento da vida de uma pessoa – temas que Fortes (1959c) compara com os temas antigos de Édipo e de Jó (cf. tb. FORTES, 1987). Adiante veremos como, em uma religião africana ocidental, esses temas aparentemente contraditórios são tecidos em um sistema de crenças sutil e complexo.

Isso não significa que a religião comparativa deva ser privada de comparação ou que qualquer tipo de religião seja encontrada em associação com qualquer tipo de sistema social em qualquer tipo de ecossistema. Voltaremos para tentativas modernas e mais sofisticadas de mostrar os relacionamentos sistemáticos entre mundos imaginados e mundos vivenciados.

Por que religião?

É revelador perguntar por que os humanos em todas, ou quase todas as épocas e lugares, criaram um mundo de entidades e forças invisíveis – um mundo que segue paralelamente, ou por trás do mundo percebido diretamente pelos sentidos humanos, ou o explica. As religiões, antes de tudo, *explicam*. Elas respondem a perguntas existenciais: como é que o mundo surgiu, qual é a relação que existe entre os humanos e as espécies e forças naturais, por que os humanos morrem e por que seus esforços têm sucesso ou fracassam. Sem dúvida, nem todos os indivíduos em uma sociedade

se preocupam com essas questões. Mas todas as sociedades têm seus filósofos que buscam respostas para perguntas existenciais, enquanto outros continuam a viver com a certeza de que existem respostas, e estão mais interessados em administrar, solucionar e lutar do que em explicar.

Segundo, as religiões *validam*. As religiões pressupõem a existência de forças controladoras no universo que sustentam a ordem moral e social de um povo. Antepassados, espíritos ou deuses reforçam as regras e dão validade e sentido aos atos humanos. Ao *celestializar* as regras e relacionamentos que são criações dos humanos, dando-lhes uma aura de serem absolutos e eternos, as religiões os colocam além de qualquer questionamento. Mais tarde, encontraremos outro tema: as ideias religiosas podem ser revolucionárias, assim como conservadoras, podem transformar mundos sociais em vez de perpetuá-los.

Terceiro, as religiões reforçam a capacidade humana de administrar a fragilidade da vida humana – com a morte e doenças, fome, enchentes, fracassos. Ao reforçar os humanos psicologicamente em momentos de tragédia, ansiedade e crise, a religião dá segurança e significado em um mundo que, "visto em termos naturalistas, parece estar cheio do imprevisível, do inconstante e do acidentalmente trágico" (KLUCKHOHN, 1942). E a religião também aumenta a intensidade da experiência compartilhada, da comunhão social.

Clifford Geertz formulou uma definição das religiões em termos daquilo que elas fazem, e amplificou sua definição como se segue:

> Uma religião é um sistema de símbolos que atua para estabelecer humores e motivações poderosos, difusos e duradouros... ao formular concepções de uma ordem geral da existência e ao vestir essas concepções com uma tal aura de facticidade que os hu-

mores e as motivações parecem peculiarmente realistas (GEERTZ, 1966a: 4).

A religião, em outras palavras, define a maneira como o mundo é, de tal forma que estabelece uma posição apropriada para ser adotada diante dele – uma maneira de sentir, de agir e de viver nele. Tanto a natureza do mundo e das emoções e motivos humanos são mutuamente confirmados e reforçados. É essa bilateralidade, essa criação através das religiões tanto de "modelos de" quanto de "modelos para" que as faz tão essenciais na experiência humana. A maneira como uma religião codifica uma visão do mundo e, portanto, sustém uma posição com relação à vida, é vividamente ilustrada pela visão do cosmos adotada pelos kalabaris da Nigéria, como descrita pelo antropólogo Robin Horton e apresentada no Caso 47.

Magia, religião e visão de mundo

"O pensamento mágico", que parecia aos primeiros teóricos da religião como uma ingenuidade infantil, reflete esse tipo de modelo de um universo muito mais determinista que o nosso, um universo onde as coisas não ocorrem simplesmente por coincidência ou acidente. Em um universo assim a morte, a doença e o fracasso da colheita pedem uma explicação. Um determinismo assim tão abrangente convida as pessoas a tentarem manipular o curso dos eventos de maneiras socialmente aprovadas ou socialmente desaprovadas. Uma feiticeira que usa as pontas das unhas de sua vítima potencial ou um mágico que desenha animais para garantir a abundância da caça estão construindo sobre uma lógica bastante diferente da nossa – uma lógica em que as influências são espalhadas por "contágio" e onde os semelhantes produzem semelhantes. Um determinismo assim tão abrangente e um padrão mágico de pensar dominam o mundo tribal.

A magia, então, representa as tentativas humanas de manipular as cadeias de causa e efeito entre eventos que para nós não estão relacionados, de uma forma que para nós é irracional. A magia, como a oração, funciona para aquele que acredita porque o sistema de crença contém uma explicação tanto para o sucesso quanto para o fracasso: as crenças do mágico são confirmadas se a horta crescer bem ou se ela morrer.

A magia é parte da religião, ou é uma área cultural distinta? Nos casos em que o mágico trabalha pragmaticamente em sua rotina, recita seu encantamento e, com isso, "força" a realização do efeito desejado, a magia contrasta com o sentimento religioso de súplica e de comunhão espiritual: o mágico parece mais um mecânico do que um sacerdote. Mas com frequência é difícil desenhar uma linha firme entre a magia e a religião e culturalmente isso pode não ser significativo.

Os antropólogos aprenderam pela maneira mais difícil que para entender os sistemas de crença eles precisam abandonar o maior número possível de definições e preconcepções rígidas e considerar a **cosmologia** – em outras palavras descobrir como outro povo conceitualiza seu universo, vê o lugar dos humanos nesse universo, e se relaciona e se comunica com seres e poderes invisíveis. Lutar para entender a filosofia religiosa de um povo não ocidental, seja de um mestre Zen, de um guru indiano, ou de um sacerdote tribal, exige todas as gotas de nossos poderes analíticos e intuitivos, e muitas vezes até mais do que isso.

Assim os aborígenes australianos têm cosmologias místicas incrivelmente sutis, e filosoficamente desafiantes que postulam um plano espiritual da existência que era anterior ao mundo da experiência sensorial (no "tempo do sonho"), mas agora se encontra por trás dele ou parale-

CASO
47

A visão de mundo dos kalabaris

Os kalabaris, um povo pescador que vive no delta pantanoso do Rio Níger, na Nigéria, tem um sistema de crenças cosmológicas extremamente complicado. Como foi documentado por Robin Horton (1962) três ordens de existência são postuladas pelos kalabaris que estariam por trás "do lugar do povo" – o mundo observável dos seres humanos e das coisas. O primeiro nível é o mundo dos "espíritos". São os seres desse nível com que mais se preocupam os vivos, e com quem eles mantêm relações ritualizadas. O mundo dos espíritos é povoado por seres de vários tipos. Todos eles são normalmente invisíveis e se manifestam, como o vento, em lugares diferentes. Examinaremos brevemente as várias categorias de espíritos que afetam a vida humana.

Primeiro, todos os objetos ou coisas vivas têm um espírito que orienta ou anima seu comportamento. Quando uma pessoa morre, ou um vaso se quebra, espíritos e a forma física se separam. Mais importante do que as vidas diárias das pessoas são três categorias de espíritos "livres". Primeiro, existem os espíritos ancestrais, os membros falecidos das linhagens kalabaris que cuidam de cada membro, recompensando-os quando as normas do parentesco são observadas e punindo-os quando elas são violadas. Segundo, existem "os heróis da aldeia". Esses anteriormente viviam com os kalabaris, mas vieram de outros lugares trazendo novos costumes. Enquanto os antepassados estão preocupados com as linhagens os heróis da aldeia estão preocupados com toda a aldeia – composta de várias linhagens – e sua unidade e os empreendimentos comunitários. A eficiência do chefe da aldeia depende fortemente do apoio dos heróis da aldeia.

Uma última categoria de espíritos é o "povo da água" que se manifestam como humanos e também como jiboias ou arco-íris. Eles são identificados não com os grupos humanos, mas com os riachos e pântanos que são fundamentais para a subsistência dos kalabaris. O povo da água controla o tempo e a pescaria e são responsáveis pelo comportamento humano divergente dos padrões normais, seja ele positivo (inovação ou aquisição de uma riqueza pouco comum) ou negativo (violação de normas ou anormalidade mental).

Esse triângulo de forças espirituais, interagindo umas com as outras, bem assim como com os vivos, molda e orienta a vida humana. Os ciclos rituais reforçam alternativamente as relações com os antepassados, com os heróis da aldeia e com o povo da água.

Mas, além do mundo espiritual e ainda mais abstratas e distantes da vida humana, estão outras ordens de existência. Um criador pessoal, que formula o destino de cada indivíduo antes de seu nascimento, e estabelece o plano de sua vida. Um padrão de poder ou de fracasso está predeterminado para qualquer indivíduo e os eventos da vida são simplesmente o desdobramento desse padrão. Mesmo o momento e a maneira da morte de uma pessoa estão determinados antes do nascimento. Até o destino de uma linhagem, de uma aldeia, é visto como sendo predestinado, embora elas não tenham um criador propriamente dito.

lo a ele. Mervyn Meggitt (comunicação pessoal) descreve como o velho homem walbiri que era seu guia espiritual eventualmente disse que ele, Meggitt, tinha alcançado sua profundidade filosófica e não podia ir mais adiante nos mistérios do cosmos. Provavelmente nenhum ocidental jamais penetrou plenamente essas áreas filosóficas aborígenes (cf. MEGGITT, 1972; MUNN, 1973; MYERS, 1986; STANNER, 1956, 1963, 1965). Da mesma forma, o velho caçador africano e filósofo Ogotemmeli estendeu para o benefício dos alunos de seu etnógrafo uma visão sofisticada, vasta e incrível da cosmologia de seu povo, o Dogon (GRIAULE & DIETERLEN, 1960).

Mas isso não é dizer que todos os povos estão igualmente interessados em elaborar modelos do

Finalmente, em um nível ainda mais remoto e abstrato, os kalabaris concebem o mundo todo e todos os seus seres como tendo sido criados por um "Grande Criador", e todos os eventos do mundo como o desdobramento imutável de um padrão fundamental de destino. Embora as oferendas sejam feitas para nosso criador pessoal, o sentimento é de resignação e não de manipulação. "O Criador nunca perde um caso", dizem os kalabaris. O Grande Criador é, em muitos aspectos, muito distante da vida humana.

O mundo dos espíritos, em um sentido, tem como modelo o mundo cotidiano da vida dos kalabaris. Mas o mundo espiritual é uma versão transformada e simplificada do mundo real. As forças que afetam a vida humana são separadas, atribuídas a categorias diferentes de seres operando de maneiras diferentes em esferas diferentes.

Assim, por exemplo, os heróis da aldeia representam, apropriadamente, os laços da comunidade que transcendem as lealdades separadas do parentesco e da linhagem. Eles vêm de lugares externos, não de linhagens kalabaris; eles contribuíram com inovações que distinguem os costumes de cada aldeia específica; eles simplesmente desapareceram, não morreram; e não deixaram descendentes. Eram criaturas da comunidade, sem quaisquer dos laços de parentesco humano.

As ordens da existência postuladas pelos kalabaris são invocadas em contextos diferentes para explicar ordens diferentes de fenômenos, e para responder a ordens diferentes de perguntas. Um sucesso ou fracasso temporário é inteligível em termos das vicissitudes das relações com os espíritos; uma série de catástrofes ou fracassos é vista como um desdobramento do destino.

A religião kalabari, sugere Horton, é um sistema filosófico extremamente sofisticado. As explicações religiosas não são tão diferentes das explicações científicas como poderiam parecer. "Como instrumentos do entendimento, níveis sucessivos da realidade kalabari estão comprometidos com explicar mais e mais em termos de menos e menos" (HORTON, 1962). Horton argumentou que isso é tanto verdade dos modelos da física atômica, com suas partículas e modelos estatísticos, quanto da concepção kalabari do Grande Criador e do destino cósmico. A diferença entre a explicação religiosa e a explicação científica encontra-se parcialmente na exigência que a ciência impõe de uma correspondência sistemática entre uma teoria e os resultados observados. Em vez de manter um controle sistemático entre "a teoria" e a evidência da observação, os kalabaris permitem um padrão complexo de explicações secundárias e contingentes. Quando um sacrifício obtém o resultado desejado, isso reforça a crença; quando não o faz, alguma outra explicação – um espírito rival, um erro no ritual ou coisas semelhantes – é invocada. A própria crença não é questionada.

Mas o custo da explicação científica, em comparação com a dos kalabaris, é que tanta coisa fica sem explicação. Nosso universo está repleto de "acidentes". A ciência não permite perguntas sobre por que alguém foi mordido por uma cobra ou por que a lâmpada queimou justamente quando eu estava lendo a última página do meu romance policial. Mas povos tribais como os kalabaris querem saber por que a cobra e o homem chegaram naquele mesmo ponto do caminho no mesmo momento e por que foi aquele homem e não algum outro.

cosmos e filosofias da condição humana. Alguns povos são relativamente pragmáticos, realistas, desinteressados em respostas fundamentais e complexidades cosmológicas (cf. DESCOLA, 1996, sobre o povo achuar do Equador e do Peru). Além disso, não podemos presumir, levianamente, que os filósofos tribais representam "sua cultura". Em alguns casos, suas sínteses podem ser puramente pessoais; e pelo menos o homem ou a mulher comuns podem estar bastante desinteressados dessas questões. O antropólogo que se esforça para conceitualizar e codificar um sistema de crenças pode exagerar a sistematização e a coerência no processo de juntar visões individuais de crenças "compartilhadas".

40 Religião e estrutura social

Os antropólogos há muito perceberam que as crenças religiosas de um povo e sua organização social estão intimamente relacionadas. É claro que a ordem sobrenatural é até certo ponto modelada nos relacionamentos sociais humanos. Inversamente, as crenças religiosas validam e regulamentam as relações sociais.

A religião como projeção da sociedade

Uma maneira de interpretar o relacionamento próximo entre a esfera religiosa e a social é considerar a religião como uma espécie de deturpação e projeção do mundo humano. Assim, podemos encontrar relacionamentos entre os tipos de sobrenaturais postulados por um povo e a escala de sua organização política. As pessoas com clãs fragmentados muitas vezes têm um culto de espíritos ancestrais para cada clã e povos com um Estado centralizado têm maior probabilidade de ter um deus superior ou um panteão centralizado.

Mas o mundo sobrenatural que as religiões postulam é uma transformação do mundo onde os humanos vivem, assim como uma projeção desse último. Como diz Leach:

> O conceito do Outro Mundo é gerado pela inversão direta das características da experiência comum. Este Mundo é habitado por homens mortais e impotentes que vivem suas vidas no tempo normal em que os eventos ocorrem em sequência, um depois do outro. Neste mundo ficamos cada vez mais velhos... e, no fim, morremos. O Outro Mundo é habitado por [seres] imortais e onipotentes que existem perpetuamente no tempo anormal em que o passado, o presente e o futuro todos coexistem... "Poder" considerado como uma fonte de saúde, vida, fertilidade, influência política, riqueza... está localizado no outro mundo e o objetivo do desempenho religioso é fornecer uma ponte, ou um canal de comunicação pelo qual o poder dos deuses possa ficar disponível para homens que, se não fosse por isso, seriam impotentes (LEACH, 1976: 81-82).

Os **ritos de passagem** têm um significado importante ao relacionar crenças religiosas à vida social. Em um estudo clássico, Van Gennep (1909) observou que muitos rituais seguem o padrão conceitual da iniciação. Os iniciados são separados ritualmente da vida cotidiana em uma área excluída, separada. Depois dessa separação, são ritualmente reincorporados de volta à vida cotidiana, em um estado alterado. Simbolicamente, eles *renasceram*. Tais ritos de passagem ocorrem na puberdade ou em outras iniciações ao estado adulto, e em outros pontos transicionais da vida.

Em um estudo clássico, o sociólogo francês Robert Hertz interpretou os rituais de mortuário relatados de Bornéu como um rito de passagem simbólico. Em um primeiro funeral, a pessoa morta foi enterrada e parentes sobreviventes iam para um isolamento ritual, longe de qualquer contato social. A seguir o crânio purificado era exumado e outro enterro era realizado que enviava o espírito para a vida depois da morte e libertava os enlutados para que voltassem à vida social normal. Hertz interpreta isso como um tratamento da morte, como um rito de passagem para um novo *status*. O mundo depois da morte é inventado para evitar tratar a morte como final: o segundo enterro reincorpora os vivos em seu mundo e envia o espírito para seu novo mundo (cf. BLOCH, 1972; HUNTINGTON & METCALF, 1979; METCALF, 1977).

O modelo de um rito de passagem foi também inspirado na interpretação do sacrifício. O sacrifício tem uma lógica bastante transparente, desde o momento em que uma pessoa postulou um Outro Mundo cujos poderes controladores exigem tributos e a subordinação dos vivos. Como esse mundo sobrenatural é imaterial, o que for dado é convertido em "substância etérea" (enquanto os sacrificadores normalmente comem os restos materiais). O que os sobrenaturais dão em troca é similarmente intangível. Mas por que a matança de animais, em ritos que são tão semelhantes em forma em partes extremamente separadas do mundo: (O sacrifício não só era geral no mundo tribal, mas desempenhou uma parte importante nas religiões dos antigos povos indo-europeus e dos de língua semítica.) Existe uma lógica oculta no sacrifício? Leach (1976) sugere que, traçando uma equivalência simbólica entre o animal sacrificado e seu dono, o sacrifício transforma o doador:

> Os procedimentos [de um rito de passagem] separam o "iniciado" em duas partes – uma parte pura, a outra, impura. A parte impura pode então ser deixada para trás, enquanto a parte pura pode ser agregada ao novo *status* do iniciado. No caso do sacrifício a vítima desempenha a parte do iniciado, mas como a vítima foi a princípio identificada com o doador do sacrifício, o doador é, por uma associação vicária, também purificado e iniciado em um novo *status* ritual (LEACH, 1976: 84).

Outra direção adotada pelos antropólogos sociais ao estudar o relacionamento entre o mundo social dos vivos e o Outro Mundo é considerar os sobrenaturais como projeções da autoridade dos vivos. Na tradição funcionalista esse relacionamento foi considerado como um reflexo em um plano sobrenatural das relações sociais dos vivos.

Antepassados punitivos representam a autoridade dos mais velhos da linhagem, elevados a um plano sobrenatural (FORTES, 1960). Na teoria neomarxista esse relacionamento é considerado como *celestialização* e também como projeção: os antepassados e os mais velhos trabalham juntos para dar apoio à autoridade uns dos outros.

Adotando qualquer um desses pontos de vista, no entanto, estamos inclinados a não compreender bem as realidades subjetivas dos vivos em um mundo controlado por antepassados. Os antepassados não são triângulos em um diagrama genealógico, ou parte de uma "religião" que é separada da vida cotidiana. Ao contrário, eles são atores sociais – embora invisíveis – na vida contínua de uma comunidade: participantes de conversas, recebedores de presentes, hóspedes nas refeições. Muitas vezes dá mais sentido às realidades culturais de uma sociedade considerar as linhagens como se elas consistissem de ambos, membros vivos e membros mortos, em uma interação constante. Kopytoff (1971) argumenta que em muitas religiões da África Ocidental os antepassados são definidos e tratados como os mais velhos dos anciãos no sistema de linhagem e se lhes atribuem os mesmos poderes (cf. o Caso 48 para examinar mais detalhadamente o sistema religioso de outro povo, um povo que encontramos em capítulos anteriores, para ver as relações sistemáticas entre religião e estrutura social).

Estrutura social e significados culturais

Essas interpretações, começando com a estrutura social de um povo e considerando sistemas religiosos como reflexos ou extensões do mundo social, como projeções da sociedade sobre o cosmos, foram extremamente reveladoras. Mas elas introduzem uma distorção característica. Nosso

A estrutura social e a religião dos kwaios

Lembremo-nos de que, no Caso 24, vimos como os kwaios melanésios das Ilhas Salomão estão organizados em pequenos grupos de descendência, compostos de descendentes agnatos e cognatos dos antepassados que fundaram o território onde eles vivem. Veremos em breve como a cosmologia kwaio partilha o mundo em uma área sagrada onde os antepassados dominam e da qual as mulheres são normalmente excluídas; veremos também o reflexo do sagrado, uma esfera em que os poderes das mulheres, perigosos para os homens, predominam.

Aqui examinaremos em mais detalhe a esfera do sagrado, as relações dos vivos com seus antepassados, e as conexões entre agrupamentos de descendência e sistemas de antepassados, templos e ritual. Os kwaios acreditam que seu mundo é controlado pelos fantasmas dos antepassados ou *adalo*. Os *adalo*, invisíveis e difusos "como o vento", se comunicam com os vivos. As sombras dos vivos e os mortos interagem nos sonhos; os fantasmas ancestrais transmitem sua insatisfação causando doenças ou infelicidade; e os oficiantes religiosos, "os homens do templo" ou sacerdotes (que, como os mágicos trobriandeses, são também agricultores e não especialistas em tempo integral), falam com os espíritos em nome de seus grupos de descendência.

Os locais onde essa comunicação entre os vivos e os mortos ocorre, que é as casas dos sacerdotes e as dos homens e os templos (que são simplesmente bosques onde o forno de pedras para os sacrifícios são mantidos), são especialmente sagrados. É nesses templos que os homens e meninos do grupo e outros descendentes cognatos masculinos dos fundadores do grupo se reúnem para partilhar da comunhão sacrificial.

Todos os adultos, homens e mulheres, após a morte, são transmutados em antepassados como fantasmas. Adalos, os fantasmas ancestrais, podem ser "secundários" ou "importantes". Os *adalo* secundários são os fantasmas

Um anfitrião de festividades kwaio conversa com seus antepassados enquanto faz uma oferenda de taro e cocos para garantir o bom tempo.

daqueles que conhecemos em nossa vida – parentes próximos nas gerações dos pais ou dos avós, cujas atividades como fantasmas só são relevantes para seus parentes próximos ainda vivos. Antepassados importantes são fantasmas que alcançaram a proeminência através de gerações; a maior parte deles aparece em genealogias que são seis ou mais gerações acima de seus descendentes mais velhos que ainda estão vivos. Os *adalo* secundários às vezes servem como intermediários em nome de seus parentes vivos, nas comunicações com os *adalo* importantes. Os *adalos*, como os homens kwaios vivos (Caso 35), variam em "grandeza". Há, na prática, uma ampla categoria de adalos de gerações anteriores a quem não são atribuídos poderes especiais e perigosos ou escolhidos para sacrifícios especiais, mas que estão em uma espécie de limbo.

Um paralelo interessante é assim sugerido entre os antepassados e os grupos de parentesco dos vivos. Cada

Sacrifício kwaio. Um sacerdote fala com seus antepassados em um templo enquanto a fumaça de um porco sacrifical sobe até eles.

grupo de descendência tem um aglomerado de antepassados poderosos, normalmente dois ou três, a quem seu sacerdote sacrifica porcos. Normalmente um desses antepassados é primordial em termos de poder (e por isso corresponde a um grande homem kwaio) *vis-à-vis* outros fantasmas do grupo de descendência.

Acredita-se que um porco sacrificado ao "grande" antepassado ou antepassados vai para todos os fantasmas ancestrais do grupo de descendência por meio do grande homem ancestral. Embora seja possível supor que o "grupo de descendência ancestral" é uma projeção sobrenatural da estrutura social, faz mais sentido cultural considerar o grupo de descendência como uma única corporação perpétua que inclui ambos os vivos e seus antepassados. Assim como os vivos são fragmentados em corporações de descendências com bases locais, assim também os cultos aos antepassados são limitados e têm bases locais. Os fantasmas ancestrais se preocupam unicamente com seus próprios descendentes. Os vivos se preocupam unicamente com seus próprios antepassados. A "preocupação" dos antepassados com os negócios dos vivos tem dois lados. Eles apoiam e protegem os vivos quando veem porcos consagrados em seus nomes, quando os procedimentos rituais são seguidos cuidadosamente e quando os vivos estão seguindo regras rígidas para conter em limites adequados os poderes potencialmente poluentes das mulheres.

Os relacionamentos entre os vivos e os antepassados expressam e refletem as estruturas do parentesco kwaio. Indivíduos pertencem a um número de categorias de descendência cognata, definidas pela descendência dos antepassados que fundaram os grupos de descendência e a de antepassados mais distantes do passado remoto. São esses antepassados remotos que transmitem os poderes para lutar, roubar, cultivar, dar festas e ter sucesso nas ocupações mundanas. Quando membros masculinos de um grupo de descendência participam juntos de um sacrifício, os descendentes cognatos, cujas filiações primárias estão em outros grupos, podem participar. Nesse aspecto, os kwaios se parecem com os tallensis (cf. Caso 19; cf. tb. KEESING, 1970).

Atualização do caso

Para um estudo completo da religião kwaio, sugerimos ao leitor a obra mais recente de Keesing (1982).

mundo social é nosso único ponto de observação da vida. É inevitável e óbvio que nossos modelos do cosmos devam ser extraídos daquele mundo. Mas não podemos legitimamente argumentar a partir dos paralelos e semelhanças resultantes que a religião não é "nada mais" que uma projeção da vida social. Por que sequer projetar? E como Geertz (1966a) sugeriu, de forma convincente, poderíamos com bons resultados nos concentrarmos na maneira como o mundo dos vivos é transformado ao criar um modelo do cosmos. As religiões devem ser consideradas como sistemas ideacionais, e sua estrutura geral mapeada. Um foco nos paralelos entre o religioso e o social nos predispôs a examinar aqueles segmentos da experiência religiosa onde ocorrem os paralelos mais próximos, em detrimento dos demais.

Tanto os pontos fortes quanto as limitações de uma abordagem sociológica e simbólica aos sistemas religiosos vêm à tona claramente no interesse recente em culturas nas quais as esferas masculina e feminina contrastam fortemente e seriam supostamente perigosas uma para a outra. Examinamos rapidamente esses sistemas no Capítulo 7, ao considerar o relacionamento das crenças religiosas com a adaptação ecológica.

Um número de autores de tendência psicana-lítica, por exemplo, viram um medo do sangue menstrual como resultado da ansiedade de castra-ção masculina. Mary Douglas, uma figura impor-tante nas abordagens simbólicas e sociológicas ao ritual e à crença religiosa, argumentou que essa preocupação simbólica com os orifícios e subs-tâncias corporais não necessariamente expressam preocupações psíquicas individuais. As preocu-pações e conflitos podem ser sociais, coletivos e públicos e não psicológicos e privados:

> Não podemos possivelmente interpretar rituais relacionados com excreções, leite materno, saliva e os demais a menos que estejamos preparados para ver no corpo um símbolo da sociedade. É fácil ver que o corpo de um boi sacrifical está sendo usado como um diagrama de uma situa-ção social. Mas, quando tentamos inter-pretar rituais do corpo humano da mes-ma maneira, a tradição psicológica vira o rosto para a sociedade, e volta-se para o indivíduo. Os rituais públicos podem expressar preocupações públicas quando eles usam... ombreiras de porta ou sacri-fícios com animais: mas acredita-se que os rituais públicos realizados no corpo hu-mano expressam preocupações pessoais e privadas (DOUGLAS, 1966: 138).

Em *Purity and Danger* [Pureza e perigo] (1966) Douglas examinou o uso ritual do corpo humano particularmente em tabus de poluição. Ela observa que o corpo humano é usado para simbolizar o corpo político, a estrutura social. Poderes e peri-gos focalizam as margens da sociedade – naquilo que é anômalo, marginal e ameaçador. E refletin-do as ameaças e perigos sociais, estão os orifícios e substâncias corporais – o sangue menstrual, o cuspe, a urina, as fezes – que ameaçam e poluem

(cf. STRATHERN, 1996, para uma discussão das ideias de Douglas).

A polarização de homens e mulheres e a se-paração da esfera social em esferas de vida sagra-das e poluídas definem categorias que devem ser mantidas rigidamente separadas. O Caso 49 for-nece um exemplo de como uma divisão simbólica do cosmos expressa linhas divisórias na estrutura social e está refletida na organização espacial e no ritual.

Parece haver pouca dúvida, à medida que casos assim se acumulam na literatura, de que os tipos de estruturação simbólica e sociológica que Douglas e outros analisaram são comuns. A cosmologia e a estrutura social estão intimamente entrelaçadas e nenhuma delas pode ser compreendida sem a ou-tra. Mas isso não significa que, quando tivermos descoberto essa estrutura sistemática, uma análise sociológica e simbólica será suficiente para expli-cá-la. Esse modelo não precisa de forma alguma descartar a relevância e a aplicabilidade das in-terpretações psicanalíticas. Os ritos públicos e os interesses coletivos podem dramatizar conflitos psicológicos privados. Se no passado as fantasias privadas do indivíduo que contribuíram para a evolução de tais sistemas rituais e cosmológicos não tivessem tido uma boa receptividade entre seus companheiros – talvez articulando e pondo em prática conflitos psíquicos compartilhados por muitos de seus companheiros –, eles não te-riam nem começado a ser institucionalizados. Se os rituais fossem simplesmente apresentações pú-blicas que já não eram significativas em termos da experiência psíquica individual, eles não teriam durado (no caso kwaio, eles continuaram intac-tos apesar de quase um século de esforços missio-nários). Mas inversamente, no momento em que um sistema de crenças assim se institucionaliza, ele perpetua as ansiedades que podem lhe ter

Sacralidade e poluição entre os kwaios

Os antepassados dos kwaios se movimentam em uma área em que predomina a sacralidade. A comunicação com os *adalos*, sagrada e perigosa, é feita por homens como sacerdotes. Todos os descendentes cognatos masculinos dos antepassados do grupo de descendência participam nos ritos purificatórios de sacrifício; ritualmente, homens adultos também comem os porcos sagrados propiciatórios.

De todos esses eventos as mulheres são excluídas, porque o corpo das mulheres é considerado potencialmente poluente. A urina e a defecação das mulheres são poluentes. A menstruação é ainda mais poluente; e mais poluente do que todas as outras coisas é o parto. A causa de doenças, morte ou infortúnio definida culturalmente como sendo a mais comum é a violação por parte de uma mulher dos rígidos tabus de poluição.

As maiores preocupações do ritual kwaio são manter as áreas sagradas e as áreas poluídas apropriadamente separadas da área "mundana" cotidiana do cultivo, da alimentação, das conversas e do sono. Como as análises de Douglas nos levariam a supor, a separação dessas categorias é

ritualmente essencial: e está expressa simbolicamente em uma série de oposições dualistas:

FEMININO	:	MASCULINO
POLUÍDO	:	SAGRADO
PARA BAIXO	:	PARA CIMA

Assim, o alimento de homens e mulheres é preparado e comido em vasilhames separados, a bebida fica em bambus separados, e assim por diante. Masculino e feminino, sagrado e poluído, são vividamente definidos como reflexos simbólicos um do outro.

Esse modelo simbólico é mapeado na organização espacial de um mínimo assentamento kwaio (Figura 15.1). Na margem superior da clareira está a casa dos homens onde eles dormem e comem e que é sagrada e proibida para as mulheres. Na margem inferior está a cabana menstrual, poluída e onde os homens não podem entrar. No centro da clareira que é área "mundana" estão uma ou mais casas domésticas de moradia. Mas, mesmo em cada casa, a parte ascendente (da lareira para cima) é

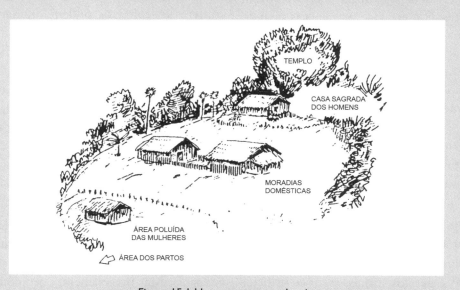

Figura 15.1 Um assentamento kwaio.

para os homens; a parte descendente é livre tanto para os homens quanto para as mulheres. Uma linha invisível atravessa a metade da clareira, com o lado ascendente sendo, proeminentemente, território dos homens. (Com flexibilidade característica o dogma masculino permite que as mulheres kwaio atravessem essa linha e vão até as margens da casa dos homens para limpar a clareira, apanhar a sujeira dos porcos e carregar lenha.) O homem pode se movimentar livremente entre as moradias e a casa dos homens, e a mulher entre as moradias e a cabana menstrual.

Mas as transições são cuidadosamente observadas. Uma mulher tem de deixar o cachimbo e a bolsa para trás antes de entrar na área poluída. Se ela levar lenha da casa, precisa primeiramente acender um graveto intermediário antes de acender o fogo na cabana menstrual. Se um homem está sagrado pelo sacrifício e uma mulher está poluída pela menstruação, ritos mais drásticos de dessacralização ou purificação devem ser realizados antes que eles possam entrar na área mundana.

Essa imagem de espelho cosmológico e social da sacralidade e da poluição é ainda mais dramaticamente aparente nas atividades mais sagradas dos homens e nas mais poluentes das mulheres, respectivamente, um alto sacrifício da cremação de um porco e o parto. A mulher que dá à luz se isola em uma cabana na floresta abaixo da área menstrual poluída, sem qualquer contato com homens, e é cuidada por uma jovem. O sacerdote que faz os sacrifícios se isola na casa dos homens próxima ao templo, sem qualquer contato com mulheres, e fica de cama, onde é cuidado por um jovem (cf. KEESING, 1982, para um relato mais detalhado).

Poluição kwaio: uma menina kwaio fixa com sarrafos a palha sobre uma cabana menstrual quando os ventos de tempestade aumentam; pedaços da palha que voassem para a clareira próxima à cabana causariam poluição.

dado origem e gera novas ansiedades. Os homens kwaio, tendo dado a suas mulheres poderes de vida e morte sobre eles, se preocupam continuamente com uma possível poluição. A questão é que as explicações psicológicas e sociológicas foram muitas vezes consideradas como mutuamente exclusivas; mas, ao contrário, devemos acreditar que elas se reforçam mutuamente.

Podemos reconsiderar aqui os tipos de funções ecologicamente adaptativas do comportamento religioso que esboçamos no Capítulo 7. Lindenbaum (1972) argumentou que os tabus de **poluição** operam como um "controle sobrenatural da natalidade" e ocorrem nas sociedades melanésias com alta densidade populacional como uma maneira ritual de manter o equilíbrio demográfico. Há também a política sexual pela qual os homens, ao ganhar o controle sobre as coisas sagradas e ao definir as mulheres como poluídas, conseguem uma dominação inexpugnável. Será que essa dominação – envolvendo, como tantas vezes o faz, uma interpretação ritual elaborada, ansiedade sexual, brutalização iniciatória e um comportamento de exibição coletiva – não é uma forma de disfarçar e manter subjacente a ansiedade masculina e seus sentimentos de inadequação? Não será a supremacia masculina uma vitória vazia e precária quando é obtida a tal custo?

Shirley Lindenbaum (1972, 1973, 1976) Michelle Rosaldo (1974) e outras autoras acreditam que a política sexual, a estrutura social, a cosmologia e o ritual e a psicologia formam um complexo estreitamente relacionado. Embora no passado especialistas em um ou outro modo de explicação tivessem a tendência de rejeitar outros modos como se eles fossem contraditórios, nós precisamos urgentemente de modelos menos simplistas que mapeiem sua interconectividade.

E se Lindenbaum (1972) está certo, os fatores ecológicos também são cruciais.

O argumento de Lindenbaum com relação à polaridade sexual leva as ideias de Mary Douglas em outra direção. Se o corpo humano serve como um símbolo da política corporal, então o que ele simboliza pode incluir a percepção que um povo tem da situação demográfica de sua sociedade, seu relacionamento com seu meio ambiente, seu relacionamento com povos vizinhos.

No entanto, como as percepções que um povo tem desses problemas externos são muitas vezes oblíquas e deturpadas, suas respostas simbólicas podem piorar os problemas que buscam solucionar. Por exemplo, lembrem-se de que o endocanibalismo dos fores, que espalha a doença fatal kuru (Caso 13), pode ser uma resposta simbólica a um suposto declínio demográfico. E os costumes, uma vez criados, adquirem um significado e uma força próprios; de tal forma que mesmo que eles fossem, em um determinado momento, respostas adaptativas a uma situação demográfica ou ecológica, podem continuar a ser praticados muito tempo depois de deixarem de ser adaptativos. Os tabus de poluição dos kwaios, as regras impondo castidade pré-marital e os costumes encorajando o casamento tardio ou a permanência como solteiro, podem ter evolvido sob circunstâncias de pressão populacional potencial (embora não haja evidência direta disso). Mas os tradicionalistas contemporâneos entre os kwaios, plenamente conscientes de que tais costumes limitam a população em um momento quando eles estão diminuindo em números e assediados pelo cristianismo e pela ocidentalização, continuam a seguir as regras ancestrais. Falando sobre povos nas ilhas vizinhas, cujas populações estão expandindo, um homem kwaio observou que: "isso é porque nós vivemos virtuosamente e eles não".

Não há dúvida de que o comportamento ritual e as crenças cosmológicas que beneficiam fins ecológicos, envoltos em termos culturais, evolvem. Mas o mesmo ocorre com os costumes e sistemas de crenças que têm resultados sociais desfavoráveis. Um sistema de crenças de poluição pode realmente ser em parte um meio sobrenatural de controle da natalidade; mas, se isso é verdade, é uma pílula amarga.

41 Mito e ritual

O mito e o ritual há muito fascinam os antropólogos. Conexões também foram feitas entre as práticas encontradas em contextos tribais e a herança da Europa Antiga – como testemunhas da contínua popularidade do *The Golden Bough* de Frazer.

Mitos

Mitos são relatos sobre como o mundo veio a ser como é, sobre uma área superordinária de eventos antes (ou por trás) do mundo natural vivenciado; são relatos que as pessoas acreditam serem verdadeiros e, em algum sentido, sagrados. Os rituais religiosos são apresentações rigidamente estruturadas de ações prescritas a que se atribui um significado sagrado ou religioso.

Como rituais com muita frequência dramatizam e atuam as histórias contadas no mito, e como os mitos correspondentemente explicam e racionalizam as apresentações rituais, durante muitos anos os antropólogos se envolveram em um debate longo e infrutífero sobre o que refletia o quê. Mais construtivamente, antropólogos sociais buscaram traçar os relacionamentos entre ritual, mito e estrutura social. Na esfera do mito, esse caminho foi aberto por Malinowski (1925) em sua interpretação sociológica dos mitos trobriandeses. Ele insistiu que os mitos trobriandeses faziam sentido não como textos isolados para o psicanalista ou o investigador de antiguidades frazeriano. Ao contrário, eles eram eventos sociais vivos, inteligíveis apenas no contexto de humanos reais, em lugares reais, envolvidos em relações políticas contínuas (cf. Caso 50).

Ao ver o mito como um relato do passado que serve como um mapa para o presente, no entanto, podemos facilmente deturpar conceitualizações de um mundo em que o passado, o presente e o futuro estão conectados; onde o passado remoto é *vivido* no presente; onde as crianças do ano que vem são espíritos mortos há muito tempo, retornando em uma nova forma. Da mesma maneira o **momento do sonho** dos aborígenes australianos é ao mesmo tempo outro momento há muito passado e outro plano de realidade que coexiste com a nossa experiência humana diretamente. É perigosamente fácil traduzir os termos da cosmologia de outro povo nos termos da nossa própria – aquilo que nós consideramos ser "realidade" – e depois procurar analisar as construções que resultam disso.

Outra abordagem ao mito bastante influente veio do antropólogo francês Claude Lévi-Strauss. Lévi-Strauss buscou explicar o funcionamento universal da mente humana examinando várias formas culturais como sendo seus instrumentos. A área do mito é essencial nesse empreendimento, segundo Lévi-Strauss, porque aqui o pensamento humano tem sua liberdade mais ampla. Não é possível encontrar todos os tipos imagináveis de formas de casamento, de estilos de casa, ou de padrões residenciais; há muitas restrições, muitas

CASO
50

Os mitos de origem dos trobriandeses

Em qualquer aldeia trobriandesa, um elemento essencial da vida é o relato de mitos. Membros de um subclã trobriandês conhecem, observam e relatam a história do "buraco" do qual sua antepassada e seu irmão surgiram do submundo. Naquele submundo, nos dias antes da vida na Terra, as pessoas viviam como vivem agora. O irmão e irmã ancestrais trouxeram com eles objetos e conhecimentos sagrados, técnicas e artesanatos, e toda a magia que distingue esse grupo dos outros.

Será esse mito uma tentativa de "explicação" cósmica? Será ele uma expressão das ondas profundas do inconsciente – do desejo incestuoso? Ou é ele uma encapsulação da história real? Não, diz Malinowski. Ele só pode ser compreendido no rico contexto da vida e do significado cultural dos trobriandeses. Irmão e irmã surgiram porque eles representam os dois elementos essenciais do subclã; um marido não surgiu porque ele é, em termos do subclã, um forasteiro irrelevante. O par ancestral morava em casas separadas porque o relacionamento de irmão e irmã está marcado por tabus graves. Mas por que sequer recitar esse mito? Porque ele valida os direitos do subclã ao território e encapsula a magia e as habilidades que os tornam sociológica e ritualmente únicos. O mito do surgimento local é *propriedade* do subclã local; ele não flutua no limbo para ser examinado por um psicanalista, e só pode ser compreendido em termos de como, quando, e com quem ele é *usado*.

Outros mitos sobre a origem conhecidos pelos trobriandeses relatam o surgimento dos quatro clãs, legitimando seus tabus alimentícios e, mais especificamente, as questões de posição social e precedência. Finalmente, outros mitos locais lidam com a categoria, posição e dispersão relativas dos subclãs de alta posição social além de seu ponto de surgimento original. Tais mitos, diz Malinowski, validam e estrutura política e fornecem um "mapa mitológico" para justificar e reforçar as atuais relações sociais. Se tirarmos os mitos trobriandeses desse contexto social, não os entenderemos (MALINOWSKI, 1925).

Os usos políticos de tradições de origens do subclã na vida contemporânea trobriandesa se tornaram mais claros a partir de outros estudos etnográficos – que firmemente reforçam a visão de Malinowski de mito como mapa:

> Histórias da origem dos fundadores estão entre os tipos de conhecimento mais cobiçados e valiosos. Disputas territoriais só podem ser solucionadas com uma recitação das genealogias da terra desde o tempo dos fundadores (WEINER, 1976: 40).

> A reivindicação de um *dala* (subclã) à terra está baseada em um mapa mitológico que relata como os antepassados matrilineares vieram a ser associados com aquelas terras... As pessoas intituladas *tolipwaipwaiya* ["proprietários"] de um pedaço de terra, como descendentes dos donos originais... levam, como grupo, uma responsabilidade pela terra. A relação *tolipwaipwaiya* é uma relação mitológica e genealógica com o solo. Dizer para um *dala,* referindo-se a um pedaço de terra, "é sua terra", é reconhecer a continuidade do *dala* através do tempo de tal forma que todos os membros, vivos, mortos e ainda por nascer, são concebidos como um único grupo (HUTCHINS, 1979).

> Cada reação entre homem e terra é... determinada... pelo lugar de um homem nos eventos sociais, históricos e genealógico-mitológicos (HUTCHINS, 1978: 55-56, 94).

> Os mitos de origem dos trobriandeses são a base não só dos direitos à terra por parte do dala, mas também de reivindicações sobre posição social. Assim o direito que os membros dos subclãs *guyau* [de alta posição social) têm de usar ornamentos especiais, de ter deferência no comando, e de ocupar *status* de poder e privilégio especiais é validado por suas doutrinas especiais de surgimento (WEINER, 1976: 44-45).

possibilidades que não funcionam por razões ecológicas, tecnológicas, ou puramente físicas. Mas os humanos podem *pensar* sobre todas essas possibilidades e no mito seus pensamentos têm autonomia total.

Lévi-Strauss (1969, 1971) argumentou que povos no mundo inteiro são perseguidos intelectualmente pelas contradições da existência – pela morte; por nosso caráter dual, como parte da natureza e, no entanto, transformados pela cultura; pelas dicotomias de espírito e corpo; pelas contradições da descendência de um primeiro homem (de onde teria vindo um primeiro parceiro não incestuoso?); e assim por diante. A esfera do mito é usada acima de tudo para experimentar incessantemente com essas contradições, transpondo-as simbolicamente. Assim o abismo entre a vida e a morte pode ser simbolicamente mediado refraseando o contraste misticamente como, por exemplo, no caso do contraste entre um antílope (herbívoro) e um leão (carnívoro). Ao introduzir a hiena que come animais que ela não mata, na verdade conseguimos negar a contradição.

A insistência original de Lévi-Strauss de que um mito, tal como a história de Édipo ou de Asdiwal na mitologia do litoral do Noroeste (LÉVI-STRAUSS, 1967) poderia ser compreendido por si só, foi modificada consideravelmente em seu livro monumental de quatro volumes, *Mythologiques*. Em *The Raw and the Cooked* (1969) [O cru e o cozido], o primeiro volume, ele examinou todo um complexo de mitos entre amazonenses do Brasil Central, baseando-se fortemente em sua interpretação da evidência cultural. Sua decodificação extremamente complicada e intricada de sua "mito-o-lógica" foi uma proeza analítica. Os volumes subsequentes (1971-1974) traçam redes cada vez mais amplas de mitos pelas Américas – pois mitos e temas místicos e símbolos se recusam a permanecer dentro das fronteiras da sociedade. Lévi-Strauss concluiu com uma abrangente visão de culturas, da mente e da condição humana.

Mas, ele terá razão? Lévi-Strauss estava armando quebra-cabeças, e muitas vezes com poucos indícios no caminho e pouca "evidência" no final de que as peças do quebra-cabeça tinham se encaixado corretamente. Suas premissas muitas vezes ousadas sobre os mundos cognitivos de outras pessoas suscitaram muita dúvida na antropologia. Uma das tarefas difíceis em todo esse modo de análise é introduzir mais controles em um método que pode descobrir, ou criar, uma estrutura em qualquer material cultural. Permaneçam ou não as interpretações de Lévi-Strauss, há pouca dúvida de que os mitos têm uma lógica, uma estrutura, e uma riqueza que nós não tínhamos suspeitado e que a maior parte do trabalho de decifrá-los ainda está a nossa frente. Deste ponto de vista, a obra de Lévi-Strauss deve ser considerada uma realização de grande importância.

Ritual

O estudo antropológico do ritual, como o estudo do mito, passou por grandes transformações. Os ritos tinham sido considerados por Durkheim (1912) e por Radcliffe-Brown (1922) como um meio de reforçar o sentimento coletivo e a integração social. O conteúdo dos ritos – se o sacerdote fazia um zigue-zague, segurava um pau em sua mão esquerda ou uma folha na direita – era um problema secundário e raramente controlável.

Como foi demonstrado que o conteúdo dos sistemas culturais é cada vez mais sistemático, no

CASO
51

Símbolos rituais dos ndembus

A chave para o simbolismo ritual entre os ndembus na Zâmbia é um conjunto de objetos e qualidades simbólicas importantes que reaparecem em muitas situações rituais: as cores, especialmente o vermelho, o branco e o preto; certas árvores e plantas; e outras "coisas" no meio ambiente ndembu às quais é atribuída uma importância fundamental. Tomemos, por exemplo, uma certa árvore, a *mudyi*, que exsuda uma seiva leitosa quando cortada. A árvore é usada em vários rituais e podemos nos perguntar o que ela "representa". A resposta é que ela representa uma enorme variedade de coisas: um leque amplo de significados conceitualmente relacionados, a partir do básico e fisiológico (o leite materno, a amamentação) até o social (relações mãe-filho, descendência matrilinear) e o abstrato (dependência, pureza). Um procedimento ritual na prática envolve não um único objeto simbólico, mas uma série deles em uma sequência. O que, então, "significa" o ritual, se cada objeto poderia ter um espectro tão amplo de possíveis significados? Uma sequência de atos envolvendo esses objetos, como uma pauta musical ou uma sequência de palavras, tem uma *sintaxe*; e o possível significado de cada um é limitado e moldado por sua combinação e organização para formar uma mensagem. Mas aqui, uma vez mais, a mensagem não é simples e sem ambiguidade, porque ela é afirmada em muitos níveis. Um rito pode ao mesmo tempo ser uma declaração sobre mães e filhos, homens e suas matrilinhagens, e a dependência dos vivos de seus antepassados. Além disso, esses níveis múltiplos de significado relacionam o que é abstrato e social com as "intuições" e emoções de indivíduos que estão relacionadas com sua experiência primária.

Atualização do caso

Subsequente ao primeiro estudo de Turner existem outras obras sobre ritual (cf. tb. TURNER, V., 1975, 1985, 1992; TURNER, E. 1992).

---

entanto, com as várias pequenas partes parecendo cada vez menos arbitrárias com relação umas às outras, essas questões parecem fundamentais. A natureza dos símbolos rituais foi revelada dramaticamente na obra de Victor Turner. Ao explorar os rituais dos ndembus africanos, Turner (1967) mapeou uma estrutura de simbolismo extraordinariamente rica (cf. Caso 51).

Na obra de Turner são encontrados os começos de uma teoria de simbolismo que transcende a teoria freudiana e uma teoria sociológica menos sofisticada; o cetro real não é simplesmente um símbolo fálico nem um símbolo do poder do Estado – ele é ambos, e é por isso que ele "funciona". Os interesses individuais estão sistematicamente relacionados com os interesses públicos; dramas atuados coletivamente têm significados privados e inconscientes.

Assim, uma vez mais confrontamos a questão que percorreu como um tema os últimos capítulos. A evidência da antropologia mostra como são ricas e complexas as estruturas de significado cultural pelas quais vários povos interpretam seus mundos e suas vidas. Em lugar nenhum isso fica mais claro do que na religião, onde humanos agem com relação a seres e poderes invisíveis que se encontram por trás da esfera da realidade diretamente vivenciada. Para entender suas vidas, devemos interpretar com profundidade essas estruturas de significado cultural. Um marxismo grosseiro que vê as religiões como superestruturas, como ideologias que disfarçam e enganam, estaria rejeitando esses mundos culturalmente construídos com rapidez demais e sem compreendê-los. O desafio é entender esses significados culturais, mas, além disso, dar um passo fora deles também – e não deixá-los de lado como sendo "apenas" mistificações ideológicas, e sim situá-los com relação aos processos históricos, à política secular, e aos relacionamentos econômicos. No próximo capítulo iremos investigar esse desafio de alcançar tanto as visões internas quanto as externas.

Nos oito últimos capítulos fomos bastante além das fundações teóricas básicas estabelecidas na Parte 1 e a pesquisa preliminar do mundo tribal da Parte 2. Examinando sistemas econômicos, descendência, parentesco, casamento, sistemas políticos, relações entre homens e mulheres, estratificação social, direito e agora religião, ganhamos sofisticação tanto conceitual quanto teórica e um conhecimento muito ampliado do mundo tribal. O que foi aprendido cumulativamente sobre povos tais como os trobriandeses, os tivs, os tallensis, os nuers, os kwaios e outros agrega substância às generalizações, aprofunda as percepções de diversidade e de semelhança subjacente.

Estamos quase prontos para nos voltarmos para o desafio mais difícil e mais urgente de olhar antropologicamente para as complexidades das sociedades em mudança histórica global. Mas, primeiro, a orientação teórica que ganhamos precisa um reforço. Precisamos pausar para atar algumas pontas soltas teóricas, reforçar os poderes analíticos que serão necessários para interpretar um mundo mais complexo e em uma escala mais vasta. Ao fazê-lo estaremos confrontando o desafio com o qual essa seção começou: o de encontrar lógica e coerência sistemáticas nos pequenos pedaços de cultura e de sociedade trobriandesas que examinamos nesses capítulos.

SUMÁRIO

Um antropólogo pioneiro, Tylor, definiu religião como uma crença em seres espirituais e, em contextos de trabalho de campo, as ações religiosas são reconhecidas como ações direcionadas para tais seres. Mas há uma enorme variedade de ideias sobre essas agências, e ideias diferentes podem coexistir em um caso determinado. Ideias religiosas operam para validar e integrar experiência e fornecer uma visão do mundo abrangente (exemplo: os kalabaris).

A religião está conectada com a magia. Os primeiros antropólogos distinguiram a religião em termos da abordagem a seres espirituais, enquanto a magia era considerada um ato automático e coercitivo. Na prática esses elementos são muitas vezes encontrados juntos. Também é muitas vezes difícil para o forasteiro compreender de forma adequada os conceitos das pessoas.

Outra maneira de ver a religião é a da tradição funcionalista, em seu papel como uma projeção da sociedade e como sustentação da estrutura social. A vida social muitas vezes exige que as pessoas se movimentem, de uma maneira legítima, de um *status* para outro, e isso é realizado pelos ritos de passagem. A religião pode apoiar o poder dos mais velhos e dos homens em geral por referência a antepassados e aos sacrifícios feitos a eles, ao fazê-lo definindo ideias de poluição e de pureza relacionadas com os gêneros (exemplo: os kwaios). A cosmologia e a estrutura social, portanto, estão fortemente entrelaçadas. Podemos também argumentar que a psicologia caminha lado a lado com a cosmologia.

A religião pode ser apoiada também pelo mito, que valida os direitos das pessoas através da identificação de origens. O antropólogo francês Lévi-Strauss argumentou que os mitos têm outra função: a de indicar as contradições lógicas e experienciais, tais como a vida *versus* a morte. Os mitos certamente contêm uma rica variedade de simbolismo, e o mesmo se aplica aos rituais religiosos. Victor Turner explorou o mundo complexo de símbolos nos rituais dos povos ndembus da Zâmbia. Ele descobriu que elementos específicos em um ritual podem ter um conjunto complexo de mensagens (podem ser multivocálicos).

Temos que entender essas complexidades e, ao mesmo tempo, situá-las em contextos sociais de poder e influência entre pessoas.

SUGESTÕES PARA LEITURAS ADICIONAIS
Seção 39

BANTON, M. (org.) (1966). *Anthropological Approaches to the Study of Religion*. Londres: Tavistock [ASA Monographs, 3] [cf. esp. os artigos de Geertz e Spiro).

COLLINS, J.J. (1978). *Primitive Religion*. Totowa, N.J.: Littlefield/Adams and Company.

EVANS-PRITCHARD, E.E. (1965). *Theories of Primitive Religion*. Londres: Oxford University Press.

LESLIE, C. (org.) (1960). *Anthropology of Folk Religion*. Nova York: Random House.

LESSA, W.A. & VOGT, E.Z. (1978). *Reader in Comparative Religion*: An Anthropological Approach. 4. ed. Nova York: Harper & Row.

MIDDLETON, J. (org.) (1967a). *Gods and Rituals*: Readings in Religious Beliefs and Practices. Garden City, N.Y.: Natural History.

_____ (org.) (1967b). *Myth and Cosmos*. Garden City, N.Y.: Natural History.

WALLACE, A.F.C. (1967). *Religion*: An Anthropological View. New York: Random House.

Seção 40

DOUGLAS, M (1978). *Implicit Meanings*: Essays in Anthropology. Londres: Routledge & Kegan Paul.

_____ (1970). *Natural Symbols*: Explorations in Cosmology. Londres: Cresset Press.

DOUGLAS, M. (org.) (1977). *Rules and Meanings*. Londres: Penguin Books.

EVANS-PRITCHARD, E. (1953). "The Nuer Conception of Spirit in Relation to the Social Order". *American Anthropologist*, 55, p. 201-214.

GOODY, J. (1962). *Death, Property and the Ancestors*. Londres: Tavistock.

HERTZ, R. (1960). *Death and the Right Hand*. Nova York: The Free Press.

LÉVI-STRAUSS, C. (1963). *Totemism*. Boston: Beacon Press.

LEWIS, I.M. (1972). *Ecstatic Religion*: An Anthropological Study of Spirit Possession and Shamanism. Londres: Penguin Books.

Seção 41

GEORGES, R.A. (org.) (1968). *Studies on Mythology*. Homewood, Ill.: Dorsey Press.

LA FONTAINE, J. (org.) (1972). *The Interpretation of Ritual*. Cambridge. Cambridge University Press.

MARANDA, P. (org.) (1972). *Mythology*. Londres: Penguin Books.

MIDDLETON, J. (org.) (1965). *Gods and Rituals*: Readings in Religious Beliefs and Practices. Garden City, NY.: Natural History.

TURNER, V. (1975). *Revelation and Divination in Ndembu Ritual*. Ithaca, N.Y.: Cornell University Press.

_____ (1969). *The Ritual Process*. Chicago: Aldine-Atherton.

Capítulo 16

A integração das sociedades, a estrutura das culturas

A antropologia do século XIX dedicou-se principalmente a uma "especulação de gabinete" sobre a evolução da sociedade no passado remoto: a esquemas que descreviam a evolução progressiva do casamento, do parentesco e da religião. Essas reconstruções especulativas eventualmente levaram a uma rejeição da "história conjectural" tanto na Inglaterra quanto nos Estados Unidos. A contrarreação americana adotou primeiramente a forma de um historicismo cuidadoso, por Franz Boas, A.L. Kroeber e Ralph Lowie; e, mais tarde, a emergência de um conceito holista de cultura, na obra de acadêmicos (principalmente alunos de Boas) como Kroeber, Ruth Benedict, Ralph Linton, Margaret Mead, Melville Herskovits e Clyde Kluckhohn.

Na Inglaterra, a contrarreação à história conjectural adotou a forma de um foco na organização e integração das sociedades – a tradição do **funcionalismo**. A questão não era o processo de evolução dos costumes, mas sim como as instituições de uma sociedade se encaixam umas às outras e se reforçam? Nessa tradição funcionalista as figuras chave foram A.L. Radcliffe-Brown, que seguiu a orientação teórica dos grandes sociólogos franceses Durkheim e Mauss e a aplicou ao estudo do parentesco e do ritual; e Bronislaw Malinowski, nascido na Polônia, que trouxe os ilhéus das Trobriandesas para o mundo ocidental para batalhar com o "homem econômico", o complexo de Édipo e estereótipos do exótico e do selvagem e que buscou mostrar coerência, lógica e interconectividade nos estranhos costumes do *kula*, nas doações de colheita e na descendência matrilinear. Depois deles vieram as figuras grandiosas da antropologia social britânica nas décadas da metade do século: E.E. Evans-Pritchard, Meyer Fortes, Max Gluckman, Raymond Firth e Edmund Leach.

A antropologia social britânica na tradição funcionalista assumiu como seus problemas principais a estrutura e a integração da sociedade. O ritual, o mito e outras elaborações simbólicas foram considerados como um reflexo e um reforço da organização da sociedade. Conceitualmente, "sociedade" e "estrutura social" virtualmente engoliram a "cultura"*. Na tradição americana que se originou em Boas, a "cultura" compreendia todas as maneiras de um povo aprendidas e transmitidas socialmente, incluindo assim seus modos de organizar grupos e seus valores e sistemas de crenças: portanto, o cultural tendia a engolir o social. Até o final da década de 1950 havia uma tendência a que estudiosos trabalhando nessas tradições com perspectivas teóricas diferentes falassem uma linguagem de surdos.

---

* Embora "cultura" tenha sido usada principalmente na própria teoria idiossincrática de Malinowski sobre a maneira como os costumes em última instância funcionam para satisfazer as necessidades humanas.

Desde a década de 1950, no entanto, começou a haver uma aproximação entre essas tradições, uma internacionalização da teoria antropológica e uma ampliação do treinamento teórico. Definindo a esfera do social de uma maneira mais estrita e rígida, e definindo "cultura" como ideacional e não como institucional, adquirimos o poder de trazer sob foco as duas perspectivas ao mesmo tempo. Como se expressou Clifford Geertz, a integração de um sistema social é "estrutural-funcional" – o encaixe de instituições e modos de definir relacionamentos sociais; a integração de um sistema cultural é "lógico-estética" – a coerência e a lógica de um sistema de símbolos (GEERTZ, 1957). Nas seções que se seguem, usaremos material dos trobriandeses – agregando-o à evidência que já vimos – para examinar a coerência e a integração tanto no nível da estrutura social quanto no nível da estrutura cultural.

42 A integração da sociedade

A lógica da integração da sociedade

Se tomarmos a organização e a integração da sociedade como nosso foco, poderemos ver como os sistemas de instituições sociais se interconectam e reforçam uns aos outros. Ao fazê-lo, não estamos ignorando os sistemas de crenças culturais ou os padrões de mito e ritual. Ao contrário, olhamos para eles *através* de uma estrutura social, perguntando-nos quais são as consequências da doutrina do ritual ou cosmológica, ou do sistema de valores, para a maneira como as relações sociais são organizadas. O Caso 52 ilustra essa direção de interpretação que foi desenvolvida na tradição de Durkheim e Radcliff-Brown, apresentando alguns dos materiais trobriandeses que já vimos rapidamente, acrescentando-lhes, seletivamente, alguns outros dados.

Estrutura social como ordens vivenciadas e pensadas

Essa perspectiva não separa o social – a estruturação dos relacionamentos sociais, a organização de grupos por meio do parentesco, da descendência e da hierarquia política – das crenças culturais sobre concepção, dos espíritos, das origens da posição social e da natureza das mulheres e dos homens. Mas ela considera o mundo social (nos termos de Lévi-Strauss, "uma ordem vivenciada") como primário e os símbolos culturais ("uma ordem pensada") como um reflexo e um reforço dele.

Essa perspectiva e estratégia analítica anteriormente predominante na antropologia britânica produziram muitos dos melhores estudos de campo na disciplina. É uma perspectiva que encoraja um estudo cuidadoso e detalhado dos relacionamentos sociais e dos sistemas político e econômico nos níveis da comunidade. Mas ela também exige muito. Ao estressar como o sistema se encaixa, como os elementos estão funcionalmente interconectados, temos a tendência de enfatizar a integração e ignorar a contradição e o conflito; tendemos também a descrever "o sistema" como em um equilíbrio eterno. Voltaremos a esses problemas em breve. Essa perspectiva que considera a ordem vivenciada como primária e a ordem pensada como secundária foi limitante também em outro aspecto – impedindo nossa visão da estrutura dos sistemas ideacionais.

43 A estrutura dos sistemas culturais

Culturas como sistemas ideacionais

As análises das culturas como sistemas ideacionais, o exame das "ordens pensadas" por si mesmas, foram relativamente recentes na an-

CASO
52

A integração da sociedade trobriandesa

Podemos começar por apresentar uma série daquilo que pode parecer elementos desconectados da organização social e da doutrina cosmológica trobriandesa:

1) A doutrina da perpetuidade do subclã

a) Um irmão e uma irmã emergiram juntos do submundo e fundaram o subclã.

b) Os espíritos dos descendentes mortos desse par ancestral continuam a ser "membros" do subclã, ao lado dos vivos. Embora como espíritos *balomas* eles tenham se mudado para um novo plano de existência com seu centro em Tuma, a ilha dos mortos, sua associação com seu subclã continua. (Adiante examinaremos o festival *milamala* em que eles voltam anualmente para visitar os membros vivos do subclã.)

c) Novas crianças que nascem no subclã são reencarnações dos espíritos do subclã. Esses espíritos, após um período como *baloma* no mundo espiritual, renascem por meio das mulheres. O subclã já existia há muito tempo quando os humanos viviam abaixo da superfície; e sempre foi e sempre será o mesmo.

2) A Teoria de Concepção Trobriandesa

a) Copulação pelo pai não "causa" o nascimento de uma criança – que é a reencarnação de um espírito do subclã da mãe.

b) O "sangue" da criança vem da mãe e de seus irmãos e irmãs.

c) A criança fisicamente se parece com o pai, não com a mãe, porque sua inter-relação repetida com a mãe "molda" a criança.

3) O relacionamento de evitação entre irmão e irmã

a) Irmão e irmã devem evitar contato social próximo ou qualquer intimidade.

b) O irmão deve evitar todo o conhecimento sobre os casos amorosos de sua irmã.

c) Quando ela casa, ele deve evitar qualquer envolvimento direto na sua vida reprodutiva.

4) A regra da residência

a) Uma menina trobriandesa e seu irmão crescem no domicílio de seu pai, normalmente em uma aldeia diferente daquela de seu subclã.

b) Embora o irmão possa voltar para a aldeia de seu subclã na adolescência, a filha continua com o pai até que ela se case.

c) Ela então vai morar com seu marido: assim, em nenhuma fase de seu ciclo de vida ela mora normalmente com seus parentes do subclã masculino e em seu território.

5) Regras de exogamia

a) Um homem trobriandês está proibido de se casar ou ter relações sexuais com uma mulher em seu subclã.

b) Embora o casamento nesse caso seja considerado errado, casos amorosos com amantes de subclãs diferentes do nosso próprio clã são permitidos, embora sejam considerados impróprios e perigosos.

6) O relacionamento de um pai com seus filhos

a) Diz-se que o pai é "um parente pelo casamento" de seus filhos.

b) Meios-irmãos, com a mesma mãe e pai diferente são, tratados como semelhantes a irmãos comuns. No entanto, meios-irmãos com o mesmo pai e mães diferentes são tratados como se não fossem parentes.

c) Uma filha pertence ao subclã corporativo de sua mãe, que é dependente dela e de suas outras mulheres para seus membros na próxima geração. No entanto, quando ela se casa, é com o pai dela e o subclã dele que o povo de seu marido troca bens.

d) Quando a filha casada quer ficar grávida, seu pai pede aos antepassados de seu subclã que peçam aos antepassados do subclã de sua esposa e de sua filha para que enviem uma criança espírito.

7) O relacionamento das crianças com sua tia por parte de pai

a) Para um menino, a tia é o protótipo de uma mulher sexualmente elegível, com quem ele pode brincar livremente ou ter relações sexuais.

b) A filha dela, segundo os trobriandeses, é a esposa ideal para ele.

c) É a tia por parte de pai de uma mulher que toma a dianteira nos eventos relacionados com a gravidez e o parto dessa mulher; é a tia, e não a mãe, que faz um manto da gravidez.

8) Doações de colheita de inhames e relações entre afins

a) As doações de inhames, na sua forma ideal, vão de um homem para o marido de sua irmã.

b) Uma segunda forma de doação de inhame é de um filho casado para seu pai.

c) A doação de colheita de inhames é mais amplamente um relacionamento entre um subclã corporativo e os maridos de seus membros femininos e seus subclãs.

d) Quando um cônjuge morre, os membros do subclã dele ou dela não podem ter qualquer contacto com o corpo ou demonstrar o luto; essas coisas são feitas pelos parentes do cônjuge que sobreviveu que então recebe bens do subclã do cônjuge falecido na festa mortuária.

Poderíamos continuar ampliando o círculo de relacionamentos sociais e crenças e mostrar como eles se encaixam; mas a essa altura um número suficiente de elementos já foram introduzidos para ilustrar sua interconectividade funcional.

Nós consideramos nossa conectividade com nosso pai e mãe em termos de "relacionamento sanguíneo" que, por meio deles, se estende para tios, avós, primos, e assim por diante. Os trobriandeses consideram a conexão entre membros do subclã e mais fortemente entre irmão, irmã e o/a filho/a da irmã, em termos de "sangue". Sangue implica perpetuidade e continuidade como em (1) e (2b) no esboço acima.

No entanto ainda que o sangue e a continuidade imaterial com os espíritos deem perpetuidade e união ao subclã – como insiste o dogma da concepção – eles não podem tornar o subclã independente e capaz de se autoperpetuar. No tabu de irmão e irmã e na regra contra incesto no subclã, relações sanguíneas e sexuais são prejudiciais e rigidamente separadas. Membros do mesmo clã (veyola) podem também compartilhar sangue se também pertencerem ao mesmo subclã (WEINER, 1976: 53-60).

O dogma da perpetuidade e concepção do subclã afirma simbolicamente que o subclã é autônomo e autossustentável. Mas ideólogos trobriandeses aceitam que existem necessidades ecológicas, físicas e políticas e reconhecem a dependência do subclã de um complexo de serviços que eles próprios não podem fornecer. Na separação de sangue e sexo, essa necessidade de elos fora do subclã é expressa simbolicamente.

Mas a ideologia trobriandesa pode definir esses elos fora do subclã como sendo radicalmente diferentes dos laços de sangue. Eles são elos de influência, mas não de substância – como expressado mais diretamente na "moldagem" da criança pelo pai (LEACH, 1961). Os elos fora do subclã são criados pelo casamento, e a maior parte deles termina quando o casamento termina. Podemos considerar esses laços como "afins" e compreender quando os trobriandeses dizem ao etnógrafo que o pai é um "parente pelo casamento" (6a no esboço acima) – isto é, conectado por elos de influência, mas não de substância. Podemos ver por que eles dizem que meios-irmãos por parte de pai não compartilham o mesmo sangue (6b).

Como o subclã da criança está conectado por um vínculo "afim" e, portanto, sexual, com o subclã do pai, a irmã do pai é o objeto sexual prototípico, com quem um filho pode brincar ou ter relações sexuais (7a). Como a mãe e seu irmão estão separados pelo abismo do tabu (3c), ele e outros homens do próprio subclã dela devem evitar envolvimento nas questões relacionadas com sua sexualidade e vida reprodutiva. Portanto são seus "afins", o subclã do pai, que recebem as doações do casamento (6c) que ajudam para que ela fique grávida (6d) e que fornecem os serviços mágicos e rituais relacionados com sua gravidez e parto (7c) (ROBINSON, 1972). A razão pela qual são os parentes do cônjuge de um trobriandês falecido que lamentam sua morte e o enterram e não membros do subclã do próprio cônjuge falecido (8d), é porque o "vapor" mau que emana do morto poderia se espalhar para os que têm o mesmo sangue que ele; mas o "vapor" não pode atravessar os elos da afinidade, onde nenhuma substância comum fornece uma conexão. Quando os afins forem recompensados por esse serviço final nos ritos mortuários, a relação afim entre os dois subclãs chega ao fim.

Assim, os homens de um subclã devem enviar suas irmãs para fora para a sexualidade, a "moldagem" e a gravidez e parto dos quais eles próprios não podem participar; e depois devem receber de volta os filhos das irmãs que serão seus sucessores. A dependência de um subclã dos afins para os serviços e influências que seus próprios membros não podem fornecer é antes de tudo expressa no relacionamento de um homem com o marido de sua irmã, e, na próxima geração, na relação desses dois cunhados com as crianças do casamento (em que o pai e suas irmãs fornecem serviços que o irmão da mãe não pode fornecer). Como o filho é um membro do subclã de seu tio por parte de mãe, sua relação com seu pai se parece estruturalmente com a relação do "cunhado" de seu tio com seu pai e lhe dá continuidade.

Isso é ilustrado pelas transações da colheita de inhame (8). As transferências de inhames podem ser consideradas em parte como uma obrigação contratual em que um subclã corporativo recompensa seus afins pelos serviços que eles prestaram. O fato de um pai poder receber inhames da colheita de seu filho casado e também (ou em sucessão a) de seu cunhado (8b) faz sentido se considerarmos que o jovem está tomando o lugar de seu tio por parte de mãe.

Nos Casos 36 e 50 vimos como as doutrinas da emergência do subclã reforça o *status* dos subclãs guyau e suas reivindicações à terra. Uma estrutura de relacionamentos e poderes políticos, organizada em termos de casamentos estratégicos, e os relacionamentos de tributos que eles criam, opera por meio do sistema de doações de colheita e trocas mortuárias; e essas, por sua vez, são definidas em termos de símbolos culturais, ideias sobre obrigações dos afins, posição social do subclã e obrigações para com os mortos. As crenças religiosas dos trobriandeses e os ritos que elas motivam criam contextos para a exibição de riqueza e poder e para a ação coletiva dos subclãs como corporações. O fato de essas corporações consistirem, em termos culturais, de seus membros vivos e mortos, e de o passado, o presente e o futuro serem vistos como um processo contínuo, dão à solidariedade da ação coletiva uma dimensão cósmica. As crenças dos trobriandeses sobre procriação, sangue e os poderes femininos define um território em que as vidas e aspirações das mulheres são representadas, um território que é substancialmente separado do dos homens, embora o complemente (WEINER, 1976).

tropologia. Elas representam três correntes de pensamento em grande parte separadas cuja confluência foi um tema importante na antropologia social moderna.

Uma dessas correntes foi o estruturalismo de Claude Lévi-Strauss, que se originou da filosofia continental e da linguística estrutural. Uma segunda corrente, em grande parte inspirada pela linguística estrutural americana que é bastante diferente, foi a antropologia **cognitiva** que busca explorar as "gramáticas" da cultura. Uma terceira corrente, trazida mais diretamente para a antropologia pelo americano Clifford Geertz, vem das tradições humanistas da crítica literária e da filosofia que explorou símbolos, significados e metáforas. Outro olhar para a abordagem de Lévi-Strauss à estrutura cultural será um bom ponto de partida.

Na visão de Lévi-Strauss, a mente humana, o instrumento pelo qual as culturas são criadas, usa uma lógica relativamente simples para produzir sistemas simbólicos. Essa lógica, como os sistemas de sons da língua, é fundamentalmente *binária* (§ 6). Contrastes ou oposições simbólicas são postulados – e muitas vezes, como vimos na área do mito, são mediados por algum termo intermediário. Alguns povos aplicam esse modo ou pensamento relacional ao mundo de experiência sensorial: os animais, as plantas, as constelações, os indivíduos e os grupos que são sua evidência direta sobre o mundo. Como o faz-tudo que soluciona um número de problemas infinitamente variados reorganizando as peças e materiais que tem à mão, esses povos permanentemente rearranjam e classificam seu universo de experiência. Os arranjos precisos são quase infinitamente variáveis, mas o modo de organização, a estrutura dos *designs* é repetida continuamente. É como se a mente humana fosse uma máquina de produzir flocos de neve que nunca repete exatamente o mesmo padrão, mas que sempre produz o mesmo *tipo* de padrão.

Lévi-Strauss não argumenta que há uma "mente primitiva", um modo de pensar qualitativamente diferente, como fez Levy-Bruhl (1923). Os humanos modernos vivem em um mundo conceitual cujos materiais de construção foram enormemente expandidos pelo microscópio, pelo telescópio, os materiais da ciência e a linguagem da matemática; e nos tornamos também especialistas, mais semelhantes a um perito em eletrônica do que a um faz-tudo. O modo de pensar é o mesmo; são os produtos do pensamento que se transformaram.

As mesmas oposições simbólicas – cultura *versus* natureza, o sagrado *versus* o profano, o masculino *versus* o feminino, a direita *versus* a esquerda, o sol *versus* a lua – perpassam os territórios de todas as culturas. Os mesmos arranjos formais de contraste ocorrem repetidamente em uma cultura, e de uma cultura para outra. As diferenças estão na esfera do conteúdo, de tal forma que é possível mostrar como um desenho é uma cópia ou uma transformação de outro.

Como os mesmos modos de pensar são aplicados pelos povos tribais a um mundo de experiência sensorial direta que é muito parecido, seja na selva ou no deserto, os mesmos elementos, temas e contrastes ocorrem repetidamente em continentes diferentes: o fogo, a lua e o sol; o contraste entre os sexos, entre nosso grupo e os forasteiros, entre a natureza e a cultura; o uso de animais e plantas para simbolizar as relações entre grupos humanos. O intelecto humano luta contra as contradições e problemas existenciais que os seres humanos têm de enfrentar – a morte, a origem humana, o contraste entre pessoas e animais (e, portanto, entre cultura e natureza) usando uma lógica de polaridade e mediação. Como vimos no § 41, Lévi-Strauss se interessou cada vez mais pela área do mito, que ele considerou como um ponto de encontro onde o intelecto humano confronta os paradoxos e contradições da existência.

Essas abordagens ao simbolismo cultural – estruturalista, cognitiva, simbolista, e suas possibilidades, limitações e armadilhas – podem uma vez mais ser ilustradas de forma muito útil, por um exame dos materiais dos trobriandeses. Como é que começamos a abordar a estrutura de um sistema ideacional? Os trobriandeses podem falar com o antropólogo sobre seus subclãs, seus direitos proprietários, suas obrigações de colheita e suas observâncias religiosas. Mas o etnógrafo pode não ser capaz de perguntar aos trobriandeses o que é que a água simboliza em seus mitos ou quais são as premissas básicas de sua filosofia, ou que estrutura simbólica subjaz à organização de uma aldeia, com qualquer esperança de obter uma resposta clara ou até de ser entendido. A maior parte das pessoas está provavelmente tão inconsciente da lógica implícita e das estruturas simbólicas de sua cultura – ou é incapaz de verbalizá-las – quanto das regras de sua gramática. Como, então, o analista descobre essa lógica implícita e essas estruturas simbólicas? E como é que o analista sabe que as inferências que ele extraiu delas estão "corretas"?

Culturas como sistemas cognitivos: em busca de "gramáticas culturais"

Uma estratégia, que obteve seguidores otimistas na antropologia americana, foi buscar uma "gramática" de uma cultura por meio de métodos e modelos em grande parte copiados da linguística. Naquela tradição, uma cultura é considerada como um sistema *cognitivo*, um corpo de conhecimento do qual os atores nativos dependem para compreender seu mundo e uns aos outros, e para escolher comportamentos apropriados. Na prática, isso foi mais seriamente seguido por meio do estudo dos sistemas de classificação populares. Analisando a maneira como os trobriandeses categorizam os tipos de "coisas" em seu ambiente, não pudemos descobrir muita coisa sobre como eles percebem seu ambiente, natural e social; mas pudemos investigar a lógica subjacente à classificação e descobrir que aspectos da experiência perceptual eles tratam como mais importantes.

Embora Malinowski dê materiais linguísticos extensos, os conjuntos completos e materiais contextuais de que precisaríamos para reconstruir a estrutura semântica são raros. No entanto obtemos alguns indícios sobre os tipos de classifica-ções semânticas que o explorador das categorias populares trobriandesas encontraria. A fauna dos trobriandeses é esparsa – répteis, aves, morcegos, caranguejos e insetos. Não sabemos pelos textos de Malinowski como os trobriandeses classificam tipos diferentes de aves ou de cobras.

Mas o que nos interessa aqui são duas categorias de nível superior que abarcam todas essas criaturas terrestres: "coisas de baixo" e "coisas de cima". A primeira inclui cobras, caranguejos, iguanas e lagartos. A segunda inclui aves, morcegos e insetos. Ao analisar essas categorias segundo a etnociência (§ 6) podemos ver a diferença entre elas em termos de criaturas terrestres *versus* criaturas que voam. Mas o que dizer de insetos que não voam? Estão incluídos nas "coisas de cima"? Podemos descobrir que as "coisas de baixo" são classificadas juntas porque elas saem de buracos no chão, e particularmente porque todas elas mudam sua pele. Mas por que classificar na mesma categoria criaturas que mudam sua pele? Por que é lógico e significativo para os trobriandeses que o mundo seja dividido nessas categorias?

O problema é que, tendo descoberto tais sistemas de classificação popular, ficamos com uma descrição parcial das "coisas" rotuladas no mundo dos trobriandeses, e alguma evidência sobre as distinções que eles consideram tão importantes e que nós não o fazemos (e vice-versa). Mas o que é que isso nos diz sobre a cultura trobriandesa como sistema? E como investigamos mais profundamente do que essas categorias rotuladas para descobrir as concepções implícitas do mundo que se encontram sob elas?

Uma resposta é ir além da semântica etnográfica em uma direção prenunciada pela antiga antropologia cognitiva, mas que só raramente foi muito mais longe. Um dos etnógrafos que revisitou as Trobriandesas é o antropólogo linguista

Edwin Hutchins. Hutchins gravou e usou computadores para armazenar e recuperar sequências longas das conversas dos trobriandeses. O problema ao qual ele dirigiu sua atenção não foi tanto aquilo que os trobriandeses disseram uns aos outros em conversas que ocorreram naturalmente, e sim aquilo que eles *não* disseram: isto é, o que era presumido, o arcabouço de premissas e lógica cultural que fazia aquilo que, para o observador ocidental, pareciam trocas muito truncadas e crípticas compreensíveis apenas para os participantes. Escolhendo o litígio sobre a terra como o foco de sua pesquisa doutoral, Hutchins buscou analisar a lógica de argumento e o arcabouço de premissas em termos dos quais os trobriandeses avançam, compreendem e questionam as reivindicações de terra – um corpo de conhecimento, sugere ele, que os trobriandeses precisariam dominar para dizer o que dizem e compreender uns aos outros:

> Quando Kwaiwai diz [no litígio] que a horta foi para Oyveyova e voltou, ele descreveu uma série de eventos no mundo que quando descritos totalmente ocuparão 16 proposições. É claro, a quantidade de conhecimento de que precisa o ouvinte para expandir essas abreviações radicais é considerável. Aqui mais do que normalmente o esquema subjacente e as rotinas inferenciais precisam ser compartilhadas. Para que uma [declaração] como essa seja significativamente compreendida, aquele que a compreende deve também compartilhar com o orador [um conhecimento extenso de] eventos históricos específicos (HUTCHINS, 1980).

Como, então, representamos esse conhecimento e expressamos a lógica e as "rotinas inferenciais"? Os modelos originários da lógica ocidental serão apropriados para essa tarefa?

Hutchins, usando sistemas formais baseados no computador (e trabalhando ao lado de especialistas em inteligência artificial e na representação formal de memória na Universidade da Califórnia, São Diego), concluiu que os meios para essa representação formal estão emergindo rapidamente; e que não há nada assim tão exótico sobre a lógica do argumento trobriandês que não possa ser representado na tradição da lógica ocidental que, em última instância, vem de Aristóteles:

> A análise do litígio mostrou que um modelo de lógica popular desenvolvido a partir de puras fontes ocidentais é bastante adequado como um relato do raciocínio espontâneo dos ilhéus trobriandeses. Não há qualquer necessidade de postular uma lógica diferente... A diferença clara entre culturas está na representação do mundo do qual se pensa e não nos processos empregados enquanto se pensa (HUTCHINS, 1979: 236-237).

Tanto a adequação das línguas formais atuais para descrever conhecimento cultural e os possíveis universais do pensamento humano que subjazem à diversidade são temas aos quais voltaremos em breve. Precisamos agora retornar às "coisas de cima" e às "coisas de baixo" (presumindo que nós tenhamos analisado a estrutura semântica das classificações da fauna de seu ambiente ilhéu). O que aquilo nos diz – e não nos diz – sobre a lógica oculta e a estrutura simbólica da cultura trobriandesa?

Lógica oculta: culturas como estruturas simbólicas

Estudantes do simbolismo como Leach e Douglas insistiriam que a tarefa do antropólogo é ir mais além do que simplesmente descrever a semântica da classificação popular. Essas são criações culturais e nós queremos entender sua lógica – saber *por que* além de saber *o quê*. Leach (1965) faria com que nós olhássemos de mais perto aqueles estranhos animais que não são nem peixes nem aves, que caem no meio em um esquema de classificação. Ele acreditava que deveríamos examinar cuidadosamente as distinções "estranhas" tais como a perda da pele, e também observar que, nas raras ocasiões em que os maus espíritos ficam visíveis, é como répteis. E ele poderia querer que observássemos que quando as mulheres que são bruxas mudam sua forma e se transformam em *mulukwausi*, invisíveis voadores que atacam os homens à noite e no mar, sua presença pode ser reconhecida pelo cheiro de carne em apodrecimento – que pode ser uma transição simbólica entre a vida e a morte. Mas por que essas mudanças de forma e estado são importantes? Peles de cobras, bruxas, noite, mar – tudo isso é um enigma gigantesco? E por que "criaturas de baixo"? Se há uma estrutura em tudo isso, ela é mais profunda e mais sutil.

O material trobriandês apresentado no caso 53, embora incompleto, é rico e estimulador: com razão que ele estimulou tantas tentativas de análise e reinterpretação desde a época de Malinowski. A análise de Tambiah (1983) da linguagem da magia trobriandesa, por exemplo, sugere a estrutura simbólica valiosa no uso das cores, da botânica popular, da direção e de outras áreas. Mas, de qualquer forma, fomos longe o bastante para mostrar como esse tipo de análise simbólica pode trazer à luz a estrutura de uma cultura.

Estrutura cultural e vida real

É possível que essa análise nos diga algo sobre a vida trobriandesa, sobre o comportamento de indivíduos trobriandeses? É possível que essas interpretações simbólicas nos digam alguma coisa sobre os motivos, percepções e comportamento de pessoas reais? Peter Wilson (1969) argumenta que sim e ilustra com um exemplo trobriandês que é apresentado no Caso 54.

À medida que caminhamos para níveis mais profundos da estrutura, tais como aqueles retratados no Caso 54, mais elementos de uma cultura vão se encaixando. Mas as fundações relativamente sólidas da análise da classificação popular se dissolveram em algo menos tangível. Como sabemos se os trobriandeses pensam em termos desses padrões simbólicos ou se os usam para ordenar sua cultura? Talvez a associação simbólica entre sexualidade e garrafas de água seja transparente o bastante para o trobriandês médio para que ele perceba o padrão inconscientemente. Mas isso será necessariamente verdadeiro para algumas das associações que analistas tais como Tambiah e Tooker destilaram dos encantos mágicos e dos mitos? Como avaliamos interpretações alternativas?

Como poderemos estar seguros de que não estamos interpretando os sistemas simbólicos de uma cultura estranha em termos das premissas e lógica de nossa própria cultura? Esse perigo se reduz um pouco quando o etnógrafo que conhece bem uma língua está fazendo a análise. Mas muitas vezes, como com Tambiah, Tooker e Wilson, o intérprete depende de fontes publicadas. Lembrem-se de que, na interpretação que Wilson fez das garrafas de água, ele extrai uma equivalência simbólica entre água potável e a água do oceano que serve como meio para a gravidez através da volta dos espíritos *balomas*. Mas na maior parte das línguas do Massim, e, na verdade, na maioria das línguas melanésias, a água potável e a água salgada são rotuladas como substâncias separadas. Não há qualquer motivo para presumir que esses

CASO
53

As estruturas da cultura trobriandesa

Tentar revelar toda a estrutura da cultura trobriandesa iria muito mais além de nosso alcance – se isso fosse sequer possível para a antropologia. Mas alguns dos padrões simbólicos podem pelo menos ser vislumbrados. Podemos começar com algumas coisas fundamentais da cosmologia trobriandesa. Lembrem-se de que os antepassados há muito tempo vivem no subsolo e depois surgiram pelos buracos do subclã para o mundo. Os *balomas*, espíritos dos mortos, também moram no subsolo (MALINOWSKI, 1916: 170-171). Podemos estabelecer esses contrastes dualistas:

abaixo	:	acima
espíritos	:	humanos
imaterial	:	material
invisível	:	visível

A esses, outras análises agregariam contrastes como:

escuridão	:	luz
imortal	:	mortal
morte	:	vida
lua	:	sol

Em um esquema assim de dualismos simbólicos, vale sempre a pena examinar os estados intermediários e os seres. Assim, em sonhos e visões, os vivos podem se comunicar com os espíritos. Os buracos do subclã (e buracos em geral) são avenidas entre abaixo e acima. Mas por que os maus espíritos se manifestam como répteis? Por que mudam as peles, por que "criaturas de baixo"?

Em sua existência anterior os humanos eram imortais e subterrâneos. Quando envelheceram, descartaram-se de suas peles e cresceram novas peles, como fazem os espíritos *balomas*. Pouco tempo depois de surgirem pelos buracos do subclã no mundo de cima, os humanos perderam sua imortalidade em um incidente aparentemente trivial.

Mas as cobras, os caranguejos e os lagartos que surgem de buracos e ainda mudam suas peles são intermediários entre este mundo e o mundo subterrâneo e retêm os vestígios de imortalidade; ao contrário dos humanos e das aves, morcegos e insetos, eles são criaturas de BAIXO. É como uma criatura do ABAIXO, uma cobra ou uma iguana que um espírito mau fica visível para os humanos. Os caranguejos, que trouxeram a feitiçaria para os humanos do mundo dos espíritos, demoram a morrer, porque eles também são criaturas mediais do ABAIXO.

Mas isso só nos leva até as camadas mais externas de um setor do simbolismo trobriandês.

Como, em termos da cosmologia trobriandesa, podemos "explicar" os poderes extraordinários atribuídos às bruxas voadoras, de quem por um lado se acredita que são mortalmente perigosas para os marinheiros do *kula* e, por outro, que fornecem o modelo positivo de imitação para a canoa *kula* usada no mar profundo. Além do... mito famoso que trata de canoas voadoras e bruxas, as canoas são alvos de encantos como as mulheres e as bruxas voadoras. Na verdade eles insistem que as canoas atem suas saias e voem imitando as bruxas voadoras... Além disso, como a bruxa voadora que ataca os marinheiros náufragos a fim de comer suas entranhas, uma canoa naufragada no mar se torna canibal no momento em que... as cordas que a amarram se desintegram (TAMBIAH, 1983).

Começar a decifrar esses enigmas nos leva às conceitualizações do contraste masculino-feminino na cultura trobriandesa. Para Tambiah, o contraste entre bruxas, que são sempre mulheres, e os feiticeiros, que são sempre homens, nos dá um ponto de acesso: "A feitiçaria é involuntariamente herdada, por uma filha, de sua mãe. [As] características de uma bruxa mulher que foram listadas estão em uma comparação e oposição total às características que constituem um feiticeiro homem" (1983):

MASCULINO	:	FEMININO
BRUXO	:	BRUXA
VISÍVEL	:	INVISÍVEL
PESSOA NORMAL		DUPLO INVISÍVEL
PRÁTICA EXTERNA	:	TRANSFORMA-ÇÃO INTERNA
DOENÇAS CO-MUNS QUE MATAM LENTAMENTE	:	DOENÇAS SÚBITAS INCURÁVEIS
TRANSMISSÃO VOLUNTÁRIA POR TROCA	:	TRANSMISSÃO INVOLUNTÁRIA COMO HERANÇA

Tambiah observa que isso é paralelo a uma associação simbólica dos espíritos *balomas* (como "espíritos ancestrais impessoais que se reencarnam continuamente por meio das mulheres em um ciclo de nascimento e morte e renascimento") com as mulheres; e o *tabu*, os antepassados nomeados que surgiram do submundo, com os homens. Assim

HOMENS	:	MULHERES
TABU	:	*BALOMA*

Tambiah considera a bruxa como uma transformação simbólica dos *balomas*, produto tanto da projeção quanto da inversão:

> Enquanto os balomas surgem do subsolo para se encarnar como humanos no solo, a bruxa, que já é um humano no solo, desencarna e levanta voo. Assim, baloma, humano e bruxa pertencem às três áreas cosmológicas do subsolo, do solo, e acima do solo (céu).

Tambiah observa também que os *tauva'u,* espíritos malignos não humanos dos quais os homens adquirem poderes de feitiçaria, são para os *balomas* como os homens são para as mulheres.

> Embora os tauva'u deem seu conhecimento de feitiçaria para os homens, eles copulam com as bruxas. E em sua capacidade de surgir do solo como répteis ou cobras eles são como os balomas: criaturas do subsolo que perdem a pele e são também imortais. Mas enquanto os balomas são encarnados por meio das mulheres e nas mulheres, os tauva'u se comportam como maridos humanos para com mulheres malevolentes ao ter relações sexuais com elas [TAMBIAH, 1983].

Tambiah estende sua análise para redes complexas de associação mística e lógica cultural para buscar explicar a associação de conjunção e inversão pela qual a bruxa voadora e a canoa voadora estão conectadas. Ele nos leva, nessa viagem simbólica, até o *kula*. E procura mostrar uma conjunção lógica entre bruxas voadoras e canoas do além-mar (que são tratadas magicamente para fazê-las "voar") no contexto do *kula*. As bruxas voadoras, transformações involuntárias de mulheres, e as canoas voadoras, construções culturais pelos homens, são, curiosamente, inversões simbólicas uma da outra, que chegam a uma justaposição violenta quando, durante uma expedição *kula,* uma canoa naufragada é atacada por uma bruxa. Tambiah observa que é nas tempestades violentas, quando as áreas separadas da cosmologia trobriandesa, o mar e o céu, entram em uma conjunção turbulenta, que "as bruxas voadoras descendem lá do alto sobre suas vítimas impotentes" e a canoa, que é vítima dessa conjunção, é esmagada por um "mar turbulento... contra um céu que desmorona" (TAMBIAH, 1983).

O *kula* também inspirou outras interpretações simbólicas. McDougall (1975) interpreta o *kula* como um análogo masculino dos poderes procriadores das mulheres: "O *kula* permite aos homens colocarem em prática o papel procriador que lhes é sociologicamente negado e expressar os medos diretamente relacionados com suas situações sexuais". Ela caracteriza o *kula* como uma espécie de intercâmbio sexual masculino; e a magia *kula* como "semelhante à magia do amor", um instrumento que "vence e afasta os perigos do oceano associados com o sexo feminino".

Outra análise simbólica é a de Tooker (1979) que usa como base os *insights* de McDougall, mas os enquadra em uma estrutura mais global de simbolismo em que o "mar feminino" se agiganta como um caminho de glória cheio de perigos mortais. Tooker resolve explorar "a ordem lógica envolvida na associação de ideias relacionadas com o Mar Trobriandês, o *kula* e os relacionamentos masculino-femininos" (TOOKER, 1979: 46). Como Tambiah, ela vê uma associação simbólica entre as mulheres, os *balomas* e o mar – área com a qual os balomas são associados no mito e na magia e o meio pelo qual esses espíritos entram nos úteros das mulheres para renascerem como humanos.

Tooker explora a expressão trobriandesa de ideias básicas sobre a procriação e sobre masculinidade e feminilidade. A atividade masculina e o papel masculino na procriação estão conceitualizados em termos de *instrumentalidade* e *externalidade*; a atividade feminina e o papel feminino na procriação estão conceitualizados em termos de substância e internalidade. (Observe que isso expressa em termos ligeiramente diferentes o contraste simbólico que Tambiah estabelece entre o feiticeiro masculino, como agente voluntário operando sobre seus materiais mágicos, e a bruxa feminina, herdeira involuntária da essência malevolente; Tambiah contrastou a "prática externa" do bruxo com a "transformação interna" da bruxa.) Tooker considera o *kula* (realizado no mar associado com os balomas, os poderes das mulheres e a sexualidade física) como uma espécie de dramatização de uma contraideologia do sexo e da procriação:

> Poderíamos dizer que o *kula* é um tipo de "sexo masculino" em oposição ao [...] sexo

"físico" [...] a sedução por parte de um homem de seu parceiro *kula* é uma expressão de seu papel instrumental básico que nós também encontramos na procriação. O parceiro é "aberto" exatamente como a mulher é "aberta" no sexo. Mas o parceiro *kula* é aberto para que os *vaygu'a* (os bens do *kula*) possam passar e não os *balomas*. Esses bens que circulam são uma espécie de contrapartida masculina para a coligação de espíritos circulantes (TOOKER, 1979: 53).

Tal especulação simbólica nos leva para um gelo bastante fino. Como é que sabemos que essas interpretações estão "corretas"? O que é que "estar correto" significa quando estamos interpretando padrões simbólicos tão profundos? Voltaremos para essas perguntas adiante. Mas primeiro precisamos delinear rapidamente uma outra expressão da estrutura cultural trobriandesa, essa nas dramatizações do ritual.

O ponto mais alto do ano trobriandês, a *milamala*, é um festival de colheita – um período de danças, festas, visitações cerimoniais, trocas de alimento e de bens, e atividade sexual intensa. As atividades da *milamala* começam depois de os inhames serem colhidos, exibidos e distribuídos nas doações de colheita, e cerimoniosamente armazenados nas casas de inhames. A essa altura, celebrando a interrupção anual do cultivo e do ciclo de trabalho, uma ostentosa distribuição de comida é o sinal para que os tambores comecem a tocar e tenha início a dança. A *milamala* ocorre durante a primeira metade de um mês lunar e termina com a lua cheia. À medida que a lua vai crescendo, as atividades ficam mais intensas, com a dança ocorrendo durante toda a noite, visitas organizadas pelos jovens de uma aldeia à aldeia vizinha para desfrutar de sua hospitalidade sexual, e até visitas organizadas por toda a população de uma aldeia à aldeia vizinha, acompanhadas de manobras políticas, ameaças falsas e troca de bens cerimoniais.

Mas há um número de características curiosas que sugerem um tema simbólico mais sutil. Elas sugerem que esse é um contexto em que polaridades simbólicas são unidas ou invertidas. O feminino e o masculino, os espíritos e os vivos, a periferia e o centro, o abaixo e o acima são unidos ou invertidos.

Um elemento nessa união ou inversão de polaridades é expresso na área de sexualidade. Lembrem-se de que são as casas dos solteiros, no centro da aldeia, o domínio masculino, que são os ambientes principais para o sexo pré-marital; e lembrem-se também das polaridades simbó-licas para as quais Lévi-Strauss chamou nossa atenção em seu exame da aldeia trobriandesa (Caso 31):

PERIFÉRICO	:	CENTRAL
COZIDO	:	CRU
CASAMENTO	:	NÃO CASAMENTO
PROFANO	:	SAGRADO

Homens trobriandeses vestem as saias de palha das mulheres para uma dança.
Inversão de polaridades na *milamala*.

A polaridade simbólica de círculos internos e externos da aldeia podem, na verdade, expressar não um contraste simbólico entre CASAMENTO e NÃO CASAMENTO, como Lévi-Strauss argumentou (cf. Caso 31) e sim entre SEXO REGULAMENTADO E SEXO NÃO REGULAMENTADO (BOON, 1972: 127). O sexo pré-marital chega a seu auge durante a *milamala* e adquire uma espécie de reconhecimento aberto, um embelezamento cultural e um caráter coletivo em termos das visitas sexuais entre as aldeias. A mudança de ênfase do sexo individual, regulamentado e doméstico para o sexo coletivo, irrestrito e pré-marital e da periferia para o centro da aldeia, sugere que a *milamala* não só é um período de liminaridade (TURNER, 1967), mas também um período em que as polaridades são mediadas ou invertidas. Dadas as polaridades entre lua: sol e escuridão: luz, a maneira como a *milamala* atinge seu clímax na lua cheia provavelmente reflete sua união simbólica nesse período liminar de intensidade cultural extrema.

Aparentemente a dança no centro da aldeia, que atrai homens e mulheres ao redor dos tambores, serve como um meio para a união de dualidades. Durante a *milamala* os homens usam seus ornamentos festivos que enfatizam a masculinidade durante o dia, mas depois os retiram à noite; e, em algumas das danças, os dançarinos homens vestem as saias de palha das mulheres. A comida cozida, simbólica do reino doméstico das mulheres, é normalmente tabu na praça central. Mas na festa da abertura da *milamala*, a comida cozida é colocada e distribuída lá.

Mas a união mais dramática de oposições simbólicas na *milamala* é a volta dos espíritos *balomas* para sua aldeia. Durante toda a *milamala* os espíritos estão presentes e recebem ofertas de comida e bens cerimoniais (cujo "espírito" eles pegam). O elemento de inversão simbólica se revela vividamente nas altas plataformas feitas para os *balomas* de alta posição social – colocando-os ACIMA e não ABAIXO. Além disso, os *balomas* reforçam a suspensão das regras normais da vida. Se não estão satisfeitos com o comportamento das pessoas, ou com as doações de comida e bens, eles podem trazer o mau tempo ou até mesmo estragar a próxima safra. "Todos tinham de estar envolvidos no prazer, na dança e na libertinagem sexual, a fim de satisfazer os *balomas*" (MALINOWSKI, 1916: 185). A *milamala* termina na lua cheia quando os *balomas* são ritualmente enviados de volta para sua casa dos espíritos.

A inversão em que os *balomas*, criaturas do ABAIXO e simbolicamente associadas com as mulheres, com sexo físico e conexões procriativas de substância, entram no mundo do ACIMA, participando simbolicamente do domínio masculino de troca e política, é uma dramatização ao inverso daquilo que ocorre quando os homens morrem e entram no domínio simbolicamente feminino dos *balomas* em Tuma. Nesse mundo dos espíritos não são as buscas masculinas por prestígio que predominam:

> A habilidade na jardinagem ou na escultura, façanhas extraordinárias na guerra ou no kula, já não eram mais objetos de ambição para os espíritos. Em vez disso, vemos a dança e a beleza pessoal celebradas e essas coisas principalmente como um ambiente e uma preliminar para o desfrute do sexo (MALINOWSKI, 1929: 435).

Os *balomas*, ao voltarem para o ACIMA, imediatamente reentram no mundo de preocupações masculinas e trazem com eles a celebração da beleza e da sexualidade, a união do masculino e do feminino, livre de sua polarização na vida política e econômica que é dramatizada pela *milamala*.

povos consideram a água potável e a água salgada como duas versões da mesma substância (e, portanto, simbolicamente intercambiáveis). Felizmente para Wilson o kiriwina parece ser a única língua na região que rotula os dois "tipos" de água mais ou menos como nós fazemos. Mas, ainda assim, será que podemos presumir confiantemente que eles são igualados simbolicamente nesses contextos? Tais dúvidas e dilemas atravessam grande parte da interpretação antropológica do simbolismo.

CASO 54

As garrafas de água trobriandesas

Malinowski (1929: 98-99) relatou um evento que o espantou. O filho de um chefe importante descobriu sua esposa nos braços de seu meio-irmão. Ele reagiu com óbvia raiva; mas em vez de bater na esposa ou em seu amante, ele quebrou todas as garrafas de água da esposa. E depois, aparentemente satisfeito, apareceu publicamente "sentado ao lado da esposa em perfeita harmonia". Malinowski observa em outros lugares que quando o esposo está zangado com a esposa ele pode expressar essa zanga quebrando suas garrafas d'água ou queimando sua saia de palha (Malinowski 1929: 21). Mas isso pareceu a Malinowski uma resposta inadequada e, portanto, idiossincrática, à esposa e ao meio-irmão apanhados no ato de adultério.

Sabemos o bastante sobre agressão deslocada para entender que, ao redirigir sua raiva às garrafas d'água, o marido desviou sua agressão e a possibilidade de um ataque direto no par adúltero. O redirecionamento da agressão – chutar uma parede por frustração – é uma parte antiga de nossa herança mamífera. Mas por que as garrafas d'água? E é uma coincidência que a esposa tinha levado as garrafas de água como um pretexto para encontrar o amante? Wilson (1969: 287) observa um mito no qual as mulheres que são estupradas enquanto apanham a água estão mais irritadas por terem quebrado a garrafa d'água do que pela violação física. Ele observa que o poço é "o clube das mulheres ou centro dos mexericos" (MALINOWSKI, 1929: 17) e que encher as garrafas d'água é um dever exclusivamente feminino. Além disso, a água e o meio pelo qual a concepção ocorre. Não só uma criança espírito normalmente entra no corpo de uma mulher por meio da água (de tal forma que se ela quiser evitar a concepção fica longe da água); mas seu irmão ou o irmão de sua mãe podem facilitar a concepção coletando a água em um enfardador de água (não uma garrafa de água) e o deixando na cabana da mulher da noite para o dia. Wilson argumenta que há uma associação simbólica da água com os poderes reprodutivos das mulheres. Ele observa também que a linha simbólica traçada pela cultura trobriandesa entre os domínios masculino e feminino é ao redor da cabeça. Wilson (1969: 287) argumenta que simbolicamente "a cabeça de uma mulher é a parte dela que é a junção e o ponto de partida para a paixão, a concepção e a criação, e para o processo psicológico ou emocional e fisiológico do parto".

Acesso a significados e à distribuição do conhecimento

Grande parte do trabalho na análise de símbolos tem como base a premissa de que uma cultura consiste de um sistema de significados compartilhados. Presumindo que os significados são compartilhados e públicos e que o sistema transcende as versões e as variações individuais podemos juntar as pistas para o simbolismo sem preocupar-nos sobre quem sabe o quê.

Mas agora parece particularmente urgente levar em conta a maneira como os significados são acessíveis aos indivíduos – adotar uma visão *distributiva* da cultura como sistema de símbolos.

Será que os trobriandeses inconscientemente "compreendem" os relacionamentos simbólicos e de imagem de espelho entre as bruxas e os bruxos, os *balomas* e os *tabus*? É possível que os objetivos do simbolismo que tudo abrangem, nos níveis mais profundos e mais globais, são compreendidos apenas por uns poucos filósofos populares? Etnógrafos como Malinowski inevitavelmente procuram e são enviados para os membros mais versados da comunidade. Eles transmitem os mitos, os relatos rituais e as interpretações que passam a ser os textos para a análise simbólica. Será que outros membros da sociedade dominam o conhecimento de que precisariam para entender os níveis mais

O fato de o poder de criação unir simbolicamente a cabeça e a água surge no mito do incesto dos trobriandeses. O irmão de uma mulher traz água para sua casa – mas ele o faz, inapropriadamente, em garrafas de água e não em um balde. A mãe da moça não trará a água até ela, por isso ela mesma vai buscá-la; ao fazê-lo, inadvertidamente derruba a casca de coco que contém óleo de coco que foi fermentado pelo seu irmão e transformado em poções de amor. Um pouco do óleo cai sobre sua cabeça; ela é tomada de desejo por seu irmão e eles correm para a praia e têm relações sexuais.

Wilson acredita que as garrafas d'água, também feitas de cascas de coco, simbolicamente representam o relacionamento sexual entre marido e mulher, sendo carregado na cabeça das mulheres, recipientes de água como o instrumento da vida e símbolos por excelência do papel doméstico das mulheres. Ele argumenta que elas servem, correspondentemente, como símbolos do tabu do incesto que separa uma mulher de seu irmão e dos parentes matrilineares.

Para um marido, as garrafas d'água de sua esposa indicam sua sexualidade e seu direito àquela sexualidade. A água contida nelas, e o fato de ela as levar na cabeça, significa seus poderes de dar a vida e sua relação com o irmão. Para o irmão as garrafas d'água significam o tabu do incesto e a água contida nelas seus direitos aos filhos da irmã. Para uma mulher uma garrafa d'água é o nexo simbólico de sua posição social total: seu relacionamento com o marido e, portanto, sua sexualidade, seu relacionamento com o irmão e, portanto, seus deveres procriadores (WILSON, 1969: 288).

O fato de a esposa adúltera ter levado suas garrafas d'água como pretexto para encontrar seu amante, de o marido traído ter demonstrado sua agressão quebrando as garrafas e não a esposa, e de seus companheiros trobriandeses terem aceitado isso como uma reação bastante apropriada, não é estranho ou idiossincrático, argumenta Wilson. Ao contrário, eles constituem mensagens apropriadas em um código simbólico que os trobriandeses compartilham e (ainda que inconscientemente) "compreendem".

profundos do simbolismo? Precisamos entender o simbolismo de um ritual tal como a *milamala* para participar adequadamente dele?

Na antropologia, os estudantes do simbolismo responderam a essas dúvidas muitas vezes afirmando que "entender significados" não quer dizer ser capaz de explicá-los – que os atores nativos inconscientemente entendem uma gramática de símbolos como entendem a gramática de sua língua. Símbolos, argumentam eles, não "substituem" necessariamente coisas, eles representam relacionamentos. Os atores nativos inconscientemente percebem esses padrões, expressos no ritual ou no mito, embora eles próprios não possam oferecer qualquer interpretação. Isso provavelmente é verdade; mas no melhor dos casos é uma verdade parcial.

Se presumirmos que todos os atores nativos inconscientemente percebem os significados simbólicos, não somos capazes de lidar eficazmente com os muitos casos em que os segredos do significado simbólico são sucessivamente revelados para os iniciados (como nas sociedades poro e sande dos kpelles, Caso 39, ou muitos sistemas de cultos iniciatórios masculinos na Amazônia, na Nova Guiné e na Austrália aborígene). Assim Barth, em seu relato dos baktamans da Papua-Nova Guiné (BARTH, 1975), descreve como o conhecimento secreto que permite uma interpretação progressivamente mais profunda e mais abrangente do simbolismo ritual é revelado aos jovens passo a passo à medida que eles vão passando por uma sequência iniciatória. Os baktamans têm um sistema extremamente elaborado e sutil de simbolismo da cor. O conhecimento das chaves para esse simbolismo é adquirido à medida que um homem vai progredindo pelos seus graus iniciatórios; e esse conhecimento permite aos iniciados entenderem, em estágios progressivos, o simbolismo dos escudos pintados usados no ritual:

> Muito poucos baktamans trazem o conhecimento necessário para sua leitura das cores em um escudo de tal forma que possam decodificar a mensagem inteira... As mulheres terão apenas... contextos públicos... a partir dos quais desenvolver sua compreensão do código da cor (BARTH, 1975: 177-178).

A economia política do conhecimento

A compreensão de como o acesso ao conhecimento pode ser controlado e pode servir como uma base para o poder (como no caso dos anciãos kpelles que controlam os poros; Caso 39) torna ainda mais urgente a necessidade de considerar que os significados são distribuídos desigualmente nas comunidades. Não podemos confortavelmente presumir que as elaborações simbólicas da cultura trobriandesa são igualmente a criação de homens e mulheres ou de guyaus e pessoas comuns. Perdemos muito facilmente de vista a política de símbolos – sua criação e seu uso – se acharmos que a antropologia é uma espécie de "criptografia cultural". Nas sociedades em que o conhecimento transmite poder, onde os encantos mágicos constituem propriedade e o conhecimen-

to do mito é guardado zelosamente, devemos levar seriamente em conta quem comanda as chaves para a compreensão simbólica, e para que elas são usadas. A criptografia cultural deve pelo menos ser complementada por uma "economia política do conhecimento" que pergunta quem cria o conhecimento secreto, quem ganha acesso a ele, e como ele é usado. Os bimin kuskusmins da Nova Guiné, que têm uma hierarquia elaborada de graus iniciatórios masculinos, têm uma imagem adequada para a maneira como o conhecimento esotérico é progressivamente revelado aos iniciados. Os significados simbólicos são superpostos como uma cebola: as camadas externas vão sendo progressivamente descascadas até que aos iniciados é permitido ver os segredos ocultos mais profundamente. É uma imagem que vale a pena lembrar quando nos envolvemos em criptografia cultural. Os atores nativos em uma sociedade tal como a dos trobriandeses, totalmente capazes de participar do *kula* ou da *milamala*, podem ter acesso a camadas bastante diferentes da cebola – podem entender os mesmos eventos de maneiras bastante diferentes.

Há outro perigo na criptografia cultural. Se tentarmos descobrir o simbolismo oculto do ritual, estaremos inclinados a superintelectualizar aquilo que para os participantes é uma maneira de realizar um trabalho coletivo. Barth frisa bem esse ponto no caso dos baktamans:

> Ritos... *fazem* algo além de *dizer* algo... São os interesses do ritual baktaman – o taro, o cultivo, os porcos – que integram até as categorias mais passivas e excluídas... no culto e fazem de toda a população uma congregação unificada com um objetivo comum (1975: 209-210).

O que importa é realizar o rito corretamente, e com isso obter as metas desejadas e evitar a ira dos antepassados ou dos deuses; com razão que os rituais são experiências coletivas emocionalmente poderosas embora os participantes possam entender a significância secreta dos símbolos culturais de maneiras e em graus bastante diferentes.

Essas dúvidas e preocupações nos serão muito úteis quando tentarmos, nas páginas finais da Parte 3, atar os fios dos capítulos anteriores em uma síntese coerente, uma formulação da dinâmica interna das sociedades de pequena escala. Precisamos perguntar, primeiramente, se ainda existem estruturas culturais mais profundas. Haverá, subjacentes aos tipos de estruturas simbólicas que encontramos nas Trobriandesas e em outras sociedades tribais, algumas premissas mais fundamentais sobre o universo e o lugar dos humanos nele? Podemos caracterizar modos de vida que representem "visões de mundo" contrastantes?

44 Culturas, visões do mundo e diversidade

Visão do mundo

Na antropologia americana foi feito um sério esforço nas décadas de 1940 e 1950 para caracterizar as filosofias ou visões do mundo de povos não ocidentais. Isso foi parcialmente impulsionado pelo esforço, na Segunda Guerra Mundial, para analisar o "caráter nacional" dos alemães, dos japoneses e de outros povos com quem os Estados Unidos estavam envolvidos como inimigos ou como aliados. Mas um impulso mais sério foi o diálogo entre antropólogos, especialmente Clyde Kluckhohn e filósofos, inclusive F.S.C. Northrop, Ethel Albert e David Bidney. Kluckhohn atraiu estudiosos como esses para uma colaboração muito próxima ao examinar os **valores** ou as "concepções do desejável" de povos não ocidentais, em

contraste com aquelas do Ocidente. O próprio Kluckhohn procurou caracterizar a visão do mundo e os valores dos navahos com quem ele trabalhou durante anos. Entre esses esforços para caracterizar as diferentes visões do mundo de povos específicos, alguns dos mais ousados e estimulantes usaram como base os *insights* de Benjamin Lee Whorf sobre a maneira como a língua estrutura o pensamento (§ 6). Seguindo a direção de Whorf, Dorothy Lee buscou descobrir como uma visão do mundo está codificada em uma língua. Como muitos outros antropólogos, ela se voltou para os valiosos textos linguísticos de Malinowski. Embora nunca tivesse ouvido um trobriandês falar, ela mergulhou nesses textos para tentar "pensar" seu caminho para o mundo trobriandês trabalhando por meio da língua. Uma primeira tentativa para extrair a visão do mundo trobriandesa (LEE, 1940) a contrastou com a de uma pessoa de língua inglesa. Mas ela tinha muitas dúvidas se era possível transmitir fielmente a visão de mundo dos trobriandeses em termos daquilo que ela não era, ou seja, em termos de contrastes. Em um segundo texto, Lee (1949: 401-415) tentou delinear o mundo trobriandês em seus próprios termos – um desafio imensamente difícil quando é preciso escrever em inglês sobre outra língua (cf. Caso 55).

Sob a diversidade

Há um problema mais profundo sobre a estrutura de uma língua e também de seus usos. A teoria gramatical moderna considera as línguas como se tivessem uma estrutura lógica fundamentalmente semelhante e universal, subjacente aos tipos de diversidade no nível da estrutura superficial, Lee descreve para a língua kiriwinan. As estruturas, assim como os usos da língua, pesam

CASO
55

A visão de mundo dos trobrian-deses estruturada na sua língua

Entre os ilhéus das Trobriandesas, como com outros povos, "a língua... incorpora as premissas da cultura e codifica a realidade de tal forma que a apresenta como absoluta" para aqueles que a falam. Os que falam kiriwinan "estão interessados em ser, e nada mais do que ser. Mudança e transformação são estranhas a seu modo de pensar. Um objeto ou evento é captado e avaliado só em termos de si mesmo". Ele não é definido, o que implica contraste com outras coisas, mas é concebido em termos daquilo que ele é. Cada evento é captado intempestivamente "considerado em relação a outras coisas apenas pelo fato de ser parte de um padrão ordenado".

Se eu fosse com um trobriandês a um jardim onde o taytu, uma espécie de inhame, tivesse acabado de ser colhido, eu voltaria e diria a você: "Há bons taytus lá: no grau exato de madureza, grandes e de formas perfeitas; nem um pedaço murcho, nem um pedaço podre..." O trobriandês voltaria e diria "taytu"; e ele teria dito tudo o que eu disse e até mais (LEE, 1949: 402).

A história e a realidade mística não são "o passado" para o trobriandês. Eles estão para sempre presentes, participando em todo ser corrente, dando sentido a todas suas atividades e toda a existência (p. 403).

Para ser bom (um objeto) deve ser o mesmo sempre... O ser trobriandês nunca passou a existir; ele foi sempre, exatamente como agora (p. 405).

Para o trobriandês, os eventos não se encaixam por sua própria conta em um padrão de relacionamentos casuais... O mágico não causa que certas coisas sejam; ele as faz (p. 400-407).

O trobriandês realiza atos pela própria atividade, não por seus efeitos... ele valoriza objetos porque são bons, não bons *para* (p. 408).

[No entanto] o ser não tem nenhuma existência independente. Ele é ele mesmo apenas como parte de um padrão estabelecido... O ser é considerado... como um ponto fixo em um todo único e imutável (p. 409).

Para membros de nossa cultura, o valor encontra-se idealmente na mudança, em se afastar do padrão estabelecido... O trobriandês, pelo contrário, espera e quer que o próximo ano seja o mesmo que este ano e igual ao ano antes de sua cultura surgir do subsolo (p. 413).

Finalmente, Lee especula sobre o nível e a relevância desse contraste linguisticamente estruturado em visões do mundo:

Nós, que baseamos nosso comportamento em relacionamentos, lemos esses relacionamentos na realidade ou eles nos são dados? Qual codificação é verdadeira para

bastante contra as inferências de que o mundo das ideias de outros povos são radicalmente diferentes dos nossos.

Há bons motivos para esperar que as maneiras humanas de vivenciar e raciocinar sobre o tempo, o espaço e a causalidade sejam uma parte de nossa herança biológica mamífera – por mais que os povos possam agregar coisas a essas maneiras em idiomas culturais diferentes. Sejam quais forem as elaborações filosóficas que os trobriandeses posa realidade?... Nossa codificação específica nos deixa cegos para outros aspectos da realidade. Ou os faz sem sentido quando apresentados. Mas uma codificação não esgota a realidade... Os trobriandeses, segundo nossa visão da vida, deveriam ser autômatos entediados... Na verdade eles agem como querem agir, eretos e seguros, nas atividades que contêm significado e satisfação (LEE, 1949: 415).

As intuições de Lee, como as análises de Whorf da visão de mundo dos hopis, capturam a imaginação com sua vividez. E elas se tornaram duplamente plausíveis para muitos no Ocidente presos em contraculturas que questionam a racionalidade difusa e destrutiva do pensamento ocidental e procuram uma visão mais mística e holista do mundo na sabedoria de outros povos. Mas Lee teria razão? Vale a pena citar as observações do antropólogo linguista Edwin Hutchins, que aprendeu kiriwinan fluentemente e explorou os usos da língua na conversação cotidiana e os processos de raciocínio que subjazem o discurso trobriandês. Sobre a afirmação de Lee que "a temporalidade, a causação, a teleologia e os relacionamentos em geral não têm nem sentido nem relevância para o comportamento trobriandês" (LEE, 1949: 415), Hutchins teve isso a dizer:

> Tais afirmações podem ser críveis quando avaliadas apenas à luz dos dados limitados que Lee apresenta... Para alguém que viveu nas Trobriandesas, aprendeu a língua e vivenciou a complexidade da vida cotidiana lá, no entanto, essas afirmações são absurdas... Embora as crenças dos trobriandeses so-

bre o mundo seja, em algumas áreas, muito diferentes das nossas, é injustificado inferir a partir da diferença em conteúdo que a maneira como os trobriandeses raciocinam sobre o que eles creem é substancialmente diferente da maneira como nós raciocinamos sobre aquilo em que acreditamos (HUTCHINS, 1979: 13,16).

Se isso é verdade, por que é que Lee chegou a uma conclusão assim tão diferente sobre a natureza do raciocínio trobriandês? "Mesmo se ignorarmos os problemas que Lee enfrentou ao trabalhar com dados linguísticos sem conhecimento da língua em que eles são expressos," Hutchins conclui, os dados de Malinowski forneceram o tipo errado de amostra do kiriwinan: sobretudo encantos mágicos e textos místicos. Esses textos, que Malinowski podia transcrever com papel e lápis, nos dias antes dos gravadores de fita, são radicalmente diferentes da conversação cotidiana: "Encantos mágicos... são como fala telegráfica, tão desprovidos de especificação clara das relações que muitas vezes eles parecem crípticos até mesmo para os trobriandeses" (HUTCHINS, 1979: 16).

A lógica do raciocínio silogístico, que Hutchins ouviu sendo expressa universalmente no litígio sobre a terra dos trobriandeses não foi percebido por Lee, porque, primeiro, "Malinowski não pôde fazer um registro escrito [por falta de um gravador que ainda não tinha sido inventado] dos tipos de fala nas quais o raciocínio silogístico é explicitado", e segundo, porque, "nunca tendo vivido nas Trobriandesas, Lee não teve qualquer acesso, e assim não poderia explicitar as premissas implícitas que subjazem o discurso que foi registrado" (HUTCHINS, 1979: 16).

sam fazer sobre relacionamentos causais, como em sua teoria de concepção e seus sistemas de magia, parece provável que é parte do equipamento mamífero do qual sua capacidade de aprender e de sobreviver dependem, que eles "compreendam causalidade": o remo de uma canoa enfiado na água e empurrado em uma direção fará com que a canoa vá na outra direção; tirar um taro assado do fogo leva a uma mão queimada; um furo feito na pele com uma arma afiada faz com que o sangue saia. Os trobriandeses, como outros humanos, têm convenções linguísticas especiais para falar sobre esses tipos de relacionamentos, maneiras que podem ser superficialmente bastante diferentes das nossas.

O sistema simbólico e outras redes de premissas e concepção cultural dos trobriandeses que nós delineamos mostram que os humanos podem dar interpretações muito diferentes às experiências humanas mais básicas do passado, do presente e do futuro, da conectividade entre eventos (como testemunha a lógica da magia contagiosa ou as explicações para as mordidas de cobra), do nascimento e da morte, da doença e da saúde, do sucesso e do fracasso. Mas a interpretação errônea da visão do mundo trobriandesa feita por Lee nos deve prevenir que é fácil tomar as convenções linguísticas para falar sobre o mundo – sistemas convencionais de metáfora, ou regras gramaticais da estrutura superficial – como evidência de um grande abismo entre o mundo de outro povo e o nosso. Um etnógrafo trobriandês passeando pelos Estados Unidos poderia ser levado a descrever um mundo conceitual estranho em que o resultado dos eventos era determinado pela combinação de forças cósmicas opostas de boa sorte e má sorte.

Os abismos entre modelos culturais de realidade de povos diferentes não podem ser adequadamente caracterizados ou como superficiais ou como profundos. Os processos de pensamento, percepção e memória são muito fortemente estruturados por um cérebro de *homo sapiens* que é o mesmo na Amazônia ou na Nigéria, em Nova York ou nas Ilhas Trobriandesas. A variedade de culturas que são pensáveis e passíveis de serem aprendidas por membros de nossa espécie é provavelmente – em termos de organização e lógica formais – bastante restrita. Mas, por outro lado, a variação no *conteúdo* ou *substância* (em oposição

à estrutura e organização) de mundos construídos culturalmente é surpreendente. Se começarmos com as premissas "normais" que os humanos, como seres culturais, fazem – que nossos modos de vida e de pensamento são *os* modos, que as coisas que presumimos como verdade são fatos óbvios do mundo –, então a diversidade dos caminhos humanos são surpreendentes, e às vezes inacreditáveis.

Tendo examinado os caminhos humanos na perspectiva comparativa mais ampla, precisamos agora nos voltar das sociedades de pequena escala de um passado que desaparece para as vastas complexidades e rápidas mudanças do mundo contemporâneo. Antes de fazê-lo, será útil atar os fios do argumento e da interpretação delineada nos capítulos anteriores em um conjunto de orientações teóricas mais coerentes. Então, armados conceitualmente, podemos nos voltar para os desenvolvimentos que transformaram o mundo não ocidental e também o nosso.

45 Em busca de uma teoria de mudança

O arcabouço teórico que foi prenunciado no final do Capítulo 7, introduzido no Capítulo 8 e desenvolvido nos capítulos subsequentes, propõe uma lógica de interconexão, uma dinâmica interna, nos relacionamentos dos humanos com seu meio ambiente e uns com os outros, os relacionamentos entre o social e o cultural. Esse arcabouço teórico ainda não está plenamente desenvolvido, particularmente em sua aplicação à variedade de sociedades que os antropólogos tradicionalmente estudavam. Precisamos agora rever esse *design* teórico, atando os fios que deixamos desconectados nos capítulos anteriores; e respondendo mais diretamente às questões propostas no final do Capítulo 7, em que as soluções sugeridas pelos proponentes do "materialismo cultural" foram consideradas inadequadas.

As bases neomarxistas de uma teoria mista

Um componente importante da conceitualização combinada do processo sociocultural desenvolvido nos capítulos anteriores vem da teoria neomarxista. Esse corpo de teoria começa com a premissa de que os humanos só se envolvem com o mundo dentro de sistemas sociais. Essa ênfase no lado social da produção, na economia como um sistema sociocultural e não na ecologia como um sistema biológico, é um dos contrastes mais importantes entre essa abordagem neomarxista e o materialismo cultural.

> Ser humano é ser social, pois só podemos nos reproduzir através da produção cooperativa de nossos meios de subsistência [...]. Não existem sujeitos individuais autônomos, despidos da indumentária acidental da cultura e da história (O'LAUGHLIN, 1975: 346-347).

> A visão de Marx é [...] bastante diferente daquela da maioria de materialistas culturais e ecologistas culturais que insistem que o significado último da história se encontra nos processos tecnológicos. O problema aqui é que a mudança tecnológica passa a ser uma [...] variável independente: os meios pelos quais as relações sociais da produção afetam o desenvolvimento das forças produtivas ficam sistematicamente sem ser analisados (O'LAUGHLIN, 1975: 355).

O envolvimento de uma população humana com o mundo físico tem tanto um lado social, organizacional – as **relações de produção** ou "re-

lações entre as pessoas" (O'LAUGHLIN, 1975: 349) – e um lado físico, tecnológico – as **forças de produção** ou relações "entre pessoas e a natureza". A inter-relação de dois lados entre a organização das relações sociais e o lado tecnológico da produção significa que a mudança social não é simplesmente uma resposta adaptativa às pressões ecológicas ou demográficas. A organização das relações sociais estrutura o encontro entre uma população e seu ecossistema. É essa duplicidade que exclui a possibilidade de qualquer simples determinismo ambiental. A base econômica, o sistema de dois lados das relações sociais e forças de produção, molda a forma de uma sociedade. Mas isso, Marx insistiu, é determinação "na última instância".

Vamos rever o que isso significa. Em uma sociedade com pouca acumulação dos produtos do trabalho, a produção de excedentes para a distribuição e troca depende do controle sobre o casamento e a fertilidade. Sem classes ou instituições políticas centralizadas, grupos locais autônomos fornecem os cenários para a produção e a troca, e para o controle sobre a terra e sobre os recursos. Por isso encontramos a centralidade das instituições do parentesco na organização e reprodução de um sistema de produção.

Nas Trobriandesas, os subclãs controlam a terra e a magia (recursos fundamentais no processo produtivo); os canais de troca e distribuição de excedentes são os do parentesco. Mesmo a subordinação política é expressa em idiomas de parentesco e aliança marital. Em contraste, entre os astecas (Caso 11) a produção era acumulada nas estruturas físicas de uma cidade vasta e sistemas agrícolas intensificados; e um sistema de classes dominado por sacerdotes e guerreiros nobres dependia de um Estado expansionista e repressivo e de uma religião sedenta de sangue. As relações do parentesco eram de importância secundária; nos ambientes familiares os astecas comiam, dormiam, davam à luz e criavam os filhos. Mas nem a organização da força de trabalho nem o controle e distribuição dos excedentes era baseado no parentesco.

É nesse sentido que a base econômica é "determinante em última instância" da estrutura fundamental de uma sociedade – dos tipos de instituições e ideologias superestruturais que irão se desenvolver e sua natureza. Assim encontramos a centralidade do parentesco nas Trobriandesas e de uma religião que define as relações entre os comuns e os chefes, entre homens e mulheres, entre antepassados e descendentes em um idioma de descendência cíclica. Entre os astecas, as instituições políticas de controle estatal e expansão militarista trouxeram escravos, cativos para o sacrifício, tributos, e gratificações em uma economia que só podia crescer devorando seus vizinhos. Um sacerdócio e uma nobreza eram sustentados por uma religião estatal que definia a guerra e o extermínio como dever religioso.

Mas essa "determinação em última instância" não é determinação pela falta de proteína. Não é um processo mecânico de resposta cultural à necessidade natural. E não é uma determinação em que todos os detalhes de ritual ou cosmologia ou o padrão de parentesco têm uma racionalidade ecológica oculta. Uma elite dominante entre os astecas poderia ter desenvolvido mil religiões que teriam sustentado seu poder e expansionismo. Nós não temos de encontrar uma racionalidade ecológica oculta em cada crença, rito e costume; sua "racionalidade" política e econômica é determinada de uma maneira muito menos mecânica, uma maneira que deixa bastante espaço para as elaborações simbólicas da mente. As ideologias do perigo ritual das mulheres, os rituais de culto masculino e segredos iniciatórios, não são redutíveis a algum objetivo demográfico ou ecológico oculto. Eles são, ao mesmo tempo, ideologias que mistificam e *celestializam*, e criações simbólicas com uma lógica e estrutura tal como aquela que exploramos nos mitos, ritos e cosmologia dos trobriandeses.

Culturas como sistemas ideacionais em uma teoria de mudança

A tradição marxista não procura reduzir a estrutura cultural a algo mais "real" externo à sociedade. Mas ela, sim, insiste que vemos nos relacionamentos produtivos as condições que levam a elaborações simbólicas em uma área e não em outra, e que procuramos as consequências – no controle das pessoas e de seu trabalho – de ideologias de poluição, perpetuidade do subclã e reencarnação e controle dos antepassados.

A abordagem marxista insistiria que as elaborações do simbolismo cultural – tais como o simbolismo do mar e da terra dos trobriandeses, o acima e o abaixo, o masculino e o feminino – devem ser entendidos em um contexto social e econômico, e não simplesmente decifrados como um enigma lógico:

> As representações culturais só existem quando elas são organizadas socialmente... as representações culturais não são sistemas lógicos lutando por coerência, pois elas são em última instância ordenadas pelos contextos sociais, não pela lógica da mente (O' LAUGHLIN, 1975: 348).

Se levarmos esse tipo de análise até suas últimas implicações seremos obrigados a considerar o compromisso comum de um povo tribal com um sistema de símbolos culturais como problemático: essas ideologias culturais são mistificações que *celestializam* e, portanto, disfarçam as realidades políticas.

Se a consciência não representa fielmente as condições sociais da existência [como em uma sociedade em que as mulheres aceitam os termos de sua subordinação como sendo estabelecidas e policiadas pelos antepassados com quem os homens se comunicam em suas casas de homens] então nunca podemos entender totalmente essas condições por meio das representações da consciência subjetiva... A visão do sujeito (seja consciente ou inconsciente) provavelmente será uma mistificação das relações sociais subjacentes (O'LAUGHLIN, 1975: 348).

Isto é, de um ponto de vista marxista, não podemos acreditar piamente no compromisso que um povo tem com seu modo de vida, não podemos analisar um sistema social unicamente através das categorias culturais e dos significados dos atos e costumes para aqueles que os realizam e os seguem.

A visão de dentro, a visão de fora

Assim, olhar um modo de vida pelos olhos dos atores nativos, em termos de significados e valores culturais, mostra-nos aquilo que são, em última instância, ilusões. Esses sistemas culturais retratam como eterno e cósmico o que foi criado pelos humanos em contextos políticos e econômicos reais e estão mudando constantemente. Se examinarmos um mundo culturalmente definido como se fosse "real", ficaremos sem uma teoria de mudança, ou uma concepção clara de como sistemas ideacionais estão enraizados nas realidades sociais. No entanto, a visão neomarxista, adotada sem uma visão complementar de um mundo cultural visto de dentro, cria o seguinte paradoxo: primeiro, se nós tratarmos a visão de dentro como uma ilusão, não apreciaremos suficientemente os significados e motivos dos atores nativos e a riqueza da estrutura cultural como aquela que vimos no caso dos trobriandeses. Segundo, e mais profundamente preocupante, o analista que dá um passo fora do próprio mundo de significados culturais de um povo para tratá-los como ilusões presume que as realidades com que ele ou ela substituem essas "ilusões" são absolutas. No entanto, os padrões e categorias que aplicamos como observadores são, eles próprios, situados culturalmente. Como é que podemos decidir que o homem comum entre os astecas ou os escravos das plantações eram explorados? Segundo alguma concepção de justiça no relacionamento entre trabalho, controle sobre os meios de produção e acesso a suas recompensas. Essa concepção não nos foi dada pelos deuses, mas é, ela própria, uma criação humana, no final das contas, ideológica, um produto da tradição intelectual ocidental. Será que podemos considerar as relações trobriandesas entre os chefes e os comuns como opressiva? Por quais padrões, se não os deles? Não corremos o risco de nos envolvermos em uma espécie de imperialismo ideológico nós mesmos?

Não há nenhuma saída fácil desse paradoxo. Se nós adotamos uma posição relativista, tratando como válida, por seu próprio direito, a definição cultural de valores e de relacionamentos sociais de cada povo, então basicamente somos empurrados para uma posição filosófica e politicamente insustentável – defendendo, por exemplo, o *apartheid* sul-africano ou o genocídio nazista, bem assim como o estupro grupal dos marind anins. No entanto, se adotarmos a visão de fora de um sistema cultural que não é moderado pela visão interna, nem entenderemos e nem faremos justiça aos mundos de outros povos.

Uma concepção antropológica adequada deve adotar tanto a visão de dentro quanto a visão de fora. Para entender a vida trobriandesa, para compreender os motivos e significados que fazem as trocas do *kula*, as doações de inhames e as distribuições de trouxas de folhas importantes para aqueles que as realizam, precisamos ver o mundo nos termos trobriandeses. Devemos investigar por baixo daquilo que os próprios participantes nativos nos dizem para explorar uma lógica simbólica oculta pela qual bruxas voadoras e canoas canibalescas foram criadas e investidas com um significado profundo. A fantástica criatividade simbólica que cumulativamente construiu um mundo assim não pode ser reduzida a qualquer forma de "razão prática" seja ela a do grande ecologista no céu, como o materialismo cultural defenderia, ou a mão fria da vantagem econômica e política, como o faria um marxismo simplório e "vulgar".

Para que possamos entender a vida trobriandesa, então, não há alternativa a não ser mergulhar profundamente nesses símbolos e significados e, nesse processo, adotá-los como nossas realidades. Nessa tarefa, uma concepção ideacional da cultura nos será muito útil. Mas, ao fazer isso, nos situamos em um mundo sem fim onde os espíritos do subclã são reciclados permanentemente, onde os tabus e os *balomas* são participantes na vida social, onde braceletes e colares são maravilhosos e valiosos, onde a magia traz riqueza e faz com que os inhames cresçam. Precisamos dar um passo atrás e sair dessa moldura – mas permanecer conscientes de que nós, como observadores, vemos o mundo através de lentes culturalmente aterradas que não podemos remover. Tendo feito isso, vemos que, embora revelador, o conceito de cultura também é limitante.

Os homens e as mulheres trobriandeses, os chefes e os comuns, compartilharam códigos de expectativas que fazem com que a vida social ordenada seja possível. Um homem comum se arrasta sobre os joelhos com a cabeça curvada diante de um líder de alta posição social e apresenta como tributos bens e inhames que o líder irá usar em trocas cerimoniais e nas festas. Ambos compartilham uma cultura comum no sentido de que o líder de alta posição social sabe como exigir e receber a obediência e o homem comum sabe quando e como ele tem de ser obediente. Mas dizer que esses tipos de conhecimento, combinados, constituem a cultura trobriandesa transmite apenas uma parte do quadro.

Os interesses dos chefes e dos comuns trobriandeses, homens e mulheres, podem estar profundamente em conflito, e a cultura trobriandesa como foi reconstruída por Malinowski talvez represente uma situação temporária das linhas de batalha. O fato de não haver nenhuma história registrada do desenvolvimento de estratificação social, do anel *kula*, ou da descendência matrilinear nas Trobriandesas, não deve nos enganar, fazendo com que vejamos uma unidade espúria, integração ou equilíbrio da sociedade e da cultura trobriandesas. E isso nos leva diretamente à questão de mudança.

Processos de mudança no mundo tribal: conflito e contradição

Uma posição cultural materialista, que considera as estruturas sociais e as ideias culturais como respostas adaptativas às pressões ecológicas e demográficas, é inerentemente estática. Para explicar por que uma cultura muda, temos de encontrar algo "mais real" no mundo físico que esteja mudando, em resposta à qual o comportamento humano muda em uma direção adaptativa (seja por uma modificação consciente ou a invenção fortuita de costumes com consequências úteis).

O modelo neomarxista é inerentemente dinâmico. Todos os sistemas sociais incorporam linhas de estresse, conflitos e contradições, bem assim como modos de integração e reforço.

> No desenvolvimento dialético do relacionamento entre as forças e relações de produção no tempo e no espaço, contradições antagonistas podem se desenvolver dentro do sistema – pense, por exemplo, no conflito sobre acesso à terra que surge em certas condições na medida em que um sistema de queimadas passa a ser, no devido tempo, um sistema de cultivo intenso... O sistema se reproduz, apesar dessas contradições, por meio da mediação da superestrutura – relações jurídico-políticas e ideológicas que anulam, deslocam ou representam erroneamente o conflito básico (O' LAUGHLIN, 1975: 349).

Mas na visão neomarxista, essas mediações e mistificações superestruturais não eliminam as contradições: "elas apenas permitem sua reprodução, muitas vezes em formas mais antagônicas" (O' LAUGHLIN, 1975: 350).

Imaginemos uma sociedade com uma ideologia de poluição e cultos de segredo masculino. Ao definir as áreas masculina e feminina como separadas, e as mulheres como inerentemente perigosas, os homens criam uma série de contradições. Primeiro, ao negar às mulheres um poder coordenador no mundo real, eles dão às mulheres poderes para envená-los e destruí-los. Segundo, ao criar uma área secreta e sagrada construída controlada pelos homens adultos, eles colocam os meninos na área das mulheres – e precisam inventar meios drásticos e psicologicamente traumáticos de fazê-los homens. Terceiro, os homens – na busca de

metas simbólicas – podem progressivamente perder o controle sobre os processos produtivos que os sustêm e até mesmo se separar deles. Hallpike (1977) talvez exagere, mas seu argumento é um corretivo útil para os determinismos mecânicos.

> A criação de porcos, as festas e danças, lutas e vingança dos tauades, não são biologicamente adaptativas ou até mesmo socialmente úteis em qualquer sentido objetivo... A vida tradicional dos tauades era uma fantasia prolongada de poder, uma religião cujos ritos eram a queima de aldeias; os gritos de guerreiros e vítimas; penas e sangue; porcos morrendo; e as figuras monstruosas de dançarinos se movendo de forma tumultuosa na escuridão das cadeias de montanhas. Esses não eram agricultores sóbrios, fazendo cálculos restritos de perdas e lucros... mas... homens dominados por uma obsessão coletiva com sangue e morte. Para eles o trabalho em sua horta era uma necessidade entediante, que deveria ser repassada para as mulheres tanto quanto possível, só valioso como base para o verdadeiro motivo da vida – a busca de glória (HALLPIKE, 1977: 253).

Esse sistema social é inerentemente instável a partir de dentro – ao separar buscas de poder simbólico dos processos produtivos que os sustêm, ao polarizar seniores contra juniores, homens contra mulheres – e de fora, ao colocar grupos locais em um conflito mutuamente destrutivo, vulnerável ao deslocamento eventual e à absorção por grupos com economias e populações em expansão.

Tais contradições internas, sejam elas para os tsembaga marings, os tauades descritos por Hallpike, ou os trobriandeses, potencialmente levam à transformação de um sistema social. Sistemas de troca nas áreas montanhosas da Nova Guiné significam o potencial de homens grandes para ganhar controle suficiente sobre os bens de prestígio e sobre os rebanhos de porcos de tal forma que possam providenciar os meios para a criação de uma nova ordem política regional e/ou a emergência de uma classe incipiente de homens grandes cujos laços uns com os outros e o interesse coletivo transcendem (ou pelo menos competem com) os laços com os grupos de descendência locais que os colocam em competição uns com os outros. Ideologias podem surgir que legitimem seu poder de tal forma que seus filhos passam a ser sucessores hereditários e não rivais ligeiramente favorecidos para o poder empreendedor. Se as coisas não tivessem ido tão longe nas áreas montanhosas da Nova Guiné, é possível que elas estivessem indo nessa direção quando os europeus entraram em cena. Algumas dessas transformações de homens grandes em chefes com privilégio hereditário e alta posição social com privilégio hereditário talvez tenha ocorrido no ambiente muito diferente das Trobriandesas (para uma avaliação da situação nas montanhas da Nova Guiné, cf. STRATHERN, 1987).

Mudança e sistemas regionais

A transição do feudalismo para o capitalismo na Europa envolveu milhares de propriedades individuais, centenas de cidades; e, é claro, houve muita diversidade local naquilo que ocorreu exatamente e quando. Uma análise de classes nos termos marxistas não só nos ajuda a selecionar processos essenciais das particularidades de sua expressão local, mas ajuda-nos também a relacionar fenômenos separados em um arcabouço comum. Mas para a pequena escala da Melanésia ou da África tribal ou das montanhas Kachin da Birmânia, essa abstração pode nos sair cara. Primeiramente, classificar toda uma variedade de so-

ciedades como se elas representassem "o modo de produção africano" ou "o modo de produção comunitário primitivo" agrupa sistemas cujas diferenças de um para o outro podem ser aquilo que nós queremos explicar. Que foco iremos adotar vai depender das perguntas que fizermos. Mas se estamos perguntando sobre, digamos, a emergência da hierarquia dos chefes nas Trobriandesas, modelos teóricos devem ser aplicados a circunstâncias históricas e geográficas muito específicas. Nossas perguntas podem ser dirigidas, não a classes amplas como os senhores feudais e os servos, mas ao subclã tabalu na Kiriwina do norte.

Como nosso objetivo quando embarcamos em nossa viagem para as Trobriandesas pelos mares dos argonautas era desenvolver o meio de entender a sociedade e a cultura trobriandesas, podemos bem terminar essa pesquisa com um rápido olhar a algumas das questões muito específicas da história política trobriandesa. Essas questões nos irão fazer lembrar alguns pontos importantes que poderemos levar para a seção final do livro, junto com uma perspectiva teórica que podemos aplicar a sistemas sociais mais complexos do presente e do passado recente.

H.A. Powell (s/d) examina seus próprios dados do trabalho de campo nas Trobriandesas a partir da década de 1950 à luz das especulações de Brunton (1975; cf. Caso 36) sobre como os líderes da Kiriwina do norte ascenderam pela entrada monopolista no circuito *kula*. Brunton tinha especulado que as áreas agrícolas ao norte estavam à margem das rotas naturais das trocas do *kula* em virtude de fatores geográficos. Powell concorda e acrescenta nova evidência para reforçar a hipótese. Mas como, então, os membros do subclã tabalu com base em Omarakana entraram em um circuito de troca do qual eles estavam geograficamente excluídos? E se eles puderam obter poder fazendo isso, por que seu poder era tão limitado quando Malinowski – e mais tarde Powell – os observaram?

> Os sinaketans e os vakutans [cf. mapa, Figura 8.1, p. 177] comandavam a rota "natural" para os artigos do *kula* [...]. Os sinaketans podiam, e parece possível que o faziam, raspar o melhor dos bens do *kula* [...] explorando essa vantagem, e teriam sido capazes de monopolizar as trocas *kula* totalmente se pudessem suportar a pressão das outras comunidades trobriandesas [...]. Mas [...] era pouco provável que eles jamais fossem capazes de fazer isso porque sua população nunca foi grande o suficiente em comparação com a dos outros distritos. Os tabalu de Omarakana e seus seguidores não teriam tido qualquer dificuldade de dominar os sinaketan pela força a não ser pela necessidade de cruzar os territórios de algumas das comunidades intermediárias para chegar até eles; mas isso significava que tinham de ser capazes de dominar essas comunidades também.

> ... Minha suposição é [...] que uma das razões principais para o apoio que os tabalu, e sem dúvida ocasionalmente outros líderes do distrito de Kiriwina, foram capazes de atrair, por meio dos mecanismos de posição social, poligamia e *urigubu* (doações de colheita), foi sua utilidade para o resto da população como foco para o grau de organização política necessária [...] para dominar as outras comunidades a fim de conseguir entrar no *kula*. Suspeito que é esse papel que é validado e racionalizado na atribuição – dada aos tabalu especialmente e a outros subclãs importantes – de qualidades que, aos olhos dos kiriwinas,

justificavam a predominância deles em seus próprios territórios (POWELL, s.d.).

Se as especulações de Powell são corretas ou não, não é a questão mais importante. O que importa mais, acho eu, é extrair algumas ideias sobre o mundo tribal que nos serão muito úteis ao examinar o mais vasto mundo moderno. Imaginar a "sociedade trobriandesa" ou a "cultura trobriandesa" como sistemas coerentes e integrados que existem no vácuo de tempo do "presente etnográfico" seria totalmente equivocado. A "sociedade trobriandesa" é uma abstração que se originou de comunidades de pescadores e comerciantes litorâneos e horticultores do interior, de aldeias grandes e fortes e de outras frágeis e subordinadas. Seus relacionamentos políticos, mesmo nessa escala mínima, eram fluidos e complicados. As comunidades das Trobriandesas eram parte de um sistema regional mutável que tinha tido uma história real (ainda que principalmente desconhecida). Podemos procurar nesses sistemas complexos, situados no tempo e no espaço, modelos gerais sobre processos da sociedade. Mas de quanto mais perto olharmos, e quanto maior for a evidência que colhermos (e para a área Massim na qual as Trobriandesas estão localizadas, essa evidência expandiu enormemente), mais iremos encontrar processos de política e de história, de interconexão em vez de isolamento, que encontraremos no mundo em vasta escala criado pela expansão europeia. À medida que nos voltamos para esses sistemas globais, será uma boa ideia lembrar que os processos de dominação e absorção, as relações entre centro e periferia são antigas, e não recentes. O mundo "tradicional" com o qual contrastamos o mundo "moderno" não era simples, não era um mosaico de culturas separadas, não era antigo e imutável.

SUMÁRIO

Na antropologia social britânica conceitos chave eram a estrutura social e a função, enquanto que na antropologia americana o conceito chave era a cultura. É possível combinar essas duas tradições observando as funções sociais das práticas e a integração lógica ou estética das ideias que as fundamentam. Um retrato composto da organização social trobriandesa é desenvolvido para mostrar a possibilidade para uma análise assim, levando em conta dados sobre ideias conceptivas, sangue compartilhado, posição social, sucessão a chefaturas, residência e muitos outros fatores. As ideias também podem ser apresentadas sistematicamente por elas mesmas, embora seja difícil avaliar a validade desses relatos sintéticos. Com relação a isso podemos falar de gramáticas culturais, as regras em cujos termos as categorias são diferenciadas e internamente ordenadas. Essas regras podem ser reveladas nas práticas linguísticas que governam a operação de argumentos – por exemplo, em processos de litígio sobre a terra, como Hutchins mostrou no caso das Trobriandesas. Hutchins conclui que embora a visão de mundo (ou ontologia) dos trobriandeses seja diferente de uma visão de mundo ocidental, os modos de raciocínio e de extrair inferências de fatos putativos são semelhantes. Em termos da ontologia, um esboço das categorias trobriandesas pode ser construído em termos de uma tabela de construtos binários – por exemplo, abaixo/acima, espíritos/pessoas. As ideias trobriandesas sobre bruxaria e feitiçaria e suas associações espaciais e de gênero podem também ser explicadas em termos de oposições binárias e sua mediação ou sua reversibilidade. Por exemplo, quando os *balomas*, os espíritos de abaixo e dos mortos, associados com a área feminina, reentram na aldeia à época dos rituais da colheita, a *milamala*, trazem com eles uma celebração da união dos sexos e não de sua separação.

A interpretação simbólica também pode elucidar o comportamento secular, como quando um trobriandês quebra as garrafas d'água de sua mulher quando ele a descobre em adultério. É possível dizer que a água nas garrafas representam as capacidades reprodutivas da mulher, que ele simbolicamente destrói em sua ira. Tais análises, no entanto, precisam ser baseadas em um conhecimento semântico preciso.

Além disso, é importante também reconhecer que o conhecimento cultural é distribuído diferencialmente e está conectado com o poder. Conhecimento ritual e mitológico pode ser mantido zelosamente pelos anciãos e pelos especialistas, por exemplo. A própria visão do mundo tem de ser deduzida dos usos da língua. Dorothy Lee achou que os trobriandeses estavam preocupados com "ser" e não com um sentido do passado e do presente de uma maneira histórica. Hutchins, no entanto, rejeitou essa ideia, com base em seu conhecimento obtido no trabalho de campo.

As ideias também se desenvolvem na história e com relação a sistemas específicos de produção e das relações sociais que lhes servem de base, como sugerem os teóricos neomarxistas. Desse ponto de vista, então, a cultura e a estrutura social são trazidas novamente em alinhamento uma com a outra. No entanto, a abordagem neomarxista que enfatiza as condições sociais como são vistas pelo observador de fora também traz consigo o perigo de uma interpretação etnocêntrica e errônea das práticas dos povos. Apesar disso, essa abordagem realmente tem a vantagem de chamar a atenção para os problemas do poder, do conflito e da mudança em sistemas sociais – por exemplo, entre chefes (e homens grandes) e os demais. Os líderes também operam em contextos de oportunidades ecológicas diferenciais, e todas as sociedades, portanto, têm suas próprias histórias em mutação, tenha ela se tornado parte de um contexto histórico global recentemente ou não.

SUGESTÕES PARA LEITURAS ADICIONAIS
Seções 42-44

DOLGIN, J. et al. (orgs.) 1977. *Symbolic Anthropology*: A Reader in the Study of Symbols and Meanings. Nova York: Columbia University Press.

DOUGLAS, M. (1970). *Natural Symbols*: Explorations in Cosmology. Nova York: Pantheon Books.

FIRTH, R. (1973). *Symbols, Public and Private*. Ithaca, N.Y.: Cornell University Press.

LEACH, E.R. (org.) (1967). *The Structural Study of Myth and Totemism*. Londres: Tavistock Publishers.

LEWIS, I. (org.) (1977). *Symbols and Sentiments*: Cross-Cultural Studies in Symbolism. Nova York: Academic Press.

SAPIR, J.D. & CROCKER, J.C. (orgs.) (1977). *The Social Use of Metaphor*: Essays on the Anthropology of Rethoric. Filadélfia: University of Pennsylvania Press.

SPERBER, D. (1975). *Rethinking Symbolism*. Cambridge: Cambridge University Press.

WILLIS, R. (org.) (1975). *The Interpretation of Symbolism*. Londres: Halsted Press.

Seção 45

FRIEDMAN, J. (1975). "Tribes, States and Transformations". In: BLOCH, M. (org.). *Marxist Analyses in Social Anthropology*. Nova York: John Wiley & Sons.

FRIEDMAN, J. & ROWLANDS, M. (orgs.) (1977). *The Evolution of Social Systems*. Pittsburgo: University of Pittsburgh Press.

Parte
4

Antropologia e o presente

As razões mais urgentes para estudar a variedade de sociedades e culturas humanas têm a ver com o mundo precário e repleto de conflitos em que vivemos hoje, com o presente e com o futuro. A antropologia, para que seja útil e possa sobreviver, não pode simplesmente ser um estudo de modos de vida que estão desaparecendo ou já desapareceram. Os antropólogos precisam estudar o que está acontecendo agora — nas cidades africanas, assim como nas aldeias rurais; em Chicago, assim como nas ilhas da Polinésia. E o que eles aprenderem deve ser valioso para o mapeamento de futuros humanos.

O estudo de vários modos de vida em sociedades de pequena escala deu à antropologia uma compreensão especial da diversidade e das possibilidades humanas. Mas os próprios sistemas sociais e econômicos do Ocidente que levaram os estudiosos para as fronteiras da "civilização" foram subjugando e destruindo os povos ao longo dessas fronteiras. Na era em que a antropologia foi um empreendimento acadêmico sério, a ascendência e a dominância do Ocidente foram completas: centenas de sociedades foram destruídas ou tragadas. Embora a maioria dos povos que em um determinado momento compreendiam o mundo tribal tenham se tornado membros de países independentes, muitos deles juntaram-se ao mundo mais amplo apenas para perderem seu poder e serem explorados, pauperizados, marginalizados e culturalmente empobrecidos. Ao mesmo tempo, esses povos também remodelaram suas vidas criativamente em formas híbridas que refletem suas lutas para lidar com situações novas e complexas.

Capítulo 17

Resposta ao cataclismo: o mundo tribal e a expansão do Ocidente

Aqui examinaremos brevemente o impacto cataclísmico da expansão europeia nas sociedades tribais. Primeiro, introduziremos sumariamente uma perspectiva sobre o colonialismo que irá fornecer um pano de fundo para as seções e capítulos que se seguem. Depois consideraremos os processos de mudança ao longo das fronteiras do colonialismo, tendo como base e ampliando a Teoria de Processo Social desenvolvida nos capítulos anteriores e sumarizada no § 45. Finalmente, em uma série de subseções, examinaremos as várias facetas do impacto do Ocidente em sociedades não ocidentais e a reação dessas sociedades com o passar do tempo.

46 O colonialismo e a perspectiva antropológica

Para entender o colonialismo e seu impacto histórico é preciso um repensar drástico de muitas premissas e mitos. É um repensar pelo qual muitas pessoas nas sociedades industrializadas ocidentais já passaram. Para outras, os mitos tratados com carinho sobre o Ocidente ainda são aceitos e as premissas familiares continuam a não ser questionadas. As páginas que se seguem podem ser provocativas para muitos, mas elas irão desafiar o leitor a refletir mais sobre o assunto.

O colonialismo e os mitos do Ocidente

Os americanos que cresceram com os mitos que são um patrimônio nacional – George Washington abatendo a cerejeira, Abe Lincoln libertando os escravos e Teddy Roosevelt atacando a Colina San Juan – provavelmente não terão uma perspectiva crítica sobre sua própria história e a história da civilização ocidental da qual são co-herdeiros a menos que tenham feito muito esforço para se reeducarem. (Os britânicos criados com contos do Império, mitos sobre Nelson, Kitchener, Livingstone, Gordon, o Buraco Negro de Calcutá e outras coisas parecidas, provavelmente terão uma dificuldade semelhante.)

Uma compreensão global da expansão ocidental e de seu impacto requer uma nova análise das instituições mais sacrossantas do Ocidente. Um exemplo notável é o cristianismo. O que começou como uma religião dos oprimidos, com as Cruzadas e particularmente com a era das "descobertas" espanholas e portuguesas, já tinha se transformado na religião do conquistador.

Historicamente, o cristianismo foi, por si só, uma força imperialista e expansionista e um servo do Império na subjugação dos povos conquistados e na organização desses povos em comunidades em que seu trabalho podia ser explorado. Assim, os padres missionários cavalgaram ao lado dos conquistadores nas américas e nas Filipinas, batizando almas e enviando ouro para os cofres

Mulheres iniciantes no batismo, Igreja Luterana. Elas usam uniformes brancos e o cabelo cuidadosamente aparado. Melpa, Papua-Nova Guiné.

da Espanha e do Vaticano – exatamente como, três séculos mais tarde, os missionários na "África mais escura" trouxeram luz para os "selvagens" e os vestiram com roupas das fábricas de tecidos da Inglaterra industrial*.

---

* Alguns dos primeiros missionários foram grandes estudiosos e humanistas, como veremos, mas isso não afetou substancialmente o impacto do cristianismo como uma força histórica na conquista e na subjugação.

Uma reinterpretação da história europeia e dos sistemas do colonialismo ocupariam dezenas de volumes – volumes que foram escritos por historiadores que se desligaram daquelas premissas antigas de império. Seria uma presunção até mesmo tentar delinear as vastas complicações e sistemas globais do imperialismo em seu desenvolvimento durante os quinhentos anos de expansão europeia.

A economia do racismo

O que é urgente, no entanto, é que o leitor adquira algum sentido da maneira como estratégias econômicas ditam as ideologias; da maneira como eventos em um aglomerado de ilhas distantes estavam conectadas com a economia mundial e com eventos em outros cantos do mundo; da maneira como os povos eram movimentados como peões de xadrez como fontes de trabalho escravo ou um equivalente barato; e da maneira como outros seres humanos – fosse qual fosse sua cor – eram ou não alvo de um tratamento humanitário de acordo com as exigências de lucro.

O último ponto servirá como um começo. O racismo generalizado pelo qual pessoas de pele escura foram desprezadas e tratadas como seres inferiores é um tema permanente do período colonial. Mas considerar o racismo primordialmente em termos do preconceito europeu contra pessoas de cores diferentes de pele é muito limitado. Uma análise mais profunda revela que na maior parte das vezes, as pessoas foram tratadas como sub--humanos quando era economicamente lucrativo negar-lhes sua humanidade. Eric Williams, um historiador negro que estudou na Universidade de Oxford e mais tarde tornou-se primeiro-ministro de Trinidad e Tobago, argumentou convincentemente que o comércio escravagista pelo qual os africanos eram embarcados para o Caribe e para as Américas foi fortemente apoiado e racionalizado pelo poder da sociedade britânica na medida em que as plantações de açúcar no Caribe eram fontes de enormes lucros (WILLIAMS, 1944).

A partir da família real, passando pelos níveis mais elevados da sociedade britânica e pela classe comercial, a escravidão era racionalizada e apoiada. Protestos humanitários eram abafados pelas vozes daqueles que buscavam lucros explosivos. As camadas mais altas do cristianismo britânico não só defendiam o comércio escravagista, mas participavam ativamente dele (como faziam os cristãos nas colônias britânicas do leste da América do Norte, inclusive muitos quacres). A escravidão não estava escondida da requintada sociedade britânica: ela era exposta por todas as partes como a base da prosperidade. Mas quando a maré de lucros e poder econômico se transferiu das plantações de açúcar caribenhas para as fábricas da Inglaterra industrial, de alguma forma as vozes humanitárias começaram a ser ouvidas: o abolicionismo, a ideologia do livre-comércio e as mudanças na balança de poder econômico estavam intimamente entrelaçados. E em 1807 a Inglaterra proibiu o comércio escravagista para o Caribe (WILLIAMS, 1944). Mas como observa Williams, antes de os escravos africanos serem economicamente vantajosos no Caribe, brancos pobres tinham sido enviados da Inglaterra praticamente em um tipo de escravidão e seu trabalho explorado sob condições quase tão cruéis como aquelas sofridas pelos escravos negros mais tarde. Sua humanidade como companheiros brancos só foi reconhecida quando os escravos negros passaram a ser mais úteis com o surgimento das plantações de açúcar. Nas américas, a indústria algodoeira em expansão fez com que a escravidão continuasse a ser economicamente vantajosa por mais meio século. Conclamações pela abolição começaram a ser ouvidas claramente na Nova Inglaterra só quando a balança do poder econômico se transferiu do Sul agrícola, que precisava dos escravos, para o Norte industrial, que precisava de mão de obra barata para as fábricas.

O fato de o racismo ter sido um elemento generalizado e devastador no colonialismo é inegável. Mas se os limites de humanidade eram traçados para incluir ou excluir irlandeses ou italianos, e se a desumanidade se concentrava nos africanos negros ou nos chineses, o racismo com mais frequência era baseado nas áreas em que o lucro ou a economia estavam sob alguma ameaça do que em noções de superioridade racial. Essas noções foram racionalizações para a desumanidade lucrativa. Isso começa a mostrar – embora, inevitavelmente, em generalizações claramente amplas – as raízes econômicas das ideologias do colonialismo em suas várias fases.

Outra ilustração pode ser útil. Quando o poder espanhol no Novo Mundo passou por sua desintegração final na Guerra Hispano-americana, os Estados Unidos se depararam com a questão de se adquirir Cuba como colônia ou tornar a ilha nominalmente independente como um satélite produtor de açúcar. A mesma questão surgiu nas Filipinas, quando o movimento de independência filipino tinha conseguido um controle virtual à época em que o Almirante Dewey destruiu a antiga e praticamente não operativa frota espanhola em Manila. Pomeroy (1970) vividamente assinala como os interesses que apoiavam a colonização norte-americana das Filipinas (principalmente industrialistas do norte ansiosos por uma base forte da qual competir com os vastos mercados da China e enfrentar o poder naval crescente dos japoneses) e os interesses opostos à incorporação colonial (na sua maioria agricultores do Sul temerosos da competição barata de uma colônia tropical) lutaram uma batalha acirrada por meio de seus porta-vozes políticos no Congresso. A questão foi defendida com uma retórica nobre sobre os direitos das pessoas marrons à liberdade *versus* as responsabilidades da raça branca de civilizar os "infantis filipinos", mas as questões e os motivos eram basicamente econômicos. Os interesses do Norte apoiando a colonização ganharam, embora isso tenha exigido uma guerra sangrenta e o rompimento de promessas.

O colonialismo como sistema global

Outra perspectiva sobre colonialismo urgentemente necessária é considerá-lo como uma meada vasta e sutil de interconexões que conectaram eventos e políticas em partes diferentes do mundo colonial. Veremos alguns elementos dessa rede nas seções que se seguem.

O fluxo de matérias-primas para as florescentes fábricas da Inglaterra, da Alemanha e da Nova Inglaterra; a mão de obra barata dos nativos nas plantações distantes (e a realocação de escravos africanos e de indianos, chineses, filipinos e outros para fornecer a mão de obra barata onde essa fosse necessária); a criação de mercados no sul da Ásia, na África, na América do Sul e em outras partes para os tecidos e maquinaria da indústria – tudo isso ligou as sociedades tribais e os países não ocidentais em um sistema mundial de exploração e opressão em nome do progresso e do cristianismo, e em busca de riqueza e de poder.

No Capítulo 19 voltaremos à natureza desse sistema global e às forças históricas que moldaram o mundo contemporâneo.

Subjugação e destruição: um processo antigo e suas formas modernas

Antes de examinar o impacto do Ocidente nas sociedades de pequena escala, é uma boa ideia enfatizar um ponto que de outra maneira poderia ser esquecido. A exploração, a conquista, o genocídio e o etnocídio – a destruição planejada de modos de vida – são muito antigos. Os europeus não os inventaram.

Os antigos impérios militares espalharam a morte e a devastação e escravizaram povos vizinhos no antigo Oriente Médio, na América Central, na América do Sul e na Ásia. Povos conquistadores falando línguas banto e camíticas atravessaram a África Subsaariana, impondo-se aos países e exterminando, escravizando ou absorvendo aqueles que se punham em seu caminho. A experiência de ser escravizado, explorado, subjugado e forçado a mudar de costumes para satisfazer os desígnios ou costumes dos conquistadores remonta pelo menos a alguns cinco mil anos, até os primeiros impérios da Mesopotâmia. Eles foram simultâneos com o surgimento da urbanização e das classes sociais que vieram com o crescente abismo entre produtores e aqueles que controlavam os excedentes.

Presumivelmente, embora raramente tenhamos recordes adequados, as reações, adaptações e transformações dos povos subjugados pelos primeiros impérios se assemelham àquelas registradas ao longo das fronteiras do colonialismo. (Temos, na verdade, alguns vislumbres das antigas reações, como no caso dos registros bíblicos das adaptações israelitas à subjugação.)

Embora os custos humanos da subjugação e da exploração tenham sempre sido inacreditáveis, o imperialismo europeu, ao impor esses custos em uma escala vasta e de novas maneiras, representa uma nova fase na história humana.

Um novo elemento na história do Ocidente foi a tremenda aceleração da tecnologia desde a Revolução Industrial, trazendo enorme poder e afluência para as nações industriais. Essas nações tiveram não só uma vantagem cada vez mais impressionante em termos de poder, mas também um apetite crescente por matérias-primas e mercados e cada vez mais acesso direto às partes mais remotas do mundo. No século XX, a tecnologia empurrou todos os humanos na direção de uma cultura mundial comum de aeroplanos, televisões e computadores. Embora polarizando o mundo em "desenvolvido" e "subdesenvolvido" isso fez

do desenvolvimento do estilo ocidental uma aspiração quase que universal.

A destruição ou transformação forçada dos povos tribais alcançou um novo nível com o imperialismo mundial da Revolução Industrial. Mas ironicamente, tanto a opressão dos enclaves das minorias e o vazio e a alienação das sociedades industriais ressurgiram nos países socialistas forjados na revolução contra os sistemas de classe capitalistas. Assim, na esteira stalinista da revolução russa, muitos milhares de cazaques e outros povos minoritários foram exterminados; um Estado policial socialista baseado no terror substituiu o Estado tsarista; e a sociedade soviética reconstituiu em uma nova forma a alienação e o vazio burocrático da sociedade industrial capitalista.

Em países que surgiram do colonialismo, o recorde de genocídio e opressão contra minorias tribais e outras é assustador. Os países capitalistas construíram a Revolução Industrial sobre o sangue e o suor dos povos do Terceiro Mundo; mas neste século a tecnologia ocidental passou a ser um instrumento global de poder cujo uso para oprimir os mais fracos não conheceu limites geográficos ou ideológicos. Neste capítulo examinaremos o confronto entre o poder europeu e os povos tribais. Primeiro, relacionaremos esses fenômenos de dominação e ocidentalização com as bases teóricas construídas no Capítulo 2 e o modelo de mudança sociocultural esboçado no § 45.

47 Conceitualizando a mudança radical

Antropólogos trabalhando em fronteiras coloniais, ou com os índios americanos, foram relativamente lentos em reconhecer que os processos de mudança que estavam ocorrendo diante de seus olhos mereciam um estudo sério (KEESING,

1952). A tarefa era vista principalmente como uma reconstrução dos modos de vida do "presente etnográfico", uma tarefa em que as mudanças geradas pelas administrações coloniais, pelos missionários e pelas plantações eram apenas obstáculos para a análise.

Cultura e mudança

Particularmente nos Estados Unidos, onde o conceito de "cultura" era o principal instrumento teórico, aqueles que realmente procuravam analisar os processos de mudança, normalmente conceitualizavam esses processos como um encontro de duas culturas. Um povo que é confrontado por uma cultura dominante abandonava, modificava, reformulava ou se agarrava a sua cultura tradicional. As duas culturas poderiam estar mais ou menos em conflito, ou mais ou menos congruentes em valores, normas e visão do mundo – de tal forma que o processo de **aculturação**, em que uma cultura tradicional é progressivamente modificada ou substituída, pode ser relativamente fácil, rápido e bem-sucedido ou lento e disruptivo. Com muita frequência as duas "culturas" foram reificadas em entidades que interagiam uma com a outra.

Em 1957, Clifford Geertz sugeriu que uma razão pela qual as conceitualizações de mudança não tinham sido relativamente bem-sucedidas foi que os teóricos não tinham distinguido claramente entre uma cultura, um sistema ideacional e um sistema de relacionamentos sociais. Uma **cultura** é um sistema de conhecimento organizado, mais ou menos compartilhado por indivíduos e que permite com que eles se comuniquem, compartilhem significados, e façam coisas juntos em busca de metas comuns. *Estrutura social* é a rede de relações sociais entre os atores no cenário social, em contraste com os roteiros que eles seguem e os entendimentos que eles compartilham. Em seu estudo de caso de um funeral javanês (cf. Caso 56) Geertz (1957) descreveu o que pode dar errado quando as diretrizes culturais para uma ação apropriada já não se encaixam nas circunstâncias sociais em virtude do impacto da ocidentalização e as novas marés de políticas nacionais. Distinguir entre um sistema cultural e as realidades sociais mudadas para as quais o antigo sistema já não é apropriado, como Geertz sugere que deveríamos fazer, é um passo na direção correta. Mas é apenas um passo parcial, e ele tem perigos.

Além da cultura

Primeiro, há o perigo de idealizar a coerência e a estabilidade de um sistema ideacional – que na realidade existe apenas em suas várias versões individuais, e está mudando constantemente na medida em que os humanos administram situações que mudam constantemente. Assim, podemos comparar, erroneamente, o tipo de conflito que Geertz observou em Java com um mundo social tradicional imaginado em que os significados culturais e as estruturas sociais se encaixam em uma harmonia perfeita. Nossos meios de conceitualizar a mudança radical deve ter como base a premissa de que todos os modos de vida compreendem um sistema dinâmico, um processo no tempo.

Segundo, o modelo de Geertz – apontando para uma falta de encaixe entre cultura como sistema ideacional e um sistema social mutante – nos predispõe a não dar a atenção suficiente aos processos políticos e econômicos. Ao implicar a permanência, estabilidade e integração da vida tradicional, ele disfarça a dinâmica da situação. "A cultura javanesa era a ideologia de um sistema social extremamente estratificado com suas raí-

CASO

56

Um funeral javanês

A cidade javanesa de Modjokuto em muitos aspectos ainda representa as tradições culturais camponesas da Java rural, inclusive um sistema religioso que combina elementos do islã, do hinduísmo, e de crenças animistas antigas. Essenciais, aqui, são as festas comunitárias, o *slametan* em que em fases importantes no ciclo vital

Um *slametan* de um funeral javanês: três sacerdotes islâmicos realizam os ritos mortuários (Solo, Java Central).

zes no controle da terra e da política, um sistema que exigia expressões sumamente formalizadas de deferência e respeito." Falar sobre "cultura javanesa" como um sistema de significados disfarça os profundos conflitos de interesse entre os camponeses pobres e o latifundiário rico, e entre os javaneses e seus mestres coloniais que estavam drenando a riqueza das "Índias Orientais".

Terceiro, ver a mudança social radical como uma falta de encaixe entre sistema ideacional e sistema social nos predispõe a adotar como nossa unidade de análise a comunidade local, ou pelo menos a área dentro da qual "a cultura" é praticada. Mas as forças que estão modelando os eventos locais podem estar bem distantes da aldeia.

O Caso 57, outro estudo antropológico clássico de mudança social radical, nos leva um pouco mais à frente – mas ainda assim não suficientemente longe. Ele vem da África Ocidental, dos tivs da Nigéria, cujo sistema de linhagem e grupos domésticos nós já encontramos.

membros dos grupos comunitários se reúnem para fazer oferendas aos espíritos e compartilhar a refeição ritual. Orações muçulmanas são parte dos procedimentos; e o ritual muçulmano tem um lugar particularmente importante nos procedimentos suaves de um funeral, em que os vivos se despedem dos laços sociais rompidos pela morte.

Mas na década de 1950, os partidos políticos, a cisão religiosa e outros elementos dissonantes da vida moderna indonésia romperam a harmonia da vida social Modjokuto. Particularmente importante foi a divisão entre as facções Masjumi e Permai. O Masjumi era um partido nacional, militantemente muçulmano, que pressionava por uma forma purificada do islã como religião estatal. O partido Permai, forte em Modjokuto, enfatizava os ritos "tradicionais" hindus e animistas e, sendo vocalmente antimuçulmano, teria eliminado a oração e o ritual islâmico em eventos tais como casamentos e funerais.

Essa cisão precipitou uma crise em Modjokuto quando um menino de 10 anos, sobrinho de um homem Permai, morreu. O *modin*, ou oficiante religioso, continuou ausente. A lavagem ritual do corpo, o procedimento silencioso e organizado que culmina em um slametan, reafirmando assim a unidade da comunidade diante da morte, ainda não tinha sido realizado. Finalmente um homem Masjumi, que era amigo do Permai envolvido, tentou conduzir os ritos essenciais. Em meio a tudo isso a tristeza que os ritos funéreos normais mantêm sob controle explodiu.

Finalmente os pais do menino morto chegaram da cidade. Sendo menos religioso, o pai autorizou que o modin continuasse o ritual da maneira muçulmana – embora não antes de a mãe ter expressado uma tristeza que normalmente teria ficado sob a superfície. Quando o slametan funéreo foi finalmente realizado, a unidade que ele tinha a intenção de afirmar tinha sido fortemente e publicamente rompida (GEERTZ, 1957).

A análise, por Paul Bohannan (1955) é um marco histórico no estudo antropológico da penetração da economia monetária e do domínio colonial na África tribal.

Classes, sistemas mundiais e mudança

Será que uma análise das mudanças na economia dos tivs em termos de categorias culturais e "esferas" separadas é adequada? A pergunta nos leva para várias direções. Primeiramente, podemos perguntar se – na Tivlândia do começo da década de 1950 ou hoje – uma versão mista e idealizada da "cultura tiv" é adequada para nossa tarefa analítica. Entre os tivs modernos, poderíamos encontrar funcionários governamentais com rádios e caminhões, e anciãos conservadores ou jovens empregados como empreendedores, evangelistas cristãos, e políticos esquerdistas. Um único retrato idealizado da cultura tiv claramente é inútil – ela está mudando em todas as direções para pessoas diferentes.

Tampouco podemos presumir que todos os participantes em um sistema social sequer compartilhem a mesma cultura. Considere a economia de mercado em uma cidade nigeriana. No ambiente físico de um mercado, as transações conectam os comerciantes tivs com hausas, ibos, iorubas, e membros de muitos outros grupos africanos, mais europeus, árabes, indianos e outros. Esses participantes dependem de tradições culturais distintas que moldam o processo decisório e seus compromissos de valor, e afetam o fluxo de mercadorias vindas das áreas rurais para o sistema de mercado (de tal forma que uma recusa em

CASO
57

A transformação da economia tiv

Na economia tradicional dos tiv havia três categorias de "coisas", culturalmente conceitualizadas, sobre as quais os seres humanos exercem direitos. A primeira categoria, de itens de subsistência, consistia primordialmente de alimentos da horta (inhames, milho, grãos de alfarroba etc.), galinhas e cabras e utensílios e ferramentas domésticas. A segunda categoria, de bens, consistia de escravos, gado, um tipo de pano branco grande e varas de bronze. A terceira categoria consistia unicamente de direitos sobre pessoas, especialmente sobre mulheres trocadas no casamento.

Na primeira categoria (de subsistência), a troca no espírito de um "mercado" prevalecia: os tivs procuravam obter uma troca vantajosa. Os bens poderiam igualmente ser trocados por outros bens, embora isso fosse feito não por uma questão de valor pragmático, e sim pela vantagem na busca de prestígio. As trocas de mulheres eram realizadas por meio de um sistema extremamente complicado de tutelas e de grupos para o intercâmbio de mulheres.

As três categorias de intercambiáveis são classificadas de acordo com o valor moral, com a subsistência no nível mais baixo e as mulheres no mais alto. A troca dentro de uma categoria é moralmente neutra, embora sempre se busque trocas vantajosas. O que o tiv procura obter é a conversão de uma categoria inferior para uma categoria superior: transformar comida em varas de bronze ou gado, ou transformar esses últimos em uma esposa. Tais conversões são as principais metas estratégicas dos tivs, como meios para alcançar prestígio, influência e dependentes. A conversão de cima para baixo, tal como trocar bronze por alimentos, constitui uma derrota que deve ser evitada sempre que possível. Acumulação em uma categoria, sem uma conversão para cima, mostra um fracasso ou incapacidade de jogar o jogo de forma adequada.

Para esse sistema vieram os administradores britânicos, missionários, comerciantes, dinheiro, e os tentáculos de um sistema econômico mais amplo (BOHANNAN, 1955, 1959). Mais ou menos em 1910 o comércio de escravos foi abolido. A administração, considerando as varas de bronze em grande parte como uma forma de dinheiro, com o passar dos anos, as substituíram pela moeda britânica. Isso em grande parte esvaziou a categoria de "bens". Além disso, em 1927, um administrador bem-intencionado proibiu os casamentos de troca e substituiu um sistema de "preço da noiva" em dinheiro como a forma legal – assim essencialmente eliminando a terceira e mais alta categoria (embora o casamento tiv moderno ainda mantenha modos de intercâmbio velados).

grande escala dos tivs de vender alimentos ou de cultivar gergelim pode causar uma leve agitação no mercado). Mas os padrões de decisão e o fluxo de mercadorias e de dinheiro dependem de um sistema de mercado global mais amplo que muito poucos participantes nigerianos começam a compreender – um sistema no qual a Nigéria é periferia. Os eventos que transformam as vidas dos nigerianos emanam das salas de diretoria ou das bolsas de valores de Londres ou Nova York ou dos jatinhos particulares dos produtores de petróleo.

Talvez seja ilusório imaginar que os tivs jamais controlaram seu próprio destino; durante toda sua história, eles foram parte de sistemas mais amplos. Mas nos períodos colonial e pós-colonial, suas vidas foram ficando cada vez mais longe de seu próprio alcance.

O arcabouço teórico delineado nos capítulos da Parte 3 e resumido no § 45, potencialmente nos dá meios para compreender os fenômenos da Tivlândia e da Nigéria contemporâneas, que as ideias funcionalistas da sociedade e da cultura não podem dar.

Enquanto isso, muitos novos itens materiais que não tinham lugar no antigo sistema de categorias foram introduzidos e o dinheiro começou a se difundir na economia tiv. Esse processo foi acelerado pela imposição de um imposto *per capita* em moeda britânica que obrigou os tiv a vender suas colheitas antes de 1920. Além disso, o produto agrícola da Tivlândia flui para canais de mercado que trazem os alimentos para as áreas urbanas. Como produtores primários, os tivs são parte de um sistema mais amplo sobre o qual podem exercer muito pouco controle. Com a pacificação e o transporte, os próprios homens tivs começaram a comercializar produtos de subsistência para lugares distantes.

Como é que essas mudanças de tão largo alcance foram conceitualizadas na cultura tiv? Os tivs tentaram encaixar o dinheiro e os novos produtos que compramos com o dinheiro em uma quarta categoria, a mais baixa de todas. Mas o dinheiro não permanece dentro desses limites conceituais. A maioria das trocas entre categorias agora ocorre por meio de dinheiro. O comércio de subsistência das mulheres por dinheiro leva a um esgotamento dos produtos alimentícios e torna possível economizar dinheiro com o qual é possível comprar bens de prestígio. Com isso, o valor de prestígio desses itens é correspondentemente desgastado.

Além disso, o pagamento do "preço da noiva" em dinheiro força ao responsável pela noiva a comerciar de cima para baixo – trocando uma mulher por dinheiro. Como o número de mulheres é limitado e a riqueza monetária aumenta com a exportação de comida, houve uma inflação do "preço da noiva". "À medida que os tivs tentam ficar cada vez mais ricos em número de pessoas, eles estão meramente vendendo uma parte cada vez maior de seus alimentos e dos bens de subsistência, deixando cada vez menos para seu próprio consumo" (BOHANNAN, 1955).

Os tivs estão sendo presos em um vasto sistema de eventos e coisas interconectadas, inclusive o dinheiro, que está mudando o que eles fazem, o que eles têm, e aquilo que podem escolher. É extremamente difícil para os tivs encaixarem essas novas circunstâncias de vida em seu esquema conceitual. Quando um homem tiv reclama que agora tem de "vender" sua filha em casamento, e, portanto, trocar a categoria de troca mais valiosa por aquela de menor valor, não podemos simplesmente falar de "mudança cultural".

Atualização do caso

Para uma discussão da imagem do dinheiro como "cruel" em partes da África, cf. Shipton (1989).

Primeiramente, não presumimos desde o início sobre os limites que serão relevantes para uma análise específica de um sistema social. Não podemos, definitivamente, traçar uma linha ao redor de uma população que fala a língua tiv e se consideram tiv e presumir que isso será estrategicamente útil para explicar os fenômenos que encontramos nessa parte da Nigéria.

> É [...] sempre metodologicamente inseguro presumir que um grupo étnico ou uma unidade política (os nuers, na sociedade dos Estados Unidos) é uma unidade adequada de análise. Devemos começar reconstruindo as relações sociais que determinam sujeitos ou grupos específicos (O'LAUGHLIN, 1975: 346).

Segundo, a análise deve ser histórica, deve considerar "as relações sociais que determinam sujeitos ou grupos específicos" como processos no tempo. Devemos analisar relações de classe historicamente, investigando as raízes do poder no controle da terra ou de outros meios de produção. Nos lugares em que o colonialismo in-

Uma cena de rua em Lagos, Nigéria. Será
que a análise cultural pode captar as
complexidades da África contemporânea?

corporou sociedades sem classes em um sistema capitalista mundial, os relacionamentos de classe foram criados. Na Tivlândia e em outras regiões da África Ocidental safras comerciais tais como o cacau criaram oportunidades para empreendedores individuais desviarem a terra da linhagem para seu uso pessoal e contratarem membros da própria tribo como trabalhadores assalariados. As administrações e missões coloniais, ao treinar clérigos e professores, criaram o começo daquilo que, décadas mais tarde, veio a se transformar no "Wabenzi" – a tribo que dirige Mercedes-Benz, uma classe dominante que controla grande parte da África. Esses relacionamentos de classe atravessam as linhas da língua e da nacionalidade. Análises de mudança em termos de "cultura" podem obscurecer os relacionamentos de classe e os sistemas econômicos que dão forma aos eventos locais.

Terceiro, a perspectiva que adotamos não presume que em um sistema social, sejam quais forem seus limites, prevalecerá um único modo de produção. A penetração da economia de dinheiro capitalista em áreas tais como a Tivlândia significa que as pessoas podem estar ligadas a dois ou mais modos de produção – continuando, talvez, a produzir safras de subsistência para o consumo doméstico, produzindo produtos agrícolas triviais (tal como o óleo de gergelim) para o mercado, e vendendo a força de seu trabalho como trabalhadores nas plantações ou nas minas. Os aldeões podem se envolver em migração circular de tal forma que, quando jovens, eles vão para os centros urbanos, ou plantações, ou campos petrolíferos para trabalhar, e depois voltam para assumir as responsabilidades de um adulto em um ambiente mais tradicional. Como veremos ao examinar os camponeses contemporâneos, a reprodução de relações sociais ainda relativamente guiadas pela tradição nessas comunidades pode ser baseada em uma emigração muito substancial em cada geração ou em um fluxo de renda da cidade para a aldeia graças ao envio sucessivo de filhos para o trabalho assalariado.

Qual é exatamente a melhor maneira de conceitualizar teoricamente os relacionamentos entre comunidades do interior e centros urbanos, entre um modo de produção tradicional e o modo capitalista que o engolfa, foram pontos de debate de grande importância. Veremos algumas das questões que estão em jogo quando examinarmos os camponeses e aquilo que veio a ser chamado de "Teoria da Dependência" nos dois próximos capítulos. Para dar substância a essas orientações teóricas gerais, precisamos examinar mais detalhadamente o impacto do Ocidente no mundo tribal.

48 O impacto do Ocidente em sociedades de pequena escala

O impacto do Ocidente em sociedades de pequena escala produziu fenômenos de destruição física e cultural que têm paralelos nos antigos impérios, como já observamos; mas, em muitos aspectos, eles foram novos na história humana. O que ocorreu com os povos tribais no caminho da expansão europeia dependeu de um número de fatores:

1) O tamanho, a organização política, e a tecnologia da sociedade subjugada.

2) O período da subjugação inicial (e consequentemente o tipo de metas que os europeus estavam querendo alcançar e a tecnologia que dominavam).

3) A localização da sociedade, em termos de distância ou facilidade de acesso e do valor que o território ocupado tinha para os europeus.

Homens da tribo benabena da região montanhosa da Nova Guiné examinam a última transformação em seu vale, anteriormente isolado. Em um período de mudança rápida, os benabenas foram arrastados para uma economia de gado, caminhões e rádios transístores.

4) A orientação cultural dos povos subjugados com relação à cultura europeia e aquilo que os europeus queriam e exigiam deles.

5) A política colonial dos colonizadores (que variou em épocas e lugares diferentes desde um extermínio sem piedade até o paternalismo benevolente).

Iremos delinear aqui um número de processos que ocorreram ao longo das fronteiras do colonialismo. Esses processos não são, de forma alguma, uma série de "tipos" de contato distintos; muitos povos subjugados pelo colonialismo foram sujeitos a vários desses processos ao mesmo tempo ou em fases diferentes. Eles servem para ilustrar não tipos e sim os temas e processos recorrentes em várias partes do mundo colonizado.

Dizimação física por extermínio, doenças e escravização

Em muitas partes do mundo colonizado, populações inteiras foram dizimadas no início do período de contato. Há muitos casos em que massacres – dos aborígenes australianos, dos povos indígenas da América do Sul e do Norte e muitos outros – destruíram proporções substanciais das populações nativas. O extermínio sistemático ("Um bom índio é um índio morto" ou seu equivalente em outras fronteiras coloniais) era muitas vezes a pedra angular da política europeia ou a prática dos primeiros colonizadores.

Embora estatísticas adequadas só raramente estejam disponíveis, as doenças europeias foram uma lâmina ainda mais devastadora cortando as populações, muitas vezes à frente do assentamento colonial. A mais cruel das doenças mortais foi a varíola, acidental ou intencionalmente espalhada pelos europeus em populações sem qualquer imunidade. As populações da Austrália aborígene foram dizimadas pela varíola e outras doenças no primeiro período de contato. Quando a colonização europeia da Austrália começou em 1788, de 250 mil a 300 mil aborígenes habitavam o continente. Já em 1798, a epidemia de varíola varreu toda a Austrália, alcançando o interior mais remoto, muito tempo antes de o contato direto ter sido estabelecido. A tuberculose, a coqueluche, o sarampo, a lepra, a gripe e doenças venéreas também se espalharam. Embora um grande número de aborígenes tivesse sido massacrado pelos colonos, a maioria foi morta não por armas de fogo, mas pelas epidemias.

Para alguns grupos norte-americanos, temos mais dados estatísticos. Aqueles referentes aos membros dos mandans – em um determinado momento ricos e poderosos – do Missouri superior são radicais, mas esclarecedores. Em 1750, no começo do comércio de peles, uns nove mil mandans viviam em aldeias grandes e permanentes. A epidemia de varíola, que começou já em 1764, tinha, em 1782, diminuído e enfraquecido os mandans de tal forma que eles ficaram vulneráveis aos ataques dos nômades sioux tetons por um lado e dos assiniboins por outro. Mais ou menos em 1800, a população já tinha sido reduzida para aproximadamente 1.500. Em 1837, quando outra epidemia devastadora de varíola varreu as duas aldeias em que os mandans sobreviventes tinham se reagrupado, a população foi quase que totalmente exterminada. O número de sobreviventes foi, quando muito, de 63 adultos, talvez substancialmente menos (BOWERS, 1950; BRUNER, 1961). A devastação pela doença pode muito bem ter sido igualmente drástica em várias outras partes da América do Norte.

Quando ao extermínio maciço por caça sistemática ou massacres e ao alto preço das doenças foi acrescentada a escravização por trabalho

Os prósperos e poderosos índios mandans: Aqui a Dança do Boi na cerimônia okipa é realizada diante das cabanas de terra de uma aldeia mandan. Os habitantes chegavam a milhares.

forçado nas minas ou no campo, as catástrofes demográficas do colonialismo foram ainda mais inacreditáveis. Wilbert (1972) avalia o custo terrível em vida humana da conquista espanhola da América do Sul. Ele estima que só 4% da população pré-colombiana de uns cinquenta milhões de pessoas sobreviveram às primeiras poucas décadas da conquista espanhola.

As populações indígenas nas ilhas do Caribe desapareceram totalmente. A Nova Espanha (México) teve uma queda dramática na população que de cerca de onze milhões em 1519 foi para cerca de 1.5 milhões em [...] 1650 (WALLERSTEIN, 1974: 89).

Dezenas de milhares foram diretamente caçados e massacrados. Centenas de milhares morreram, subjugados, escravizados como mineiros para alimentar a ânsia dos espanhóis por ouro e prata; e milhões morreram das doenças introduzidas e de fome.

A consequência mais trágica e mais terrível da conquista colonial das sociedades tribais foi, portanto, a destruição física total ou o quase extermínio. Os sobreviventes espalhados se aglomeraram como refugiados, fugindo para além das fronteiras coloniais ou, em desespero, agarrando-se à mera sobrevivência na periferia de algum forte, cidade ou missão. Embora as culturas e as línguas possam ter sobrevivido a essa destruição catastrófica, os padrões da vida social aos quais elas davam sentido e as terras das quais dependia a subsistência tinham sido abolidos.

A resistência armada

Nos lugares em que o abismo da tecnologia entre os europeus e os outros era muito vasto, a resistência em grande escala era impossível. No entanto, em algumas partes do mundo, povos se envolveram na luta armada eficaz e de longa duração contra os colonos invasores. A tradição Hollywoodiana dos "peles-vermelhas dando o grito de

Prisioneiros aborígenes australianos, na área de Kimberley, 1906.

guerra" tentando massacrar os vagões dos trens e os "selvagens africanos" ameaçando exploradores intrépidos certamente não faz justiça a essas lutas ou nos preparou para compreendê-las.

A resistência mais efetiva à conquista europeia nem sempre veio de sociedades militaristas e altamente centralizadas com grandes exércitos que podiam ser colocados no campo. Como ilustra o colapso bastante rápido das nações asteca e inca diante da invasão espanhola, exércitos altamente organizados muitas vezes eram mais vulneráveis a uma derrota dramática do que forças pequenas e móveis. E impérios que tinham mantido povos vizinhos subjugados estavam vulneráveis também à rebelião de seus súditos em apoio aos invasores.

Mas mesmo com trezentos anos de mais progresso tecnológico sob seu comando, as forças europeias nas guerras contra os zulus e os ashantes foram temporariamente detidas pela resistência fortemente organizada e móvel de povos guerreiros. Ainda mais bem-sucedido na resistência à conquista imperialista foi o brilhante Samory da Guiné (PERSON, 1971). A resistência épica de Samory à invasão francesa é celebrada pelos patriotas dos movimentos africanos de independência. Samory conseguiu entre seu povo um grau de ordem política que bem poderia ser uma inspiração:

> No total, Samory lutou em treze batalhas importantes contra os franceses e [...] movimentou seu império a uma distância de uns 600 quilômetros nesse processo. Ele demonstrou ter [...] [uma] combinação de gênio militar e administrativo [...].
>
> Nele podemos ver o tipo de líder que poderia bem ter conseguido a modernização de seu próprio país, independentemente do controle europeu. O fato de ele ter a capacidade e o instinto [para isso] é claro

pelas suas táticas militares, sua organização do comércio, e a espetacular administração de seu império em constante movimento [...]. Se Samory não tivesse tido de enfrentar os franceses, temos todos os indícios de que ele tinha o gênio organizador e suficiente controle de seu povo para ter criado uma nação suscetível às necessidades do século XX que se aproximava (CROWDER, 1968: 87-89).

A resistência corajosa contra a conquista veio não só de forças militarmente temíveis, mas também de povos tecnológica e numericamente frágeis tais como os sans da África do Sul que lutaram desesperadamente e com um sucesso surpreendente por seus territórios de caça até seu quase extermínio eventual. A belicosidade continuou a ser uma política externa viável para alguns caçadores-coletores isolados: alguns ilhéus Andaman no Oceano Índico continuam a receber forasteiros com uma chuva de flechas e mantêm sua independência.

Em algumas áreas, a resistência à invasão catalisou um povo para a luta unida mesmo sem que tivessem quaisquer instituições políticas abrangentes para lhes dar um arcabouço de comando. Um dos casos mais extraordinários foi a resistência dos yaquis do noroeste do México. A população yaqui era de cerca de trinta mil pessoas, vivendo em comunidades autônomas sem uma liderança política centralizada. No entanto, diante da ameaça de subjugação pelos exércitos espanhóis e a incursão de um comércio de escravos, os yaquis colocaram uma força militar de sete mil homens no campo. Em campanhas entre 1608 e 1610, o Capitão Hurtaide e seu exército de espanhóis e aliados índios foram derrotados três vezes pelos bem organizados e ferozes guerreiros yaquis; na última e maior batalha, as forças de Hurtaide foram esmagadas e o capitão espanhol por pouco não foi capturado (SPICER, 1961).

No Pacífico, a resistência de grande escala mais dramática veio dos maoris. Nas guerras maoris, os guerreiros polinésios em seus fortes cercados com paliçada no alto das colinas mantiveram a infantaria britânica a distância com sucesso surpreendente diante do poder de fogo muito superior dos britânicos. Os chamorros da ilha de Guam lutaram longa e cruelmente contra a conquista espanhola, embora no final fossem virtualmente eliminados. Mesmo na Melanésia, com populações menores e uma fragmentação política maior, houve casos de resistência efetiva – principalmente na Nova Caledônia, em que na chamada Revolta Kanaka de 1878 os melanésios mataram muitos colonos e recapturaram a maior parte de sua grande ilha antes de serem esmagados.

Mas por mais corajosa que fosse a resistência desses povos, eles foram eventualmente conquistados e subjugados pelas forças cada vez mais poderosas da tecnologia europeia. No começo do século XX, apenas povos marginais mantinham a autonomia política; e todos eles estavam em florestas remotas, desertos, ou campos de neve ao redor dos quais as fronteiras coloniais ou nacionais tinham sido traçadas.

A penetração europeia e a transformação das sociedades tradicionais

Mesmo antes da verdadeira subjugação colonial, a penetração do poder e da tecnologia europeia mudou profundamente os relacionamentos políticos, o equilíbrio do poder e a ecologia. Em uns poucos casos isso teve como resultado uma espécie de eflorescência cultural. Mais dramática, talvez, tenha sido a emergência de culturas cavaleiras nômades nas planícies americanas. Em uma explosão surpreendentemente rápida de adaptação cultural, povos como os cheyennes foram transformados de aldeões sedentários que cultivavam o milho em guerreiros nômades e a cavalo que caçavam búfalos; e da outra direção, os caçadores-coletores da Grande Bacia do Shoshone tais como os comanches passaram por uma transformação semelhante. Mais para o nordeste, às margens das planícies e bosques, povos como os mandans e assiniboins aproveitaram-se de sua posição estabelecida como comerciantes ricos que cruzavam as rotas comerciais principais para se transformarem em fornecedores de peles de búfalo para os comerciantes europeus mais para o leste e fornecedores de armas e outros bens europeus para os nômades das Planícies (cf. BRUNER, 1961; JABLOW, 1951).

As rupturas do equilíbrio de poder eram muitas vezes consequências não intencionais da penetração europeia. Assim um chefe tongan empreendedor capturou um navio de guerra britânico em 1806, matou toda a tripulação, à exceção daqueles necessários para manipular os canhões, e então – usando esses mesmos canhões – invadiu e conquistou a capital tongan. As guerras sangrentas e o canibalismo em uma vasta escala registrado na Fiji do começo do século XIX foram escalações dos padrões tradicionais em virtude da introdução de armas de fogo e do conflito incentivado pelos europeus. (A presença dos europeus nos campos armados dos chefes em guerra também contribuiu para isso.) "Nos primeiros dias muitos chefes fijianos tinham [...] homens brancos obedientes que os consideravam sem modos, mas úteis; ter um desses homens era parte do prestígio de um chefe" (FURNAS, 1947: 215).

Os efeitos do comércio de escravos nos povos da África Ocidental, mesmo antes da penetração colonial no interior, foram desastrosos. Colocan-

A cabana de terra de um rico líder mandan. Os mandans acumularam muita riqueza e
poder como intermediários com as culturas em expansão das planícies.

do tribo contra tribo, explorando os abismos entre as classes sociais, reduzindo populações, destruindo comunidades e criando líderes africanos ricos como intermediários, o comércio escravagista alimentava a desumanidade e a tragédia humana em uma escala inacreditável.

Sincretismo e síntese cultural

Onde quer que os modos de vida europeus irrompessem sobre sociedades de pequena escala, a transferência cultural ocorreu – tanto por escolha quanto sob coação. Povos adotaram ferramentas de aço e apertos de mão, e foram forçados a usar vestidos do tipo *Mother Hubbard** e a serem monógamos.

A síntese de elementos antigos e elementos adotados – o sincretismo – foi mais surpreendente na área religiosa, em que o cristianismo foi difundido em todos os continentes. Muitos dos exemplos mais extraordinários vêm do Novo Mundo, particularmente da América Central. Mesmo an-

----

* *Old Mother Hubbard* é um livro de histórias infantis e cantigas de ninar em língua inglesa publicado em 1805. Vestir-se como Mother Hubbard é vestir-se como as mulheres daquela época [N.T.].

tes de os espanhóis invadirem aquela parte do mundo, os processos de conquista, incorporação e apropriação cultural, dos olmecas até os astecas, tinham criado sínteses complexas de elementos culturais. Sínteses do catolicismo com os sistemas de crenças tradicionais levaram esses antigos processos a um grau muito mais dramático; havia um enorme abismo entre a religião dos conquistadores e os cultos sacerdotais de guerra e fertilidade, do sol e da chuva centro-americanos; a adoração da serpente com penas, do jaguar e de outros deuses; e sacrifícios humanos. Mas sínteses surpreendentes vieram a surgir, às vezes com muita rapidez.

Os missionários católicos do início do século XVI tinham algumas vantagens que faltavam aos protestantes fundamentalistas de dois ou três séculos mais tarde. O catolicismo incorporava grande pompa e um ciclo cerimonial complexo. Oferecia funções para homens e mulheres, jovens e velhos. Seus sacerdotes, que acreditavam no diabo, em espíritos e na magia, podiam lidar com as religiões antigas de maneira que os povos centro-americanos podiam compreender muito bem. E o catolicismo fornecia, com suas manifestações múltiplas da Virgem e da Trindade, tanto uma aproximação a divindades múltiplas quanto a objetos físicos para serem venerados.

Talvez o exemplo mais extraordinário de sincretismo religioso seja o culto da Virgem de Guadalupe, a santa padroeira do México, descrito no Caso 58.

Nas comunidades rurais na América Central, sínteses culturais do velho e do novo são visíveis em muitas áreas da vida. Uma delas é o *compadrazgo* ou ritual de "copais" (a ser explorado no Caso 69) em que um padrão católico hispânico foi sintetizado com os sistemas sociais baseados no parentesco da América Central (DAVILA, 1971).

Na religião, crenças novas e tradicionais são fundidas ou coexistem, como nas comunidades maias das regiões montanhosas, tais como Zinacantepec no sul do México (cf. Caso 59).

Será possível que os elementos de uma cultura fiquem latentes, embora o comportamento visível possa estar de acordo com as exigências do conquistador? A sobrevivência da religião tradicional em Zinacantepec descrita no Caso 59 sugere que a obediência visível às exigências da conquista pode, às vezes, esconder um conservadorismo extremo. Quando o controle é relaxado, o conhecimento latente pode se transformar em prática velada; e, eventualmente, padrões antigos podem ressurgir. Ilustrações muito interessantes vêm das margens do Caribe onde escravos que fugiram da Guiana e de Suriname (PRICE, 1973) estabeleceram comunidades em que padrões sociais e religiosos africanos floresceram novamente.

Congruência entre o velho e o novo?

Mesmo nos casos em que costumes e crenças novas substituem os antigos no curso da mudança, as premissas e valores mais profundos da cultura tradicional podem continuar a moldar uma visão do mundo de um povo e sua orientação para a vida. No entanto, essa é uma questão elusiva: a própria sutileza e profundidade desses padrões culturais subjacentes faz com que seja difícil chegar até eles e ainda mais difícil interpretá-los. Isso então nos leva a outra pergunta: existem congruências, ou falta delas, entre as culturas dos povos subjugados e as culturas do Ocidente que fazem com que a adaptação a novos modos de vida sejam mais, ou menos, possível?

Os valores com relação à mudança e ao passado variaram muito, e isso pode ser um fator relevante. Assim alguns povos foram, mesmo na época pré-colonial, receptivos a novas ideias e a novas coisas, enquanto outros remontaram às maneiras antigas com um conservadorismo sólido. A receptividade à mudança parece particularmente característica de algumas sociedades da Nova Guiné. Muitos anos atrás Margaret Mead (1938) descreveu a Montanha Arapesh como tendo uma "cultura importada", adotando os costumes dos vizinhos muito antes de os europeus chegarem. Os shimbus das áreas montanhosas e um número de outros povos de áreas montanhosas da Nova Guiné parecem nem codificar modelos do passado sistematicamente nem dar muito valor às maneiras antigas. Diante de um conjunto de mudanças desconcertantes – de ferramentas de pedra para transístores, Toyotas e turistas – os shimbus foram extraordinariamente flexíveis em suas adaptações a um novo mundo do século XX (BROWN, 1972; cf. tb. BROWN, 1995; STRATHERN, 1984, sobre os melpas e os wirus).

Uma fusão igualmente surpreendente do conservadorismo cultural e de reorganização radical política e econômica está em curso nas Trobriandesas modernas. Embora haja um campo de aterrissagem perto da aldeia Omarakana no coração do cultivo do inhame da Ilha Kiriwina, as trocas do *kula* continuam e as distribuições mortuárias e trocas de inhame florescem. Por meio de instituições políticas tradicionais, na década de 1970, sob a liderança de um jovem universitário radical, recém-formado, John Kasaipwalova, os trobriandeses buscaram formar uma sociedade cooperativa que controlasse o turismo e a venda de itens de arte e de artesanato. Além disso, um filme feito nas Ilhas Trobriandesas na década de 1990 (com Annette Weiner como consultora)* mostra

---

* *The Trobriand Islanders of Papua-New Guinea* [Os ilhéus trobriandeses da Papua-Nova Guiné] dirigida por D. Wason, 1991, uma parte da série *Disappearing World* [Mundo em desaparecimento].

as permutações nas trocas feitas por mulheres que ocorreram.

Em contraste, o conservadorismo pode ser uma estratégia para a sobrevivência, assim como uma orientação cultural. Um elemento aqui é aparentemente antigo: alguns povos conceitualizam o tempo e o passado, de maneira que dificultam a mudança, e têm uma espécie de forte integração sistêmica que reduz a flexibilidade, o pragmatismo e a inovação. Um segundo elemento se origina do impacto do Ocidente. Como vimos, quando um povo está pressionado pelas forças da mudança, uma volta ao passado pode ser uma maneira crucial – às vezes desesperada – de tentar sobreviver como povo: de preservar a identidade e a integridade diante da impotência, da dizimação e da degradação.

A congruência entre o velho e o novo, a adaptação às condições de vida radicalmente mudadas, foi abordada também em termos psicológicos, usando instrumentos da pesquisa psicológica. Dois estudos por G.D. e L.S. Spindler (cf. Caso 60) incorporaram esses métodos.

Em seu trabalho subsequente (SPINDLER & SPINDLER, 1971; SPINDLER, 1973) os Spindlers consideraram as reações diferenciais à mudança por parte de seus sujeitos mais em termos cognitivos do que em termos de psicologia de profundidade e congruência cultural. Em situações de subjugação colonial, as pessoas usam as melhores estratégias de sobrevivência que encontram (em termos das oportunidades que seu *status* subordinado lhes permite ter e os materiais culturais disponíveis para conceitualizar e lidar com elas). "Integrações instrumentais" – maneiras de alcançar metas desejadas por caminhos disponíveis cognitivamente (e também econômica e fisicamente) – são exploradas e usadas para se adaptar da melhor maneira possível. O fato de

CASO
58

A Virgem de Guadalupe

Em 1531, 10 anos após a conquista espanhola do México, a Virgem Maria apareceu para Juan Diego, um índio cristianizado, e se dirigiu a ele em nahuatl, a língua asteca. Ela ordenou, nessa visão e em outras visões subsequentes, que mandasse construir uma igreja em sua homenagem no local de seu encontro, na Colina de Tepeyac.

Esse era o local onde os astecas tinham venerado sua deusa da terra e da fertilidade, Tonantzin, Nossa Senhora Mãe. A veneração da Virgem de Guadalupe nos primeiros séculos do culto foi, na verdade, uma veneração de Tonantzin por um povo subjugado, como membros da Igreja espanhola logo perceberam:

> Agora que a Igreja de Nossa Senhora de Guadalupe foi construída lá [...] eles a chamam de Tonantzin [...]. Parece ser um artifício satânico para disfarçar a idolatria [...] e eles vêm de muito longe para visitar aquela Tonantzin [...] como faziam nos velhos tempos (Sahagun).

> Na colina onde Nossa Senhora de Guadalupe está, eles adoravam o ídolo de uma deusa que chamavam de Tonantzin, que significa Nossa Mãe, e esse é também o nome que dão a Nossa Senhora [...]. Eles sempre dizem que estão indo para Tonantzin ou estão celebrando Tonantzin e muitos deles compreendem isso da velha maneira, e não das maneiras modernas (Martin de León).

Esse sincretismo persistiu no século XVII. "É o objetivo dos maus [cultuar] a deusa e não a mais Sagrada Virgem, ou as duas juntas" (Jacinto La Serna).

No século XVII, o culto de Guadalupe foi um foco para a emergência da sociedade colonial mexicana, e a primeira emergência de uma cultura nacional que oferecia um lugar para o índio oprimido:

> Para os mexicanos [a Virgem] [...] não só [...] é uma mãe sobrenatural [...] ela personifica suas principais aspirações políticas e religiosas. Para os grupos índios, a [Virgem] [...] é [...] a personificação da vida e da esperança; ela devolve a eles a esperança de salvação [...]. A Conquista Espanhola significou não só a derrota militar, mas também a derrota dos deuses antigos e o declínio do antigo ritual [A Virgem] [...] representa em um nível a volta de Tonantzin [...]. Em outro nível, o mito da aparição serviu como uma prova de que o índio [...] era capaz de ser salvo (WOLF, 1958: 37).

Os índios não só eram explorados e oprimidos. Sua própria humanidade lhes era negada por muitos dos conquistadores e dos padres, que podiam se absolver da responsabilidade moral pelos assassinatos e escravidão. Wolf continuou, mostrando que a Virgem também satisfazia as necessidades de um grupo emergente de mexicanos com pais espanhóis e mães índias – que, como ocorre com os "miscigenados" em tantas situações coloniais –, lhes era negado um lugar nos dois mundos.

O que começou como a veneração de uma deusa asteca disfarçada diante das espadas dos conquistadores e a vigilância sem piedade dos frades favoráveis à Inquisição foi assim transformado em um símbolo do novo México que se erguia do colonialismo – de tal forma que, na guerra de independência contra a Espanha, e mais tarde, quando o revolucionário agrário Emiliano Zapata e seus homens lutaram contra a dominação dos corruptos donos da terra e da Igreja, a imagem da Virgem de Guadalupe ia a sua frente nas batalhas (WOLF, 1958).

para alguns povos isso significar manter a língua tradicional e buscar salários e excitação como vaqueiros, e para outros significa se retirar em um isolamento tradicional ou em um escape alcoólico individual e para outros ainda significa adotar um estilo de vida semelhante aos bairros periféricos de Wisconsin, não é uma questão de cultura, de personalidade, de "aculturação", de conservadorismo, ou até de adaptação. É uma questão de sobrevivência com os meios disponíveis.

O trabalho mais recente dos Spindlers assinala os perigos da inclinação antropológica de analisar a mudança – seja ela rápida e harmoniosa ou lenta e produzindo uma ruptura – em termos culturais. A explicação do "sucesso" ou da dificuldade de mudança em termos de congruência cultural ou falta dela é um substituto fácil para uma análise política e econômica. Como veremos em mais detalhe nos dois próximos capítulos, não é a "cultura ocidental" que confrontou os africanos tribais ou os novos guineanos. É um sistema econômico mundial do qual as plantações e as administrações coloniais eram manifestações locais. As circunstâncias de invasão, subjugação e exploração econômica em que esses povos foram transformados, a criação de sistemas de classe e a hegemonia pós-colonial que elas possibilitaram ficam todas camufladas se imaginarmos que o que ocorreu foi uma colisão entre duas culturas. Os povos que "se adaptaram com sucesso" são muitas vezes aqueles que conseguiram, por meio das circunstâncias da política e da economia coloniais, explorar oportunidades e prosperar economicamente. Os povos que se voltam, em desespero, para o álcool ou que são "incapazes de se adaptar" são caracteristicamente aqueles cuja base de subsistência foi destruída, que foram jogados em uma dependência desesperada sem terra ou comunidades intactas, que foram esvaziados pela doença e até pelo genocídio. "Explicar" o desespero entre aqueles que foram despossuídos, dizimados e levados à impotência e à dependência, como resultado de "incongruência cultural", não é um substituto para análises.

O impacto do cristianismo

Antropólogos e missionários, pelo menos em estereótipos, se desentenderam uns com os outros por muitas décadas. O estereótipo do missionário é um "fanático da Bíblia", extremamente rígido, reprimido e tacanho que tenta fazer com que as mulheres nativas cubram seus seios decentemente; o do antropólogo é um barbudo degenerado inclinado a se despir em público e a experimentar ritos selvagens.

As coisas são mais complicadas do que isso. Há uma tradição antiga e duradoura de grande erudição missionária. Embora muitos dos frades que acompanharam os conquistadores nas américas e nas Filipinas se envolvessem em uma repressão brutal e desempenhassem um papel ativo e muitas vezes sórdido na subjugação da população conquistada, houve também muitos defensores do humanismo e da justiça, e alguns grandes estudiosos e estadistas como Sahagun e Las Casas e Lafitau que copilaram registros de culturas indígenas e defenderam a humanidade dos conquistados. No século XIX e no início do século XX, figuras como Junod, Codrington, Leenhardt e Schebesta contribuíram enormemente para o enriquecimento do conhecimento antropológico. E em anos recentes, missionários etnógrafos e linguistas continuaram a fornecer evidência valiosa.

Mas há abismos profundos entre as premissas, bem assim como entre os estilos, do trabalho dos missionários e o da antropologia que levaram a atritos e controvérsias consideráveis. Aqui,

Religião em Zinacantepec

O visitante casual ao centro do município de Zinacantepec em Chiapas provavelmente, apesar do vestuário que chama a atenção de seus habitantes camponeses, irá inferir que o catolicismo é a força dominante na comunidade. Uma igreja coroada com cruzes domina a praça central, e igrejas menores estão espalhadas por todo o centro da cidade, com capelas em cada um dos vilarejos mais afastados. Nas colinas íngremes que rodeiam a cidade estão aglomerados de cruzes grandes. Dentro da Igreja de São Lourenço, velas, altares e figuras pintadas de santos católicos reforçam ainda mais a impressão da existência de um rebanho católico piedoso.

Uma cerimônia de cura em Zinacantepec combina o ritual tradicional maia com símbolos de origem cristã.

Durante anos de estudo antropológico, os enfeites externos do cristianismo pareceram um verniz cada vez mais tênue sob o qual subjaz um complexo sistema religioso maia (VOGT, 1969, 1970, 1976).

O povo de Zinacantepec, os zinacantecos, continuam a achar que o mundo tem a forma de um grande cubo. A superfície superior do cubo compreende as altas montanhas e os vales profundos da área montanhosa de Chiapas – com uma colina baixa de terra no centro cerimonial de Zinacantepec como centro do mundo.

O mundo cúbico descansa nos ombros de deuses. Sob ele está o "mundo inferior" que tem a forma de uma antiga pirâmide maia. O sol e a lua, considerados forças cósmicas sagradas, simbolicamente masculino e feminino, se movimentam pelo céu acima do cubo e os humanos guiam suas vidas por esses movimentos. O sol está simbolicamente associado com o Deus católico, a lua com a Virgem Maria; mas o mundo zinacanteco continua totalmente maia.

O universo é habitado por inúmeras classes de seres espirituais que desempenham um papel essencial na vida humana. Os seres mais importantes são os deuses ancestrais, que moram nas montanhas ao redor de Zinacantepec. São antepassados remotos dos zinacantecos e os deuses que sustentam a terra ordenaram que eles fossem morar nas montanhas. Em suas casas na montanha, os antepassados inspecionam e se consultam sobre os acontecimentos sociais de seus descendentes e esperam oferendas de galinhas, velas, incenso e bebida alcoólica. Os antepassados não só mantêm as regras adequadas da vida social e ritual zinacanteca e orientam o comportamento correto de seus descendentes; eles também mantêm uma vigilância cuidadosa para ver se existem desvios das linhas retas da propriedade.

Outra divindade, o Dono da Terra, controla as coisas e produtos da terra dos quais a vida depende – as safras de milho, a chuva, a terra, as árvores, os poços, e as outras fontes de subsistência e os necessários suportes materiais da vida. As atitudes com relação ao Dono da Terra, que precisa ser propiciado com oferendas quando esses produtos da terra são usados, são ambivalentes, caracterizados tanto por perigo quanto por dependência.

Desde a conquista espanhola, os zinacantecos adquiriram 55 "santos" — imagens esculpidas ou de gesso de santos católicos e outros objetos sagrados. Cada santo tem uma personalidade e uma história mística. Os mais importantes, sendo o principal São Sebastião, são centros de cultos elaborados e atividades cerimoniais anuais. Os zinacantecos os veem como deuses com poderes extraordinários, com seus "lares" nas igrejas católicas. Como os deuses ancestrais, eles esperam oferendas de velas, incenso e flores. Os zinacantecos consideram a missa católica como uma oração para o santo a quem se dedica uma festa. Pede-se a um sacerdote *ladino* (um mexicano que fala espanhol) que reze a missa. Mas a posição de catolicismo ortodoxo em Zinacantepec é sugerida pela reação se o padre não puder vir: a expectativa é que o santo ficará enraivecido e lançará o castigo sobre o padre faltoso e não sobre a comunidade — que fez sua parte ao requisitar o padre.

Os zinacantecos têm dois tipos de "almas". Cada pessoa tem uma "alma interna" localizada no coração. Essa alma interna tem treze componentes — um ou mais dos quais podem sair do corpo durante o sono, com medo, durante a excitação sexual ou quando os antepassados provocam uma perda de alma em virtude do mau comportamento. Xamãs desempenham um papel permanente em Zinacantepec curando doenças causadas pela perda de componentes da alma, restaurando o equilíbrio com os antepassados e assim reincorporando e reintegrando a alma interna do paciente. Mas não são só os humanos que têm almas internas:

> Virtualmente tudo que é importante e valioso para os zinacantecos também possui uma "alma interna": animais domésticos e plantas [...]; o sal, que possui uma "alma interna" muito forte; casas e lareiras; as cru-
zes de madeiras erguidas sobre montanhas sagradas; dentro das cavernas e ao lado de poços; os santos [...]; os instrumentos musicais [...]; e todas as várias divindades no panteão zinacanteco [...]. A interação mais importante que ocorre no universo não é entre as pessoas, nem entre as pessoas e os objetos [...] mas [...] entre "as almas internas" dentro dessas pessoas e os objetos materiais (VOGT, 1970: 10-11).

Todo indivíduo zinacanteco tem um segundo tipo de "alma", um "companheiro espiritual animal". Os companheiros espirituais dos vivos, um para cada pessoa, vivem em uma montanha que domina a área central de Zinacantepec, em currais sobrenaturais separados: um de jaguares, outro de coiotes, outro de onças pintadas, outro de animais pequenos tais como sariguês. O companheiro espiritual animal de uma pessoa compartilha sua alma interna, de tal forma que nosso bem-estar depende de nosso companheiro espiritual animal estar adequadamente protegido e cuidado pelos deuses ancestrais. O companheiro espiritual animal de uma pessoa pode ser expulso de seu curral pelos deuses ancestrais se aquela pessoa transgrediu as regras culturais; e é preciso a intercessão de um xamã para que os antepassados devolvam o companheiro para seu curral.

Ritos ostensivamente cristãos, inclusive aqueles que envolvem santuários com cruzes, no final das contas acabam sendo veículos para o sistema religioso tradicional maia. As centenas de *krus* (do espanhol cruz), santuários chamados de kalvario (de calvário) estão em lugares reais em que os deuses ancestrais se encontram, deliberam sobre a conduta de seus descendentes, e esperam as oferendas rituais. Como veremos no Caso 68, esses santuários são classificados hierarquicamente de acordo com um sistema de patrilinhagem subjacente. Os zinacantecos acham que os altares com cruzes são portas para os deuses. Um conjunto de símbolos religiosos — flores, incenso e rum —

serve para definir contextos sagrados em que a comunicação com os deuses pode ocorrer.

Assim, aquilo que externamente parece ser uma cerimônia católica tem um significado para os zinacantecos que remonta à religião de seus antepassados e estabelece uma comunicação com eles.

> Com flores nas cruzes, o incenso queimando [...] a bebida sendo consumida [...] e a música sendo tocada [...] o palco está pronto para a comunicação eficiente com os sobrenaturais por meio de orações e oferendas, tipicamente velas, que são consideradas como tortillas e carne para os deuses, e galinhas pretas cujas "almas internas" são ansiosamente consumidas pelos deuses [...].
>
> Os sobrenaturais [...] irão [...] retribuir restaurando a "alma interna" de um paciente, mandando chuva para uma sedenta safra de milho ou eliminando [...] os males e fazendo com que as coisas andem direito para os zinacantecos (VOGT, 1970: 16).

Sincretismo cultural: um time de jogadores de críquete nas Ilhas Trobriandesas dança com roupas tradicionais (em 1973) enquanto entra no campo para um jogo; esse time é chamado "os Aviões" e sua dança imita um avião se inclinando lateralmente.

Troca de inhames nas Trobriandesas contemporâneas; os inhames são colocados da maneira tradicional (esquerda) e depois carregados em um caminhão para serem doados a outra aldeia (abaixo).

CASO
60

Os índios menominis e os índios bloods

Os Spindlers usaram testes Rorschach e métodos de investigação específicos de sua própria cultura para investigar as personalidades dos índios menominis em Wisconsin. Dividiram os menominis em cinco categorias que iam desde aqueles que eram muito conservadores e orientados para as tradições indígenas até aqueles que já tinham adotado totalmente a cultura dos brancos de classe média. Descobriram que, em cada categoria, os menominis tinham um padrão de personalidade peculiar. Os grupos orientados para as tradições nativas mostraram ter um padrão psicológico congruente com o comedimento, o controle e a dependência do poder sobrenatural apropriado aos antigos modos de vida menomini: introversão, fatalismo, falta de reações emocionais abertas. Os menominis que tinham adotado os modos de vida dos brancos tinham conseguido uma reorganização da personalidade congruente com a orientação para o sucesso, a competitividade, e a pontualidade que seus empregos exigiam deles – embora não sem os custos da ansiedade. O grupo em transição, no meio do contínuo da mudança, mostrava desorganização cognitiva e a expressão social correspondente (SPLINDER, G.D., 1955; SPINDLER, L.S., 1962).

Alguns estão lutando para ter um modo de vida ordenado, na direção de metas reconhecíveis na comunidade não índia a sua volta; outros são fechados e a maior parte do tempo apenas vegetam; outros provocam alvoroços destrutivos (SPINDLER, G.D., 1968: 329).

Em outro estudo, os índios bloods do Canadá mostraram contrastes marcantes e significativos. Como os menominis, eles representam um contínuo em sua adoção da cultura dominante e em seu padrão de vida. No entanto a maior parte deles adotou muitas das maneiras do branco sem abandonar sua identidade como índios de puro sangue. A maioria ainda fala sua própria língua e mantém muitos costumes e crenças tradicionais. Sob o espectro de diferenças de *status* socioeconômico entre os blood modernos, os Spindlers encontraram um contínuo em termos de cultura subjacente, com evidência da ocorrência de muito menor reorganização psicológica do que no caso dos menominis na adaptação a modos de vida modificados. Aparentemente a cultura tradicional moderna dos bloods e a organização cognitiva e emocional ela fomenta estavam congruentes com a cultura estrangeira e novas alternativas de uma forma que não ocorria com os padrões dos menominis. O modo de vida agressivo, competitivo e aquisitivo dos bloods como caçadores das planícies aparentemente se encaixa de uma maneira suficientemente natural nos modos de vida e formas de sustento que os branco introduziram nas planícies de Alberta – especialmente a criação de gado – que os bloods puderam adotar novas maneiras sem abandonar totalmente as formas antigas, e sem uma mudança radical de integração psicológica.

será feita uma crítica do trabalho missionário que toma uma direção um tanto diferente do questionamento antropológico tradicional. Muitos leitores, que aceitam a premissa dos missionários de que eles levam a Palavra Divina e, assim, têm um dever urgente de divulgar a fé, não irão concordar com essa crítica, mas vale a pena fazer as perguntas mesmo que as respostas individuais venham inevitavelmente a diferir.

Antropólogos que contestaram o trabalho de missionários por anos a fio muitas vezes reforçaram sua posição com um relativismo cultural e romantismo sobre os "primitivos" que parecem cada vez mais anacrônicos. O antropólogo que se encontra defendendo o infanticídio, a caça de cabeças, ou a segregação e subordinação de mulheres e opõe-se à catequização, pode bem estar desconfortável com relação às premissas a partir das quais ele ou ela argumenta. Mas se suspendermos tanto as premissas do dever cristão e as premissas igualmente duvidosas do relativismo cultural, podemos olhar de maneira penetrante para o cristianismo e sua divulgação sob o imperialismo como fenômenos históricos – e podemos encontrar justificativas mais fortes para questionar o empreendimento missionário.

Primeiramente, historicamente o cristianismo foi trazido para a América Latina, para as Filipinas e para outros lugares como um instrumento de conquista e subjugação. Nos séculos XVI e XVII, o catolicismo foi literalmente difundido pela espada; e a subjugação dos povos conquistados e a exigência de tributos e trabalho forçado em minas e nos campos eram tanto trabalho dos missionários quanto dos soldados. Nos últimos séculos, missionários protestantes e católicos foram menos usados diretamente como instrumentos de política governamental. Mas eles vieram sob a égide do colonialismo e estiveram em sua vanguarda; e de várias maneiras, direta ou indiretamente, desempenharam um papel na subjugação de povos não ocidentais.

Segundo, uma base importante para o sucesso cristão, nos lugares em que o cristianismo teve sucesso, foi a inferência por parte dos povos subjugados de que os europeus eram ricos e poderosos em virtude do apoio sobrenatural de que desfrutavam. A divindade do Homem Branco deveria ser a fonte do poder do Homem Branco. Os missionários só raramente tentaram dissipar essa premissa e na maior parte dos locais conscientemente a exploravam usando tecnologia sofisticada e serviços médicos para atrair as pessoas para a sua causa. Da perspectiva dos povos tribais, a inferência não é nenhuma surpresa. Se a Terra fosse invadida por uma civilização extraterrestre extremamente mais poderosa e mais avançada tecno-logicamente do que a nossa, com uma religião de culto de ancestrais, a maior parte dos europeus provavelmente iria abandonar o cristianismo e se tornaria adoradores dos antepassados. A premissa na qual qualquer exportação ideológica se baseia é fundamentalmente exploradora.

Ao impor padrões europeus e a teologia europeia em sociedades para as quais eles eram estrangeiros, a catequese foi universalmente racista e erodiu a autoconcepção dos povos subjugados. Aos povos colonizados foram oferecidas imagens de um Jesus de pele branca e de um Deus também de pele branca. Normalmente, pelo menos de forma implícita, a eles foi prometida uma cidadania de segunda classe no céu do Homem Branco. Foram tratados como crianças a serem soerguidas, não como homens e mulheres. Eles também reagiram de suas próprias maneiras, reapropriando e transformando as doutrinas como foi mostrado, por exemplo, nos Casos 58 e 59.

O racismo e a exploração mais ostensivos estão desaparecendo. Africanos, asiáticos e ilhéus do Pacífico hoje atuam como padres, decanos ou bispos. Mas o paternalismo, a condescendência e o racismo continuam; o cristianismo continua em muitas regiões a servir interesses estrangeiros; e as feridas à autoconcepção das pessoas e à integridade de suas culturas continuam a ser profundas e ainda estão abertas. Vale a pena citar a Declaração de Barbados, que foi resultado de uma conferência em 1971 copatrocinada pelo Conselho Mundial de Igrejas e pelo Instituto de Etnologia da Universidade de Basel, sobre a triste situação dos índios sul-americanos:

> A evangelização, o trabalho das missões religiosas na América Latina também reflete e complementa a situação colonial reinante com os valores da qual ela está imbuída. A presença missionária sempre

implicou a imposição de critérios e padrões de pensamento e comportamento estranhos às sociedades indígenas colonizadas. Um pretexto religioso com muita frequência justificou a exploração econômica e humana da população aborígene.

O aspecto etnocêntrico inerente ao processo de evangelização é também um componente da ideologia colonialista e é baseado nas seguintes características:

1) sua natureza essencialmente discriminatória implícita no relacionamento hostil com a cultura indígena que é considerada pagã e herética;

2) seu aspecto vicarial, implicando a reidentificação do índio e sua consequente submissão em troca de compensações sobrenaturais futuras;

3) sua qualidade espúria dada a situação comum dos missionários buscando apenas alguma forma de salvação pessoal, material ou espiritual;

4) o fato de as missões terem se tornado um grande empreendimento imobiliário e de mão de obra, funcionando de acordo com os interesses imperiais dominantes (BARTOLOME et al., 1971: 5).

Vale a pena enfatizar também que apesar do enorme poder dos europeus a catequização não teve um sucesso exatamente dramático em muitas partes do mundo. Em algumas partes da África, para onde um forte trabalho missionário foi direcionado por mais de um século, apenas uma pequena porcentagem de convertidos foi obtida. O islã expandiu na África, competindo com o cristianismo; e décadas de esforço missionário na China e na Índia tiveram poucos resultados duradouros. Na Índia, no entanto, é importante observar que o cristianismo foi adotado por membros das classes inferiores, especialmente os intocáveis, que desejam contestar a hierarquia nativa.

Nas primeiras décadas de influência cristã nas comunidades tribais, a crença nos antepassados ou nos espíritos foi mantida caracteristicamente; e Deus e o diabo foram acrescentados como novas forças no cosmos. Assim, na Papua-Nova Guiné uma nova catedral católica foi aberta com participação apropriada dos feiticeiros mais poderosos. Nas Ilhas Salomão um bispo anglicano cujo pai era um sacerdote pagão obrigou toninhas a virem até a praia em uma perseguição de toninhas cujo objetivo era obter os dentes dos animais como bens cerimoniais, segurando um crucifixo (no lugar do bastão sagrado tradicional) e ele bendisse a primeira matança da maneira tradicional – mas em latim (para uma revisão de materiais, cf. BARKER, 1990).

Vimos, sobre a América Central, que a pompa ostentosa do catolicismo oferecia uma substituição compensadora para muito daquilo que tinha sido destruído. Um dos muitos impedimentos ao sucesso dos missionários protestantes fundamentalistas foi a austeridade e o vazio da nova vida que eles ofereciam no lugar da vida antiga. Uma mortalha de melancolia protestante paira sobre muitas comunidades no Pacífico e na América do Sul tropical que em um determinado momento palpitavam com vida, riso e música. O conceito do pecado deve se comparar à varíola entre nossas exportações mais prejudiciais.

O cristianismo como uma força mundial também é esclarecido por um exame de suas raízes ideológicas e econômicas. O cristianismo, de sua origem como uma religião dos oprimidos, foi, a partir das Cruzadas, uma religião de expansão e conquista. Os tesouros do Vaticano são testemunha da imensa riqueza que fluiu diretamente para a Igreja da cristianização do Novo Mundo e de partes da Ásia; e a Igreja no Terceiro Mundo continua a ser uma força extraordinariamente rica e poderosa, controlando terra e recursos. O protestantismo, como Weber (1956) e Tawney (1926) argumentaram convincentemente, foi, em toda a história, intimamente associado com o surgimento do capitalismo, apoiado de forma indireta pela riqueza corporativa da Europa e dos Estados Unidos. A divulgação do cristianismo foi, por um lado, parte da justificação moral que os europeus usaram para racionalizar sua subjugação do mundo. E, por outro lado, foi um instrumento direto do imperialismo divulgar a religião ao mesmo tempo em que obtinha matérias-primas, mercados e mão de obra barata. Do ponto de vista crítico do estudante de economia política, que considera as ideologias como expressões dos interesses econômicos e políticos subjacentes, não é de se surpreender que a religião europeia tenha adotado essas formas. A civilização que produziu uma cobiça insaciável por lucro produziu uma religião com uma cobiça insaciável por almas. E uma religião que prega a nobreza da pobreza, a virtude da passividade, e as alegrias do mundo próximo serve de uma maneira um tanto conveniente os interesses dos poderes coloniais e da busca, por parte dos neocolonialistas modernos, de matérias-primas, de uma mão de obra dócil e barata e de lucro.

As conclusões delineadas na Declaração de Barbados têm palavras duras, mas que estimulam a reflexão:

> Concluímos que a suspensão de todas as atividades missionárias é a política mais apropriada em nome tanto da sociedade indígena quanto da integridade moral das igrejas envolvidas. Até que esse objetivo possa ser realizado, as missões devem apoiar a libertação indígena e contribuir para ela da seguinte maneira:

1) vencer o herodianismo do processo evangélico, ele próprio um mecanismo de colonização, europeização e alienação da sociedade indígena;

2) adotar uma posição de verdadeiro respeito pela cultura indígena, pondo fim à longa e vergonhosa história de despotismo e intolerância característica do trabalho missionário, que raramente manifesta sensibilidade para com os sentimentos religiosos e os valores aborígenes;

3) cessar tanto o roubo de propriedade indígena pelos missionários religiosos que se apropriam da mão de obra, das terras e dos recursos naturais como se fossem seus, e a indiferença diante da expropriação dos indígenas por terceiros;

4) extinguir o espírito suntuoso e esbanjador das próprias missões, expresso de várias formas, mas com extrema frequência baseado na exploração da mão de obra indígena;

5) parar a competição entre grupos religiosos e credos por almas indígenas – uma ocorrência comum levando à compra e venda de fiéis e à luta interna provocada por lealdades religiosas conflitantes;

6) suprimir a prática secular de tirar crianças indígenas de suas famílias por longos períodos em internatos em que elas são imbuídas com valores que não são os seus próprios, convertendo-as, portanto, em indivíduos marginalizados, incapazes de viver ou na sociedade nacional mais ampla ou em suas comunidades nativas;

7) romper com o isolamento pseudomoralista que impõe uma falsa étnica puritana, incapacitando o indígena de administrar a vida na sociedade nacional – uma ética que as igrejas não foram capazes de impor nessa mesma sociedade nacional;

8) abandonar aqueles procedimentos de chantagem implícitos na oferta de bens e serviços para a sociedade indígena em troca de submissão total;

9) suspender imediatamente todas as práticas de deslocamento ou concentração de populações a fim de evangelizá-las e incorporá-las mais eficazmente, um processo que muitas vezes provoca um aumento de morbidade, mortalidade e desorganização familiar entre as comunidades indígenas;

10) pôr fim à prática criminosa de servir como intermediários para a exploração da mão de obra indígena (BARTOLOME et al., 1971: 5-6).

Mas há um outro lado. Muitos missionários cristãos dedicaram suas vidas de maneira que enriqueceram em muito as comunidades nas quais trabalhavam. Muitos, ao se imergirem em outras línguas e outras culturas, produziram registros importantes de modos de vida que hoje desapareceram. Mas, ainda mais importante, ao valorizarem essas maneiras antigas e ao considerarem a catequização como um desafio para uma síntese criativa do antigo e do novo, os melhores missionários ajudaram a enriquecer vidas humanas e forneceram verdadeiras pontes para a participação em uma comunidade global. Em muitas regiões coloniais, as missões forneceram sistemas educacionais enquanto os governos coloniais não o fizeram; e consequentemente, quando o cenário estava pronto para a emergência dos líderes do Terceiro Mundo no processo de descolonização, muitos dos que subiram ao palco foram capazes de fazê-lo em virtude de sua formação nas missões. Os missionários, vivendo em comunidades locais onde a exploração colonial teve consequências tragicamente dilaceradoras, foram muitas vezes críticos vocais da política ou da prática gover-

namental. Nenhuma abordagem ao cristianismo no mundo poderia judiciosamente ignorar esse seu lado humanitário.

Além disso, como veremos mais tarde neste livro, as críticas dos antropólogos sobre o envolvimento dos missionários como uma parte do projeto imperialista também já não pode ignorar o seu próprio envolvimento histórico. Não é por acidente que, após sua crítica da exploração missionária, a Declaração de Barbados continua para expor os aspectos exploradores da antropologia.

Críticas antropológicas dos missionários foram muitas vezes baseadas em um idealismo romântico sobre modos primitivos de vida, sustentado por uma filosofia de relativismo cultural. Esse relativismo nega a opressão muito real nessas sociedades e os custos das guerras, do medo e da doença endêmicos. Os missionários cristãos, ao contribuir para trazer assistência médica, educação e paz para as comunidades tribais, muitas vezes melhoraram dramaticamente as condições materiais da vida nessa comunidade (mesmo se, muitas vezes, ao condenar costumes que não entendiam, eles causassem uma erosão desnecessária da vida social e suas satisfações). Os europeus, como conquistadores, tinham tido o poder de forçar a mudança sobre os conquistados; e o cristianismo tinha sido uma força mais benigna e humanitária, a maior parte do tempo, que muitos outros instrumentos que os conquistadores usaram para impor sua vontade e seus padrões.

É urgente não simplesmente condenar o trabalho missionário retrospectivamente, mas também entender suas raízes e seu impacto. Mas é urgente, sobretudo, insistir que, embora a mudança e a transformação de sociedades e culturas tradicionais sejam inevitáveis e necessárias, aquele que foi colonizado deve criar seus *próprios* mundos novos, suas próprias sínteses do antigo e do novo.

Para que as pessoas possam emergir das ruínas do colonialismo e escapar dos tentáculos do neocolonialismo, elas precisam encontrar suas próprias soluções, suas próprias maneiras de transcender a opressão do passado ao mesmo tempo em que extraem dela sua sabedoria e seus valores. Nesse desafio, o cristianismo pode ser ou uma força revolucionária para a libertação e a humanização, ou uma força de dominação cultural e reação. Na América Latina, a Igreja Católica é tanto uma força pela justiça social quanto um instrumento de uma aristocracia latifundiária opressora, a própria Igreja sendo proprietária de vastas terras e propriedades que mantêm indígenas empobrecidos na servidão. Na Austrália aborígene, também, o cristianismo foi tanto uma força pela justiça social quanto um agente da opressão paternalista e da destruição cultural. Não é nenhuma contradição que, na Melanésia, o arquiteto da independência dos vanuatus, Walter Lini, foi um padre anglicano. O cristianismo institucionalizado é, desse ponto de vista, nem bom nem mau; ele precisa ser julgado por aquilo que faz (para outra revisão do trabalho de antropólogos e missionários, cf. SALAMONE, 1979).

Milenarismo, revitalização e luta anticolonial

Diante de uma ameaça externa maciça, alguns povos fizeram do conservadorismo uma posição para a sobrevivência, uma maneira de preservar a identidade cultural e individual. Com os sistemas sociais tradicionais entrando em colapso, eles buscaram preservar os ritos e símbolos centrais. Como vimos, os índios mandans do Alto Missouri, que em um momento tinham sido numerosos e poderosos, foram devastados pela varíola e pelos ataques inimigos. Foram também controlados por uma série de empresas de peles, e no fim controlados e dominados pela Companhia Americana de Peles. No entanto, durante esse período, lutaram para manter sua integridade e identidade culturais, mesmo com números dizimados e a autonomia perdida, continuando a realizar seu elaborado cerimonial religioso. A cerimônia mais importante era a grande cerimônia do *okipa* que exigia uma grande quantidade de participantes (BOWERS, 1950; CATLIN, 1867). Com números até então reduzidos, isso exigia mais homens do que podiam conseguir; com isso os vizinhos hidatsas, com os quais eles tinham se juntado por uma mera questão de sobrevivência, foram incorporados ao rito. E, nesse período, os mandans tentaram preservar sua cultura adotando na tribo índios de grupos vizinhos, e até caçadores franceses e seus filhos meio índios; a única condição para ser um mandan era criar os filhos culturalmente como mandans. No entanto até essa forma desesperadora de tentar sobreviver veio a fracassar: a língua e a cultura mandan hoje estão praticamente desaparecidas impulsionadas para a extinção final por uma política consciente do governo norte-americano de assimilação que forçou a dispersão das comunidades mandans que ainda restavam (BRUNER, 1961). Em outros casos americanos nativos, tais como os hurons de Quebec, foram capazes de se reconstituir dentro de um arcabouço estatal (cf. ERIKSEN, 1993: 67-69).

Sujeitos a pressões extremas pelo ataque violento do poder europeu, e forçados a rejeitar sua centralidade no esquema das coisas, os povos tribais muitas vezes começaram a considerar sua cultura como uma "coisa". Os costumes, valores e ritos que, no caso dos mandans, tinham sido presumidos como parte da vida humana, começaram a ser vistos de um ponto de vista externo: uma *cultura* poderia se transformar em um *símbolo*. Uma vez que essa visão externa foi adotada, os modos antigos podiam simbolizar um era doura-

CASO
61

As religiões da dança espiritual

Em 1969, o Profeta Paiute, chamado Wodziwob, teve visões religiosas que previram o fim do mundo existente, a expulsão dos brancos, o retorno dos parentes mortos e a restauração das terras e da integridade índias. Essas doutrinas se espalharam rapidamente entre as tribos das Planícies cujos modos de vida tinham se desintegrado sob

A dança do espírito: um bravo arapaho em uma posição rígida de dança.

da de glórias passadas e liberdades; ou poderiam ser rejeitados como ilusões e como tendo sido capazes de manter o poder do Homem Branco distante de nossos antepassados.

Os **movimentos milenaristas (ou milenários)** que prometiam um paraíso futuro na Terra tinham surgido em muitas fronteiras coloniais. Alguns remontavam à glória do passado. Os mais dramáticos eram os dois cultos da Dança do Espírito (cf. Caso 61) que se espalhou pelas tribos indígenas das Planícies quando seu poder e sua independência tinham sido violados e o búfalo, de quem dependia a vida, tinha desaparecido.

Os movimentos milenaristas que rejeitam uma cultura tradicional e formulam alguma ordem social nova como um meio para alcançar um milênio

Figura 17.1 Camisa "à prova de bala" do espírito. Essa camisa dos arapahos (índios das Planícies americanas) era parte de um equipamento mágico dos seguidores da Dança do Espírito, que supostamente os protegia das armas de fogo do homem branco. É feita de couro, com tanto símbolos tradicionais índios e aquilo que parecem ser símbolos cristãos (a cruz) (DE MOONEY, 1896).

a pressão branca e o extermínio do búfalo. Embora tentativas de resistência militar geradas pelas doutrinas do culto tivessem sido esmagadas, o próprio culto se espalhou amplamente e se diversificou nas várias versões locais.

Em 1890, um segundo culto da Dança do Espírito inspirado por outro profeta paiute, Wovoka, se espalhou na direção leste através das tribos das Planícies até algumas das tribos das Florestas Orientais. Uma vez mais o culto enfatizava a volta aos modos de vida tradicionais que tinham se desintegrado. Se os padrões da cultura tradicional fossem purificados e restaurados o búfalo que tinha desaparecido retornaria, os antepassados mortos voltariam, e os índios poderiam expulsar os brancos com a proteção mágica (cf., p. ex., Figura 17.1) contra o poder das balas (MOONEY, 1896).

chamaram muito a atenção de antropólogos e outros estudiosos. Os mais dramáticos e que foram estudados mais intensamente são os **cultos cargo** da Nova Guiné e das áreas vizinhas da Melanésia (BURRIDGE, 1960; JARVIE, 1963; LANTER-NARI, 1963; LAWRENCE, 1964; LINDSTROM, 1993; THRUPP, 1962; WORSLEY, 1957). Nesses movimentos o poder material e a prosperidade do Homem Branco são vistos como metas valiosas; e a cultura tradicional é considerada um obstáculo para alcançar essas metas. Ao seguir a doutrina do culto e (normalmente) seguir a liderança de seu líder visionário na reorganização da vida social o povo espera alcançar o milênio. A "loucura vailala" da Nova Guiné (cf. Caso 62) é uma ilustração dramática desses movimentos – algumas vezes

chamados de *cultos cargo* – claramente orientados para um milênio místico e "irracional" e a aquisição de bens materiais europeus e a rejeição de símbolos religiosos do passado.

Interpretações dos cultos cargo e de outros movimentos milenaristas vieram não apenas de antropólogos, mas também de psicólogos, historiadores, sociólogos e estudantes de religião comparativa. Muitos autores enfatizaram a exploração e a desigualdade econômica. Aberle (1962) deu ênfase à privação relativa, uma distância percebida entre o desejado e o possível, entre novas aspirações e a capacidade de satisfazê-las. Antropólogos foram sensíveis também a fatores culturais – congruências entre as novas doutrinas e antigos padrões de crenças e explicações má-

CASO

62

A loucura dos vailalas

A partir de 1919, o povo elema do litoral da Nova Guiné tinha vivenciado as ondas de influência europeia; educação missionária, primeiras experiências como trabalhadores de plantações, introdução dos poucos itens de ferramentas europeias que os elemas podiam conseguir e a pacificação.

Naquele ano, um movimento irrompeu entre os elemas que durante algum tempo fez com que aldeias inteiras entrassem em um "cabeças que giram" coletivo, um estado psicofísico que lembrava a mania de dançar da Europa Medieval durante a epidemia da peste. As pessoas perderam o controle de seus membros, cambaleavam como bêbados, e eventualmente perdiam a consciência. Não é claro quem formulou a ideologia. Nela a ideia fundamental era a crença de que os mortos voltariam, trazendo com eles uma carga fabulosa de bens materiais europeus – facas, tecidos, enlatados, machados e assim por diante. Os "chama-almas" ou "berra-bois" sagrados e outros objetos do ritual foram destruídos em uma onda de iconoclastia em comunidades onde os rituais dramáticos e casas de homens espetaculares tinham sido pontos focais da vida. Os elemas abandonaram projetos normais de cultivo e dedicaram seus esforços a elaborar preparações para a volta dos mortos (WILLIAMS, 1923).

Em um ano as formas mais óbvias do movimento tinham diminuído. Quando Williams, o antropólogo do governo, voltou em 1933, só uns poucos vestígios do movimento ainda continuavam, embora houvesse algumas tradições vagas afirmando que algumas das profecias tinham se realizado.

gicas, relações entre o papel do profeta do culto e o líder tradicional. Mas só um número muito pequeno de analistas do milenarismo no Pacífico adotaram uma visão global suficiente do imperialismo, com seu racismo e sua exploração, como a força contra a qual os movimentos milenaristas modernos foram uma reação (e, portanto, as experiências do trabalho nas plantações, de ser "nativos", de se ver preso em uma economia de lojas comerciais, morim e tabaco).

A maior parte dos intérpretes dos cultos cargo também deixou de apreciar até que ponto os sistemas de plantação criados pela penetração capitalista do sudoeste do Pacífico criaram uma vasta rede pela qual as ideias passavam entre os povos melanésios cujas comunidades estavam a centenas de quilômetros uns dos outros. A cultura de sobrevivência que produziu as *linguae francae* da Melanésia criou um meio pelo qual as ideias sobre os bens europeus e os meios sobrenaturais de alcançá-los podiam passar. Ao considerar os cultos cargo como fantasias coletivas às quais "a mente melanésia" está inclinada, os intérpretes ocidentais normalmente consideraram como fantasias locais e independentes os inúmeros movimentos que podem bem ter sido historicamente conectados através das redes de contato das plantações. É uma transformação da consciência, uma nova visão de nossa posição no esquema das coisas, que abre a possibilidade de mudança radical – seja por meios místicos ou políticos. Foi a cristalização de uma *autoidentidade coletiva* que abriu caminho para movimentos dramáticos de mudança. O que é necessário é que as pessoas percebam seu próprio modo de vida em uma nova perspectiva.

Isso então leva a outra limitação da fascinação recente com os movimentos milenaristas. A preocupação com o esotérico, com a fantasia coletiva, muitas vezes obscureceu um contínuo entre os cultos milenaristas e outras reações políticas à subjugação colonial.

Na própria Melanésia houve reações mais diretamente políticas à dominação colonial, embora caracteristicamente elas tenham sido envoltas em símbolos religiosos. Esses movimentos melanésios pintaram uma visão muito mais realista da nova ordem social: a meta é transformar a sociedade e a política pelo esforço e planejamento humanos e não pela intervenção sobrenatural; e esse caminho foi seguido por meios políticos mais do que por meios místicos. Às vezes, como no caso do movimento paliau na Ilha Manus ao nordeste da Nova Guiné (SCHWARTZ, 1962), os planos e métodos foram tão claramente políticos que se tornaram parte do processo político permanente de uma nação emergente. Em outros, tais como o governo Maasina nas Ilhas Salomão (cf. Caso 63), a ação e as doutrinas políticas para a reorganização social foram expressas de uma forma religiosa; e, com extrema frequência, os observadores europeus exageraram o conteúdo milenarista a fim de manter seus estereótipos e racionalizar seus objetivos colonialistas ou econômicos e seus interesses religiosos.

O contínuo do milenarismo religioso até a luta política é importante e reveladora. A profunda destruição da identidade no colonialismo cria uma situação explosiva. Catalisada pela visão milenária, ela pode levar ao cultismo religioso, onde as pessoas são impotentes e o abismo entre os modos de vida é vasto. Mas nos casos em que as pessoas têm mais poder e uma percepção mais clara e mais global da situação colonial, a destruição da identidade levou à rebelião, à luta política ou às guerras de libertação. Em retrospecto, o movimento dos mau-mau do Quênia não foi um culto fanático de assassinato religioso como foi pintado pelos colonialistas brancos, e sim uma guerra de libertação sumamente eficaz contra um inimigo entrincheirado.

Os antropólogos, em virtude de sua predileção por estudar o que é exótico e por trabalhar entre as sociedades sem poder, periféricas e em pequena escala, caracteristicamente se concentraram nos cultos milenaristas e religiosos e não nas buscas políticas de libertação da opressão colonial. Como veremos no Capítulo 21, eles se encontraram em uma posição distante dos povos que conseguiram com esforços se livrar da dominação colonial e muitas vezes foram rejeitados por eles.

A criação da consciência colonial

Nas buscas pela libertação do colonialismo – e nos muitos casos em que a libertação foi apenas nominal ou parcial – um fator chave foi o efeito do governo colonial nos colonizados. Uma consequência da subjugação colonial e da incorporação das sociedades tribais ao sistema capitalista mundial foi uma degradação drástica daquilo que as pessoas pensavam de si próprias. O custo para homens e mulheres que suportaram o peso maior da incorporação ao sistema de plantação ou de economias urbanas foi inacreditável. Pessoas orgulhosas que controlavam seu destino, no centro de seu universo, passaram a ser "nativos" semi-humanos e desprezados na situação colonial. "O nativo" se tornou uma criatura que era alvo de desdém em seu próprio país; sua cultura se tornou um objeto de escárnio. Homens orgulhosos foram transformados em "meninos" obrigados a se humilhar servindo e trabalhando como escravos com reverência para os "senhores" brancos. Os missionários cristãos tentaram salvar suas almas transformando-os em crianças piedosas. Seres humanos foram levados a des-

CASO
63

O governo dos maasinas nas Ilhas Salomão

As Ilhas Salomão foram o cenário de batalhas marítimas e terrestres importantes na Segunda Guerra Mundial. O Corpo voluntário de trabalho da Melanésia, principalmente da Ilha Malaita, trabalhou com as tropas americanas. A partir de seu encontro com as quantidades surpreendentes de ferramentas militares e das ideologias igualitárias americanas, um malaitano chamado Nori e um grupo de copatriotas formularam uma nova doutrina. Os vários povos tribais vieram a se juntar, unidos por um conselho de nove Chefes Principais, para negociar suas exigências com a administração britânica que voltava (e que, eles esperavam, pudesse ser substituída pelos americanos). Os ilhéus das Salomão vieram a se organizar em aldeias comunitárias, estruturadas sob o modelo de unidades mili-

Prólogo ao Governo Maasina: um trabalhador malaitano usa máquinas agrícolas em um projeto agrícola de grande escala para alimentar as tropas norte-americanas.

prezar a cor de sua pele e os modos de vida de seus antepassados.

As consequências para a integração social e psicológica dos povos colonizados foram profundas e trágicas. A psicologia de ser um "nativo" foi explorada de forma mais abarcante pelo psiquia- tra Franz Fanon (1965) que revelou um custo do colonialismo – e uma fonte da ira e da frustração anticolonialista – que era em grande parte desconhecida pelos colonizadores. Era mais tranquilizador negar a humanidade do povo indígena e afirmar o barbarismo de seus costumes e depois

tares – com toque de reunir, chefes para supervisionar o trabalho comunitário e treinamento com rifles de madeira. Grupos de parentesco locais fragmentados se uniram, construindo grandes hortas comunitárias para a subsistência e possível comércio.

O governo de Maasina, "o Governo da Fraternidade", veio a unir os ilhéus das Salomão em uma nova ordem social, econômica e política em que eles estariam livres da opressão e do racismo do governo colonial de antes da guerra. Os malaitanos se recusavam a trabalhar nas plantações e organizavam grandes manifestações expressando suas demandas à administração. Os britânicos prenderam os nove Chefes Principais, mas seus postos foram ocupados outra vez. Eventualmente, diante da cruel repressão e de uma "exibição da bandeira" do tipo antigo, em que navios de guerra e aviões militares demonstravam o poder britânico, a frágil união das comunidades cedeu e o movimento foi estilhaçado e forçado a se tornar clandestino.

Embora as doutrinas milenaristas tivessem surgido durante o Governo Maasina, especialmente quando, diante da repressão, os líderes buscaram a intervenção por parte dos americanos em seu nome, elas foram claramente subordinadas a objetivos políticos e à reorganização da comunidade. Observadores europeus foram erroneamente levados a exagerar os aspectos de fantasia do movimento, parcialmente em virtude de um véu de segredo muito eficaz mantido pelos seguidores, parcialmente em virtude de muitos dos seguidores ainda praticarem uma religião ancestral em que o sacrifício, a magia e a política estavam entrelaçados – e parcialmente porque vendo o movimento como uma fantasia coletiva sustentava os estereótipos europeus da credulidade dos "nativos" e fazia com que fosse desnecessário lidar com o movimento como uma exigência eficaz por um afrouxamento dos laços do colonialismo (KEESING, 1978; LARACY, 1979).

procurar enaltecê-los. Era possível racionalizar a exploração com um sentido de responsabilidade moral. Uma consequência de longo prazo da dominação colonial (ou, na América Latina, quase colonial) foi caracteristicamente a emergência de sistemas de classe entre os povos colonizados, com as elites indígenas então emulando os valores e estilos de vida dos antigos colonizadores. Esse foi um tema generalizado na África, na Ásia, nas Américas e no Pacífico. Os relacionamentos político-econômicos entre essas elites e os antigos poderes coloniais e as corporações transnacionais será um dos temas do Capítulo 19. Aqui só precisamos olhar rapidamente o lado cultural dessa emulação dos governantes coloniais.

Peter Wilson (1972) em seu estudo da luta por reputação nas ilhas de língua inglesa do Caribe (cf. Caso 64) nos deu um exemplo extraordinário de como a estratificação social pode ser definida em termos dos colonizadores. Wilson argumentou que os dois temas de respeitabilidade e reputação são princípios difusos da organização social caribenha. Ele considerou a busca por respeitabilidade como um produto do colonialismo britânico, com seu racismo e sua ênfase em diferenças de classe, modos aristocráticos, virtude cristã, e "*pedigree*". Mas a busca por reputação, argumentou ele, é um sistema de valor indígena e igualitário, uma criação do povo e uma adaptação à adversidade. Nisso, Wilson provavelmente subestimou até que ponto a busca por reputação – uma espécie de igualitarismo cruel no melhor dos casos – é um produto da exploração colonial e da pobreza que ela produziu. É um jogo de *status* entre aqueles que ficaram privados de poder e de recompensas materiais, um jogo que explora as mulheres e opri-

CASO 64

O "Crab Antics" ("O jeito do caranguejo") no Caribe Britânico

Wilson argumentou que no antigo Caribe Britânico, como um produto histórico da exploração das plantações e a imposição de padrões estrangeiros, sistemas rígidos e cruéis de estratificação social surgiram. Aqueles que historicamente adquiriram terras ou outras fontes de riqueza, geralmente por servir os interesses colonialistas, constituem uma elite – definida em termos de uma pele mais clara, virtude cristã, e emulação dos modos aristocráticos britânicos. As "boas" famílias tentam sutilmente ultrapassar umas às outras em "respeitabilidade" segundo os termos europeus: e essa elite, por casamentos entre seus membros, formação no estrangeiro, e a manipulação da riqueza, preserva seu controle sobre os pobres, muito mais numerosos, que trabalham como trabalhadores agrícolas, arrendatários, pescadores e assim por diante.

O foco principal de Wilson foi sobre a pequena ilha de língua inglesa chamada Providência, hoje parte da Colômbia. Ele mostrou claramente as operações da pequena elite "respeitável" que domina a vida econômica e social da ilha. Mas por que "crab antics"? Em Providência o termo se refere à maneira como caranguejos, quando colocados em um barril, e tentando sair, vão puxando uns aos outros de volta para dentro do barril: os ganhos são sempre em detrimento de alguma outra pessoa. "Crab antics" são as batalhas sutis por reputação entre os homens da classe inferior em Providência. Ao contrário dos jogos de status que aumentam a respeitabilidade, a busca por reputação está aberta para os pobres. Um homem bom é aquele que trabalha muito; mas, mais especificamente, ele exemplifica um conjunto de virtudes masculinas: bravatas, muita bebida e conquistas sexuais. Como no caso do machismo no México e em outras partes das Américas que falam espanhol, a pobreza material e a impotência são recompensadas por uma exibição exagerada de ousadia, coragem, dureza e agressão sexual predadora; e relações entre os sexos são polarizadas de acordo com isso. Isso, no Caribe, é o outro lado da moeda do grupo doméstico em que as mulheres fornecem a força, a continuidade e os meios de sobrevivência econômica, e onde as contribuições financeiras dos homens são pequenas e esporádicas.

me os fracos. Voltaremos ao debate sobre as raízes do conflito de status entre os pobres e impotentes quando examinarmos em mais detalhe as sociedades camponesas no Capítulo 18.

A política colonial e a adaptação dos colonizados

Como observamos no começo desta seção, a adaptação dos povos tribais à subjugação colonial dependeu, substancialmente, de onde eles estavam e daquilo que os europeus queriam deles – se era mão de obra barata, terra, ou simplesmente submissão pacífica na imensidão. Dependeu também da política colonial de um país e de uma era específica, de tal forma que é uma simplificação exagerada e grosseira pintar colonialistas de todas as épocas e de todos os lugares com as mesmas pinceladas gerais ou condenar cada um deles pelos pecados coletivos de todos. Os europeus foram mais ou menos exploradores, mais ou menos cruéis, mais ou menos benevolentes, em busca de terras e lucros; e em épocas e lugares diferentes buscaram metas diferentes para os "nativos" que vão desde o extermínio até a assimilação.

Quando o assentamento colonial era o objetivo – especialmente nas zonas temperadas do mundo, tais como a América do Norte, a Austrália, a África do Sul e a Nova Zelândia – os "nativos" tinham de ser removidos da nova terra que tinha sido "descoberta". Por extermínio e agrupamento dos sobreviventes em reservas improdutivas e indesejáveis, os colonos europeus puderam tomar posse da terra fértil e dos recursos em nome de uma ou outra coroa.

No entanto, alguns povos, em vez de sucumbir convenientemente ou desaparecer nas terras improdutivas, adotaram as maneiras europeias com uma facilidade e um entusiasmo aparentes e começaram a ganhar dos brancos em seu próprio jogo. O caso mais conhecido é o dos cheroquis. Antes e depois de sua mudança forçada para Oklahoma, os cheroquis foram incrivelmente bem-sucedidos na adoção de padrões econômicos brancos, tecnologia, alfabetismo e costumes e na sua reformulação com objetivos e *design* próprios. No entanto a Nação Cheroqui foi destruída duas vezes pela fome de terra e cobiça dos brancos e por seu medo do poder e do sucesso dos cheroquis.

Igualmente extraordinária, embora menos conhecida, foi a adaptação um tanto semelhante pelos aborígenes australianos mais populosos e politicamente integrados, as "cinco tribos" da Vitória central. Sua história é apresentada no Caso 65.

Nos casos em que o objetivo dos europeus não era assentamento e sim pacificação, subjugação e controle colonial, a variedade de opções era mais ampla. A primeira ordem do dia era forçar a capitulação política. A maneira como isso seria obtido – fosse por conquista, intriga política ou simplesmente imposição da *Pax Britannica* ou seu equivalente – era tanto uma questão de localização quanto uma questão de organização política do povo a ser subjugado.

Nos casos em que um povo não ocidental ti-

nha um governo forte e centralizado, esse tinha de ser obrigado a capitular ao controle colonial dentro de uma rede imperial. O processo de subjugação e também de mau entendimento cultural por parte da potência colonizadora é vividamente ilustrado por uma questão famosa de soberania na África Ocidental: o incidente que envolveu o Tamborete Dourado, apresentado no Caso 66.

Uma estratégia característica europeia usada para obter controle colonial era apoiar um líder específico que lutava com seus rivais pelo poder, fazê-lo rei, dar-lhe os meios de conquistar outros líderes e depois usá-lo para conseguir o domínio europeu. Um caso clássico é o do Cakobau de Fiji, chefe da pequena Ilha de Bau, que estava armada e era apoiada pelos britânicos, que foi transformado em rei e depois cedeu seu reino à Rainha Vitória – que garantiu a hegemonia de Fiji para seus sucessores.

As pessoas que os europeus tentavam colocar sob seu controle muitas vezes percebiam os símbolos políticos da soberania invocada pelos brancos como tendo muito pouco significado, ou os manipulavam para seus próprios fins. No Caso 67, o povo mandan da parte superior do Missouri, uma vez mais forneceu um exemplo extraordinário.

Além das estratégias mencionadas acima, às vezes a subjugação ao colonialismo era obtida por conquista e força bruta (como com os navahos e os sioux, que foram esmagados militarmente, depois agrupados em reservas improdutivas) ou por uma imposição de controle menos direta. No Pacífico e na África, o controle muitas vezes era imposto indiretamente por meio dos chefes locais – às vezes líderes do sistema político tradicional, mas com frequência superimpostos para a conveniência dos colonos. A imposição de um imposto *per capita*

CASO

65

As cinco tribos e a "Rebelião Coranderrk"

Cinco grupos de língua australiana ou "tribos", os Wolwurrugn, Bunurong, Wodthaurung, Jajourong e Tangerong, tinham um sistema regional de comércio complexo, casamento entre eles e um cerimonial dentro de uma espécie de confederação política (HOWITT, 1904).

Dizimados pelas doenças no período de primeiro contato, as cinco tribos foram privadas de suas terras pelos tipos de engano e promessas rompidas que eram familiares na fronteira americana. Em 1863, os sobreviventes das cinco tribos receberam uma reserva em Coranderrk, sob a proteção da Rainha Vitória.

Muitos dos aborígenes a essa altura já falavam um bom inglês: muitos liam os jornais e alguns escreviam cartas para os editores.

Em 1874, mais da metade da população na escola foi considerada "igual a crianças europeias de sua idade" [...]. Alguns eram bons agricultores [...]. Eles retiravam a madeira pesada, construíam casas, amarravam cercas, cultivavam safras de produtos vendáveis e tinham algum gado. Muitos tinham empregos com salários europeus; eles aumentaram seu padrão de vida com trabalho de artesanato para vender e por salários que ganhavam fora da reserva (STANNER, 1973: 107).

Coranderrk: Dick e Ellen Richards (à direita) na frente de suas casas com seus vizinhos, cerca de 1876.

era uma estratégia favorita dos colonos: ela obrigava a um reconhecimento aberto da subjugação, já que do ponto de vista dos conquistados era uma arrecadação de impostos; mas mais importante ela obrigava os "nativos" a irem trabalhar em plantações ou nas minas, ou onde quer que a mão de obra barata fosse necessária. E isso trouxe as regiões colonizadas para uma economia monetária capitalista, criando mercados para tecidos, ferramentas de aço, açúcar, chá e tabaco. (A divulgação do tabaco teria sua própria história; os alemães na Nova Guiné, por exemplo, criaram cursos para ensinar os "nativos" a fumar.)

Os aborígenes tinham móveis, pratos, roupa de cama, máquinas de costura e lâmpadas de querosene vindas da Europa. Sua reserva tinha uma biblioteca para a qual os aborígenes compravam romances, revistas e retratos da Rainha Vitória (BARWICK, s.d.; STANNER, 1973).

Na primeira década, a reserva de Coranderrk foi administrada por um homem inteligente e capaz que encorajou a comunidade a elaborar suas próprias leis e transformar sua sociedade. O povo mudou seu sistema antigo de casamento, dando às mulheres jovens a liberdade para escolher seus próprios maridos, sujeitas apenas à regra da exogamia do clã.

No entanto, em 1875, o grupo de Diretores Vitorianos para a Proteção dos Aborígenes foi cada vez mais pressionado pelos brancos que tinham medo do sucesso econômico dos aborígenes coranderrks: eles não só eram donos de terra que os colonos queriam, mas estavam se tornando prósperos, organizados, e explícitos em seus protestos contra a injustiça; e também ameaçavam o estereótipo de aborígenes como selvagens infantis incapazes de uma vida civilizada – um estereótipo que os colonos brancos usavam para racionalizar suas estratégias de extermínio e usurpação da terra. O grupo de diretores, ele próprio controlado por "protetores" hipócritas e egoístas dos direitos de aborígines, despediram o chefe benevolente da Reserva Coranderrk e impuseram uma série de medidas repressivas destinadas a destruir a organização econômica e política dos aborígenes. Diante disso, os aborígenes fizeram a única coisa que podiam fazer: protestaram na forma de greves, manifestações e queixas às autoridades – embora não com violência. Sob pressão

o partidarismo começou a dividir o campo aborígene em uma facção "progressista" (incluindo um número de meio-aborígenes) voltada para a assimilação e uma facção "conservadora" interessada na preservação da identidade cultural*.

Nas investigações governamentais sobre a situação Coranderrk foi criado um mito de que a reserva tinha sido um antro de jogo e prostituição e tinha sido um fracasso econômico. E após várias décadas as terras da reserva foram divididas e cedidas aos brancos. Na década de 1920, só o cemitério e uma reserva de quinhentos acres para a qual os coranderrks restantes foram removidos, restavam dos 27 mil acres originalmente dados aos aborígenes; o resto estava nas mãos dos brancos. No entanto as histórias australianas de Vitória ainda perpetuam o mito de que as reservas aborígenes, principalmente Coranderrk, foram "fracassos" e usam isso para justificar sua expropriação pelos europeus sedentos de terra (BARWICK, s.d.; STANNER, 1973).

---

* Uma divisão semelhante entre os cheroquis após sua trágica marcha forçada pela "Trilha das Lágrimas" até Oklahoma, entre o Partido Ross conservador e o Partido Treaty que queria a assimilação, foi um tema importante da adaptação dos cheroqui. Embora os mitólogos tenham atribuído a adaptação bem-sucedida e as conquistas culturais dos cheroqui – tais como a criação de um silabário por Sequoyah – à infusão do "sangue branco"; e usaram a divisão para encorajar o racismo contra americanos nativos tradicionais e sua cultura e para a ascendência política e econômica dos cheroquis americanizados (cf. WAHRHAFTIG & THOMAS, 1972; WAHRHAFTIG & LUKENS-WAHRHAFTIG, 1977).

Mesmo nos casos em que a administração colonial era relativamente benevolente, os administradores coloniais muitas vezes se igualavam ou ultrapassavam os missionários em sua falta de compreensão da cultura local. O leitor que acompanhou nas páginas anteriores os labirintos do costume e da crença nas Ilhas Trobriandesas pode

muito bem apreciar as confusões em que podia se meter um administrador governamental bem-intencionado.

Assim Malinowski (1935, I: 103) escreve sobre o Magistrado Residente que, nas disputas pela terra, "adotou um método natural para os europeus, mas fatal em uma comunidade ma-

Uma primeira estratégia colonial: encontrar os "chefes" e manipulá-los. Chefes da Nova Guiné lidam com o Comandante Erskine no navio britânico Nelson (1884), segurando os "emblemas de autoridade" com que foram presenteados.

trilinear. Ele perguntava que pai de que pessoa tinha dividido o terreno disputado no passado, uma pergunta que, sob a descendência materna, não tinha a maior relevância e normalmente não admitia qualquer resposta, já que os pais dos dois litigantes provavelmente pertenciam a outras comunidades".

Uma abordagem autoritária à mudança cultural caracterizou muitas situações coloniais, mas mais extraordinariamente nos casos em que um assentamento maciço por parte dos colonos fazia com que os povos indígenas sobreviventes fossem um obstáculo, uma ameaça ou um constrangimento. Quando os números da população indígena superavam o número dos colonos, como na África do Sul e em Zimbábue, uma separação cruel e uma exploração brutal tinham custos humanos terríveis. Mas nos casos em que os povos indí-

CASO
66

O trono dourado dos ashantis

O símbolo mais sagrado do grande reino ashanti da África Ocidental era o Tamborete Dourado. Ele foi introduzido aos ashantis por um mágico famoso que tinha proclamado que ele continha o *sunsum*, ou a "alma" do povo ashanti. O mágico avisou que "com ele estava conectado seu poder, sua honra, seu bem-estar e que se ele jamais fosse capturado ou destruído a nação iria perecer" (SMITH, 1926). Ninguém jamais se sentou no tamborete e não era permitido que ele tocasse o solo; apenas nas grandes ocasiões seu poder sagrado era invocado pelo rei ashanti.

Em 1910, o governador britânico fez uma série de exigências aos líderes dos ashantis que ele tinha convocado para o forte de Kumasi, ao qual eles tinham vindo "externamente submissos, mas internamente fervendo de indignação" (SMITH, 1926: 5). Seu discurso se destaca como uma preciosidade da história colonial:

> Agora, reis e chefes [...], o que é que devo fazer ao homem, seja ele quem for, que deixou de dar à Rainha [da Inglaterra] que é o poder mais importante deste país, o Tamborete ao qual ela tem direito? Onde está o Tamborete Dourado? Por que é que não estou sentado no Tamborete Dourado neste momento? (RATTRAY, 1923).

O governador, é claro, achava que o Tamborete Dourado era um "direito da função real" e esperava que esse símbolo de sua autoridade lhe fosse dado, como a Pedra de Scone* ao rei da Inglaterra.

Uma semana mais tarde a nação ashanti estava em guerra com a Inglaterra. Talvez o Governador Hodgson tenha percebido seu erro quando ele e seus exércitos foram subsequentemente cercados em Kumasi por dezenas de milhares de guerreiros ashantis.

---

*No original *Stone of Scone* – pedra que durante séculos foi associada com a coroação dos reis escoceses e em 1296 fora levada para a Inglaterra e posteriormente colocada sob o trono da coroação dos reis ingleses (Fonte Enciclopedia Britânica online) [N.T.].

---

genas sobreviventes eram numericamente poucos e transferidos para reservas, o paternalismo muitas vezes cedia às pressões pela assimilação. Com frequência isso significava a destruição sistemática das culturas aborígenes. Como observamos, os índios mandans, cujos esforços desesperados por sobrevivência cultural nós encontramos nas páginas anteriores, foram finalmente destruídos por uma política deliberada que dividiu a grande aldeia que era a pedra angular da integração cultural (o que restava das nove grandes aldeias do período de primeiros contatos) e forçou os mandans a se espalharem em propriedades rurais dispersas. A língua e cultura dos mandans – tão orgulhosos em um determinado momento – foram virtualmente destruídas, um caso trágico de extinção cultural forçada ou de etnocídio (BRUNER, 1961).

O colonialismo interno de nações contemporâneas, ocidentais e orientais, que fez das minorias indígenas um "quarto mundo" em perigo, será um tema do Capítulo 21. Mas primeiro, para lidar com essas questões de uma maneira mais eficaz, precisamos examinar, nos dois próximos capítulos, as forças globais que transformaram a vida nas comunidades locais, tribais e camponesas.

CASO
67

Aceitação mandan da "soberania" europeia

O comércio dos mandans com as tribos das Planícies antes do contato com os brancos envolvia parcerias. Os homens mandans importantes eram surpreendentemente ricos, poderosos e aristocráticos. Em suas parcerias comerciais com homens influentes de outros grupos, os mandans ritualmente definiam seus parceiros como "pai", ficcionalmente incorporando-os no sistema de parentesco. Por sua vez, eram adotados como pais fictícios dos líderes das Planícies.

Os hidatsas, vizinhos dos mandans, barganham com um turista real,
o Príncipe Maximiliano de Wied, em 1832.

SUMÁRIO

Etnografias de povos particulares podem ser colocadas em um contexto mais amplo de expansão global das potências das sociedades metropolitanas por meio do processo de colonialismo e as resultantes circunstâncias pós-coloniais do mundo. Esses processos incluem a expansão do cristianismo e o papel desempenhado pelos interesses econômicos, por exemplo, na criação e no apoio à escravidão como uma instituição colonial que, por sua vez, dava apoio à indústria do algodão na América. O colonialismo ocidental por si mesmo representa apenas uma fase histórica e geográfica de expansão e subjugação, mas a indústria capitalista incentivou esses processos

Isso era tanto um meio de estabelecer uma aliança estratégica quanto de manipulação: "O comércio dos índios das Planícies era acompanhado de trocas entre parentes fictícios [...]. Uma vasta rede de relacionamentos rituais de parentesco se espalhava por todas as Planícies" (BRUNER, 1961: 201). Quando os europeus chegaram e exigiram soberania, o que os mandans queriam deles era parcerias comerciais e poder. La Verendrye, o primeiro europeu a chegar, foi recebido com pompa cerimonial e muita deferência. "Um dos chefes implorou a La Verendrye, a quem ele se dirigiu como pai, para adotar os principais homens mandans como seus filhos. Isso ele fez, colocando suas mãos sobre a cabeça de cada chefe. Os mandans responderam com gritos de alegria e de agradecimento" (BRUNER, 1961: 198) e foram incorporados (do ponto de vista de La Verendrye) sob a soberania do rei da França.

Em 1762, o território mandan foi formalmente cedido pelo rei da França à Espanha. Em 1794, os britânicos construíram um posto comercial entre os mandans; mas dois anos mais tarde uma expedição espanhola visitou os mandans – que imediatamente adotaram seu líder: "Ele distribuiu bandeiras, medalhas e presentes para os chefes que prometeram seguir os conselhos de seu Grande Pai o Espanhol" (BRUNER, 1961: 207). Depois, em 1803, a área foi cedida aos Estados Unidos sob os termos da Aquisição Louisiana; e, pouco tempo depois, Lewis e Clark os visitaram: "Os exploradores americanos distribuíram bandeiras, medalhas, presentes e uniformes de oficiais para os Chefes índios, que agora prometeram seguir o conselho de seu Grande Pai o Presidente" (BRUNER, 1961: 207). No entanto, em privado, os mandans comentaram com um comerciante britânico que na expedição de Lewis e Clark havia "apenas dois homens sensatos [...] o trabalhador de ferro e o reparador de fuzis" (MASSON, 1889: 330, apud BRUNER, 1961).

Nessa primeira situação de contato, outra compreensão errônea da cultura teve muita importância. Um princípio muito difundido da cultura mandan era que o poder de homens importantes poderia ser transferido para homens mais jovens e menos poderosos por meio da sexualidade feminina. Assim, o jovem ganharia poder enviando suas esposas para dormir com homens mais velhos e poderosos. Quando os europeus chegaram, com sua riqueza e poder óbvios, os mandans estrategicamente enviaram suas mulheres para dormir com os exploradores. Por isso, na primeira literatura do período de contato, as mulheres mandan são descritas como libertinas e promíscuas (BRUNER, 1961).

ainda mais pela exploração da mão de obra e dos recursos. Subjacente ao estudo de mudança histórica está a questão do papel da cultura como um sistema ideacional *versus* ação social como uma forma de prática negociada, utilizada por Clifford Geertz em seu estudo de uma cidade javanesa.

Sistemas ideacionais, também, não foram necessariamente estáveis no passado e podem refletir interesses ideológicos, bem assim como princípios cognitivos. As forças que causam mudança podem pertencer à mudança de uma economia de bens de subsistência/prestígio para a monetarização, em que as separações culturais entre domínios de atividades de troca são interrompidas (ex.: Paul Bohannan sobre os tivs da Nigéria Central). A mudança para o dinheiro é muitas vezes acompanhada pelo desenvolvimento de classes sociais com base na economia. As influências coloniais europeias sobre as sociedades de pequena escala também incluem as devastações das novas doenças epidêmicas tais como as que ocorreram no Pacífico e na América do Norte e do Sul. Povos indígenas podem organizar uma resistência armada para evitar o controle pelos forasteiros, unindo-se em uma frente mais ampla que anteriormente (ex.: os zulus, os ashantis, os maoris). As repercussões internas da influência externa também ocorrem, como quando os governantes indígenas obtêm novas armas e subjugam seus vizinhos. Na área religiosa, surgem versões sincretistas do cristianismo (ex.: a Virgem de Guadalupe, o catolicismo em Zinacantepec). Os povos indígenas não necessariamente resistem à mudança, mas procuram fazer uso dela como faziam no passado (ex.: os simbus e os melpas da Papua-Nova Guiné, os trobriandeses). As dimensões psicológicas das reações à mudança podem ser avaliadas, em conjunto com padrões culturais anteriores (ex.: os menominis e os índios bloods).

Missionários e antropólogos podem estar inclinados a terem visões diferentes desses processos de mudança, já que missionários são agentes de mudança enquanto antropólogos podem apoiar as formas culturais locais contra as novas formas introduzidas. No entanto, as próprias pessoas fazem suas escolhas criativas com o passar do tempo. A Declaração de Barbados pediu a suspensão da atividade missionária; mas missionários também às vezes dedicam suas vidas às pessoas com quem trabalham e escrevem etnografias profundas sobre elas; e, recentemente, países independentes no Pacífico podem se declarar nações cristãs. Em fases anteriores da história movimentos anticoloniais às vezes adotam o caminho do milenarismo, como no caso do movimento da Dança do Espírito entre os paiutes e em alguns movimentos chamados de "cultos cargo" na Nova Guiné (ex.: a loucura dos vailalas e o governo maasina). Tais movimentos podem também adotar o simbolismo dos próprios opressores

e novas formas de estratificação podem ser definidas nos termos dos colonizadores (ex.: "Crab Antics" no Caribe, a "Rebelião Coranderrk" na Austrália). Em outras épocas, compreensões errôneas da cultura local, tais como uma exigência colonial por um símbolo sagrado de autoridade pode provocar uma rebelião armada por parte dos colonizados (ex.: o Tamborete Dourado dos ashantis).

SUGESTÕES PARA LEITURAS ADICIONAIS
Seções 46-48

ACEVES, J.B. (org.) (1972). *Aspects of Cultural Change*. Athens, Ga.: University of Georgia Press [Southern Anthropological Society Proceedings, 6].

BOHANNAN, P. & PLOG, F. (orgs.) (1967). *Beyond the Frontier*: Social Process and Cultural Change. Garden City: N.Y.: Natural History Press.

EISENSTADT, S.N. (1973). *Tradition, Change and Modernity*. Nova York: John Wiley & Sons.

FANON, F. (1965). *The Wretched of the Earth*. Londres: Macgibbon & Kee.

HEMMING, J. (1978). *Red Gold*: The Conquest of the Brazilian Indians. Cambridge, Mass.: Harvard University Press.

LANG, J. (1975). *Conquest and Commerce*: Spain and England in the Americas. Nova York: Academic Press.

MAIR, L. (1969). *Anthropology and Social Change*. Londres: Athlone [LSE Monograph, 38].

SPICER, E.H. (org.) (1961). *Perspectives in American Indian Culture Change*. Chicago: University of Chicago Press.

STEWARD, J.H. (org.) (1967). *Contemporary Change in Traditional Societies*. 3 vols. Urbana: University of Illinois Press.

THRUPP, S.L. (1970). *Millennial Dreams in Action*: Studies in Revolutionary Religious Movements. Nova York: Schocken Books.

WALLACE, A.F.C. (1956). "Revitalization Movements". *American Anthropologist*, 58, p. 264-281.

WORSLEY, P. (1968). *The Trumpet Shall Sound*. 2. ed. Nova York: Schocken Books.

Capítulo 18

Camponeses

Os camponeses foram parte do cenário mundial desde o surgimento de Estados e centros urbanos no Oriente Médio. Coexistiram no tempo, portanto, com os modos de vida tribais que se espalharam e se diversificaram nas zonas medianas, principalmente tropicais, do mundo (Capítulos 5 e 6). Mas a antropologia, que começou como um estudo das sociedades "primitivas" de pequena escala encontradas ao longo das fronteiras da expansão colonial, demorou muito para dar atenção às vastas populações camponesas da América Latina, da Ásia e da Europa. O desenvolvimento de uma antropologia séria de sociedades camponesas ocorreu principalmente a partir da década de 1950; e, desde então, foi um tema em expansão.

Parcialmente, isso reflete o desaparecimento das sociedades tribais nas décadas após a Segunda Guerra Mundial e a emergência – a partir daquele mundo colonial em que os antropólogos tinham trabalhado a maior parte do tempo – daquilo que ficou conhecido como o Terceiro Mundo. Antigos povos tribais foram transformados pela modernização, ficaram presos na economia mundial e na política das novas nações. Em parte, porém, a atenção crescente aos camponeses reflete uma concepção mais ampla sobre a abrangência e as metas da antropologia – uma ampliação que, como veremos, agora está levando ao aumento dos estudos sobre a vida urbana.

Quando os antropólogos começaram a estudar as aldeias camponesas, trouxeram para a tarefa muitas premissas e métodos que se originaram dos estudos em ambientes tribais. Os avanços mais recentes nos estudos sobre camponeses vieram, como veremos, de uma busca por conexões mais amplas no tempo e no espaço – de levar em consideração o que está acima e mais além da aldeia.

49 O que são camponeses?

A palavra **camponês** invoca imagens de simples lavradores rurais, pessoas pobres que vivem suas vidas nos bastidores, isolados das correntes principais da sociedade. Essas imagens têm uma correspondência parcial com as realidades da vida camponesa; mas precisamos corrigir suas distorções e obter uma conceitualização mais refinada da classe agrária.

Comunidades camponesas como sistemas fechados e abertos

Um elemento essencial na vida camponesa e sua bilateralidade. Por um lado, os camponeses caracteristicamente produzem grande parte de sua própria subsistência; e também caracteristicamente as comunidades camponesas têm um tipo de orientação reservada e fechada. Mas, por ou-

Um velho, observado por um neto, mexe o café que seca sobre um saco e
em um prato de madeira. Wiru, Papua-Nova Guiné.

tro lado, os camponeses também produzem alimentos e outros bens que fluem para os centros urbanos; participam economicamente tanto como produtores quanto como consumidores em sistemas econômicos mais amplos que os ligam às cidades e aos mercados nacionais e internacionais. Essa bilateralidade, o paradoxo de uma reserva e de uma autossuficiência relativa e, ao mesmo tempo, a incorporação em sistemas econômicos mais amplos, é um tema dominante da vida camponesa e dos estudos camponeses.

Mas precisamos expressar isso em termos teóricos. Eric Wolf (1966: 3-4) considera os camponeses como cultivadores com um tipo especial de relacionamento com o mundo externo: "camponeses são cultivadores rurais cujos excedentes são transferidos para um grupo dominante de governantes que usa os excedentes tanto para garantir seu próprio padrão de vida e para distribuir o restante para grupos [...] que [...] precisam ser alimentados em virtude de seus bens e serviços específicos". O que faz com que camponeses sejam camponeses é sua existência dentro de um Estado, onde estão sujeitos "às necessidades e interesses dos detentores do poder". Camponeses podem ser definidos como tal, então, em termos de sua posição em sistemas de produção.

Os camponeses são uma classe?

Isso não significa que os camponeses sempre ocupam a mesma posição. Precisamos fazer dois tipos de refinamento conceitual. Um é observar que os camponeses podem estar incorporados a modos de produção diferentes, com acessos diferentes aos meios de produção e sujeitos a formas diferentes de apropriação de excedentes. Camponeses podem ser *proprietários* dos terrenos que cultivam, com seus excedentes apropriados pelo Estado (ou outros detentores do poder) na forma de impostos, tributos, e assim por diante. Ou os camponeses podem estar atados como *servos* à terra de um senhor feudal que, então, é dono de tudo que eles produzem, mas que lhes dá os meios de subsistir fisicamente. Ou camponeses podem ser *arrendatários*, que contratualmente dividem suas colheitas com o dono da terra ou deve vender uma parte dessas colheitas para pagar o aluguel. Cada um desses relacionamentos de produção diferentes, e outros mais, pode ser distinguido analiticamente.

Para analisar um sistema de produção devemos classificar cuidadosamente os direitos e relacionamentos envolvidos; ao fazê-lo percebemos que "camponês" é uma espécie de categoria do tipo "guarda-chuva" que cobre uma série de relacionamentos bastante diferentes:

> Os cultivadores rurais que descritivamente chamamos de "camponeses" existiram em muitos tipos diferentes de sociedade e em épocas históricas distintas – por exem-

plo, o feudalismo europeu e japonês, os impérios agrários pré-capitalistas da Índia e da China, ou os muitos países do Terceiro Mundo hoje, em que o colonialismo foi uma força histórica importante na criação de classes agrárias com características específicas (BERNSTEIN, 1979: 422).

Mesmo categorias amplas como "feudal" precisam ser usadas com cuidado. Historiadores econômicos vêm debatendo vigorosamente as muitas formas de relações feudais e qual é a melhor maneira de conceitualizá-las. Por exemplo, especialistas vem arguindo com respeito às semelhanças e diferenças entre o feudalismo europeu da Idade Média e os sistemas aparentemente feudais (tais como o sistema *encomienda* das Américas conquistadas pelos espanhóis) que se desenvolveram no século XVI nas periferias da expansão europeia. Wallerstein (1974: 91) argumenta que "há uma diferença fundamental entre o feudalismo da Europa Medieval e os 'feudalismos' da Europa Oriental e da América hispânica do século XVI". Ele sugere para a segunda forma o termo "trabalho forçado em cultivos comerciais" [*coerced cash-crop labour*] e indica que a economia política desses últimos sistemas é fundamentalmente diferente daquela dos sistemas anteriores.

> "Trabalho forçado em cultivos comerciais" é uma forma de controle da mão de obra em uma economia capitalista e não em uma economia feudal (WALLERSTEIN, 1974: 92).

O argumento não é simplesmente que existem formas diferentes de relacionamentos feudais entre senhor e servo, mas que é preciso entender a natureza do sistema em termos mais globais. Esse é um argumento ao qual iremos retornar no próximo capítulo (cf. WALLERS-

TEIN, 1996, para uma atualização de suas ideias de um modo geral).

Um segundo refinamento conceitual, que tem como base o primeiro, é ver que a mesma sociedade pode incorporar classes diferentes de camponeses. Classes de camponeses são com frequência classificadas em ricas, médias e pobres. Esses termos, sugerindo uma simples estratificação segundo a riqueza, são enganosos: camponeses médios não estão entre os camponeses ricos e os camponeses pobres; analiticamente, em termos da relação de produção eles "pertencem a um setor diferente da economia rural" (ALAVI, 1973: 293). Essas classes camponesas são encontradas, como no sul da Ásia, em circunstâncias de transição do predomínio de um modo de produção para o predomínio de outro; daí os "setores diferentes" da economia rural:

> Primeiro [...] temos o setor [feudal] cuja característica distintiva essencial é que a terra pertence a proprietários que não se responsabilizam pelo cultivo por conta própria. Sua terra é cultivada por arrendatários sem terra, principalmente meeiros, que são classificados como *camponeses pobres*. O segundo setor é aquele de pequenos proprietários independentes que não têm mais terra do que aquela que eles próprios cultivam e que os faz autossuficientes [...] Esses são os *camponeses médios* [...]. Um terceiro setor é aquele dos fazendeiros capitalistas [camponeses ricos ou *kulaks**] que detêm quantidades substanciais de terra e cujo cultivo é primordialmente baseado na exploração de trabalho assalariado, embora eles próprios possam participar do trabalho da fazenda (ALAVI, 1973: 293-294).

---

* Palavra russa que passou a ser um termo técnico nos estudos sobre camponeses.

Não podemos, portanto, presumir que mesmo em uma sociedade específica os camponeses constituem uma única classe – ou, como as observações de Alavi podem muito bem nos lembrar – que um único modo de produção predomina. O esclarecimento analítico de modos diferentes de produção, em sociedades complexas em processo de mudança – especialmente aquelas que passaram por um período de dominação colonial – é um desafio importante para a teoria social contemporânea (para uma discussão desses temas com relação à Papua-Nova Guiné, cf. AMARSHI; GOOD & MORTIMER, 1979; para uma crítica da distinção entre membros de tribos e camponeses, cf. STRATHERN, 1982).

50 Comunidades camponesas

Antropólogos que trabalham em comunidades camponesas nos últimos 30 anos copilaram registros detalhados da textura das relações sociais em muitas partes do mundo camponês e exploraram seus processos econômicos, religiosos e políticos. Considerando as comunidades camponesas basicamente como consideraram as comunidades tribais – como mais ou menos fechadas e reservadas, e muitas vezes privadas de uma história conhecida – os antropólogos traçaram um retrato da condição camponesa que é vívida e reveladora, mas, em muitos casos, inadequada. Nos parágrafos que se seguem, apresentaremos um retrato ortodoxo da condição camponesa. Depois daremos um passo atrás para examinar um quadro mais amplo das forças que criaram e modelaram a vida nas comunidades camponesas nos séculos antes da chegada dos antropólogos e também nas quatro ou cinco décadas em que eles as vêm observando. Como um número de outros críticos recentes, argumentarei que a visão "padrão" da condição camponesa vem sendo inadequada e enganosa.

CASO
68

Grupos de descendência e a organização social dos zinacantecos

Zinacantepec, cuja síntese complexa de crenças religiosas católicas e maias examinamos rapidamente no Caso 59, está organizada de uma maneira que sutilmente reflete um sistema de descendência patrilinear.

Zinacantepec tem uma população de umas oito mil pessoas que vivem em um padrão classicamente maia de assentamento, com um centro cerimonial e 15 vilarejos externos. As unidades sociais mais importantes são os grupos domésticos, compostos de famílias que moram em um único condomínio e compartilham um único estoque de milho. Normalmente um condomínio contém pelo menos duas casas, ao redor de um pátio central. Cada grupo doméstico está simbolicamente ao redor de uma "cruz da casa" que reflete sua união ritual.

Duas mulheres zinacantecas sentam em um condomínio de casas escolhendo o milho. À esquerda, com um vaso na base, está a cruz da casa do grupo doméstico.

A maioria dos grupos domésticos zinacantecas é de famílias extensas patrilocais, os segmentos locais mínimos das patrilinhagens. A exigência essencial é que ele contenha tanto homens quanto mulheres para que seja economicamente viável. O modelo mais comum – um homem mais velho, sua esposa, seus filhos casados com suas esposas, e filhos ou filhas solteiros – reflete a prática de residência virilocal e herança patrilinear.

Esses grupos domésticos (para os quais não existe nenhum rótulo em sua língua, o tzotzil) estão por sua vez aglomerados em agrupamentos maiores localizados ao longo de linhas patrilineares. Vários grupos domésticos relacionados patrilinearmente, morando em terras adjacentes herdadas de seus antepassados, compreendem uma patrilinhagem superficial sem nome que tem quatro gerações em termos de profundidade.

Uma ou várias patrilinhagens (ou, raramente, em um número que chega a treze delas) estão, por sua vez, aglomeradas em agrupamentos ritualmente definidos (VOGT, 1969, 1970).

Esses aglomerados, que contêm de quinze até 150 pessoas, realizam cerimônias para seus deuses ancestrais e para o Dono da Terra coletivamente (Caso 59) duas vezes ao ano. Os membros mais velhos e os xamãs das linhagens componentes participam dessas cerimônias em hierarquias definidas de categorias rituais. As cerimônias concentram-se ao redor dos santuários de cruz que são um objeto cerimonial análogo às cruzes da casa, em uma escala mais inclusiva (VOGT, 1969).

Zinacantepec tem um sistema complexo de nomes pessoais. Um dos três nomes que cada indivíduo tem é um sobrenome índio, dos quais existem uns setenta. Esses nomes são transmitidos patrilinearmente dentro das linhagens e, como há uma regra contra o casamento entre as pessoas com o mesmo sobrenome, isso produz agrupamentos exógamos que Vogt chama de "patriclãs".

Os aglomerados da patrilinhagem são por sua vez alinhados ao redor de poços específicos, e entre dois a treze aglomerados da patrilinhagem usam um único fornecimento de água para seus animais e para uso doméstico. Há alguma dispersão e reagrupamento sazonal durante a estação chuvosa e a estação seca. Cada poço é extremamente sagrado; sua importância ritual é marcada por uma série de santuários de cruz, tanto ao lado do poço e em uma colina acima, onde se acredita que os antepassados dos aglomerados rituais componentes se reúnem. O mesmo cerimonial bianual realizado por cada aglomerado também é realizado uns poucos dias antes por todo o grupo do poço. Nessas cerimônias, a unidade social e ritual das patrilinhagens que compartilham um mesmo poço, e seus laços coletivos com seus antepassados, estão expressos simbolicamente.

Vogt (1965) argumentou que o complexo simbólico pelo qual um grupo patrilinear está simbolicamente relacionado com seus antepassados através das cruzes, que constituem uma entrada para o sagrado, é replicado sucessivamente em níveis cada vez mais inclusivos da estrutura social: o grupo doméstico, o aglomerado, o agrupamento do poço. A unidade ritual é expressa cerimonialmente por refeições sagradas nas quais a posição social dos participantes humanos é cuidadosamente observada – um modelo uma vez mais repetido em uma escala maior a cada nível hierárquico da estrutura social. Vogt sugere que essa repetição do mesmo modelo formal em níveis cada vez mais inclusivos pode ter fornecido um mecanismo para a unidade simbólica dos grandes centros de templos da sociedade maia clássica.

A organização social camponesa

Muitas comunidades camponesas modernas no Velho e no Novo Mundo têm padrões de organização social que refletem elementos de sistemas sociais anteriores dos quais eles se originaram. Agrupamentos de descendência unilinear podem continuar a ser importantes. Assim, as patrilinhagens desempenham papéis significativos na vida social camponesa em cantos do mundo tão distantes uns dos outros como o México, os Bálcãs e a China. Os índios maia de Zinacantepec, cujo sistema religioso examinamos no capítulo anterior (Caso 59), ilustram agrupamentos de descendência unilinear em comunidades camponesas (esse sistema é delineado no Caso 68).

Em outras sociedades camponesas, como nas comunidades agrárias do sul da Europa que receberam uma atenção antropológica crescente, os sistemas sociais subjacentes são os antigos sistemas feudais dos séculos medievais que foram transformados progressivamente pelas nações modernas emergentes.

Grupos de parentesco unilineares são raramente importantes nesses contextos, embora redes de parentesco e de casamento entre parentes entretecem os domicílios que são os agrupamentos constituintes primordiais. Coalizões de amigos e vizinhos, formadas para buscar estratégias econômicas coletivas e caracteristicamente temporárias, surgiram repetidamente em contextos rurais europeus – embora, como P. Schneider e colegas (1972) corretamente insistem, todas as sociedades são organizadas tanto em grupos mais formais e duradouros quanto em coalizões *ad hoc*; é sua importância relativa e suas esferas de relevância que variam.

Os laços de parentesco fictícios, relações modeladas nos papéis paternais, fraternais ou dos avós, são muitas vezes importantes nos elos de extensão e complementação do parentesco e da afinidade.

O mais conhecido é o *compadrazgo* ou copaternidade da América Central (cf. Caso 69), primordialmente vinda através do catolicismo dos costumes do sul europeu, mas também com raízes nas culturas indígenas mexicanas. Sistemas de parentesco fictício comparáveis, mas historicamente não relacionados, surgiram em locais tão distantes quanto o Japão e o Nepal.

Apesar dos laços mais amplos do parentesco verdadeiro e fictício, a comunidade camponesa caracteristicamente difere de sua correspondente tribal na independência dos grupos domiciliares. Esses podem ser famílias extensas de vários tipos ou domicílios de famílias nucleares.

Em termos econômicos, esses domicílios familiares agem normalmente como corporações separadas, como unidades de produção e como competidores pelos recursos e renda escassos. Em muitas comunidades camponesas esses domicílios ficam relativamente isolados e não estão organizados em linhagens ou outros grupos de parentesco. A fragmentação em famílias nucleares e sua competição econômica são muitas vezes refletidas na textura das relações sociais. A competição e a desconfiança hostil que muitas vezes predomina entre as famílias foram descritas em termos como "atomismo" (RUBEL & KUPFERER, 1968). Aqui vale a pena lembrar as observações de Bailey (1971) sobre as aldeias rurais europeias em *Gifts and Poison* [Presentes e veneno] das lutas sutis por *status*, do negócio muitas vezes cruel de ajustar as contas com nossos companheiros. Observações semelhantes têm vindo de muitas comunidades camponesas.

Foster (1961) sublinhou a ênfase em **contratos diádicos** na vida camponesa – isto é, a maneira como pares de indivíduos estão, em muitas esferas da vida diferentes, unidos em relacionamentos quase semelhantes a contratos, embora esses não sejam legalmente compulsórios. Os laços fora da família são, pelo menos na aldeia mexicana de Tzintzuntzam, primordialmente entre indivíduos e não entre grupos. Eles persistem em parte porque nunca são exatamente equilibrados e, por isso, exigem uma reciprocidade contínua. Alguns laços diádicos são entre pessoas do mesmo *status*; outras são com patronos de *status* superior (pessoas e inclusive divindades) que exploram e são "exploradas" pelos clientes de *status* inferior para benefício mútuo. Laços com patronos poderosos

CASO
69

O *compadrazgo* no México

O *compadrazgo* na América Central claramente se origina da instituição católica do batismo: um "compadre" e uma "comadre" patrocinam uma criança ritualmente no batismo; eles fornecem uma responsabilidade espiritual pela criança que complementa a responsabilidade do pai e da mãe pelo desenvolvimento físico da criança. Embora o relacionamento da criança com o *padrino* (padrinho) e com a *madrina* (madrinha) seja importante — caracterizado pelo respeito e obediência por parte da criança e orientação e cuidados por parte dos patrocinadores — é o relacionamento entre os patrocinadores e os *pais* que foi especialmente elaborado na América Central.

Os patrocinadores e parentes estabelecem elos de copaternidade ritual que (especialmente entre o padrinho e o pai) são adições importantes aos elos do parentesco. O termo recíproco *compadre* é usado para esse relacionamento, que caracteristicamente tem fortes associações de sacralidade e implica respeito ritual e reciprocidade formalizada.

As elaborações do *compadrazgo* no México e em outros países da América Latina estenderam o alcance e a importância desses laços muito mais além da derivação original católica no patrocínio do batismo. O relacionamento pode unir o patrocinador aos avós, bem assim como aos pais, da criança ou até estender o relacionamento diádico para um relacionamento múltiplo. E o patrocínio em outros eventos rituais, não simplesmente no batismo, pode levar um indivíduo a ter pais rituais múltiplos.

A variação nas formas regionais do *compadrazgo* presumivelmente reflete as diferenças nas culturas pré-colombianas sobre as quais o modelo espanhol foi superimposto (DAVILA, 1971). Essas variações regionais no alcance dos relacionamentos de *compadres,* suas implicações sociais, seus relacionamentos com a estrutura familiar e sua função na vida social das comunidades foram estudadas extensivamente.

Caracteristicamente, os patrocinadores não são parentes ou são parentes distantes. Uma das funções importantes do *compadrazgo* é assim ampliar o alcance de relações pessoais íntimas para além do círculo de parentes. Na maioria das comunidades, uma escolha bastante livre de um patrocinador é possível. Nos casos em que o sistema social é relativamente igualitário, o relacionamento de compadres é caracteristicamente simétrico em termos de *status.* Mas nos casos em que as diferenças de riqueza e poder são marcantes, o patrocínio por um homem rico e poderoso passa a ser uma estratégia política — uma maneira de manter *status* (para o patrocinador) e de buscar mobilidade ascendente (para o filho) e patrocínio (para o pai).

A modelação simbólica do *compadrazgo* no parentesco é evidente não só em terminologia e em relacionamentos de funções; é também aparente na natureza inalienável, duradoura e temerosa natureza dos elos de patrocínio e copaternidade, os axiomas de obrigação moral que eles implicam e a extensão dos tabus do incesto para as relações de *compadrazgo* (DAVILA, 1971).

Atualização do caso

Para um estudo detalhado do *compadrazgo* como "parentesco ritual" em Tlaxcala, México, confira Nutini e Bell 1980; e para uma discussão teórica geral, confira Gudeman 1972.

fora da comunidade ajudam a conectar seus residentes em redes sociais mais amplas.

A economia camponesa

O chefe do domicílio camponês e sua esposa levam uma existência economicamente bilateral.

Em primeiro lugar, eles são primordialmente cultivadores de **subsistência**. Isto é, eles e suas famílias subsistem principalmente com os frutos de seu próprio trabalho. Seus recursos e tecnologia limitados caracteristicamente os força a se sustentar com muita dificuldade de um ano para outro,

CASO
70

A produção de cerâmica em Amatenango

Em Amatenango (Chiapas, México; cf. NASH 1961), os domicílios camponeses indígenas se envolvem em atividades agrícolas tanto para a subsistência quanto para o comércio com comunidades vizinhas. Há um comércio ativo de alimentos entre as comunidades, com cada uma parcialmente especializada em seu produto agrícola. Mas Amatenango é mais famosa na região por outra forma de produção especializada: a cerâmica. Em uma área de quase 65 por 48 quilômetros é o único centro para a produção de cerâmica. As pessoas em todas as aldeias vizinhas precisam adquirir e usar objetos de cerâmica. Assim, a produção de cerâmica é economicamente crucial para os domicílios de Amatenango.

A economia doméstica em uma aldeia maia: duas mulheres zinacantecas, cunhadas, trabalham no condomínio fiando e tecendo em um tear portátil. Os camponeses zinacantecos fazem suas próprias vestimentas com a lã que eles mesmos fiam, tingem e tecem.

vulneráveis às más colheitas e às exigências das **elites** externas. Segundo, eles contribuem para uma economia externa na forma de **excedentes** agrícolas – a produção que excede suas necessidades de subsistência – ou cultivando produtos especializados. Por meio dos mercados e outras redes de transações, os produtos domésticos vão manter as elites externas e os especialistas que prestam serviços às elites. Mas a participação dos camponeses na economia externa é limitada e canalizada pela organização social e pressões da comunidade, que orientam as decisões econômi-

Praticamente todos os 280 domicílios em Amatenango fazem cerâmica, por meio da combinação dos esforços masculinos e femininos. A matéria-prima está livremente disponível, as ferramentas são mínimas e as técnicas necessárias são aprendidas na infância. No entanto há uma ampla variação nos produtos dos vários domicílios. Além disso, embora os vasos sejam vendidos por dinheiro nos mercados, nenhum domicílio parece produzir tantos potes quantos poderia produzir. Por quê?

Manning Nash manteve registros detalhados sobre a produção de cerâmica em vários domicílios. Ele descobriu que há um ritmo sazonal na fabricação da cerâmica. A produção atinge seu ápice pouco antes de uma festa em Ametanango ou em uma comunidade vizinha. Isso ocorre, em primeiro lugar, porque é nessa época que a sociedade mais precisa de dinheiro vivo; e em segundo, embora os preços não sejam os mais altos nessas épocas, há um influxo conveniente de compradores potenciais e, com isso, a comercialização é fácil. Nash descobriu também que há uma associação negativa entre a produção de cerâmica e a riqueza em terras. A família que é rica em terras pode produzir mais comida para seu próprio consumo e, portanto, precisa menos de dinheiro vivo; e uma parte maior de seu esforço produtivo provavelmente será dedicada à agricultura.

Mas será que um domicílio, como uma empresa, não procura maximizar seus ganhos – seja com a cerâmica ou com a produção agrícola? E se isso é verdade, por que a produção é limitada e seus picos sazonais? Porque como uma unidade em um sistema complexo de parentesco, agrupamento local e organização religiosa, o domicílio Amatenango é severamente restrito por mecanismos de nivelação. De um modo geral, "passar à frente" de outros domicílios não é nem viável nem desejável. Os ganhos econômicos do domicílio seriam, de qualquer forma, de pouca duração: a riqueza móvel é rapidamente consumida, e a riqueza em terras é fracionada pela herança em cada geração. Os estratagemas de nivelação são um tanto sutis. Seja qual for a riqueza que uma família tem, é esgotada pelo custo de uma das muitas funções civis e religiosas que um homem deve exercer durante sua vida adulta. Um domicílio rico está particularmente sujeito à drenagem financeira da função ritual. Uma dessas funções, o *alferez* (para a qual quatro homens são selecionados anualmente), é particularmente cara e custa tanto que uma família pode levar anos para se recuperar da despesa. Além disso, o domicílio que superasse seus vizinhos em sua busca de riqueza ficaria extremamente vulnerável à bruxaria ou às acusações de bruxaria. Assim, o desempenho de um domicílio Amatenango que produz cerâmica na economia de mercado externa é controlado por uma série de forças e mecanismos sociais dentro da comunidade. Apesar das vantagens econômicas no papel, não é uma vantagem social de longo prazo para a família maximizar sua renda produzindo tanta cerâmica quanto seja possível.

cas, bem assim como pelos meios de produção limitados. O Caso 70 descreve como essas forças econômicas operam em uma aldeia mexicana.

A independência relativa dos domicílios como unidades de produção e consumo em comunidades camponesas, tais como Amatenango no Caso 70, levou a tentativas para definir um "modo de produção camponês". Domicílios separados e rivais fazem a distribuição da mão de obra e as decisões sobre produção que podem ser analisadas usando modelos formais. Essa abordagem, inspirada pelo trabalho do economista e populista russo I. Chayanov, influenciou o antropólogo Marshall Sahlins, que propôs uma teoria paralela do "modo de produção doméstico" nas sociedades tribais. Em breve iremos ver as falhas em uma visão de domicílios camponeses como unidades independentes.

Pode ser útil um retorno aos "estratagemas de nivelação" que Nash descreve para Amatenango;

CASO

71

Cargos em Zinacantepec

O sistema de cargos em Zinacantepec é uma hierarquia de funções religiosas organizadas ao redor das igrejas e dos santos católicos. Em Zinacantepec o sistema consiste de 61 posições em quatro níveis de uma escada cerimonial.

Um objetivo de vida importante para um homem zinacanteco é servir por um ano em cada um dos quatro níveis de cargos, e com isso, percorrer toda a escada e se tornar um *pasado*, um homem sênior homenageado ritualmente. Quando um homem ocupa um cargo, ele deve se mudar para o centro cerimonial e se envolver em uma ronda anual muito cara de cerimônias. Os custos da bebida, da comida e dos itens rituais tais como fogos de artifício, incenso, velas e vestimentas são enormes, especialmente nos níveis mais altos da escada cerimonial.

No nível inferior estão 28 *mayordomos* que servem como cuidadores de santos específicos ou de capelas de vilarejos específicos, e doze *mayores* que ocupam posições hierarquizadas e atuam como policiais, mensageiros e funcionários do cerimonial. No segundo nível, estão quatorze *alfereces*, nomeados para santos específicos e organizados em duas ordens hierárquicas, seniores e juniores. Eles passam a maior parte do ano oferecendo refeições cerimoniais e dançando para os santos.

Os detentores dos cargos de terceiro e quarto níveis são coletivamente classificados como anciãos. O terceiro nível compreende quatro *regidores*; e quarto e mais alto nível compreende dois *alcades viejos*. Os anciãos administram o sistema de cargos. Um homem idoso que não conseguiu passar por todos os níveis da hierarquia de cargos pode ser nomeado para um posto de senioridade de cargo terminal. Finalmente há conselheiros rituais que ajudam os detentores de cargo em vários níveis; e há pessoal auxiliar – músicos, escribas e sacristãos – que servem por períodos de mais de um ano. Esses conselheiros e auxiliares ajudam a manter as complexidades do cerimonial no sistema de cargos apesar da mudança anual dos ocupantes dos cargos.

Enquanto em alguns sistemas centro-americanos relacionados uma hierarquia civil e uma hierarquia religiosa estão interconectadas em um único complexo, com serviços civis e religiosos sendo realizados alternadamente, o sistema de cargos de Zinacantepec não está diretamente ligado ao complicado funcionalismo civil (CANCIAN, 1965, 1972). Rupturas na estrutura desse sistema de cargos também são descritas por Cancian (1974).

e, em particular, à maneira como as hierarquias das funções civis e religiosas servem para igualar os domicílios e drenar a riqueza à medida que ela é acumulada. A operação dessas hierarquias de funções como mecanismos de nivelação foi documentada em outras comunidades maias das regiões montanhosas. O **sistema de cargos** de Zinacantepec (cf. Caso 71) é provavelmente o mais conhecido.

Outros mecanismos de nivelação nas comunidades camponesas maias e em outras comunidades semelhantes são acusações de bruxaria ou medo de ser enfeitiçado, e bisbilhotices malévolas, a preocupação constante com *status* e seus correlatos como parte do jogo mortal de se nivelar (BAILEY, 1971).

Nos Estados antigos, e na Europa sob o feudalismo, os excedentes agrícolas produzidos pelos camponeses eram apropriados por alguma forma de tributo ou por meio da propriedade da terra. Em partes do mundo contemporâneo os camponeses continuam sob o controle dos donos da terra que extraem produtos por direito, dando aos camponeses acesso à terra para sua subsistência em troca de seu trabalho. Em breve iremos ver a transição gradativa das economias agrárias semi-

O sistema de cargos em Zinacantepec. Os *alcaldes viejos* examinam as listas daqueles que esperam para assumir cargos.

O custo de ser detentor de um dos cargos, especialmente os de nível superior, é tão alto que o indivíduo precisa economizar durante anos, além de pedir muito dinheiro emprestado e invocar as obrigações pendentes com os parentes para reunir os recursos necessários. Após um ano em um cargo, um indivíduo normalmente se retira da ribalta com todas suas economias gastas, com dívidas enormes, e com o "crédito" pendente (na forma de obrigações) praticamente pago. Para conseguir uma vez mais chegar a uma posição de onde seja possível subir para o degrau superior da escada de cargos ele provavelmente precisará de anos de muito trabalho e apoio dos demais.

feudais controladas por proprietários da terra e agiotas na Índia colonial e após a independência.

Mais característica entre os camponeses contemporâneos é a produção de *commodities* para os mercados, como no caso da produção de cerâmica em Amatenango. Há um bom número de estudos sobre a comercialização camponesa na América Central e no México. Na maior parte dos mercados centro-americanos o produtor procura as condições mais vantajosas de venda, em vez de trabalhar por meio de um comerciante como **intermediário**. Assim o oleiro de Amatenango e o agricultor ou tecelão zinacanteco (ou suas esposas) trazem suas mercadorias para o mercado – um mercado na maior parte das vezes controlado por **ladinos** – os mexicanos que falam espanhol – que manipulam as transações em vantagem própria e em detrimento dos índios. Em muitas partes do

CASO
72

Mercados no Haiti

Há alguns 65 mil comerciantes de mercado no Haiti – cerca de uma pessoa para cada cinquenta na população total. Cinquenta mil deles são mulheres; além disso, a maior parte dos camponeses que compram e vendem nos mercados são mulheres. A mulher traz sua colheita para o mercado, vendendo alguns itens de exportação tais como café, para compradores licenciados e vendendo o resto para os *revendeuses*, os comerciantes de mercado (MINTZ, 1959).

Há grandes mercados permanentes nas cidades, conectados por ônibus aos numerosos mercados rurais, menos permanentes. Em uma mesma área rural, mercados operam alternadamente em dias diferentes formando um "anel de mercados" semelhante àqueles encontrados na África Ocidental e no México.

As *revendeuses* podem movimentar e manipular bens entre mercados, de forma a comprar e vender de acordo com as mudanças vantajosas da oferta e da demanda. Muitas operam dentro de um âmbito geográfico restrito e com um capital modesto.

Mas as "operadoras" de maior escala podem transportar bens de uma região para outra ou do centro urbano para o campo. "Operadoras" de escala ainda maior podem comprar bens manufaturados ou de outro tipo no porto principal e depois vendê-los por atacado aos comerciantes do mercado local. Essas "operadoras" obviamente precisam de mais capital e manobram financeiramente em uma escala maior do que os comerciantes de mercados locais.

Essas operações de mercado não eliminaram as relações interpessoais de aliança e obrigações como são encontradas nas Trobriandesas. Pois os haitianos tentam estabelecer um relacionamento comercial favorável que chamam de *pratik* pelo qual parceiros específicos fazem transações comerciais recorrentes de acordo com o preço ou concessões de crédito (MINTZ, 1961). Assim há um relacionamento pessoal, não impessoal, e uma sensação de obrigação mútua. Uma *revendeuse* tenta estabelecer o maior número possível de conexões do tipo *pratik*, em ambas as extremidades de sua comercialização, para fazer com que o fornecimento e a venda sejam mais seguros.

As transações são baseadas em pagamentos à vista na moeda corrente de acordo com as flutuações da oferta e da procura. O sistema haitiano funciona eficientemente porque são comercializadas pequenas quantidades e os produtos são diversificados (e, portanto, os riscos são minimizados).

Atualização do caso

Confira Lundahl (1992) sobre os mercados haitianos e o "subdesenvolvimento".

mundo camponês, os produtores moram muito longe do mercado, e suas mercadorias são transportadas e vendidas por intermediários. Assim os tivs da Nigéria (Caso 57) provavelmente mandarão seus produtos para os mercados urbanos por meio de caminhões operados por empreendedores tivs; e os mesmos padrões surgiram entre os simbus e outros povos da Nova Guiné (cf. BROWN, 1995).

Um modelo interessante, em que as mulheres atuam como empreendedoras, ocorre no Haiti, no Caribe. O Caso 72 descreve esse sistema.

A visão do mundo camponesa

O conservadorismo social e cultural das comunidades camponesas e seu retraimento foram muitas vezes considerados como obstáculos importantes para o progresso. Desconfiados de estranhos, obedientes à tradição – e desconfiados até dos meios e motivos uns dos outros –, acredita-se que os camponeses tendem a resistir às mudanças positivas mesmo quando os meios para a transformação da comunidade estão abertos para eles. Os projetos de desenvolvimento que tenta-

CASO
73

A Crefal em Tzintzuntzan

O Centro de cooperação regional para a educação de adultos na América Latina e no Caribe (Crefal) tentou reorganizar a economia de Tzintzuntzan organizando a produção de cerâmica, têxteis, móveis e bordados para os turistas e introduzindo a criação de galinhas. Técnicos foram levados para o local e persuadiram os oleiros a experimentar novos fornos, criaram uma indústria de tecelagem, estabeleceram uma cooperativa de móveis e emprestaram dinheiro para que fossem iniciados seis negócios de criação de galinhas. No entanto dentro de muito pouco tempo essas inovações tinham fracassado. Foster (1967) culpa o conservadorismo, a desconfiança e a falta de motivação dos camponeses pelo fracasso do projeto de desenvolvimento.

ram melhorar a situação econômica de camponeses na Índia, na Indonésia, na América Latina e em muitas outras regiões ficaram frustrados com o aparente conservadorismo, a inflexibilidade e a suspeita das comunidades camponesas. Foster e muitos outros consideram que a posição do camponês com relação à vida – a visão do mundo que iremos delinear em breve, e a fragmentação econômica e social – como obstáculos para uma mudança social efetiva. Como apresentado no Caso 73, Foster (1967) cita o exemplo de um programa de desenvolvimento comunitário patrocinado pela Unesco, que buscou melhorar a situação econômica dos índios de língua tarascan de Tzintzuntzan no México.

O tema da frustração desesperada, mas da incapacidade de transformar ou de se livrar do sistema em que estão enredados, perpassa toda a literatura antropológica sobre camponeses. Ele foi resumido de modo vívido por May Diaz:

> Os camponeses vivem em um mundo social em que estão em uma situação econômica e política desvantajosa. Não têm nem capital nem poder suficientes para causar uma impressão na sociedade urbana. Mas não têm qualquer ilusão sobre sua posição. Realmente, muitas vezes não têm qualquer noção daquele mundo imaginário que oferece mobilidade social, empreendedores [...] e a possibilidade de crescimento econômico, em vez de uma estabilidade que flutua à beira do desastre (DIAZ, 1967: 56).

A moralidade e o sistema de valores dos camponeses e sua visão do mundo e de seu lugar nele, mostra claramente o lado patológico da vida camponesa. Os camponeses estão presos em um mundo que os deixou para trás. Um mundo que os condenou à pobreza se comparados com as elites urbanas. Seu *status* é aviltado de todos os lados e sua autoconcepção está desgastada. Orgulho e realização, bem assim como o dinheiro e as coisas materiais que ele compra, podem facilmente passar a ser "bens" escassos.

Foster, baseando-se em seu trabalho em Tzintzuntzan, acredita que a visão do mundo camponesa caracteriza-se pela "imagem do bem limitado". Isto é, o camponês vê o universo social, econômico e natural "como um universo em que todas as coisas desejadas na vida, tais como terra, riqueza, saúde, amizade e amor, masculinidade e honra, respeito e *status*, poder e influência, tranquilidade e segurança, existem em quantidade finita e são sempre escassos" (FOSTER, 1965). Disso parecem resultar as ênfases muitas vezes observadas em sociedades camponesas: famílias competindo independentemente umas com as outras, com cada uma delas procurando esconder seus avanços e se proteger da perda de uma posição com relação às outras; competição por amizade e por amor, dentro e fora das famílias; preocupação com a saúde e a doença; e ênfase na masculinidade e na honra (como no caso do **machismo** mexicano).

As cerimônias religiosas e ofícios rituais dos camponeses latino-americanos podem ser considerados em parte como estratégias para o nivelamento, como em Amatenango e Zinacantepec. O ofício ritual requer um gasto de dinheiro em troca de um prestígio que logo se dissipa. Para chegar ao cimo da escada religiosa, o homem escorrega de volta para os degraus mais baixos da escada econômica para juntar-se a seus companheiros (cf. o § 51 para uma rediscussão desse ponto).

51   Estudos sobre camponeses: perspectivas mais amplas

Alguns críticos recentes argumentaram que esse retrato dos camponeses é precisamente aquele que um observador obtém se, para os objetivos de seu estudo, mergulha em uma única comunidade e considera a sociedade mais ampla como um fato dado. Ele vê sintomas, não causas; ele vê fragmentos, não sistemas; e ele vê atemporalidade, e não um processo de longo prazo. O sistema a que os camponeses estão se adaptando, e as estratégias que inventaram para lidar com ele, são normalmente produtos de séculos de exploração em modos e fases sucessivos.

Algumas das dificuldades do retrato convencional dos camponeses podem ser colocadas sob uma série de tópicos: Para ver outras precisaremos – no próximo capítulo – dar um passo atrás e adotar uma perspectiva ainda mais ampla em tempo e espaço.

Comunidades camponesas em sistemas regionais

Insights importantes resultaram de um exame das comunidades camponesas não individualmente, mas em aglomerados regionais. Uma linha de análise foi o estudo histórico por G. William Skinner dos sistemas da economia e da comercialização regionais na China tradicional. Skinner mostrou que, na China rural, microrregiões formadas pela geografia física compreendiam sistemas, com as comunidades camponesas ligadas umas às outras por meio de cidades focais com base nos mercados (SKINNER, 1964-1965, 1977). Esse trabalho, levado adiante por alunos de Skinner (SMITH, 1976, vols. I e II), coloca os antropólogos em uma estreita comunicação com geógrafos econômicos.

A integração das comunidades camponesas em sistemas regionais – que o antropólogo trabalhando em uma única comunidade inevitavelmente deixaria de perceber – foi registrada em muitas áreas camponesas. Assim, na Espanha, Aguilera (1978) descobriu na província andaluza de Huelva, uma "multicomunidade" de 17 comunidades camponesas, unidas por um padrão cultural comum, elos econômicos e rituais compartilhados.

A incorporação de comunidades camponesas em sistemas regionais mais amplos foi considerada em uma luz um tanto diferente por estudiosos marxistas tais como o sociólogo mexicano Rodolfo Stavenhagen. Suas reinterpretações fornecem *insights* profundos sobre a sobrevivência aparente da cultura maia nas comunidades tais como a zinacanteca (Casos 59, 68 e 71). O Caso 74 apresenta a perspectiva regional e histórica de Stavenhagen sobre as relações entre os índios de língua maia e os ladinos, de língua espanhola.

Observe que, ao perceber a importância de sistemas regionais para dar forma ao lugar dos camponeses e à natureza das comunidades camponesas, estamos expandindo nossa visão exatamente da mesma maneira, e nas mesmas direções como fizemos anteriormente com relação ao mundo tribal (Capítulo 5, § 45). Na verdade, na antropologia, a expansão da visão foi principalmente em outra direção. Ao descobrir, um pouco tarde, que as aldeias camponesas não eram autônomas, separadas e sem histórias, os antropólogos começaram a perceber que as sociedades tribais, das quais suas expectativas originais tinham sido extraídas, tampouco eram aquelas peças separadas de um vasto mosaico que tinham parecido ser.

A estrutura interna das comunidades camponesas

Ao examinar a organização social das comunidades camponesas em termos de modelos originados do mundo tribal, antropólogos estiveram inclinados a encontrar vestígios remanescentes de linhagens ou de terminologias do parentesco Omaha, e inclinados também a não perceber as estruturas internas de classes ou os diferenciais em riqueza e *status* que novas perspectivas sobre os sistemas de cargos das comunidades de língua maia de Zinacantepec (Caso 71) servirão para ilustrar.

Está ficando claro que embora os sistemas de cargos realmente forcem o camponês próspero a redistribuir grande parte de sua riqueza, eles nem sempre o pedalam de volta aos níveis mais baixos da escada econômica. Nas comunidades maias das regiões montanhosas, como nas comunidades camponesas de um modo mais geral, com muita frequência há uma igualdade econômica considerável entre as famílias; e um sistema cerimonial que é caro, mas prestigioso, pode ser um instrumento por meio do qual a prosperidade compra um poder de maior alcance, não simplesmente a proeminência por um ano. Os antropólogos muitas vezes subestimaram as desigualdades econômicas nas comunidades camponesas (parcialmente porque os orçamentos familiares são, com muita frequência, bem escondidos).

Isso pode bem nos levar de volta à questão, suscitada na última seção, de um "modo de produção camponês", baseado na produção, no consumo e no processo decisório econômico nos domicílios separados. (Lembrem-se da produção de cerâmica em Amatenango, outra comunidade maia, no Caso 70.) O problema de uma visão assim dos domicílios como átomos econômicos separados dos quais a sociedade camponesa é construída, é sua incapacidade de analisar o sistema de relações sociais das quais dependem a produção, a apropriação, a distribuição e o uso, bem assim como a reprodução do sistema social.

> A análise das relações sociais de produção [...] [devem] incluir as relações *entre* as unidades de produção [isto é, os domicílios camponeses], entre as várias classes [ex.: aldeões Amatenango, donos de lojas ladinos, funcionários do governo, donos de plantações], e as relações do processo de reprodução *social* (nenhum domicílio pode satisfazer as condições de sua própria reprodução [...]) (BERNSTEIN, 1979: 422).

Uma análise que considera a comunidade camponesa como "o sistema social" e suas famílias e grupos de parentesco componentes como unida-

Relacionamentos econômicos
dos maias-ladinos em Chiapas

San Cristóbal de las Casas, uma cidade de uns trinta mil habitantes em um vale montanhoso de Chiapas, no sul do México, é o centro – uns duzentos mil deles espalhados em aldeias e vilarejos nas montanhas à volta (comunidades tais como os zinacantecos e amatenangos) são sistematicamente controlados e explorados por donos de terra e comerciantes ladinos. Em seus estudos do conservadorismo cultural das comunidades índias, os antropólogos de um modo geral ignoraram os relacionamentos exploradores de classe que prendem os índios à pobreza e na verdade de um modo geral deram muito pouca atenção em suas obras publicadas às relações índios-ladinos. Como observou Stavenhagen:

> A barganha conhecida dos mercados índios é um instrumento usado pelos ladinos para baixar os níveis dos preços dos produtos índios. Em San Cristóbal [...] as mulheres ladinas que se colocam à entrada da cidade nos dias de mercado [...] quase que violentamente forçam os índios submissos que entram a vender suas mercadorias por

Índios de língua maia no mercado de San Cristóbal.

preços que elas impõem e que são inferiores aos preços que vigoram no mercado.

Essas várias formas de exploração que vitimam o comerciante índio, tanto vendedores quanto compradores, são resultado da dominação econômica e política dos ladinos urbanos. Esse poder é reforçado pela superioridade cultural expressa por seu conhecimento de mecanismos para a formação de preços, das leis do país; e, acima de tudo, da língua espanhola que [...] representa mais um fator de inferioridade e opressão social [...]. Sob essas condições, o índio não tem qualquer acesso às instituições legais nacionais que protegem seus direitos individuais (STAVENHAGEN, 1975: 254).

Embora à primeira vista o *compadrazgo* [cf. Caso 69] possa parecer uma instituição em que os índios e os ladinos se confrontam em um nível de igualdade, na verdade ele contribui para acentuar a condição de inferioridade e dependência dos índios. O *compadrazgo* é uma entre as muitas instituições em um sistema complexo que mantém o índio subordinado ao ladino em todos os aspectos da vida social e econômica.

[O sistema de cargos em tais comunidades como a zinacanteca evita] a proeminência econômica daqueles indivíduos que, por alguma razão foram capazes de acumular uma quantidade maior de bens que seus pares. Essa riqueza não é reabsorvida pela comunidade, ela é consumida em bebida, vestimentas cerimoniais, foguetes e fogos de artifício e centenas de artigos usados no "desperdício institucionalizado". Esses gastos exigidos pela economia cerimonial associado ao funcionamento das organizações políticas e religiosas são transformados em renda para aqueles que fornecem esses artigos para a comunidade. Esses fornecedores são ladinos urbanizados [...]. Podemos, portanto, concluir que a estrutura que mantém a igualdade dentro da comunidade índia, evitando a emergência de classes sociais, também contribui para a dependência de toda a comunidade índia da cidade, isto é, para a diferenciação de classes sociais entre índios e ladinos (STAVENHAGEN, 1975: 255, 259).

Stavenhagen argumenta que o relacionamento muito antigo de colonialismo interno entre ladinos e índios, pelo qual os índios mantiveram comunidades relativamente fechadas e integridade cultural à custa de subordinação, exploração e racismo está sendo transformada pela emergência de um sistema de classe devido ao desenvolvimento capitalista da região. Tendo perdido a maior parte de sua terra melhor para os ladinos no processo da "reforma agrária" e sendo ameaçados pela superpopulação e destruição ecológica, com a erosão de sua base de subsistência, os índios estão cada vez mais presos a um trabalho assalariado explorador nas plantações de café e em outras empresas ladinas. E à medida que eles se tornam cada vez mais trabalhadores braçais nas plantações, um sistema mais antigo de dominação étnica está se tornando um relacionamento de classe entre o capitalista e o trabalhador (STAVENHAGEN, 1975).

Atualização do caso

Para informação mais detalhada, confira o último livro de Stavenhagen (1990) sobre o desenvolvimento de questões intraétnicas em contextos classistas.

Também referimos o leitor à obra de Whitmeyer e Hopcroft (1995) sobre a Rebelião de Chiapas.

des ocultará a estrutura de classes e a dinâmica do sistema dos quais os camponeses são uma parte. E provavelmente irá impedir que vejamos as realidades econômicas e políticas dentro, e também fora, da comunidade.

Comunidades camponesas na história

Modelos e expectativas originários do estudo antropológico de sociedades tribais muitas vezes prejudicaram a compreensão das forças históricas que deram forma às comunidades camponesas. Uma vez mais podemos ilustrar isso com os sistemas de cargos das comunidades maias das regiões montanhosas. Documentos históricos descobertos recentemente revelam como os cultos dos santos foram especificamente criados pelos conquistadores espanhóis de acordo com um plano detalhado, como um dos instrumentos para a subjugação e cristianização dos índios. É bem verdade que os índios transformaram os cultos dando-lhes seu próprio desenho cultural distintivo. No entanto a tendência a ver os sistemas de cargos, e o sincretismo religioso maia de um modo geral, em termos culturais e não em termos históricos, sugere ainda mais o custo de trazer para as comunidades camponesas as orientações teóricas obtidas com o estudo das comunidades tribais. Na verdade, a evidência sobre a história de longo termo de Zinacantepec (Casos 59, 68 e 71) sugere que longe de ser um pequeno bolsão fechado em que uma cultura maia antiga sobreviveu apesar da conquista espanhola e a imposição superficial do cristianismo, esses vales foram maciçamente afetados pelo mundo externo e abertos a ele, por muitos séculos. Setecentos anos atrás Zinacantepec era uma guarnição asteca.

Até a visão mais ampla dos relacionamentos índios maias e ladinos ao redor de San Cristóbal de las Casas (Caso 74) proposta por Stavenhagen não leva em consideração de maneira suficiente o complexo sistema econômico regional como se desenvolveu historicamente. Estudos de comunidades tais como os zinacantecos com relação à história econômica da região mostram que a orientação desses aldeões mudou fortemente no século passado. Ironicamente, o período da década de 1960 quando essas comunidades foram estudadas intensamente pelos antropólogos foi também um período em que as medidas da reforma agrária e as condições econômicas regionais permitiram aos camponeses agricultores maior independência das autoridades e donos de terra ladinos do que, talvez, em qualquer outro momento desde o século XVI. Os agricultores zinacantecos da década de 1960 tinham acesso à terra suficiente para lhes permitir ignorar grande parte do mundo cultural e político ladino; a comunidade zinacanteca desse período parecia um elemento cultural isolado, voltado para si mesmo. Os pais e avós desses agricultores, no entanto, tinham sido profundamente dependentes das instituições econômicas ladinas para seu acesso aos meios de subsistência e tinham tido de se envolver – pessoalmente, e como comunidade – com o mundo ladino; pessoas dessas gerações muitas vezes falavam espanhol muito melhor do que seus filhos e netos o fazem hoje em dia, e tinham viajado mais extensamente e conhecido mais pessoas de fora da comunidade zinacanteco do que era comum ocorrer na década de 1960. O conservadorismo cultural e o fechamento parcial da comunidade zinacanteca observados pelos antropólogos foi menos uma continuação de uma tradição antiga, que os cingiu contra a penetração vinda de fora, do que uma reação à oportunidade de escapar da participação desvantajosa nas instituições ladinas, uma oportunidade que foi estruturada pelas mudanças nas circunstâncias econômicas e políticas (HAVILAND, 1979).

CASO
75

Resistência camponesa em Michoacan

No estado mexicano de Michoacan, camponeses tarascanos – cujos antepassados tinham resistido à dominação tolteca e asteca – se ergueram na década de 1920 contra a opressão pelos ricos donos da terra e seus aliados na Igreja. O Partido Socialista Michoacano, do qual alguns membros vieram de Tzintzuntzan e comunidades vizinhas, exigiram a redistribuição da terra – e os líderes foram eliminados pelas forças governamentais em 1921. Os aldeões camponeses tarascanos, comandados por Primo Tapia de Naranja (HUIZER, 1970; MURGICA, 1946), continuaram a pressionar com suas reivindicações por reforma agrária:

> Em 1923 muitos camponeses da Liga de Michoacan participaram do Primeiro Congresso Nacional Agrário na cidade do México. Primo Tapia trouxe consigo uma proposta para uma nova lei agrária [...] que daria [...] aos trabalhadores morando nas *haciendas* plenos direitos de petição por terra. Outra questão era que as unidades grandes para o cultivo de sisal, algodão, açúcar, henequém ou arroz não seriam abandonadas e seriam dadas como um todo aos camponeses.

> [...] Uma das manifestações principais da Liga foi uma manifestação de oito mil camponeses na estação ferroviária de Patzcuaro [a uns poucos quilômetros de Tzintzuntzan] quando o trem presidencial passava (HUIZER, 1970: 453).

Primo Tapia conseguiu obrigar a que fosse feita alguma redistribuição de terra. Mas em 1926 foi assassinado pelo Exército.

Atualização do caso

Para um relatório sobre as tentativas de reforma agrária em Michoacan durante o século XX, cf. a obra de Gledhill (1991).

Conservadorismo, fatalismo e luta camponesa

Uma forte imersão na vida de uma comunidade tribal ou camponesa durante um ou dois anos, então, muitas vezes produziu uma visão limitada no tempo e também no espaço. Os estereótipos de conservadorismo, docilidade e fatalismo do camponês precisam ser inspecionados mais de perto desse ponto de vista.

Primeiro, a hostilidade contra estranhos e a desconfiança deles – seja o dono da terra urbano e nativo, ou um antropólogo, um voluntário do *Peace Corps* ou um técnico do Crefal – é historicamente bem fundamentada e realista. Séculos de mentiras, opressão e servidão forçada, não podem exatamente fazer com que a confiança de forasteiros ou o otimismo do empreendedorismo ético protestante fosse uma posição realista (cf. HARRIS, 1971: 457-487; HUIZER, 1970). Também a transformação progressiva dos modos e estruturas de exploração no decorrer de muitas décadas e séculos raramente contribuiu para melhorar a situação do camponês; ser otimista e acreditar que programas bem-intencionados para a educação ou o desenvolvimento econômico irão melhorar acentuadamente as condições não seria uma posição muito realista – ou sensata.

E isso leva a uma segunda inadequação importante da visão do "fatalismo camponês", que enfatiza a resignação passiva, um conflito interno destrutivo e a ignorância do mundo mais amplo.

Camponeses em certas partes do mundo se ergueram, repetidamente, para tentar romper os elos de opressão e as correntes que os atavam à servidão e à pobreza (cf., p. ex., Caso 75).

Foster comentou sobre o abismo entre o povo conservador e passivo de Tzintzuntzan (aqueles do "bem limitado") e os camponeses historicamente militantes de algumas comunidades tarascanas, principalmente Naranja, perto da aldeia onde nasceu Primo Tapia, em que a redistribuição da terra foi obtida por pressão dos camponeses. Mas Huizer (1970), citando evidência de Van Zantwijk (1967), sugere que a passividade e o conservadorismo dos tzintzuntzanos não evitou que eles lutassem contra a opressão na década de 1920; ao contrário, ele sugere que a resistência camponesa foi interrompida sob pressão da Igreja e dos ricos proprietários da terra. "As comunidades em que a imagem do bem limitado predomina sofreu uma repressão física e espiritual de uma combinação da elite fundiária e das autoridades religiosas" (Huizer 1970: 304). O conservadorismo diante da opressão passa a ser uma estratégia de sobrevivência: "O tradicionalismo está [...] relacionado com a estrutura social geral do país como uma forma de proteção contra os perigos da pauperização".

O "conservadorismo" dos camponeses ao serem pouco receptivos aos projetos de desenvolvimento é muitas vezes uma estratégia política sólida e historicamente condicionada por parte de camponeses que não têm nenhuma razão para confiar em forasteiros que têm riqueza e poder. Mesmo que os projetos de ajuda sejam concebidos com sensibilidade às nuances culturais (algo que, na maior parte dos casos, não foram), eles prometem melhorias fragmentadas e gradativas. Essa ajuda fragmentada prometida pelos especialistas em desenvolvimento econômico para me-

lhorar os padrões de vida camponeses tem como objetivo aliviar os sintomas e não curar suas causas. Suas metas normais, implícitas ou explícitas, foram diminuir a inquietação dos camponeses aliviando sua pobreza – e, com isso, reforçando a estrutura opressiva das elites de donos da terra e o investimento estrangeiro que mantêm os camponeses na servidão. Não é nenhuma surpresa que os camponeses não abracem esses projetos como caminhos para a salvação. Com relação ao projeto da CREFAL que não deu certo em Tzintzuntzan (Caso 73), Huizer (1970: 305) assinala a seguinte contradição: "Podemos [...] nos perguntar como os camponeses vivendo sob essas circunstâncias teriam reagido se os visitantes das agências de desenvolvimento tivessem vindo para ajudá-los a lutar contra o sistema repressivo em vez de oferecer esquemas de melhorias insignificantes que iriam enfatizar em vez de aliviar a situação de frustração em que vivem os camponeses".

Guerras e revoluções camponesas

As lutas camponesas contra a opressão, tais como a que foi comandada por Primo Tapia, ocorreram em muitas partes do mundo (cf., p. ex., WOLF, 1969a). Na América Central, os índios maias das áreas montanhosas se sublevaram contra seus opressores no século XIX de forma messiânica, mas antes disso com resistência guerrilheira. Os maias das terras baixas de Yucatan estiveram em rebeliões e quase secessão em grande parte do século XIX antes de terem sido submetidos a um sistema de exploração na produção da fibra de henequém para cordas (REED, 1965).

Na Indonésia, cerca de duzentos mil javaneses morreram em uma luta inglória pela libertação do domínio holandês entre 1825 e 1830. A Revolução Filipina de 1896 a 1898 foi, em parte, como ocorreu antes na América do Sul, uma luta por parte de uma aristocracia fundiária local criada pelo colonialismo pela independência de uma potência colonial enfraquecida, a Espanha. Mas foi também, nas áreas rurais, uma rebelião camponesa. A revolução filipina conseguiu tirar à força o poder da Espanha, mas pouco depois foi vítima da invasão pelos Estados Unidos (POMEROY, 1970). Em uma guerra sangrenta com muitas semelhanças com a guerra no Vietnã, a independência das Filipinas foi esmagada pelo exército norte-americano com a perda de umas quinhentas mil vidas (POMEROY, 1970: 96); e as Filipinas passaram a ser uma colônia norte-americana.

A visão relativamente circunscrita e parcial que os camponeses têm de sua sociedade cobra seu preço quando eles pegam as armas. As rebeliões camponesas raramente se transformaram em revoluções bem-sucedidas sem uma vanguarda de liderança dos centros urbanos. Como observa Wolf:

> Nos lugares em que os camponeses se rebelaram com sucesso contra a ordem estabelecida – sob sua própria bandeira e com seus próprios líderes – eles foram às vezes capazes de reformular as estruturas sociais do campo [...]; mas eles não tomaram o Estado, nem as cidades que abrigam os centros de controle, e tampouco os recursos não agrícolas estratégicos da sociedade [...]. Portanto uma rebelião camponesa que ocorre em uma sociedade complexa já envolvida em comercialização e industrialização tende a ser autolimitante, e, portanto, anacrônica (cf. DEBRAY, 1967, para um argumento sobre a vulnerabilidade das rebeliões camponesas à repressão externa). A Utopia camponesa é a aldeia livre, sem cobradores de impostos, recrutadores de mão de obra, latifun-

diários, funcionários. Comandados, mas nunca em comando, também falta aos camponeses qualquer tipo de familiaridade com a operação do Estado como uma maquinaria complexa [...]. Camponeses rebeldes são anarquistas naturais (WOLF, 1969b: 371-372).

Baseando-se em um estudo comparativo das revoluções no México, na Rússia, na China, no Vietnã, na Argélia e em Cuba, em que os camponeses desempenharam um papel central, Wolf argumentou que os camponeses que têm mais probabilidade de se sublevar com sucesso não são os camponeses médios que têm controle ou poder sobre seus próprios recursos para se erguer desafiando seus senhores. O estudo de Wolf também assinala outra condição camponesa que provavelmente geraria ou catalisaria rebelião: a marginalidade relativa e, com isso, liberdade relativa do controle externo e relativa mobilidade. Wolf indica a participação de uma "classe camponesa taticamente móvel" (particularmente uma classe camponesa etnicamente diferente de grupos localizados mais centralmente e com lugares fortificados nas montanhas para onde escapar) nas guerras revolucionárias do século XX (WOLF, 1969a, 1969b).

Comunidades camponesas nos sistemas nacionais e internacionais

As comunidades camponesas, especialmente nesses tempos de corporações multinacionais, turismo de avião a jato, e a divulgação em todo o mundo de tecnologia, estão cada vez mais presas em sistemas muito além de sua visão imediata. A conceitualização dessa incorporação de comunidades de regiões distantes no sistema mundial cria problemas sérios.

Camponeses de aldeias remotas nos desertos do Rajastão trabalham na construção de estradas em Nova Delhi. Aldeões turcos constroem BMWs em Munique. Aldeões mexicanos mandam seus filhos, um após outro, para trabalhar na Cidade do México. Como podemos conceitualizar essas conexões? Como podemos conceitualizar o fluxo de xales ou suéteres de tricô de uma comunidade latino-americana para as butiques dos Estados Unidos e da Europa – ou o fluxo de ópio de uma aldeia tranquila nas montanhas da Birmânia ou da Tailândia para os guetos de Nova York? Aldeões camponeses na Coreia do Sul e Taiwan montam aparelhos de televisão e costuram as camisas que nós usamos. No mundo todo os camponeses estão sendo incorporados em um sistema capitalista global, estão se transformando em proletários, além de serem camponeses. Essa incorporação não implica necessariamente uma transformação de uma sociedade e de uma cultura tradicionais camponesas na direção da modernização. Pode ser argumentado, na verdade, que na América Latina, na Europa e em outras partes do mundo onde coexistem aldeias camponesas e grandes cidades, uma é dependente da outra. A razão, paradoxalmente, pela qual as aldeias camponesas continuaram conservadoras cultural e politicamente – por que, em termos marxistas, os modos de vida dos camponeses continuaram a se "reproduzir" – não é paradoxalmente seu isolamento *da* sociedade e *da* economia urbanas, mas sim sua incorporação *nelas*.

Há dois lados nessa situação. Primeiro, ao contrário dos estereótipos da década de 1960, os camponeses não precisam sempre abandonar maneiras tradicionais a fim de se modernizar em alguns aspectos ou de se adaptar a um padrão de trabalho industrial assalariado em ambientes estranhos. Não há necessariamente qualquer contradição no fato de um turco estar trabalhando na linha de montagem da BMW um mês e cuidando de seu rebanho no próximo. Assim:

A modernização já não pode ser simplesmente igualada à destruição da tradição, pois essa destruição não é um pré-requisito da modernização [...]. Em muitas instâncias as instituições e valores "tradicionais" podem facilitar em vez de impedir as mudanças sociais normalmente associadas à modernização (TIPPS, 1973: 214).

O segundo lado desse paradoxo aparente da coexistência do velho e do novo, do rural e do urbano é a maneira pela qual a perpetuação da vida camponesa pode depender da disponibilidade de oportunidades econômicas externas. É possível que seja a montagem da BMW que faz com que o pastoreio de ovelhas seja um modo de vida viável, em virtude da inflação vertiginosa, do aumento da população e das variações da sorte econômica em uma aldeia anatoliana.

Da mesma forma, na ilha de Whalsay nas Shetlands, na Escócia, as pequenas propriedades agrícolas podem continuar apenas em virtude de sua coexistência com maneiras de pescar modernas e caras (Cohen 1987). Assim, para entender como os mundos local e global se encaixam um no outro, precisamos ter um campo de visão mais amplo, no tempo e no espaço.

SUMÁRIO

Os camponeses pertencem tanto às economias de subsistência quanto aos mercados mundiais e ocupam posições relativamente sem poder no contexto do mercado. O termo *camponês* foi usado para cobrir um número de categorias diferentes dentro desse arcabouço mais amplo, de donos da terra até servos ligados por meio de contratos feudais a um senhor, portanto é arriscado generalizar sobre sua situação. (Os laços feudais também diferem em contexto.) Em termos de sua organização social, grupos de descendências unilineares podem ser importantes (ex.: Zinacantepec) e laços de compadrinhagem podem desempenhar um papel significativo (ex.: o *compadrazgo* no México). Sua organização social canaliza o grau de sua participação em uma economia monetária e os padrões de estratificação interna que podem se originar disso (p. ex.: a produção de cerâmica em Amatenango). Em Zinacantepec o sistema local de festas com uma hierarquia de funções religiosas conhecidas como "cargos" atua em parte para nivelar desigualdades econômicas entre pessoas. As mulheres podem ser comerciantes importantes (ex: Haiti).

Os primeiros estudiosos retratavam os camponeses como sendo incapazes de responder às oportunidades da modernização em virtude de seu conservadorismo inerente e de sua desconfiança uns dos outros, aquilo que George Foster chamou de "a imagem do bem limitado". Mais recentemente estudiosos argumentaram que os camponeses são participantes de redes econômicas regionais, nas quais, no entanto, eles podem estar em uma situação desvantajosa, um processo que se intensifica com as relações de classe da produção. Nas próprias comunidades camponesas, as desigualdades econômicas também existem. A introversão pode ser uma reação às tensões impostas de fora e não um produto da tradição ou do conservadorismo.

Camponeses algumas vezes organizaram resistência e rebelião (ex.: Michoacan no México). Eles têm mais probabilidade de terem sucesso se estiverem razoavelmente estabelecidos economicamente. Hoje estão incorporados em sistemas nacionais e globais e às vezes são capazes de manter seus próprios modos de vida ao mesmo tempo em que participam plenamente de novos processos econômicos. Na verdade, o dinheiro obtido nesses processos pode ser usado para subsidiar seus estilos de vida tradicionais.

Sugestões para leituras adicionais
Seções 49-51

BOCK, P.K. (org.) (1968). *Peasants in the Modern World*. Albuquerque: University of New Mexico Press.

CRITCHFIELD, R. (1973). *The Golden Bowl Be Broken*: Peasant Life in Four Cultures. Bloomington, Ind.: Indiana University Press.

GAMST, F.C. (1974). *Peasants in a Complex Society*. Nova York: Holt, Rinehart and Winston.

GALJART, B.F. (1976). *Peasant Mobilization and Solidarity*. Nova York: Humanities Press.

HALPERIN, R. & DOW, J. (1977). *Peasant Livelihood*: Studies in Economic Anthropology and Cultural Ecology. Nova York: St. Martin's Press.

HOBSBAWM, E.J. (1959). *Primitive Rebels*. Nova York: The Free Press.

POTTER, J.M.; DIAZ, M.N. & FOSTER, G.M. (orgs.) (1967). *Peasant Society*: A Reader. Boston: Little, Brown and Company.

REDFIELD, R. (1956). *Peasant Society and Culture*. Chicago: University of Chicago Press.

SHANIN, T. (org.) (1972). *Peasants and Peasant Societies*. Nova York: Penguin Books.

STAVENHAGEN, R. (1975). *Social Classes in Agrarian Societies*. Garden City, N.Y.: Doubleday and Company.

WOLF, E.R. (1966). *Peasants*. Englewood Cliffs, N.J.: Prentice-Hall.

WORSLEY, P. (1970). *The Third World*. Chicago: University of Chicago Press.

Confira também referências para as Seções 52-55 sobre o imperialismo e suas consequências.

Capítulo 19

Colonialismo e pós-colonialismo

No Capítulo 17, examinamos o impacto da invasão europeia e da dominação colonial nos povos tribais. Vimos como povos tais como os tivs, com economias tradicionais orientadas para a subsistência e a troca, foram capturados em uma economia capitalista mundial. No Capítulo 18, examinando camponeses nas comunidades maias no sul do México e em outros cenários, vimos como os camponeses também são capturados em sistemas sociais e econômicos mais amplos.

Agora precisamos examinar as forças da economia política que levaram à emergência do mundo pós-colonial contemporâneo – aquilo que é às vezes chamado de "países subdesenvolvidos". Para entender como as desigualdades na riqueza e no desenvolvimento surgiram e como elas são mantidas exige que adotemos uma perspectiva global e histórica, embora inevitavelmente essa deva ser muito breve e parcial. Sem entender a criação dessa situação não podemos entender as causas da pobreza, da fome, da exploração e da dependência e assim adquirir o poder de sermos agentes positivos da mudança e participantes na luta pela sobrevivência humana.

Precisamos retornar à visão do mundo como sistema que adotamos temporariamente no § 46 e torná-la mais coerente. Mas primeiramente precisamos ter uma concepção mais clara de nossa meta. Será útil estabelecer uma série de premissas sobre o mundo contemporâneo e as causas do subdesenvolvimento que orientaram as políticas e o pensamento dos países desenvolvidos do Ocidente – e depois ver como e por que devemos ir mais além delas.

52 As raízes da pobreza e do subdesenvolvimento: uma visão convencional

Acredita-se que os países pós-coloniais, embora diferentes, estão cercados de problemas que se originam da natureza dos modos tradicionais de vida e da sociedade das quais eles foram formados. Embora nem todas essas caracterizações sejam verdadeiras em todos os casos, elas são consideradas como uma família de problemas que os países pós-coloniais terão de superar da melhor forma possível para que possam se desenvolver. Podemos listar esses problemas como uma série de premissas.

Os problemas dos países pós-coloniais

1) Modos "tradicionais" de organização social, valores e costumes são, por sua natureza, conservadores e atrasam a mudança social – que exige iniciativa individual, coragem para se arriscar, inovação e liberdade das restrições impostas pelo parentesco ou obrigações costumeiras.

Jovem usando uma camiseta de um partido político das áreas montanhosas em uma ocasião funerária. Melpa, Papua-Nova Guiné.

2) Os países pós-coloniais, normalmente uma série de sociedades diferentes linguística e culturalmente que são agrupadas, estão cheios de conflitos internos e de "tribalismo". (Aqui a África serve como o exemplo principal e citado com mais frequência.)

3) Nos países pós-coloniais, as áreas rurais estão trancadas em sistemas tradicionais de posse da terra e de cultivo que são tecnologicamente atrasados, orientados fortemente para a subsistência e impedidos de realizar uma produção intensificada em virtude de sua pequena esca-

la, ineficiência, e organização tradicional da sociedade. A orientação tradicional e as grandes populações em expansão das áreas rurais atam seus habitantes a uma pobreza perpétua, enquanto ao mesmo tempo não conseguindo gerar, por meio da exportação, o capital necessário para o crescimento econômico.

O desafio da modernização

Vendo as sociedades pós-coloniais nesses termos, somos então levados a considerá-las como sendo economicamente compostas de dois "setores" – o setor *tradicional* como o descrevemos, e um setor *modernizante* caracterizado pela organização econômica capitalista, uma classe média em desenvolvimento com aspirações e valores ocidentais e um crescimento econômico estimulado pela exportação de minerais ou outras matérias-primas e/ou pelo desenvolvimento industrial estimulado pelo capital estrangeiro.

O desafio do desenvolvimento, no momento em que adotamos essa visão, é claro o bastante. O setor modernizante é a fonte do crescimento econômico. A meta deve ser então expandir esse setor – expandi-lo por meio de investimentos de capital (principalmente estrangeiro) em pequenas e grandes cidades, expandi-lo para o interior rural induzindo os camponeses a se tornarem mão de obra assalariada nas cidades e fábricas e transformando a tecnologia e a organização econômica da agricultura a fim de intensificar a produção (como no caso da "revolução verde" a ser discutida mais adiante neste capítulo) e assim gerar renda com a exportação e alimentar as populações em crescimento.

O desenvolvimento é definido como um conjunto de processos interdependentes pelos quais uma estrutura social "tradicional" é transformada em uma estrutura social "moderna" [...]. O resultado foi uma tendência generalizada a rotular como "tradicional" qualquer característica do mundo subdesenvolvido que foi um obstáculo ao desenvolvimento (RHODES, 1970: i).

A implicação é que esses modos "tradicionais" de vida, as estruturas da economia e da sociedade, estavam lá quando o colonialismo começou, foram transformadas apenas parcialmente no período colonial, e agora precisam ser deixadas para trás para que a modernização possa ter sucesso. Quando formos capazes de perceber o que está errado com esses estereótipos, seremos também capazes de ver mais claramente as realidades subjacentes aos mitos, perceber onde se encontram as fontes da pobreza e da fome e assim encontrar caminhos alternativos.

53 O desenvolvimento do subdesenvolvimento

Essa visão convencional dos países subdesenvolvidos na verdade lhes nega uma história:

> Classificar esses países como "sociedades tradicionais" [...] implica ou que os países subdesenvolvidos não têm história ou que essa história não tem importância (GRIFFIN, 1969: 69).

Mas está cada vez mais claro que a história dos países pós-coloniais foi crucialmente importante para dar forma a seu subdesenvolvimento atual:

> A expansão da Europa, que começou no século XV, teve um impacto profundo nas sociedades e economias do resto do mundo. Em outras palavras, a história dos países subdesenvolvidos nos cinco úl-

timos séculos é, em grande parte, a história das consequências da expansão europeia [...]. A economia internacional [pela qual a Europa veio a dominar o mundo não europeu] primeiro criou o subdesenvolvimento e depois obstruiu os esforços para que os países escapassem dele. Em suma, o subdesenvolvimento é um produto de processos históricos (GRIFFIN, 1969: 69).

O proponente mais influente da tese de que a expansão europeia e o colonialismo criaram o subdesenvolvimento desses países foi André Gunder Frank. As interpretações abrangentes e provocativas da colonização da América Latina e suas consequências inspiraram pesquisas e provocaram polêmica.

A Teoria da Dependência

A tese de Frank é que o subdesenvolvimento não é basicamente uma consequência do tradicionalismo. Ao contrário, ele argumenta que o subdesenvolvimento na América Latina – e por extensão em partes da África e da Ásia – foi sistematicamente criado pela exploração colonial. Frank documentou "o desenvolvimento do subdesenvolvimento" no Chile, no Brasil, no México e em Cuba (FRANK, 1969, 1973, 1978):

> As regiões da América Latina que são hoje as mais atrasadas – partes da América Central e do Caribe, o Nordeste do Brasil, as áreas nos Andes e no México em que a população indígena predomina, e as zonas mineiras do Brasil, da Bolívia e do México Central – têm em comum o fato de, no período anterior (e, em muitos casos, no presente também) terem sido as áreas onde a exploração dos recursos naturais – e em

um grau ainda maior dos recursos humanos – foi mais extrema [...]. O grau e tipo de dependência da metrópole do sistema capitalista mundial é o fator chave na estrutura econômica e de classes da América Latina (FRANK, 1973: 21-22).

Os estudos de Frank mostram como a drenagem constante de riqueza das áreas mais produtivas da América Latina nos períodos colonial e pós-colonial produziu uma pobreza incrível e não só prejudicou como destruiu sistematicamente o desenvolvimento econômico indígena. Ele mostra também como a emergência de uma burguesia latino-americana proprietária da terra foi moldada pelos interesses europeus. Aquilo que foi exigido dos povos da América Central ou da região andina, como os interesses dos proprietários da terra operavam, e se a exploração tomou a forma de mineração ou de produção de açúcar, café, bananas ou outros produtos alimentícios básicos, dependia das flutuações do capitalismo mundial:

> Em virtude do comércio e do capital estrangeiro, os interesses econômicos e políticos da burguesia associada à mineração, à agricultura e ao comércio nunca foram dirigidos para o desenvolvimento econômico interno. As relações de produção e a estrutura de classe dos latifúndios e da mineração e seus "interiores" econômicos e sociais desenvolveram em resposta às necessidades predatórias das metrópoles do além-mar e latino-americanas. Elas não foram o resultado da transferência, no século XVI, das instituições feudais ibéricas para o Novo Mundo como é alegado, erroneamente, com tanta frequência (FRANK, 1973: 23).

O que ocorria na colônia era determinado por seus laços com a metrópole e pela natureza intrínseca do sistema capitalista. Não foi o isolamento e sim a integração que criou a realidade do subdesenvolvimento brasileiro. A vida do interior era determinada por meio de toda uma cadeia de metrópoles e satélites que se estendia a partir da Inglaterra via Portugal e Salvador da Bahia ou do Rio de Janeiro até o posto avançado mais distante desse interior (FRANK, 1969: 166).

Frank cita fontes antigas que mostram claramente como as mudanças no comércio ou na política e economia europeia e os eventos pelo mundo colonial afetavam os sistemas de exploração e dominação em várias partes da América Latina. Assim, em 1794, o vice-rei da Nova Espanha escreveu avisando o rei sobre o crescimento da manufatura local no México, que tinha surgido inicialmente durante uma depressão econômica na Espanha:

Sem ajuda de qualquer tipo [...] eles progrediram enormemente; a tal ponto que ficamos espantados com alguns tipos de manufaturas, principalmente algodão e tecidos para os *rebozos* (xales) [...]. Nesses domínios é muito difícil proibir a manufatura daquelas coisas que são feitas aqui [...]. A única maneira de destruir essas manufaturas locais seria enviar os mesmos produtos ou produtos semelhantes da Europa para serem vendidos a preços inferiores. Isso foi o que ocorreu com a grande fábrica e guilda que existiam para todos os tipos de tecidos de seda, das quais, hoje, poucas pessoas se lembram (FRANK, 1973: 24).

Do México, Frank cita avaliações contemporâneas dos camponeses mexicanos sob General Diaz, um período que viu "a organização sistemática do regime capitalista":

Em um curto período foi estabelecido um grande número de latifúndios e os caudilhos (líderes militares) da revolução Diaz, junto com um grande número de estrangeiros, formaram uma aristocracia fundiária. Ao mesmo tempo, a Igreja rapidamente recuperou seu poder anterior comprando fazendas por meio de intermediários ou herdando-as de moribundos que ficavam apavorados com as visões do fogo do inferno. Diariamente, as consequências dessa política ficaram mais evidentes. Colheitas maiores foram obtidas a cada ano, o preço da terra subiu e o custo da mão de obra caiu permanentemente, e a miséria dos pobres foi se aprofundado à medida que a riqueza dos donos da terra aumentava. Assim, a organização capitalista mostrou ser o método mais eficiente para aumentar a escravização e a pobreza do povo e de agravar as desigualdades entre os pobres e os ricos (GONZALEZ ROA & COVARRUBIAS, apud FRANK, 1973: 39).

Frank argumenta que a "independência" na América Latina acompanhou o declínio do poder espanhol e português e o poder e a riqueza crescente da burguesia *creole* do Novo Mundo que controlava as minas e as terras, mas não a política. A filosofia liberal do século XVIII, que na Europa tinha promovido os interesses da burguesia industrial, foi adotada na América Latina para promover os interesses dos proprietários da terra e dos donos das minas. A ascendência política de uma aristocracia fundiária na América Latina, extraindo sua riqueza da exportação, sistematicamente gerou o subdesenvolvimento dos camponeses rurais e estabeleceu a estrutura de exploração de classe e colonialismo interno que continuou até a década de 1970.

Frank mostra que foram principalmente aquelas regiões das Américas que não forneciam o incentivo para plantações, minas ou outros modos de exploração econômica (em virtude de um clima desfavorável, recursos escassos, população pequena ou marginalidade) que se tornaram mais prósperas e se desenvolveram no século XX. Ele mostra como, historicamente, áreas como Cuba, Barbados e partes da Colômbia, eram prósperas e se desenvolveram economicamente com rapidez até que mudanças no investimento capitalista e no comércio trouxeram economias de plantação e a destruição da prosperidade local.

O arcabouço teórico de Frank é moldado em termos dos relacionamentos entre centros europeus e os postos comerciais nas colônias e entre as cidades portuárias coloniais e o interior. Frank acredita que o colonialismo criava constelações de interesse econômico, cada uma delas com aquilo que ele chama de uma "metrópole" em seu centro e com regiões ou setores econômicos como "satélites"; esses satélites podem, em uma escala menor, consistir de uma metrópole menor e seus satélites. Aquilo que é uma metrópole em um nível é, assim, um satélite de alguma metrópole maior (cf. FRANK, 1969: 15-17; para uma reafirmação posterior de suas ideias em geral, cf. FRANK, 1975).

Outra análise muito relacionada da criação histórica do subdesenvolvimento e da dependência na América Latina foi proposta por Celso Furtado, Teotônio dos Santos e outros. Aquilo que é chamado de "Teoria da Dependência" em contraste com a "Teoria do Desenvolvimento" ortodoxa teve uma influência considerável nos círculos acadêmicos.

Poderemos estender a Teoria da Dependência para a análise da África Colonial, e para o Sul e Sudeste da Ásia? Muita reconsideração seria necessária. Pareceria que um desenvolvimento colonialista paralelo de subdesenvolvimento produziu uma polarização de classe e pobreza desesperadas semelhantes entre camponeses explorados no Sudeste Asiático. Assim, descobrimos na Indonésia, em Sri Lanka, na Malásia e nas Filipinas e outras áreas a mesma polarização, a mesma pobreza. A corrente contínua de modernização e desenvolvimento no Japão e sua presente riqueza e prosperidade em contraste com seus vizinhos para o sudoeste sustenta ainda mais a interpretação de Frank: enquanto na maior parte do sul e do sudeste da Ásia a riqueza era extraída durante vários séculos, o Japão continuou livre da dominação colonial e se desenvolveu em um curso de crescimento extraordinário. O contraste com a Indonésia, explorada colonialmente – especialmente Java, onde o investimento holandês foi maior –, é total. O curso desastroso daquilo que Geertz (1963) chamou de "involução agrícola" na Indonésia, onde mais e mais pessoas conseguiram obter com muito custo uma subsistência cada vez menos adequada com uma eficiência cada vez menor, foi o produto de um colonialismo que emitia os lucros de volta para a metrópole (cf. tb. KAHN, 1993, sobre esses processos na história dos minangkabaus).

Mas embora os dogmas centrais da Teoria da Dependência estejam sendo reforçados pela pesquisa e reconsideração que inspiraram, seus defeitos e supersimplificações também estão emergindo. Há inadequações nos dois "extremos" da Teoria de Dependência; isto é, o sistema capitalista mundial em desenvolvimento que gerou a expansão e a penetração das terras do além-mar distantes da Europa e em sua conceitualização e

Involução agrícola em Java: O desenvolvimento do subdesenvolvimento por meio da exploração colonial. A explosão populacional na Java colonial e a extração de riqueza pelos holandeses deixaram os camponeses javaneses em um círculo vicioso em que mais e mais pessoas precisavam ser alimentadas com uma eficiência cada vez menor e com menor possibilidade de crescimento econômico.

análise da estrutura interna das sociedades e das economias coloniais.

Centro e periferia no sistema mundial moderno

Uma visão importante da dinâmica da expansão europeia foi proposta por Immanuel Wallerstein em sua análise *The Modern World-System* [O sistema mundial moderno] (1974). Wallerstein desenvolve o trabalho de historiadores econômicos ao criar uma síntese brilhante. Ele examina um sistema econômico cujo centro é a Europa, a partir da época medieval, como um "sistema mundial" em miniatura. Esse sistema mundial incorporava entidades políticas separadas, mas estava conectado pelo comércio interno e posições comuns com relação a outros "sistemas mundiais" cujo centro era o Oriente Médio islâmico e a China. A expansão progressiva do mundo europeu, em busca de riqueza, saques e monopólio por parte dos Estados rivais, penetrou as Américas no século XVI e estendeu o comércio europeu até a Ásia e a África.

Em sua conceitualização de um "sistema econômico mundial", Wallerstein insiste que nos séculos XVI e XVII o sistema mundial europeu não incluía o mundo todo. Mas quais, então, eram seus limites e por quê?

> No século XVI havia uma economia mundial europeia, [mas seus] [...] limites [eram] menores do que a Terra como um todo. Não podemos simplesmente incluir nela qualquer parte do mundo com a qual a Europa comerciava. Em 1600 Portugal comerciava com o reino de Monomotapa na África Central e também com o Japão. No entanto seria [...] difícil argumentar que ou Monomotapa ou o Japão eram parte da economia mundial europeia à época (WALLERSTEIN, 1974: 301).

Wallerstein distingue entre a *periferia* de uma economia mundial (que está incluída nela) e sua *arena externa* (que está ligada a ela pelo comércio, mas não é parte dela):

> No século XVI, a Ibéria (Espanha e Portugal) estabelece *colônias* nas Américas, mas entrepostos comerciais na Ásia [...]. As razões para as duas políticas diferentes parecem ser [...] duas. Por um lado, as recompensas da colonização americana eram muito maiores. Por outro, as dificuldades de colonizar a Ásia eram muito maiores [...] [Assim] as Américas passaram a ser a *periferia* da economia mundial europeia no século XVI enquanto que a Ásia continuou a ser uma *arena externa* [...]. É só na periferia que o grupo economicamente mais poderoso é capaz de reforçar sua posição também por dominação cultural (WALLERSTEIN, 1974: 332-339).

A análise global de Wallerstein da dinâmica da expansão europeia reforça as bases da Teoria da Dependência e abre muitas possibilidades para pesquisa. No entanto, ela deixa relativamente sem examinar a estrutura interna da periferia (que inicialmente incluía as Américas, mas nos séculos XVIII e XIX se estendeu para incorporar grande parte da África e do Sul e Sudeste da Ásia). Eric Wolf (1982) examina essa questão e muitas outras com detalhes históricos em uma tentativa de "dar de volta" suas histórias aos povos que foram considerados como "sem história".

Economia e relações de classe na periferia

Outros refinamentos da Teoria da Dependência vêm de análises históricas mais profundas das relações de classe e da economia interna na periferia colonizada. Assim (para usar um exemplo da antropologia), Smith examina a economia e as relações de classe na Guatemala em termos da Teoria da Dependência e da conceitualização feita por Wallerstein das relações entre o "núcleo" europeu e a periferia colonial.

Smith tenta construir sobre as bases da Teoria da Dependência. Frank tinha considerado que a organização da economia *dentro* da periferia era essencialmente semelhante ao relacionamento entre a metrópole e a colônia. Isto é, La Paz era um satélite da Espanha, mas era uma metrópole com relação às cidades satélites do interior. Smith busca estender tanto a análise de Wallerstein quanto a de Frank. Ela usa a evidência da Guatemala para argumentar que tipos de conexões de mercado e administração bastante diferentes dos laços metrópole-satélite conectavam os centros urbanos ao interior: a organização das periferias coloniais era mais complexa do que o modelo de Frank sugeriria. O caso da

CASO
76

As raízes históricas da pobreza na Índia

Aqui só uns poucos elementos de uma história enormemente complexa podem ser esboçados. Quando os britânicos (por meio da Companhia da Índia Oriental) ganharam o controle da Índia Oriental, indústrias locais muito substanciais (particularmente têxteis) sustentavam dezenas de milhares de trabalhadores. A indústria indiana foi (como a indústria têxtil no México) destruída pelo poder colonial.

> Desde tempos remotos, a Índia tinha transformado a fabricação do algodão em uma grande arte. Em um determinado momento esses tecidos encontravam grande receptividade no Egito e na Roma Imperial e não eram menos avidamente procurados pelos árabes até o século XVI e pelos europeus até o século XVIII. A fiação e a tecelagem tinham se tornado uma ocupação nacional, particularmente adequada para o tipo de vida de uma aldeia indiana [...]. Os produtos satisfaziam tanto as pequenas casas de lavradores quanto a Corte e preenchiam tanto as necessidades locais quanto as estrangeiras. A indústria indiana [...] se prestava facilmente ao sistema doméstico de produção e era organizada sob as guildas de artesanato (MAJUMDAR, 1963: 1.103).

Para esse sistema primeiro veio a Companhia Britânica da Índia Oriental, em 1753. O sistema tradicional pelo qual os comerciantes adiantavam capital para os tecedores e depois compravam deles foi substituído por um sistema de agência em que os operativos da companhia "comandavam os teares e enganavam os tecelões" (MAJUMDAR, 1963: 1.103).

Mas a destruição da indústria têxtil indiana se encontrava nos teares mecânicos muito distantes em Lancanshire na Inglaterra. "Morins baratos, feitos à máquina, inundavam o mercado indiano, enquanto taxas protecionistas mantinham os refinados tecidos indianos tecidos a mão em uma situação desvantajosa nos mercados do exterior. Em 1824, o fio da lã e do algodão fiado à máquina começaram a chegar [...]. O fio britânico era fiado por menos da metade do custo que o fio indiano e os fiandeiros inevitavelmente compartilharam o mesmo destino que o dos tecelões" (MAJUMDAR, 1963: 1.104).

O caso é complicado, ainda que celebrado. Passou a ser parte da retórica do nacionalismo indiano (de tal forma que a recriação e patrocínio de indústrias de tecidos feitos à mão tornou-se um símbolo da independência indiana). O argumento, afirmado exageradamente em termos da conspiração colonialista, foi questionado por estudiosos ocidentais tais como Morris (1965) e expresso novamente em termos mais sofisticados por historiadores econômicos indianos contemporâneos. A destruição eventual da indústria de tecidos feitos a mão no mundo não ocidental após a Revolução Industrial, a não ser nos casos em que ela foi especialmente protegida, era provavelmente inevitável; e, na Índia, uma burguesia indiana que surgia e a classe mercantil contribuíram para o processo. No entanto, as políticas de tarifas e as estratégias econômicas coloniais certamente desempenharam sua parte. (Há evidência clara de uma destruição bastante sistemática de indústrias de tecidos à mão por interesses europeus em partes da Indonésia e das Filipinas – em alguns casos, pela produção de cópias feitas à máquina dos desenhos tradicionais para tirar os tecelões do mercado.)

O que é bastante claro no caso indiano é que as transformações econômicas do século XIX foram parte de uma estratégia global de império que definia as relações das colônias com o Reino Unido, e definiu a Índia como a joia na coroa, uma fonte de riqueza para os conquistadores. A extração de tributos dos aldeões agrícolas era parte dessa estratégia. As reorganizações da posse da terra e dos tributos pelos britânicos na segunda metade do século XIX, ostensivamente para benefício dos agricultores, foram, na realidade, meios mais eficientes para extrair tributos sem causar desastres de curto prazo. Em uma famosa minuta de 1875, Lord Salisbury, secretário de Estado para a Índia, comparou essa extração de renda a um sangramento – uma imagem apropriada. "A lanceta deve ser direcionada para as partes onde o sangue está congestionado ou pelo menos é suficiente, não para aquelas que já estão frágeis pela falta dele" (apud SPITZ, 1978: 880).

Essa política daquilo que Pierre Spitz chama de "uma forma esclarecida de violência econômica", ao extrair renda dos agricultores camponeses, foi acompanhada de uma política para mudar a produção agrícola de produção de alimentos para a produção de culturas comerciais:

> O encorajamento dado no nível mais alto da autoridade no estado colonial ao cultivo de safras comercialmente lucrativas, tais como o algodão, teve o efeito de reduzir a área dada aos alimentos e assim ajudou a aumentar a vulnerabilidade dos sistemas de suprimento de víveres. [Mais de seis milhões de indianos morreram nas epidemias de fome de 1876-1878.]

> Ao mesmo tempo os artesãos arruinados pela competição das indústrias britânicas foram obrigados a engrossar as fileiras dos trabalhadores agrícolas. Enquanto [...] em 1842 [...] seu número [isto é, trabalhadores sem terra] era tão pequeno que não valia a pena contá-los, a partir do censo de 1872 ficou claro que eles representavam 18% da população agrícola (SPITZ, 1978: 880).

A abertura do Canal de Suez em 1870 intensificou as pressões para a produção em plantações de algodão, juta, chá, índigo e outras *commodities*, e para a exportação de grãos para a Inglaterra, a Bélgica, a França e o Egito. A expulsão dos camponeses da terra, a destruição das indústrias artesanais e até o empobrecimento das áreas tribais tiveram as consequências – se planejadas ou não – de criar a força de trabalho necessária para esses novos sistemas de produção. Isso começa a nos dar os meios para perceber como os pobres sem terra e desempregados morren-

do de fome nas ruas de Calcutá – uma cidade que nem sequer existia até que fosse fundada pelos britânicos em 1690 – são os herdeiros históricos não de uma "economia tradicional", mas sim de uma economia destruída pelo colonialismo.

Até mesmo as enchentes que hoje devastam regularmente as planícies de Bengala – algo que provavelmente pensaremos ser a epítome da impotência da Índia e de Bangladesh e a desvalorização da vida humana – exige um novo exame. Até a construção maciça de ferrovias do século XIX, Bengala tinha um sistema pré-colonial sofisticado de represas, canais de irrigação e canais de controle de transbordo que pareciam ter funcionado com bastante sucesso na prevenção de enchentes desastrosas. Durante a construção das ferrovias e com a reorganização da posse da terra para fins de extração de renda, os britânicos destruíram os sistemas de controle de água existentes (Boudhayan Cahttopadhyay, comunicação pessoal). Ironicamente, as medidas para o controle de enchentes do século XX não evitam as enchentes: elas permitem uma distribuição da água de forma que a área dos pobres é inundada e a dos ricos fica seca.

Além disso, historiadores econômicos debatem sobre até que ponto a pauperização de grandes setores da população indiana foi uma consequência de planejamento deliberado ou um resultado incidental de políticas administrativas e econômicas. É indiscutível que os britânicos investiram pesadamente nas ferrovias, em agricultura comercial de grande escala e no desenvolvimento de plantações e fizeram muito pouco para desenvolver a produção agrícola no nível das aldeias. Sua estratégia e compromissos tiveram a consequência de expulsar milhões de pessoas da terra para o trabalho assalariado, o trabalho agrícola forçado, ou a pobreza urbana – e, portanto, contribuíram muito para criar a Índia "atrasada" de hoje.

O que dizer do sistema "tradicional" de castas, o sistema feudal de donos da terra e agiotas que mantêm os pobres nas áreas rurais em lutas desesperadas para a mera sobrevivência? Ao extrair uma riqueza enorme da Índia por meio de impostos e tributos, os britânicos dependeram fortemente dos donos da terra ausentes e dos agiotas e lhes deram maior poder e também legitimidade:

> Para a maior parte da Índia no período colonial, uma proporção muito grande dos trabalhadores agrícolas [eram] semisservos ou [...] inquilinos; [...] o inquilinato e uma forma empobrecida de relações feudais foram predominantes. Da mesma forma, os donos da terra que dominavam no campo continuaram a ser improdutivos e agiotas comerciais que achavam que era mais lucrativo viver de aluguéis e usura (juros) e sublocar sua terra em vez de investir nela. Sua aliança política com o imperialismo britânico foi um fator importante para a manutenção de seu poder (OMWEDT, 1978: 287).

Como observa Chattopadhyay:

> As relações pré-capitalistas [...] [de] donos da terra parasitas, de usura, arrendamento, aluguéis exorbitantes, e várias formas de servidão dos trabalhadores agrícolas [...] puderam continuar porque o imperialismo as preservou (1972: 191).

Mas isso não era meramente preservação, mas transformação, na direção de uma integração no sistema capitalista mundial – e, portanto, do desenvolvimento do subdesenvolvimento.

> Os britânicos trouxeram a Índia para o mercado mundial, introduziram e impingiram a propriedade privada na terra e construíram as ferrovias e [...] outros elementos infraestruturais (destinados primordialmente à integração no mercado mundial e não à integração da própria economia da Índia). Os resultados incluíram uma destruição da indústria artesanal tradicional e uma pauperização da população rural que deixou uma extrema proporção [...] de indianos sem terra ou pobres de terra e forçados a procurar trabalho como trabalhadores agrícolas (OMVEDT, 1978: 385).

Guatemala mostra, além disso, que a economia da periferia pode ter uma dinâmica interna própria, que não é simplesmente um reflexo (como Wallerstein parecia sugerir) daquilo que está acontecendo no "núcleo" europeu. As conclusões de Smith, embora nos empurrem para além de simples concepções do desenvolvimento do subdesenvolvimento, reforçam ainda mais o seguinte ponto de vista:

> O capitalismo em todas as partes cria o desenvolvimento de algumas partes (do sistema mundial) e o subdesenvolvimento de outras partes e depende deles (SMITH, 1978: 611).

Outras reformulações da visão de Frank tentam uma análise mais complexa e sofisticada dos relacionamentos de classe e dos modos de produção nas sociedades coloniais e pós-coloniais. Essas análises conectam o passado colonial com o presente pós-colonial. Elas questionam os estereótipos liberais do "setor tradicional" (§ 52) considerando os relacionamentos de classe a que os camponeses no interior estão presos como criações do capitalismo e do colonialismo e não como remanescentes do passado pré-colonial que impedem o desenvolvimento. Alguns estudiosos argumentaram que a economia do interior rural é sistematicamente minada pelo crescimento econômico nas cidades, estimulada pelo investimento estrangeiro. Como diz Smith:

> As pessoas das áreas rurais, em vez de serem diretamente exploradas como no [...] sistema [...] anterior, são simplesmente marginalizadas – abandonadas para que se defendam sozinhas no interior rural que se despovoa. O crescimento econômico que ocorre nos [...] centros urbanos da América Latina é, é claro, financiado na maior parte por investidores estrangeiros que também extraem a maior parte dos lucros. Mas o problema mais sério com esse tipo de dependência é que ele priva muitos [...] dos meios para alcançar até mesmo um padrão de vida camponês (SMITH, 1978: 576).

Uma vez mais será útil olhar além da América Latina para ver as raízes históricas da pobreza pós-colonial. O Caso 76, por exemplo, examina a pobreza rural da Índia e de Bangladesh. A coisa é mais complexa do que parece.

Uma "economia subdesenvolvida": uma visão alternativa

Fomos longe o suficiente para perceber que a pobreza e a dependência não são nem acidentais nem simplesmente o resíduo de sistemas sociais "tradicionais" que impedem a modernização. Hopkins (1970) caracteriza "uma economia tropical africana" em termos que se aplicariam igualmente a muitas outras partes do mundo:

> Seu setor moderno [...] organizado ao redor da produção e exportação de uma ou umas poucas matérias-primas [...]:
>
> • Dominando o setor moderno [...] a cidade principal do país [...] expatriados [...] controlam as operações centrais.

> • O capital privado [...] vai quase que inteiramente para as operações mercantis ou extrativas, é bem servida por bancos que pertencem a estrangeiros e obtêm lucros excelentes que normalmente deixam o país.
>
> • Níveis de investimento, produtividade e de vida são todos baixos [...]. Diferenças marcantes nos padrões de vida entre uma minoria muito pequena de bem-nascidos, um grupo intermediário não muito maior e uma grande maioria [...] [com] 90 e poucos % [sic] vivendo no campo (HOPKINS, 1970: 156-157).

Por que, então, essa estrutura econômica – encontrada repetidamente? A resposta agora deve estar clara:

> Uma economia desse tipo veio a existir [...] [porque] a intenção não era jamais que ela constituísse a economia de uma sociedade separada. Seu setor moderno deveria formar uma parte integral da economia do país metropolitano (HOPKINS, 1970: 157).

Mas se o subdesenvolvimento foi criado pelo colonialismo, como é que ele foi perpetuado? Por que é que os pobres ainda estão pobres?

54 O neocolonialismo

Na medida em que eles viram as estruturas de classe e as dependências e exploração econômicas do período colonial continuarem, apesar da independência, nos anos de 1960 estudiosos começaram a usar o termo **neocolonialismo** (ALAVI, 1964). O novo colonialismo, na visão desses críticos, é um sistema pelo qual os países metropolitanos mantêm um relacionamento quase co-

*Rule Britannia**. A bandeira do colonialismo é alçada sobre Port Moresby, Nova Guiné, em 1884. A Papua-Nova Guiné obteve sua independência formal em 1975 e subsequentemente enfrentou os problemas clássicos de mudança e desenvolvimento.

lonial com Estados nominalmente independentes. Grandes investimentos no além-mar, caracteristicamente por corporações transnacionais, extraem minérios e outras matérias-primas de países africanos, asiáticos, do Pacífico e da América Latina (p. ex.: petróleo da Venezuela; cobre do Chile, da Zâmbia e da Papua-Nova Guiné; bauxita da Jamaica; madeira da Indonésia e das Filipinas). Para tais investimentos, as exigências primordiais são estabilidade política e uma elite local maleável

---

*Título e primeiras palavras do hino patriota que se originou de um poema com o mesmo nome de James Thomson musicalizado por Thomas Arne em 1740 [N.T.].

Neocolonialismo e subdesenvolvimento no Brasil: afluência urbana em São Paulo, trabalhadores explorados e camponeses pobres do interior são parte de um vasto sistema mantido por investimentos estrangeiros maciços.

que possa ser atraída com dinheiro e esquemas desenvolvimentistas.

Elites neocoloniais e os interesses a que servem

Há muitas variações sobre o tema do neocolonialismo. Na antiga África Ocidental francesa, em países como Senegal e a República dos Camarões, os conselheiros do governo francês e os empresários dominam a política governamental e a vida pública. Só o ardente patriota Sekou Toure da Guiné resistiu à dominação francesa e recusou a federação com a França; e quando os franceses deixaram o país, arrancaram todos os telefones e destruíram tudo que puderam. As elites dominantes falam francês, são francesas em seus valores e aspirações e podem ainda estar politicamente conectadas com interesses franceses.

O tema é familiar em todo o mundo pós-colonial, se as elites estão falando francês ou inglês, emulando as maneiras francesas, britânicas ou norte-americanas (unidas por um gosto comum por carros Mercedes-Benz). As próprias elites variam em seus interesses de classe. Em alguns casos continuam ligadas à riqueza antiga como uma classe fundiária, embora morem em coberturas em Santiago ou São Paulo, Bangcoc, Manila ou Jacarta. Outros representam uma riqueza nova, de origem urbana, como é o caso dos industrialistas de Cingapura ou Taiwan.

Veremos que não é por acidente que os governos pós-coloniais da África, da Ásia e da América Latina moderna foram com tanta frequência ditaduras repressivas e que tantas vezes regimes militares de generais ou almirantes da direita governam esses países. O investimento estrangeiro maciço, o fluxo estratégico de matérias-primas, a preservação de mercados e uma força de trabalho barata (bem assim como defesa contra revolução de classes por camponeses ou operários ou "subversão" externa) exigem estabilidade e fortes mecanismos de repressão interna.

O interesse dos Estados Unidos em manter Estados policiais pós-colonialistas ficou claro até para aqueles que têm fé no papel norte-americano como baluarte da democracia. Lembrem, por exemplo, que em 1973 o governo democrático eleito popularmente de Salvador Allende no Chile foi deposto por um golpe de direita, financiado, armado e planejado pelos Estados Unidos, que colocou o General Pinochet e o exército no poder. A morte da democracia no Chile, a matança da vanguarda intelectual e a repressão das liberdades que se seguiram, restauraram a antiga aliança entre a classe dominante chilena e as corporações transnacionais do cobre e outros interesses estrangeiros que extraem a riqueza do Chile.

Em outros exemplos, o compromisso do governo norte-americano e dos interesses corporativos em manter no poder o Estado policial do Xá no Irã e em manter a dinastia Somosa no poder na Nicarágua veio igualmente à luz após a queda desses governos. Isso não significou, é claro, que os regimes que os sucederam foram eles próprios necessariamente "democráticos".

O imperialismo socialista

Essa visão não impede que examinemos também os mitos do mundo socialista. A antiga União Soviética, após a Segunda Guerra Mundial, manteve por meio de força maciça uma dominação quase colonial sobre a Europa do Leste. Um regime sedento de sangue na Etiópia foi sustentado pelo poder soviético e uma invasão soviética do Afeganistão para apoiar o terceiro de uma série de golpes supostamente marxistas puseram em perigo a paz mundial e serviram antigas ambições territoriais dos dias dos czares. A economia política dos Estados dominados pelos soviéticos, mantidos em meio à defesa da boca para fora da luta de classes e da igualdade socialista, durante décadas não deu motivos para otimismo e idealismo.

O colonialismo interno

Uma faceta do mundo pós-colonial, uma manifestação do neocolonialismo que preocupa especialmente aos antropólogos é aquilo que foi chamado de **colonialismo interno**. O colonialismo interno é a subordinação cultural e política e/ou a exploração econômica das minorias étnicas indígenas. O termo foi aplicado aos aborígenes australianos na sociedade australiana, aos índios americanos na sociedade norte-americana e do Canadá – isto é, à opressão dos habitantes originais, agora em grande parte deslocados. Foi aplicado

Aborígenes em uma sociedade afluente: esses australianos *arnhem land* vivem em uma pobreza espantosa, com taxas assustadoras de mortalidade infantil, às margens de um complexo minerador gigantesco.

também às minorias étnicas em zonas marginais dos países europeus – lapões na Escandinávia, bascos na Espanha, macedônios e outros nos Bálcãs. Mas muitas das formas de colonialismo interno mais surpreendentes – e destrutivas – ocorreram em áreas anteriormente colonizadas. A destruição dos índios amazonenses no Brasil, em nome do desenvolvimento e do "progresso", atraiu a atenção do mundo todo (cf. DAVIS, 1977; MAYBURY-LE-WIS, 1996; MAYBURY-LEWIS & HOWE, 1980; MAYBURY-LEWIS et al., 1981). Um investimento enorme multinacional na Amazônia, a construção da estrada transamazônica e a realocação forçada de camponeses em áreas recentemente abertas usaram desmedidamente o que resta da floresta tropical no mundo e levaram praticamente ao desaparecimento de muitas populações indígenas e à destruição de suas culturas.

Outro modelo de colonialismo interno surgiu na Indonésia, onde uma elite javanesa domina as ilhas externas política e economicamente – muitas vezes de maneiras tão destrutivas dos sistemas sociais locais e do meio ambiente quanto foram as do colonialismo holandês. A riqueza e poder da elite neocolonial na Indonésia foram perpetuados por meio de forte investimento estrangeiro na mineração, na madeira e em outras formas de extração de recursos – em muitos casos em detrimento das populações indígenas. A Indonésia, desde que incorporou como província indonésia a região conhecida como Irian Jaya, controlou brutalmente os povos indígenas, trouxe um grande número de colonos de outras ilhas que expulsaram, dominaram e exploraram as populações locais, e vendeu recursos locais para interesses estrangeiros de desenvolvimento. A renda gerada pela extração dos recursos das ilhas externas fluem novamente para Java para manter a afluência de uma elite que mora em seus palacetes e coberturas. Fenômenos semelhantes são encontrados em muitas partes do Sudeste Asiático, da África e do Pacífico.

Em muitas áreas, as minorias indígenas estão mais desesperadamente em perigo agora do que estavam sob os regimes coloniais. Cenários tais como os irianos javaneses lutando com arcos e flechas contra helicópteros armados com metralhadoras e tropas de paraquedistas ou membros de tribos afegãs lutando contra os tanques soviéticos com espingardas antigas são um lugar-comum de nossa era.

O neocolonialismo e o colonialismo interno são duas faces da mesma moeda. Para entender o que está ocorrendo na antiga periferia colonial e, portanto, para estender nossa perspectiva histórica até o presente, precisamos examinar o núcleo moderno do sistema mundial capitalista.

O velho e o novo na África. Um rebanho masai com um satélite ao fundo.

55 Estratégias de investimento: o mundo moderno como um único mercado

A racionalidade do mercado global

O sistema econômico mundial do período da expansão capitalista era um "sistema" no sentido em que os eventos ao redor do mundo estavam unidos pelas estratégias coloniais, as forças do mercado, e os esforços das nações que dele faziam parte para expandir, explorar e defender suas esferas de interesse. Mas como um sistema total ele não podia ser planejado ou controlado: vastas distâncias, comunicações deficientes e o conflito entre as nações impedia um planejamento central efetivo. Mas, nos últimos anos deste século, o sonho de um sistema mundial genuinamente integrado está próximo – não por meio de unidade política que parece estar tão longe de nosso alcance quanto estava no século XVI, mas por meio da união econômica:

> Os homens que dirigem as corporações globais são os primeiros na história que têm a organização, a tecnologia, o dinheiro e a ideologia para fazer uma tentativa crível de administrar o mundo como uma unidade integrada (BARNET & MÜLLER, 1974: 13).

Barnet e Müller (1974: 13-15) citam alguns dos arquitetos visionários desse desenho grandioso:

> [A corporação global] é o agente mais poderoso para a internacionalização da sociedade humana (diretor da Fiat e organizador do Clube de Roma).

> Operando por meio das grandes corporações que se estendem sobre a Terra, os homens são capazes pela primeira vez de utilizar os recursos globais com uma eficiência ditada pela lógica objetiva do lucro (antigo subsecretário do Estado norte-americano).

> Para objetivos comerciais, as fronteiras que separam uma nação da outra não são mais reais do que o Equador. Elas são meramente demarcações convenientes de entidades étnicas, linguísticas e culturais. Elas não definem necessidades comerciais ou tendências de consumo [...]. O mundo externo ao país natal já não é considerado como uma série de clientes e possibilidades desconectadas para seus produtos, mas como uma extensão de um único mercado (presidente da IBM World Trade Corporation).

Como observam Barnet e Müller (1974: 15):

> No processo de desenvolver um novo mundo, os gerentes de firmas tais como a GM, a IBM, a Pepsico, a GE, a Pfizer, a Shell, a Volkswagen, a Exxon e algumas centenas de outras estão tomando decisões comerciais diárias que têm mais impacto que aquelas da maioria dos governos soberanos onde as pessoas moram; que trabalho, se algum deles, eles irão fazer; o que irão comer, beber e usar; que tipos de conhecimento as escolas e as universidades irão encorajar; e que tipo de sociedade seus filhos irão herdar.

Essas corporações globais não estão comprometidas com os interesses de qualquer país, embora a propriedade e o gerenciamento quase sempre sejam norte-americanos, britânicos, holandeses, alemães, franceses, suíços, italianos, canadenses, suecos ou japoneses. Sua moralidade e sua lealdade estão comandadas pela "racionalidade" do lucro.

Em termos das vidas dos povos pós-coloniais – ou, na verdade, dos próprios americanos – isso em última instância significa amoralidade. Um número de corporações importantes baseadas nos Estado Unidos, por exemplo, tinham operações enormes na África do Sul muito tempo antes do fim do *apartheid*. O que importa, na racionalidade do lucro, é uma força de trabalho barata e disciplinada. Se essa força de trabalho era negra, mantida em lugares que eram praticamente campos de concentração sob o antigo regime de *apartheid* e cruelmente subjugada por um Estado policial brutal, isso era problema de alguma outra pessoa. (Com a mu-

Apartheid e investimento internacional. O portão de uma fábrica sul-africana, uma subsidiária de uma corporação norte-americana gigantesca.

dança de regime na África do Sul movimentos para melhorar essas condições tiveram início.)

A racionalidade, definida nesses termos, exige que cada parte do sistema global faça o que faz de forma mais eficiente. Ela exige mercados sempre em expansão para os bens manufaturados e, portanto, exige que novas necessidades sejam criadas continuamente. Essas podem ser necessidades de cigarros entre os pobres das zonas urbanas na América do Sul, mesmo que isso signifique ficar sem comer; ou necessidades de refrigerantes e gravadores e calças *jeans*.

Os termos de uma divisão de trabalho internacional

Essas exigências de racionalidade exigem que a bauxita, o níquel, o cobre, o ferro ou o manganês extraído das minas em um dos países pós-coloniais não sejam processados lá ou usados para desenvolver a industrialização local. A racionalida-

de significa transportar matérias-primas por todo o globo para alimentar os gigantes industriais da Europa, da América do Norte e do Japão; e significa estabelecer fábricas onde quer que a força de trabalho seja barata e mantida sob controle. A epítome dessa "racionalidade" é a criação, especialmente na Ásia, de "zonas de livre-comércio". O que isso significa é um enclave no qual algum item para a manufatura – digamos, componentes eletrônicos – possam ser trazidos sem restrições alfandegárias a fim de serem montados por trabalhadores locais (normalmente mulheres) com salários baixíssimos, e depois reexportados para o Japão ou para os Estados Unidos. Esses trabalhadores costuram camisas americanas no México e na Coreia do Sul, montam componentes eletrônicos japoneses em Taiwan e nas Filipinas – sem sindicatos ou salários mínimos ou semanas de 40 horas. Com o passar do tempo, no entanto, esses próprios processos levam a protestos e exigências de condições melhores.

A racionalidade do sistema global exige que os países subdesenvolvidos não sejam encorajados a se industrializar – ou até que tenham permissão para isso – ou a adquirir a tecnologia de que precisariam para fazê-lo. Se o lugar destinado para um país pós-colonial no esquema global das coisas é exportar minério de cobre, alguns de seus cidadãos aprenderão as técnicas gerenciais e de engenharia necessárias para operar minas de cobre. Mas a tecnologia para *manufaturar produtos* de cobre e, portanto, para competir com Kennecott e Anaconda e os demais, será mantida com segurança nos países industrializados. Afinal de contas, não é simplesmente uma questão de lucro que está em jogo: o minério de cobre, de bauxita, de níquel, de ferro e dos outros metais do mundo irá se esgotar algum dia. Quem irá usar o que resta é uma questão estratégica que subjaz a retórica da racionalidade.

O impacto do investimento estrangeiro

O que é que o investimento estrangeiro faz para os países pós-coloniais? Em alguns, tais como a Coreia do Sul, os padrões de vida nas áreas urbanas e rurais melhoraram genuinamente – embora ao enorme custo da repressão e da disciplina da força de trabalho. Mas para a maioria dos países (mesmo onde o produto interno bruto e a renda *per capita* estavam subindo) o abismo entre os ricos e os pobres está se ampliando. Os ricos ficam mais ricos, os pobres ficam mais pobres; a ilusão de melhores padrões de vida vem parcialmente do fato de os ricos estarem ficando mais ricos com mais rapidez do que os pobres ficam mais pobres. Para milhões de pessoas nas áreas rurais, a incorporação periférica na economia de mercado pode ter significado um poder de compra um tanto maior; mas só a custo de um abismo cada vez mais largo entre as aspirações materiais crescentes e a capacidade de satisfazê-las.

Mesmo em termos econômicos frios, o investimento estrangeiro pode não ser o bom negócio que parece ser para o país anfitrião – embora ele sirva os interesses das elites locais:

> Entre 1965 e 1968, 52% de todos os lucros de subsidiárias norte-americanas operando na América Latina na manufatura [...] foram repatriados para os Estados Unidos. Isso significa que para cada dólar de lucro líquido [...] 52 centavos de dólar saíram do país, embora 78% dos fundos de investimento usados para gerar aquele dólar de lucro viessem de fontes locais. Se olharmos a mineração, o petróleo, e as indústrias de fundição, o escoamento de capital que resulta da operação de corporações globais é ainda pior. Cada dólar de lucro líquido está baseado em um investimento que foi 83% financiados pela pou-

pança local; no entanto, só 21% do lucro permanecem na economia local (BARNET & MÜLLER, 1974: 154).

Em nenhum lugar a gélida lógica da racionalidade que governa esse "mercado mundial" e suas terríveis consequências para as vidas dos pobres está mais evidente do que na economia política da escassez e da fome. Nessa área também veremos as ilusões que levam pessoas bem-intencionadas nos países desenvolvidos a aceitarem o sofrimento dos outros como sendo uma consequência natural do tradicionalismo, das tecnologias subdesenvolvidas, da superpopulação e da ignorância.

A necessidade de uma visão global

Podemos fazer uma pausa antes de examinarmos a economia política da dependência de alimentos e da fome, para nos perguntar o que é que tudo isso tem a ver com a antropologia. A resposta é que uma antropologia do presente não pode entender adequadamente a vida social e a economia nas comunidades e nas pequenas e grandes cidades do interior sem antes adotar essa visão sistêmica e histórica. As vidas que levam os camponeses em Zinacantepec ou na Índia rural, as vidas dos invasores nas favelas do Rio de Janeiro, só podem ser compreendidas em termos de seu lugar em um esquema de coisas que não podemos perceber simplesmente participando como etnógrafos nessas comunidades. Se encontrarmos intocáveis sem terra trabalhando quase como escravos para um proprietário de terra indiano não precisamos apenas descobrir algo sobre sua organização social, seu parentesco e religião; precisamos, sim, descobrir como e por que seus avós perderam suas terras, como a riqueza do dono da terra foi criada e como ela é mantida. Precisamos seguir os círculos de interconexão pelo espaço afora, e no tempo passado, até que eles nos unam à história de um passado britânico além do passado indiano, até a economia política de riqueza e classe além da de castas. A vida em uma aldeia indiana ou na propriedade do dono da terra está inseparavelmente conectada com eventos em Bombai e Nova Delhi, e, em última instância, aos eventos em Nova York, Londres e Tóquio. Uma antropologia do presente que busca apenas explicações locais para fenômenos locais estaria errada e seria inútil. Nos dois próximos capítulos veremos um pouco mais por que as perspectivas que estamos construindo aqui são cruciais para que a antropologia possa ser tanto penetrante quanto relevante.

56 A economia política da comida e da fome

A orientação da produção para a exportação

Estudos da economia política da fome mundial por Lappé e Collins (1978), George (1977) e Harle (1978a, 1978b) questionam a visão de que a produção mundial de alimentos está sendo ultrapassada pelo crescimento da população. Eles insistem que os países tropicais estão sendo obrigados pelas exigências da nova racionalidade (que lhes é imposta pelo Banco Mundial, pelo Banco de Desenvolvimento Asiático, e outras agências do desenvolvimento de estilo ocidental) a progressivamente desistir da autossuficiência de alimentos que possam desfrutar a fim de produzir copra, cacau ou café ou nozes moídas para o mercado mundial; enquanto isso, suas águas estão sendo esvaziadas de peixes em virtude das frotas estrangeiras de pescaria, muitas vezes operando sob contratos locais assinados por governos que estão desesperados por renda e

por empregos. As pessoas que estavam acostumadas a serem capazes de se alimentar estão sendo estimuladas a desistir da comida em troca de dinheiro, a plantar *commodities* para a exportação em vez de alimentos básicos para o consumo interno. O mundo precisa ser alimentado, é claro. Mas a racionalidade exige que isso seja feito por agronegócios gigantescos, usando fertilizantes químicos e cereais de alto rendimento, e não por agricultores camponeses trabalhando em seus próprios pedaços de terra. No papel, a racionalidade pode ser convincente: mas a economia política de países desenvolvidos e subdesenvolvidos está organizada de maneiras que garantem que o alimento não vai para muitos daqueles que mais o necessitam. Cereais mais provavelmente irão alimentar o gado que terminará como bifes nas mesas dos ricos em vez de alimentar pessoas com fome. Em outras circunstâncias, a comida destinada pelas agências de ajuda para os pobres podem cair nas mãos de facções militares.

As raízes históricas da dependência de alimentos

Como é que essa situação surgiu? Se há comida bastante para alimentar a população do mundo, por que há tantas pessoas com fome? Por que tantas morrem de fome? Uma vez mais precisamos examinar as raízes na história e os ramos e gavinhas da economia mundial moderna que se espalham.

Primeiramente, na era colonial, os sistemas econômicos pré-capitalistas foram desprezados e desmantelados.

> O fato de a agricultura dos vencidos ter sido considerada como primitiva e atrasada reforçou o argumento que os colonizadores tinham para destruí-la. Para os colonizadores a agricultura passou a ser

meramente um meio de extrair riqueza em nome da potência colonizadora. A agricultura já não era vista como uma fonte de comida para a população local [...]. A agricultura da sociedade colonizada era apenas uma subdivisão do sistema agrícola da metrópole (HARLE, 1978b: 281).

A criação das economias de plantações colocou as terras mais produtivas a serviço da metrópole. Como Frank nos levaria a esperar, e como outros concordaram, as infraestruturas criadas no período colonial e perpetuadas pelo neocolonialismo não foram destinadas a permitir que o país se desenvolvesse internamente e sim a servir os interesses dos países que se alimentavam à custa delas:

Se você examinar a rede de transporte [...] em quase todos os países pobres, verá que as estradas e ferrovias não foram destinadas a facilitar o comércio entre países vizinhos ou [...] entre regiões do mesmo país; e sim para transportar alimentos e outras matérias-primas do interior para os [...] portos [...] e de lá para o Norte (GEORGE, 1977: 16).

No final dos períodos colonial e pós-colonial especialistas do Ocidente empurraram esses países ainda mais para a produção de safras para a exportação. Em todo o mundo tropical, os planejadores foram induzidos ou persuadidos a plantar culturas comerciais tais como cacau, café, nozes, óleos de nozes de palmeiras e coco (para copra, usado em sabões, óleos e explosivos). Essa especialização em produtos primários contrapôs os produtores em competição uns com os outros e os tornou desesperadamente vulneráveis aos preços do mercado mundial. A alternativa, diversificar as economias locais para satisfazer as necessidades locais e alimentar as populações locais não foi ex-

posta pelos "especialistas" em desenvolvimento, ou foi retratada como um erro fatal:

Muitas antigas colônias "escolheram" continuar a agricultura de culturas comerciais e tiveram medo de mergulhar na diversificação porque temiam que as rendas em moedas fortes iriam cair tanto que eles já não iriam poder importar quaisquer necessidades do mundo industrializado ou pagar suas dívidas crescentes. Sem exceção, nações que optaram por continuar e intensificar as economias coloniais de uma ou duas culturas herdadas de um mundo que elas nunca fizeram viveram para se arrepender do dia que aquela escolha foi feita [...]. A Opep trouxe rendas mais altas para os produtores [de petróleo] em virtude de sua união extraordinária e a dependência excepcional do Ocidente do produto que eles têm para vender [...] mas bananas? Os países produtores simplesmente não controlam o preço internacional para seus produtos – eles aceitam o que podem conseguir (GEORGE, 1977: 16-17).

Nessas economias neocoloniais,

as culturas comerciais ocupam áreas enormes da melhor terra de muitos países (55% da terra de cultivo nas Filipinas, uns 80% em Maurício; só o amendoim ocupa 50% de toda a terra cultivada no Senegal) (GEORGE, 1977: 19).

Agronegócio no projeto global

De onde, então, virá a comida que irá sustentar as populações crescentes, nesse projeto "racional" para uma economia mundial? Supostamente ela virá em uma medida substancial daquelas áreas no mundo desenvolvido onde o agronegócio – muitas vezes as transnacionais em um disfarce diferente – podem produzir com a máxima eficiência tecnológica:

> A característica principal dos continentes subdesenvolvidos é uma dependência considerável da importação de alimentos. Do final da década de 1960 até 1974 as importações de cereais nos continentes subdesenvolvidos aumentaram em média duas ou três vezes em quantidade (TUOMI, 1978: 3-4).

O agronegócio veio a operar em algumas regiões subdesenvolvidas nas quais o capital e a tecnologia dos países desenvolvidos podem ser associados a uma oferta de mão de obra barata e policiada. Mas isso, como a montagem de componentes eletrônicos nas "zonas de livre-comércio" do Sudeste Asiático ou a costura de camisas no México, reflete a racionalidade global que reverte os lucros para as transnacionais no mundo desenvolvido em vez de transformar as economias dos países anfitriões. Fazendas gigantescas para a criação de gado naquilo que em um dado momento era a floresta tropical amazonense que pertencem a corporações automotivas são parte da maravilhosa racionalidade de nossos tempos.

A dependência de alimentos criada em grande parte do mundo pós-colonial abre o caminho para o posicionamento estratégico e os usos políticos dos excedentes de grãos dos países desenvolvidos, principalmente os Estados Unidos:

> Os Estados Unidos desempenham um papel crucial no comércio mundial de cereais. A escassez de cereais, o número limitado de fornecedores, a procura dispersa e a relativa independência de ação norte-americana [...] contribuem para o uso político dos alimentos (WALLENSTEEN, 1978: 90).

A natureza, fontes e usos potenciais do "poder de cereais" dos Estados Unidos são discutidos detalhadamente por Wallensteen. Por exemplo, a restrição de exportações de cereais é às vezes ameaçada como um instrumento político. Mas vale a pena lembrar que as corporações transnacionais que buscam construir um mundo de racionalidade global transcendente não têm lealdades nacionais últimas. Na nova racionalidade, em última instância é o dinheiro que importa: o nacionalismo é uma relíquia do tribalismo. No entanto, as corporações também têm de lidar com nacionalismos emergentes.

A criação da dependência de alimentos implica não simplesmente o distanciamento dos países da autossuficiência na produção, mas também a criação de nova procura por alimentos processados. Esses incluem refrigerantes, enlatados, e – o mais traiçoeiro de todos – a fórmula infantil, usada por mães que são persuadidas de que a alimentação pela mamadeira é moderna e um sinal de prestígio. As dietas dos pobres nas áreas urbanas ao redor do mundo estão sendo corroídas desastrosamente por açúcar e farinha branca alvejada; dietas destrutivas e a perda de recursos preciosos para comprar alimentos processados, estão se espalhando por milhões de domicílios rurais também. Em um sistema capitalista mundial os mercados precisam expandir eternamente ou o sistema desmorona. A visão de várias centenas de milhões de clientes potenciais chineses é uma força importante na política mundial.

A "Revolução Verde"

Mas se a dependência de alimentos está sendo criada como parte de um projeto global, o que devemos pensar sobre a "revolução verde" que iria terminar com a fome mundial intensificando a produção por meio de sementes melhores, fertilizantes e a tecnologia moderna? Primeiro, vale a pena voltar até a observação de Tuomi (1978: 4) de que "do final da década de 1960 até 1974 as importações de cereais nos continentes subdesenvolvidos aumentaram em média duas ou três vezes em quantidade". Ela continua:

> Esse aumento ocorreu concomitantemente com uma importante reforma tecnológica na agricultura, isto é, a revolução verde. É durante esse mesmo período que todos os continentes subdesenvolvidos se tornaram muito mais dependentes da importação de cereais estrangeiros, embora [...] a revolução devesse aumentar a autossuficiência em alimentos nas regiões subdesenvolvidas (TUOMI, 1978: 4).

Segundo, a revolução verde não é simplesmente uma questão de variedades melhoradas e de alto rendimento de arroz, trigo e outros cereais alimentícios. É um complexo tecnológico total no qual fertilizantes petroquímicos, cultivo mecanizado e irrigação são necessários. Portanto, exceto nos casos em que o país transformando sua agricultura seja autossuficiente em termos de petróleo, fabricação de fertilizantes e capacidade industrial para produzir tratores e outra maquinaria, a revolução verde cria mercados para os países industriais e mergulha os países subdesenvolvidos em uma dependência cada vez mais profunda.

Terceiro, e ainda mais sério, são as consequências para as populações rurais. Nos lugares em que a tecnologia da revolução verde foi adiante, como na Índia e nas Filipinas, uma consequência foi uma transformação radical na estrutura de classe agrária. Embora seja possível em princípio usar a tecnologia da revolução verde na agricultura de pequena escala, há fatores de custo de gastos de capital para a aquisição de maquinaria

e fertilizantes que favorece o grande proprietário de terras e o agricultor camponês relativamente próspero. Assim, encontramos uma fenda que se aprofunda em que os camponeses médios e donos de terra ou os camponeses ricos assumem os riscos da revolução tecnológica e se tornam (se tiverem sucesso) extremamente prósperos, capazes de empregar mão de obra em uma escala substancial como proprietários capitalistas dos meios de produção. Os agricultores de pequena escala não podem fazer a transformação tecnológica com sucesso e – incapazes de competir com os produtores mais eficientes – são progressivamente obrigados a vender sua terra para os fazendeiros capitalistas em expansão e entrar para a força de trabalho. Isso cria um "proletariado rural":

> uma mudança da estrutura quase feudal de locação e arrendamento meeiro para uma concentração de terra em grandes unidades operacionais dependentes de trabalho assalariado (CLEAVER, 1972: 193).

Impossibilitados de encontrar empregos no campo, alguns dos camponeses médios e pobres que perderam suas terras são obrigados a sair das áreas rurais e a se mudar para assentamentos urbanos, geralmente invadidos. A evidência da Índia, das Filipinas, do Paquistão, da Tailândia, do México e de outras áreas onde a revolução verde teve "sucesso" assinala esmagadoramente essa sua consequência de expulsar os pobres e marginalizados da terra, tornando o rico mais rico e o pobre mais pobre.

Nos locais em que a revolução verde se consolidou, foi em regiões onde a irrigação e a agricultura em grande escala são viáveis: com isso o novo complexo tecnológico amplia os abismos entre as regiões como o fez entre as classes agrárias. Finalmente as regiões favorecidas e aqueles que trabalham nelas enfrentam o pior impacto da poluição ecológica e do envenenamento inerente à nova tecnologia (cf. RICHARDS, 1985, 1986) – um problema pior na vasta complexidade ecológica da zona média mais quente do mundo do que na zona temperada:

> Uma coisa é matar umas poucas águias norte-americanas. Outra coisa bem diferente é envenenar viveiros de peixe e seu fornecimento de proteína no processo de pulverização dos arrozais. Os escoamentos [...] das aplicações maciças de fertilizantes inorgânicos [...] resultam na entropia maciça de lagos, correntes e rios (CLEAVER, 1972: 195).

Tudo isso não é negar que a revolução verde reduziu a dependência de cereais em alguns países e aumentou os índices estatísticos de renda *per capita* e "padrões de vida". Mas ela mergulhou os países pós-coloniais na dependência do mundo industrializado e ampliou as desigualdades entre classes: se ela é progresso, os custos foram assustadores. E a "escassez de alimentos" e a fome no mundo continuam.

No entanto, a evidência coletada por Lappé e Collins (1977), George (1977) os autores em Harle (1978a) e outros indica que o problema não é pessoas demais e pouca comida. São as estruturas de desigualdade e exploração que governam a produção e a distribuição dos gêneros alimentícios. Também é importante perceber que se a ecologia for incorporada ao processo de planejamento, formas mais sustentáveis de desenvolvimento podem ser criadas.

A economia política da subnutrição urbana

As raízes da subnutrição no sistema econômico global surgem claramente nos dados sobre os pobres nos centros urbanos na África Ociden-tal analisados pela antropóloga Filomena Steady (s.d.). Ela observa como os pobres nas cidades, com salários baixos e incertos, são obrigados a sobreviver como podem em bairros pobres e favelas: "As áreas periurbanas ganharam o nome de 'orla séptica' em virtude de seus altos índices de mortalidade de bebês e de crianças, resultante principalmente da subnutrição e de condições ambientais precárias". Ela cita a visão de um pediatra nigeriano segundo o qual "o problema de subnutrição em Lagos é tão grave que está além do alcance da medicina moderna. Tratar a subnutrição em Lagos é como enxugar um chão com a torneira permanentemente aberta, já que só uma grande mudança social e econômica pode fechar aquela torneira" (STEADY, s.d.).

As causas sistêmicas do influxo de camponeses para as cidades incluem processos que já vimos: a necessidade de trabalho assalariado para sustentar as famílias dos camponeses pobres nas aldeias, a ênfase no cultivo para exportação, o empobrecimento das áreas do interior. Quando chegam à cidade, os migrantes em desespero comem o que podem, e trabalham quando e como podem, por salários baixos. Até aqui penetra a "racionalidade" da economia mundial orientada para o lucro e para a expansão de mercados:

> A queda do aleitamento nos países em desenvolvimento está particularmente relacionada com a urbanização e o papel da indústria de alimentos para bebês que promove a alimentação artificial nas áreas urbanas [refletindo a] determinação das companhias multinacionais de lucrar a qualquer custo [...].
>
> Talvez a maior crise nutricional no mundo atual seja a queda no aleitamento humano. As vantagens nutricionais do leite materno, suas propriedades imunológicas e antialérgicas, os benefícios anticoncep-

cionais para a comunidade, os fatores que garantem a segurança [e] a higiene [...] foram todas bem documentadas. Sobretudo as vantagens econômicas, especialmente para a mãe pobre, são imensas [...].

A queda do aleitamento na África é particularmente marcante nas áreas urbanas [como resultado da] demanda pelo trabalho barato das mulheres nas fábricas, a necessidade de dinheiro nas áreas urbanas, a exposição constante a técnicas de venda de alta pressão das companhias de alimentos para bebês e o desejo de emular a elite (STEADY, s.d.).

Desastres – naturais ou sociais

A subnutrição e a fome são reais o bastante. Mas, mesmo aqui, as coisas nem sempre são o que parecem ser. Estudos sobre as epidemias maciças de fome na região Sahel da África, onde a vegetação está recuando diante do deserto que avança (cf. Caso 77), sugere que as respostas ocidentais aos desastres precisam ser investigadas cuidadosamente para ver o que se encontra abaixo da superfície.

A antropologia e os estudos globais de economia política

O fato de serem as pessoas em comunidades rurais que estão sendo ameaçadas pela pauperização, pela dependência, e pela destruição da cultura e das estruturas sociais que foram tradicionalmente o objeto de estudo dos antropólogos é outra resposta convincente para a pergunta: o que é que tudo isso tem a ver com a antropologia? Antropólogos têm aquilo que normalmente falta aos arquitetos do desenvolvimento: um conhecimento das texturas e significados das relações

sociais e das adaptações locais dentro das comunidades. Eles muitas vezes têm uma clara visão das árvores; mas serão capazes de ver a floresta?

Será que o empobrecimento e a dependência que estão sendo forçados sobre os povos que eles estudaram concernem os antropólogos? Alguns como Steady e Schusky e Abbott claramente acham que sim – que a antropologia precisa se preocupar com o presente e que o presente está moldado pelas forças de uma economia mundial cujos centros se encontram muito longe da aldeia, do acampamento nômade ou da favela.

Ao mesmo tempo precisamos continuar a estar preocupados com os significados locais, já que esses realmente dão forma às reações que as pessoas têm a seus problemas. Precisamos abordagens que combinem o estudo de economia política com o estudo de significados locais.

SUMÁRIO

Os países pós-coloniais foram descritos como sendo assediados por práticas "tradicionais" e "tribalismo" que, sob uma investigação mais detalhada, mostram ter sido extremamente influenciadas pelas forças do colonialismo. André Gunder Frank argumentou para a América Latina que os países foram sistematicamente subdesenvolvidos a fim de produzir uma dependência das metrópoles. A exploração tomou a forma de mineração e de plantações de açúcar. Aristocracias fundiárias excluíram os camponeses da propriedade da terra e passaram a ser os satélites, segundo Frank, dos regimes metropolitanos. As teorias de Frank se aplicam com sucesso variado a outras partes do mundo. Immanuel Wallerstein escreveu, em uma abordagem semelhante, com relação ao sistema mundial moderno ou à economia global de extração e exploração que se desenvolveu a partir da

CASO
77

A economia política de um "desastre natural": o Sahel

Um clássico exemplo de um "desastre natural" e a reação do Ocidente a ele foi a seca do começo da década de 1970 na região do Sahel, um cinturão árido que atravessa o centro-norte da África. Imagens do deserto avançando, e de centenas de milhares de pessoas morrendo de fome, inundaram a imprensa ocidental; e esforços maciços de socorro foram organizados.

Que tipo de desastre foi aquele? Quais foram suas causas? O custo em termos de vidas humanas foi tão alto quanto nos avisaram que seria? Esse padrão de seca é uma coisa nova ou secas já ocorreram no Sahel antes disso?

Os antropólogos Ernest Schusky e David Abbott, percebendo inconsistências no número de vítimas, foram levados a se perguntar se tudo era o que parecia ser. Suas dúvidas tinham sido despertadas pela observação de que, embora uma seca prolongada tivesse sido a causa principal do desastre, especialistas difeririam consideravelmente sobre quando a seca tinha começado. Eles observaram, ao examinar a evidência histórica, meteorológica e arqueológica que existem registros de períodos recorrentes de seca que remontam a 1700 (onze anos), depois 1750 e 1790 (seis anos cada) e depois na década de 1890 e entre 1911-1914. A década de 1960 foi mais seca do que normal, mas mostrou o padrão normal de grande variação local, à qual o povo da região já tinha se adaptado há muito tempo. "É nosso ponto de vista que as pessoas tinham desenvolvido adaptações a essas condições e não teriam vivenciado a fome generalizada simplesmente em virtude das vicissitudes da natureza" (SCHUSKY & ABBOTT 1980).

O pastoreio, e o uso exagerado de pastos que ele supostamente provoca, tinha sido retratado como causas importantes para o desastre ambiental no Sahel. Não há dúvida de que o uso exagerado de pastos estava generalizado na década de 1970. Mas por quê? E por que os pastores não sobreviveram à seca como tinham feito nos séculos XVIII e XIX? Será que o pastoreio é inerentemente destrutivo, como dizem com frequência? Lappé e Collins fazem observações interessantes:

O pastoreio nômade tradicionalmente usou de forma eficiente vastos trechos de terra semiárida [...]. Suas [...] migrações [...] são [...] formuladas para aproveitar as variações da chuva e da vegetação [...]. O nomadismo pastoril [...] é uma resposta a um ambiente caracterizado pela escassez de água, seca sazonal, e recursos sazonais de alimentos para os animais que se espalham por uma grande área [...]. Os pastores tradicionais [...] [mantêm] um rebanho que consiste de tipos diferentes de animais: camelos, ovelhas, cabras, asnos, bem assim como gado. Um rebanho misto pode explorar uma variedade de nichos ecológicos [...]. Um rebanho variado também atua como um armazém ambulante para comida, ou diretamente ou na troca por cereal durante os períodos secos anuais e as secas periódicas (1978: 44).

Lappé e Collins assinalam a forte e positiva interdependência dos cultivadores assentados e dos pastores, um padrão também observado por Schusky e Abbott com relação aos tuaregs do deserto. Até que o controle colonial tivesse sido imposto no século XX, um delicado sistema político, econômico e ecológico operava pelo qual os nômades tuaregs moravam e comerciavam no deserto, mas, em tempos de seca, se mudavam para o sul para as áreas assentadas.

Os tuaregs [...] tinham solucionado o problema de mudanças microecológicas por meio de suas redes de trocas e demonstraram que era possível existir sob condições de grande flutuação das chuvas. Mas ao que eles ainda não tinham se adaptado era ao colonialismo francês (SCHUSKY & ABBOTT, 1980).

Quais eram essas barreiras às adaptações dos pastores já testadas através do tempo? Lappé e Collins observam o seguinte:

> A administração colonial francesa criou fronteiras "nacionais" arbitrárias [...] sem consideração pela necessidade que os nômades tinham de migrar. Restrições infinitas fizeram com que fosse cada vez mais difícil para os nômades mover seus rebanhos em resposta aos ciclos de curto e longo termo da natureza. Os franceses também lançaram um imposto *per capita* em cada nômade [que] tinha de ser pago em francos franceses, embora a maioria dos nômades vivessem em uma economia de trocas. A maior parte dos nômades precisava, portanto, de criar mais animais, para que alguns pudessem ser vendidos por dinheiro (1978: 45).

A essas rupturas foram acrescentados, nas décadas de 1950 e 1960, projetos maciços de "desenvolvimento" que induziram os países recentemente independentes a mudar a agricultura para o monocultivo de produtos para a exportação, principalmente o algodão – um processo que tinha começado ainda sob os franceses na década de 1920. Terras marginais foram trazidas para o cultivo comercial; estratégias tradicionais de cultivo de comida que usava o método de rotação de safras e deixava a terra em pousio foram abandonados e substituídos por um cultivo intenso que progressivamente destruiu o solo. Os nômades, com menos lugares para o pasto de seus rebanhos e estímulos para expandi-los além do ponto de prudência, aceleraram o processo de destruição ambiental – de tal forma que, quando a seca da década de 1970 os atingiu, os meios tradicionais de sobrevivência, para muitos deles, já não eram possíveis.

No entanto, como observam Schusky e Abbott, "o suposto fracasso dos povos sahelianos foi extremamente exagerado". Eles citam evidência de povos do Sahel tais como os dogons, os tamejirts e os peuls segundo a qual meios locais eficientes de manter as economias de subsistência por meio de estratégias de cultivo e de criação de animais permitiu que comunidades atravessassem os anos de menos chuva.

Isso nos traz de volta ao alcance do desastre. Schusky e Abbott concedem que pessoas – talvez cem mil [...] – realmente morreram de fome. "Mas [...] não foi a falta de chuva que causou a fome, e sim mudanças drásticas na economia e na política". Além disso, eles observam que, nos anos em que as agências de ajuda e os governos ocidentais estavam se concentrando no Sahel, as estimativas dos números que morreriam de fome diferiam muito umas das outras. "Rapidamente ficou claro que as pessoas tinham interesses velados nas taxas de mortalidade". Eles observam estimativas que chegavam a "mais de um milhão" ou até mais altas. O *Washington Post* em um determinado momento aludiu "à horrível possibilidade – talvez até à probabilidade – de que uma quantidade equivalente à metade dos 20 milhões de habitantes da região pudesse ser destruída pela epidemia de fome". Cifras que variavam extraordinariamente continuavam a ser divulgadas, mas, eventualmente, após 1975, elas se estabilizaram para baixo, em uma cifra convencional de cem mil pessoas. Schusky e Abbott citam alguma evidência que lança dúvidas sobre essa cifra, sugerindo que o número de mortos pode ter sido vinte mil ou menos.

Eles observam, como fizeram muitos críticos das tentativas de ajuda, o desperdício extraordinário, a ineficiência e a corrupção do esforço mundial para salvar o Sahel. Mas estão mais preocupados com aquilo que consideram os motivos econômicos e políticos de longo prazo das nações desenvolvidas com relação ao Sahel.

> Administradores de alto gabarito na Usaid e na FAO estão pensando em termos de projetos de desenvolvimento de grande porte. Grandes represas para os rios, poços de perfuração profunda, produção de gado confinado e de carne bovina, capitalização para uma infraestrutura, e comercialização da economia, todas essas coisas estão sendo discutidas seriamente como um futuro para o Sahel (SCHUSKY & ABBOTT, 1980).

Um vasto agronegócio e a tecnologia ocidental estão sendo lançados sobre o Sahel – com a alta probabilidade de pauperização de seus habitantes e uma alteração perigosa do ecossistema. O grito de alarme levantado pelos líderes e planejadores ocidentais pode ocultar motivos sinistros.

> A seca recorrente dos poucos anos recentes tinha deixado claro que o deserto está invadindo em grande escala e que a capacidade de produção de alimentos na África Ocidental está seriamente ameaçada [...]. O que é necessário agora é um programa internacional abrangente que, em vez de aliviar os efeitos da seca, ajude o deserto a recuar (KISSINGER, 1976, apud LAPPÉ & COLLINS, 1978: 95).

> Fazendas da era espacial, áreas de pastagem modernas, e mercados abertos exuberantes no meio do Saara [...]. Isso não é uma miragem [...]. Poderiam eventualmente transformar as economias rurais de subsistência das nações da África Ocidental, tais como o Chade, Mali, a Mauritânia, o Níger, o Senegal e o Alto Volta em uma horta de legumes para a Europa e um vasto cinturão da produção de carne bovina (*To the Point International*, apud LAPPÉ & COLLINS, 1978: 95-96).

Para os habitantes originais do Sahel, os planejadores ocidentais da salvação inventaram planos para o reassentamento, para a produção comercial de carne bovina, e a incorporação no esquema global de "racionalidade". A esses planos, avisam Schusky e Abbott, falta um componente importante.

> [Eles] ignoram a variabilidade extrema da região e a diversidade de adaptações que foram elaboradas pela população local. Ao combinar cabras e camelos com ovelhas e gado, os pastores fizeram com que fosse possível explorar a pastagem dos primeiros nos anos secos e capitalizar nas ovelhas e no gado pastando em anos mais úmidos. Os animais também são diferentes em seus ciclos reprodutivos e de lactação que se complementam. Outra diversidade é dada pelo fato de muitos dos nômades também praticarem alguma horticultura [...]. Entre os grupos que não plantam, o painço e o milho são obtidos pelo comércio, muitas vezes extremamente dependente dos camelos (SCHUSKY & ABBOTT, 1980).

A esses sistemas variados e delicados para adequar os recursos às pressões de um meio ambiente difícil, os planejadores imporiam esquemas "desenvolvimentistas". As probabilidades de outros desastres humanos se esses planos forem realizados são altas. Povos que em um determinado momento se sustentavam serão feitos cativos da economia mundial, com seus meios tradicionais destruídos. A justificativa para essa destruição será, é claro, que a maneira antiga é que causou a epidemia de fome.

expansão europeia no século XVI. Segundo essa visão, a pobreza dos países coloniais foi criada pelos centros metropolitanos. Por exemplo, as indústrias de tecidos feitos a mão foram destruídas na Índia pelas operações da Companhia Britânica da Índia Oriental e pelo desenvolvimento de fábricas em Lancanshire no Reino Unido. Mesmo após a independência política dos países pós-coloniais, os centros metropolitanos continuam a exercer uma influência econômica neocolonial sobre eles. O neocolonialismo pode estar acompanhado pelo colonialismo interno, a subordinação de minorias em um país pós-colonial.

As corporações globais estão interessadas no lucro, não com fronteiras nacionais, embora possam usar regimes nacionais para seus próprios objetivos. O investimento estrangeiro pode melhorar os padrões de vida locais, mas também pode não conseguir que isso ocorra. Os países podem vir a estar dependentes para as provisões de alimentos de fontes internacionais de ajuda como resultado do declínio da agricultura de subsistência. A "revolução verde" pela qual novas formas de cultivo foram introduzidas com a intenção de solucionar problemas de alimentação e evitar epidemias de fome aumentou a prosperidade, mas também aumentou a dependência das nações subdesenvolvidas do mundo industrializado. Os agricultores bem-sucedidos expulsam os outros, e essas pessoas deslocadas se transformam, então, em um proletariado urbano. O caso do desastre da seca no Sahel no centro-norte da África mostra como os problemas não foram causados por pastagem excessiva, e sim pelas restrições dos movimentos resultantes das novas fronteiras coloniais e dos efeitos destruidores dos esquemas de desenvolvimento agrícola para as práticas nômades. Antropólogos estão bem-equipados para assinalar as causas sociais em vez de simplesmente as causas naturais de desastres desse tipo.

SUGESTÕES PARA LEITURAS ADICIONAIS
Seções 52-56

AMIN, S. (1976). *Unequal Development*. Nova York: Monthly Review Press.

AUSTEN, R.A. (1969). *Modern Imperialism*: Western Overseas Expansion and Its Aftermath. Lexington, Mass.: D.C. Heath & Company.

CHILCOTE, R.H. (org.) (1976). "Capitalism in Latin America: The Process of Underdevelopment". *Latin American Perspectives*, vol. III, n. 3 [Ed. Especial].

FRANK, A.G. (1979). *Dependent Accumulation and Underdevelopment*. Londres: Macmillan & International.

HOROWITZ, D. (1969). *Empire and Revolution*: A Radical Interpretation of Contemporary History. Nova York: Random House.

JALEE, P. (1970). *Pillage of the Third World*. Nova York: Monthly Review Press.

OWEN, R. & SUTCLIFFE, R. (orgs.) (1973). *Studies in the Theory of Imperialism*. Londres: Longman Group.

SMITH, C.A. (org.) (1976). *Regional Analysis* – Vol. I: Social Systems; Vol. II: Economic Systems. Nova York: Academic Press.

TAYLOR, J.G. (1979). *From Modernization to Modes of Production*. Londres: Macmillan & International.

WALLERSTEIN, I. (1979). *The Capitalist World Economy*. Cambridge: Cambridge University Press.

WILBUR, C. (org.) (1978). *The Political Economy of Development and Underdevelopment*. Nova York: Random House.

Capítulo 20

Cidades

Antropólogos, com sua tendência a estudar sociedades pequenas e isoladas, demoraram um pouco para lidar com civilizações complexas no centro – nas cidades –, bem assim como às margens, nas aldeias camponesas. Na África, na Ásia, e na América Latina, e, em pequenas escalas, no Pacífico, os habitantes das aldeias foram em grandes números para os centros urbanos e as favelas que os rodeiam. As cidades estão onde a ação está. Uma antropologia que aspira a estudar universais, a ver a condição humana na perspectiva mais ampla possível, não pode apenas estudar vilarejos e aldeias. Surgiu, então, uma antropologia urbana, que levou os pesquisadores antropológicos para as cidades nos países subdesenvolvidos e nos países industrializados.

Para compreender as cidades precisamos colocá-las em um contexto mais amplo. Assim como só podíamos analisar os camponeses em termos de seus laços com a economia mais ampla e com os centros urbanos, só podemos interpretar as cidades, os bairros pobres e as favelas em termos das forças que levam as pessoas a migrarem das áreas rurais. Os dois capítulos anteriores nos deram o contexto de que precisamos para saber por que os aldeões estão nas cidades, por que eles são pobres e que parte eles desempenham nas economias urbanas e internacionais. As mesmas perspectivas nos serão úteis quando examinarmos os guetos, os enclaves étnicos e as favelas nas cidades dos países industrializados.

57 A antropologia das cidades, a antropologia nas cidades

Ver a antropologia urbana como um único subcampo ou especialização é enganoso. Alguns antropólogos urbanos estão predominantemente interessados nas cidades – em como e por que os centros urbanos se desenvolveram em tempos e locais diferentes, no grau de variabilidade das cidades, em como as cidades criam novos modos de experiência humana. Em suma, para muitos deles, as cidades são *objetos de estudo*. Mas, para muitos outros antropólogos urbanos, as cidades não representam objetos e sim *cenários*: estudamos uma comunidade, um projeto habitacional, a esquina de uma rua, da mesma forma como antes estudávamos uma aldeia ou um bando – como um microcosmo, um mundo social em miniatura.

Cidades, Oriente e Ocidente

Estudos comparativos de cidades suscitaram questões importantes. Qual é a semelhança ou diferença entre as cidades dos Estados Unidos ou da Europa e as cidades da América Latina ou da África? As burocracias urbanas ou a pobreza urbana leva a padrões semelhantes em países diferentes? Até que ponto as cidades do Japão ou da Índia permanecem distintivamente asiáticas? As cidades coloniais e pós-coloniais contrastam com cidades que cresceram livres da dominação colonial? Os laços rurais-urbanos ainda são próximos?

A comparação da experiência urbana em países subdesenvolvidos também coloca em questão as generalizações feitas há muito tempo pelos sociólogos com base nos estudos das cidades ocidentais. Os laços do parentesco diminuem em alcance e em importância? As famílias nucleares inevitavelmente se tornam predominantes? Lançadas no cadinho da dúvida sobre culturas contrastantes estão outras premissas generalizadas sobre as tensões da vida urbana – tais como os supostos efeitos da aglomeração para a agressão e frustração. Assim, Anderson (1972) argumenta, sobre os chineses urbanos em Hong-Kong, que, em virtude das maneiras culturais de lidar com a aglomeração, os efeitos supostamente patológicos são minimizados. Uma antropologia que estuda a vida urbana em perspectiva comparativa pode talvez preencher nessa nova área o papel histórico da antropologia nas ciências sociais separando aquilo que é cultural daquilo que é universal e, com isso, buscando uma compreensão genuinamente comparativa das peculiaridades humanas.

Qual é o grau de semelhança entre as cidades em tempos e lugares diferentes? Qual é o grau de semelhança entre Bangcoc e Bombaim? E qual a semelhança entre essas cidades e Baltimore? E entre elas e a Babilônia?

Gideon Sjoberg fez uma tentativa interessante de reunir a evidência sobre "cidades pré-industriais", particularmente as cidades da Antiguidade. Ele chega a um modelo idealizado da cidade pré-industrial do qual as cidades reais eram uma aproximação – uma espécie de padrão compósito. A cidade antiga era caracteristicamente o centro do governo e da religião; ela abrigava as elites; e só secundariamente era o centro do comércio. Os grupos étnicos normalmente formavam encla-

ves separados, no qual os domicílios de famílias extensas eram fortes. O comércio estava normalmente nas mãos das classes inferiores ou dos intocáveis; e os homens, especialmente os mais velhos, de uma elite hereditária, tinham o poder político e religioso. A ideologia e a educação religiosas tendiam a perpetuar a elite, e, portanto, a serem forças conservadoras (SJOBERG, 1960).

Mas, como Southall (1973a) e outros assinalaram, um compósito idealizado desse tipo esconde muitas das variações mais interessantes. Southall cita um número de casos, tais como a antiga Suméria dinástica, o México asteca, Damasco, Cartago e a Europa Medieval e do Renascimento, em que os comerciantes eram ricos e poderosos e não poluídos ou periféricos. Para a maior parte das características do compósito ideal de Sjoberg, podemos encontrar exceções. E quando isso não ocorre (p. ex.: características tais como a dominação masculina ou o conservadorismo e as funções reforçadoras da elite da educação parecem ter sido verdadeiras também nas cidades pré-industriais), elas são igualmente verdadeiras em sociedades tribais ou nas comunidades rurais; portanto elas de forma alguma definem a singularidade da vida citadina.

A tecnologia e a industrialização transformaram progressivamente as cidades em todas as partes, criando a possibilidade de populações maiores, um controle político mais amplo, novos modos de produção e novos relacionamentos de classe. Mas será que a cidade industrializada é também um compósito idealizado como a cidade pré-industrial esboçada por Sjoberg?

Examinando as grandes cidades da América Latina, da Ásia ou da África, vemos contrastes marcantes com as cidades industriais do Ocidente, na pobreza e sujeira incríveis, e nos assentamentos de invasores, bem assim como similarida-

CASO 78

A urbanização no Japão

No Japão, a primeira capital, Heijoku (Nara), foi construída de acordo com um modelo chinês no começo do século VIII; e as cidades feudais e depois industriais que se seguiram se desenvolveram de maneiras distintivamente japonesas. Após a Restauração Meiji de 1868, o Japão se industrializou com uma rapidez espantosa – de tal forma que à época da guerra russo-japonesa (1904) o Japão já tinha uma máquina de guerra poderosa de estilo ocidental e o poder industrial para sustentá-la. O surgimento de firmas industriais e bancos gigantescos, que dominaram a política e também a economia, ajudaram a dar forma à grande expansão de cidades como Tóquio e Osaka. Em 1920, Tóquio já tinha uma população de quase dois milhões. A peculiaridade das cidades e da vida urbana japonesas foi reconstruída por Yazaki (1963, 1968, 1973), Smith (1973) e outros – baseando-se, para os séculos recentes, nos registros detalhados do censo. Smith observa que as cidades japonesas pré-industriais do século XVIII tinham famílias individuais pequenas, e não grandes famílias extensas, como suas unidades constituintes cruciais; e esses grupos domiciliares eram altamente móveis. Ele argumenta que em vez de famílias nucleares se tornarem separadas e móveis em virtude da industrialização urbana, como afirmam os teóricos da urbanização, na sequência japonesa a independência e a mobilidade do domicílio aparentemente precedeu a industrialização. Ele sugere que esse padrão pode ter contribuído para a extraordinariamente rápida e eficiente adaptação da sociedade japonesa à industrialização. Smith também sugere que o modelo segundo o qual herdeiros únicos herdavam o controle sobre a propriedade domiciliar contribuiu para a emergência de empresas familiares, algumas das quais cresceram para se transformarem nas grandes corporações familiares chamadas *zaibatsu* do Japão industrial (cf. tb. BELLAH, 1957).

des na escala, na complexidade e na fragmentação das relações sociais. A maior parte dessas cidades foram, em vários graus, criadas pelo colonialismo, velho e novo – São Paulo, La Paz, Santiago, Cingapura, Bombaim, Hong-Kong, Calcutá, Manila. Portanto não é nenhuma surpresa que os sistemas de classe, os modelos econômicos e as relações com o interior dessas cidades sejam, em algumas coisas, semelhantes. Ligadas como satélites à Europa e servindo como metrópoles coloniais com relação aos satélites no interior (para usar os termos de Frank), elas passaram por um desenvolvimento paralelo. Essas metrópoles coloniais tendem, todas elas, a ter assentamentos de invasores, a extrair mão de obra com baixos salários das áreas rurais, e assim por diante; elas evoluíram para servir os interesses dos Estados metropolitanos, sob sua dominação econômica.

Evidência surpreendente sobre a variação nos modelos urbanos vem daqueles poucos casos em que países não ocidentais tinham cidades pré-coloniais e particularmente em que o caminho para a industrialização foi seguido, de uma maneira substancialmente livre da dominação europeia. Considere, por exemplo, a urbanização do Japão, descrita no Caso 78.

O fato de a sociedade urbana japonesa ainda ser distintivamente japonesa culturalmente é reforçado pelo estudo de Thomas Rohlen de uma empresa bancária de Tóquio. Rohlen descobriu que o banco, em sua estrutura burocrática quase familiar e em muitos outros aspectos, era uma espécie de microcosmo da cultura japonesa: os estagiários no Banco, por exemplo, passavam por uma espécie de orientação zen, em que lhes eram instiladas as qualidades apropriadas de humildade, respeito e lealdade (ROHLEN, 1974; cf. tb. NAKANE, 1970).

Outra perspectiva sobre o que é peculiar com relação a essas cidades não coloniais – e, portanto, sobre aquilo que é peculiar à experiência urbana ocidental – veio de tais cenários como Adis Abeba na Etiópia (cf. SHACK, 1973), as cidades iorubas da África Ocidental (LLOYD, 1973) e as antigas cidades pré-coloniais da Índia (ROWE, 1973). Essas antigas cidades indianas, como as antigas cidades gregas ou maias, representam um modelo do cosmos. "Todas as cidades reais indianas [...] estão construídas segundo o modelo místico da cidade celestial em que, na era dourada, o Soberano universal morava" (ELIADE, 1959: 5). "O simbolismo da casa, do templo e da cidade são realidades no esquema de vida hindu" (ROWE, 1973: 211; cf. tb. NAS, 1993, sobre o simbolismo urbano em uma série de cenários).

As antigas cidades iorubas tinham populações de até cinquenta mil pessoas. De muitas maneiras elas se comparavam com os centros urbanos no Ocidente – principalmente na alta porcentagem de cultivadores de subsistência nas cidades. No século XX a modernização expandiu as populações nigerianas e aumentou a migração para as áreas urbanas de tal forma que Ibadan, com 97% de população ioruba, cresceu para bem mais de um milhão. Aqui o velho e o novo se combinam de maneiras reveladoras: "A [...] estrutura física e a morfologia de Ibadan [...] representam uma convergência de duas tradições de urbanismo – uma tradição africana não mecanicista e pré-industrial mais semelhante ao urbanismo medieval na Europa e uma tradição europeia tecnologicamente orientada" (MABOGUNJE, 1967: 35).

Da aldeia para a cidade

A emergência e crescimento das cidades significa movimento a partir do campo. Indivíduos e famílias vão em grande número das aldeias para a cidade. Portanto, um desafio importante para o antropólogo urbano é compreender o relacionamento entre comunidades rurais e os moradores da cidade e interpretar a transformação dos padrões culturais rurais em cenários urbanos. Os valores antigos, os antigos tecidos do parentesco e da comunidade unem as pessoas nos cenários urbanos? Pocock (1960) e outros argumentaram que, nos casos em que os centros urbanos cresceram fora de um arcabouço de exploração e dominação colonial, o rural e o urbano continuam a ser um sistema único, sustentado pelos mesmos padrões culturais. Quando a urbanização rompe aqueles laços de continuidade é porque a fragmentação do trabalho assalariado na urbanização colonial e pós-colonial os interrompeu – quando os laços de cultura compartilhada são transformados em relacionamentos de classe; quando a riqueza urbana cria a pobreza rural e atrai os pobres para as margens urbanas; e quando os trabalhadores urbanos, muitas vezes deixando para trás suas famílias, são extraídos de grupos étnicos e regiões diferentes. Como observa Southall:

> As cidades coloniais do século XIX foram descritas como parasíticas, canalizando produtos desejados para o Ocidente sem induzir transformações econômicas. Agora que a maior parte delas passaram a ser as capitais de países independentes, as elites locais foram cooptadas junto das elites brancas que continuam em números maiores do que antes, embora tenham escapado da dominação política aberta e se voltado para uma dominação mais sutil, diplomática, comercial, militar e de uma geral ajuda-para-o-desenvolvimento. Considerando que o abismo entre o luxo urbano e a pobreza tanto urbana quanto rural é também maior do que antes e que eles servem como canais

por meio dos quais só os Estados Unidos consomem 60% dos recursos naturais do mundo [...] essas cidades asiáticas [e outras cidades pós-coloniais] não podem exatamente ser consideradas menos parasíticas do que antes. A segregação espacial e a solidariedade social das comunidades étnicas de imigrantes continuam a ser marcantes e, nas condições de superlotação extrema e subemprego, são, sem dúvida alguma, necessárias para a sobrevivência (1973a: 10).

Nessas cidades – aquilo que poderia ser chamado de cidades neocoloniais, em comparação com aquelas do Ocidente moderno ou do Japão e da China – laços tradicionais de parentesco e comunidade podem continuar fortes. Nos enclaves étnicos, como Southall observa, esses padrões culturais podem servir como estratégias cruciais de sobrevivência pelas quais a identidade é preservada e a ação coletiva e a "pertença" são mantidas. (O mesmo é verdade, é claro, dos enclaves étnicos das cidades do Ocidente.) Os laços de parentesco, tanto nas famílias e entre elas, podem continuar a ser mais importantes do que as teorias dos sociólogos urbanos tinham sugerido. Assim Bruner (1973) e outros mostraram quão importantes e fortes são os laços de parentesco nos ambientes urbanos, um tema que emerge também nos materiais autobiográficos coletados no México e em Porto Rico por Oscar Lewis (1961, 1966). E os estudos de guetos urbanos nos Estados Unidos, principalmente o trabalho de Carol Stack (1974), enfatizaram a centralidade e a resiliência resistente dos elos de parentesco, apesar da fragmentação, da impessoalidade e da enorme escala da vida urbana.

Mas em muitas áreas do mundo pós-colonial, especialmente as cidades neocoloniais em que in-

divíduos e famílias são arrancados das comunidades rurais para o trabalho assalariado, os laços de parentesco e comunidade são, pelo menos temporariamente, rompidos na migração urbana. Aqui, associações voluntárias e outras instituições, de algumas formas modeladas nos laços próximos de parentes e vizinhos (cf. Caso 79), podem surgir como fontes de força, de identidade e de sobrevivência – e como meios de incorporar recém-chegados em um ambiente hostil.

Na África, antropólogos que tinham primeiramente trabalhado em ambientes tribais acompanharam migrantes urbanos que foram para os bairros pobres e favelas; e, nada surpreendente, eles examinaram as maneiras como foram preservados os padrões culturais em novas formas, e as maneiras como as pessoas da mesma aldeia ou grupo linguístico ficaram juntas em seu novo cenário urbano de uma forma que era modelada no parentesco. Perspectivas críticas sobre as forças econômicas que, em primeiro lugar, estavam empurrando ou atraindo os aldeões para que saíssem de suas terras e fossem para as cidades só surgiram mais recentemente.

Conexões sistêmicas: ricos e pobres, cidade e campo

Vimos no capítulo anterior algumas das pressões e estratégias de desenvolvimento que empurraram os povos rurais para a produção de safras comerciais em vez de produção para a subsistência, que os fizeram dependentes do trabalho assalariado nas cidades, minas ou plantações, e que transformaram a estrutura de classes da sociedade rural. Elas devem fazer com que tenhamos mais cuidado ao tomar ao pé da letra o abismo entre os distritos comerciais modernos e prósperos, os bairros afluentes das cidades pós-coloniais e as favelas e bairros pobres em que os pobres urbanos lutam

CASO

79

As associações dançantes de Freetown

Na cidade de Freetown, Serra Leoa, povos temnes formaram associações voluntárias de um tipo comum na África Ocidental (BANTON, 1957; LITTLE, 1967). Essas associações são conhecidas como *dancing compins*. Sua função ostensiva é realizar "peças" de música e dança tradicional. As apresentações são realizadas para os casamentos dos membros (tanto homens quanto mulheres), para ocasiões especiais, tais como visitas de pessoas importantes e para angariar fundos.

Cada *compin* é extremamente organizada, com funcionários, comitês, e tesourarias, para a qual os membros contribuem semanalmente e na morte de um dos membros. Eles mantêm uma forte disciplina sobre os membros e competem entre si por uma boa reputação tanto em termos de comportamento quanto das apresentações. Muitas são cobradas para a quebra de regras e dá-se muita ênfase à ajuda mútua em épocas de necessidade.

A maioria dos membros de uma *compin* de dança é composta de migrantes das cidades e aldeias rurais, e há uma tendência para que os membros sejam do local e da região. Em muitos aspectos elas funcionam como uma contrapartida urbana às corporações baseadas no parentesco da sociedade temne tradicional. Elas servem também para socializar recém-chegados à cidade sobre como as coisas são e fornecem um grupo muito integrado que contribui para sua segurança nesse ambiente novo e muitas vezes hostil se não fosse pela ajuda das associações.

A origem das *compins* revela outro lado de sua importância e atração. Os temne há muito são considerados como os "caipiras" de Serra Leoa por outros povos de grupos menos conservadores. Para os jovens temne, o estabelecimento da primeira *compin* por um professor temne um tanto revolucionário forneceu um ponto de encontro ao redor do qual eles puderam construir uma nova identidade urbana. À medida que as compins se estabeleceram e adquiriram prestígio, a combinação daquilo que era sofisticado e novo com aquilo que era recebido de elementos tradicionais valiosos da cultura temne deu-lhes uma influência adicional. Alguns jovens as usavam como trampolins para a liderança política em questões tribais.

Assim, fundando associações voluntárias, os temnes individuais aumentaram seu prestígio e ascenderam na escala social. Essas organizações fornecem novos papéis de liderança [...]. Ao ressuscitar certos aspectos da cultura tradicional e adaptá-la às necessidades urbanas esses jovens puderam levar adiante suas ambições modernistas (LITTLE, 1967: 160).

Atualização do caso

Além dos trabalhos citados aqui, Kenneth Little publicou extensivamente sobre a vida urbana na África (cf. LITTLE, 1980).

para sobreviver em meio à pobreza desesperada, à subnutrição e às doenças. Será que esse abismo é simplesmente o abismo entre o "setor em desenvolvimento" da economia em que a modernização está ocorrendo e o "setor tradicional" na medida em que esse transbordou para a cidade? Há um enorme contraste físico entre os arranha-céus modernos, as coberturas, e as mansões, e os bairros de quilômetros de papelão, zinco e pedaços de madeira nas margens externas do *smog*. Apesar disso, os vários segmentos das populações urbanas estão conectados economicamente.

Estudos recentes de cidades latino-americanas e em outras áreas em desenvolvimento revelaram as interconexões fortes e sistêmicas entre os ricos e os pobres urbanos, as maneiras em que as economias neocoloniais e as classes médias em ascensão dependem dos pobres e dos famintos que emergem às dezenas de milhares das favelas e dos bairros pobres quando amanhece o dia.

Lomnitz compara os moradores de um bairro pobre da Cidade do México com os caçadores-coletores na selva urbana, que "saem todos os dias para caçar empregos [...] sua sobrevivência é baseada em restos: restos de empregos, restos de comércios, restos de espaço habitável, e casas feitas de restos [...]. Eles habitam os interstícios do sistema industrial urbano e se alimentam de seu desperdício" (LOMNITZ, 1977: 208). Mas, apesar de sua marginalidade, esse exército maltrapilho dos pobres urbanos "desempenha funções sociais importantes embora talvez ainda não reconhecidas; em particular, a emergência de uma classe média urbana na América Latina deve muito à mão de obra barata e aos serviços." Os pobres trabalham como "empregados domésticos, jardineiros, entregadores, motoristas e uma série de criados servis de todos os tipos. Se existe um relacionamento simbiótico entre a sociedade urbana e a marginalidade, seu maior beneficiário é, sem dúvida, a classe média" (LOMNITZ 1977: 208).

Uma situação semelhante é relatada por Perlman para as favelas ou bairros pobres "ilegais" do Rio de Janeiro. Questionando um "mito de marginalidade" que considera as favelas como uma influência maligna na paisagem urbana e um escoadouro de recursos do país, Perlman relata o seguinte:

> Quase todos que podem, trabalham. Um terço dos homens está empregado na indústria, na construção civil, ou no transporte, e muitos mais estariam fazendo o mesmo se os empregos existissem. Só um terço trabalha em empregos na própria comunidade local, enquanto todos os outros contribuem com seu trabalho diretamente para a "economia da cidade externa". Os

Trabalhadores bantu em uma cidade da África do Sul nos dias do *apartheid*. O aviso no ônibus: "Apenas para não europeus".

favelados não só construíram os edifícios de muitos andares dos quais o Rio se orgulha tanto, mas também são aqueles que mantêm e limpam aqueles edifícios [...]. Cerca de um terço das mulheres da favela estão empregadas nos serviços domésticos que a classe média acha tão essenciais. Os favelados representam uma oferta de mão de obra domiciliar barata, aliviando as mulheres das classes altas das tarefas de lavar, limpar, cozinhar e cuidar dos filhos [...].

Embora alguns [homens] façam trabalhos não qualificados nas fábricas ou na construção civil, a maioria está empregada no setor de serviços como camelôs, lixeiros, cobradores de ônibus, porteiros, seguranças, varredores de rua, frentistas em postos de gasolina, lavadores de carros, consertadores de rua, ou zeladores. Esses

[...] são todos empregos que precisam ser feitos e que geram renda que recircula por toda a economia (1976: 152-153).

Veremos adiante que os estereótipos das favelas como canteiros do crime, da patologia cultural e da desorganização social são igualmente questionados por estudos tais como o de Perlman da textura real da vida social nessas áreas pobres.

Estudando "problemas urbanos"

Estudos das vidas dos moradores de bairros pobres nos Estados Unidos, na Ásia ou na América Latina foram muitas vezes motivados por uma preocupação liberal humanista; eles foram também uma resposta à disponibilidade de recursos para pesquisa para "tratar" do mal-estar social que explodiu na violência. Estudos antropológicos dos pobres urbanos levantam uma variedade ampla de questões e dúvidas. Voltaremos a elas no Capítulo 21.

Críticos radicais argumentam que as raízes da pobreza urbana e do crime se encontram no sistema político e econômico que criou o padrão de exploração e discriminação. Dessa perspectiva, curar os sintomas por meio de projetos de renovação urbana, programas do tipo *head start*, treinamento profissional ou outros remédios parcelados com o objetivo de elevar o nível dos pobres para que alcancem os grupos predominantes da sociedade só podem ser parcialmente bem-sucedidos; especialmente em uma perspectiva global, uma abordagem assim só pode conseguir criar pequenas elites novas e ampliar e polarizar relacionamentos opressivos de classes.

Uma cultura da pobreza?

A pobreza desesperada na qual estão presos muitos moradores das cidades no mundo todo pode facilmente ser considerada patológica. Assim Oscar Lewis pintou um retrato dramático de uma **cultura da pobreza** internacional com muitas semelhanças gerais que transcendem as variações regionais e nacionais. Esse retrato foi extremamente polêmico. Lewis sugere, e procura documentar com seus materiais de histórias de vida selecionadas, que os pobres nas cidades latino-americanas modelam suas vidas parcialmente de acordo com as instituições principais da sociedade dominante, mas estão em grande parte excluídos delas. Suas vidas sociais e econômicas e suas adaptações psicológicas são formadas pela exclusão e pela privação. Socialmente, o resultado é uma ausência de casamentos estáveis e de uma vida familiar sólida, com amantes que vêm e que vão, crianças saindo de casa prematuramente em busca de uma aventura que disfarce sua frustração econômica e assim por diante. Psicologicamente, "um forte sentimento de marginalidade, de impotência, de dependência e de inferioridade" predomina (LEWIS, 1966: xlvii).

Os escritos de Lewis provocaram uma tempestade de críticas. Ele foi corretamente criticado por subestimar os sistemas criativos e de valores positivos e os relacionamentos sociais que preservam a solidariedade no meio da adversidade e também por ter uma concepção muito limitada das raízes da pobreza. Foi uma estratégia característica das classes dominantes, seja no colonialismo externo ou no interno, caricaturar os pobres como preguiçosos, ineptos, promíscuos, ou pessoas a quem, de alguma outra forma, faltam as virtudes que os fariam capazes de prosperar e progredir. Os problemas dos pobres são colocados aos pés dos pobres. Lewis não é de forma alguma simplista, moralista e racista, mas seu retrato da pobreza urbana é muito limitado e era vulnerável ao mesmo tipo de crítica (LEACOCK, 1971; VALENTINE, 1968).

As descrições dos sistemas de valor da "cultura da pobreza" e o teor da vida social nas favelas urbanas não foram comprovados por estudos mais aprofundados tais como a documentação de Perlman dos moradores das favelas do Rio. Com base nos dados obtidos por observação participativa, entrevista e questionário, ela lança dúvida sobre a visão de que a vida nos bairros pobres das cidades é patológica:

> Descobri que o conhecimento predominante está completamente errado; os favelados [...] *não* têm as atitudes ou o comportamento supostamente associado com grupos marginais. Socialmente são bem-organizados e coesos e fazem amplo uso do *milieu* urbano e de suas instituições. Culturalmente, são extremamente otimistas e aspiram a uma educação melhor para seus filhos e a melhorar a condição de suas casas. As pequenas pilhas de tijolos que são compradas uma a uma e armazenadas nos fundos da casa para o dia em que puderem ser usadas é um depoimento eloquente de como os favelados lutam para realizar suas metas. Economicamente, eles trabalham muito, consomem sua parte dos produtos de outros [...] e constroem – não só suas próprias casas, mas também grande parte da comunidade como um todo e da infraestrutura urbana. Eles também dão muito valor ao trabalho árduo, e se orgulham de um trabalho bem-feito. Politicamente, não são nem apáticos nem radicais (PERLMAN, 1976: 242-243).

Quando estavam coletando seus dados nem Lomnitz nem Perlman dependeram apenas da observação participativa para documentar a qualidade de vida dos pobres das cidades e seu lugar na economia mais ampla: ambos dependeram muito de dados de pesquisa. Perlman é, por formação, um sociólogo

urbano. Isso nos leva à pergunta se pode haver ou deve haver uma "antropologia urbana" específica; e à questão de se os métodos de campo da antropologia tradicional são adequados em ambientes urbanos.

Métodos de estudo em ambientes urbanos

Os métodos que eram suficientes para estudar um vilarejo tribal e foram pelo menos em parte bem-sucedidos em uma aldeia de camponeses serão adequados para a escala, fragmentação e diversidade da vida social urbana? A metodologia antropológica inclui uma ênfase em uma compreensão de longo prazo e um foco sobre questões de cultura que são relevantes independentemente do local onde o trabalho de campo é realizado, mas pode ser difícil de levar a cabo em ambientes urbanos.

Uma estratégia foi tomar pequenas fatias de um vasto ambiente urbano e examiná-los com as lentes de aproximação da observação antropológica durante longos períodos de tempo. Isso pode envolver uma participação íntima em grupos pequenos, tais como gangues, como nos estudos dos Vice-Lords em Chicago (cf. Caso 80).

Outros estudos, tais como *Tally's Corner* de Elliot Liebow (1967), tomaram pequenas fatias da vida e pesquisaram suas conexões com o mundo externo. Liebow estudou uma pequena e inconstante coleção de homens negros em Washington D.C. cujas vidas os levaram e os aglomeraram ao redor de uma esquina específica. Ele pesquisou suas vidas à medida que saíam dessa esquina e iam para empregos que não duravam muito, relacionamentos sexuais e maritais e redes de amizade. Esses estudos de pequenos grupos ou ambientes locais não são de forma alguma especificamente novos e antropológicos; estudos do grupo de fiação de bancos em uma fábrica na Nova Inglaterra e de uma gangue de esquina (WHYTE, 1955) são clássicos sociológicos há décadas. E, mais recentemente, sociólogos, bem assim como antropólogos, foram em bandos para projetos de habitação de guetos, comunidades *hippies*, ashrams da Divina Luz, e outros ambientes em pequena escala.

Talvez seja perda de tempo nos preocupar se os observadores participantes de pequenos grupos têm qualificações antropológicas ou sociológicas. Mas a pergunta mais urgente é se a observação participativa em pequenos grupos, como microcosmos de algum sistema mais amplo, é adequada para a complexidade da vida urbana. Pois, caracteristicamente, uma gangue urbana ou uma comuna ou uma casa de cômodos é o foco por apenas parte da vida social de seus participantes. Para cada um deles, a vida social diária vai além desses ambientes calorosos e íntimos até o enorme mundo impessoal de empregos, e lojas e ônibus e ruas. O desafio à exploração sistemática das relações sociais individuais nos cenários urbanos por toda essa variedade foi confrontada com honestidade por antropólogos sociais britânicos na urbanização da África. Particularmente antropólogos com formação na "Escola de Manchester" da antropologia social ou influenciados por ela – Max Gluckman e seus alunos – buscaram generalizar a metodologia antropológica para lidar com a fragmentação da vida urbana.

Assim, Jap Van Velsen, Clyde Mitchell e outros desenvolveram a **análise situacional** em que uma ocorrência coletiva – uma dança, uma assembleia pública, um casamento – é analisada de bem perto sob um microscópio para revelar quem participa e por quê. Essas análises podem mostrar como as estratégias e os conflitos manifestados no incidente particular refletem as estruturas e processos da sociedade mais ampla. Análises situacionais que vão do concreto e imediato para mostrar processos gerais e redes se desenvolveram a partir de estratégias que foram elaboradas inicialmente para estudar conflito e relações sociais nos ambientes tribais africanos – os "dramas estruturais" examinados por Victor Turner (1957) entre os ndembus, o "método de caso estendido" de Van Velsen (1967), e outros. Mas nos ambientes urbanos, especialmente nos lugares em que a mudança é rápida, os participantes se movimentam e os contextos étnicos são variados, essa análise situacional deve revelar processos e conflitos contra um pano de fundo de fluidez e diversidade, não de instituições e valores compartilhados.

Um desenvolvimento relacionado foi a *análise de rede* (BARNES, 1972). Aqui estudiosos como Mitchell, Epstein, Barnes, Kapferer e Boissevain buscaram investigar as atividades dos indivíduos à medida que eles passam pela extensão total de relacionamentos sociais. Ao mostrar como e por que os citadinos se envolvem em relacionamentos econômicos, políticos e de parentesco e como eles usam estrategicamente suas **redes** de conexão, antropólogos urbanos podem ir além tanto de um arcabouço estático de análise institucional e da distorção que resulta de examinar apenas aquela porção da vida de cada pessoa que é passada no grupo pequeno – uma gangue, uma residência ou um bar – que o antropólogo está observando. A análise da rede foi parcialmente bem-sucedida no mapeamento de padrões de relações sociais de tal forma que as propriedades das redes podem ser examinadas matematicamente. Mas aqui os formalismos muitas vezes foram superficiais e analógicos. Há um perigo de se deixar levar pela elegância formal daquilo tudo e esquecer o que os números ou os diagramas significam – do relacionamento normalmente tênue entre o formalismo e o mundo (para um conjunto de estudos que

CASO
80

Os Vice-Lords

A Nação dos Vice-Lords [senhores do vício] compreende um grupo de gangues locais de jovens negros em Chicago que foi estudado pelo antropólogo Lincoln Keiser (1969). Os Vice-Lords começaram em um reformatório em 1958; na metade da década de 1960 seu núcleo original já tinha se expandido para uma grande variedade de bairros – originalmente preenchendo um vácuo temporário nas lutas pelo poder das gangues de jovens locais (os Clovers [Trevos], os Imperial Chaplains [capelães Imperiais], os Cave Men [Homens das Cavernas]), e eventualmente atraindo lutadores estabelecidos de outras gangues e recrutando a força local.

O que tinha começado como um pequeno clube social, dando festas e fornecendo solidariedade comunitária, sob as pressões das gangues de jovens ao redor se transformou em uma terrível gangue lutadora. Foi organizada em uma série de territórios não contíguos, ruas nas quais os Vice-Lords tinham poder primordial. A Nação Vice-Lord foi dividida primeiramente em "ramais" (Os lordes Albany, os lordes Madison, os lordes maníacos, os lordes guerreiros, e assim por diante) e os lordes da Cidade eram o subgrupo original e mais poderoso. Cada ramal tinha um conjunto específico de funcionários e um território. Os escritórios davam uma estrutura de liderança quando um líder específico era preso. Os City Lordes, por sua vez, estão segmentados em "seções" locais. Essas seções estão subordinadas aos funcionários da City Lord; mas os ramais mais jovens também reconhecem a senioridade dos líderes da City Lord. Só eles podem convocar as reuniões pouco frequentes de toda a Nação Vice-Lord. Finalmente, cada ramal ou seção está dividida em pequenos grupos, com forte solidariedade interna; normalmente esses grupos também têm nomes (Gallant Men [Homens galantes], Rat Pack [Pacote de ratos], Magnificent Seven [Os magníficos sete].

Se tudo isso parece reminiscente de um sistema segmentar de linhagem, realmente o é. Quando a gangue luta ou faz o que chamam de *gangbangs*, que são um foco do prestígio e da solidariedade do grupo, os membros operam de uma maneira não muito diferente de nossos hipotéticos Smiths e Joneses no Capítulo 9 ou dos nuers do Sudão (Caso 34, Capítulo 11). Assim:

> Se os Vice-Lords envolvidos na *gangbang* são membros da mesma seção, então é a pertença à seção que será significativa; se os Vice-Lords são membros de seções diferentes, mas do mesmo ramal, então é a pertença ao ramal que é significativa; e se os Vice-Lords são membros de ramais diferentes, é a pertença ao clube que será significativa (KEISER, 1969: 31).

Dentro de um ramal ou seção há também uma espécie de graduação por faixa etária (seniores, juniores, anões). Cada grupo local também tem uma espécie de tropas auxiliares femininas, jovens mulheres que são conhecidas como Vice-Ladies. Isso não implica necessariamente

usam a análise de redes, entre outros métodos, cf. ROGERS & VERTOVEC, 1995).

Métodos apropriados para a pesquisa em ambientes urbanos dependerão tanto do arcabouço teórico quanto dos fenômenos a serem estudados. Quando os métodos para o estudo das culturas como sistemas cognitivos foram desenvolvidos nos estudos dos habitantes das aldeias Maísa e nas comunidades tribais filipinas, alguns pesquisadores tentaram aplicá-los às subculturas dos ambientes urbanos. Sempre que um subgrupo tem uma subcultura distinta, um conjunto de entendimentos e usos linguísticos compartilhados que faz de seu mundo um mundo privado dentro da vasta impessoalidade da cidade, ele pode – argumentou-se – ser estudado com a ajuda de métodos da

que as Vice-Ladies são parceiras de Vice-Lords determinadas nem que são mais ou menos passivas e subservientes com relação aos homens: um dos informantes de Keiser descreveu brilhantemente como um grupo de Vice-Ladies bateu em um grupo de Vice-Lords com tijolos, facas e bastões quando um jovem e sua namorada que era uma Vice-Lady chegaram às vias de fato.

As lutas ocorriam em encontros e confrontos planejados ou não planejados (p. ex., em um baile, uma festa, um jogo) ou como operações de invasão e defesa do território do clube. As lutas muitas vezes provocam ciclos de hostilidades. Tudo isso é um negócio bastante violento, já que as armas podem incluir revólveres e facas, além dos punhos; mortes não são infrequentes.

Os grupos dos Vice-Lords também se envolviam em outras operações – *hustling* (mendigar, roubar ou jogar), *wolf packing* [andar em alcateia] (bater em transeuntes), *pulling jive* (beber vinho), *shooting craps* ou simplesmente e informalmente andar juntos em busca de aventuras. Keiser analisa vividamente as ideologias centrais na cultura dessas gangues de jovens negros que dão sentido a suas ações: a apreciação da "alma" (cf. tb. o estudo de Keil em 1966 dos Urban Blues), uma "fraternidade" de "coração" (bravura e ousadia), e participar do "jogo" com sucesso (isto é, enganando as pessoas, saindo-se bem em encontros interpessoais, vencendo o sistema).

O status pessoal no Vice-Lords e em gangues semelhantes depende da exibição de virtudes de lealdade, bravura e pura audácia – mas particularmente de sucesso e coragem na luta. Observe aqui uma convergência parcial com os valores do machismo e do *crab antics* [o jeito do caranguejo] (Caso 64, Capítulo 17).

Isso é útil para nos lembrar de que os Vice-Lords e seus rivais não existem em um vácuo social e que – ao contrário dos nuers pré-coloniais – em última instância eles não têm o controle de seus próprios territórios e de seu próprio sistema social. Economicamente, eles já atravessaram com frequência momentos de dificuldades desesperantes, sobrevivendo em um mundo de roubo armado e uso de drogas contra o qual a sociedade mais ampla deflagra guerra por meio da repressão policial. A bravura e a violência das gangues de jovens negros foram alimentadas pela ira e frustração desesperadas fomentadas pela pobreza, pela alienação e pela brutalização nos reformatórios e nos presídios.

Vale a pena observar que na década de 1960 os Vice-Lords estavam passando por uma transformação dramática sob o impacto do nacionalismo negro e um influxo de financiamentos para o desenvolvimento comunitário. À medida que as oportunidades econômicas se abriram e um sentido de identidade negra foi fortalecido, a luta de gangues começou a dar lugar à unidade política, à militância, e a ganhos econômicos.

Atualização do caso

Para um estudo sobre as gangues na Papua-Nova Guiné contemporânea, confira Trompf (1994) com referências.

antropologia cognitiva. Ao ver esse mundo através dos olhos e da linguagem daqueles que nele habitam, podemos corrigir as distorções que surgem quando os padrões da classe-média americana são aplicados às minorias.

Pioneiros dessas abordagens cognitivas às subculturas urbanas, principalmente Spradley e McCurdy, realizaram estudos importantes eles mesmos, e encorajaram seus alunos a direcionar esses métodos para ambientes familiares tais como a cultura de pessoas que pegam carona para viajar (cf. SPRADLEY & McCURDY, 1977). O estudo de Spradley sobre "nômades urbanos" em Seattle, apresentado no Caso 81, ilustra a abordagem, seus pontos fortes e suas limitações.

CASO
81

Nômades urbanos: "vagabundos" e bêbados em Seattle

James Spradley decidiu que, com uma montanha de publicações sobre "problemas urbanos" que tinha se acumulado na década de 1960, o antropólogo tinha uma única contribuição a fazer: "*descobrir o ponto de vista do nativo*" (SPRADLEY, 1970: 6). Ele sugeriu que os métodos elaborados em comunidades tribais e camponesas para analisar a classificação popular, extraindo esquemas conceituais e "regras" culturais e com isso escrevendo "gramáticas culturais" de como residir após o casamento, encenar casamentos ou preparar hortas, poderiam potencialmente fornecer um meio para analisar as culturas específicas das minorias urbanas.

Spradley escolheu concentrar-se na cultura das pessoas classificadas como "vadios", "vagabundos" ou alcoólatras na Skid Road em Seattle (essa é a própria rua de onde o termo *skid row* [uma área urbana destruída e pobre] se originou. Ele os estudou nas ruas, nos tribunais e em centros de tratamento para o alcoolismo. As percepções que Spradley teve das dificuldades dos nômades urbanos – condenados pela rejeição da sociedade e o sistema legal a andar à deriva, a serem humilhados e degradados, e a passar grande parte de suas vidas na cadeia – são vívidas e esclarecedoras:

> A cultura nômade urbana é caracterizada pela *mobilidade, alienação, pobreza* e um conjunto peculiar de *estratégias de sobrevivência*. Alguns homens levam esse tipo de vida por escolha, outros são empurrados para isso por problemas pessoais e outros ainda são atraídos para ela porque é ali que as coisas acontecem [...]. Seja qual for o ímpeto inicial, quando um homem se muda para a margem desse mundo ele será empurrado para seu centro [...].
>
> O vagabundo está em uma viagem perpétua e a viagem é mais importante que o destino (SPRADLEY, 1970: 253-254).

Spradley retrata a forma como essa mobilidade é forçada por ciclos de detenções que obrigam os nômades a continuar se mudando e, no entanto, os prende aos mesmos cenários aonde quer que vão. No entanto, em sua rejeição pela sociedade e alienação dela, reside uma solidariedade curiosa: na Skid Road, se não em outras partes da cidade, vive-se em "um mundo de estranhos que são amigos" (SPRADLEY, 1970: 255).

Para caracterizar esse mundo de dentro, Spradley analisa as taxonomias populares – as maneiras como os nômades urbanos se classificam uns aos outros e as cenas, ambientes e eventos de suas vidas. Assim, ele formula uma taxonomia do "domínio do vagabundo" de como os tipos de vagabundos são classificados uns pelos outros (Tabela 20.1). Aqui, muitos dos termos são estranhos: um *ding*, por exemplo, é um mendigo. Spradley então analisa os oito "termos essenciais" desse "domínio" usando um tipo de análise componencial, tal como o que esboçamos no Capítulo 3 para mostrar como poderíamos distinguir cadeiras, banquetas e bancos (Tabela 20.2). Ele usa artifícios formais semelhantes para descrever resultados alternativos de audiências de tribunais, partes do *bucket* [balde] (a cadeia da cidade de Seattle), tipos de *flops* [ato de cair pesadamente] (lugares para dormir) e assim por diante. Spradley usa uma análise componencial para distinguir, nesse domínio de *flops*, lugares alternativos tais como *trash box* [lixeira], *park bench* [banco de parque], *brick yard* [pátio de tijolos] e *weed patch* [pedaço de terra com ervas daninhas – ou maconha], segundo dimensões ou critérios tais como condições atmosféricas (longe do vento e da chuva/neve *versus* longe do vento *versus* longe do vento, da chuva/neve e do frio) e posição corporal (possível deitar-se *versus* precisa ficar sentado).

Atualização do caso

Em anos recentes, o tópico dos desabrigados foi muito estudado. Por exemplo, referimos os leitores ao livro de Shanks e Stephanie (1995), Fitchen (1992) e Mathieu (1992).

Tabela 20.1 Definição taxonômica do domínio do vagabundo

VAGABUNDO		
Cara trabalhador	Cara em missão	
Vagabundo da construção		
Vagabundo do mar		
Vagabundo mineiro		
Vagabundo da colheita		
Vagabundo de frutas		
	Mergulhador de nariz	
	Mergulhador profissional de nariz	
Cara que carrega seus pertences em uma trouxa		
Cão da raça terrier		
Vagabundo de borracha		
Vagabundo que guarda a casa		
Vagabundo de vagão de trem		
Mendigo		

Tabela 20.2 Definição componencial do domínio do vagabundo

	MÓVIL	MODO DE VIAJAR	LOCAL DE ORIGEM	MEIO DE VIDA
Cara trabalhador	Sim	Frete comercial	Emprego	Trabalhos especializados
Cara em missão	Sim	Comercial	Missão	Missões especializadas
Bindle stiff	Sim	Frete	Pacote	Generalizado
Airedale	Sim	Caminha	Pacote	Generalizado
Rubber tramp	Sim	Carro	Carro	Generalizado
Home guard tramp	Não	Ø	Cidade e parentes	Generalizado
Box car tramp	Sim	Frete	Nenhum	Generalizado
Ding	Sim	Frete	Nenhum	Especializado/Mendiga

Tais estudos, embora esclarecedores, levam-nos de volta à antiga premissa antropológica de que pessoas com uma cultura comum fornecem uma unidade adequada de análise e que uma descrição adequada dessa cultura descreve sua situação vital: premissas que podem ser duplamente inapropriadas no caso de subgrupos marginais em um sistema de classes complexo. Além disso, há um sério risco em teorias que – seja qual for o tipo de formalidade – veem "o sistema" como sendo gerado pelos atos e escolhas dos indivíduos ou por sua "cultura". As forças que moldam a decisão de uma pobre mãe nas favelas de Lagos de usar as poucas moedas que tem para comprar pão branco ou sorvete para seu filho, leite em pó para seu bebê, não estão localizadas naquelas favelas, e sim muito longe dali. As forças que levam um camponês índio que, endividando-se ao tentar competir com seu vizinho rico que pode usar trator e fertilizantes, foi obrigado a vender seu pedaço de terra e se mudar para um assentamento de posseiros nos arredores da cidade brilhante de Le Corbusier, Chandigarh, não são explicadas meramente pelos diagramas de rede ou análises de categorias culturais. Uma análise dos relacionamentos de classe e dos processos econômicos globais nos dirá aquilo que um foco apenas nas vidas, decisões e relações sociais de indivíduos ou suas conceitualizações culturais não faz (embora os relacionamentos de classe sejam eles próprios mantidos por fatores culturais).

As interpretações antropológicas de relações sociais, sejam em comunidades rurais ou nos enclaves urbanos, estão sempre sob risco de miopia – de ver os fenômenos em uma moldura estreita demais ou de ser ingênuo sobre as grandes forças moldadoras dos sistemas econômicos e dos processos históricos. Explicações para o que ocorre em uma moldura estreita são procuradas dentro da moldura, não fora dela, e isso muitas vezes leva a enganos e interpretações parciais. É talvez o dilema especial e mais profundo do método antropológico que ao observar a vida humana de perto os antropólogos veem uma riqueza da experiência cotidiana que outros cientistas sociais normalmente perdem; mas talvez eles se arrisquem a ter compreensões parciais e locais de eventos que são moldados por forças externas. A maior parte dos estudiosos contemporâneos reconhece a necessidade de uma combinação de métodos e perspectivas que lhes permita ver o inter-relacionamento de fatores locais e globais em qualquer contexto determinado, seja ele urbano ou rural.

SUMÁRIO

Sjoberg produziu um modelo da cidade pré-industrial retratando-a como espacial e simbolicamente dividida em governantes e governados e enclaves étnicos e religiosos. Essas estruturas se parecem com as das sociedades rurais hierárquicas. A tecnologia industrial produziu grandes cidades com populações de pobres e invasores. O Japão tinha cidades pré-industriais e a seguir se industrializou rapidamente. Tais cidades mostram uma combinação de traços antigos e novos, como no caso das cidades africanas. Povos urbanizados na África muitas vezes formam associações voluntárias que ajudam os migrantes a se adaptarem à vida urbana (ex.: os temnes de Freetown, Serra Leoa). Pessoas que vivem em favelas descobrem seus próprios meios de criar suas vidas e os ricos dependem dos pobres para uma série de serviços. O crime surge como um problema quando essa economia política se rompe. A organização social é afetada da mesma maneira, mas há ainda a possibilidade de adaptações criativas. O estudo feito por R. Lincoln Keiser na década de 1960 dos Vice-Lords em Chicago mostra esses processos em funcionamento. Antropólogos também usaram a análise de rede para elucidar como as pessoas pobres nas cidades conseguem sobreviver. Eles estudaram os sistemas cognitivos que servem de base para tais estratégias (p. ex.: o trabalho de Spradley sobre autoclassificações por pessoas desocupadas e desabrigadas em Seattle). Essas abordagens cognitivas são valiosas, contanto que não ocultem as causas mais amplas da pobreza urbana.

SUGESTÕES PARA LEITURAS ADICIONAIS
Seção 57

BARNES, J.A. (1972). *Networks in Social Anthropology*. Reading Mass.: Addison-Wesley Modules in Anthropology.

BASHAM, R. (1978). *Urban Anthropology*: The Cross-Cultural Study of Complex Societies. Palo Alto, Calif.: Mayfield Press.

BOISSEVAIN, J. & MITCHELL, J.C. (orgs.) (1973). *Network Analysis*: Studies in Human Interaction. Nova York: Humanities Press.

EAMES, E. & GOODE, J.G. (1977). *Anthropology of the City* – An Introduction to Urban Anthropology. Englewood Cliffs, N.J.: Prentice-Hall.

EDDY, E.M. (org.) (1968). *Urban Anthropology*: Research Perspectives and Strategies. Athens, Ga.: Southern Anthropology Society [Southern Anthropological Society Proceedings, 2].

FOSTER, G.M. & KEMPER, R.V. (orgs.) (1973). *Anthropologists in Cities*. Boston: Little, Brown and Company.

FOX, R.G. (1977). *Urban Anthropology*: Cities in their Cultural Settings. Englewood, Cliffs, N.J.: Prentice-Hall.

_____ (1972). "Rationale and Romance in Urban Anthropology". *Urban Anthropology*, 1, p. 205-233.

FRIEDL, J. & CHRISMAN, N.J. (orgs.) (1975). *City Ways*: A Reader in Urban Anthropology. Nova York: T.Y. Crowell Company.

GMELCH, G. & ZENNER, W.P. (1980). *Urban Life*: Readings in Human Ethology. Nova York: St. Martin's Press.

GUTKIND, P.C. (1974). *Urban Anthropology* – Perspectives on Third World Urbanization and Urbanism. Nova York: Barnes & Noble.

KEISH, R.L. & JACOBSON, D. (orgs.) (1974). *Urban Socio-Cultural Systems*. Nova York: Holt, Rinehart and Winston.

MANGIN, W.P. (org.) (1970). *Peasants in Cities*: Readings in the Anthropology of Urbanization. Boston: Houghton Mifflin Company.

MITCHELL, J.C. (org.) (1970). *Social Networks in Urban Situations*. Nova York: Humanities Press.

SPINDLER, G.D. & SPINDLER, L.S. (1978). *Anthropology in the U.S.*: Four Cases. Nova York: Holt, Rinehart and Winston.

WEAVER, T. & WHITE, D. (orgs.) (1972). *The Anthropology of Urban Environments*. Boulder, Col.: Society for Applied Anthropology.

Capítulo 21

A ciência social e o mundo pós-colonial

Qual pode ser a contribuição de antropólogos e de outros cientistas sociais para a transformação das nações pós-coloniais – aquelas às quais às vezes nos referimos como o Terceiro Mundo? É possível haver uma "antropologia aplicada" ou uma "antropologia desenvolvimentista" que sejam eficientes? A visão da criação do mundo pós--colonial que adotamos pode bem fazer com que tenhamos certa desconfiança dos planos ocidentais para melhorar o padrão de vida das comunidades em lugares remotos e subdesenvolvidos. E qual deve ser o relacionamento político dos antropólogos com relação aos povos pós-coloniais? No passado, a antropologia não terá sido um instrumento involuntário do neocolonialismo e da dependência? As questões para as quais nos voltamos agora são difíceis e profundas.

58 A antropologia e o colonialismo

Antropólogos na fronteira colonial

As ondas sucessivas da expansão europeia que subjugaram o mundo não ocidental trouxeram para as partes mais remotas um número de observadores perspicazes e solidários de povos e de costumes. Missionários talentosos, soldados, exploradores e outros estudiosos pioneiros das fronteiras coloniais criaram as bases sobre as quais teóricos posteriores tais como Morgan, Tylor, Frazer e Durkheim construíram. Poderíamos investigar as conexões entre o expansionismo colonial e a observação etnográfica até um passado tão remoto quanto o da conquista espanhola do México, ou talvez o de Tácito entre as tribos germânicas ou até o de Heródoto.

Mas como é o relacionamento entre a antropologia como uma disciplina profissional e o colonialismo que vem sendo reexaminada minuciosamente, é mais útil começar mais ou menos na virada para o século XX quando etnólogos amadores começaram a dar lugar aos profissionais.

Se os antropólogos foram instrumentos da dominação colonial – e de que maneiras – é algo que poderia ser investigado com relação ao Sul da Ásia ou ao Pacífico, mas a pergunta foi feita principalmente em conexão com a América do Norte e com a África.

Os ataques cômicos, mas sarcásticos, que Vine de Loria (1969) fez contra a antropologia dos nativos americanos, intencionalmente exagerados, obrigou, de forma ousada, a uma reconsideração. Os antropólogos que buscavam reconstruir e preservar modos de vida que desapareciam tinham se considerado defensores dos índios americanos. Eles se importavam com algo que ninguém mais se importava, e valorizavam o que ninguém mais valorizava. O fato de as sociedades Pueblos, ainda viáveis, terem estreitado suas fileiras para excluir antropólogos e preservar seus segredos sagrados tinha parecido uma anomalia local; em todas as outras áreas os mais velhos revelavam os modos de vida de um passado ainda recordado, gratos por ter alguém que os ouvisse, que se importasse, e que talvez até lhes pagasse um pouquinho por isso.

Mas então a raiva e o orgulho dos Pueblo se espalharam por todos os lados, à medida que povos que em um determinado momento estiveram dominados e impotentes começaram a se erguer. O simpático antropólogo tinha desviado o olhar com muita frequência quando se defrontara com anos de tratados descumpridos, opressão e pobreza extrema, e continuara a juntar os fragmentos relembrados de dias passados. No verão, os visitantes das universidades e museus muitas vezes deixavam muita amargura se acumulando às suas costas. E alguns antropólogos, trabalhando com o Escritório de Negócios Índios, tinham implementado políticas de assimilacionismo cujo custo só está sendo percebido hoje, políticas que passaram a ser alvo da retórica do Poder Vermelho*. Com isso, os antropólogos passaram a ser símbolos políticos que davam mais realce à retórica, e uma espécie de caricatura de um vilão com várias finalidades. As críticas são apenas verdades parciais – mas elas chegaram perto o bastante do alvo para produzir uma reconsideração, uma nova consciência e um autoexame que há muito era necessário.

Outros críticos radicais da antropologia e do colonialismo acusaram os antropólogos sociais, principalmente os britânicos e sul-africanos que estudaram a África Colonial na década de 1930, de serem instrumentos da política colonial que desenvolviam seus modelos de estrutura de linha-

gem e suas políticas para estabelecer e manter o controle colonial. Foi assinalado, assim, que os estudos funcionalistas das políticas tribais serviam os interesses da administração colonial por meio de um "governo indireto". Muitos estudos de instituições políticas e de parentesco foram financiados por um governo cujos administradores precisavam saber como essas instituições poderiam ser usadas para manter o controle colonial no arcabouço dos costumes locais. Foi sugerido que, ao vir morar com um povo tribal e registrar sua vida social, o antropólogo usava a posição subordinada de "seu povo" para se introduzir entre eles e obter sua cooperação; foi argumentado também que os antropólogos estavam assumindo seu próprio nicho na hierarquia do controle colonial que incluía administradores distritais, missionários, donos de plantações e comerciantes. Finalmente, os papéis de antropólogos específicos com relação a regimes coloniais e seu relacionamento com seus sujeitos foram pessimamente avaliados.

É importante lembrar que os antropólogos estavam genuinamente preocupados com aquilo que eles consideravam ser o bem-estar dos seres humanos nas comunidades que conheciam – e parecia muito melhor para administradores bem-intencionados compreender as estruturas sociais locais do que agir ignorando-as. O que era raramente – ou até nunca – questionado na África das décadas de 1930 e 1940 era a inevitabilidade do governo colonial. A independência parecia, para a maioria das pessoas, estar a muitas décadas de distância, se é que fosse ocorrer um dia. O colonialismo era um fato estabelecido e até uma responsabilidade moral. O desafio era governar bem, não mal; e os antropólogos faziam o que podiam para fazer com que o colonialismo fosse benevolente. Além disso o fato de considerarem seus sujeitos como seres humanos, e a sim-

* No original, Red Power – Movimento em favor dos índios americanos na década de 1960 [N.T.].

patia que tinham pelos valores e modos de vida diferentes, os distinguiam da maioria dos outros brancos nos contextos coloniais.

Condenações extremas da antropologia funcionalista como uma criada do colonialismo ou de figuras importantes como Evans-Pritchard ou Nadel como instrumentos da dominação colonial são muito simplistas. A questão de compromisso individual deve ser tratada com uma precaução específica. Os comentários do antropólogo marxista nascido na Arábia Saudita, Talal Asad, merecem ser citados:

> Acredito que é errôneo e injusto atribuir motivos políticos odiosos aos antropólogos que estudam sociedades primitivas [...]. A maioria dos antropólogos sociais tinha e ainda tem visões políticas radicais ou liberais. No entanto, continua a ser verdadeiro que o funcionalismo clássico impediu-os de realizar uma conjunção frutífera entre seus compromissos políticos e sua análise sociológica (ASAD, 1970: 10).

Ao contrário, a crítica deve ser mais global. As observações posteriores de Asad são incisivas:

> A realidade básica que fez que a antropologia social de antes da guerra [...] viável e eficiente [...] foi o relacionamento de poder entre as culturas dominantes e as dominadas. Então precisamos perguntar [...] como esse relacionamento influenciou [...] os usos aos quais [...] o conhecimento foi aplicado; o tratamento teórico de tópicos específicos; o modo de perceber e de objetivar sociedades diferentes; e a reivindicação de neutralidade política do antropólogo [...].

> A tendência geral da compreensão antropológica não constituía um desafio básico para o mundo desigual representado pelo sistema colonial. E tampouco o sistema colonial propriamente dito foi analisado [...].

> A definição cientificista da antropologia como um estudo altruístico (objetivo, livre de valores) de "outras culturas" ajudou a distinguir a tarefa do antropólogo daquela do comerciante, do missionário e do administrador [...] mas não o tornou incapaz de contemplar e argumentar a favor de um futuro político radicalmente diferente para o povo subordinado que ele estudava e assim servir para fundir aquela tarefa de fato com aquela dos europeus do *status quo* predominante? Se o antropólogo às vezes endossou ou condenou mudanças sociais particulares que afetavam o "seu povo" será que ele, nesse compromisso *ad hoc*, fez algo mais do que muitos europeus coloniais que aceitavam o colonialismo como um sistema? Se ele foi às vezes chamado acusatoriamente de "vermelho" ou "um socialista" ou "um anarquista" por administradores e colonos, isso não revelava apenas uma faceta do caráter histericamente intolerante do colonialismo como sistema, com o qual, apesar disso, ele escolheu viver *profissionalmente* em paz? (ASAD, 1973: 17-18).

Como disse Jacques Maquet (1964: 260): "O que importa é que a antropologia era direcionada como se quisesse preservar a situação existente." Embora nem a condenação de antropólogos individuais nem um repúdio total do "funcionalismo" seja justificado ou esclarecedor, é importante que o relacionamento entre teoria e seu contexto histórico e ideológico mais amplo seja compreendido (aqui a crítica de Maquet é extremamente esclarecedora). A discussão equilibrada por Richard Brown (1973) do trabalho de um estudioso humanista brilhante, Godfrey Wilson, no estabelecimento de um instituto patrocinado pelo governo no norte da Rodésia colonial esclarece bem a complexa inter-relação de teoria e aplicação e de compromisso pessoal e política colonial.

É simples demais atacar antropólogos passados por não terem condenado os males do colonialismo mais globalmente e com maior insistência. Se o tivessem feito, não teriam ficado sob o fogo cruzado das administrações coloniais de cuja permissão e apoio eles precisavam para chegar onde estavam indo. Na década de 1930, um antropólogo vocalmente anticolonial teria sido um acadêmico de poltrona. Nem era provável que muitos antropólogos pudessem sair do arcabouço de suas instituições – apesar de toda a insistência sobre perspectivas culturais contrastantes – para adotar uma posição sistêmica e crítica com relação ao imperialismo mundial.

Contradições do presente

Finalmente, vale a pena assinalar que as contradições na posição de vários antropólogos humanistas na década de 1930, que se acomodaram às realidades de um sistema colonialista, não eram mais profundas que aquelas do acadêmico humanista dos dias de hoje, que atua como um consultor muito bem pago para uma agência de desenvolvimento internacional.

Mas justamente por isso, antropólogos não devem se surpreender se povos recentemente independentes muitas vezes atacaram seus "amigos" antropólogos benevolentes e os condenaram como sendo apenas um outro bando de colonialistas – como lobos na pele de cordeiros. Acima de tudo o desafio antropológico não é condenar os erros do passado, mas aprender com eles: re-

definir as premissas do trabalho de campo. Uma maneira pela qual isso pode ser feito é realizar uma pesquisa genuinamente colaborativa, que envolva a comunidade anfitriã em um papel ativo (STULL, 1987).

Agora que a sistêmica da dominação mundial já está visível, a natureza dessa dominação mudou. Os colonialistas já não "vestem e civilizam os selvagens"; hoje os colonialistas estão desenvolvendo os subdesenvolvidos. O antropólogo que queira fazer trabalho de campo em um bolsão tribal remoto deve sofrer críticas severas de um governo pós-colonial independente que provavelmente será hostil àquilo que ele considera como um remanescente do colonialismo (o missionário pode muito bem ter o mesmo problema). Mas, com frequência, o antropólogo (ou outro cientista social) está lá patrocinado pelas Nações Unidas ou pela Fundação Ford para estudar ou orientar a "modernização" ou o "desenvolvimento", e as elites pós-coloniais africanas ou asiáticas com quem o pesquisador lida estão imersas em um sistema neocolonial por meio do qual os países metropolitanos continuam a controlar e a explorar seus países. A retórica sobre a antropologia e o antigo colonialismo não irão iluminar muito os laços entre a antropologia e o novo colonialismo. É para esses laços que nos voltamos agora.

59 A antropologia aplicada, estudos desenvolvimentistas e o neocolonialismo

Os antropólogos britânicos se envolveram séria e intimamente com a administração colonial, e disso resultou a aplicação prática do conhecimento antropológico na década de 1920 e especialmente de 1930. Já havia existido conexões anteriores com antropólogos governamentais na

Nova Guiné e na África e uma longa tradição de administradores-etnólogos coloniais. Na antropologia norte-americana tinha havido um longo envolvimento nos negócios dos índios americanos, inclusive uma tradição de governo por meio do Escritório de Etnologia Americana que produziu estudiosos eminentes tais como Powell e Mooney. Mas os Estados Unidos não tinham um império colonial além das Filipinas e umas poucas ilhas espalhadas e lá os problemas práticos da administração só receberam uma atenção antropológica limitada.

A Segunda Guerra Mundial modificou a face da antropologia americana à medida que dezenas de antropólogos buscaram avaliar o caráter do inimigo ou desempenhar um papel na liberação e na administração das regiões asiáticas e do Pacífico. Depois da guerra, com americanos administrando as ilhas micronésias do Pacífico do Norte, antropólogos passaram a se envolver de forma central nos problemas práticos da administração e políticas. Durante o fim dos anos de 1940, na década de 1950 e nos primeiros anos da década de 1960, o investimento norte-americano na reconstrução do mundo destruído pela guerra e na ajuda aos países em desenvolvimento que se modernizavam trouxe muitos estudiosos para a **antropologia aplicada**.

A antropologia aplicada

Estudiosos que buscavam aplicar o conhecimento antropológico ao desenvolvimento comunitário ou à mudança social direcionada muitas vezes tiveram sentimentos contraditórios com relação a transformar modos de vida antigos e valorizados: uma avaliação um tanto romântica de culturas tradicionais é um sentimento muito profundo na antropologia. Mas, de um modo geral, os "antropólogos aplicados" aceitaram a inevitabilidade da mudança e a vantagem de melhor educação, saúde comunitária e participação no governo. E também, em geral, aceitaram o sistema social e político colonial ou pós-colonial que foi imposto à comunidade onde eles estavam trabalhando (na Índia, no Peru, no México ou na Micronésia) como sendo inevitável, ainda que não necessariamente benevolente. Tentaram então fazer com que o impacto de um sistema mais amplo nas comunidades locais causasse menos disrupção e fosse menos doloroso que teria sido sem sua intermediação, ou moldar a reforma e a revitalização local. (Um caso clássico de envolvimento antropológico na mudança cultural é o Projeto Peru Cornell no Vale Vicos, apresentado no Caso 82.)

De vez em quando os antropólogos tiveram explosões de otimismo sobre aquilo que podiam dizer aos governos e administradores coloniais, ou fazer eles próprios, para criar pontes entre as culturas e fazer com que a mudança fosse mais suave ou menos cara em termos humanos. Outras vezes a enormidade e complexidade dos problemas e a inadequação de seu conhecimento e de suas teorias suscitaram dúvidas sérias e desencorajamento. A verdade do que pode e poderia ser realizado por meio da antropologia aplicada está em algum lugar entre esses polos de otimismo e pessimismo.

O otimismo é gerado pelo fato de um antropólogo que viveu em uma comunidade, que conhece seus líderes, sua língua, os detalhes de seus costumes, com muita frequência poder perceber o que está dando errado e como poderia ser consertado. Muitas mudanças, procedimentos, leis ou políticas que parecem suficientemente sensatas aos olhos do administrador, do missionário, ou do médico, podem causar problemas que o antropólogo é capaz de prever imediatamente.

Administrar, converter, educar ou cuidar da saúde de um povo tribal ou de camponeses envolve comunicação que atravessa fronteiras culturais, nas duas direções. Mal-entendidos correm soltos nos dois lados, à medida que mensagens em um código cultural são interpretadas em termos de outro. O antropólogo, especialista na natureza de códigos culturais e familiarizado com cada um deles, foi muitas vezes capaz de servir como um "intérprete cultural" ou antecipar que mensagens seriam mal-interpretadas e por quê.

Em alguns casos, antropólogos puderam sugerir sínteses criativas entre as tradições culturais de um povo e as situações e exigências novas da vida moderna. É possível ser feita uma constituição que reconhece a autoridade dos líderes tradicionais e a usa como base em vez de contorná-las. Uma cooperativa comercial pode ser estabelecida em que o padrão de direitos e responsabilidades tenha como modelo grupos corporativos ou de trabalho tradicionais (tais como o subclã ou a equipe de jardinagem trobriandesa). As escolas podem ensinar as tradições, as artes e as técnicas de um povo – em vez de história europeia – contribuindo para fomentar o orgulho e a identidade culturais que são tão cruciais para um povo quando ele está passando por mudanças radicais.

Por que, então, o pessimismo? Basicamente porque antropólogos não são melhores que outros cientistas sociais na previsão e antecipação do comportamento humano, em toda sua multifacetada complexidade. Quando a comunicação ocorre entre povos, temos a tendência de considerar isso como a *interação entre duas culturas*. Mas as culturas não interagem; o que interagem são seres humanos individuais, com todas as suas peculiaridades e imprevisibilidade. Um antropólogo poderia, por exemplo, persuadir o governo a construir um poço nas aldeias que ele estudou – e aparentemente ter

antecipado e se resguardado de mal-entendidos culturais. No entanto o projeto poderia ser rejeitado se, pela rivalidade política entre dois líderes locais, um deles condenasse o poço, ou porque alguém tivesse lançado uma maldição contra ele durante uma briga com a esposa. Esses acontecimentos não são mais previsíveis no contexto de uma aldeia do que em uma nação moderna (na prática, com base na comunidade, como uma reação a esse problema, cf. SINGER, 1994).

Há outro problema relacionado. Quando um antropólogo penetra em outro modo de vida, ele ou ela faz isso em camadas ou estágios. Após vários meses de trabalho de campo, o pesquisador aprende as regras e agrupamentos formais que se encontram na superfície de uma sociedade e de sua cultura. Nessa fase é possível sentir uma confiança e uma compreensão que mais tarde se evapora e se transforma em um sentimento de ignorância à medida que penetramos em um nível mais profundo. Essas fases alternativas de confiança e impotência continuam à medida que investigamos mais. Aqueles que penetraram mais profundamente em outro modo de vida ficam na maior parte das vezes com uma sensação de como as ramificações de qualquer decisão ou evento são profundas e imprevisíveis; e muito menos vezes com a sensação de que tudo é conhecido e de que a previsão é possível.

No entanto, com muita frequência, as tentativas da antropologia aplicada foram feitas na empolgação de uma compreensão superficial. Particularmente quando os administradores precisam de respostas não é provável que eles queiram esperar anos. Muitas vezes o papel de consultor levou o antropólogo a uma área apenas longa o suficiente para que os esboços formais sejam focalizados, mas não longa o bastante para que eles não fiquem totalmente fora de foco ou-

CASO
82

O Projeto Cornell no Peru

Um antropólogo peruano formado pela Universidade de Cornell fez um trabalho de campo para uma pesquisa de 1950 até 1952 no Vale Vicos no Peru. Vicos era uma grande propriedade rural com terras arrendadas e uma população de cerca de 1.700 índios de língua quéchua. Desde o começo da época colonial esses índios estavam presos à terra como servos ou peões.

Como tantas outras, Vicos era uma propriedade pública, que pertencia à Public Benefit Society [Sociedade de Benefício Público] e, pelo menos em teoria, era uma fonte de renda para caridades estatais. Um indivíduo ou companhia alugava a propriedade, em leilão, por cinco ou dez anos. O arrendatário, inevitavelmente um mestiço de língua espanhola, adquire direitos de senhor feudal sobre os servos. Ele pode não só exigir que eles trabalhem as terras melhores comercialmente, mas também pode exigir que façam trabalhos domésticos e outros serviços. Como "recompensa" os servos recebem um pedaço suficiente da terra de pior qualidade para conseguir extrair dele uma subsistência marginal.

Os servos de Vicos, como os aldeões de Zinacantepec (Capítulo 18), tinham uma hierarquia religiosa pela qual os idosos respeitados, que tinham prestado serviços por toda uma vida à "comunidade" espalhada, ocupavam o lugar central no ritual religioso durante um ano. Mas o patrono mestiço e seus agentes tinham poder supremo sobre os peões. Qualquer esforço para se safar desse sistema extremamente explorador fora cruelmente esmagado por uma coalizão de proprietários da terra, membros do clero e a polícia.

Quando a firma industrial que alugava Vicos foi à falência em 1952 e faltavam ainda cinco anos para o término do contrato de aluguel, a Universidade de Cornell – por meio da liderança do antropólogo Alan Holmberg – interveio e sublocou a propriedade. Sua meta era tentar implementar um programa ousado e ambicioso de mudança social, no papel de patrono que agora eles tinham ocupado.

O Projeto Cornell Peru durou cinco anos. Nesse período nova tecnologia e produtos agrícolas melhores conseguiram aumentar a produção rapidamente e com isso melhorar a dieta e trazer um fluxo de dinheiro para um reforço do capital. Com a ajuda das autoridades peruanas, a educação também progrediu. O trabalho dos peões na produção comercial foi canalizada para metas coletivas e seus serviços na propriedade passaram a ser pagos. (Cornell contratou o supervisor existente para trabalhar no projeto, mas em benefício das metas do projeto.) O processo decisório político passou cada vez mais para uma comissão de antigos "chefetes" que foram progressivamente substituídos por jovens compromissados com as metas do desenvolvimento.

Quando os cinco anos acabaram, Cornell tentou possibilitar a compra da propriedade da Sociedade de Benefício Público pelos peões. Por cinco anos as elites do poder da região e figuras poderosas do governo que eram eles próprios donos ausentes de propriedades buscaram bloquear a libertação dos servos e seu controle sobre seu próprio destino. Graças à pressão política por parte dos Estados Unidos e de intelectuais peruanos solidários, a comunidade Vicos finalmente se tornou independente em 1962 – embora Cornell continuasse a desempenhar um papel supervisório.

A transformação de Vicos, por meio de um programa que era visivelmente paternalista, foi considerado por Holmberg (1966: 7) em retrospecto como uma ousada demonstração de que "no Peru, as populações de servos e camponeses subjugados, quando são libertados e encorajados, recebendo assistência técnica e ensino, podem se erguer sozinhos e se tornarem cidadãos produtivos da nação." Ele estava otimista, acreditando que os programas de reforma agrária do governo peruano iriam "dar um passo muito grande na direção de um desenvolvimento mais rápido e mais pacífico do país como um todo" (HOLMBERG 1967: 7).

tra vez. Essa sensação prematura de confiança foi também fomentada pelo envolvimento de antropólogos parcialmente treinados ou sem muita experiência. Salvar o mundo pela antropologia, ou por qualquer outro meio, parece mais fácil aos olhos do neófito idealista do que ao pesquisador de campo experimentado e com cicatrizes das batalhas travadas.

Um problema final na aplicação do conhecimento antropológico à política prática é que com muita frequência a escolha é entre um conjunto de alternativas funestas. Muitas vezes não é uma questão de qual curso de ação irá funcionar melhor e sim qual irá funcionar menos mal do que os outros. Um povo cuja ordem antiga está se rompendo, mas que, se optar pelos modos de vida ocidentais, será condenado pela geografia e recursos a uma vida de pobreza e isolamento, não tem qualquer alternativa desejável. São as vítimas de um mundo que os oprimiu, explorou, empobreceu e isolou; não podem nem totalmente se juntar a ele, nem ignorá-lo. Nessas situações, as satisfações do antropólogo aplicado são poucas e os sucessos ainda são fracassos.

Mais além da antropologia aplicada

A antropologia aplicada foi questionada por um número de antropólogos de várias orientações. Glynn Cochrane (1971), por exemplo, defendeu uma "antropologia desenvolvimentista" concebida de uma maneira mais ampla e argumentou que o administrador com sofisticação antropológica que tenha abordagens mais práticas e um compromisso mais resoluto com as metas de desenvolvimento pode muitas vezes ter mais sucesso como agente de mudança que os antropólogos profissionais. (Essa crítica é até certo ponto válida: os acadêmicos são conhecidamente irresolutos e lentos na tomada de decisões; mas,

por outro lado, administradores em situações de encontro de culturas têm um recorde enorme de más decisões tomadas rapidamente.) Outras críticas vieram de estudiosos tais como Sol Tax, defendendo uma "antropologia de ação" mais ousada, resoluta e politicamente consciente que buscaria desafiar o sistema mais amplo que está oprimindo as comunidades locais e lidar com problemas humanos urgentes diretamente em vez de, como costuma ocorrer, tratá-los como se fossem um produto secundário do trabalho de campo direcionado para outras metas.

Como eventos no final da década de 1960 deixaram dramaticamente claro, precisamos ir ainda mais longe. Com o Projeto Camelot, uma tentativa malograda de usar a ciência social para permitir que o governo dos Estados Unidos manipulasse o curso das políticas em países latino-americanos, os usos e abusos da antropologia aplicada começaram a surgir (cf. HOROWITZ, 1965). Revelações subsequentes sobre recursos da CIA e do Departamento de Defesa por trás de pesquisa aparentemente inócua na fronteira norte da Índia trouxe uma chuva de protestos por parte do governo indiano e uma amarga divisão entre os antropólogos envolvidos (BERREMAN, 1969). A participação dos antropólogos no reassentamento forçado de aldeões vietnamitas e a manipulação de membros da tribo Montagnard – muitas vezes sob um manto de fraudes – enfraqueceu ainda mais a antropologia aplicada em um momento em que a oposição à Guerra no Vietnã tinha polarizado o país, alienado milhões de americanos das políticas de seu governo, e estilhaçado a credibilidade dos mitos da Guerra Fria. A divisão mais amarga e mais destruidora na antropologia americana focalizou a participação clandestina de estudiosos em programas secretos do governo norte-americano para reforçar um regime pró-americano na Tailândia e evitar que a maré da revolução chegasse até a Indochina (cf. HAMNETT, 1978, para uma avaliação de questões desse tipo).

Enquanto isso, na América Latina, programas de desenvolvimento econômico e "reforma agrária" financiados pelos Estados Unidos – a Aliança para o Progresso de Kennedy e programas subsequentes – buscavam criar estabilidade, diminuir a agitação camponesa e reduzir o apoio pelos movimentos revolucionários em países como Bolívia, Equador, Colômbia, Brasil, Peru, Chile, Paraguai, Guatemala, Nicarágua e outras áreas. E os antropólogos se viram estudando meios de aliviar os sintomas de sofrimento das comunidades rurais oprimidas ao mesmo tempo em que reforçavam as classes dominantes e os sistemas de dominação econômica que estavam causando aquele sofrimento.

Antropólogos realizando pesquisas aplicadas em comunidades americanas pobres viram-se também sendo pagos para descobrir o que havia de errado com algumas famílias ou por que algumas pessoas bebiam o tempo todo em vez de trabalhar – enfim, encontrar curas para os sintomas locais para acalmar a inquietação das comunidades. O sistema social e econômico que gerava opressão nos enclaves das minorias era o próprio sistema que o governo e as fundações buscavam preservar e fortalecer.

Antropologia e libertação?

A percepção por parte de muitos indivíduos na antropologia de que o sistema que estavam servindo estava oprimindo as pessoas cuja vida eles buscavam melhorar colocou a tradição da antropologia aplicada sob uma nova e severa luz. Ela foi um elemento em uma consciência transformada sobre o papel dos Estados Unidos, da Inglaterra, da França, do Japão, da Alemanha e de outras nações industriais no mundo pós-colonial – sobre o sistema econômico global e as estruturas do neo-colonialismo e da dependência. O entendimento desse sistema global e suas consequências para os povos pós-coloniais desenvolvido no Capítulo 19 nos será muito útil.

Assim, por exemplo, no Brasil, um investimento estrangeiro surpreendente para o desenvolvimento do interior do país veio lado a lado com uma repressão política sórdida e o fato de os Estados Unidos armarem maciçamente a ditadura militar – garantindo estabilidade política e, portanto, econômica, à custa da liberdade e recompensando uma pequena aristocracia milionária em meio à enorme pobreza, abandono e sofrimento de grande parte da população. O mesmo tema se repetiu em uma escala menor em várias regiões da América Latina.

A ameaça a esse sistema é que a pobreza e a repressão muitas vezes levam à revolução. Portanto, projetos de ajuda para "desenvolver" áreas rurais, e reformas agrárias simbólicas que pouco ou nada fazem para redistribuir a riqueza ou o poder, são empreendidas para criar esperança entre os desesperados e impotentes. O desenvolvimento nominal está substituindo a religião como "o ópio do povo".

E lá, na aldeia, esteve o antropólogo ou o voluntário do Peace Corps [Corpo de Paz] tentando ensinar as pessoas a usar tratores em vez de búfalos aquáticos, para aumentar ligeiramente a produtividade dos pedaços de terra mínimos e exauridos, a ler e a escrever ou a melhorar o saneamento da aldeia. As elites que controlam a terra mais produtiva e raspam os benefícios da ajuda estrangeira estão longe da vista, nas cidades, atrás de muros altos, em casas luxuosas ou coberturas. (E seus filhos provavelmente estarão em Harvard ou Oxford.)

Uma ironia, como assinalou Kathleen Gough (1968), é que o antropólogo – se é que sequer lhe permitam fazer pesquisas em países pós-coloniais – provavelmente só será bem-vindo naqueles países que são estados-clientes do Ocidente. Nos locais em que a independência e a soberania foram genuínas, não apenas nominais, os antropólogos ocidentais normalmente foram excluídos sendo considerados imperialistas em mais um disfarce. E dado o papel histórico dos antropólogos, por mais ingênuos e inocentes que possam ter sido sobre suas implicações, uma posição assim é muitas vezes bastante sensata.

A conclusão de Gough, que vários de seus colegas vieram a compartilhar, foi que o papel de um antropólogo como defensor da liberdade e da dignidade de pessoas comuns deveria ser dar apoio à revolução social nos países neocolonialistas. Se os antropólogos não ficarem do lado dos oprimidos, argumentou ela, se eles aceitarem o *status quo* nos países em que trabalham, apesar da repressão política e das imensas desigualdades de poder e riqueza – então eles próprios são opressores.

Essa retórica, ao recomendar, como de fato recomenda, o apoio à revolução socialista, à resistência ao mundo capitalista, e a um envolvimento político militante, vai longe demais para ser aceita por muitos – a maioria – dos estudantes ou dos antropólogos. Para pessoas que foram criadas para pensar que a luta contra as forças do comunismo é o destino histórico dos Estados Unidos e que o capitalismo e a democracia andam sempre juntos, esse tipo de conversa é totalmente herético se não até um ato de traição. Mas o desafio para questionar premissas e dogma está lançado diretamente para aqueles que sejam ousados o bastante para enfrentá-lo – seja qual for o resultado.

A "neutralidade" da ciência social

Pelo menos o intenso debate político na antropologia desmentiu a premissa generalizada de que a ciência social pode ser objetiva e neutra – que ela pode ser livre de compromissos ideológicos e políticos e pode buscar a verdade sem envolvimento. Percebeu-se que não adotar uma posição política ou não assumir um compromisso moral não é ser neutro: *é* assumir um compromisso – com a sustentação e a continuação do sistema do qual somos parte e no qual estamos trabalhando antropologicamente. Se não "percebemos" a opressão ou injustiça ou exploração porque somos "apenas um cientista" e a ciência não está interessada em questões políticas, então estamos sendo míopes e iludindo a nós mesmos sobre a objetividade. Em última instância a amoralidade é imoralidade. E, ao mesmo tempo, o cientista social precisa mostrar equilíbrio. Não há qualquer obrigação de apoiar um revolucionário, mas sim de apoiar uma postura ou posição interessada.

O mito da objetividade científica também começou a se desintegrar por meio de uma consciência da parcialidade ideológica implícita na Teoria da Ciência Social. Teorias que parecem ter como base o senso comum na verdade têm como base as premissas dos sistemas econômicos e políticos do teórico. Assim as premissas de que o indivíduo é o lócus apropriado de explicação, que os sistemas sociais são criados e mantidos pelos atos individuais cumulativos de maximização e egoísmo, e que as raízes desse egoísmo se encontram nas profundezas da natureza humana, são premissas da ideologia capitalista ocidental que foram promulgadas desde a época de Adam Smith para racionalizar e justificar a economia política das nações ocidentais. O antropólogo, ou sociólogo ou economista, que usa esses modelos pode achar que essas premissas são óbvias, objetivas e inquestionáveis. O surgimento de interpretações contrárias radicais nas ciências sociais ocidentais (inclusive uma descoberta tardia do extenso corpo de sabedoria marxista) trouxe novos *insights* para as tendências ideológicas parciais da ciência social "oficial". No entanto, da mesma forma, a negação de toda "individualidade" às pessoas fora do mundo capitalista pode perpetuar um retrato falsamente romantizado do mundo.

Tudo isso aponta para a necessidade de ampliar e generalizar a base intelectual da antropologia e das outras ciências sociais – a necessidade de um estudo "crítico e autorreflexivo" das premissas humanas e das distorções em nossa visão especial do mundo (SCHOLTE, 1972). Aponta também para a necessidade de redefinir o relacionamento da antropologia com o mundo pós-colonial, uma necessidade de descolonizar a antropologia tanto no nível da teoria quanto no nível da prática. É para esses problemas que nos voltamos agora.

60 Descolonizando a antropologia

A antropologia teve a aspiração de ser um estudo geral da condição humana, estendendo-se amplamente no tempo e no espaço para perceber contrastes e semelhanças. Mas o tipo de perspectiva que adotamos dá ênfase ao fato de uma antropologia chinesa ou uma antropologia antiga indiana ou uma antropologia trobriandesa poderem ter começado com premissas muito diferentes e obtido perspectivas também muito diferentes. (Ver a antropologia como um produto da expansão colonial e da busca romântica pelo "primitivo" é uma fantasia recorrente no Ocidente, que nos ajuda a entender por que os chineses, os indianos e os trobriandeses não elaboraram teorias antropológicas – pois essa versão do empreendimento era peculiarmente ocidental.) Uma

abordagem diferente é adotada por antropólogos que usam a própria etnografia para articular protestos (BRODKEY, 1987).

A visão dos que estão dentro, a visão dos que estão fora

Tudo isso dá ênfase à necessidade urgente de uma espécie de descolonização da antropologia em nível intelectual. Os estudiosos que examinam o comportamento humano em contextos comparativos – talvez com mais urgência nos países ocidentais industrializados – poderiam contribuir crucialmente para a emergência de um estudo genuinamente universal e generalizado das maneiras humanas. Como debates e discussões (cf., p. ex., LEWIS, 1973; CAULFIELD, 1973) enfatizaram, é preciso haver uma descolonização da antropologia que produza tanto os *insights* que vêm do estudo de nossa própria cultura, e os *insights* que vêm de um forasteiro que estuda o modo de vida de outro povo.

O tema central do argumento de Lewis, que tem como base outras críticas, é que em uma antropologia descolonizada o antropólogo sempre pertenceria à mesma categoria étnica ou local daqueles que estão sendo estudados (LEWIS, 1973).

Mas, como Caulfield e outros contra-argumentaram, há algumas falhas nessa abordagem. Uma falha é que um antropólogo com um doutorado que por acaso é um índio americano, por exemplo, que foi criado em um ambiente suburbano de classe média, embora possa ser definido politicamente como "alguém de dentro", está provavelmente separado por largos abismos de classe social dos grupos de índios americanos que vivem nas reservas e cuja cultura tradicional ele está tentando estudar – e assim pode estar tanto "de fora" em termos de cultura e de classe quanto um antropólogo "forasteiro" que veio de algum outro contexto étnico ou de outra cultura. Segundo, o custo antropológico de uma visão "de dentro" é pelo menos tão grande quanto seu benefício. Um corolário da ideia de Lewis pareceria ser que apenas etnógrafos de classe média devem estudar os subúrbios americanos. No entanto, eles podem ser precisamente os mais errados para fazê-lo, porque presumem muita coisa, aceitando um comportamento estranho (como grampear cupões da mercearia ou levar cães domésticos ao médico) como sendo um lugar-comum que não merece comentários. A percepção intensificada de um antropólogo trobriandês ou de um antropólogo kachin provavelmente lançaria uma luz comparativa mais vívida no comportamento do americano de classe média alta do que um antropólogo que tivesse crescido nesses meios. Infelizmente, quando estudiosos da Índia, da Indonésia, das Filipinas ou da Nigéria são treinados em antropologia eles normalmente foram doutrinados com o jargão técnico e os preconceitos teóricos da antropologia anglo-americana ou europeia continental. No processo de adquirir um doutorado nas universidades de Oxford, Chicago, Sorbonne ou Leiden é provável que o antropólogo esteja tão doutrinado nas premissas tradicionais da disciplina que ele ou ela termine percebendo o mundo na maneira de seus acadêmicos principais. Parte do desafio ao descolonizar a antropologia é, para os alunos, ser encorajado a questionar e desafiar as premissas e categorias da antropologia anglo-americana ou francesa, e não simplesmente aplicá-las em emulação de seus professores.

Ao mesmo tempo, há algum poder na visão de alguém que está dentro também: as intuições podem ser aproveitadas, e atores nativos podem muitas vezes perceber as simplificações exageradas nas descrições antropológicas. As descrições antropológicas convencionais só podem ser possíveis em virtude da evidência limitada do etnógrafo e sua relativa ignorância de quanto o mundo social de outro povo pode realmente ser sutil e complicado. Como já observei, "o antropólogo que pode escrever confiantemente sobre 'a linhagem' em uma tribo africana teria muitas dificuldades para escrever em um tom semelhante sobre 'o departamento' em sua universidade – porque ele ou ela sabem demais" (KEESING 1972c: 38). As inadequações, as simplificações exageradas, e as distorções do trabalho de campo – os custos de uma visão "de fora" – ficam claras quando estudantes nas antigas áreas coloniais aprendem o que antropólogos escreveram sobre seu povo. Na Papua-Nova Guiné, por exemplo, há um corpo de comentário crítico de trobriandeses, dobuãs, engas, arapeshes e outros estudantes de sociedades antropologicamente clássicas sobre as falhas da etnografia e as fragilidades dos etnógrafos. Esses comentários resultaram tanto de um conhecimento interno genuíno e de um sentimento de rivalidade com relação ao acadêmico que veio de fora. Em alguns casos também existe uma colaboração apreciativa. Esses benefícios óbvios da perspectiva de uma pessoa que é membro do próprio grupo examinado enfatiza a necessidade e o valor de uma dialética entre as visões de dentro e de fora, para que os benefícios de cada uma delas possa ser alcançado e os limites também de cada uma delas possam ser ultrapassados. Parece mais apropriado reformular a crítica de Lewis.

Os sem poder como parceiros

O que é necessário é uma genuína descolonização da antropologia; e fazer com que antropólogos estudem unicamente pessoas de sua própria cultura ou cor da pele dá apenas uma descolonização parcial e ilusória. O colonialismo na antropologia surgiu pelo fato de os ricos, poderosos e dominantes estudarem os pobres, impotentes e subordinados; e o racismo foi mais sintoma e produto secundário do que a causa dessa exploração. (Como observamos, as fronteiras entre os oprimidos e os opressores, entre as vítimas e os perpetradores de racismo ou seu equivalente mudaram historicamente com as marés da exploração econômica: brancos pobres e europeus do sul e irlandeses foram vítimas, bem assim como africanos e asiáticos, quando foi economicamente vantajoso negar-lhes um *status* pleno.) Uma antropologia descolonizada terá de equilibrar essa assimetria de poder e procurar criar um relacionamento dialético e simétrico entre aquele que estuda e aquele que é estudado.

Como veremos em breve, isso significa uma nova ética de trabalho de campo em que os sujeitos recebem plenos direitos, onde eles participam como colaboradores no processo da etnografia e suas recompensas. Mas também significa que a antropologia já não pode se preocupar apenas com as comunidades impotentes, pobres ou marginalizadas longe de onde a riqueza e o poder são manipulados. Uma antropologia não só dos subúrbios, mas também de burocracias, corporações, governos e sistemas jurídicos é urgentemente necessária. Como vimos nas seções anteriores, a visão do antropólogo a partir de uma pequena comunidade marginal muitas vezes deixa escondidas as forças sistêmicas mais amplas da economia e da política que configuram os eventos locais. Antropólogos – inclusive tanto aqueles das nações pós-coloniais quanto os antropólogos anglo--americanos que podem examinar criticamente suas próprias instituições – precisam estar onde as decisões são tomadas, bem assim como nas comunidades distantes onde o impacto dessas decisões é sentido.

61 Estudando o cume

Será que uma disciplina que historicamente estudou povos remotos e impotentes pode agora começar – produtivamente – a estudar o cume, ou seja, os centros de poder na sociedade contemporânea?

Onde o poder está

Laura Nader fez a primeira intimação clara na antropologia para que fosse feito um estudo das elites ocidentais, das corporações transnacionais e das instituições estatais:

> Nós antropólogos estudamos a cultura do mundo só para descobrir no final que a nossa é uma das mais estranhas de todas as culturas, e uma cultura que, em virtude de sua influência mundial para o "mal" ou para o "bem", precisa ser estudada urgentemente (NADER, 1964: 302).

Uma ciência social que "estuda o cume" até o ponto em que os estudos sejam eficientes e penetrem camadas de segredo e a propaganda dos agentes da imprensa provavelmente irá encontrar oposição e hostilidade. Não é muita surpresa quando as estruturas integradas da finança internacional, do investimento corporativo, da política de desenvolvimento e de governos têm um interesse próprio tão grande em preservar mitos e em esconder suas conexões. Assim, por exemplo, o cientista social e ativista holandês Gerrit Huizer, que durante anos trabalhou mobilizando camponeses indianos e latino-americanos, observou o seguinte sobre seu próprio país:

> O Instituto Real para os Trópicos, em Amsterdã [...], uma agência importante para o patrocínio de pesquisas fundamentais e sobre desenvolvimento e totalmente subsi-

CASO
83

O agronegócio e a fome em Sahel

Um dos fatos impressionantes que vieram à luz no trabalho de detetive de Lappé e Collins sobre o Sahel foi a extensão de *exportação* de alimentos do Sahel no período auge da seca e da epidemia de fome:

> [Havia] grandes quantidades de produtos agrícolas exportados da região, mesmo durante os piores anos da seca. Navios em [...] Dacar [...] trazendo comida "de ajuda de emergência" voltavam com enormes quantidades de amendoim, algodão, legumes e carne. Das centenas de milhões de dólares de produtos agrícolas que o Sahel exportou durante a seca, mais de 60% foram para consumidores na Europa e na América do Norte e o resto para elites de outros países africanos [...] (LAPPÉ & COLLINS, 1978: 89).

As corporações francesas faziam lucros imensos no auge da epidemia de fome. Mas os americanos também estavam lá. Lappé e Collins descobriram que uma corporação de agronegócio com base na Califórnia, o maior produtor mundial de alface americano, tinha em 1972 – no auge de suas dificuldades com Cesar Chavez e seus United Farm Workers da Califórnia que procuram sindicalizar o trabalho rural – estabeleceu uma subsidiária de agronegócio gigantesca no Senegal, África Ocidental:

> O governo senegalês, a agência de ajuda estrangeira alemã e o Banco Mundial [...] emprestaram a maior parte do capital. O governo senegalês muito gentilmente forneceu policiais para expulsar aldeões que tinham sempre acreditado que a terra era sua para plantar milho para sua subsistência e para o mercado local. O Peace Corps contribuiu com quatro voluntários (COLLINS & LAPPÉ, 1977: 27).

Eles observam também que, no auge da epidemia de fome no Sahel, a subsidiária da corporação no Senegal estava exportando grandes quantidades de legumes para a Europa. Collins e Lappé (1977: 27) encontram conexões globais igualmente complexas ao examinar outras multinacionais do agronegócio: uma delas, também com base na Califórnia, "opera fazendas, peixarias, e fábricas de processamento em mais de duas dúzias de países".

diada pelo Ministério de Desenvolvimento holandês, tem uma diretoria em que cinco de seus sete membros são gerentes de alto nível de corporações multinacionais holandesas com investimentos consideráveis no Terceiro Mundo (HUIZER, 1979: 38).

Se "estudar o cume" significa estudar as Fundações Ford ou o Banco Mundial ou o Fundo Monetário Internacional, deveríamos ficar surpresos se a pesquisa rapidamente se transformar em uma espécie de trabalho de detetive de desemaranhar conexões ocultas e penetrar camadas de segredo e enganos? Huizer fez a seguinte observação:

Agências que estão definindo políticas de desenvolvimento relacionadas com [...] camponeses, tais como o Banco Mundial e o Fundo Monetário Internacional [...] estão intimamente relacionados com interesses econômicos e políticos ocidentais de maneira que não são fáceis de desvendar. Qual é a significância do fato de o diretor do Banco Mundial [...] ter sido anteriormente um dos presidentes da Ford Motor Company e mais tarde Secretário de Defesa dos Estados Unidos e que [o] diretor do Fundo Monetário Internacional [...] [e] seu predecessor foram ambos consultores para a companhia anglo-holandesa Unilever, uma das quinze maiores corporações multinacionais (HUIZER, 1979: 30-31).

Cientistas sociais que trabalham em universidades não precisam escavar muito para descobrir as maneiras pelas quais suas próprias instituições estão envolvidas em grandes negócios internacionais e na política (por meio de seus investimentos, por meio de sua dependência do governo e de subvenções de fundações, por meio do poder dos depositários e dos membros dos conselhos universitários, e coisas semelhantes). A liberdade acadêmica urgentemente definiu limites como os acadêmicos que se tornaram "políticos demais" muitas vezes descobriram. Não é nenhuma coincidência que grande parte do melhor "estudo do cume" não tenha vindo de acadêmicos universitários, e sim de grupos de pesquisa fora das estruturas institucionais e com mais liberdade de suas restrições.

Estudando corporações transnacionais

Uma pesquisa excelente sobre os investimentos transnacionais e as estratégias desenvolvimentistas no mundo pós-colonial foi feita por grupos tais como o Congresso norte-americano sobre a América Latina (Nacla) e o Centro de Estudos do Pacífico. Aqui, uma vez mais, um trabalho de detetive considerável é muitas vezes necessário para penetrar nas camadas de disfarces e encontrar conexões sutis – tais como diretorias entrosadas, companhias subsidiárias e movimentos de recursos entre países, isso sem mencionar a influência política oculta. (Alguns podem lembrar o registro de subornos internacionais maciços usados por uma corporação de aviões americana para tentar vender seus produtos pelo mundo – uma prática que os executivos da companhia às vezes procuravam justificar dizendo que esse tipo de suborno é uma prática comum entre corporações que operam internacionalmente.)

"Estudar o cume" não é, é claro, algo que só antropólogos podem ou devem fazer. Lappé e Collins fizeram estudos da economia política de alimentos examinando o investimento corporativo e o agronegócio no mundo pós-colonial (por meio de um grupo de pesquisa chamado Instituto para Políticas de Alimentos e Desenvolvimento. Seus estudos sobre a seca na região Sahel da África (Caso 77, Capítulo 19), suas causas e consequências, os levaram a fazer um trabalho de detetive para descobrir que interesses corporativos estavam operando. Suas descobertas estão apresentadas no Caso 83.

Assim, "estudar o cume" nos levaria a examinar não só as fundações e corporações, mas também as burocracias governamentais, os sistemas jurídicos, os sistemas policiais, a mídia da comunicação, e assim por diante. Uma vez mais, antropólogos não têm um mandato especial para estudar os centros de poder. Mas seu papel tradicional de estudar comunidades remotas e de estudar por meio de uma forte participação na vida cotidiana das pessoas pode lhes dar perspectivas e *insights* especiais. A visão de dentro e a visão de baixo podem talvez ser combinadas (HUIZER, 1979: 23-29). Mais recentemente, Laura Nader (1980, 1986) continuou a trabalhar sobre esses temas.

62 A antropologia e o "Quarto Mundo"

Na seção 54 observamos que a opressão de minorias étnicas tribais e de outro tipo em países pós-coloniais colocam em risco os povos que os antropólogos estudaram. Essas minorias étnicas ou tribais, ameaçadas pelo colonialismo

CASO

84

Destruição dos yanomamis?

Os 8.500 índios yanomamis da Amazônia, cuja nação está dividida pela fronteira do Brasil com a Venezuela, compreende um dos últimos baluartes da economia tradicional de subsistência e de uma organização comunitária intacta na Amazônia. Eles defenderam ferozmente sua autonomia – ao mesmo tempo em que lutavam uns com os outros (Caso 10) – durante os séculos desde que os europeus invadiram a América do Sul.

Hoje a Perimetral Norte, parte da nova rede de estradas brasileiras que passam pela Amazônia, e o desenvolvimento maciço da mineração ameaçam destruir essa autonomia e os próprios yanomamis (DAVIS, 1980).

> Embora a [...] estrada ainda não esteja terminada, uma seção foi construída na margem sul do território yanomami. Doenças levadas pelos trabalhadores da estrada já destruíram 15 aldeias yanomamis ao longo dos primeiros cem quilômetros da nova estrada. A antropóloga brasileira Alcida Ramos, que estava presente à época da invasão inicial por parte dos trabalhadores da estrada, testemunhou os índios em uma situação de miséria, doença e choque. Os índios se recusaram a falar sua língua, suas hortas foram arrancadas pelas escavadoras e eles estavam usando roupas esfarrapadas que lhes foram dadas pelos trabalhadores da estrada e infestados com gripe, tuberculose, sarampo e outros germes (DAVIS, 1980: 20-21).

A agência que supostamente protege os direitos dos índios, a Funai, que na verdade opera muito próxima aos interesses desenvolvimentistas, propôs a criação de 21 pequenas reservas indígenas para os yanomamis no Brasil. Mas esses enclaves deixariam fora da reserva 2.900 índios que moram em 58 aldeias (DAVIS, 1980: 21).

> Além disso, o plano é que a estrada e os corredores de assentamento passem entre quase todas essas reservas e nenhumas providências foram tomadas para garantir as necessidades demográficas, ecológicas e de subsistência da tribo (DAVIS, 1980: 21).

Em resposta, um grupo de brasileiros importantes propôs ao governo a criação de um Parque Indígena Yanomami de 16 milhões de acres que pelo menos daria aos índios a chance de uma vida futura viável. O governo reagiu nomeando para a presidência da Funai um oficial do exército aposentado sem qualquer experiência da questão indígena, que anteriormente tinha sido chefe da segurança e informação para a corporação de mineração que está buscando obter direitos de mineração na nação yanomami.

Atualização do caso

Para a história posterior da Funai, confira o trabalho de Oliveira (1988).

interno, foram recentemente retratadas como um "Quarto Mundo" oprimido dentro do "Terceiro Mundo". Que posições os antropólogos podem e devem adotar com relação a povos impotentes ameaçados de extinção cultural (etnocídio) ou até exterminação (genocídio)? O problema se aplica não só em circunstâncias pós-coloniais, mas globalmente – como, por exemplo, na Iugoslávia e nos países que ela incluía anteriormente.

Falando abertamente

Uma responsabilidade óbvia do cientista social que (em virtude de pesquisa naquela área) tem um conhecimento especializado daquilo que está ocorrendo é tornar pública aquela informação, tão clara e convincentemente quanto possível. Assim o antropólogo americano Shelton Davis, trabalhando em um grupo de pesquisa que investigava a opressão dos índios do Amazonas, no Brasil, escreve:

> A responsabilidade básica dos antropólogos que possuem conhecimento da situação dos povos indígenas no Brasil [...] é documentar exatamente o que está ocorrendo [...] para reagir contra as afirmações fraudulentas de governos e outras agências e chamar a atenção pública e internacional para as condições reais dos povos nativos (DAVIS, 1979: 217).

> Como antropólogos [...] nossa contribuição primordial para os direitos dos povos indígenas reside em documentar independente e publicamente as realidades sociais que essas pessoas enfrentam. Dada a natureza da repressão política no Brasil contemporâneo essa [...] é uma tarefa vital. O sigilo político e a repressão passaram a ser aspectos institucionalizados tanto do governo brasileiro quanto do meu próprio, e não podemos fazer nada menos, como cientistas e cidadãos, do que tornar conhecido aquilo que nossos governos desejariam deixar livre do escrutínio público, da ação e do debate (DAVIS, 1979: 223).

O relato que Davis faz do etnocídio, da pobreza desesperada, e em algumas áreas do extermínio virtual a que os índios brasileiros foram submetidos em nome do desenvolvimento, do progresso e da "integração à sociedade nacional" (DAVIS, 1977), contribuiu para trazer a verdade à tona. Suas admoestações mais recentes apontam para a ameaça aos yanomamis e seus vizinhos (Caso 84) cujos padrões de hostilidade nós vislumbramos no Capítulo 7.

Essa ambição cínica como foi registrada no Caso 84 não está restrita a alguma parte específica do mundo. Os aborígenes australianos cujas as-

A que preço o progresso? A estrada Transamazônica no Brasil está sendo escavada na floresta tropical à custa da devastação ecológica, da destruição das populações indígenas e de suas culturas e do reassentamento forçado de milhares de lavradores pobres que trabalham ao longo da estrada.

pirações ao controle comunitário e ao desenvolvimento, ao reconhecimento de seus direitos às terras de seus ancestrais, e à preservação de locais sagrados são todos reconhecidos nos pronunciamentos retóricos dos governos estatais e federal, foram cinicamente manipulados, enganados, intimidados e invadidos quando ficaram no caminho das explorações de minérios. O reconhecimento dos direitos aborígenes no abstrato é uma posição retórica conveniente para os políticos australianos; mas especialmente nos estados mais conservadores, Queensland e Austrália Ocidental, esses direitos são pisados sempre que o dinheiro está em jogo (para outros estudos, cf. BECKETT, 1995; KEEN, 1993; MERLAN, 1995).

A postura política apropriada ao antropólogo diante do etnocídio, do genocídio ou da opressão de minorias impotentes resultante da busca de lucros é bastante clara. Mas surge um problema

CASO
85

Os balantas da Guiné-Bissau e as metas nacionais

Os balantas [compreendem] um dos povos indígenas mais importantes do país [...] e menos integrados, econômica, social e politicamente na sociedade nacional. É uma sociedade patrilinear, segmentária com base na linhagem com um sistema de grupos etários. O poder político e econômico está firmemente nas mãos dos homens mais velhos que agem como chefes da linhagem e presidem a organização do grupo etário. Eles usam sua posição na linhagem e nos sistemas de idade para acumular os excedentes dos produtos agrícolas, que eles reinvestem em esposas. O controle do sistema de casamentos expresso na instituição de poligamia também lhes permite controlar os homens jovens. Um sistema elaborado de rituais funerários e festividades mortuárias também serve como um veículo para sua dominação da sociedade como um todo (TURNER, 1979: 15-15).

Após a independência da Guiné Bissau em 1974, resultado de uma luta de dez anos, o partido no governo, PAIGC, rejeitou o desenvolvimento no modelo neocolonial ocidental:

> Em vez disso o partido iniciou um modelo socialista de desenvolvimento com base popular [...]. A base política desse programa é um sistema de instituições locais: Comitês da Aldeia e Tribunais do Povo (ambos eleitos, e ambos com uma representação mandatória de mulheres) [...], clínicas de saúde e escolas [...]. O programa econômico básico está [...] baseado em um aumento da produtividade por parte da população camponesa como um todo, parcialmente baseado em incentivos econômicos positivos e parcialmente na sua compreensão e apoio ideológico das metas do desenvolvimento nacional (TURNER, 1979: 14, apud AABY, 1978).

Diante do conservadorismo dos balantas mais velhos que eram contra as mudanças que iria solapar sua dominação da sociedade tradicional, o Paigc não usou repressão e tentou "induzir os próprios balantas a abandonarem [aqueles] aspectos do sistema tradicional" que subordinavam as mulheres e os jovens e extraíam seu trabalho para investimento em esposas e festividades mortuárias:

> O padrão social e político de dominação das mulheres e dos jovens pelos seniores que é apoiado pelo modelo tradicional econômico e sociocultural é [...] incompatível com as [...] metas do PAIGC, que dá ênfase à cooperação igualitária e à participação de todas as seções da população, explicitamente incluindo as mulheres, nos aspectos produtivos e distributivos do processo de acumulação (TURNER, 1979: 15).

Atualização do caso

Confira Bigman (1993) para outra análise da história e da agricultura da Guiné Bissau.

se essa postura é alçada a um compromisso geral com a autonomia e a integridade cultural das minorias tribais.

O argumento pela autonomia cultural

É suficiente para antropólogos, como um compromisso geral, argumentar que povos tribais devem ser deixados em paz para praticar suas culturas tradicionais? Eles já examinaram as implicações totais de princípios de pluralismo cultural e da autonomia relativa de sociedades tradicionais? Em um trabalho importante, Terence Turner (1979) argumenta que não o fizeram. Caracterizando essa posição como um compromisso com a "autonomia cultural" Turner observa que ela retrata as "culturas" como sendo essencialmente estáticas e que nega ao próprio povo o poder de agir, escolher e mudar diante da opressão. Na visão dele, deveríamos substituir a ingenuidade romântica de um apoio universal à autonomia cultural por um compromisso com a

> otimização da capacidade das pessoas de controlarem, criarem, reproduzirem, transformarem ou adotarem padrões culturais e sociais para seus próprios fins (TURNER, 1979: 12).

Isso exige que substituamos uma crença vaga na superioridade do "primitivo" e da santidade da cultura por uma visão crítica dos modos de vida "tradicionais" tais como aquela que adotamos neste livro. Turner observa que um compromisso com "a autonomia cultural" muitas vezes implica outra premissa:

> O modo de vida [de] [...] sejam quais forem os grupos tribais ou indígenas que o antropólogo esteja defendendo naquele momento é realmente superior, ou em termos de adaptação ecológica ou alguma noção geral do autêntico potencial cultural da espécie humana, àquele das sociedades ocidentais mais tecnologicamente avançadas, que atualmente os dominam e oprimem (1979: 8).

Turner não questiona os efeitos destrutivos da sociedade dominante em situações tais como a da Amazônia (onde ele próprio trabalhou) onde os índios estão sendo ameaçados de pauperização e extermínio. Esses índios precisam desesperadamente ter seus problemas reconhecidos internacionalmente, já que as forças posicionadas contra eles incluem não só um governo repressivo bastante preparado para sacrificá-los ao "progresso",

mas algumas das maiores corporações do mundo, que estão investindo centenas de milhões de dólares na transformação da floresta amazônica em minas, empreendimentos do agronegócio e outras fontes de lucro. Mas, no caso geral, o que as minorias indígenas precisam desesperadamente é de poder para falar e escolher para elas próprias, bem assim como proteção da devastação de seu meio ambiente e sua imersão na economia do dinheiro e na sociedade nacional. Na verdade, eles começaram a se organizar em movimentos locais para seu próprio empoderamento com relação a questões ecológicas.

Não é a participação na sociedade nacional *por si só* que necessariamente erode a qualidade de vida das comunidades do interior. É a incorporação na economia global e nacional como trabalhadores pobres de plantações, ou o colonialismo interno maciço na forma de imigração e/ou extração de recursos (como em Irian Jaya). Turner observa que a qualidade de vida na sociedade tradicional pode ter sido bastante superior para homens idosos do que para mulheres e homens jovens. Ao romantizar as culturas tradicionais ficamos cegos para a opressão que elas envolvem.

Quando alguns membros de uma cultura tradicional são oprimidos, como descrito, por exemplo, no Caso 85, um antropólogo que argumenta pela preservação do sistema tradicional em nome da "autonomia cultural" estaria aliado aos homens idosos na manutenção e subordinação das mulheres e dos homens jovens. Devemos, argumenta Turner, apoiar o direito dos povos nas sociedades tradicionais de se libertarem, mesmo quando isso significa derrubar sistemas que estão inegavelmente imbuídos com um significado simbólico e são o produto da criatividade cultural humana.

63 Teoria e ação: o desafio da mudança social

"A ciência social aplicada" teve muitas vezes um *status* secundário porque é comparada com a pesquisa "pura" que supostamente exigiria uma teoria avançada. Mas a transformação genuína de sistemas sociais – não simplesmente os tratamentos cosméticos que com frequência passam por "desenvolvimento" – coloca as últimas exigências na adequação de nossas teorias. Compromisso em melhorar o mundo não é um substituto para entendê-lo. E é por isso que, nos capítulos anteriores, dei tal ênfase a um arcabouço teórico para a compreensão. Se não tivermos o poder de ver sob a superfície das coisas, de ver processos em vez de sintomas, de ver sistemas inteiros em vez de partes separadas, então nossos esforços individuais e nossas energias serão dissipados; e nossas vozes irão contribuir para a confusão que nos rodeia.

Deixem-me ilustrar o que disse: os sistemas opressivos de propriedade da terra de países como a Índia, as Filipinas, a Bolívia, o Chile, a Colômbia, o Uruguai e outras partes da América Latina são um obstáculo importante para a libertação dos pobres rurais e para a transformação da produção. A "reforma agrária" é um passo crucial antes de a produção poder ser reorganizada. Mas como é que ela será realizada? Quais são as raízes do problema?

Parcialidade urbana: uma análise correta?

Michael Lipton (1977) argumenta que as raízes da pobreza rural no Terceiro Mundo estão naquilo que ele chama de "parcialidade urbana". O processo decisório político e a distribuição de recursos estão controlados por uma elite urbana que sistematicamente discrimina contra as áreas rurais. Assim, o capital é gerado no interior rural por meio da exportação de produtos agrícolas ou da mineração; e ele é gasto nas cidades e não para melhorar as infraestruturas de transporte, comunicação, educação e saúde no campo. A análise de Lipton sugere que para reparar esse desequilíbrio e essa imparcialidade urbana exigiria a combinação do "poder rural": uma aliança e frente unida de povos rurais – de fazendeiros pobres e ricos, de lavradores sem terra e seus empregadores – para que possam exigir a parte justa dos recursos do desenvolvimento.

Será essa a resposta correta? Byres (1979) argumenta convincentemente que Lipton está errado em sua análise – e que por isso ele aponta para a solução errada. Reanalisando as estatísticas que o próprio Lipton tinha apresentado, Byres mostra que, se existe alguma parcialidade, ela é rural. E de onde vem essa parcialidade rural? Em países tais como a Índia ou as Filipinas, as elites que controlam o poder político podem morar nas cidades; mas suas bases de riqueza e poder são muitas vezes rurais, sustentadas por vastas propriedades. Sistemas de classe rural dividem profundamente os trabalhadores sem terra dos *kulaks* (fazendeiros ricos que empregam mão de obra) e dos fazendeiros de subsistência, e dividem os meeiros dos proprietários ausentes. Ao sugerir uma aliança para combater a "parcialidade urbana" Lipton sugere que aqueles divididos por interesses de classe opostos se juntem contra um inimigo comum imaginário:

> As divisões que realmente existem no campo do Terceiro Mundo são muito mais profundas do que Lipton sugere e se desenvolvem irreversivelmente com uma velocidade e uma ferocidade que faz com que seja absurda a ideia de uma única classe rural (BYRES, 1979: 235).

Em vez disso, diz ele, as áreas rurais do Terceiro Mundo contemporâneo são caracterizadas por

> polarização ao longo das linhas de classe [...] com uma classe de *kulaks* crescendo imensamente em termos de poder, camponeses pobres isolados dos frutos do avanço técnico e das vantagens dos [...] preços altos dos alimentos, e números crescentes de lavradores sem terra (BYRES, 1979: 235).

Quais são as relações de classe?

A mesma questão foi debatida por estudiosos marxistas na Índia durante toda a década de 1970, de uma maneira ligeiramente diferente. O modo de produção predominante na Índia rural pós-independência é quase feudal, baseado em proprietários ausentes e agiotas comerciais? Ou é ele cada vez mais capitalista, com os kulaks que empregam trabalhadores sem terra sendo a classe dominante? A questão não é puramente acadêmica:

> O modo de produção na agricultura está vitalmente conectado com a questão de quem é o inimigo principal, e como orientar a estratégia da organização rural (OMVEDT, 1978: 383).

Omvedt argumenta que na Índia pós-independência as relações de produção capitalistas ficaram cada vez mais dominantes.

> Com a independência e a subida ao poder da burguesia nacional, reformas agrárias antifeudais limitadas, e um investimento limitado, mas significativo, por parte do Estado [e, poderíamos acrescentar, o impacto da revolução verde e a influência maciça do Banco Mundial e outras forças de "desenvolvimento"], houve um crescente desenvolvimento das relações capitalistas na agricultura [...]. [Isso] não levou

> a qualquer tipo de crescimento sustentável na produção agrícola, e sim a uma maior marginalização e proletarização da população rural [...]. [Assim] o foco do conflito nas áreas rurais mudou de posição [...] de tal forma que hoje a contradição principal é entre camponeses pobres e lavradores por um lado e camponeses ricos e proprietários de terra por outro (OMVEDT 1978: 385).

Uma outra análise da situação indiana nos levaria a complexidades ainda mais profundas – por exemplo, a maneira como os fazendeiros ricos e os proprietários da terra usam as divisões da casta para colocar os pobres um contra os outros e impedir exatamente que essas alianças de classe sejam eficazes. Assim, os fazendeiros pobres da casta de cultivadores são jogados contra os intocáveis sem terra e as castas são jogadas umas contra as outras. Para mobilizar os pobres na Índia seria necessário de alguma forma atravessar as camadas profundas de ideologia religiosa, além de mobilizar os grupos para que atravessem as fronteiras tradicionais locais e regionais.

A questão não é que fomentar a revolução agrária deva ser necessariamente nossa meta, ou que a mesma análise possa ser aplicada tanto à Índia rural quanto ao Uruguai rural. Ao contrário, a questão importante é que sejam quais forem os tipos de mudança social que nós procurarmos concretizar (seja ela a expansão da alfabetização, a melhora da saúde pública, ou ajudar a camponeses impotentes a adquirirem terra e poder) o primeiro pré-requisito é analisar as realidades do sistema social no qual estamos operando – realidades que muitas vezes estão ocultas por véus de disfarce. Revelá-las exige não simplesmente fatos, mas também teorias e conceitos analíticos.

As limitações da explicação cultural

O conceito de "cultura" que, originando-se na antropologia, passou para o pensamento popular, muitas vezes serviu como um meio de evitar explicações em termos históricos e econômicos. Assim, por exemplo, os aborígenes australianos cercados por taxas altíssimas de mortalidade infantil, subnutrição, e doenças, e oprimidos economicamente pelo Estado e por interesses privados, são muitas vezes, em virtude de sua *cultura*, retratados como incapazes de permanecer sóbrios, viver em casas limpas ou fixar-se e se sustentar com seu trabalho. Sua "cultura", diz-se, os mantém em um sonho acordado em que os padrões da sociedade branca não conseguem penetrar. (Uma não explicação semelhante costumava ser proferida para a incapacidade dos afro-americanos de "terem sucesso" ou de "se adaptarem" aos padrões da sociedade branca; mas um número muito grande deles agora já fez exatamente isso, e já não é possível dar a essa "teoria" nem mesmo a plausibilidade mais superficial.)

O ressurgimento do islamismo militante evocou uma série de explicações "culturais" semelhantes na imprensa popular. Se pudermos retratar "a mente islâmica" como sendo fundamentalmente tribal, fanática, e dada a uma adoração religiosa frenética e a costumes medievais tais como cortar as mãos de ladrões, então podemos evitar a necessidade de analisar a maneira como a contrarreação islâmica contra o Ocidente foi moldada por séculos de opressão e invasão pela Europa e décadas de subjugação e exploração. Precisamos, para explicar o contra-ataque islâmico contra a dominação ocidental, não uma explicação "cultural" irrefletida, em termos da mente árabe ou do islamismo como religião, mas sim uma perspectiva tal como aquela do historiador social Eric Hobsbawm. Como ele escreveu em 1962:

Em 1848 [uma] extraordinária inversão futura de destinos já estava até certo ponto visível. É bem verdade que a revolta mundial contra o Ocidente [...] ainda mal era discernível. Só no mundo islâmico é que podemos observar os primeiros estágios desse processo pelo qual aqueles conquistados pelo Ocidente adotaram suas ideias e suas técnicas para pagar-lhe na mesma moeda (HOBSBAWM, 1962: 20).

O processo pelo qual o Aiatolá Khomeini pôde desafiar o Presidente Carter em 1979 foi prenunciado já na metade do século XIX pelos começos da reforma ocidentalizante no Império Turco e pela carreira do líder egípcio Mohammed Ali. Precisamos uma perspectiva assim para entender a maneira como os símbolos do islamismo tradicional, e as antigas regras religiosas estão sendo usadas para lutar contra a dominação ocidental. Tendo visto em capítulos anteriores como os símbolos políticos do passado podem ser usado de formas novas – por exemplo, na maneira como a deusa asteca, em seu disfarce como a Virgem de Guadalupe, guiou os revolucionários mexicanos para a batalha (Caso 58) – devemos a essa altura ser capazes de investigar sob os símbolos, analisar por que e como eles estão sendo usados, para ver que realidades sociais eles expressam e disfarçam. No entanto, nós também temos de aceitar o fato de símbolos culturais realmente se tornarem focos para e expressão e a criação de poder, portanto eles também não podem ser ignorados.

Para entender tais fenômenos de nosso tempo, precisamos de teorias que expliquem o conflito de classes e a economia política do capitalismo mundial, e precisamos de uma perspectiva histórica sobre a expansão do Ocidente e as lutas dos povos pós-coloniais contra a dominação e a submersão. As perspectivas teóricas construídas anteriormente e aplicadas nos capítulos precedentes à criação histórica do sistema mundial contemporâneo nos dão os meios para esse entendimento.

SUMÁRIO

Antropólogos fizeram estudos tanto em situações coloniais quanto nas pós-coloniais. Na época colonial, eles dependiam dos administradores coloniais para ter acesso a suas áreas para o trabalho de campo e, em alguns casos, trabalhavam com agências coloniais. Muitas vezes, no entanto, eles se preocupavam com o bem-estar do povo que estudavam e discordavam das práticas coloniais. A teoria estrutural-funcional na antropologia social estava bem-adaptada para estudar a ordem, mas menos adaptada para o estudo da mudança. Antropólogos que atuam como consultores em esquemas de desenvolvimento estão hoje sob risco de acusações de que estão apoiando um *status quo* injustificável. Em alguns casos, esses projetos podem ter resultados benéficos (exemplo: o Projeto Cornell Peru), em outros não. O conhecimento é sempre parcial e provisório, e um conhecimento mais profundo de uma área leva a uma realização de que muito ainda é desconhecido.

Antropólogos podem também ser excluídos em países independentes com a justificativa de que estão associados ao imperialismo – embora alguns estudiosos tenham sugerido que eles devam ser defensores da revolução. A ciência social, de qualquer forma, não está vazia de conteúdo ou implicações ideológicas e há uma necessidade constante de guardar-nos contra o etnocentrismo disfarçado de senso comum.

Uma maneira de ir adiante é combinar *insights* tanto de pessoas de dentro quanto de pessoas de fora no estudo de um contexto local, de tal forma que os pontos fortes das várias perspectivas possam ser combinados. Os povos pós-coloniais devem participar do estudo de suas sociedades e os antropólogos devem tentar estudar as elites em suas próprias sociedades e também as corporações institucionais.

Outra contribuição que antropólogos de qualquer linha política podem fazer é manter o público informado dos eventos que ocorrem em suas áreas que ameaçam a sobrevivência das pessoas com quem eles trabalham (p. ex. estudos dos yanomamis). Antropólogos relataram as lutas dos povos aborígenes australianos com relação às corporações de mineração, por exemplo. Isso não significa que as culturas ou são ou deveriam ser estáticas, ou que a vida no passado era perfeita. Os idosos podem resistir às mudanças que ameacem sua posição na sociedade.

Um tópico que surgiu é a questão da classe social e até que ponto nas sociedades anteriormente pré-capitalistas as relações capitalistas de produção vieram a predominar. Outra questão tem a ver com o papel da cultura na mudança e na persistência. Pesar fatos culturais contra fatores políticos e econômicos exige um sentido de equilíbrio intelectual.

SUGESTÕES PARA LEITURAS ADICIONAIS
Seções 58-62

BARNES, J.A. (1967). "Some Ethical Problems in Modern Field Work". In: JONGMANS, D. & GUTKIND, P. (orgs.). *Anthropologists in the Field*. Nova York: Humanities Press.

CLIFTON, J.A. (org.) (1970). *Applied Anthropology*: Readings in the Uses of the Science of Man. Boston: Houghton Mifflin Company.

FOSTER, G.M. (1973). *Traditional Societies and Technological Change*. Nova York: Holt, Rinehart and Winston.

GOODENOUGH, W.H. (1963). *Cooperation in Change*. Nova York: Russell Sage Foundation.

HUIZER, G. & MANNHEIM, B. (orgs.) (1979). *The Politics of Anthropology*: From Colonialism and Sexism Toward a View From Below. The Hague: Mouton and Company.

HYMES, D. (org.) (1973). *Reinventing Anthropology*. Nova York: Random House.

IDRIS-SOVEN, A.; IDRIS-SOVEN, E. & VAUGHN, M.K. (orgs.) (1978). *The World as a Company Town*: Multinational Corporations and the Social Sciences. The Hague: Mouton and Company.

LEACOCK, E.B. (org.) (1971). *The Culture of Poverty*: A Critique. Nova York: Simon & Schuster.

NASH, J. (1975). "Nationalism and Fieldwork". In: SIEGEL, B.J. (org.). *Annual Review of Anthropology*, 4. Palo Alto, Calif.: Annual Reviews.

RYNKIEWICH, M.A. & SPRADLEY, J.P. (orgs.) (1976). *Ethics and Anthropology*: Dilemmas in Fieldwork. Nova York: John Wiley & Sons.

SANDAY, P.R. (orgs.) (1976). *Anthropology and the Public Interest*: Fieldwork and Theory. Nova York: Academic Press.

SPICER, E.H. (org.) (1952). *Human Problems in Technological Change*: A Casebook. Nova York: Russell Sage Foundation.

VALENTINE, C.A. (1968). *Culture and Poverty*: Critique and Counter-Proposals. Chicago: University of Chicago Press.

VALENTINE, C.A. & VALENTINE, B. (1971). *Anthropological Interpretations of Black Culture*. Reading, Mass.: Addison-Wesley Modules in Anthropology.

WEAVER, T. (org.) (1973). *To See Ourselves*. Glenview, Ill.: Scott, Foresman and Company.

Capítulo 22

A caminho da sobrevivência humana

Este livro foi escrito com a convicção de que, para que haja futuros humanos seguros e gratificantes, devemos procurá-los e trabalhar por eles, individual e coletivamente.

Uma fonte de orientação na busca por futuros humanos são os passados humanos: modos de vida que deram coerência, calor, uma sensação de valor e significado. Antropólogos, em virtude de estarem lá, compartilhando esses significados, cuidando desses valores e escrevendo o que podiam tornaram-se cronistas de culturas que agora passaram ou desapareceram. Os registros que antropólogos preservaram, o conhecimento que acumularam, podem se tornar recursos valiosos na busca pela sobrevivência.

Mas quão diretamente, e de que maneiras, podemos aprender as lições de mundos passados em que os humanos viviam em grupos menores, mais próximos uns dos outros e das forças da natureza que eles não podiam controlar? Em que nível devemos buscar lições de outros povos? Elas devem ser lições sobre visões do mundo e valores? Aqui podemos nos referir à observação do eminente geneticista J.V. Neel:

> Da maneira mais sofisticada que possamos invocar, devemos voltar para o respeito e até o medo que o homem primitivo tinha do mundo a seu redor e, como ele, devemos nos esforçar para viver em harmonia com a biosfera (NEEL, 1970: 805).

Deverão ser lições sobre padrões de relações sociais? O antropólogo Steven Polgar, pouco antes de sua morte em 1978, escreveu o seguinte:

> Não podemos voltar para o modo de produção usado por coletores-caçadores tais como os bosquímanos do deserto de Kalahari, os pigmeus da Floresta Ituri, ou os aborígenes australianos, mas a meta de construir uma sociedade tão igualitária quanto a deles está ao alcance da humanidade nos próximos cinquenta a cem anos (POLGAR, 1979: 264).

Iremos encontrar no mundo tribal modelos para relações sociais que fariam mais próximos e mais humanos os vastos sistemas burocráticos em que vivemos? Poderemos encontrar modelos assim, digamos nas assembleias dos kpelles ou nos grupos de trabalho comunitário dos trobriandeses? Ou, em vez de buscar implantar modelos emprestados aos nossos, deveremos buscar fomentar o pluralismo cultural que iria obliterar as tradições subculturais restantes nos países industrializados e as heranças acumuladas dos povos pós-coloniais?

64 A antropologia e a busca por futuros humanos

A extensão dos problemas

Precisamos ser bem claros desde o princípio com relação à extensão dos problemas. Essa foi mais uma razão para examinar a "racionalidade" global das corporações transnacionais e os interesses estabelecidos extremamente poderosos daqueles que lucram com o mundo como está. Isso inclui não apenas os ricos e poderosos nos Estados Unidos, na Alemanha, na Inglaterra, na França, no Japão e em outros países do mundo industrializado, mas seus congêneres em Cingapura, Bombaim, Jacarta, Manila, Lagos, Bangcoc e outros centros de comércio emergentes. As nações industrializadas usaram a retórica, em 1979 e 1980, de estarem sendo "sequestrados" pelos países da Opep que podiam controlar os preços e afetar o fornecimento do petróleo; mas não diziam que estavam sendo sequestrados pelas corporações gigantescas que, sem qualquer outra lealdade a não ser o lucro, poderiam botar os governos de joelhos com seu controle dos preços, dos lucros, dos estoques e do fluxo de capital. Experimentos com a mudança social e econômica que não se encaixavam com os interesses da "racionalidade" global eram cinicamente solapados e destruídos.

Os países do antigo bloco soviético não eram, no final, mais receptivos à mudança social que não se encaixasse com os interesses estratégicos soviéticos. Se os Estados Unidos destruíram a tentativa do Chile de encontrar uma alternativa independente, a antiga União Soviética fez o mesmo com a Tchecoslováquia. O poder militar soviético tentou esmagar as aspirações dos eritreus na Etiópia, dos somalis no deserto de Ogaden, dos curdos no Iraque, e das tribos afegãs: a condenação de qualquer tentativa de autonomia como

sendo "reacionária" justificou o uso de tanques e napalm contra guerreiros a cavalo, ou a destruição de vislumbres de liberdade política. E quanto à China, se acharmos que ela foi menos cinicamente expansionista, o povo do Tibete pode testemunhar a destruição da cultura e da autonomia que é o resultado de ser "libertado".

As forças extremamente poderosas que operam no mundo fazem com que seja ingênuo acreditar que experimentos de reumanização podem florescer livremente. É difícil o bastante imaginar meios de redescobrir a qualidade de vida em comunidades fechadas e igualitárias onde as relações sociais são baseadas no cuidado e no compartilhamento – quando há tantos milhões de humanos que precisam trabalhar e comer. É ainda mais difícil imaginar como poderá ser dado a tais redescobertas de nossa humanidade perdida espaço suficiente para crescer e se expandir quando existem forças poderosas que buscam transformar o mundo em um mercado global governado pela "racionalidade" do lucro e outras tentativas igualmente determinadas de "libertar" os oprimidos para novas formas de servidão militar e burocrática sob a hegemonia estrangeira.

Isso não é dizer que as lutas pela autonomia cultural em todo o mundo que se espalharam durante a década de 1970 iriam – se fossem bem-sucedidas em uma grande escala – levar a futuros humanos viáveis. Aqueles que tentaram vindicar sua "independência" das estruturas estatais existentes incluem grupos tão distantes um do outro e tão diversos quanto os bascos na Espanha, os croatas e macedônios nos Bálcãs, os kachins na Birmânia, os eritreus na Etiópia, os ainus no Japão, os curdos e armênios no Oriente Médio e os papuas na Papua-Nova Guiné. (Em 1973, ouvi um aluno da Universidade de Papua-Nova Guiné, se apresentar, em um debate político, como sendo original da "República das Ilhas Trobriandesas". A partir de 1988, o Exército Revolucionário Bougainville realmente anunciou sua secessão do Estado de Papua-Nova Guiné e lutou para conseguir seus objetivos.) Esse ressurgimento do nacionalismo, do tribalismo e do separatismo étnico é um fenômeno histórico importante que precisa ser entendido e enfrentado.

Um sistema mundial em desintegração?

Será que nós, individual e coletivamente, podemos transformar o sistema político e econômico global que empurra os humanos no mundo todo para um consumo cada vez mais insensível, um sistema que tem de usar cada vez mais energia e matéria-primas escassas, que precisa expandir ou ruir? Vimos, ao examinar a criação do mundo pós-colonial e da economia política da fome, como são vastos e poderosos os gigantes corporativos que a cada ano levam o mundo mais rapidamente para um espiral de consumismo, produção e poluição do qual não há volta. É possível que um sistema tão vasto e tão poderoso possa ser parado por uma grande quantidade de indivíduos que ficaram um pouco mais sábios?

Há sinais de rupturas e contradições nesse sistema. A vulnerabilidade dos recursos energéticos, a limitada distribuição mundial de metais raros usados na maior parte das tecnologias avançadas, o sistema financeiro mundial cambaleante, bem assim como os velhos espectros do capitalismo, a inflação e a depressão, fazem com que as bases do sistema econômico mundial pareçam menos sólidas hoje do que pareciam em 1970. No entanto os sistemas capitalistas do Ocidente continuaram a operar depois do colapso do bloco soviético e de suas "economias planejadas".

O sistema econômico global depende da estabilidade interna dos países que fornecem maté-rias-primas e mão de obra barata e fornecem os mercados para alimentos infantis e leite em pó para bebês, excedentes de grãos, tratores, carros e rádios. Essa estabilidade interna, por sua vez, depende do poder repressivo do Estado e de estruturas de classes opressivas que mantenham os pobres no campo e na cidade impotentes, e os ricos poderosos. O potencial revolucionário dos pobres tornam os ricos vulneráveis – e, com eles, também o sistema econômico global. Se uma a uma as peças que compõem o sistema se libertam dele (como a Guiné Bissau, Nicarágua e Moçambique fizeram) um sistema que precisa sempre expandir para se manter vivo começará a se contrair – e se desintegrar. O sistema global *é* vulnerável em virtude das aspirações dos pobres do mundo por autonomia e justiça.

A construção de uma nova sociedade exige uma reorganização da produção, uma reorientação das relações de classe, um novo relacionamento entre homens e mulheres, e uma reestruturação das relações sociais comunitárias. Nos lugares em que há formas de organização comunitária vindas do passado tribal, uma mistura da nova e da velha tecnologia, a produção para subsistência e para o comércio, o desafio de construir uma nova ordem social pode estar mais próximo do alcance das pessoas. Há menos pessoas mais capazes de se alimentar e sobreviver sem sistemas tecnológicos maciços e estruturas estatais, atados de uma maneira menos complexa do que nós a sistemas de interdependência nacional e internacional. Mas nesses países os conflitos militares provocados por déspotas podem produzir caos, e muitas vezes o fazem.

Que passos, então, podemos realisticamente dar? E o que podemos aprender com a antropologia? Um primeiro e urgente passo para nós é desenvolver uma humildade e um sentido de dúvida sobre "os padrões de vida" concebidos em termos materialistas e tecnológicos. Será que é ter um "padrão de vida" superior ter um carro em vez de uma bicicleta? Ter um aparelho de televisão colorido em vez de um rádio? Ou até, necessariamente, ter um teto sólido em vez de um teto de palha?

Precisamos que "os padrões de vida" sejam definidos em termos humanos, não em termos materiais. A qualidade de vida depende de ter bastante comida para comer, uma comida que satisfaça as necessidades nutricionais. Mas, além disso, depende mais da recompensa de um trabalho satisfatório e de relacionamentos sociais reconfortantes do que em ter cada vez mais dispositivos elétricos. Ironicamente, teremos mais probabilidade de encontrar a solidariedade social e a sensação de comunidade que descobrimos nas aldeias trobriandesas, nas ruas do Harlem ou nas favelas do Rio de Janeiro do que nos subúrbios afluentes de Connecticut ou nas mansões elegantes do Rio.

Com uma consciência mais aguçada da unilateralidade do materialismo e da afluência ocidental, e da erosão das relações sociais satisfatórias nas modernas sociedades industriais, podemos bem refletir sobre a destruição do meio ambiente natural, o saqueio e a poluição de nosso planeta, que foram uma consequência de nosso compromisso com o "progresso". Uma crise ecológica que se assoma é uma ameaça real, não a retórica oca de conservadores e radicais. Podemos já ter passado do ponto sem retorno. No entanto, os *insights* originários da antropologia sobre povos que vivem na natureza, e não tentam controlá-la e dominá-la, podem nos ajudar a procurar a compreensão do equilíbrio e da harmonia no ecossistema do qual somos uma parte.

Ao pensar sobre futuros humanos é útil contrapor alguns aspectos da vida em sociedades tais como as Trobriandesas com a vida dos urbanitas nas sociedades ocidentais. Podemos então nos perguntar se – atravessando os enormes abismos em escala e tecnologia – existem lições para serem aprendidas. Antes de examinarmos esses contrastes entre sociedades de pequena escala e as sociedades industrializadas contemporâneas, precisamos de um lembrete sensato de que essas sociedades não eram paraísos, precisamos lembrar as fraudes e o estupro grupal, a humilhação simbólica e o abuso físico, as acusações de feitiçaria e bruxaria, as brigas e guerras sangrentas. Não estamos romantizando um "nobre selvagem" nem retratando modos de vida idílicos. Estamos examinando princípios organizacionais em sociedades de pequena escala com os quais talvez possamos aprender.

Vamos examinar, então, uma série de contrastes ente sociedades tribais e sociedades industrializadas:

1) A organização do trabalho

Para a maior parte das pessoas nas sociedades industriais o local de trabalho e o "lar" estão claramente separados. As famílias pequenas e frágeis em que vivemos não são os contextos em que ganhamos nosso sustento. O trabalho feito no ambiente doméstico (principalmente pelas mulheres) não é pago e – na sociedade mais ampla – de um modo geral não é reconhecido. Em contraste, o trabalho no mundo tribal é feito no arcabouço do parentesco e da comunidade; não há qualquer hiato comparável entre "lar" e "trabalho" ou entre trabalho remunerado e "trabalho doméstico" não remunerado – embora no mundo tribal, como vimos, a mão de obra feminina possa ser apropriada para dar apoio à busca de prestígio dos homens.

2) Parentesco e comunidade

Cada vez mais nas sociedades industriais, especialmente para as pessoas que moram nas cidades ou em seus subúrbios, as famílias nucleares se isolaram umas das outras, em seus compartimentos físicos separados – casas e apartamentos. A mobilidade fez com que os parentes se espalhassem. Os tipos de rede de apoio, ajuda mútua e o cuidado das crianças, e o trabalho coletivo e a obrigação recíproca que sustentam a vida social cotidiana nas sociedades tribais, tais como as trobriandesas, são relativamente incomuns e (como lhes falta um reforço institucional) são normalmente frágeis.

3) Continuidade da trajetória de vida

Podemos começar observando que os tipos de laços interpessoais que sustentam as relações sociais em uma aldeia trobriandesa existem nos grupos de recreio das crianças nas escolas e nos bairros de Nova York e Chicago. São as circunstâncias de "crescer" – indo para a universidade, arranjando um emprego, casando – que rompe os fortes laços da infância. Nas comunidades de pequena escala do mundo tribal, os laços fortes da infância continuam na época adulta. Os vizinhos e parentes com quem você trabalha e faz trocas provavelmente serão aqueles com os quais você cresceu. As mesmas continuidades acompanham os adultos na velhice, ou até a descendência. Os adultos cuidam dos pais idosos como os pais cuidaram deles. Para nós, as pessoas idosas muitas vezes são vistas como se já tivessem passado da época em que podiam ser úteis, para se tornarem um peso que as famílias não podem manter.

4) Continuidade na cultura

Na sociedade trobriandesa tradicional as metas valorizadas em uma nova geração são as mesmas que as da geração anterior – fazer o *kula*, plantar inhames, fazer doações de colheitas, dar festas, distribuir saias e pacotes de folhas. Os pais podem ensinar os filhos, os avós podem ensinar os netos; os mais velhos são repositórios de um conhecimento e de uma sabedoria acumulados que é um recurso essencial a ser absorvido pelos jovens. Nas sociedades ocidentais o "progresso" rápido e a valorização cultural do novo e a desvalorização do velho significa que os velhos são considerados como repositórios de anacronismos e não de sabedoria e conhecimento valiosos.

5) Política e "direito" personalizados

Nas comunidades tribais, as decisões políticas que dão forma à ação individual e grupal são tomadas em ambientes nos quais prevalecem as relações pessoais, um dar e tomar da discussão é possível, e o consenso normalmente é alcançado. Os líderes são responsáveis diante dos liderados e acessíveis a eles. A resolução de conflitos provavelmente também será pessoal, de acordo com as circunstâncias do caso e as relações sociais entre os indivíduos envolvidos. Nas vastas burocracias das sociedades complexas, as regras são feitas e invocadas por peças da engrenagem, sem rosto e sem nome. As decisões políticas são tomadas à distância, de maneiras tais que há muito pouco espaço para discussão, transparência ou consenso. Os processos legais são impessoais e burocráticos: o "Estado" *versus* um acusado, uma corporação contra um réu.

6) Relações econômicas e trocas personalizadas

Os produtos do trabalho humano, nas sociedades tribais, são ou consumidos pelos produtores ou trocados pelas vias do parentesco ou de outras obrigações mútuas. As transações são sociais, assim como econômicas; elas fazem afirmações sobre relacionamentos interpessoais. As satisfações do trabalho para nossas próprias necessidades – de construir a casa onde iremos morar, fazer a canoa na qual iremos remar, plantar a muda de inhame que mais tarde irá fornecer uma refeição – são fortes e convincentes. O mesmo ocorre com as satisfações do trabalho recíproco (você me ajuda a construir minha casa; quando você precisar construir a sua, eu o ajudarei e você me dará uma refeição). Quando intercambiamos objetos valiosos, ou inhames, ou trocamos cestas por lâminas de enxó ou taro por peixe, cimentamos nossos laços pessoais e reforçamos as redes de interdependência.

Mas quando eu uso dinheiro que meu trabalho ganhou para comprar comestíveis embrulhados em plástico no supermercado, ou para que consertem meu carro, estou participando de um vasto sistema econômico mantido pelo meio impessoal do dinheiro. O trabalho que faço, o trabalho da pessoa que produz os itens no supermercado é separado, despersonalizado, desumanizado. Eu, como urbanita moderno, mal posso fazer para mim mesmo qualquer dos produtos de consumo de que preciso: não posso construir um carro, fazer uma ferramenta, construir uma casa, fabricar um rádio ou as baterias que lhe fornecem energia; mal posso cultivar minha própria comida, mesmo que tivesse os meios e o lugar para fazê-lo. A satisfação de produzir e trocar em grande parte desapareceu para a pessoa que coloca uma peça mínima de um carro em uma linha de montagem, ou envolve em um plástico algum item que será vendido em um supermercado – se, aliás, for um humano e não uma máquina que faz essas coisas.

Há um caminho de volta?

O que os humanos perderam na passagem da horta para a fábrica, da aldeia para a cidade, pode surgir em tudo isso. Mas haverá caminhos de volta a alguns dos laços sociais compensatórios que foram rompidos? Ou simplesmente hoje há muitos de nós e já estamos interdependentes demais em uma vasta rede mundial?

Em primeiro lugar, há ampla evidência de que um espírito comunitário pode surgir, que cidades ou bairros podem se transformar. Diante da escassez ou de uma ruptura econômica maciça, ou de um desastre natural, o compartilhamento e o interesse coletivo surgem: uma cidade de uma empresa no meio de uma greve, uma comunidade após um desastre natural, adquirem temporariamente a solidariedade interna de uma aldeia trobriandesa. Uma humanidade em nossas relações sociais está bem próxima da superfície; precisamos encontrar meios de trazê-la à tona.

Segundo, processos políticos coletivos, consensuais e personalizados reapareceram em muitas comunidades do Ocidente, em movimentos de protesto, no ativismo de consumidores e ecológico. O "novo populismo" pode não ser uma avenida para a mudança social na escala que seria necessária. Mas ele, sim, mostra que quando nós nos comprometemos coletivamente com uma causa, os modos de ação política que são lugar-comum na Melanésia podem reaparecer em uma assembleia urbana.

Algumas lições do mundo tribal só poderiam ser aprendidas se nos desfizermos de alguns de nossos valores sobre mudança e progresso. Pessoas idosas poderiam ser, como nas Trobriandesas, professores dos jovens; mas só se nós aceitarmos que eles têm algo a ensinar. Talvez eles tenham, especialmente se nós tivermos de nos adaptar à escassez de recursos e à involução tecnológica. Técnicas de maior autossuficiência, técnicas de como fazer coisas e plantar coisas e cozinhar coisas que eram lugar-comum há 75 ou cem anos atrás podem ser necessárias outra vez; elas estão se evaporando a cada ano com a morte de pessoas mais velhas, colocadas em instituições para morrer.

Escrevi, em um estado de espírito de futurologia mais radical:

> Para que nosso potencial humano para autorrealização e compromisso coletivo possa ser [realizado] ele terá de vir em parte de uma reestruturação da experiência de trabalho [...] seja por evolução ou por revolução [...]. Para evocar em nós mesmos os potenciais humanos realizados nos pequenos mundos das sociedades de caçadores e coletores, exigirá a reconstrução de comunidades – inevitavelmente com mais de cinquenta pessoas, mas talvez em alguma maneira modular de tal forma que seja possível alcançar um pouco da intimidade em pequena escala do bando de caçadores-coletores. Só nessas comunidades reestruturadas é que o trabalho pode uma vez mais se tornar uma parte da vida-em-grupo e não um trabalho-que-fazemos. Há dois lados para essa reorganização da vida [...]. Primeiro a reorganização do modo de produção, por mais revolucionária que seja, não humaniza, por si só, as relações sociais. A reumanização das relações sociais é *dependente de*, mas não *produzida por* uma revolução no nível das instituições econômicas e das relações de classe. Segundo, essa reumanização, como talvez o lado radical do movimento de mulheres argumentou de forma muito convincente, exige uma revolução na integração do trabalho com a vida doméstica e comunitária. Ao tentar reconstituir a integridade da vida social, rearticular aquilo que nós fazemos como amigos e pais e vizinhos com aquilo que fazemos como trabalhadores, e ao tentar fazer com que o próprio trabalho seja mais satisfatório em uma sociedade de grande escala, podemos aprender muito com os chamados primitivos, para quem a família, a comunidade e o trabalho são um único fluxo: elementos contínuos que se interpenetram na ronda diária da vida (KEESING, 1979: 7).

O desafio de construir um novo modo de vida que não só garanta nossa sobrevivência, mas enriqueça nossa experiência, pode estar fora de nosso alcance em virtude das forças maciças que nos mantêm em nosso curso atual. Mas a experiência de povos tribais mostram que os humanos *podem* se adaptar a mudanças mais cataclísmicas do que aquelas que provavelmente iremos enfrentar: "uma lição final do mundo tribal é a fantástica habilidade humana de mudar, a incrível resiliência que temos em nos tornarmos novos seres [...]" (KEESING, 1979: 8).

Isso nos leva de volta ao desafio para os povos pós-coloniais de encontrarem sínteses do velho e do novo que preservem aquilo que é de valor do passado. É irônico que os países industrializados continuem a enviar "especialistas" para ensinar aos povos pós-coloniais como adotar a tecnologia ocidental e realizar metas ocidentais. É bem possível que tenhamos mais a aprender do que a ensinar. B.M. Narokobi, que surgiu de uma sociedade papuásia estudada por Margaret Mead para se tornar um advogado brilhantemente capaz, escreveu o seguinte:

> [Podemos] construir uma nova sociedade baseada no compartilhamento comum, na interdependência, na confiança mútua,

na autoconfiança e no amor. Não podemos esperar construir uma nova sociedade estando meio comprometidos com os estilos de vida imperialista e capitalista. Chegamos ao ponto em que a única estrada honesta a escolher é um compromisso total com a ideologia do desenvolvimento humano. Deixem que aqueles que creem deem o primeiro passo e construam nossa nação baseada em comunidades interdependentes [...]. Estou convencido de que podemos construir uma nova sociedade [...] livre [...] de muitas restrições das [...] sociedades passadas [...]. A civilização moderna ainda precisa satisfazer muitas necessidades básicas dos humanos em todas as partes do mundo. Não há mal algum em tentar uma alternativa que possa satisfazer nossas necessidades verdadeiras (NARO-KOBI, 1974: 2).

Talvez isso seja um otimismo pouco realista. Mas, a essa altura, há urgência de encontrar novos meios de organização política e econômica não só para nações como a Papua-Nova Guiné, mas para os humanos em todas as partes do mundo.

O desafio, de alguma forma, é conseguir para as nações industriais aquilo que a invasão maciça que elas impuseram a povos menos poderosos – uma reestruturação radical de visão do mundo e de experiência, e uma nova integração. Se isso é possível pode bem ser duvidoso. A exploração coletiva de novas visões e a transformação ou demolição de sistemas estabelecidos e poderes garantidos legalmente será extraordinariamente difícil, talvez até impossível.

Para que essas visões e transformações sejam possíveis, precisamos urgentemente de uma compreensão da diversidade humana. Grande parte da sabedoria que a antropologia colheu em seu estudo geral das maneiras humanas é sabedoria sobre a diversidade – sua extensão, sua natureza, suas raízes. Essa sabedoria, se usada inteligentemente, pode ser um recurso humano crucial: pois ao compreender as diferenças humanas podemos vislumbrar novas possibilidades humanas. As visões da sociedade devem ser ampliadas, mas precisam ser também sabiamente restringidas. Se elas não forem iluminadas por uma compreensão sólida da natureza humana – biológica, social e cultural – e dos limites da possibilidade humana, elas podem acelerar o desastre, e não evitá-lo. Não temos qualquer fonte melhor de sabedoria sobre as possibilidades humanas do que os vários modos de vida que a antropologia ajudou a explorar e a registrar.

SUMÁRIO

Este capítulo considera as forças da mudança no mundo como um todo, dando ênfase ao poder do capitalismo internacional por um lado e ao desenvolvimento de movimentos para a autonomia cultural e política do outro (i.e., a coexistência de globalismo e localismo). A estabilidade global depende da estabilidade tanto de países produtores quanto de países consumidores. Argumenta-se que podemos aprender com as culturas estudadas pelos antropólogos maneiras alternativas e mais humanas de organizar o trabalho, o parentesco, as trajetórias de vida, a política, a lei, e as relações econômicas e de intercâmbio; e que pode ser possível reintroduzir esses valores nos contextos atuais. De qualquer forma a compreensão histórica da diversidade cultural humana é um meio vital através do qual podemos também imaginar possíveis futuros melhores.

Post-scriptum

Nos anos que se seguiram à segunda edição deste livro várias mudanças importantes ocorreram na antropologia como disciplina e no mundo de um modo geral. Aqui pinçamos duas dessas mudanças que são extremamente relevantes para os temas e a orientação do próprio livro. A primeira é a mudança da abordagem de "teorias grandiosas" para uma aglomeração de posições normalmente rotuladas de pós-modernistas. A segunda é a mudança na política global dos estereótipos monolíticos e da retórica da Guerra Fria para o colapso da União Soviética e o crescimento de movimentos pós-coloniais e de outros tipos que buscam identidades separatistas sob as rubricas da etnicidade e do nacionalismo. Essas duas mudanças, a primeira na própria antropologia, e a segunda no mundo, não estão desconectadas. A mudança da teoria grandiosa para – primeiramente – a desconstrução e depois para modos de argumentação modestamente reconstrutivos na Antropologia Cultural reflete os vários impasses de teorizar no modo geral que foram alcançados à medida que tanto o mundo quanto as percepções que as pessoas têm dele se alteraram. A desilusão com as teorias gerais e abrangentes da vida social ou até a rejeição delas se estendeu até aos projetos marxistas e neomarxistas que contribuíram para o arcabouço teórico deste livro sem dominar suas perspectivas gerais ou obliterar as abordagens estruturalistas ou orientadas para a linguística. A teoria marxista como uma teoria de história em geral sofreu um declínio em sua imagem como resultado de sua associação com a ideologia soviética comunista, embora aqui também seja importante não igualar as ideias de Marx com as estruturas políticas e burocráticas do comunismo soviético.

Junto ao colapso das unidades em um determinado momento politicamente unificadas na antiga União Soviética, o ressurgimento de uma variedade de movimentos orientados para o separatismo nos países da Europa Ocidental (p. ex., no Reino Unido) e as tentativas de reformular o governo e suas fronteiras em muitas partes da África pós-colonial houve também uma tendência contrária, que já foi assinalada neste livro, na direção de certa globalização de efeitos e processos sociais e econômicos. A Teoria da Globalização, que tenta sintetizar o conhecimento desses processos é a herdeira das teorias de sistemas mundiais e da dependência, mas tende a ter um foco cultural, bem assim como um foco econômico. De forma mais ampla ela tem a ver com a dinâmica da difusão de ideias, objetos e práticas e o poder diferente que acompanha ou é criado por essa dinâmica no mundo como um todo.

Nesse sentido, a Teoria da Globalização contrasta fortemente com as tradições de longa duração na antropologia de fazer estudos locais de profundidade. Em um extremo, encontraríamos uma tentativa para explicar macropadrões globais de mudança, enquanto no outro estaríamos lidando com uma etnografia sumamente específica de um único grupo local de umas poucas centenas de pessoas. Como muitos antropólogos e outras pessoas indicaram, no entanto, a antropologia não tem de aspirar a nenhum dos dois extremos. Em nossos escritos, ao contrário, nós ocupamos um território intermediário, reconhecendo que a fim de explicar muitos fenômenos situados localmente precisamos entender como eles estão entrelaçados com fenômenos mais amplos e podem ser considerados, em nosso benefício, como produtos históricos híbridos de interações regionais pelas quais o local em última instância está conectado com o global. É uma questão de pragmatismo, não de princípio, onde nós paramos em uma determinada análise, com relação tanto ao espaço quanto ao tempo. Uma questão sobre a qual antropólogos de convicções teóricas diferentes concordam amplamente é que devemos colocar nossas discussões firmemente em um modo histórico, como um meio de evitar o artificialismo do "presente etnográfico". Essa ênfase na história é pelo menos parcialmente resultado da morte do arcabouço estrutural-funcionalista e das críticas feitas a ele pelos escritores neomarxistas nas décadas de 1960 e 1970. Vemos, portanto, que enquanto o programa marxista – como uma espécie de teoria abrangente – tem, como outros projetos, se deparado com dificuldades, ele tem, apesar disso, contribuído para o desenvolvimento de abordagens não marxistas atuais que dão ênfase à importância de entender sistemas locais em termos regionais e mais amplos e de colocar nossos argumentos no tempo histórico, bem assim como no espaço geopolítico.

As abordagens pós-modernistas na antropologia começaram como exercícios negativos e desconstrucionistas e são geralmente comparados com a Teoria do Modernismo ou da modernização, embora não seja realmente possível datar, de uma maneira precisa, a emergência de formas de pensamento chamadas de pós-modernistas. O modernismo está associado com a teoria grandiosa, originando-se das visões do progresso no conhecimento e na racionalidade do Iluminismo. A Teoria da Modernização lida com as trajetórias da emergência da mudança econômica e política na direção de supostos "modelos ocidentais" nos países pós-coloniais. As abordagens pós-modernistas desafiaram essas duas tendências com a jus-

tificativa de que a historia não estava caminhando nas direções que as corroborassem.

Nesse modo questionador, a teoria pós-modernista pode ser vista como injetando uma nota saudável de ceticismo em nossos relatos do mundo. Ela questiona a base epistemológica de nosso conhecimento, tanto de nós mesmos como de outros. Esse ato de questionamento está associado, um tanto paradoxalmente, com uma forte ênfase na interpretação, na noção de que o conhecimento que nós produzimos é um conjunto de interpretações de eventos e processos, e que essas interpretações variam de acordo com o intérprete. De maneira mais abstrata, em algumas abordagens, há um questionamento da ideia do autor como o produtor de um texto determinado. Mesmo um texto, argumenta-se, pode ser considerado como muitos textos diferentes de acordo com as várias leituras que lhe são dadas. Portanto, nessa versão do pós-modernismo ficamos com um "texto" indeterminado, bem assim como com muitas "leituras" diferentes dele. O "texto" pode ser uma etnografia construída ou pode ser um segmento da vida social que está sob observação. Antropólogos como Clifford Geertz, que foi precursor na América da interpretação de sistemas culturais, e David Schneider, que "desconstruiu" a ideia do parentesco separando suas manifestações culturais de quaisquer bases psicobiológicas supostamente universais, foram sucedidos por outros que argumentaram em defesa da indeterminação e ambiguidade das categorias culturais e da incerteza de nosso conhecimento delas. A ênfase de Geertz sobre "o saber local" ameaçou algumas vezes se tornar mais como "uma nuvem de desconhecimento".

Críticos das versões mais negativas do pós--modernismo argumentaram que seu ceticismo encorajou o desengajamento político e, finalmente, o solipsismo. A maior parte desses críticos também argumentou que nós não precisamos desconstruir, e sim reconstruir a teoria antropológica e que os processos para fazê-lo sempre foram uma parte da história da antropologia. As teorias reconstrutivas, por sua vez, ou extraíram partes de teorias grandiosas anteriores (p. ex., semiótica, estruturalismo, materialismo cultural) ou recrearam um espaço para teorizar que depende de tradições alternativas de pensamento (p. ex., teorias da consciência e incorporação derivadas da filosofia fenomenológica). O trabalho reconstrutivo prosseguiu também dentro da esfera em expansão dos estudos de gênero, indo de um primeiro conjunto de preocupações com a posição das mulheres em várias culturas (em termos de dominação e exploração) até uma compreensão mais sutil dos papéis diferentes e complementares que são influenciados pelo gênero em várias sociedades. Os estudos de gênero foram para o centro, ou para perto do centro, do palco em muitas esferas de análise de política, parentesco, economia e simbolismo (para uma análise, cf. KNAUFT, 1996: 219, 248; para uma avaliação das questões atuais nessa arena cf. DI LEONARDO, 1991). Essa teorização reconstrutiva foi levada a cabo ao lado de exercícios mais desconstrutivos pelo menos desde o começo da década de 1980.

George Marcus e Michael Fischer deram o tom para toda uma década de estudos na antropologia americana com seu livro de 1986 *Anthropology as Cultural Critique: An Experimental Moment in the Human Sciences*. [A antropologia como crítica cultural: um momento experimental nas ciências humanas]. Eles começam com a ideia de uma "crise de representação", isto é, com a incerteza induzida pelas questões céticas das posições teóricas. E transformam essa sensação de crise, no entanto, em uma sensação de oportunidade, de como a própria incerteza pode produzir maneiras experimentais de escrever que pode abrir novas perspectivas de uma forma criativa. Enfatizam também o papel crucial de um gênero há muito estabelecido de escrever na antropologia, o estudo etnográfico, e dão exemplos de novas versões da etnografia usando efeitos interpretativos, reflexivos, dialógicos e retóricos para dar ênfase a argumentos e descrições. Essas etnografias se situam firmemente no campo da subjetividade e não nas versões objetivistas da produção de conhecimento. Mas elas devem ser avaliadas em termos dos *insights* que fornecem.

De um modo geral, Marcus e Fischer deram ênfase a dois temas que tenderam a ser desenvolvidos separadamente e que – eles insistem – devem ser alinhados e unificados: primeiro, a interpretação da cultura, vista em termos dos estudos das emoções e construções da pessoalidade, bem assim como relatos autobiográficos e perfis psicológicos; e, segundo, a economia política mundial. Sugerem que os relatos interpretativos devem estar situados no estudo da economia política em uma ampla unificação das abordagens culturalistas com aquelas que nós chamamos de pós-marxistas. Observam também que a antropologia não pode se restringir a sociedades "exóticas", mas deve estar envolvida com estudos "em casa" e com "estudar para cima", assim como "estudar para baixo".

De um modo geral, esse programa reconstrutivo de combinar estudos de significados locais com estudos de processos regionais e até mais amplos foi validado em grande parte dos trabalhos feitos desde a metade da década de 1980, bem assim como antes dessa época. Uma esfera da qual os antropólogos cada vez se aproximaram mais foi a da etnicidade, do nacionalismo e das questões de consciência histórica e identidade em geral. Um tratamento equilibrado de muitas dessas questões pode ser encontrado no livro de Thomas Hylland Eriksen *Ethnicity and Nationalism* (1993) [Etnicidade e nacionalismo]. Eriksen começa a partir da etnicidade e vai para o nacionalismo, enquanto outros estudos começam com o nível da nação, como é o caso do livro de Benedict Anderson *Imagined Communities* (1991) [Comunidades imaginadas]. Tanto a *etnicidade* quanto o *nacionalismo* são termos difíceis de definir e um movimento rotulado de "étnico" em um determinado momento pode se transformar em "nacionalista" em outro. A fusão de preocupações étnicas e nacionalistas que se tornou um foco de estudos pode ser chamada de o estudo de *etnonacionalismo*.

A própria *etnicidade* é um termo que se refere, por um lado, a ideias culturais de descendência compartilhada baseado em ideologias de "sangue" e outras semelhantes e, por outro, a práticas, valores e tradições culturais compartilhadas. Muitas vezes há uma combinação dessas ideias, como quando nos referimos à propensão para seguir certas práticas ou modos de comportamento como estando "no sangue". Como uma ideologia que funde descendência e costume, a etnicidade pode claramente fornecer uma base "naturalizada" para a solidariedade entre as pessoas. O costume fornece um arcabouço de práticas compartilhadas, enquanto a descendência fornece um limite em termos da pertença legítima do grupo ou categoria ao qual – ou à qual – dizemos que essas práticas pertencem. Os dois critérios podem estar desagregados ou reagregados com o passar do tempo e os conteúdos do costume a que nos referimos podem mudar. Reformulações retrospectivas de ambos, descendência compartilhada e costumes compartilhados, são feitas frequentemente, especialmente no contexto de mudanças nos limites e nas oportu-

nidades históricas. Identificações étnicas são feitas normalmente e de maneira mais clara no contexto de autodiferenciação de outras e, portanto, entram como forças constitutivas da consciência histórica. Considerar identidades étnicas como produtos históricos e como elementos de consciência dessa maneira nos permite mediar entre duas posições extremas: uma, a posição primordialista, na qual se argumenta que a etnicidade se refere a identidades estabelecidas em tempos antigos que são historicamente ressurgentes; e, segundo, a posição instrumentalista, na qual se enfatiza que essas identidades podem ser formuladas ou inventadas criativamente como meio de lidar com novas situações históricas, normalmente aquelas de conflito ou oportunidade. A posição instrumentalista, relacionada com a ideia da "invenção da tradição" (HOBSBAWM & RANGER 1983), geralmente prevaleceu. Mas é importante também reconhecer que as necessidades instrumentais são mais satisfeitas por apelos simbólicos que ressoam com consciência e que elas fazem seleções de repertórios culturais existentes ou criam formas superficiais que correspondem a complexos de ideias históricos e mais profundos. Assim os elementos primordialistas surgem como ideologias historicamente reformuladas em contextos instrumentalistas.

Em seu tratamento de temas, Eriksen enfatiza o estudo da etnicidade em ação, como um fator nas relações sociais, mostrando assim seus laços com a antropologia social britânica e o trabalho de Fredrik Barth. Mas ele não negligencia os fatores culturais, reconhecendo o poder das classificações culturais nos processos de criação e manutenção de limites. Ele discute "minorias" e "sociedades plurais" às quais elas podem pertencer, isto é, sociedades multiétnicas que podem não ter focos de valor compartilhados internamente.

Quando discute nacionalismo, Eriksen também leva a cultura em consideração, enfatizando a importância do uso político de símbolos culturais, tais como as bandeiras nacionais e sua construção simbólica. Observa também a definição de Ernest Gellner que conecta o nacionalismo diretamente com etnicidade ao definir a nação em termos étnicos (ERIKSEN, 1993: 99). A definição de Benedict Anderson é um pouco mais ampla: a nação é uma "comunidade imaginada" e o ato de imaginação poderia ocorrer em mais de uma dimensão, assim como a própria etnicidade pode ser uma noção complexa na prática (ANDERSON, 1991). Na prática, no entanto, as nações estiveram inclinadas a se imaginar ao longo dimensões de etnicidade e daquilo que antropólogos chamam de "parentesco metafórico" (i.e., noções estendidas de descendência comum). Uma questão aqui é que enquanto as nações podem afirmar ter uma base antiga, a ideologia nacionalista é relativamente moderna (ERIKSEN 1993: 101) e está associada com os conflitos violentos e as guerras mundiais do século XX, bem assim como com os eventos formativos que os precederam nos séculos XVIII e XIX. O nacionalismo também é conectado por alguns teóricos com a industrialização e a necessidade de coordenar um grande número de trabalhadores móveis na organização do Estado. Com isso, ele se torna um instrumento de organização estatal. Em outros contextos um movimento nacionalista pode representar uma tentativa de se separar de uma estrutura estatal existente por meio de rebelião ou secessão, ou de criar uma nova forma de representação na qual só os qualificados etnicamente têm direitos políticos plenos.

Essas observações nos levam facilmente a uma compreensão dos contextos históricos em que tanto a etnicidade quanto o nacionalismo estão ligados à violência, como se tornou abundantemente evidente no final do século XX. A etnicidade e o nacionalismo são construções ideológicas e históricas baseadas em tentativas de definir limites e acesso a direitos por meio de pertença a um determinado grupo. Em contextos de rivalidade, cisão, supressão, rebelião, conflito de classes, conflito racial e competição territorial, a etnicidade e o nacionalismo fornecem o combustível ideológico que leva aos incêndios de violência. E isso se transformou em um dos problemas primordiais tanto para a antropologia quanto para os mundos que os antropólogos estudam. A própria violência é, é claro, uma parte permanente da história humana. Sua forma específica hoje, no entanto, toma características próprias, formadas pelos conflitos entre localismo e globalismo. Dois exemplos diferentes podem ser mencionados.

O primeiro é a violência associada com "os distúrbios" na Irlanda do Norte dentro do Reino Unido. Isso tem suas raízes naquilo que alguns observadores chamaram de "colonialismo interno" no Reino Unido e o crescimento de uma classe de proprietários de terra protestantes em um contexto anteriormente católico. Está enraizado, portanto, na economia política. As elaborações culturais dos conflitos que surgiram desse contexto foram explorados por Allen Feldman em seu livro *Formations of Violence* (1991) [Formações da violência]. Feldman usa um arsenal de teorias da psicologia de Jacques Lacan até Mary Douglas, bem assim como uma abordagem através da fenomenologia e incorporação para discutir uma série de temas fortes: a tortura política, a criação e a violação de espaços políticos locais pela marcação de limites e sua transgressão, e a significância de narrativas de resistência. Sua abordagem penetra as categorias superficiais de protestantes *versus* católicos para revelar tanto processos mais abstratos quanto processos materiais mais concretos em operação.

Movendo-nos para uma parte bastante diferente do mundo, a Amazônia, podemos citar o estudo de R. Brian Ferguson sobre a guerra yanomami (FERGUSON, 1995). Ferguson começa com uma abordagem que passa pelo materialismo cultural com sua ênfase em fatores infraestruturais e seu papel causativo em processos, mas ele enriquece muito essa abordagem com uma ênfase nos processos históricos que ocorreram no contexto das influências coloniais nos yanomamis. Ao contrário de certas abordagens sociobiológicas que enfatizaram modos de agressão condicionados biologicamente como básicos na vida yanomami, Ferguson argumenta que a violência foi induzida historicamente, por meio da exaustão das reservas de caça e os efeitos das doenças introduzidas. Portanto, não são exatamente psiques violentos e sim ecologias perturbadas que influenciaram as lutas yanomami. A posição do autor é parte de uma visão mais ampla proposta por ele próprio e Neil Whitehead em seu volume organizado *War in the Tribal Zone* (1992) [Guerra na zona tribal] em que todos os autores contribuintes defendem um inter-relacionamento complexo entre "tribos" e "Estados" no passar do tempo, dando agência a ambos os lados. Essa abordagem significa uma reformulação de nossa forma de ver as circunstâncias coloniais e pós-coloniais de povos chamados "tribais" passando a considerá-los como jogadores em arenas mais amplas de relacionamentos.

Embora as ênfases no trabalho de Feldman sejam muito diferentes das de Ferguson e Whitehead, nos dois casos vemos antropólogos retrabalhando criativamente a ideia de que identidades são feitas por meio de conflito em circunstâncias históricas, sem apelar a um possível impulso inato para a agressão (embora eles não necessariamente rejeitem essa teoria em geral).

Estudos desse tipo precisam ser aplicados às questões de violência local e de processos globais que cercam o mundo, particularmente de uma maneira que lhes permita esclarecer não apenas a persistência da violência, mas também, por meio de sua ênfase em contingências, a história, e a criatividade da simbolização, sobre as perspectivas para a resolução de conflitos e a realização da paz. A teorização das bases, bem assim como dos perigos, da etnicidade e do nacionalismo, é uma das tarefas daquilo que podemos chamar de uma antropologia pós-pós-modernista.

Andrew J. Strathern
Pamela J. Stewart
1997

SUGESTÕES PARA LEITURAS ADICIONAIS SOBRE PÓS-MODERNISMO E ABORDAGENS RECONSTRUTIVAS

MARCUS, G.E. & FISCHER, M.M.J. (1986). *Anthropology as Cultural Critique*: An Experimental Moment in the Human Sciences. Chicago: University of Chicago Press.

ROSENAU, P.M. (1992). *Post-Modernism and the Social Sciences*: Insights, Inroads and Intrusions. Princeton: Princeton University Press.

SMART, B. (1993). *Postmodernity*. Londres: Routledge.

SOBRE ETNICIDADE, NACIONALISMO E VIOLÊNCIA

ANDERSON, B. (1991). *Imagined Communities*. Londres: Verso.

ERIKSEN, T.H. (1993). *Ethnicity and Nationalism*: Anthropological Perspectives. Londres: Pluto Press.

FELDMAN, A. (1991). *Formations of Violence*: The Narrative of the Body and Political Terror in Northern Ireland. Chicago: University of Chicago Press.

FERGUSON, R.B. (1995). *Yanomamö Warfare*. Santa Fé: School of American Research Press.

FERGUSON, R.B. & WHITEHEAD, N.L. (orgs.) (1992). *War in the Tribal Zone* – Expanding States and Indigenous Warfare. Santa Fé: School of American Research Press.

GELLNER, E. (1983). *Nations and Nationalism*. Oxford: Blackwell.

GIDDENS, A. (1985). *The Nation-State and Violence*. Cambridge: Polity.

HERZFELD, M. (1992). *The Social Production of Indifference*: Exploring the Symbolic Roots of Western Bureaucracy. Nova York: St. Martin's Press.

HOBSBAWM, E. (1990). *Nations and Nationalism Since the 1780s*: Programme, Myth, Reality. Cambridge: Cambridge University Press.

HOBSBAWM, E. & RANGER, T. (orgs.) (1983). *The Invention of Tradition*. Cambridge: Cambridge University Press.

SOBRE ESTUDOS DE GÊNERO

DI LEONARDO, M. (org.) (1991). *Gender at the Cross-Roads of Knowledge*: Feminist Anthropology in the Postmodern Era. Berkeley: University of California Press.

KNAUFT, B. (1996). *Genealogies for the Present in Cultural Anthropology*. Nova York/Londres: Routledge.

Glossário

Aborígine: pertencente a uma população indígena.

Aborígine australiano: um membro da população indígena da Austrália.

Aculturação: mudança de cultura em virtude do contato entre sociedades; usado com mais frequência para se referir à adaptação de sociedades tribais subordinadas à dominação pelas sociedades ocidentais.

Afinidade: relacionamento pelo casamento. Pode incluir o relacionamento entre grupos corporativos conectados pelo casamento entre seus membros.

Afins: um sogro ou sogra, cunhados e cunhadas e outros parentes pelo casamento; pode se referir a grupos relacionados uns com os outros por um casamento.

Agnato: uma pessoa relacionada por descendência patrilinear.

Agricultura: no sentido geral, cultivo de produtos agrícolas; no sentido mais restrito e mais técnico, cultivo usando arados ou outras ferramentas não manuais, por comparação à horticultura, na qual só ferramentas manuais – bastões para cavar, enxadas etc. – são usados (cf. horticultura).

Aliança: um sistema pelo qual grupos de descendência ou outros grupos de parentesco estão conectados por uma regra de casamento prescritivo ou recorrente, de tal forma que os grupos continuam em um relacionamento afim uns com os outros através de gerações.

Aliança assimétrica: na Teoria da Aliança, um sistema de casamento que envolve intercâmbio indireto. (Alguns teóricos acham que a aliança patrilateral é não existente ou impossível, portanto a aliança matrilateral – casamento com MBD ou uma moça classificada com ela – é a forma chamada normalmente de assimétrica.)

Aliança simétrica: na Teoria da Aliança, um sistema de casamento que envolve intercâmbio direto.

Análise componencial: um modo de análise originalmente utilizado para sistemas fonológicos, mas mais tarde usados para definir os significados de conjuntos de palavras contrastantes (principalmente termos de parentesco), pelo qual várias dimensões de contraste (alto *versus* baixo, masculino *versus* feminino etc.) se intersectam para definir a peculiaridade de cada fonema ou cada palavra no conjunto, em termos de seu contraste com o resto.

Análise situacional: na antropologia social, análise de relações sociais em uma sociedade complexa tomando um evento social específico como o foco e reconstituindo os laços mais amplos dos participantes e como e por que eles desempenham os papéis que desempenham.

Animatismo: crença segundo a qual o mundo natural é permeado ou animado por força(s) espiritual(ais) tais como os manas na Melanésia ou os orenas entre os índios norte-americanos.

Animismo: crença segundo a qual os espíritos habitam objetos e fenômenos naturais.

Antropologia aplicada: o uso do conhecimento e a competência antropológica para tratar de problemas no "mundo real", p. ex., na introdução de inovações tecnológicas, ou esquemas de saúde pública ou desenvolvimento econômico.

Antropologia cultural: o campo da antropologia relacionado com o estudo dos costumes humanos, isto é, o estudo de culturas e sociedades.

Antropologia social: a área da "Antropologia Cultural" interessada no estudo comparativo de instituições sociais humanas.

Associação: um grupo social baseado em interesses compartilhados ou participação voluntária.

Atos de fala: atos em que a fala é usada para transmitir informação, dar ordens, fazer perguntas etc. ou para definir situações ou mudá-las ("Agora vos declaro marido e mulher").

Avunculocal: residência após o casamento de uma pessoa com o irmão da mãe (já que caracteristicamente isso implica a residência de um casal com o tio materno do marido, os termos viriavunculocal ou avunculvirilocal são mais precisos).

Bando patrilocal: um modo de organização social que segundo alguns estudiosos era característico da maioria das sociedades de caçadores-coletores, onde os homens continuam em seus territórios e as esposas casam-se "dentro" – e, portanto, onde os homens tendem a ser relacionados na linha masculina.

Base (ou infraestrutura): na teoria marxista, o sistema econômico, que é concebido como compreendendo relações sociais de produção e distribuição, bem assim como fatores tecnológicos; contrastado com a superestrutura, as instituições políticas, legais e ideológicas e os processos que mantêm e reproduzem um sistema social existente.

Bilateral (parentesco): parentesco de pessoas que são parentes tanto por parte de pai quanto por parte de mãe (= parentesco consanguíneo).

Caçadores-coletores: populações humanas que dependem para sua subsistência exclusivamente em alimentos selvagens, caçados ou coletados. Alguns caçadores-coletores modernos recebem alimentos de subsistência de governos ou missões ou fazem um cultivo mínimo.

Caçando e coletando: um modo de subsistência baseado na caça e coleta de alimentos selvagens.

Camponês: um membro de uma classe social ou uma propriedade agrária cujo trabalho produtivo sustenta uma elite (caracteristicamente urbana), além de prover sua própria subsistência.

Casamento: uma forma institucionalizada de relacionamento em que relacionamentos sexuais e a paternidade/maternidade ocorrem legitimamente.

Casamento prescritivo: na Teoria da Aliança, uma exigência de que o casamento seja com um parceiro em uma categoria de parentesco específica. Mesmo no caso em que casamentos "incorretos" ocorrem, é provável que eles sejam classificados como se fossem corretos e as relações de parentesco reajustadas de acordo.

Caso: na teoria gramatical, uma categorização de nomes (ou pronomes) de frases segundo o papel funcional que eles desempenham na frase; como sujeito de um verbo intransitivo, um agente ou objeto direto de um verbo transitivo, o objeto de uma preposição etc.: (em latim: nominativo, acusativo, dativo etc.).

Casta: no subcontinente indiano, um grupo social endógamo incorporado em uma hierarquia estratificada de ideologia hindu. Alguns sociólogos aplicam o termo mais geralmente a classes sociais ordenadas endógamas.

Chefatura: um sistema político em que grupos de parentesco estão conectados por meio de uma hierarquia de liderança política e/ou religiosa.

Civilização: termo usado para caracterizar uma sociedade complexa (normalmente um estado) que obteve uma elevada ordem de complexidade cultural (normalmente uma tradição culta, uma religião estatal, artes e artesanatos especializados etc.)

Clã: Um grupo ou categoria de descendência unilinear cujos membros traçam a descendência patrilinear (patriclã) ou descendência matrilinear (matriclã) de um antepassado ou antepassada apical, mas não conhecem os elos genealógicos que os conectam com esse antepassado apical.

Classe social: uma divisão da sociedade definida em termos de seu relacionamento com os meios de produção, dentro de um sistema de tais classes, ordenadas hierarquicamente e caracterizadas por uma consciência de sua identidade e interesses coletivos.

Cognato: um parente (homem ou mulher) consanguíneo bilateral.

Cognição: os processos do pensamento e da memória.

Cognitivo: relacionado com os processos de cognição, os processos de *pensar* e *saber* (em contraste com emoções e motivação).

Colonialismo interno: Em um Estado-nação etnicamente diferenciado, dominação cultural, dominação econômica e política e exploração das minorias.

Comércio: a transferência de produtos agrícolas por compra, troca ou outros meios de transação.

Compadrazgo: na América Latina e outras áreas influenciadas pelos espanhóis (ex.: Guam), co-paternidade ritual, em que padrinhos/madrinhas desempenham papéis complementares como pais com relação aos filhos.

Complexo de Édipo: na teoria psicanalítica, o relacionamento de conflito e ambivalência entre pai e filho com relação à sexualidade da mãe.

Complexo de Electra: na teoria psicanalítica, ambivalência e hostilidade entre mãe e filha com relação à sexualidade do pai.

Consanguíneo: um parente por nascimento (i.e., um parente de "sangue") que se distingue, p. ex., de sogros ("afins") e de parentes por casamento.

Contrato diádico: obrigações de longo termo que envolvem intercâmbios de bens e serviços entre dois indivíduos; especialmente importantes, segundo George Foster, em algumas comunidades camponesas.

Cosmologia: as crenças e premissas de um povo com relação ao mundo – que entidades e forças o controlam, como o universo está organizado e que papel e lugar os humanos têm nesse mundo.

Cultivo de queimada: cultivo em que a floresta é limpa e queimada, as safras são plantadas e colhidas, e permite-se então que a terra fique em pousio e desenvolva um crescimento secundário antes de ser cultivada outra vez (também conhecido como cultivo de rotação).

Cultivo de rotação: cf. cultivo de queimada.

Culto cargo: um movimento milenarista, de um tipo característico da Melanésia no sudoeste do Pacífico, marcado pela expectativa que bens materiais ocidentais serão recebidos por meios sobrenaturais.

Culto dos antepassados: o culto ou propiciação de antepassados, particularmente característico de sociedades organizadas em termos de grupos de descendência corporativos.

Cultura: o sistema de conhecimento variavelmente compartilhado por membros de uma sociedade.

Cultura da pobreza: a teoria, inicialmente proposta por Oscar Lewis, que uma forma de vida geralmente semelhante (caracterizada por relações sexuais exploradoras e frágeis, estresse psicológico e estruturas familiares fragmentadas) ocorre entre os pobres urbanos em muitas partes do mundo.

Cultura e personalidade: a tentativa, mais característica da antropologia americana nas décadas de 1940 e 1950 de encontrar regularidades no relacionamento entre as práticas de criação de filhos de um povo (e as configurações de personalidade que elas tendem a produzir por meio da experiência da infância) e suas crenças e instituições culturais.

Debate (*moot*): uma audiência informal de uma disputa legal por pares e vizinhos.

Descendência: um relacionamento definido pela conexão com um antepassado (ou antepassada) por meio de uma sequência culturalmente reconhecida de elos de pais e filhos (de pai a filho ao filho do filho = descendência patrilinear, de mãe para filha para a filha da filha = descendência matrilinear).

Descendência cognata: (1) um modo de descendência que avalia onde todos os descendentes de um antepassado/antepassada apical através de qualquer combinação de elos masculinos ou femininos estão incluídos (sentido preferível). (2) Sinônimo de bilateral ou consanguíneo como em "parentesco cognático" (= "parentesco bilateral").

Descendência dupla: um sistema pelo qual dois sistemas de grupos ou categorias sociais existem (para objetivos diferentes) na mesma sociedade, um baseado na descendência patrilinear e o outro baseado na descendência matrilinear (de tal forma que uma pessoa pertence ao grupo patrilinear do seu pai e ao grupo matrilinear de sua mãe).

Descendência matrilinear: um princípio de descendência de uma antepassada através de sua filha, da filha de sua filha etc. (na linha feminina).

Descendência não unilinear: um termo alternativo para "descendência cognática". Como os descendentes cognáticos incluem tanto descendentes patrilineares quanto descendentes matrilineares, esse não é um uso apropriado. O termo pode ser usado em sociedades que reconhecem um núcleo unilinear em uma categoria de descendência cognática para significar *status* de descendência através pelo menos de um elo sexual alternado (i.e., não agnático onde a descendência inclui pelo menos um elo feminino, não uterino onde ela inclui pelo menos um elo masculino).

Descendência patrilinear: descendência reconstruída por meio de uma linha de antepassados na linha masculina (também conhecida como descendência agnática).

Descendência unilinear: descendência patrilinear (agnática) ou matrilinear (uterina).

Dialeto: uma variedade de uma língua característica de uma região geográfica ou classe social específica.

Dote: objetos de valor ou propriedade transferidos pelos parentes da noiva para ela, seu marido, ou seus filhos em conexão com seu casamento.

Ecologia cultural: o estudo das populações humanas e seu comportamento culturalmente padronizado em ecossistemas.

Economia de subsistência: os processos técnicos e relacionamentos sociais pelos quais os alimentos e outros meios físicos de vida são produzidos e consumidos.

Elite: a classe ou classes dominantes em uma sociedade estratificada complexa, com poder político e um padrão de vida alto sustentado por um controle estratégico direto ou indireto de recursos e dos meios de produção.

Endogamia: uma exigência de casamento em uma categoria, círculo, grupo ou comunidade definidos ("casamento dentro").

Estratificação social: divisão da sociedade em termos de desigualdade; ordenação ou *status* diferencial de grupos sociais, classes ou categorias.

Estratos: os níveis em um sistema de estratificação social.

Estrutura profunda: na linguística transformacional, o padrão sintático subjacente de uma frase que transmite significado.

Estrutura social: a organização de um grupo ou sociedade considerada em termos de estruturas de posições e papéis: uma abstração formal a partir das relações sociais correntes nas comunidades.

Estrutura superficial: na linguística transformacional, a sequência sintática que é convertida em som por regras fonológicas, na derivação de uma frase.

Estruturalismo: a tradição teórica principalmente associada com o antropólogo francês Claude Lévi-Strauss que busca encontrar sob os fenômenos culturais, as estruturas da mente – particularmente a lógica da oposição – que elas expressam.

Etnocentrismo: considerar outros povos e modos de vida em termos de nossas próprias premissas culturais, costumes e valores.

Etnografia: a documentação e análise de um cultura específica por meio de pesquisa de campo.

Etnologia: o estudo de culturas humanas em uma perspectiva histórica e comparativa.

Etograma: padrões de comportamento ou propensões de uma espécie que são transmitidas geneticamente.

Excedente: na economia, a produção que excede as necessidades de subsistência dos produtores.

Exógamo: de um grupo de parentesco (p. ex., uma linhagem ou clã) sujeito à regra da exogamia, ou "casamento fora".

Família conjugada: termo usado frequentemente como equivalente à família extensa; pode ter significados especializados com referência a sociedades específicas, principalmente a Índia hindu, para indicar um complexo particular de relacionamentos legais entre, p. ex., pai e filhos casados que compreendem um grupo corporativo.

Família extensa: um grupo doméstico ou conjunto de grupos domésticos que consiste de duas ou mais famílias nucleares conectadas por pais e filho (família extensa patrilinear, família extensa matrilinear) ou por meio de irmãos (família extensa fraternal ou sororal).

Família nuclear: uma unidade familiar que consiste dos pais e seus filhos dependentes.

Fenomenal: pertencente ao domínio de fenômenos observáveis – coisas e eventos (cf. ideacional).

Filiação: relacionamento com ou através de nosso pai ou de nossa mãe; o relacionamento entre pais e filhos, ou a fundamentação de direitos nesse relacionamento.

Fonema: na linguística, uma unidade distintiva de som que contrasta com outras unidades semelhantes. Especialistas vêm debatendo se os fonemas existem como elementos psicologicamente reais ou linguisticamente salientes, ou simplesmente representam estágios na aplicação de regras fonológicas.

Fonética: na linguística, os padrões de som da fala e as notações usadas para descrever esses padrões acústicos. Como a descrição fonética inclui muitos contrastes que são irrelevantes para os oradores e ouvintes de uma língua, o linguista vai na direção de uma notação fonêmica que inclui apenas os contrastes que o código linguístico defina como relevantes.

Fonologia: na linguística (o estudo de) sistemas de som das línguas.

Forças de produção: a tecnologia ou recursos físicos usados na produção que na teoria marxista, compreendem, ao lado das relações sociais de produção, a base econômica de uma sociedade.

Formalista: na antropologia econômica, a premissa de que, se eles forem expressos de uma maneira suficientemente ampla e abstrata, os modelos da teoria econômica (neoclássica) podem ser aplicados a todas as sociedades humanas (cf. substantivista).

Funcionalismo: modos de interpretação teórica na ciência social que procura a interconexão entre instituições sociais – como elas se encaixam e o que fazem – em vez de buscar explicações causais.

Graus etários (= classe etária): uma categoria social baseada na idade, dentro de uma série de tais categorias pelas quais os indivíduos passam no decorrer do seu ciclo de vida.

Grupo corporativo: um grupo social cujos membros atuam como um indivíduo jurídico em termos de direitos coletivos à propriedade, a um nome comum grupal, responsabilidade coletiva etc.

Grupo de descendência: um grupo de parentesco cuja pertença está baseada em uma regra de descendência. *Status* de descendência apropriado (patrilinear, matrilinear, ou cognático, dependente da sociedade) dá direito a uma pessoa a ser um membro do grupo.

Grupo de parentesco: um grupo social cujos membros definem seu relacionamento (ou sua eligibilidade para ser membro) de acordo com o parentesco ou a descendência comum.

Grupo etário: uma categoria (ou grupo corporativo) baseado na idade, dentro de uma hierarquia dessas categorias. Difere dos graus etários no sentido de que a pessoa permanece no mesmo grupo etário à medida que vai se tornando progressivamente mais sênior em vez de ascender por uma escada de categorias.

Grupo social: uma pluralidade de indivíduos que interagem recorrentemente em um sistema de identidades sociais entrelaçadas.

Hora dos sonhos: na cosmologia aborígene australiana, um modo de existência que segundo eles precedeu a existência mundana visível (uma época de seres sagrados e eventos celebrados no ritual e no mito) e se encontra por trás da região de eventos perceptíveis no presente.

Horticultura: cultivo de produtos agrícolas usando ferramentas manuais (bastões para cavar ou enxadas) (cf. agricultura).

Ideacional: pertencendo à área mental de ideias e não ao mundo físico de coisas e eventos (cf. fenomenal).

Identidade: um sentido de nós mesmos como indivíduos (identidade pessoal) ou como portadores de uma herança cultural específica (identidade cultural) (cf. tb. identidade social).

Identidade social: uma posição ou capacidade social (p. ex., vendedor(a), cliente, médico) que uma pessoa assume em um ambiente específico (cf. papel).

Idioleto: a versão especial de uma língua conhecida e usada por cada orador individual.

Intercâmbio: transferência recíproca de objetos, direitos, produtos agrícolas etc. entre indivíduos ou grupos.

Intercâmbio de irmã: intercâmbio de irmãs em casamento por um par de homens (visto da perspectiva masculina).

Intercâmbio generalizado (*échange géneralisé*): um sistema de aliança (casamento prescritivo) pelo qual grupos de parentesco intercambiam esposas indiretamente, de tal forma que um homem deve casar com a filha do irmão de sua mãe verdadeira ou classificatória (aliança matrilateral) de tal forma que "doadores de esposas" não podem ser "tomadores de esposas".

Intercâmbio restrito (*échange restreint*): um sistema de aliança (casamento prescritivo) pelo qual dois grupos de parentes intercambiam esposas diretamente (de tal forma que os doadores de esposas são as mesmas pessoas que os tomadores de esposas).

Intermediário: um intermediário, particularmente alguém que media em transações econômicas (p. ex., que compra de A depois vende para B, C, D...).

kuru: uma doença neurológica que ocorre entre os fores das áreas montanhosas do leste da Papua-Nova Guiné e é transmitido pelo consumo ritual dos cérebros dos mortos.

Ladino: no sul do México e da Guatemala, um participante que fala espanhol da cultura nacional (em contraste com uma pessoa que é cultural e linguisticamente índia).

Levirato: um sistema em que o irmão de um homem morto (ou um parente próximo equivalente) é sucessor de seu *status* como marido, casando-se com a viúva.

Lexicon: um dicionário. Em teorias linguísticas de competência gramatical, o "dicionário" mental no qual se presume que as palavras (e elementos semelhantes a palavras), seu significado, e suas possibilidades gramaticais estão organizados.

Liminal: na analise simbólica, um estado ou categoria que está entre ou fora dos estados ou categorias normais. Pode ser um estado de transição entre categorias sociais (como quando iniciados são levados para ficar em seclusão ou quando em uma lua de mel a noiva e o noivo partem juntos) ou uma categoria que é fora de um arcabouço normal (hermafroditas, com relação a homens e mulheres).

Linguagem: (1) um código para comunicação simbólica compreendendo um conjunto de símbolos e um conjunto de regras para construir mensagens. (Assim, um computador usa uma linguagem artificial feita pelo homem de sinais digitais.) (2) Um código humano para comunicação vocal que evoluiu naturalmente ou um sistema (p. ex., linguagem de sinais) baseado em uma língua natural.

Linhagem: um grupo de descendência unilinear baseado na descendência patrilinear (patrilinhagem) ou descendência matrilinear (matrilinhagem) cujos membros reconstituem a descendência de um antepassado ou de uma antepassada apical por elos genealógicos conhecidos.

Machismo: uma busca por honra e reputação masculina, caracterizada por bravatas, predação sexual etc. característica de homens em muitas sociedades latino-americanas.

Marxista: pertencendo às teorias de Karl Marx com relação a sistemas socioeconômicos, mudança social, e a luta de classes e o corpo de estudos originados dessas teorias.

Materialismo cultural: a posição, argumentada mais convincentemente por Marvin Harris, segundo a qual as culturas representam primordialmente soluções adaptativas para as circunstâncias materiais da vida, e, portanto, que povos com tecnologias semelhantes em ambientes semelhantes tendem a desenvolver modos semelhantes de agrupamento social, sistemas semelhantes de crenças etc.

Matrilateral: baseado no relacionamento pelo lado materno.

Matrilinhagem: cf. linhagem.

Meios de produção: Na análise marxista, os recursos usados no processo da produção (ferramentas, terra, *know-how* tecnológico, matérias-primas etc.); as classes sociais são definidas com referência a seu relacionamento diferencial com os meios de produção (p. ex., proprietários *versus* trabalhadores assalariados).

Mercado: o relacionamento abstrato de oferta e procura nos processos de compra e venda em uma economia monetária.

Metacomunicação: Termo cunhado por Gregory Bateson para "mensagens sobre mensagens" – isto é, para mensagens (entre animais, humanos e máquinas) que definem as premissas segundo as quais as mensagens devem ser interpretadas (seriamente, como uma brincadeira, uma ameaça etc.) e/ou define o relacionamento entre os comunicadores.

Mistificação: na teoria marxista, o processo pelo qual, através de ideologias, relacionamentos sociais e econômicos são disfarçados (p. ex., o poder de um rei ou chefe é definido como sendo ordenado pelos deuses; os trabalhadores são persuadidos por ideologias de "livre empresa", ou que a alta produtividade é em seu próprio interesse).

Modo de produção: na teoria marxista, um complexo de relacionamentos produtivos – p. ex., capitalista – que implica relacionamentos entre trabalhadores assalariados e empregadores; ou feudal, que implica relacionamentos entre servos e senhores etc. Dois ou mais modos de produção podem coexistir na mesma sociedade (na teoria marxista uma formação social).

Modo de produção de linhagem: termo usado na antropologia neomarxista para um sistema de produção orientado para a subsistência (caracteristicamente horticultural ou pastoral) em que grupos domésticos que são as unidades de produção primárias estão agrupados em linhagens ou clãs corporativos com direitos e interesses coletivos substanciais.

Modo de produção doméstico: termo usado por Sahlins e Meillassoux sobre sistemas econômicos em que a maior parte da produção ocorre no ambiente familiar doméstico.

Modo de produção tribal comunal: termo sugerido provisoriamente para sistemas de produção orientados para a subsistência em sociedades tribais em que o trabalho, a distribuição e o consumo ocorrem primordialmente em estruturas de parentesco e comunidade e nas quais a mão de obra excedente é direcionada para fins comunitários e obrigações do parentesco.

Moitié: uma divisão de uma sociedade em duas categorias ou grupos sociais, caracteristicamente por uma regra de descendência patrilinear (*patri-moitié*) ou descendência matrilinear (*matri-moitié*).

Mortuário (festa, rito): tendo a ver com funerais ou mais geralmente com a disposição do morto ou o relacionamento dos vivos com aquele que morreu recentemente.

Movimento messiânico: Um movimento social com uma doutrina de um novo mundo, que será acessível aos membros do grupo pela liderança de um intermediário espiritual (um messias).

Movimento milenarista: um movimento social com uma doutrina de um novo mundo (um milênio) que será alcançado pelo menos em parte por meios espirituais.

Natal: pertencendo às conexões grupais ou de parentesco de nosso nascimento (em oposição àqueles adquiridos pelo casamento).

Natureza (*versus* cultura): em análise simbólica, especialmente como foi primeiramente representada no trabalho de Claude Lévi-Strauss, uma polaridade entre o reino das plantas e animais e o mundo dos humanos.

Neocolonialismo: o processo pelo qual nações industriais controlam a vida política e econômica de países nominalmente independentes por meio de investimento e apoio às elites locais.

Neoevolucionário: na antropologia, renascimento em uma forma sofisticada (especialmente pelo estudioso americano Leslie White e seus alunos) da teoria segundo a qual as sociedades podem ser consideradas como representando níveis sucessivos de eficiência em tecnologia e no controle da energia.

Neolocal: residência de um casal depois do casamento em um novo domicílio não conectado espacialmente com o do noivo ou o da noiva (cf. virilocal, uxorilocal).

Neomarxismo: o corpo de teoria desenvolvida (principalmente na segunda metade do século XX) com base nos fundamentos teóricos estabelecidos por Karl Marx para lidar com o capitalismo avançado, formações sociais não ocidentais e problemas (p. ex., o Estado, o imperialismo) além daquelas que Marx focalizou.

Papel: os padrões de comportamento apropriados para um indivíduo atuando em uma capacidade social específica (cf. identidade social).

Parentes: uma categoria que compreende os parentes de uma pessoa ou parentes até certa distância, da qual grupos são formados, onde ego nasce, casa, dá uma festa, e assim por diante.

Parentes pessoais: cf. parentes.

Parentesco: relacionamento baseado ou modelado em uma conexão culturalmente reconhecida entres pais e filhos (e estendida a irmãos e através dos pais até parentes mais distantes).

Parentesco fictício: relações, tais como o *compadrazgo*, entre não parentes cuja natureza, conteúdo afetivo e obrigações sociais são modeladas naquelas que são apropriadas para parentes de sangue.

Pária: na Índia, um sem casta, um intocável; mais geralmente um membro de um grupo ou categoria social excluído de participação normal e de direitos em uma sociedade.

Pastoralismo: um modo de vida em que a criação de gado (ovelhas, camelos, cabras, cavalos etc.) fornece a subsistência principal.

Patrilateral: baseado em um relacionamento por parte de pai.

Patrilinhagem: cf. linhagem.

Patrilocal: cf. virilocal.

Personalidade: as características biológicas/psicológicas de um indivíduo humano específico, considerada como um sistema relativamente estável e integrado.

Poliandria: casamento de uma mulher com dois ou mais homens.

Poliandria fraternal: casamento de uma mulher com dois ou mais irmãos.

Poligamia: casamento de um homem com duas ou mais mulheres.

Poligamia sororal: casamento de um homem com duas ou mais irmãs.

Poluição (simbólica): uma crença de que algum estado, substância, ou classe de pessoas são sujas, poluídas ou virtualmente contaminadas.

Preço da noiva: pagamentos de casamento feitos pelo marido e seus parentes aos parentes da noiva. Caracteristicamente esses pagamentos equilibram uma transferência de direitos sobre a sexualidade da esposa, seus serviços, residência, fertilidade etc.

Pré-história: estudo dos modos de vida e sequências nos processos de desenvolvimento cultural antes do advento de registros escritos (também conhecida como arqueologia pré-histórica).

Presente etnográfico: a linha de tempo hipotética em que (em várias partes do mundo, em épocas diferentes) os europeus pela primeira vez penetraram no mundo tribal.

Primo paralelo: O filho do irmão do pai ou a filha da irmã da mãe de ego ou um primo mais distante classificado terminologicamente com esses primos em primeiro grau.

Psicodinâmica: a psicologia da motivação, da emoção e da mente inconsciente (em contraste com a cognição, a psicologia do aprendizado, do pensamento e da memória).

Reciprocidade: um modo de intercâmbio caracterizado pela obrigação permanente de retribuir, particularmente em espécie.

Rede: em análise sociológica, um modo de reconstruir e analisar as relações entre indivíduos como se elas formassem um modelo de pontos conectados, cuja natureza e organização pode então ser estudada. Mais informalmente, na sociologia popular, amigos e associados que fornecem contatos e apoio a uma pessoa.

Redistribuição: um modo de distribuição de produtos agrícolas excedentes pelo qual eles fluem de forma ascendente por meio de uma hierarquia política (através de taxas, impostos etc.) e depois são retribuídos de forma descendente.

Regras de residência: princípios culturais que decidem a afiliação residencial. Mais comumente, as regras de residência pós-marital definem onde e com quem um casal deve residir após seu casamento.

Relacionamento de evitação: um relacionamento social padronizado pelo qual indivíduos em um relacionamento de parentesco específico (p. ex., sogra/genro, irmão/irmã) devem evitar contato ou se comportar de maneira formal e restrita.

Relacionamento lúdico: um relacionamento de familiaridade ou licenciosidade privilegiada entre parentes ou afins em um relacionamento específico.

Relações de produção: na teoria marxista, os relacionamentos sociais por meio dos quais a produção (e distribuição e consumo) é organizada em uma sociedade (relações de produção e forças de produção, juntos, definem um modo de produção).

Reprodução social: o processo pelo qual um sistema específico de produção é perpetuado por gerações. Isso implica a reprodução física e a regeneração da força da trabalho e de ferramentas, sementes, hortas e outros recursos produtivos. Implica também a perpetuação das instituições políticas, das crenças religiosas etc. que sustentam esse sistema de produção.

Rito de passagem: um ritual que dramatiza a transição de um estado social para outro (p. ex., um casamento, um *bar mitzvah*, uma iniciação).

Ritual: um padrão de comportamento repetitivo e estilizado (em humanos, na maioria dos casos comportamento coletivo padronizado culturalmente). Muitas vezes usado somente para ritual religioso, i.e., comportamento estilizado considerado sagrado.

Rorschach: um teste projetivo no qual o sujeito relata o que ele ou ela "vê" em um conjunto padronizado de cartões com manchas de tinta: usado no diagnóstico psiquiátrico e em pesquisa com várias culturas.

Segmentário: dos sistemas descendentes, definindo categorias de descendência com referência a antepassados apicais cada vez mais remotos de tal forma que as categorias de descendência formam uma estrutura como uma árvore (incluindo círculos sucessivamente mais amplos de descendentes).

Semântica: o estudo do significado linguístico: como as "palavras" representam significados e como sua organização em frases transmite proposições.

Serviço da noiva: um padrão pelo qual os maridos ou maridos em potencial adquirem direitos trabalhando para os pais da noiva (ou outros parentes próximos), característico de algumas sociedades de caçadores-coletores e caçadores horticultores.

Sincretismo: síntese dos elementos de duas ou mais culturas, particularmente crenças religiosas e práticas rituais.

Sintaxe: o sistema formal pelo qual os elementos linguísticos (palavras e elementos semelhantes) são construídos em frases.

Sistema de cargo: na América Central, uma hierarquia de origem espanhola de funções religiosas, ou funções políticas e religiosas, pelo qual indivíduos passam um período atuando como encarregados dessas funções (cargos).

Sistema de seção: na Teoria da Aliança e nos estudos de parentesco australiano, a divisão de uma sociedade em duas, quatro ou oito categorias sociais por meio de regras de descendência e aliança. Regras simétricas de aliança marital, impor o casamento com um membro de uma das seções são procedimentos normais desses sistemas.

Sistema elementar (de parentesco): Na teoria de Lévi-Strauss, sistemas de parentesco e aliança marital em que todos os membros da sociedade de uma pessoa estão potencialmente incorporados nas categorias de parentesco e em que essas categorias servem para definir um sistema de aliança marital (intercâmbio de mulheres entre grupos).

(Sistema) homem grande: uma forma de liderança encontrada na Melanésia (inclusive na Nova Guiné) pela qual o líder (o homem grande) comanda seguidores pela manipulação de riqueza; os poderes do líder dependem de habilidade pessoal e sucesso empresarial e político contínuo, e não é hereditária.

Sistema social: Um sistema de relações sociais ordenadas mantidas com o passar do tempo.

Sistema sociocultural: os padrões de comportamento característicos de uma população que compartilha uma cultura distintiva em um ecossistema.

Sociedade: uma população caracterizada por uma separação relativa das populações vizinhas e uma cultura distintiva (sociedades complexas podem incluir dois ou mais grupos culturais distintos incorporados em um único sistema social).

Sororato: uma forma de segundo casamento em que, após a morte de uma esposa, sua irmã ou alguma parente próxima casa com o marido sobrevivente. Isso perpetua o contrato marital entre grupos.

Substantivista: na antropologia econômica, a posição que os modelos da economia neoclássica apropriadamente aplicam unicamente às economias capitalistas em que o princípio do mercado é predominante (portanto aquelas sociedades tribais em que outros modos de produção e redistribuição predominam devem ser analisadas em termos de modelos diferentes). Na teoria substantivista, a economia é apropriadamente interessada não na maximização do comportamento, mas sim com as maneiras pelas quais os humanos produzem e distribuem os bens materiais que sustentam sua existência.

Superestrutura: O aparato institucional e ideológico que, segundo a teoria marxista, funciona para sustentar e justificar um conjunto de arranjos econômicos.

Tabu: sagrado, proibido, especialmente por sanções religiosas (do polinésio *tapu*).

Tabu do incesto: uma regra que proíbe relações sexuais entre parentes imediatos (pai e filha, mãe e filho, irmão e irmã) e outros culturalmente definidos como em um relacionamento equivalente. Difere de exogamia, que proíbe o casamento, mas não necessariamente as relações sexuais.

Taxonomia popular: um sistema usado por um povo para classificar fenômenos naturais (ou criados culturalmente) que é organizado hierarquicamente, em "espécies de" relacionamentos de inclusão de classe.

Temperamento: as disposições da personalidade de indivíduos em uma população que difere consideravelmente, aparentemente refletindo as predisposições genéticas, bem assim como experiências diferentes.

Teoria de Sistemas: um corpo de modelos teóricos para tratar com a organização de sistemas complexos naturais (ou artificiais) em termos de regulação cibernética, informação e bioenergética. O estudo formal de sistemas biológicos (e quase biológicos).

Terminologia do parentesco: um sistema de categorias linguísticas para designar tipos de parentes.

Totemismo: Associação simbólica entre um grupo social (p. ex., uma linhagem ou clã) e um tipo de pássaro, planta ou fenômeno natural. Nas formas "clássicas" um membro do grupo social tem algum relacionamento religioso especial (p. ex., um tabu com relação a alguma comida) com relação a membros daquela espécie natural.

Trabalho de campo: um termo amplo para o tipo de pesquisa em que antropólogos sociais/culturais (e outros cientistas sociais) se envolvem que implica um estudo próximo com participação parcial na vida de uma comunidade ou grupo (caracteristicamente em um ambiente que contrasta culturalmente com aquele em que o observador vive normalmente).

Traços distintivos: na fonologia, na semântica ou na análise simbólica, contrastes de duas direções (alto *versus* baixo, frente *versus* fundos, direita *versus* esquerda, natureza *versus* cultura); um conjunto de itens contrastantes (fonemas, palavras etc.) são definidos por combinações desses traços distintivos (p. ex., um fonema está definido como uma vogal-frente-alta-tensa, em contraste com outros fonemas no conjunto).

Transumância: Movimento sazonal de povos segundo a disponibilidade de terra para pastagem.

Tribal: pertencendo a sociedades em pequena escala que produzem alimento sem organização política centralizada.

Tribo: uma sociedade em pequena escala caracterizada por uma linguagem e cultura diferenciadas, com uma identidade política, mas não com instituições hierárquicas centrais.

Ultimogenitura: um padrão de herança raro em que o herdeiro apropriado da família é o filho mais novo ou o irmão mais novo.

Urbano: pertencente a cidades ou a vida nas cidades.

Uterino: cf. matrilinear.

Uxorilocal: residência de um casal casado com os parentes da esposa (antes chamado de "matrilocal").

Valores: teorias dos princípios desejáveis que orientam a escolha humana.

Vínculo primário: a íntima psicoligação de um bebê com sua mãe (ou mãe substituta) estabelecido no primeiro ano de vida; um elemento central no desenvolvimento psicológico e na formação da personalidade adulta.

Virilocal: Residência de um casal com os parentes do marido (antes chamado de "patrilocal"). As regras da residência podem ser também distinguidas como viripatrilocal (com o pai do marido – patrivirilocal expressa o mesmo padrão), viriavunculocal (ou avunculovirilocal – residência com o tio do marido por parte de mãe).

Referências

AABY, P. (1978). "What Are We Fighting For? 'Progress' or 'Cultural Autonomy'"? *Transactions of the Finnish Anthropological Society*, n. 2.

ABERLE, D. (1962). "A Note on Relative Deprivation Theory as Applied to Millenarian and Other Cult Movements". In: THRUPP, S.L. (org.). *Millenial Dreams in Action*: Comparative Studies in Society and History – Suplemento 2. The Hague.

ADAMS, R.M. (1966). *The Evolution of Urban Society*. Chicago: Aldine.

ADAMS, R.N. (1977). "Power in Human Societies: A Synthesis". In: FOGELSON, R.D. & ADAMS, R.N. (orgs.) *The Anthropology of Power*. Nova York: Academic Press.

_____ (1975). *Energy and Structure*: A Theory of Social Power. Austin: University of Texas Press.

ADAMS, W.Y. (1983). "Once More to the Fray: Further Reflections on Navajo Kinship and Residence". *Journal of Anthropological Research*, 39 (4), p. 393-414.

AGAR, N. (1973). *Ripping and Running*: A Formal Ethnography of Urban Heroin Addicts. Nova York: Academic Press.

AGUILERA, F.E. (1978). *Santa Eulalia's People*: Ritual Structure and Process in an Andalucian Multicommunity. St. Paul: West.

AHMED, A.S. (1976). *Millennium and Charisma Among Pathans*. Londres: Routledge/Kegan Paul.

ALAVI, H. (1973). "Peasants and Revolution". In: GOUGH, K. & SHARMA, H.P. (orgs.) *Imperialism and Revolution in South India*. Nova York: Monthly Review Press.

_____ (1964). "Imperialism: New and Old". *Socialist Register*.

ALLEN, F.J. (1976). "Comment on K. Hutterer – An Evolutionary Approach to the Southeast Asian Sequence". *Current Anthropology*, 17.

AMARSHI, A.; GOOD, K. & MORTIMER, R. (1980). *Development and Dependency*: The Political Economy of Papua-New Guinea. Melbourne: Oxford University Press.

ANDERSON Jr., E.N. (1972). "Some Chinese Methods of Dealing With Crowding". *Urban Anthropology*, 1, p. 141-150.

ARDENER, E. (1972). "Belief and the Problem of Women". In: LaFONTAINE, J. (org.). *The Interpretation of Ritual*. Cambridge. Cambridge University Press [reimpressa com nova Introdução em ARDENER, S. (org.) (1975). *Perceiving Women*. Londres: Malaby Press].

ARDENER, S. (org.) (1975). *Perceiving Women*. Londres: Malaby.

ARENS, W. (1979). *The Man-Eating Myth*: Anthropology and Anthropology. Nova York: Oxford University Press.

ASAD, T. (1979). "Equality in Nomadic Social Systems? – Notes Toward the Dissolution of an Anthropological Category". In: L'EQUIPE ECOLOGIE ET ANTHROPOLOGIE DES SOCIÉTÉS PASTORALES. *Pastoral Production and Society*. Cambridge: Cambridge University Press.

_____ (1972). "Market Model, Class Structure, and Consent: A Reconsideration of Swat Political Organization". *Man*, 7, p. 74-94.

_____ (1970). *The Kababish Arabs*: Power, Authority and Consent in a Nomadic Tribe. Londres: Conrad Hurst.

ASAD, T. (org.) (1973). *Anthropology and the Colonial Encounter*. London: Ithaca.

ASCHMANN, H. (1959). "The Central Desert of Baja California: Demography and Ecology". *Ibero-Americana*, 42, p. 316.

BAILEY, F.G. (1971). *Gifts and Poison*. Oxford: Basil Blackwell & Mott.

_____ (1969). *Stratagems and Spoils*: A Social Anthropology of Politics. Nova York: Schocken Books.

_____ (1963). *Politics and Social Change*: Orissa in 1959. Berkeley: University of California Press.

_____ (1957). *Caste and the Economic Frontier*: A Village in Highland Orissa. Manchester: Manchester University Press.

BALANDIER, G. (1970). *Political Anthropology*. Nova York: Random House.

BANTON, M. (1973). "Urbanization and Role Analysis". In: SOUTHALL, A. (org.). *Urban Anthropology*. Londres: Oxford University Press.

_____ (1957). *West African City* – A Study of Tribal Life in Freetown. Londres: Oxford University Press.

BARKER, J. (org.) (1990). *Christianity in Oceania*: Ethnographic Perspectives. Lanham: University Press of America [Asao Monograph, 12].

BARNES, J.A. (1972). *Networks in Social Anthropology*. Reading, Mass.: Addison-Wesley Modules in Anthropology.

_____ (1967). *Inquest on the Murngin* – Royal Anthropological Institute of Great Britain and Ireland [Occasional Paper, n. 26].

BARNET, R.J. & MÜLLER, R.E. (1974). *Global Reach*: The Power of the Multinational Corporations. Nova York: Simon & Schuster.

BARTH, F. (1992). "Towards Greater Naturalism in Conceptualizing Societies". In: KUPER, A. (org.). *Conceptualizing Society*. Londres/Nova York: Routledge, p. 17-33.

_____ (1981). *Features of Person and Society in Swat*: Collected Essays on Pathans. Nova York: Routledge.

_____ (1975). *Ritual and Knowledge Among the Baktaman of New Guinea*. Oslo/New Haven: Universitets Forlaget/Yale University Press.

_____ (1967). "On the Study of Social Change". *American Anthropologist*, 69, p. 661-669.

_____ (1966a). *Models of Social Organization*. Londres: Royal Anthropological Institute [Occasional Papers, n. 23].

_____ (1966b) "Anthropological Models of Social Reality". *Proceedings of the Royal Society*, 165, p. 20-25.

_____ (1961). *Nomads of South Persia*: The Basseri Tribe of the Khamseh Confederacy. Boston: Little, Brown and Company.

_____ (1959a). *Political Leadership Among Swat Pathans*. Londres: Athlone.

_____ (1959b). "Segmentary Opposition and the Theory of Games: A Study of Pathan Organization". *Journal of the Royal Anthropological Institute*, 89, p. 5-21.

_____ (1956). "Ecological Relationships of Ethnic Groups in Swat, North Pakistan". *American Anthropologist*, 58, p. 1.079-1.089.

BARTH, F. (org.) (1969). *Ethnic Groups and Boundaries*. Boston: Little, Brown and Company.

BARTOLOME, M.A. et al. (1971). *Declaration of Barbados* – For the Liberation of the Indians. Copenhagen: International Work Group for Indigenous Affairs [A partir dos trabalhos do simpósio de Barbados, janeiro de 1971, patrocinado pelo Programa de Combate ao Racismo do Conselho Mundial de Igrejas e pela Universidade de Berne].

BARTON, R.F. (1919). "Ifugao Law". *American Archaelogy and Ethnography*, 15. Berkeley, Calif.: University of California Press.

BARWICK, D. (1972). "Cornaderrk and Cumaroongunga: Pioneers and Policy". In: EPSTEIN, T.S. & PENNY, D.H. (orgs.). *Opportunity and Response*. Londres: C. Hurst & Company.

_____ (s.d.). *Rebellion at Coranderrk* [Texto não publicado].

BASSO, K. (1976). "'Wise Words' of the Western Apache: Metaphor and Semantic Theory". In: BASSO, K. & SELBY, H. (orgs.). *Meaning in Anthropology*. Albuquerque: University of New Mexico Press.

BATESON, G. (1972). *Steps to an Ecology of Mind*. São Francisco: Chandler.

_____ (1955). "A Theory of Play and Fantasy". *Psychiatric Research Reports*, 2, p. 39-51. American Psychiatric Association [Reimpresso BATESON, G. (1972). *Steps to an Ecology of Mind*. São Francisco: Chandler].

BATESON, G. & MEAD, M. (1942). *Balinese Character*: A Photographic analysis. Nova York: New York Academy of Sciences [Special Publications, 2].

BEATTIE, J. (1960). *The Bunyoro*: An African Kingdom. [s.l.]: Holt, Rinehart and Winston.

_____ (1958). *Nyoro Kinship, Marriage and Affinity*. Londres: Oxford University Press.

BECKERMAN, S. (1978). "Comment on B.R. Ross – Food taboos, Diet and Hunting Strategy". *Current Anthropology*, 19, p. 17-19.

BECKETT, J. (1995). "National and Transnational Perspectives on Multiculturalism: The View from Australia". *Identities*: Global Studies in Culture and Power, 1 (4), p. 421-426.

BEIDELMAN, T.O. (1993). *Moral Imagination in Kaguru Modes of Thought*. Bloomington: Indiana University Press.

_____ (1963). "Witchcraft in Ukaguru". In: MIDDLETON, J. & WINTER, E. (orgs.). *Witchcraft and Sorcery in East Africa*. Londres: Routledge/Kegan Paul.

BELL, D. (1980). "Desert Politics: Choices in the 'Marriage Market'." In: ETIENNE, M. & LEACOCK, E. (orgs.). *Women in Colonization*. Nova York: Praeger.

BELL, D. & DITTON, P. (1980). *Law: The Old and the New* – Aboriginal Women in Central Australia Speak Out. Canberra: Central Australian Aboriginal Legal Aid Service.

BELLAH, R.N. (1957). *Tokugawa Religion*: The Values of Pre-Industrial Japan. Nova York: Free Press.

BELLMAN, B.L. (1979). "The Social Organization of Knowledge in Kpelle Ritual". In: JULES, R.B. & FERNANDEZ, J.W. *The New Religions of Africa*. Norwood, N.J.: Ablex.

BELSHAW, C.S. (1965). *Traditional Exchange and Modern Markets*. Englewood Cliffs, N.J.: Prentice-Hall.

BERNSTEIN, H. (1979). "African Peasantries: A Theoretical Framework". *Journal of Peasant Studies*, 6, (4), p. 421-443.

BERREMAN, G.D. (1978). "Ecology, Demography and Domestic Strategies in the Western Himalayas". *Journal of Anthropological Research*, 34, p. 326-368.

_____ (1969). "Academic Colonialism: Not So Innocent Abroad". *The Nation*, 10/11 [Reimpresso em WEAVER, T. (org.) (1973). *To See Ourselves*. Glenview, Ill.: Scott, Foresman and Company].

BESTEMAN, C. (1995). "Polygyny, Women's Land Tenure and the 'Mother-Son Partnership' in Southern Somalia". *Journal of Anthropological Research*, 51 (3), p. 193-213.

BÉTEILLE, A. (1986). "The Concept of Tribe With Special Reference to India". *Archives Européennes de Sociologie*, 27 (2), p. 297-318.

BETTELHEIM, B. (1954). *Symbolic Wounds*. Glencoe, Ill.: Free Press.

BIGMAN, L. (1993). *History and Hunger in West Africa*: Food Production and Entitlement in Guinea-Bissau and Cape Verde. Londres: Greenwood.

BINFORD, L.R. (1968). "Post Pleistocene Adaptations". In: BINFORD, L.R. & BINFORD, S. (orgs.). *New Perspectives in Archaelogy*. Chicago. Aldine.

BINFORD, L.R. & CHASKO Jr., W.J. (1975). "Nunamiut Demographic History: A Provocative Case". In: ZUBROW, E. (org.). *Demographic Anthropology*. Albuquerque. University of New Mexico Press.

BIRDWHISTELL, R.L. (1970). *Kinesics and Context*: Essays on Body Motion Communication. Filadélfia: University of Pennsylvania Press.

BISCHOF, N. (1974). "Comparative Ehtology of Incest Avoidance". In: FOX, R. (org.). *Biosocial Anthropology*. Londres: Malaby.

BLACK, M. (1959). "Lingustic Relativity: The Views of Benjamin Lee Whorf". *Philosophical Review*, 68, p. 228-238.

BLEDSOE, C. (1976). "Women's Marital Strategies Among the Kpelle of Liberia". *Journal of Anthropological Research*, 32, p. 371-389.

BLOCH, M. (1971). *Placing the Dead*: Tombs, Ancestral Villages, and Kinship Organization in Madagascar. Londres: Seminar.

BLUE, A.V. & GAINES, A.D. (1992). "The Ethno-psychiatric Repertoire". In: GAINES, A.D. (org.). *Ethnopsychiatry*: The Cultural Construction of Professional and Folk Psychiatries. Albânia: State University of New York Press, p. 397-461.

BOCK, P.K. (1988). *Rethinking Psychological Anthropology*: Continuity and Change in the Study of the Human Action. Nova York: W.H. Freeman.

BOHANNAN, L. (1958). "Political Aspects of Tiv Social Organization". In: MIDDLETON, J. & TAIT, D. (orgs.). *Tribes Without Rulers*. Londres: Routledge/Kegan Paul.

BOHANNAN, L. & BOHANNAN, P. (1968). *Tiv Economy*. Evanston, Ill.: Northwestern University Press.

BOHANNAN, P. (1965). "The Differing Realms of Law". *American Anthropologist*, 67, p. 33-42.

_____ (1959). "The Impact of Money on an African Subsistence Economy". *Journal of Economic History*, 19, p. 491-503.

_____ (1955). "Some Principles of Exchange and Investment Among the Tiv". *American Anthropologist*, 57, p. 60-70.

_____ (1954). *Tiv Farm and Settlement*. Londres: H.M. Stationery Office.

BOISSEVAIN, J. (1968). "The Place of Non-Groups in the Social Sciences". *Man*, 3, p. 542-556.

BOLTON, R. (1978). *Aggression and Hypoglycemia in Qolla Society*. Nova York: Garland STMP.

_____ (1976). "Aggression in Fantasy: A Further Test of the Hypoglycemia Aggression Hypothesis". *Aggressive Behaviour*, 2, p. 251-274.

_____ (1973). "Aggression and Hypoglycemia Among the Qolla – A Study in Psychobiological Anthropology". *Ethology*, 12, p. 227-257.

BOON, J. (1972). *From Symbolism to Structuralism*: Lévi-Strauss in a Literary Tradition. Nova York: Harper & Row.

BORDES, F. (1968). *The Old Stone Age*. Nova York: McGraw-Hill.

BOSERUP, E. (1965). *The Conditions of Agricultural Growth*: The Economics of Agrarian Change Under Population Pressures. Chicago: Aldine.

BOTTOMORE, T.B. (1964). *Elites and Society*. Londres: Watts.

BOURDIEU, P. (1977). *Outline of a Theory of Practice*. Cambridge: Cambridge University Press [Trad. de Richard Nice].

BOWERS, A.W. (1950). *Mandan Social and Ceremonial Organization*. Chicago: University of Chicago Press.

BOWLBY, J. (1969). *Attachment and Loss* – Vol. 1: Attachment. Londres: Hogarth.

BRACE, C.L. (1968). "Ridiculed, Rejected But Still Our Ancestor, Neanderthal". *Natural History*, mai.

BRENNER, R. (1977). "The Origins of Capitalist Development: A Critique of Neo-Smithian Marxism". *New Left Review*, 104, p. 25-92.

BRONSON, S. (1976). "Comment". In: HUTTERER, K. (org.). "An Evolutionary Approach to the Southeast Asian Cultural Sequence". *Current Anthropology*, 17 (2), p. 230.

_____ (1975). Apud POLGAR, S. (org.). *Population, Ecology and Social Evolution*. The Hague: Mouton.

BROSE, D.S. & WOLPOFF, M.H. (1971). "Early Upper Paleolithic Man and Late Middle Paleolithic Tools". *American Anthropologist*, 75, p. 1.156-1.194.

BROWN, J. (1975). "Iroquois Women: An Ethnohistoric Note". In: REITER, R. (org.). *Toward an Anthropology of Women*. Nova York: Monthly.

BROWN, P. (1995). *Beyond a Mountain Valley*: The Simbu of Papua-New Guinea. Honolulu: University of Hawaii Press.

_____ (1972). *The Chimbu*: A Study of Change in the New Guinea Highlands. Cambridge, Mass.: Schenkman.

BROWN, R. (1973). "Anthropology and Colonial Rule: Godfrey Wilson and the Rhodes-Livingston Institute, Northern Rhodesia". In: ASAD, T. (org.). *Anthropology and the Colonial Encounter*. Londres: Ithaca.

BRUNER, E.M. (1973). "Kin and Non-Kin". In: SOUTHHALL, A. (org.). *Urban Anthropology*. Londres: Oxford University Press.

_____ (1961). "Mandan". In: SPICER, E.H. (org.). *Perspectives in American Indian Cultural Change*. Chicago: University of Chicago Press.

BRUNTON, R. (1975). "Why Do the Trobriands have Chiefs?" *Man*, 10, p. 544-558.

BUCHBINDER, G. (1977). "Nutritional Stress and Postcontact Population Decline Among the Maring of New Guinea". In: GREENE, L.S. (org.). *Malnutrition, Behaviour and Social Organization*. Nova York: Academic Press.

_____ (1973). *Maring Microadaptation*: A Study of Demographic, Nutritional, Genetic and Phenotypic Variation in a Highland New Guinea Population. [s.l.]: Columbia University Press [Tese de doutorado não publicada].

BURRIDGE, K. (1960). *Mambu, a Melanesian Millennium*. Londres: Methuen.

BUTZER, K.W. (1971). *Environment and Archaeology*: An Ecological Approach to Prehistory. 2. ed. Chicago: Aldine.

BYRES, T.J. (1979). "Of Neo-Populist Pipe-Dreams: Daedalus in the Third World or the Myth of Urban Bias". *Journal of Peasant Studies*, 6, p. 210-244.

CAMPBELL, B. (1970). "The Roots of Language". In: MORTON, J. (org.). *Biological and Social Factors in Psycholinguistics*. Urbana: University of Illinois Press.

CANCIAN, F. (1974). "New Patterns of Stratification in the Zinacantan Cargo System". *Journal of Anthropological Research*, 30 (3), p. 164-173.

_____ (1972). *Change and Uncertainty in a Peasant Economy*. Stanford, Calif.: Stanford University Press.

_____ (1965). *Economics and Prestige in a Maya Community*: The Religious Cargo System in Zinacantan. Stanford, Calif.: Stanford University Press.

CAPLAN, A. (org.) (1978). *The Sociobiology Debate*. Nova York: Harper & Row.

CARNEIRO. (1970). "A Theory of the Origin of the State". *Science*, 169, p. 733-738.

CARROLL, V. (org.) (1970). *Adoption in Eastern Oceania*. Honolulu: University of Hawaii Press.

CARSTEN, J. & HUGH-JONES, S. (orgs.) (1995). *About the House*: Lévi-Strauss and Beyond. Cambridge: Cambridge University Press.

CATLIN, G. (1867). *O-Kee-Pa*. Filadélfia [Republicado em EWERS, J. (org.). (1954). *George Catlin's O-Kee-Pa*. New Haven, Conn.: Yale University Press].

CAULFIELD, M.D. (1973). "Participant Observation or Partisan Participation?". In: HUIZER, G. & MANNHEIM, B. (orgs.). *The Politics of Anthropology*. The Hague: Mouton.

_____ (1972). "Culture and Imperialism: Proposing a New Dialectic". In: HYMES, D. (org.). *Reinventing Anthropology*. Nova York: Random House.

CHAGNON, N.A. (1977). *Yanomamö*: The Fierce People. 2. ed. Nova York: Holt, Rinehart and Winston.

_____ (1968). "Yanomamö Social Organization and Warfare". In: FRIED, M.; HARRIS, M. & MURPHY, R. (orgs.). *The Anthropology of Armed Conflict and Aggression*. Garden City, N.Y.: Natural History Press [A referência da página é com relação à reimpressão em FRIED, M. (org.) (1973). *Explorations in Anthropology*. Nova York: Thomas Y. Crowell].

CHAGNON, N.A. & HAMES, R.B. (1979). "Protein Deficiency and Tribal Warfare in Amazonia". *Science*, 203, p. 910-913.

CHAGNON, N.A. & IRONS, W. (orgs.) (1979). *Evolutionary Biology and Human Social Behavior*: An Anthropological Perspective. North Scituate, Mass.: Duxbury Press.

CHATTOPADHYAY, P. (1972). "Mode of Production in Indian Agriculture: An Anti-Kritik". *Economic and Political Weekly*, dez.

CHODOROW, N. (1979). *The Reproduction of Mothering*: Psychoanalysis and the Sociology of Gender. Berkeley: University of California Press.

_____ (1974). "Family Structure and Feminine Personality" In: ROSALDO, M.Z. & LAMPHERE, L. (orgs.). *Woman, Culture, and Society*. Stanford, Calif.: Stanford University Press.

CHUN, A.; CLAMMER, J.; EBREY, P.; FAURE, D.; FEUCHTWANG, S.; HUANG, Y.K.; SANGREN, P.S. & YANG, M. (1996). "The Lineage-Village Complex in Southeastern China: A Long Footnote in the Anthropology of Kinship". *Current Anthropology*, 37 (3), p. 429-440.

CLAESSEN, H.J.M. & SKALNIK, P. (orgs.) (1978). *The Early States*. The Hague: Mouton.

CLARKE, W.C. (1971). *Place and People*. Berkeley: University of California Press.

CLAY, J.W.; PRICE, D.; MOORE, D.; LAFER, B.M. & JUNQUEIRA, C. (1981). *In the Path of Polonoroeste*: Endangered Peoples of Western Brazil. Cambridge, Mass.: Cultural Survival.

CLEAVER Jr., H.M. (1972). "The Contradictions of the Green Revolution". *American Economic Review*, 62 (2), p. 177-186.

CLINE, W. (1936). *Notes on the People of Stwah and el-Garah in the Libyan Desert*. Menasha, Wis.: George Banta.

COCHRANE, G. (1971). *Development Anthropology*. Nova York: Oxford University Press.

COHEN, A.P. (1987). *Whalsay*: Symbol, Segment, and boundary in a Shetland Island Community. Nova York: St. Martin's.

COHEN, R. (1978a). "State Foundations: A Controlled Comparison". In: COHEN, R. & SERVICE, E. (orgs.). *Origins of the State*: The Anthropology of Political Evolution. Filadélfia: Institute for the Study of Human Issues.

_____ (1978b). "State Origins: A Reappraisal". In: CLAESSEN, H.J.M. & SKALNIK, P. (orgs.). *The Early States*. The Hague: Mouton.

COHEN, R. & SERVICE, E.R. (orgs.) (1978). *Origins of the State*: The Anthropology of Political Evolution. Filadélfia: Institute for the Study of Human Issues.

COLE, M. & SCRIBNER, S. (1974). *Culture and Thought*: A Psychological Introduction. Nova York: John Wiley & Sons.

COLE, S. (1965). *The Prehistory of East Africa*. Nova York: New American Library/Mentor Books.

COLLIER, J.F. & ROSALDO, M.Z. (1981). "Politics and Gender in Simple Societies". In: ORT-

NER, S. & WHITEHEAD, H. (orgs.). *Sexual Meanings*: The Cultural Construction of Gender and Sexuality. Cambridge: Cambridge University Press.

COLLINS, J. & LAPPÉ, E.M. (1977). "Still Hungry After All These Years: The Not-So-Grand Opening of the Global Supermarket". *Mother Jones*, ago., p. 27-33.

COLSON, E.; FOSTER, G.; SCUDDER, T. & VAN KEMPER, R. (1979). *Long-Term Field Research in Social Anthropology*. Nova York: Academic Press.

COMAROFF, J.L. & ROBERTS, S.A. (1977). "The Invocation of Norms in Dispute Settlement: The Tswana Case". In: HAMNETT, I. (org.). *The Anthropology of Law*. Londres: Academic Press.

CONKLIN, H.C. (1957). *Hfanunóo Agriculture*. Rome: FAO.

CONVERSE, H.M. (1908). "Myths and Legends of the New York State Iroquois". In: PARKER, A.C. (org.). *New York State Museum Bulletin*, n. 125. Albânia, N.Y.

COOK, S. (1973). "Economic Anthropology: Problems in Theory, Method, and Analysis". In: HONIGMANN, J.J. (org.). *Handbook of Social and Cultural Anthropology*. Chicago: Rand McNally & Company.

COON, C.S. (1971). *The Hunting Peoples*. Boston: Little, Brown and Company.

COURSEY, D.G. (1978). "Some Ideological Considerations Relating to Tropical Root Crop Production". In: FISK, E.K. (org.). *The Adaptation of Traditional Agriculture*. Canberra: Australian National University Press [Development Studies Centre Monograph, n. 11].

CRAWFORD, M.A. & RIVERS, J.P.W. (1975). "The Protein Myth". In: STEEL, F. & BOURNE, A. (orgs.). *The Man/Food Equation*. Nova York: Academic Press.

CROWDER, M. (1968). *West Africa Under Colonial Rule*. Londres: Hutchinson.

CROWDER, M. (org.) (1971). *West African Resistance*: The Military Response to Colonial Occupation. Londres: Hutchinson.

CURTIN, P.D.; FEIERMAN, S.; THOMPSON, L. & VANSINA, J. (1978). *African History*. Boston: Little Brown and Company.

DAHL, G. (1987). "Women in Pastoral Production". *Ethnos*, 52 (1-2), p. 246-279.

_____ (1979). "Ecology and Equality: The Boran Case". In: L'EQUIPE ECOLOGIE ET ANTHROPOLOGIE DES SOCIÉTÉS PASTORALES (orgs.). *Pastoral Production and Society*. Cambridge: Cambridge University Press.

DAHL, G. & HJORT, A. (1976). *Having Herds*: Pastoral Growth and Household Economy. Estocolmo: Studies in Social Anthropology 2/Department of Social Anthropology, University of Stockholm.

DALTON, G. (1965). "Primitive Money". *American Anthropologist*, 67, p. 44-65.

_____ (1961). "Economic Theory and Primitive Society". *American Anthropologist*, 63, p. 1-25.

DALTON, G. (org.) (1972). *Studies in Economic Anthropology*. Washington, D.C.: American Anthropological Association.

DAMASIO, A.R. (1994). *Descartes' error*: Emotion, Reason, and the Human Brain. Nova York: G.P. Putnam.

DANKS, B. (1887). "On the Shell-Money of New Britain". *Journal of the Royal Anthropological Institute*, 17, p. 305-317.

DAVENPORT, W. (1969). "The Hawaiian Cultural Revolution: Some Political and Economic Considerations". *American Anthropologist*, 71, p. 1-20.

DAVIDSON, B. (1969). *A History of East and Central Africa to the Late Nineteenth Century*. Garden City, N.Y.: Anchor Press.

_____ (1966). *A History of West Africa to the Nineteenth Century*. Garden City, N.Y.: Anchor Press.

_____ (1959). *The Lost Cities of Africa*. Boston: Little, Brown and Company.

DAVILA, M. (1971). "Compadrazgo: Fictive Kinship in Latin America". In: GRABURN, N. (org.). *Readings in Kinship and Social Structure*. Nova York: Harper & Row.

DAVIS, S.H. (1980). "Mining Projects Endanger Amazon's Yanomamo Tribe". *Multinational Monitor*, 1 (1), fev., p. 20-21, 28.

_____ (1979). "The Social Responsibility of Anthropological Science in the Context of Contemporary Brazil". In: HUIZER, G. & MANNHEIM, B. (orgs.). *The Politics of Anthropology*. The Hague: Mouton.

_____ (1977). *Victims of the Miracle*: Development and the Indians of Brazil. Londres/Nova York: Cambridge University Press.

D'AZEVEDO, W. (1962). "Uses of the Past in Gola Discourse". *Journal of African History*, 3, p. 11-34.

DE BEAUVOIR, S. (1953). *The Second Sex*. Nova York: Alfred A. Knopf [Trad e org. de H.M. Parshley].

DeBERNARDI, J. (1994). "Social Aspects of Language Use". In: INGOLD, T. (org.). *Companion Encyclopedia of Anthropology*. Londres/Nova York: Routledge, p. 861-890.

DEBRAY, R. (1967). *Revolution in the Revolution?* – Armed Struggle and Political Struggle in Latin America. Nova York: Grove Press [Trad. de B. Ortiz].

DEEVEY Jr., E.S. (1960). "The Human Population". *Scientific American*, 203, p. 195-204.

DE HEINZELIN, J. (1962). "Ishango". *Scientific American*, jun., p. 105-116.

DE LORIA, V. (1969). *Custer Died for Your Sins*: An Indian Manifesto. Nova York: The Macmillan Company.

DENTAN, R.K. (1968). *The Semai*: A Nonviolent People of Malaya. Nova York: Holt, Rinehart and Winston.

DESCOLA, P. (1992). "Societies of Nature and the Nature of Society". In: KUPER, A. (org.). *Conceptualizing Society*. Londres/Nova York: Routledge, p. 1.076-1.126.

_____ (1996). *The Spears of Twilight*: Life and Death in the Amazon Jungle. Nova York: The New Press.

DE SONNEVILLE-BORDES, D. (1963). "Upper Paleolithic Cultures in Western Europe". *Science*, 142 (3.590), p. 347-355.

DEVEREUX, G. (1978). "The Works of George Devereux". In: SPINDLER, G.D. (org.). *The Making of Psychological Anthropology*. Berkeley: University of California Press.

_____ (1975). *Fantasy as a Reflection of Reality* [Texto apresentado no 46º Congresso Anzaas. Canberra, Austrália, jan.].

_____ (1967). *From Anxiety to Method in the Behavioral Sciences*. The Hague: Mouton and Company [Prefácio de W. LaBarre].

_____ (1953). "Why Oedipus Killed Laius: A Note on the Complementary Oedipus Complex". *International Journal of Psycho-Analysis*, 34, p. 132-141.

DIAZ, M.N. (1967). "Introduction: Economic Relations in Peasant Society". In: POTTER, M.J.; DIAZ, M.N. & POSTER, G.M. (orgs.). *Peasant Society*: A Reader. Boston: Little, Brown and Company.

DIVALE, W.T. & HARRIS, M. (1976). "Population, Warfare, and Male Supremacist Complex". *American Anthropologist*, 78, p. 521-538.

DOUGLAS, M. (1970). *Natural Symbols*: Explorations in Cosmology. Londres: Cresset.

_____ (1966). *Purity and Danger*. Baltimore: Penguin.

DUMONT, L. (1966). *Homo-Hierarchicus* – Essai sur le systeme des castes. Paris: Gallimard [Bibliotheque des Sciences Humaines].

DUNDES, A. (1976). "A Psychoanalytic Study of the Bullroarer". *Man*, 11, p. 220-238.

DUPRÉ, G. & REY, P.P. (1973). "Reflections on the Pertinence of a Theory of the History of Exchange". *Economy and Society*, 2, p. 131-163.

DURANTI, A. (1990). "Politics and Grammar: Agency in Samoan Political Discourse". *American Ethnologist*, 17, p. 646-666.

DURKHEIM, E. (1912). *Les formes elementaires de la vie religieuse* – Le Systeme Totemique en Australia. Paris: Presses Universitaires.

DYSON-HUDSON, N. (1966). *Karimojong Politics*. Oxford: Oxford University Press.

DYSON-HUDSON, N. & DYSON-HUDSON, R. (1970). "The Food Production of a Semi-Nomadic Society: The Karimojong, Uganda". In: McLOUGHLIN, P.F.M. (org.). *African Food Production Systems*. Baltimore, Md.: The Johns Hopkins.

DYSON-HUDSON, R. & DYSON-HUDSON, N. (1969). "Subsistence Herding in Uganda". *Scientfic American*, fev., p. 76-89.

EASTON, D. (1959). "Political Anthropology". In: SIEGEL, B. (org.). *Biennial Review of Anthropology*, 2.

ECKERT, P. & NEWMARK, R. (1980). "Central Eskimo Song Duels: A Contextual Analysis of Ritual Ambiguity". *Ethnology*, 19 (2), p. 191-211.

EDGERTON, R.B. (1964). "Pokot Intersexuality: An East African Example of the Resolution of Sexual Incongruity". *American Anthropologist*, 66, p. 1.288-1.299.

EIBL-EIBESFELDT, I. (1989). *Human Ethology*. Nova York: Aldine DeGruyter.

_____ (1968). "Ethological Perspectives on Primate Studies". In: JAY, P. (org.). *Primates*: Studies in Adaptation and Variability. Nova York: Holt, Rinehart and Winston.

EISENSTADT, S.N. (1956). *From Generation to Generation*. Nova York: The Free Press.

EKHOLM, K. (1977). "External Exchange and the Transformation of Central African Social Systems". In: FRIEDMAN, J. & ROWLANDS, M.J. (orgs.). *The Evolution of Social Systems*. Londres: Duckworth.

ELIADE, M. (1970). "Cargo Cults and Cosmic Regeneration". In: THRUPP, S.L. (org.). *Miliennial Dreams in Action* – Studies in Revolutionary Religious Movements. Nova York: Schocken Books.

_____ (1959). *Cosmos and History*: The Myth of the External Return. Nova York: Harper & Row.

ENDICOTT, K.A.L. (1979). *Batek Negrito Sex Roles*. [s.l.]: The Australian National University [Tese de doutorado não publicada].

ENDICOTT, K.M. (1974). *Batek Negrito Economy and Social Organization*. [s.l.]: Harvard University [Tese de doutorado não publicada].

ENGELS, F. (1878). *Origin of the Family, Private Property, and the State*. Nova York: International Press, 1942.

EPSTEIN, A.L. (1992). *In the Midst of Life*. Berkeley: University of California Press.

_____ (1979). "Tambu: The Shell-Money of the Tolai". In: HOOK, H. (org.). *Fantasy and Symbol*. Nova York/Londres: Academic Press.

_____ (1969). *Matupit*: Land, Politics, and Change Among the Tolai of New Britain. Berkeley, Calif.: University of California Press.

_____ (1968). "Power, Politics, and Leadership: Some Central African and Melanesian Contrasts". In: SWARTZ, M.J. (org.). *Local Level Politics*. Chicago: Aldine.

_____ (1963). "Tambu: A Primitive Shell Money". *Discovery*, 24, p. 28-32.

EPSTEIN, T.S. (1964). "Personal Capital Formation Among the Tolai of New Britain". In: FIRTH, R. & YAMEY, B. (orgs.). *Capital, Saving, and Credit in Peasant Societies*. Chicago: Aldine.

ERIKSEN, T.H. (1993). *Ethnicity and Nationalism, Anthropological Perspectives*. Londres: Pluto.

ETIENNE, M. & LEACOCK, E. (orgs.) (1980). *Women and Colonization*: Anthropological Perspectives. Nova York: Praeger.

EVANS-PRITCHARD, E.E. (1956). *Nuer Religion*. Oxford: Clarendon.

_____ (1951). *Kinship and Marriage Among the Nuer*. Oxford: Clarendon.

_____ (1940). *The Nuer*. Oxford: Clarendon.

FAGE, J.D. (1978). *A History of Africa*. Nova York: Alfred A. Knopf.

FAITHORN, E. (1975). "The Concept of Pollution Among the Kafe of the Papua-New Guinea Highlands". In: REIFER, R.R. (org.). *Toward an Anthropology of Women*. Nova York: Monthly.

FALLERS, L.A. (1969). *Land Without Precedent*. Chicago: University of Chicago Press.

FANON, F. (1965). *The Wretched of the Earth*. Londres: Macgibbon & Kee [Prefácio de J.-P. Sartre. Trad. do francês de C. Farrington].

FEIL, D.K. (1987). *The Evolution of Highland Papua-New Guinea Societies*. Cambridge: Cambridge University Press.

_____ (1978a)."Women and Men in the Enga *Tee*". *American Ethnologist*, 5 (2), p. 263-279.

_____ (1978b). "Enga Women in the *Tee* Exchange". In: SPECHT & WHITE, J.P. (orgs.). *Trade and Exchange in Oceania and Australia*. Sidnei: University of Sydney Press [Mankind 11].

FENTON, W.N. (1957). "Locality as a Basic Factor in the Development of Iroquois Social Structure". In: FENTON, W.N. (org.). *Symposium on Diversity in Iroquois Culture*. Washington, D.C.: U.S. Government Printing Office [Bureau of American Ethnology Bulletin, 149].

FERGUSON, R.B. (1995). *Yanomami Warfare*. Santa Fé: School of American Research Press.

_____ (1989). "Game Wars? – Ecology and Conflict in Amazonia". *Journal of Anthropological Research*, 45 (2), p. 179-206.

FERGUSON, R.B. & WHITEHEAD, N.L. (orgs.) (1992). *War in the Tribal Zone*: Expanding States and Indigenous Warfare. Santa Fé: School of American Research Press.

FERNANDEZ, J. (org.) (1991). *Beyond Metaphor*: The Theory of Tropes in Anthropology. Stanford: Stanford University Press.

FILLMORE, C. (1977). "The Case for Case Reopened". In: COLE, P. & SADOCK, J. (orgs.). *Syntax and Semantics*: Grammatical Relations. Vol. 8. Nova York: Academic Press.

_____ (1968). "The Case for Case". In: BACH, E. & HARMS, R.T. (orgs.). *Universals in Linguistic Theory*. Nova York: Holt, Rinehart and Winston.

FISCHER, J.L. (1964). "Solutions for the Natchez Paradox". *Ethnology*, 3, p. 53-65.

FISHMAN, J.A. (1969). "Origins and Ecological Effects of Early Domestication in Iran and the Near East". In: UCKO, P.J. & DIMBLEBY, G.W. (orgs.). *The Domestication and Exploitation of Plants and Animals*. Chicago: Aldine.

_____ (1960). "A Systematization of the Whorfian Hypothesis". *Behavioral Science*, 5, p. 232-239.

FITCHEN, J.M. (1992). "On the Edge of Homelessness: Rural Poverty and Housing Insecurity". *Rural Sociology*, 57 (2), p. 173-193.

FLANNERY, K.V. (1972). "The Cultural Evolution of Civilizations". *Annual of Ecology and Systematics*, 3, p. 399-426.

_____ (1969). "Origins and Ecological Effects of Early Domestication in Iran and the Near East'. In: UCKO, E.J. & DIMBLEBY, C.W. (orgs.). *The Domestication and Exploitation of Plants and Animals*. Chicago: Aldine.

FOGELSON, R.D. & ADAMS, R.N. (orgs.) (1977). *The Anthropology of Power*. Nova York: Academic Press.

FORDE, C.D. (1950). "Double Descent Among the Yakö". In: RADCLIFFE-BROWN, A.R. & FORDE, C.D. (orgs.). *African Systems of Kinship and Marriage*. Londres: Oxford University Press.

FORTES, M. (1987). *Religion, Morality, and the Person*: Essays on Tallensi Religion. Cambridge: Cambridge University Press.

_____ (1978). "An Anthropologist's Apprenticeship". In: SIEGEL, B.J. (org.). *Annual Review of Anthropology*. Vol. 7. Palo Alto, Calif.: Annual Reviews.

_____ (1974). "The First Born". *Journal of Child Psychology and Psychiatry*, 15, p. 81-104.

_____ (1969). *Kinship and the Social Order*: The Legacy of Lewis Henry Morgan. Chicago: Aldine.

_____ (1960). "Ancestor Worship in Africa". In: FORTES, M. & DIETERLEN, G. (orgs.). *African Systems of Thought*. Londres: Oxford University Press.

_____ (1959a). "Primitive Kinship". *Scientific American*, 200 (6), p. 146-157.

_____ (1959b). "Introduction". In: COODY, J. (org.). *The Developmental Cycle in Domestic Groups*. Londres: Cambridge University Press [Cambridge Papers in Social Anthropology, 1].

_____ (1959c). *Oedipus and Job in West African Religion*. Cambridge: Cambridge University Press.

_____ (1949). *The Web of Kinship Among the Tallensi*. Londres: Oxford University Press.

_____ (1945). *The Dynamics of Clanship Among the Tallensi*. Londres: Oxford University Press.

FORTES, M. & EVANS-PRITCHARD, E. (orgs.) (1940). *African Political Systems*. Londres: Oxford University Press.

FORTUNE, R. (1932). *Sorcerers of Dobu*. Londres: Routledge/Kegan Paul.

FOSTER, G.M. (1972). "A Second Look at Limited Good". *Anthropological Quarterly*, 45, p. 57-64.

_____ (1967). *Tzintzuntzan*: Mexican Peasants in a Changing Community. Boston: Little, Brown and Company.

_____ (1965). "Peasant Society and the Image of Limited Good". *American Anthropologist*, 67, p. 293-315.

_____ (1961). "The Dyadic Contract: A Model for the Social Structure of a Mexican Peasant Village". *American Anthropologist*, 63, p. 1.173-1.192.

FOULKS, E.K. (1972). *The Arctic Hysterias of the North Alaskan Eskimo*. Washington, D.C.: American Anthropological Association [Anthropological Studies, n. 10].

FOX, R. (1967). *Kinship and Marriage*: An Anthropological Perspective. Harmondsworth: Penguin.

FRAKE, C.O. (1963). "Litigation in Lipay: A Study in Subanun Law". *Proceedings of the Ninth Pacific Science Congress of the Pacific Science Association*, 3, p. 217-222.

_____ (1960). "The Eastern Subanun of Mindanao". In: MURDOCK, G.P. (org.). *Social Structure in Southeast Asia*. Nova York: Wenner-Gren

Foundation for Anthropological Research [Anthropological Studies, n. 10].

FRANK, A.G. (1978). *World Accumulation, 1492-1789*. Londres: Macmillan.

_____ (1975). *On Capitalist Underdevelopment*. Bombay: Oxford University Press.

_____ (1973). *Lumpenbourgeoisie, Lumpendevelopment*: Dependence, Class and Politics in Latin America. Nova York: Monthly.

_____ (1969). *Latin America*: Underdevelopment and Revolution. Nova York: Monthly.

FREEDMAN, D.G. (1974). *Human Infancy*: An Evolutionary Perspective. Nova York: John Wiley & Sons.

FREEDMAN, D.G. & DE BOER, M.M. (1979). "Biological and Cultural Differences in Early Child Development". In: SIEGEL, B.J. (org.). *Annual Review of Anthropology*. Vol. 8. Palo Alto, Calif.: Annual Reviews Press.

FREEMAN, J.D. (1974). "Kinship, Attachment Behaviour, and the Primary Bond". In: COODY, J.R. (org.). *The Character of Kinship*. Cambridge: Cambridge University Press.

_____ (1960). "The Iban of Borneo". In: MURDOCK, G.P. (org.). *Social Structures in Southeast Asia*. Chicago: Quadrangle Press.

_____ (1958). "The Family Structure of the Iban of Borneo". In: GOODY, J. (org.). *The Developmental Cycle in Domestic Groups*. Cambridge: Cambridge University Press [Cambridge Papers in Social Anthropology].

_____ (1955). *Iban Agriculture*. Londres: Colonial Office [Colonial Research Studies, n. 18].

FRIED, M.H. (1978). "The State, the Chicken, and the Egg: Or, What Came First?" In: COHEN, R. & SERVICE, E. (orgs.). *Origins of the State*: The Anthropology of Political Evolution. Filadélfia: Institute for the Study of Human Issues.

_____ (1975). *The Notion of Tribe*. Menlo Park, Calif.: Cummings.

_____ (1967). *The Evolution of Political Society*. Nova York: Random House.

FRIEDMAN, J. (1979). "System, Structure, and Contradiction: The Evolution of 'Asiatic' Social Formations". *Social Studies in Oceania and South East Asia*, 2. Copenhagen: National Museum of Denmark.

_____ (1975). "Tribes, States, and Transformations". In: BLOCH, M. (org.). *Marxist Analyses and Social Anthropology*. Nova York: John Wiley and Sons.

FRIEDMAN, J. & ROWLANDS, M.J. (1978). *The Evolution of Social Systems*. Pitesburgo/Londres: University of Pittsburgh Press/Duckworth.

FRIEDRICH, P. (1978). *Agrarian Revolt in a Mexican Village*. Chicago: University of Chicago Press.

_____ (1965). "A Mexican Cacigazgo". *Ethology*, 4, p. 190-209.

FRISCH, R.E. (1974). "Critical Growth at Menarche Initiation of the Adolescent Growth Spurt and Control of Puberty". *Control of Puberty*. Nova York: John Wiley & Sons.

FRISCH, R.E. & McARTHUR, J. (1974). "Menstrual Cycles: Fatness as a Determinant of Minimum Weight for Height Necessary for Their Maintenance or Onset". *Science*, 185, p. 949-951.

FURNAS, J.C. (1947). *Anatomy of Paradise*. Nova York: William Sloane.

FUSTEL DE COULANGES, N.D. (1864). *La Cité Antique* [Trad. como *The Ancient City*. Garden City, N.Y.: Doubleday & Company, 1956].

GAINES, A.D. (org.) (1992). *Ethnopsychiatry* – The Cultural Construction of Professional and Folk Psychiatries. Albânia: State University of New York Press.

GARDNER, B. & GARDNER, R.A. (1971). "Two-Way Communication With an Infant Chimpanzee". In: SCHRIER, A. & STOLLNITE, F. (orgs.). *Behavior of Nonhuman Primates*. Vol. 4. Nova York: Academic Press.

GARDNER, R.A. & GARDNER, B.T. (1969). "Teaching Sign-Language to a Chimpanzee". *Science*, 165, p. 664-672.

GEERTZ, C. (1983). "Common Sense as a Cultural System". *Local Knowledge*: Further Essays in Interpretive Anthropology. Nova York: Basic Books.

_____ (1973). "The Impact of the Concept of Culture on the Concept of Man". *The Interpretation of Cultures*: Selected Essays by Clifford Geertz. Nova York: Basic Books.

_____ (1966a). "Religion as a Cultural System". In: BANTON, M. (org.). *Anthropological Approa-*

ches to the Study of Religion. Londres: Tavistock [ASA Monographs, 3].

_____ (1966b). "The Impact of the Concept of Culture on the Concept of Man". In: PLATT, J.R. (org.). *New Views on the Nature of Man*. Chicago: University of Chicago Press.

_____ (1963). *Agricultural Involution*. Berkeley: University of California Press.

_____ (1960). *The Religion of Java*. Nova York: The Free Press.

_____ (1957). "Ritual and Social Change: A Javanese Example". *American Anthropologist*, 59, p. 32-54.

GEORGE, S. (1977). *How the Other Half Dies*: The Real Reasons for World Hunger. Montclair, NJ.: Allanheld, Osmun and Company.

GESCHWIND, N. (1974). *Selected Papers on Language and the Brain*. Dordrecht, Hol.: D. Reidel.

_____ (1970). "The Organization of Language and the Brain". *Science*, 170, p. 940-944.

_____ (1967). "The Neural Basis of Language". In: SAIZINGER, K. & SAIZINGER, S. (orgs.). *Research in Verbal Behavior and Some Neurophysiological Implications*. Nova York: Academic Press.

GIBBS, J.L. (1963). "The Kpelle Moot: A Therapeutic Model for the Informal Settlement of Disputes". *Africa*, 33, p. 1-11.

GLEDHILL, J. (1991). *Casi Nada*: A Study of Agrarian Reform in the Homeland of Cardenismo. Austin: University of Texas Press

GLICKMAN, M. (1972). "The Nuer and The Dinka: A Further Note". *Man*, 7, p. 586-594.

GLUCKMAN, M. (1978). "Infrastructures, Society, and History". *Current Anthropology*, 19 (4), p. 763-768.

_____ (1977). "Politics as 'Infrastructure': An Anthropologist's Thoughts on the Example of Classical Greece and the Notions of Relations of Production and Economic Determination". In: FRIEDMAN, J. & ROWLANDS, M.J. (orgs.). *The Evolution of Social Systems*. Londres: Duckworth.

_____ (1965). *The Ideas in Barotse Jurisprudence*. New Haven, Conn.: Yale University Press.

_____ (1963). *Order and Rebellion in Tribal Africa*. Londres: Cohen/West.

_____ (1955). *Custom and Conflict in Africa*. Oxford: Basil Blackwell & Mott.

_____ (1940). "The Kingdom of the Zulu of Southeast Africa". In: FORTES, M. & EVANS-PRITCHARD, E.E. (orgs.). *African Political Systems*. Londres: Oxford University Press.

GLUCKMAN, M. (org.) (1962). *Essays in the Ritual of Social Relations*. Manchester: Manchester University Press.

GLUCKMAN, M. & GODELIER, M. (1974). "Anthropology and Biology: Towards a New Form of Co-operation". *International Social Science Journal*, 26 (4), p. 611- 635.

GLUCKMAN, M.; MITCHELL, J.C. & BARNES, J.A. (1949). "The Village Headman in British Central Africa". *Africa*, 19, p. 89-106.

GODELIER M. (1996). *L'Enigme du Don*. Paris: Fayard.

_____ (1990). "Inceste, Parenté, Pouvoir". *Psychanalystes*, 36, p. 33-51.

_____ (1986). *The Making of Great Men*: Male Power and Domination Among the New Guinea Baruya. Cambridge: Cambridge University Press.

GOLSON, J. & GARDNER, D.S. (1990). "Agriculture and Sociopolitical Organization in New Guinea Highlands Prehistory". *Annual Review of Anthropology*, 19, p. 395-417.

GOODENOUGH, W.H. (1990). "Evolution of the Human Capacity for Beliefs". *American Anthropologist*, 92, p. 597-612.

_____ (1970). *Description and Comparison in Cultural Anthropology*. Chicago: Aldine [Henry Morgan Lectures].

_____ (1961). "Comment on Cultural Evolution". *Daedalus*, 90, p. 521-528.

_____ (1957). "Cultural Anthropology and Linguistics". In: GARVIN, P. (org.). *Report of the Seventh Annual Round Table Meeting on Linguistics and Language Study*. Washington, D.C.: Georgetown University [Monograph Series on Language and Linguistics, 9].

GOODY, J.R. (1973). "Bridewealth and Dowry in Africa and Eurasia". In: GOODY, J.R. & TAMBIAH, S.N (orgs.). *Bridewealth and Dowry*. Cambridge: Cambridge University Press [Cambridge Studies in Social Anthropology, 7].

_____ (1962). *Death, Property, and the Ancestors*: A Study of the Mortuary Customs of the LoDagaa of West Africa. Londres: Tavistock.

GOODY, J.R. & TAMBIAH, S. (1973). *Bridewealth and Dowry*. Cambridge: Cambridge University Press [Cambridge Papers in Social Anthropology, 7].

GOUGH, E.K. (1971). "Nuer Kinship and Marriage: A Reexamination". In: BEIDELMAN, T. (org.). *The Translation of Culture*. Londres: Tavistock.

_____ (1968). "World Revolution and the Science of Man". In: ROSZAK, T. (org.). *The Dissenting Academy*. Nova York: Random House [Reimpresso em WEAVER, M.T. (org.) (1973). *To See Ourselves*. Glenview, Ill.: Scott, Foresman and Company].

_____ (1961). "Variation in Matrilineal Systems". In: SCHNEIDER, D. & GOUGH, K. (orgs.). *Matrilineal Kinship*. Parte 2. Berkeley: University of California Press.

_____ (1959). "The Nayars and the Definition of Marriage". *Journal of the Royal Anthropological Institute*, p. 23-34.

GRAY, S.J. (1994). "Comparison of Effects of Breast-Feeding Practices on Birth-Spacing in Three Societies: Nomadic Turkana, Cainj, and Quechua". *Journal of Biosocial Science*, 26 (1).

GREGORY, R.L. (1970). "Information Processing in Biological and Artificial Brains". In: VON CIERKE, H.E.; KEIDEL, W.D. & OESTREICHER, H.L. (orgs.). *Principles and Practice of Bionics*. Slough, Eng.: Techvision, p. 73-80.

_____ (1969). "On How Little Information Controls So Much Behaviour". In: WADDINGTON, C.H. (org.). *Towards a Theoretical Biology*. Vol. 1. Chicago: Aldine.

GREUEL, P.J. (1971). "The Leopard-Skin Chief: An Examination of Political Power Among the Nuer". *American Anthropologist*, 73, p. 1.115-1.120.

GRIAULE, M. & DIETERLEN, G. (1960). "The Dogon of the French Sudan". In: FORDE, C.O. (org.). *African Worlds*. Londres: Oxford University Press.

GRIFFIN, K. (1969). *Underdevelopment in Spanish America*. Londres: Allen/Unwin.

GRINDER, J.T. & ELGIN, S.H. (1973). *Guide to Transformational Grammar*: History, Theory, Practice. Nova York: Holt, Rinehart and Winston.

GROSS, D.P. (1975). "Protein Capture and Cultural Development in the Amazonian Basin". *American Anthropologist*, 77, p. 526-549.

GUDEMAN, S. (1978). "Anthropological Economics: The Question of Distribution". In: SIEGEL, B.J. (org.). *Annual Review of Anthropology*, 7. Palo Alto, Calif.: Annual Reviews.

_____ (1972). *The Compadrazgo as a Reflection of the National and Spiritual Person* – Proceedings of the Royal Anthropological Institute for 1971, p. 45-71.

GULLIVER, P.H. (1965). *The Family Herds*. Londres: Routledge/Kegan Paul.

_____ (1963). *Social Control in an African Society*. Londres: Routledge/Kegan Paul.

HAIGHT, B. (1972). "A Note on the Leopard-skin Chief". *American Anthropologist*, 74, p. 1.313-1.318.

HAIMAN, J. (1980). "Dictionaries and Encyclopedias". *Lingua*, 50, p. 329-357.

HALL, E.T. (1972). "Art, Space, and the Human Experience". In: KEPES, G. (org.). *Arts of the Environment*. Nova York: George Braziller.

_____ (1966). *The Hidden Dimension*. Garden City, N.Y.: Doubleday & Company.

_____ (1959). *The Silent Language*. Garden City, N.Y.: Doubleday & Company.

HALLPIKE, C.K. (1977). *Bloodshed and Violence in the Papuan Mountains*: The Generation of Violence in Tanade Society. Londres: Oxford University Press.

HAMNETT, I. (1977). "Introduction". In: HAMNETT, I. (org.). *Social Anthropology and Law*. Londres: Academic Press [ASA Monograph, 14].

_____ (1975). *Chieftainship and Legitimacy*. Londres: Routledge/Kegan Paul.

HAMNETT, M.P. (1978). *Ethics and Expectations in Cross-Cultural Social Science Research* [Apresentado no discurso anual da Conferência de Verão da Associação de Comunicação sobre Comunicação Intercultural. Tampa].

HARDING, T.G. (1967). *Voyagers of the Vitiaz Strait*. Seattle: University of Washington Press [American Ethnological Society Monograph, 44].

HARLAN, J.R.; DE WET, J.M.J. & STEMLER, A.B.L. (1976). *Origins of African Plant Domestication*. The Hague: Mouton [World Anthropology].

HARLE, V. (1978a). *The Political Economy of Food*. Westmead/Farnborough/Hants.: Saxon House.

_____ (1978b). "Three Dimensions of the World Food Problem". In: HARLE, V. (org.). The Political Economy of Food. Westmead/Farnborough/Hants.: Saxon House.

HARNER, M. (1977). "The Ecological Basis for Aztec Sacrifice". *Ethnology*, 4, p. 117-435.

_____ (1970). "Population Pressure and the Social Evolution of Agriculturalists". *Southwestern Journal of Anthropology*, 26, p. 67-86.

HARRE, R. & SECORD, P. (1973). *The Explanation of Social Behavior*. Oxford: Blackwell.

HARRIS, M. (1979a). *Cultural Materialism*: The Struggle for a Science of Culture. Nova York: Harper & Row.

_____ (1979b). "Cannibals and Kings". *New York Review of Books*, 28/06, p. 51-52.

_____ (1977). *Cannibals and Kings*. Nova York: Random House.

_____ (1975). *Culture, People, Nature*: An Introduction to General Anthropology. Nova York: Harper & Row.

_____ (1974). *Cows, Pigs, Wars, and Witches*: The Riddles of Culture. Nova York: Harper & Row.

_____ (1971). *Culture, Man, and Nature*: An Introduction to General Anthropology. Nova York: Thomas Y. Crowell.

_____ (1968). *The Rise of Cultural Theory*. Nova York: Thomas Y. Crowell.

HASSIG, R. (1992). "Aztec and Spanish Conquest in Mesoamerica". In: FERGUSON, R.B. & WHITEHEAD, N.L. (orgs.). *War in The Tribal Zone*: Expanding States and Indigenous Warfare. Santa Fé: School of American Research Press.

HAUGELAND, J. (1974). "Comment". In: DREYFUS, C.H.L. "What Computers Can and Cannot Do". *New York Review of Books*, 21 (11), p. 27, 33.

HAVILAND, L. (1979). *Social Relations of Production in a Mexican Peasant Village*. Cambridge, Mass.: Harvard University [Tese de doutorado não publicada].

HELMAN, C.G. (1994). *Culture, Health, and Illness*: An Introduction for Health Professionals. 3. ed. Oxford/Boston: Butterworth-Heinemann.

HERDT, G.H. (org.) (1982). *Rituals of Manhood*. Berkeley: University of California Press.

HERSKOVITS, M.J. (1955). *Culture Anthropology*. Nova York: Alfred A. Knopf.

_____ (1937). "African Gods and Catholic Saints in New World Religious Beliefs". *American Anthropologist*, 39, p. 635-643.

HERTZ, R. (1909). "La Prééminence de la Main Droite: Etude sur la Polarité Religieuse". *Revue Philosophique*, 58, p. 553-580 [Trad. in: *Death and the Right Hand*. Nova York: The Free Press, 1960].

_____ (1907). "Contribution a une Etude sur la Representation Collective de la Mort". *Année Sociologique*, 10, p. 48-137 [Trad. in: *Death and the Right Hand*. Nova York: The Free Press, 1960].

HEWES, G.W. (1973). "Primate Communication and the Gestural Origin of Language". *Current Anthropology*, 14, p. 5-24.

HIATT, L.R. (1965). *Kinship and Conflict*: A Study of an Aboriginal Community in Northern Arnhem Land. Canberra: Australian National University.

HIDE, R.L. (1974). *On the Dynamics of Some New Guinea Highlands Pig Cycles* [Texto não publicado, depositado no Departamento de Indústria Primária, Kundiawa, Papua-Nova Guiné].

HINDESS, B. & HIRST, A.Q. (1977). *Mode of Production and Social Formation*. Londres: Macmillan.

HINDESS, B. & HIRST, P.Q. (1975). *Precapitalist Modes of Production*. Londres: Routledge/Kegan Paul.

HOBSBAWM, E.J. (1962). *The Age of Revolution*, 1789-1848. Nova York: Mentor Books.

HOCKETT, C.F. (1960). "The Origin of Speech". *Scientific American*, 203, p. 88-111.

HOEBEL, E.A. (1954). *The Law of Primitive Man*: A Study in Comparative Legal Dynamics. Cambridge, Mass: Harvard University Press.

HOLLOWAY Jr., R.J. (1969). "Culture: A Human Domain". *Current Anthropology*, 10, p. 395-407.

HOLMBERG, A.R. (1965). "The Changing Values and Institutions of Vicos in the Context of National Development". *American Behavioral Scientist*, 8, p. 3-8.

HOLY, L. (1976). "Kin Groups: Structural Analysis and the Study of Behavior". In: SIEGEL, B.J. (org.). *Annual Review of Anthropology 5*. Palo Alto, Calif.: Annual Reviews Press.

HOOK, R.H. (org.) (1979). *Fantasy and Symbol*: Studies in Anthropological interpretation. Londres/Nova York: Academic Press.

HOPKINS, T.K. (1970). "On Economic Planning in Tropical Africa". In: RHODES, R.I. (org.). *Imperialism and Underdevelopment*. Nova York: Monthly.

HOROWITZ, I.L. (1965). "The Life and Death of Project Camelot". *Trans-Action*, dez. [Reimpresso in: WEAVER, M.T. (org.). *To See Ourselves*. Glenview, Ill.: Scott, Foresman and Company, 1973].

HORTON, R. (1962). "The Kalabari World View: An Outline and Interpretation". *Africa*, 32, p. 197-220.

HOWELL, E.C. (1969). "Foreword". In: KLEIN, R.H. *In Man and Culture in the Late Pleistocene*. São Francisco: Chandler.

HOWITT, A.W. (1904). *The Native Tribes of South-East Australia*. Londres: Macmillan.

HUIZER, O. (1979). "Anthropology and Politics: From Naivete Toward Liberation?" In: HUIZER, G. & MANNHEIM, M. (orgs.). *The Politics of Anthropology*. The Hague: Mouton.

_____ (1970). "'Resistance to Change' and Radical Peasant Mobilization: Foster and Erasmus Reconsidered". *Human Organization*, 29 (4), p. 303-313.

HUIZER, O. & MANNHEIM, B. (orgs.) (1979). *The Politics of Anthropology*. The Hague: Mouton.

HUNTINGTON, R. & METCALF, P. (1979). *Celebrations of Death*: The Anthropology of Mortuary Ritual. Cambridge: Cambridge University.

HUTCHINSON, S. (1996). *Nuer Dilemmas*: Coping With Money, War, and the State. Berkeley: University of California Press.

HUTCHINS Jr., E.L. (1980). *Reasoning in Discourse*: An Analysis of Trobriand Land Litigation. Cambridge, Mass.: Harvard University Press.

_____ (1979). "Reasoning in Trobriand Discourse". *Quarterly Newsletter of the Laboratory of Comparative Human Cognition*, 1 (2), p. 13-17 [Center for Human Information Processing, University of California, San Diego].

HUTTERER, K.L. (1976). "An Evolutionary Approach to the Southeast Asian Cultural Sequence". *Current Anthropology*, 17, p. 221-242.

ISAAC, B.L. (1993). "Retrospective on the Formalist-Substantivist Debate". *Research in Economic Anthropology*, 14, p. 213-233.

JABLOW, J. (1951). *The Cheyenne in Plains Indian Trade Relations 1795-1840*. Locust Valley, N.Y.: J.J. Augustin [Monographs of the American Ethnological Society, 19].

JARVIE, I.C. (1963). "Theories of Cargo Cults: A Critical Analysis". *Oceania*, 34 (1), p. 1-31; 34 (2), p. 108-136.

JOHANSON, D.C. & WHITE, T.D. (1979). "A Systematic Assessment of Early African Hominids". *Science*, 203, p. 321-330.

JOHNSON, D. (1994). *Nuer Prophets*: A History of Prophecy From the Upper Nile. Oxford: Oxford University Press.

JOHNSON, M. (1987). *The Body in the Mind* – The Bodily Basis of Meaning, Imagination, and Reason. Chicago: University of Chicago Press.

JOLLY, M. (1992). "Banana Leaf Bundles and Skirts: A Pacific Penelope's Web?" In: CARRIER, J.O. (org.). *History and Tradition in Melanesian Anthropology*. Berkeley: University of California Press.

JOLLY, M. & MacINTYRE, M. (1989). *Family and Gender in the Pacific*: Domestic Contradictions and the Colonial Impact. Cambridge: Cambridge University Press.

JONES, D.J. (1970). "Towards a Native Anthropology". *Human Organization*, 29 (4), p. 251-259.

JORDAN, D.K. & SWARTZ, M.J. (orgs.). *Personality and the Cultural Construction of Society* – Papers in Honor of Melford E. Spiro. Tuscaloosa: University of Alabama Press.

JORGENSON, J.G. (1972). *The Sun Dance Religion*: Power for the Powerless. Chicago: University of Chicago Press.

KAHN, J.S. (1993). *Constituting the Minangkabau*: Peasants, Culture, and Modernity in Colonial Indonesia. Providence, RI.: Berg.

KAHN, S. & LLOBERA, J.R. (orgs.) (1981). *Anthropology of Pre-Capitalist Societies*. Londres: MacMillan.

KAKAR, S. (1991). "Western Science, Eastern Minds". *The Wilson Quarterly*, 15 (1), p. 109-116.

KEEN, I. (1993). "Aboriginal Beliefs vs. Mining at Coronation Hill: The Containing Force of Traditionalism". *Human Organization*, 52 (4), p. 344-355.

KEENAN, E. (1974). "Norm-Makers, Norm-Breakers: Uses of Speech by Men and Women in a Malagasy Community". In: BAUMAN, R. & SHERZER, J. (orgs.). *Explorations in the Ethnography of Speaking*. Cambridge: Cambridge University Press.

KEESING, F.M. (1952). *Culture Change*. Stanford, Calif.: Stanford University Press.

KEESING, R.M. (1992). *Custom and Confrontation*: The Kwaio Struggle for Cultural Autonomy. Chicago: University of Chicago Press.

_____ (1990). "Kinship, Bonding, and Categorization". *Australian Journal of Anthropology*, 1 (2-3), p. 159-167.

_____ (1989). "Exotic Readings of Cultural Texts". *Current Anthropology*, 30, p. 459-479.

_____ (1987). "Ta'a Geni: Women's Perspectives on Kwaio Society". In: STRATHERN, M. (org.). *Dealing With Inequality*: Analysing Gender Relations in Melanesia and Beyond. Cambridge: Cambridge University Press.

_____ (1985). "Kwaio Women Speak: The Micropolitics of Autobiography in a Solomon Island Society". *American Anthropologist*, 87, p. 27-39.

_____ (1982). "Kwaio Religion". *The Living and the Dead in a Solomon Island Society*. Nova York: Columbia University Press.

_____ (1979). "Linguistic Knowledge and Cultural Knowledge: Some Doubts and Speculations". *American Anthropologist*, 81, p. 14-36.

_____ (1978). *'Elota's Story*: The Life and Times of a Solomon Islands Big Man. Nova York/Santa Lúcia/Queensland: St. Martin's Press/University of Queensland Press.

_____ (1975). *Kin Groups and Social Structure*. Nova York: Holt, Rinehart and Winston.

_____ (1974). "Transformational Linguistics and Structural Anthropology". *Cultural Hermeneutics*, 2, p. 243-266.

_____ (1972a). "Paradigms Lost: The New Ethnography and the New Linguistics". *Southwestern Journal of Anthropology*, 23, p. 299-332.

_____ (1972b). "Simple Models of Complexity: The Lure of Kinship". In: REINING, P. (org.). *Kinship Studies in the Morgan Centennial Year*. Washington, D.C.: Anthropological Society of Washington.

_____ (1972c). "The Anthropologist's Dilemma: Empathy and Analysis Among the Solomon Islanders". *Expedition*, 3, p. 32-39.

_____ (1971). "Descent, Residence, and Cultural Codes". In: HIATT, L. & JAYAWARDENA, C. (orgs.). *Anthropology in Oceania*. Sidnei: Angus and Robertson.

_____ (1970). "Shrines, Ancestors, and Cognatic Descent: The Kwaio and Tallensi". *American Anthropologist*, 72, p. 755-775.

_____ (1968a). "On Descent and Descent Groups". *Current Anthropology*, 9, p. 453-454.

_____ (1968b). "Nonunilineal Descent and the Contextual Definifion of Status". *American Anthropologist*, 70, p. 82-84.

_____ (1966). "Kwaio Kindreds". *Southwestern Journal of Anthropology*, 22 (4), p. 346-353.

_____ (s.d.). *Cultural Symbols and the Political Economy of Knowledge*: Some Problems in Analyzing Kwaio Religion [Texto não publicado].

KEIL, C. (1966). *Urban Blues*. Chicago: University of Chicago Press.

KEISER, R.L. (1969). *The Vice Lords*: Warriors of the Streets. Nova York: Holt, Rinehart and Winston.

KELLY, R.C. (1985). *The Nuer Conquest*: The Structure and Development of an Expansionist System. Ann Arbor: University of Michigan Press.

KELLY, R.C. & VERDON, M. (1983). "A Note on Nuer Segmentary Organization". *American Anthropologist*, 85 (4), p. 905-906.

KELLY, R.L. (1995). *The Foraging Spectrum*. Washington: Smithsonian.

KEMP, W.B. (1971). "The Flow of Energy in a Hunting Society". *Scientific American*, set.

KIPP, R.S. (1984). "Terms for Kith and Kin". *American Anthropologist*, 86 (4), p. 905-926.

KIRCH, P.V. (1984). *The Evolution of the Polynesian Chiefdoms*. Cambridge: Cambridge University Press.

KIRCH, P.V. & SAHLINS, M. (1992). *Anahulu*: The Anthropology of History in the Kingdom of Hawaii. Chicago: University of Chicago Press.

KLUCKHOHN, C. (1942). "Myths and Rituals: A General Theory". *Harvard Theological Review*, 35, p. 45-79.

KLUCKHOHN, C. & KELLY, W.H. (1945). "The Concept of Culture". In: LINTON, R. (org.). *The Science of Man in the World Crisis*. Nova York: Columbia University Press.

KNAUFT, B. (1993). *South Coast New Guinea Cultures*: History, Comparison, Dialectic. Nova York: Cambridge University Press.

KOPYTOFF, I. (1971). "Ancestors as Elders in Africa". *Africa*, 41 (11), p. 129-142.

_____ (1965). "The Suku of Southwestern Congo". In: GIBBS Jr., J. (org.). *Peoples of Africa*. Nova York: Holt, Rinehart and Winston.

_____ (1964). "Family and Lineage Among the Suku of the Congo". In: GRAY, R.E. & GULLIVER, E.H. (orgs.). *The Family Estate in Africa*. Londres: Routledge/Kegan Paul.

KORN, F. (1973). *Elementary Structures Reconsidered*: Lévi-Strauss on Kinship. Berkeley: University of California Press.

KORTLANDT, A. (1973). "Comment on G. Hewes 'Primate Communication and the Gestural Origin of Language'". *Current Anthropology*, 14 (1-2), p. 13-14.

KRACKE, W. (1978). *Force and Persuasion*: Leadership in an Amazonian Society. Chicago: University of Chicago Press.

KRADER, L. (1979). "The Origin of the State Among the Nomads of Asia". In: L'EQUIPE ECOLOGIE ET ANTHROPOLOGIE DES SOCIETES PASTORALES (org.). *Pastoral Production and Society*. Cambridge: Cambridge University Press.

_____ (1968). *The Formation of the State*. Englewood Cliffs, N.J.: Prentice-Hall.

KROEBER, A.L. (1948). *Anthropology*. Nova York: Harcourt Brace/Jovanovich.

KROEBER, A.L. & KLUCKHOHN, C. (1952). *Culture*: A Critical Review of Concepts and Definitions. Cambridge, Mass.: Harvard University Press [Peabody Museum Papers 47].

KUMMER, H. (1971). *Primate Societies*: Group Techniques of Ecological Adaptation. Chicago: Aldine & Atherton.

LaBARRE, W. (1978). "The Clinic and the Field". In: SPINDLER, G.D. (org.). *The Making of Psychological Anthropology*. Berkeley: University of California Press.

_____ (1970). *The Ghost Dance*: The Origins of Religion. Garden City, N.Y.: Doubleday & Company.

_____ (1967). "Preface". In: DEVEREUX, G. *From Anxiety to Method in the Behavioral Sciences*. The Hague: Mouton.

LAKOFF, G. (1987). *Women, Fire and Dangerous Things*: What Categories Reveal About the Mind. Chicago: University of Chicago Press.

LAKOFF, G. & JOHNSON, M. (1979). *Toward an Experientialist Philosophy:* The Case From Literal Metaphor. Berkeley: University of California [Texto não publicado].

LANCASTER, J.B. (1968). "Primate Communication Systems and the Emergence of Human Language". In: JAY, P. (org.). *Primates*: Studies in Adaptation and Variability. Nova York: Holt, Rinehart and Winston.

LANCY, D.E (1996). *Playing on the Mother-Ground*: Cultural Routines for Children's Development. Nova York: Guilford Press.

LANDA, J.T. (1994). *Trust, Ethnicity, and Identity*: Beyond the New Institutional Economics of Ethnic Trading Networks, Contract Law, and Gift Exchange. Ann Arbor: University of Michigan Press.

LANTERNARI, V. (1963). *Religions of the Oppressed*: A Study of Modern Messianic Cults. Nova York: Alfred A. Knopf.

_____ (1955). "L'Annua Festa 'Milamala Dei Trobriandesi: Interpetazione Psichologica e Functionale". *Rivista di Antropologia*, 42, p. 3-24.

LAPPÉ, E.M. & COLINS, J. (1978). *Food First* – Beyond the Myth of Scarcity. Boston: Houghton-Mifflin [Ed. revisada. 1. ed. publicada em 1977].

LARACY, H. (1979). "Maasina Rule: Struggle in the Solomons". In: MAMAK, A.; ALI, A. et al. (orgs.). *Race, Class and Rebellion in the South Pacific*. Sidnei: Allen and Unwin.

LAWRENCE, P. (1964). *Road Belong Cargo*: A Study of the Cargo Movement, Southern Madang District, New Guinea. Manchester: Manchester University Press.

LEACH, E.R. (1982). *Social Anthropology*. Nova York: Oxford University Press.

_____ (1976). *Culture and Communication*: The Logic by Which Symbols Are Connected. Cambridge: Cambridge University Press.

_____ (1971). "Marriage, Primitive". *Encyclopaedia Britannica*, p. 938-947.

_____ (1970). *Lévi-Strauss*. Londres: Fontana.

_____ (1969). *Genesis as Myth, and Other Essays*. Londres: Gossman.

_____ (1965). "Anthropological Aspects of Language: Animal Categories and Verbal Abuse". In: LENNEBERG, E. (org.). *New Directions in the Study of Language*. Cambridge, Mass.: MIT.

_____ (1962). *Rethinking Anthropology*. Londres: Athlone.

_____ (1961). *Pul Eliya, a Village in Ceylon*: A Study of Land Tenure and Kinship. Londres: Cambridge University Press.

_____ (1959). "Concerning Trobriand Clans and the Kinship Category Tabu". In: GOODY, J. (org.). *The Developmental Cycle of Domestic Groups*. Londres: Cambridge University Press [Cambridge Papers in Social Anthropology, 1].

_____ (1958). "Magical Hair". *Journal of the Royal Anthropological Institute*, 88, p. 147-164.

_____ (1957). "Aspects of Bridewealth and Marriage Stability Among the Kachin and Lakher". *Man*, 57, p. 59.

_____ (1955). "Polyandry Inheritance, and the Definition of Marriage, With Particular Reference to Sinhalese Customary Law". *Man*, 55, p. 182-186.

_____ (1954). *Political Systems of Highland Burma*. Cambridge, Mass.: Harvard University Press.

LEACH, E.R. (org.) (1960). *Aspects of Caste in South India, Ceylon, and Northwest Pakistan*. Londres: Cambridge University Press, p. 529 [Cambridge Papers in Social Anthropology, 2].

LEACH, J.W. & LEACH, E.R. (orgs.) (1983). *The Kula*: New Perspectives on Massim Exchange. Cambridge: Cambridge University Press.

LEACOCK, E.E. (1983). "Interpreting the Origins of Gender Inequality: Conceptual and Historical Problems". *Dialectical-Anthropology*, 7 (4), p. 263-284.

_____ (1981). *Myths of Male Dominance*: Collected Articles on Women Cross Culturally. Nova York: Monthly.

_____ (1978). "Women's Status in Egalitarian Society: Implications for Social Evolution". *Current Anthropology*, 19 (2), p. 247-276.

_____ (1974). "Review of S. Goldberg – The Inevitability of Patriarchy". *American Anthropologist*, 76 (2), p. 363-365.

_____ (1972). "Introduction". In: ENGELS. F. *Origin of the Family, Private Property and the State*. Nova York: International Publishers.

LEACOCK, E.E. (org.) (1971). *The Culture of Poverty*: A Critique. Nova York: Simon & Schuster.

LEDERMAN, R. (1986). *What Gifts Engender*: Social Relations and Politics in Mendi, Highland Papua-New Guinea. Cambridge: Cambridge University Press.

LEE, B.M. (1987). *Control of Children in a North Carolina Milltown*: Parents, Professionals, and the State. [s.l.]: University of North Carolina/ Chapel Hill [Tese de doutorado].

LEE, D.D. (1949). "Being and Value in a Primitive Culture". *Journal of Philosophy*, 46 (13), p. 401-415.

_____ (1940). "A Primitive System of Values". *Philosophy of Science*, 7, p. 355-378.

LEE, R.B. (1969). "!Kung Bushman Subsistence: An Input-Output Analysis". In: VAYDA, A.P. (org.). *Environment and Cultural Behavior*. Garden City, N.Y.: Natural History Press [Revisão de trabalho publicado originalmente: DAMAS, D. (org.). *Ecological Essays*. Ottawa: Queens Printer].

_____ (1968a)."What Hunters Do for a Living". In: LEE, R.B. & DeVORE, I. (orgs.). *Man the Hunter*. Chicago: Aldine.

_____ (1968b). "Comments". In: BINFORD, L.R. & BINFORD, S. (orgs.). *New Perspectives in Archaeology*. Chicago: Aldine.

LEE, R.B. & DeVORE, I. (1968). "Problems in the Study of Hunters and Gatherers". In: LEE, R.B. & DeVORE, I. (orgs.). *Man the Hunter*. Chicago: Aldine.

LEE, R.B. & DeVORE, I. (orgs.) (1974). *Kalahari Hunter-Gatherers*. Cambridge, Mass.: Harvard University Press.

_____ (1968). *Man the Hunter*. Chicago: Aldine.

LEFÉBURE, C. (1979). "Introduction: The Specificity of Nomadic Pastoral Societies". In: L'EQUIPE ECOLOGIE ET ANTHROPOLOGIE DES

SOCIETÉS PASTORALES (org.). *Pastoral Production and Society*. Cambridge: Cambridge University Press.

L'EQUIPE ECOLOGIE ET ANTHROPOLOGIE DAS SOCIÉTÉS PASTORALES (1979). *Pastoral Production and Society*. Cambridge: Cambridge University Press.

LEROI-GOURHAN, A. (1968). "The Evolution of Paleolithic Art". *Scientific American*, fev.

LÉVI-STRAUSS, C. (1973). *An Introduction to the Science of Mythology* – Vol. II: From Honey to Ashes. Nova York: Harper & Row [Trad. de *Mythologiques*: Du Miel aux Cendres].

_____ (1971). *Mythologiques IV*: L'Homme Nu. Paris: Plon.

_____ (1969a). *Mythologiques III*: L'Origine de Manières de Table. Paris: Plon.

_____ (1969b). *The Raw and the Cooked*. Nova York: Harper & Row [Trad. de *Le cru et te cuit*. Paris: Plon, 1964].

_____ (1968). "The Concept of Primitiveness". In: LEE, R.E. & DeVORE, I. (orgs.). *Man the Hunter*. Chicago: Aldine.

_____ (1967). "The Story of Asdiwal". In: LEACH, E.R. (org.). *The Structural Study of Myth and Totemism*. Londres: Tavistock [Cambridge Papers in Social Anthropology, 2].

_____ (1963a). *Structural Anthropology*. Nova York: Basic Books.

_____ (1963b). "Do Dual Organizations Exist?" In: LÉVI-STRAUSS, C. (org.). *Structural Anthropology*. Paris: Plon.

_____ (1962). *La pensée sauvage*. Paris: Plon [Trad. como *The Savage Mind*. Chicago: University of Chicago Press, 1966].

_____ (1949). *Les structures elementaires de la parenté*. Paris: Plon [Trad. como *The Elementary Structures of Kinship*. Boston: Beacon, 1969].

_____ (1945). "L'Analyse Structurale en Linguistique et Anthropologie". *Word* – Journal of Linguistic Circle of New York, 1 (2).

LEVY-BRUHL, L. (1923). *Primitive Mentality*. Londres: Allen & Unwin [Trad. de L.A. Clare].

_____ (1912). *Les Fonctions mentales dans les sociétés inférieures*. Paris: F. Alcan [Trad. como *How Natives Think*. Nova York: Washington Square, 1966].

LEWIS, D.K. (1973). "Anthropology and Colonialism". *Current Anthropology*, 14, p. 581-602.

LEWIS, O. (1966). *La vida*. Nova York: Random House.

_____ (1961). *The Children of Sanchez*. Nova York: Random House.

LEWIS, O. & BARNOUW, V. (1956). "Caste and Jajmani System in a North Indian Village". *Scientific American*, 83 (2), p. 66-81.

LIEBERMAN, P. & CRELIN, E.S. (1971). "On the Speech of Neanderthal Man". *Linguistic Inquiry*, 2, p. 203-222.

LIEBERMAN, P. & KLATT, D.H. (1972). "Phonetic Ability and Related Anatomy of the Newborn and Adult Human, Neanderthal Man, and the Chimpanzee". *American Anthropologist*, 74 (3), p. 287-307.

LIEBOW, E. (1967). *Tally's Corner*. Boston: Little, Brown and Company.

LINDENBAUM, S. (1979). *Kuru Sorcery*: Disease and Danger in the New Guinea Highlands. Palo Alto, Calif.: Mayfield.

_____ (1976). "A Wife Is the Hand of Man". In: BROWN, P. & BUCHBINDER, G. (orgs.). *Male and Female in the New Guinea Highlands*. [s.l.]: American Anthropological Association.

_____ (1972). "Sorcerers, Ghosts, and Polluting Women: An Analysis of Religious Belief and Population Control". *Ethnology*, 11 (13), p. 241-253.

LINDSTROM, L. (1993). *Cargo Cult*: Strange Stories of Desire From Melanesia and Beyond. Honolulu: University of Hawaii Press.

LINTON, R. (1940). "Acculturation". In: LINTON, R. (org.). *Acculturation in Seven American Indian Tribes*. Gloucester, Mass.: Peter Smith.

LIPTON, M. (1977). *Why Poor People Stay Poor*: A Study of Urban Bias in World Development: Londres: Temple Smith.

LITTLE, K. (1980). *The Sociology of Urban Women's Image in African Literature*. Totowa, N.J.: Rowman/Littlefield.

_____ (1967). "Voluntary Associations in Urban Life: A Case Study of Differential Adaptations". In: FRIEDMAN, M. (org.). *Social Organization*: Essays presented to Raymond Firth. Chicago: Aldine.

_____ (1965). *West African Urbanization*: A Study of Voluntary Associations in Social Change. Londres: Cambridge University Press.

LIVINGSTONE, F.B. (1958). "Anthropological Implications of Sickle-Cell Gene Distribution in West Africa". *American Anthropologist*, 60, p. 533-556.

LIZOT, J. (1977). "Economie Primitive et Subsistance". *Libre*, 4 ,p. 69-113.

LLOYD, P.C. (1973). "The Yoruba: An Urban People?" In: SOUTHALL, A. (org.). *Urban Anthropology*. Londres: Oxford University Press.

LLOYD, P.C.; MABOGUNJE, A. & AWE, E (orgs.) (s.d.). *The City of Ibadan*. Londres: Cambridge University Press.

LOMNITZ, L.A. (1977). *Networks and Marginality*: Life in a Mexican Shanty Town. Nova York: Academic Press.

LOUNSBURY, F.G. (1965). "Another View of Trobriand Kinship Categories". In: HAMMEL, E.A. (org.). "Formal Semantic Analysis". *American Anthropologist*, 4 (67), parte 2.

LOWIE, R.H. (1920). *Primitive Society*. Nova York: Liveright.

LUCY, J.A. (1992a). *Grammatical Categories and Cognition*: A Case Study of the Linguistic Relativity Hypothesis. Cambridge: Cambridge University Press.

_____ (1992b). *Language Diversity and Thought*: A Reformulation of the Linguistic Relativity Hypothesis. Cambridge: Cambridge University Press.

LUKENS-WAHRHAFTIG, A. & LUKENS-WAHRHAFTIG, J. (1977). "The Thrice Powerless: Cherokee Indians in Oklahoma". In: FOGELSON, R.D. & ADAMS, R.N. (orgs.). *The Anthropology of Power*. Nova York: Academic Press.

LUKENS-WAHRHAFTIG, A. & THOMAS, R.K. (1972). "Renaissance and Repression: The Oklahoma Cherokee". In: BAHR, H.M.; CHADWICK, B.A. & DAY, R.C. (orgs.). *Native Americans Today*: Sociological Perspectives. Nova York: Harper & Row.

LUMHOLTZ, C. (1889). *Among Cannibals*. Nova York: Charles Scribner and Sons.

LUNDAHL, M. (1992). *Politics or Markets?* – Essays on Haitian Underdevelopment: Introduction. Londres: Routledge.

MABOGUNJE, A.L. (1968). *Urbanization in Nigeria*. Londres: University of London Press.

_____ (1967). "The Morphology of Ibadan". In: LLOYD, P.C.; MABOGUNJE, A.L. & AWE, B. (orgs.). *The City of Ibadan*. Londres: Cambridge University Press.

MacCONNACK, C.P. & STRATHERN, M. (orgs.) (1980). *Nature, Culture, and Gender*. Cambridge: Cambridge University Press.

MacNEISH, R.S. (1973). "A Triune Concept of the Brain". In: BOAG, T.J et al. (orgs.). *A Triune Concept of the Brain and Behaviour*. Toronto: University of Toronto Press.

_____ (1971). "Early Man in the Andes". *Scientific American*, 224, p. 36-46.

_____ (1970). "The Triune Brain, Emotion, and Scientific Bias". In: SCHMITT, F.O. et al. *The Neurosciences*: Second Study Program. Nova York: Rockefeller University Press.

_____ (1969). "The Paranoid Streak in Man". In: KOESTLER, A. & SMYTHIES, J.R. (orgs.). *Beyond Reductionism*: New Perspectives in the Life Sciences. Londres: Hutchinson.

_____ (1964). "The Origins of New World Civilization". *Scientfic American*, nov. [citações de página in JORGENSON, J. (org.) (1972). *Biology and Culture in Modern Perspective*. São Francisco: W.H. Freeman].

MAJUMDAR, R.C. (org.) (1963). *British Paramountcy and Indian Resistance* – The History and Culture of the Indian People. Vol. 9. Bombaim: Bharatiya Vidya Bhavan.

MALINOWSKI, B. (1935). *Coral Gardens and Their Magic*. 2 vols. Londres: Allen/Unwin.

_____ (1929). *The Sexual Life of Savages in Northwestern Melanesia*. Londres: Routledge/Kegan Paul.

_____ (1927). *Sex and Repression in Savage Society*. Londres: Routledge/Kegan Paul.

_____ (1926). "Myth in Primitive Psychology". Londres [Reimpresso em *Magic, Science, and Religion*. Boston: Beacon Press, 1954].

_____ (1925). "Magic, Science, and Religion". In: NEEDHAM, J. (org.). *Science, Religion and Reality*. Londres [Reimpresso em *Magic, Science, and Religion*. Boston: Beacon Press, 1954].

_____ (1922). *Argonauts of the Western Pacific*. Londres: Routledge/Kegan Paul.

_____ (1919). "Kula: The Circulating Exchange of Valuables in the Archipelagoes of Eastern New Guinea". *Man*, 20, p. 97-105.

_____ (1916). "Baloma: The Spirits of the Dead in the Trobriand Islands". *Journal of the Royal Anthropological Institute*, 46, p. 353-430 [reimpresso em *Magic, Science, and Religion*. Boston: Beacon Press, 1954].

MAQUET, J. (1964). "Objectivity in Anthropology". *Current Anthropology*, 5, p. 47-55.

MARSHACK, A. (1972). *The Roots of Civilization*. Nova York: McGraw-Hill.

_____ (1964). "Lunar Notation on Upper Paleolithic Remains". *Science*, 06/11, p. 743-745.

MARSHALL, L. (1965). "The !Kung Bushmen of the Kalahari Desert". In: GIBBS Jr.. J. (org.). *Peoples of Africa*. Nova York: Holt, Rinehart and Winston.

_____ (1960). "!Kung Bushmen Bands". *Africa*, 30, p. 325-355.

_____ (1959). "Marriage Among the !Kung Bushmen". *Africa*, 29, p. 335-364.

MARTIN, P.S. & WRIGHT, H.E. (orgs.). (1967). *Pleistocene Extinctions*: The Search for a Cause. New Haven, Conn.: Yale University Press.

MARX, K. (1938). *Capital*. 2 vols. Londres: George Allen & Unwin [Trad. de *Das Kapital*].

_____ (1852). *The Eighteenth Brumaire of Louis Bonaparte* [a referência da página é da edição de 1963. Nova York: International Press].

MARX, K. & ENGELS, F. (1848). *The Communist Manifesto* [a referência da página é de MARX & ENGELS. *Selected Works*. Nova York: International Publishers, 1968].

MATHIEU, A. (1993). "The Medicalization of Homelessness and the Theater of Repression". *Medical Anthropology Quarterly*, 7 (2), p. 170-184.

MAYBURY-LEWIS, D. (1996). *Indigenous Peoples, Ethnic Groups, and the State*. Needham Heights, Mass.: Allyn/Bacon.

MAYBURY-LEWIS, D. & HOWE, J. (1980). *The Indian Peoples of Paraguay*: Their Plight and Their Prospects. Cambridge, Mass.: Cultural Survival.

McARTHUR, M. (1977). "Nutritional Research in Melanesia: A Second Look at the Tsembaga". In: BAYLISS-SMITH, E.P. & FEACHEM, R.G. (orgs.). *Subsistence and Survival*: Rural Ecology in the Pacific. Nova York: Academic Press.

_____ (1974). "Pigs for the Ancestors: A Review Article". *Oceania*, 45 (2), p. 87-123.

McDOUGALL, L. (1975). "The Quest of the Argonauts". In: WILLIAMS, T.R. (org.). *Psychological Anthropology*. Paris: Mouton and Company.

McELROY, A. & TOWNSEND, P.K. (1985). *Medical Anthropology in Ecological Perspective*. Boulder: Westview.

McKINNON, S. (1991). *From a Shattered Sun*: Hierarchy, Gender, and Alliance in the Tanimbar Islands. Madison: University of Wisconsin Press.

McLEAN, P.D. (1968). "Alternative Neural Pathways to Violence". In: NAG, M.L. (org.). *Alternatives to Violence*. Nova York: Time-Life.

_____ (1964). "Man and His Animal Brain". *Modern Medicine*, fev., p. 95-106.

MEAD, M. (1949). *Male and Female*. Nova York: William Morrow.

_____ (1938). "The Mountain Arapesh – Part 1: An Importing Culture". *American Museum of Natural History Anthropological Papers*, 36, p. 139-349.

_____ (1935). *Sex and Temperament in Three Primitive Societies*. Nova York: William Morrow.

MEGGERS, B.J. (1971). *Amazonia*: Man and Culture in a Counterfeit Paradise. Chicago: Aldine.

MEGGITT, M. (1974). "Pigs Are Our Hearts: The Te Exchange Cycle Among the Mae Enga of New Guinea". *Oceania*, 44.

_____ (1972). "System and Subsystem: The Te Exchange Cycle Among the Mae Enga". *Human Ecology*, 1, p. 111-423.

_____ (1965). *The Lineage System of the Mae Enga of the New Guinea Highlands*. Edinburgo: Oliver & Boyd.

_____ (1964). "Male-Female Relationships the Highlands of Australian New Guinea". In: WATSON, J.B. (org.). "New Guinea: The Central Highlands". *American Anthropologist*, 66, parte 2.

MEIGS, A.S. (1978). "A Papuan Perspective on Pollution". *Man*, 13, p. 304-318.

MEILLASSOUX, C. (1975). *Femmes, Greniers et Capitaux*. Paris: François Maspero.

_____ (1960). "Essai d'Interpretation de Phénomène Economique dans les Sociétés Traditionelles d'Autosubsistance". *Cahiers d'Etudes Africaines*, 1, p. 38-67.

MENDELIEVICH, E. (org.) (1980). *Children at Work*. Genebra: International Labour.

MERLAN, F. (1995). "The Regimentation of Customary Practice: From Northern Territory Land Claims to Mabo". *Australian Journal of Anthropology*, 6 (1-2), p. 64-82.

MERTON, R.K. (1968 [1957]). *Social Theory and Social Structure*. Nova York: Free Press.

METCAIF, P. (1977). "The Berawan Afterlife: A Critique of Hertz". In: APPELL, G. (org.). *Studies in Borneo Societies*. Dekalb, Ill.: Northern Illinois University.

MEYERS, J.T. (1971). "The Origins of Agriculture: An Evaluation of Three Hypotheses". In: STRUEVE, S. (org.). *Prehistoric Agriculture*. Garden City, N.Y.: Natural History Press.

MICHELS, J.W. (1972a). *Dating Methods in Archaelogy*. Nova York: Seminar Press.

_____ (1972b). "Dating Methods". In: *Annual Reviews of Anthropology*, 1. Palo Alto, Calif.: Annual Reviews Press.

MIDDLETON, J. & TAIT, D. (1958). *Tribes Without Rulers*: Studies in African Segmentary Systems. Londres: Routledge/Kegan Paul.

MIERS, S. & KOPYTOFF, I. (orgs.). (1977). *Slavery in Africa*. Madison: University of Wisconsin Press.

MIGLIORE, S. (1987). "The Language of Secrecy: Symbols and Metaphors in Poro Ritual". *Canadian Review of Sociology and Anthropology*, 24 (2), p. 292-294.

MILLER, B.D. (org.) (1992). *Sex and Gender Hierarchies*. Cambridge: Cambridge University Press.

MINTZ, S.W. (1961). "Pratik – Haitian Personal Economic Relationships". *In Proceedings of the 1961 Annual Spring Meetings of the American Ethnological Society*. Seattle: University of Washington Press.

_____ (1959). "Internal Market Systems as Mechanisms of Social Articulation". In: RAY, V.E. (org.). *Proceedings of the American Ethnological Society*. Seattle: University of Washington Press.

MITCHELL, J. (1974). *Psychoanalysis and Feminism*. Londres: Allen Wayne.

MITCHELL, J.C. (1969). "The Concept and Use of Social Networks". In: MITCHELL, J.C. (org.). *Social Networks in Urban Situations*. 2. ed. Manchester: Manchester University Press

MONTAGUE, S. (1971). "Trobriand Kinship and the Virgin Birth Controversy". *Man*, 6, p. 353-368.

MOONEY, J. (1896). *The Ghost Dance Religion*. Washington, D.C.: U.S. Government Printing Office [Bureau of American Ethnology Annual Report, 14].

MOORE, O.K. (1957). "Divination – A New Perspective". *American Anthropologist*, 59, p. 69-74].

MORRIS, M.D. (1965). *The Emergence of an Industrial Labor Force in India*: A Study of the Bombay Cotton Mills, 1854-1947. Berkeley: University of California Press.

MORTON, K.L. (1978). "Mobilizing Money in a Communal Economy: A Tongan Example". *Human Organization*, 37 (1), p. 50-56.

MUNN, N. (1973). *Walbiri Iconography*. Ithaca: Cornell University Press.

MURDOCK, G.P. (1949). *Social Structure*. Nova York: The Macmillan.

MURGICA, A.M. (1946). *Primo Tapia*: Semblanza de un Revolucionano Michaocano. 2. ed. Mexico: [s.e.].

MURPHY, R.F. (1959). "Social Structure and Sex Antagonism". *Southwestern Journal of Anthropology*, 15, p. 89-98].

MURPHY, W.P. (1980). "Secret Knowledge as Property and Power in Kpelle Society: Elders Versus Youth". *Africa*, 50 (2), p. 193-207.

MURPHY, Y. & MURPHY, R.F. (1974). *Women of the Forest*. Nova York: Columbia University Press.

MYERS, F.R. (1986). *Pintupi Country, Pintupi Self*. Washington/Londres: Smithsonian Press.

NADER, L. (1972). "Up the Anthropologist – Perspectives Gained From Studying Up". In: HYMES, D. (org.). *Reinventing Anthropology*. Nova York: Random House.

NADER, L. (org.) (1996). *Naked Science*: Anthropological Inquiry into Boundaries, Power, and Knowledge. Nova York: Routledge.

_____ (1980). *No Access to Law*: Alternatives to the American Judicial System. Nova York: Academic Press.

NAKANE, C. (1970). *Japanese Society*. Berkeley. University of California Press.

NAROKOBI, B.M. (1974). "To Build a New Society We Must Build From the Base". *Papua-New Guinea Post Courier*, 22/10.

NAS, P.J.M. (org.) (1993). *Urban Symbolism*. Leiden: E.J. Brill.

NASH, M. (1966). *Primitive and Peasant Economic Systems*. São Francisco: Chandler.

_____ (1961). "The Social Context of Economic Choice in a Small Society". *Man*, 61 (219), p. 186-191.

NEEDHAM, R. (1974). *Remarks and Inventions* – Skeptical Essays About Kinship. Nova York: Bames & Noble.

_____ (1971). "Remarks on the Analysis of Kinship and Marriage". In: NEEDHAM, R. (org.). *Kinship and Marriage*. Londres: Tavistock [ASA Monographs, 11].

_____ (1962). *Structure and Sentiment*: A Test Case in Social Anthropology. Chicago: University of Chicago Press.

NEEDHAM, R. (org.) (1973). *Right and Left*: Essays on Dual Symbolic Classification. Chicago: University of Chicago Press.

NEEL, J.V. (1970). "Lessons From a 'Primitive' People". *Science*, 170, p. 805-822.

NEWCOMER, P.J. (1972). "The Nuer Are Dinka: An Essay on Origins and Enviromnental Determinism". *Man*, 7, p. 5-11.

NIETSCHMANN, B. (1975). "Beyond the Bizarre With Rumplestiltskin". *Reviews in Anthropology*, mai., p. 157-168.

NUTINI, H. & BELL, B. (1980). *Ritual Kinship*: The Structure and Historical Development of the Compadrazgo System in Rural Tlaxcala. Princeton: Princeton University Press.

OBEYESEKERE, G. (1984). *Medusa's Hair*. Chicago: University of Chicago Press.

_____ (1981). *Medusa's Hair*: An Essay on Personal Symbols and Religious Experience. Chicago: University of Chicago Press.

O'LAUGHLIN, B. (1977). "Production and Reproduction: Meillasoux's femmes, greniers et capitaux". *Critique of Anthropology*, 2 (8), p. 3-33.

_____ (1975). "Marxist Approaches in Anthropology". In: SIEGEL, B.J. (org.). *Annual Review of Anthropology*. Vol. 4. Palo Alto, Calif.: Annual Reviews.

OLIVEIRA, R.C. (1988). *A crise do indigenismo*. Campinas: Unicamp.

OMVEDT, G. (1978). "Women and Rural Revolt in India". *Journal of Peasant Studies*, 5 (3), p. 370-403.

OOMEN, H.A.P.C. (1970). "Interrelationship of the Human Intestinal flora and Protein Utilization". *Proceedings of the Nutritional Society*, 29, p. 197-206.

ORTIZ DE MONTELLANO, B.R. (1978). "Aztec Cannibalism: An Ecological Necessity?" *Science*, 200, p. 611-617.

ORTNER, S.B. (1974). "Is Female to Male as Nature Is to Culture?" In: ROSALDO, M.Z. & LAMPHERE, L. (orgs.). *Woman, Culture, and Society*. Stanford, Calif.: Stanford University Press.

ORTNER, S.B. & WHITEHEAD, H. (orgs.) (1981). *Sexual Meanings*: The Cultural Construction of Gender and Sexuality. Cambridge: Cambridge University Press.

PAVLICH, G. (1992). "People's Courts, Postmodern Difference, and Socialist Justice in South Africa". *Social Justice*, 19 (3), p. 29-45.

PERLMAN, J.E. (1976). *The Myth of Marginality*: Urban Poverty and Politics in Rio de Janeiro. Berkeley/Los Angeles: University of California Press.

PERSON, Y. (1971). "Guinea-Samori". In: CROWDER, M. (org.). *West African Resistance*: The Military Response to Colonial Occupation. Londres: Hutchinson.

PETERS, C.R. (1972). "A New Start for an Old Problem: Evolution of the Capacity for Language". *Man*, 7, p. 13-19.

PETERSON, J.T. (1978). "Hunter-Gatherer/Farmer Exchange". *American Anthropologist*, 82, p. 335-351.

PIAGET, J. (1970). "Piaget's Theory". In: MUSSEN, P.H. (org.). *Carmichael's Manual of Child Psychology*. Vol. 1. 3. ed. Nova York: John Wiley & Sons, p. 703-732.

PILBEAM, D. (1972). *The Ascent of Man*: An Introduction to Human Evolution. Nova York: Macmillan.

POCOCK, D.F. (1960). "Sociologies: Rural and Urban". *Contributions to Indian Sociology*, 4, p. 63-81.

POLANYI, K. (1959). "Anthropology and Economic Theory". In: FRIED, M.H. (org.). *Readings in Anthropology*. Vol. 2. Nova York: Thomas Y. Crowell.

_____ (1957). "The Economy as Instituted Process". In: POLANYI, K. et al. (orgs.). *Trade and Market in the Early Empires*. Nova York: The Free Press.

POLGAR, S. (org.) (1971). *Culture and Population*: A Collection of Current Studies. Cambridge, Mass.: Schenkman.

POLGAR, S. (1979). "From Applied to Committed Anthropology: Disengaging From Our Colonialist Heritage". In: HUIZER, O. & MANNHEIM, B. (orgs.). *The Politics of Anthropology*. The Hague: Mouton.

_____ (1975). *Population, Ecology, and Social Evolution*. The Hague: Mouton.

POMEROY, W.J. (1970). *American Neo-Colonialism*: Its Emergence in the Philippines and Asia. Nova York: International Publishing.

POSPISIL, L. (1978). *The Ethnology of Law*. 2. ed. Menlo Park, Calif.: Cummings Publishing.

_____ (1968). "Law and Order". In: CLIFTON, J.A. (org.). *Introduction to Cultural Anthropology*. Boston: Houghton Mifflin.

POWELL, H.A. (1969a). "Genealogy, Residence and Kinship in Kiriwina". *Man*, 4 (2), p. 177-202.

_____ (1969b). "Territory, Hierarchy, and Kinship in Kiriwina". *Man*, 4 (4), p. 580-604.

_____ (1968). "Correspondence: Virgin Birth". *Man*, 3, p. 651-652.

_____ (1960). "Competitive Leadership in Trobriand Political Organization". *Journal of the Royal Anthropological Institute*, 90, p. 118ss.

PREMACK, A.J. & PREMACK, D. (1972). "Teaching Language to an Ape". *Scientific America*, 227, p. 92-99.

PREMACK, D. (1971). "Language in Chimpanzee?" *Science*, 172, p. 808-822.

PRICE, B.J. (1978). "Demystification, Enriddlement, and Aztec Cannibalism: A Materialist Rejoinder to Harner". *American Ethnologist*, 5 (1), p. 98-115.

_____ (1971). "Prehispanic Irrigation Agriculture in Nuclear America". *Latin American Research Review*, 6 (3), p. 3-60 [Reimpresso em forma resumida em FRIED, M. (org.) (1973). *Explorations in Anthropology*. Nova York: Thomas Y. Crowell].

PRICE, R. (1973). *Maroon Societies*. Garden City, N.Y.: Doubleday & Company.

QUINN, N. (1977). "Anthropological Studies on Women's Status". In: SIEGEL, B. (org.). *Annual Review of Anthropology*. Vol. 6. Palo Alto, Calif.: Annual Reviews.

RADCLIFFE-BROWN, A.R. (1952). *Structure and Function in Primitive Society*. Londres: Cohen/West.

_____ (1951). "The Comparative Method in Social Anthropology". *Journal of the Royal Anthropological Institute*, 81, p. 15-22.

_____ (1922). *The Andaman Islanders*. Cambridge: Cambridge University Press.

_____ (1913). "Three Tribes of Western Australia". *Journal of the Royal Anthropological Institute*, 43, p. 143-194.

RANDLE, M.C. (1951). "Iroquois Women, Then and Now". In: FENTON, W.N. (org.). *Symposium on Local Diversity in Iroquois Culture*. Washington D.C.: U.S. Government Printing Office [Bureau of American Ethnology Bulletin, n. 149].

RAPPAPORT, R. (1971a). "Ritual, Sanctity, and Cybernetics". *American Anthropologist*, 73, p. 59-76.

_____ (1971b). "The Sacred in Human Evolution". *Annual Review of Ecology and Systematics*. Palo Alto: Annual Reviews Press, p. 22-44.

_____ (1971c). "The Flow of Energy in an Agricultural Society". *Scientific American*, set. [referências às páginas são para a reimpressão em JORGENSON, J.G. (org.) (1972). *Biology and Culture in Modern Perspective*. São Francisco: W. H. Freeman].

_____ (1971d). "Nature, Culture, and Ecological Anthropology". In: SHAPIRO, H. (org.). *Man, Culture, and Society*. Londres: Oxford University Press.

_____ (1970). "Sanctity and Adaptation". *Io*, inverno, p. 46-70 [núm. esp. sobre ecologia].

_____ (1968). *Pigs for the Ancestors*: Ritual in the Ecology of a New Guinea People. New Haven, Conn.: Yale University Press.

_____ (1967). "Ritual Regulation of Environmental Relations Among a New Guinea People". *Ethnology*, 6, p. 17-30.

RASMUSSEN, K. (1922). *Grønlandsagen*. Berlim: [s.e.].

RATTRAY, R.S. (1923). *Ashanti*. Oxford: Clarendon.

READ, D.W.; ATKINS, J.; BUCHIER, I.R.; FISCHER, M.; DeMEUR, G.; LALLY, L.; HOLBROOK, B.; KRONENFELD, D.B.; SCHEFFLER, H.W.; SEIDMAN, S. & WILDER, W. (1984). "An Algebraic Account of the American Kinship Terminology". *Current Anthropology*, 25 (4), p. 417-440.

REED, N. (1965). *The Caste War of Yucatan*. Stanford, Calif.: Stanford University Press.

REY, P.P. (1973). "Las Alliances de Classes: sur L'Articulation des modes de production". *Suivi du Materialisme Historique et Luttes de Classes*. Paris: Maspero.

_____ (1971). *Colonialisme, néo-colonialisme et transition au capitalisme*. Paris: Maspero.

REYNOLDS, P.C. (1976). "The Emergence of Early Hominid Social Organization: I. The Attachment Systems". In: *Yearbook of Physical Anthropology*. Vol. 20. Nova York: American Association of Physical Anthropologists.

RHODES, R.I. (org.) (1970). *Imperialism and Underdevelopment*: A Reader. Nova York: Monthly.

RICHARDS, A.I. (1950). "Some Types of Family Structure Amongst the Central Bantu". In: RADCLIFFE-BROWN, A.R. & FORDE, C.D. (orgs.). *African Systems of Kinship and Marriage*. Londres: Oxford University Press.

RICHARDS, C. (1957). "Matriarchy or Mistake: The Role of Iroquois Women Through Time". *Cultural Stability and Cultural Change*. Seattle: University of Washington Press [Proceedings of the 1957 Annual Meeting of the American Ethnological Society].

RICHARDS, P. (1986). *Coping With Hunger*: Hazard and Experiment in an African Rice-Farming System. Londres: Allen/Unwin.

_____ (1985). *Indigenous Agricultural Revolution*: Ecology and Food Production in West Africa. Londres: Westviews.

RILEY, C.L.; KELLEY, J.C.; PENNINGTON, C.W. & RANDS, R.L. (orgs.) (1971). *Man Across the Sea*: Problems of Pre-Columbian Contacts. Austin: University of Texas Press.

ROBINSON, M. (1962). "Complementary Filiation and Marriage in the Trobriand Islands". In: FORTES, M. (org.). *Marriage in Tribal Societies*. Londres: Cambridge University Press [Cambridge Papers in Social Anthropology, 3].

ROGERS, A. & VERTOVEC, S. (orgs.) (1995). *The Urban Context*: Ethnicity, Social Networks, and Situational Analysis. Oxford: Berg.

ROGERS, S.C. (1978). "Women's Place: A Critical Review of Anthropological Theory". *Comparative Studies in Society and History*, 20 (1), p. 123-167.

_____ (1975). "Female Forms of Power and the Myth of Male Dominance: A Model of Female/Male Interaction in Peasant Society". *American Ethnologist*, 2 (4), p. 727-756.

ROHLEN, T. (1974). *For Harmony and Strength*: Japanese White-Collar Organization in Anthropological Perspective. Berkeley, Calif.: University of California Press.

ROSALDO, M.Z. (1974). "Woman, Culture, and Society: A Theoretical Overview". In: ROSALDO, M.Z. & LAMPHERE, L. (orgs.). *Woman, Culture, and Society*. Stanford, Calif.: Stanford University Press.

ROSALDO, M.Z. & COLLIER, J. (1981). "Politics and Gender in 'Simple' Societies". In: ORTNER, S. & WHITEHEAD, H. (orgs.). *Sexual Meanings*. Cambridge: Cambridge University Press.

ROSALDO, M.Z. & LAMPHERE, L. (1974). *Woman, Culture, and Society*. Stanford, Calif.: Stanford University Press.

ROSCH, E. (1978a). "Human Categorization". In: WARREN, N. (org.). *Studies in Cross-Cultural Psychology*. Vol. 1. Londres: Academic Press.

_____ (1978b). "Principles of Classification". In: ROSCH, E. & LLOYDS, B.B. (orgs.). *Cognition and Categorization*. Hillsdale, N.J.: Lawrence Erlbaum.

_____ (1974). "Universals and Cultural Specifics in Human Categorization". In BRESLIN, R.; LONNER, W. & BOCHNER, S. (orgs.). *Cross-Cultural Perspectives on Learning*. Nova York: Russell Sage.

ROSCOE, P.B. (1994). "Amity and Aggression: A Symbolic Theory of Incest". *Man*, 29 (1), p. 49-76.

ROSS, B.R. (1978). "Food Taboos, Diet and Hunting Strategy: The Adaptation to Animals in Amazon Cultural Ecology". *Current Anthropology*, 19, p. 1-36.

ROWE, W.L. (1973). "Caste, Kinship and Association in Urban India". In: SOUTHALL, A. (org.). *Urban Anthropology*. Londres: Oxford University Press.

ROWLEY, C.D. (1970-1971). *Aboriginal Policy and Practice* – Vol. 1: The Destruction of Aboriginal Society; Vol. 2: Outcasts in White Australia; Vol. 3: The Remote Aborigines. Canberra: Australian National University Press.

ROWTHORN, R.E. (1974). "Neo-Classicism, Neo--Ricardianism and Marxism". *New Left Review*, 86, p. 63-87.

RUBEL, A.J. & KUPFERER, R.J. (1968). "Perspectives on the Atomistic-Type Society – Introduction". *Human Organization*, p. 189-190.

RUBIN, J. (1968). *National Bilingualism in Paraguay*. Hague: Mouton and Company [Janua Lingaurum, Series Practica 60].

RUSSELL, W.M.S. (1988). "Population, Swidden Farming, and the Topical Environment". *Population and Environment*, 10 (2), p. 77-94.

SACKETT, J.R. (1968). "Method and Theory of Upper Paleolithic Archeology in Southwestern France". In: BINFORD, L.R. & BINFORD, S. (orgs.). *New Perspectives in Archeology*. Chicago: Aldine Publishing.

SACKS, K. (1974). "Engels Revisited: Women, the Organization of Production, and Private Property". In: ROSALDO, M. & LAMPHERE, L. *Women in Culture and Society*. Stanford, Calif.: Stanford University Press.

SAHAGUN, B. (1951). *The Florentine Codex*: General History of the Things of New Spain. Santa Fé, N.M.: Museum of New Mexico [Trad. de A. J.P. Anderson e C.E. Dibble].

SAHLINS, M. (1979). "Reply to Marvin Harris". *New York Review of Books*, 28/06, p. 52-53.

_____ (1977). *Culture and Practical Reason*. Chicago: University of Chicago Press.

_____ (1976). *The Use and Abuse of Biology*: An Anthropological Critique of Sociobiology. Ann Arbor, Mich.: University of Michigan Press.

_____ (1972). *Stone Age Economics*. Chicago: Aldine-Atherton.

_____ (1968). *Tribesmen*. Englewood Cliffs, N.J.: Prentice-Hall.

_____ (1963). "Poor Man, Rich Man, Big Man, Chief: Political Types in Melanesia and Polynesia". *Comparative Studies in Society and History*, 5, p. 285-300.

_____ (1961). The Segmentary Lineage: An Organization of Predatory Expansion. *American Anthropologist* 63: 322-343.

SAHLINS, M. & KIRCH, P.V. (1992). *Anahulu*: The Anthropology of History in the Kingdom of Hawaii. Chicago: University of Chicago Press.

SALAMONE, F.A. (1979). "Epistemological Implications of Field Work and Their Consequences". *American Anthropologist*, 81, p. 46-60.

SALISBURY R.F. (1975). "Non-Equilibrium Models in New Guinea Ecology: Possibilities of Cultural Extrapolation". *Anthropologica*, 17 (2), p. 127-147.

_____ (1970). *Vunamami* – Economic Transformation in a Traditional Society. Berkeley: University of California Press.

_____ (1966). "Politics and Shell Money Finance in New Britain". In: SCHWARTZ, M. & TUDEN, A. (orgs.). *Political Anthropology*. Chicago: Aldine.

SANDAY, P.R. & GOODENOUGH, R.G. (orgs.) (1990). *Beyond the Second Sex*: New Directions in the Anthropology of Gender. Filadélfia: University of Pennsylvania Press.

SANDERS, W.T. & PRICE, B.J. (1968). *Mesoamerica*: The Evolution of a Civilization. Nova York: Random House.

SAPIR, E. (1949). *Selected Writings of Edward Sapir in Language, Culture, and Personality*. Berkeley: University of California Press [org. de D.G. Mandelbaum].

SCHALLER, G.B. (1963). *The Mountain Gorilla*: Ecology and Behavior. Chicago: University of Chicago Press.

SCHAPERA, I. (1955). *A Handbook of Tswana Law and Custom*. 2. ed. Londres: Oxford University Press.

SCHEBESTA, P. (1954). *Die Negrito Asiens* – Ethnographie der Negrito. Vol. 1/2. Wien-Müdling: St. Gabriel.

SCHEFFLER, H.W. (1978). "Australian Kin Classification". *Cambridge Studies in Social Anthropology*. Nova York: Cambridge University Press.

_____ (1973). "Kinship, Descent, and Alliance". In: HONIGMANN, J.J. (org.). *Handbook of Social and Cultural Anthropology*. Chicago: Rand McNally.

_____ (1972a). "Kinship Semantics". In: SIEGEL, B. (org.). *Annual Reviews of Anthropology*. Palo Alto, Calif.: Annual Reviews.

_____ (1972b). "Systems of Kin Classification: A Structural Semantic Typology". In: REINING, P. (org.). *Kinship Studies in the Morgan Centennial Year*. Washington, D.C.: Anthropological Society of Washington.

_____ (1970). "'The Elementary Structures of Kinship' by C. Lévi-Strauss: A Review Article". *American Anthropologist*, 72, p. 251- 268.

SCHEFLEN, A.E. (1973). *How Behavior Means*: Exploring the Contexts of Speech and Meaning; Kinesics, Posture, Setting and Culture. Nova York: Gordon/Breach.

SCHLEGEL. A. (1977). "Male and Female in Hopi Thought and Action". In: SCHLEGEL, A. (org.). *Sexual Stratification*. Nova York: Columbia University Press.

_____ (1974). "Review". In: ROSALDO, M. & LAMPHERE, L. (orgs.). *Women, Culture, and Society* [Reviews in Anthropology, 1].

_____ (1973). "Adolescent Socialization of the Hopi Girl". *Ethnology*, 12, p. 449-462.

SCHNEIDER, D.M. (1984). *A Critique of the Study of Kinship*. Ann Arbor: University of Michigan Press.

_____ (1976). "Notes Toward a Theory of Culture". In: BASSO, K.H. & SELBY, H. (orgs.). *Meaning in Anthropology*. Albuquerque: University of New Mexico Press.

_____ (1972). "What Is Kinship All About?" In: REINING, R. (org.). *Kinship Studies in the Morgan Centennial Year*. Washington, D.C.: Anthropological Society of Washington.

_____ (1961). "Introduction". In: SCHNEIDER, D. & GOUGH, K. (orgs.). *Matrilineal Kinship*. Berkeley: University of California Press.

SCHNEIDER, H.K. (1974). *Economic Man*: The Anthropology of Economics. Nova York: The Free Press.

SCHNEIDER, P.; SCHNEIDER, J. & HANSEN, E. (1972). "Modernization and Development: The Role of Regional Elites and Non-Corporate Groups in the European Mediterranean". *Comparative Studies in Society and History*, 14, p. 328-350.

SCHOLTE, B. (1972). "Toward a Reflexive and Critical Anthropology". In: HYMES, D. (org.). *Reinventing Anthropology*. Nova York: Random House.

SCHUSKY, E. & ABBOTT, D. (1980). *Misperception and Misdirection in the Sahel* [Trabalho apresentado no simpósio "Hunger, Work, and the Quality of Life" Xth Icaes Post-Plenary Session. Hyderabad, dez./1978].

SCHWARTZ, T. (1992). "Anthropology and Psychology: An Unrequited Relationship". In: SCHWARTZ, T.; WHITE, G.M. & LUTZ, C. (orgs.). *New Directions in Psychological Anthropology*. Cambridge: Cambridge University Press, p. 324-349.

_____ (1978). "Where Is the Culture? – Personality as the Distributive Locus of Culture". In: SPINDLER, G.D. (org.). *The Making of Psychological Anthropology*. Berkeley: University of California Press.

_____ (1963). "Systems of Areal Integration: Some Considerations Based on the Admiralty Islands of Northern Melanesia". *Anthropological Forum*, 1, p. 56-97.

_____ (1962). The *Paliau Movement in the Admiralty Islands, 1946-1954*. Vol. 49. Parte 2. Nova York: American Museum of Natural History Occasional Papers.

SERVICE, E.R. (1978). Apud COHEN, R. & SERVICE, E.R. (orgs.). *Origins of the State*: The Anthropology of Political Evolution. Filadélfia: Institute for the Study of Human Issues.

_____ (1975). *Origins of the State and Civilization*: The Process of Cultural Evolution. Nova York: W.W. Norton.

SHACK, W.A. (1973). "Urban Ethnicity and the Cultural Process of Urbanization in Ethiopia". In: SOUTHALL, A. (org.). *Urban Anthropology*. Londres: Oxford University Press.

SHANKS, M. & STEPHANIE, L. (1995). "Tell Them Who I Am: The Lives of Homeless Women". *Journal of Contemporary Ethnography*, 23 (4), P. 516-520.

SHERZER, J. (1987). "A Discourse-Centered Approach to Language and Culture". *American Anthropologist*, 89, p. 295-309.

SHILLINGLAW, J. (1870). *Journal of the Rev. Knopwood*: Historical Records of Port Phillip. Melbourne, Aust.: Government Printer.

SHIPTON, P.M. (1989). *Bitter Money*: Cultural Economy and Some African Meanings of Forbidden Commodities. Washington, D.C.: American Anthropological Association.

SIDER, K.B. (1967). "Affinity and the Role of the Father in the Trobriands". *Southwestern Journal of Anthropology*, 23, p. 65-109.

SILVERMAN, J. (1967). "Shamans and Acute Schizophrenia". *American Anthropologist*, 69, p. 21-31.

SIMET, J. (1992, *Tabu*. [s.l.]: Australian National University [Tese de doutorado].

SIMONS, E.L. (1977). "Ramapithecus". *Scientific American*, 236 (77), p. 28-35.

_____ (1972). *Primate Evolution*: An Introduction to Man's Place in Nature. Nova York: The Macmillan.

SIMS, M.M. (1995). "Old Roads and New Directions: Anthropology and the Law". *Dialectical Anthropology*, 20 (3-4), p. 341-360.

SINGER, M. (1994). "Community-Centered Praxis: Toward an Alternative Nondominative Applied Anthropology". *Human Organization*, inverno, 53 (4), p. 336-344.

SISKIND, J. (1973). "Tropical Forest Hunters and the Economy of Sex". In: GROSS, D. (org.). *Peoples and Cultures of Native South America*. Nova York: Doubleday & Company.

SJOBERG, G. (1960). *The Preindustrial City*. Nova York: The Free Press.

SKINNER, G.W. (1977). "Regional Urbanization in Nineteenth-Century China". In: SKINNER, G.W. (org.). *The City in Late Imperial China*. Stanford, Calif.: Stanford University Press.

_____ (1964-1965). "Marketing and Social Structure in Rural China. Partes I e II". *Journal of Asian Studies*, 24, p. 3-43, 195-228.

SLOAN FOUNDATION (1978). *Cognitive Science, 1978* [Report of the State of the Art Committee to the Advisors of the Alfred P. Sloan Foundation].

SMITH, C.A. (1978). "Beyond Dependency Theory: National and Regional Patterns of Underdevelopment in Guatemala". *American Ethnologist*, 5 (3), p. 574-617.

SMITH, C.A. (org.) (1976). *Regional Analysis* – Vol. 1: Social Systems; Vol. II: Economic Systems. Nova York: Academic Press.

SMITH, E.W. (1926). *The Golden Stool*: Some Aspects of the Conflict of Cultures in Modern Africa. Londres: Holborn.

SMITH, M.G. (1956). "On Segmentary Lineage Systems". *Journal of the Royal Anthropological Institute*, 86 (2), p. 39-80.

SMITH, R.J. (1973). "Town and City in Pre-Modern Japan: Small Families, Small Households, and Residential Instability". In: SOUTHALL, A. (org.). *Urban Anthropology*. Londres: Oxford University Press.

SOUTHALL, A. (1973a). "Introduction". In: SOUTHALL, A. (org.). *Urban Anthropology*. Londres: Oxford University Press.

_____ (1973b). "The Density of Role – Relationships as a Universal Index of Urbanization". In: SOUTHALL, A. (org.). *Urban Anthropology*. Londres: Oxford University Press.

SOUTHALL, A. (org.) (1973c). *Urban Anthropology*: Cross-Cultural Studies of Urbanization. Londres: Oxford University Press.

SPECHT, J. & WHITE, J.P. (orgs.) (1978). "Trade and Exchange in Oceania and Australia". *Mankind*, 11 (3). University of Sydney Press.

SPENCER, P. (1965). *The Samburu*: A Study of Gerontocracy in a Nomadic Tribe. Berkeley: University of California Press.

SPICER, E.H. (1961). "Yaqui". In: SPICER, E.H. (org.). *Perspectives in American Indian Culture Change*. Chicago: University of Chicago Press.

SPICER, E.H. (org.) (1952). *Human Problems in Technological Change*: A Casebook. Nova York: Russell Sage.

SPINDLER, G.D. (1973). *Burgbach*: Urbanization and Identity in a German Village. Nova York: Holt, Rinehart and Winston.

_____ (1968). "Psychocultural Adaptation". In: NORBECK, E. et al. (orgs.). *The Study of Personality*. Nova York: Holt, Rinehart and Winston.

_____ (1955). *Sociocultural and Psychological Processes in Menomini Acculturation*. Berkeley: University of California Press.

SPINDLER, G.D. (org.) (1978). *The Making of Psychological Anthropology*. Berkeley: University of California Press.

SPINDLER, G.D. & SPINDLER, L.S. (1971). *Dreamers Without Power*: The Menomini Indians. Nova York: Holt, Rinehart and Winston.

SPINDLER, L.S. (1962). *Menomini Women and Culture Change. American Anthropologist*, 64 (1), parte 2 [American Anthropological Association, Memoir 91].

SPIRO, M.E. (1982). *Oedipus in the Trobriands*. Chicago/Londres: University of Chicago Press.

_____ (1978). "Culture and Human Nature". In: SPINDLER, G.D. (org.). *The Making of Psychological Anthropology*. Berkeley: University of California Press.

_____ (1966). "Religion: Problems of Definition and Explanation". In: BANTON, M. (org.). *Anthropological Approaches to the Study of Religion*. Londres: Tavistocks [ASA Monographs, 3].

SPITZ, E. (1978). "Silent Violent: Famine and Inequality". *International Review of Social Science*, 30 (4), p. 867-892.

SPRADLEY, J.P. (1970). *You Owe Yourself a Drunk*: An Ethnography of Urban Nomads. Boston: Little, Brown and Company.

SPRADLEY, J.P. & MARIN, B.J. (1975). *The Cocktail Waitress*: Women's Work in a Man's World. Nova York: John Wiley & Sons.

SPRADLEY, J.P. & McCURDY, D.W. (1977). *The Cultural Experience* – Ethnography in Complex Society. Chicago: Science Research Associates.

STACK, C.B. (1974). *All Our Kin*: Strategies for Survival in a Black Community. Nova York: Harper & Row.

STANNER, W.E.H. (1973). Fictions, Nettles, and Freedoms. *Search*, 4 (4), p. 104-111.

_____ (1965). "Religion, Totemism, and Symbolism". In: BERNDT, R.M. & BERNDT, C.H. (orgs.). *Aboriginal Man in Australia*. Sidnei: Angus and Robertson.

_____ (1963). "On Aboriginal Religion". *Oceania Monographs*, n. 2. Sidnei.

_____ (1956). "The Dreaming". In: HUNGERFORD, T.A.G. (org.). *Australian Signpost*. Melbourne, Aust: F.W. Chesire.

STAVENHAGEN, R. (1990). *The Ethnic Question*: Conflicts, Development, and Human Rights. Tóquio: United Nations University Press.

_____ (1975). *Social Classes in Agrarian Societies*. Garden City, N.Y.: Anchor Press.

STAVENHAGEN, R. (org.) (1976). *Capitalismo y Campesinado en Mexico*: Estudios de la Realidad Campesina. Mexico: Inst. Nacional Antropol. Hist.

STEADY, F. (1980). "Urban Malnutrition in West Africa". *The International Congress of Anthropological and Ethnological Sciences* (10th): 1978. Nova Delhi: Concept.

STEWARD, J.H. (1955). *Theory of Culture Change*. Urbana, Ill.: University of Illinois Press.

_____ (1938). "Basin-Plateau Aboriginal Sociopolitical Groups". *Bureau of American Ethnology Bulletin* 120. Washington, D.C.: Government Printing.

STRATHERN, A.J. (1996). *Body Thoughts*. Ann Arbor: University of Michigan Press.

_____ (1987). "Social Classes in Mt. Hagen? – The Early Evidence". *Ethnology*, 26 (4), p. 245-260.

_____ (1984). *A Line of Power*. Londres: Tavistock.

_____ (1979). "Gender, Ideology, and Money in Mt. Hagen". *Man*, 14, p. 530-548.

_____ (1972). "The Supreme Court: A Matter of Prestige and Power". *Melanesian Law Journal*, 2, p. 23-28.

_____ (1971). *The Rope of Moka*. Cambridge: Cambridge University Press.

STRATHERN, A.J. (org.) (1982). *Inequality in New Guinea Highlands Societies*. Cambridge: Cambridge University Press.

STRATHERN, M. (1972). *Women in Between; Female Roles in a Male World*: Mount Hagen, New Guinea. Londres: Seminar.

STROUSE, J. (1974). *Women and Analysis*: Dialogues on Psychoanalytic Views of Femininity. Nova York: Crossman.

STULL, D.D. & SCHENSUL, J.J. (orgs.) (1987). *Collaborative Research and Social Change*: Applied Anthropology in Action. Hartford, Conn.: The Institute for Community Research.

SUKHATME, P.V. (1975). "Human Protein Needs and the Relative Role of Energy and Protein in Meeting Them". In: STEEL, F. & BOURNE, A. (orgs.). *The Man/Food Equation*. Nova York: Academic Press.

SWARTZ, M.J. (1968a). "Introduction". In: SWARTZ, M.J. (org.). *Local Level Politics*. Chicago: Aldine.

_____ (1968b). *Local Level Politics*. Chicago: Aldine.

SWARTZ, M.J.; TURNER, V. & TUDEN, E.A. (orgs.) (1966). *Political Anthropology*. Chicago: Aldine.

TALMON, Y. (1962). "Pursuit of the Millennium: The Relation Between Religious and Social Change". *Archives Européennes de Sociologie* III, p. 125-148.

TAMBIAH, S.J. (1983). "On Flying Witches and Flying Canoes: The Coding of Male and Female Values". In: LEACH, E.R. & LEACH, J.W. (orgs.). *New Perspectives on the Kula*. Cambridge: Cambridge University Press.

_____(1969). "The Magical Power of Words". *Man*, 3 (2), p. 175-208.

TAWNEY, R.H. (1926). *Religion and the Rise of Capitalism*. Londres: John Murray.

TERRAY, E. (1972). *Marxism and "Primitive" Societies*. Nova York: Monthly.

TESTART, A. (1988). "Some Major Problems in the Social Anthropology of Hunter-Gatherers". *Current Anthropology*, 29 (1), p. 1-31.

THRUPP, S. (org.) (1962). "Millennial Dreams in Action: Essays in Comparative Study". *Comparative Studies in Society and History* – Supplement, n. 2. The Hague: Mouton [Reimpresso como *Millennial Dreams in Action*: Studies in Revolutionary Religious Movements. Nova York: Schocken Books].

TIPPS, D.C. (1973). "Modernization and Comparative Study of Society". *Comparative Studies in Society and History*, 15, p. 199-226.

TOOKER, D.E. (1979). "Some Basic Trobriand Attitudes About Sex as Expressed in the Kula Trade". *Cambridge Anthropology*, 5 (1), p. 44-65.

TRABASSO, T.; RILEY, C. & WILSON, E. (1975). "Representation of Linear Order and Spatial Strategies in Reasoning: A Development Study". In: FALMANGE, R.J. (org.). *Reasoning, Representation and Process*. Hillsdale, N.J.: Erlbaum.

TRAUTMANN, T.R. (1987). *Lewis H. Morgan and the Invention of Kinship*. Berkeley: University of California Press.

TRIGGER, B. (1972). "Determinants of Urban Growth in Pre-Industrial Societies". In: UCKO, P.J.; TRINGHAM, R. & DIMBLEBY, G.W. (orgs.). *Man, Settlement, and Urbanism*. Londres: Gerald Duckworth.

TROMPF, G.W. (1994). "Gangs and Politics". *Current Affairs Bulletin*, set., p. 32-37.

TUOMI, H. (1978). "Food Import and Neo-Colonialism". In: HARLE, V. (org.). *The Political Economy of Food*. Westmead, Ingl.: Saxon House.

TURNBULL, C.M. (1961). *The Forest People*: A Study of the Pygmies of the Congo. Nova York: Simon & Schuster.

TURNER, E. (1992). *Experiencing Ritual*. Filadélfia: University of Pennsylvania Press [com W. Blodgett, S. Kahona e F. Benwa].

TURNER, E. (org.) (1992). *Blazing the Trail*: Way Marks in the Exploration of Symbols. Tucson: University of Arizona Press.

_____ (1985). *On the Edge of the Bush*: Anthropology as Experience. Tucson: University of Arizona Press.

TURNER, T.S. (1979). "Anthropology and the Politics of Indigenous Peoples' Struggles". *Cambridge Anthropology*, 5 (1), p. 1-43.

TURNER, V. (1978). "Encounter With Freud: the Making of a Comparative Symbologist". In: SPINDLER, G.D. (org.). *The Making of Psychological Anthropology*. Berkeley, Calif.: University of California Press.

_____ (1975). *Revelation and Divination in Ndembu Ritual*. Ithaca, N.Y.: Cornell University Press.

_____ (1968a). "Mukanda: The Politics of a Non-Political Ritual". In: SWARTZ, M.J. (org.). *Local Level Politics*. Chicago: Aldine.

_____ (1968b). *The Drums of Afflication*: A Study of Religious Processes Among the Ndembu of Zambia. Oxford, Ingl.: Clarendon Press.

_____ (1967). *The Forest of Symbols*: Studies in Ndembu Ritual. Ithaca, N.Y.: Cornell University Press.

_____ (1966). "Colour Classification in Ndembu Ritual". In: BANTON, M. (org.). *Anthropological Approaches to the Study of Religion*. Londres: Tavistock [A.S.A. Monographs, 3].

_____ (1964). "Betwixt and Between: The Liminal Period in Rites de Passage". In: HELM, J. (org.). *Proceedings of the 1964 Annual Spring Meeting of the American Ethnological Society*. Seattle: University of Washington Press.

_____ (1957). *Schism and Continuity in an African Society*. Nova York: Humanities Press [Reimpresso em 1972].

TYLOR, E.B. (1889). "On a Method of Investigating the Development of Institutions; Applied to Laws of Marriage and Descent". *Journal of the Royal Anthropological Institute*, 18, p. 245-269.

_____ (1871). *Primitive Culture*: Researches Into the Development of Mythology, Philosophy, Religion, Art, and Custom. Londres: John Murray.

UBEROI, J. & SINGH, P. (1962). *Politics of the Kula Ring*. Manchester, Ingl.: University of Manchester Press.

UCKO, P.J. & ROSENFELD, A. (1967). *Palaeolithic Cave Art*. Londres: Weidenfeld/Nicolson.

UDALI, L. (1969). *Me and Mine*: The Life Story of Helen Sekaqueptewa. Tucson: University of Arizona Press.

UPADHYA, C.B. (1990). "Dowry and Women's Property in Coastal Andhra Pradesh". *Contributions to Indian Sociology*, 24 (1), p. 29-59.

UZOIGWE, G.N. (1977). "The Warrior and the State in Precolonial Africa: Comparative Perspectives". *Journal of Asian and African Studies*, 12 (1-4), p. 20-47.

VALENTINE, C.A. (1968). *Culture and Poverty*: Critique and Counter-Proposals. Chicago: University of Chicago Press.

VALENTINE, C.A. & VALENTINE, B. (1971). *Anthropological Interpretations of Black Culture*. Reading, Mass.: Addison-Wesley Modules in Anthropology.

VAN BAAL, J. (1966). *Dema*: Description and Analysis of Culture (South New Guinea). The Hague: Martinius Nijhoff.

VAN GENNEP, A. (1909). *Les Rites de Passage*. Paris: Libraire Critique Emile Nourry [Trad. como *The Rites of Passage*. Londres: Routledge/Kegan Paul, 1960].

VAN GINNEKEN, J.K. (1974). "Prolonged Breastfeeding as a Birth-Spacing Method". *Studies in Family Planning*, 5, p. 201-208.

VAN LAWICK-GOODALL, J. (1968). "Expressive Movements and Communications in Chimpanzees". In: JAY, P. (org.). *Primates*: Studies in Adaptation and Variability. Nova York: Holt, Rinehart and Winston.

VAN VALIN, R. & FOLEY, W. (1980). "Role and Reference Grammar". In: MORAVCSIK, E. (org.). *Syntax and Semantics* – Vol. 13: Current Approaches to Syntax. Nova York: Academic Press.

VAN VELSEN, J. (1967). "The Extended-Case Method and Situational Analysis". In: EPSTEIN, A.L. (org.). *The Craft of Social Anthropology*. Londres: Tavistock, p. 129-149.

VAN ZANTWIJK, R.A.M. (1967). *Servants of the Saints*: The Social and Cultural Identity of a Tarascan Community in Mexico. Assen, Hol.: Van Gorcum.

VAYDA, A.P.; LEEDS, A. & SMITH, D.B. (1961). "The Place of Pigs in Melanesian Subsistence". In: GORFIELD, V.E. (org.). *Proceedings of the 1961 Annual Spring Meeting of The American Ethnological Society*. Seattle: University of Washington Press.

VAYDA, A.P. & RAPPAPORT, R. (1968). "Ecology, Cultural and Noncultural". In: CLIFTON, J.A. (org.). *Introduction to Cultural Anthropology*. Boston: Houghton Mifflin.

VERDON, M. (1982). "The Dynamics of Dynamics, or the Tallensi in Time and Numbers". *Journal of Anthropological Research*, 38 (2), p. 154-178.

VOGT, E.Z. (1976). *Tortillas for the Gods*: A Symbolic Analysis of Zinacanteco Rituals. Cambridge, Mass.: Harvard University Press.

_____ (1970). *The Zinacantecos of Mexico*: A Modern Maya Way of Life. Nova York: Holt, Rinehart and Winston.

_____ (1969). *Zinacantan*: A Maya Community in The Highlands of Chiapas. Cambridge, Mass.: Harvard University Press.

_____ (1965). "Structural and Conceptual Replication in Zinacantan Culture". *American Anthropologist*, 67, p. 342-353.

WALLACE, A.F.C. (1978). "Basic Studies, Applied Projects, and Eventual Application: A Case History of Biological and Cultural Research in Mental Health". In: SPINDLER, G.D. (org.). *The Making of Psychological Anthropology*. Berkeley: University of California Press.

_____ (1960). "Mental Illness, Biology, and Culture". In: HSU, F.L.K. (org.). *Psychological Anthropology*. Homewood, Ill.: Dorsey Press.

_____ (1956). "Revitalization Movements". *American Anthropologist*, 58, p. 264-281.

WALLENSTEEN, P. (1978). "Scarce Goods as Political Weapons: The Case of Food". In: HARLE, V. (org.). *The Political Economy of Food*. Westmead, Ingl.: Saxon House.

WALLERSTEIN, I. (1979). *The Capitalist World-Economy*: Essays by Immanuel Wallerstein. Cambridge: Cambridge University Press.

_____ (1974). *The Modern World-System*: Capitalist Agriculture and the Origins of the European World-Economy in The Sixteenth Century. Nova York: Academic Press.

WASHBURN, S. (1973). "Primate Field Studies and Social Science". In: NADER, L. & MARCTZKI, T. (orgs.). *Cultural Illness and Health*: Essays in Human Adaptation [Anthropological Studies, 9].

WASHBURN, S. & LANCASTER, C.S. (1968). "The Evolution of Hunting". In: LEE, R.B. & DeVORE, I. (orgs.). *Man The Hunter*. Chicago: Aldine.

WASSERSTROM, R. (1978). "The Exchange of Saints in Zinacantan: The Socioeconomic Bases of Religious Change in Southern Mexico". *Ethnology*, 17 (2), p. 197-210.

_____ (1977a). *White Fathers and Red Souls*: Indian-Ladino Relations in Highland Chiapas (1528-1973). Harvard: Harvard University Press [Tese de doutorado].

_____ (1977b). "Land and Labor in Central Chiapas: A Regional Analysis". *Development and Change*, 4, p. 441-463.

WATSON, J.B. (1977). "Pigs, Fodder, and the Jones Effect in Postipomoean New Guinea". *Ethnology*, 16, p. 57-70.

WATSON, J.L. (org.) (1980). *Asian and African Systems of Slavery*. Berkeley: University of California Press.

WEBER, M. (1956). *The Protestant Ethic and the Spirit of Capitalism*. Nova York: Charles Scribner's and Sons.

WEBSTER, H. (1932). *Primitive Secret Societies*. Nova York: The Macmillan [Ed. revisada].

WEDGEWOOD, C. (1930). "The Nature and Function of Secret Societies". *Oceania*, p. 129-145.

WEINER, A. (1976). *Women of Value, Men of Renown*. Austin: University of Texas Press.

_____ (1974). *Women of Value*: The Main Road of Exchange in Kiriwina, Trobriand Islands. [s.l.]. Bryn Mawr College [Tese de doutorado não publicada].

WESTEN, D. (1984). "Cultural Materialism: Food for Thought or Bum Steer?" *Current Anthropology*, 25 (5), p. 639-656.

WESTON, K. (1991). *Families We Choose*: Lesbians, Gays, Kinship. Nova York: Columbia University Press.

WHEATLEY, P. (1975). "Satyanrta in Suvarnadvipa". In: SABLOFF, J.A. & LAMBERG-KARLOVSKY, C.C. (orgs.). *Ancient Civilization and Trade*. Albuquerque: University of New Mexico Press.

WHITE, J.P. & O'CONNELL, J.F. (1978). "Australian Prehistory: New Aspects of Antiquity". *Science*, 203, p. 21-28.

WHITELEY, P.M. (1985). "Unpacking Hopi 'Clans': Another Vintage Model Out of Africa?" *Journal of Anthropological Research*, 41 (4), p. 359-374.

WHITING, J.W.M. (1964). "Effects of Climate on Certain Cultural Practices". In: GOODENOUGH, W. (org.). *Explorations in Cultural Anthropology*. Nova York: McGraw-Hil.

WHITMEYER. J.M. & HOPCROFT, R.L. (1995). *Community, Capitalism, and Rebellion in Chiapas* [Trabalho apresentado para a American Sociological Association].

WHORF, B.L. (1956). *Language, Thought, and Reality*: Selected Writings of E. L. Whorf. Cambridge/Nova York: MIT Press/John Wiley & Sons [org. de J.B. Carroll].

WHYTE, W.F. (1955). *Street Corner Society*: The Social Structure of an Italian Slum. Chicago: University of Chicago Press [Ed. rev.].

WIERZBICKA, A. (1991). *Cross-Cultural Pragmatics*: The Semantics of Human Interaction. Berlim: Mouton de Gruyter.

_____ (1972). *Semantic Primitives*. Frankfurt: Athenaeum.

WIKAN, U. (1990). *Managing Turbulent Hearts*: A Balinese Formula for Living. Chicago: University of Chicago Press.

WILBERT, J. (1972). *Survivors of Eldorado*: Four Indian Cultures of South America. Nova York: Praeger.

WILLIAMS, E. (1966). *British Historians and the West Indies*. Londres: Andre Deutsch.

_____ (1944). *Capitalism and Slavery*. Chapel Hill: University of North Carolina Press.

WILIAMS, F.E. (1923). *The Vailala Madness and the Destruction of Native Ceremonies in the Gulf Division*. Port Moresby: New Guinca [Territory of Papua Anthropological Reports, 4].

WILLIAMS, M.D. (1984). *Community in a Black Pentecostal Church*: An Anthropological Study. Prospect Heights: Waveland.

_____ (1981). *On the Street Where I Lived*. Nova York: Holt, Rinehart and Winston.

WILSON, E.O. (1975). *Sociobiology*: The New Synthesis. Cambridge, Mass.: Harvard University Press.

WILSON, P. (1972). *Crab Antics*: The Social Anthropology of English-Speaking Negro Societies of the Caribbean. New Haven, Conn.: Yale University Press.

_____ (1969). "Virgin Birth: A Comment". *Man*, 4 (2), p. 287-290.

WITTFOGEL, K.A. (1957). *Oriental Despotism*: A Study in Total Power. New Haven, Conn.: Yale University Press.

_____ (1955). "Developmental Aspects of Hydraulic Societies". In: STEWARD, J. (org.). *Irrigation Civilizations*: A Comparative Study. Washington, D.C.: Pan American Union.

WOLF, A.D. (1970). "Childhood Association and Sexual Attraction: A Further Test of the Westermarck Hypothesis". *American Anthropologist*, 72, p. 503-515.

_____ (1966). "Childhood Association, Sexual Attraction, and the Incest Taboo: A Chinese Case". *American Anthropologist*, 68, p. 883-898.

WOLF, E.R. (1982). *Europe and the People Without History*. Berkeley: University of California Press.

_____ (1969a). *Peasant Wars of the Twentieth Century*. Nova York: Harper & Row.

_____ (1969b). "On Peasant Rebellions". *International Social Science Journal*, 21 (2), p. 286-294.

_____ (1966). *Peasants*. Englewood Cliffs, N.J.: Prentice-Hall.

_____ (1959). *Sons of the Shaking Earth*. Chicago: University of Chicago Press.

_____ (1958). "The Virgin of Guadalupe: A Mexican National Symbol". *Journal of American Folklore*, 71, p. 34-39.

_____ (1957). "Closed Corporate Peasant Communities in Mesoamerica and Central Java". *Southwestern Journal of Anthropology*, 13, p. 1-18.

WORSLEY, P. (1957). *The Trumpet Shall Sound*: A Study of Cargo Cults in Melanesia. Londres: MacGibbon/Kee [2. ed., 1968. Nova York: Schocken Books].

WORTHMAN, C.M.; JENKINS, C.L.; STALLINGS, J.F. & LAI, D. (1993). "Attenuation of Nursing Related Ovarian Suppression and High Fertility in Well-Nourished, intensively Breast-Feeding Amele Women of Lowland Papua-New Guinea". *Journal of Biosocial Science*, 25 (4), p. 425-443.

YAP, P.M. (1969). "The Culture-Bound Reactive Syndromes". In: CAUDILL, W. & LIN, T.Y. (orgs.). *Culture and Mental Health Research in Asia and the Pacific*. Honolulu: East-West Center Press.

YAZAKI, T. (1973). "The History of Urbanization in Japan". In: SOUTHALL, A. (org.). *Urban Anthropology*. Londres: Oxford University Press.

_____ (1968). *Social Change and the City in Japan*. Tóquio: Japan Publications.

_____ (1963). *The Japanese City*: A Sociological Analysis. Tóquio: Japan Publications.

ZELENIETZ, M. & LINDENBAUM, S. (orgs.). "Sorcery and Social Change in Melanesia". *Social Analysis*, 8 [núm. esp.]. Adelaide.

Agradecimentos

Texto

Excertos de *Global Reach*, de Richard J. Barnet e Ronald E. Muller. Reimpresso com a permissão de Simon & Schuster. © 1975 de Richard J. Barnet e Ronald E. Muller.

Excerto de *Social Classes in Agrarian Societies*, de Rodolfo Stavenhagen. Reimpresso com a permissão de Doubleday, uma divisão de Bantam Doubleday Dell Publishing Group, Inc.

Excertos de *Women of Value, Men of Renown, New Perspectives in Trobriand Exchange*, de Annette B. Weiner. © 1976. Com permissão da University of Texas Press.

Excertos de *Lumpenbourgeoisie, Lumpendevelopment (1973), Latin America: Underdevelopment or Revolution (1969)*, de Andre Gunder Frank. © 1973 de Andre Gunder Frank. Reimpresso com a permissão de Monthly Review Press.

Excerto de *The Political Economy of Food*, de V. Harle (org). Reimpresso com a permissão de Gower Publishing Company Limited.

Excerto de *Anthropology and the Politics of Indigenous Peoples*, de Terence Turnet. Reimpresso com a permissão do autor. Publicado em Cambridge Anthropology 5 (1).

Excerto de *Declaration of Barbados: For the Liberation of the Indians*, de M.A. Bartolome et al. Reimpresso com a permissão do International Work Group for Indigenous Affairs. IWGIA Documento n. 1.

Excertos de *Being and Value in a Primitive Culture*, de D.D. Lee. Reimpresso com a permissão do *Journal of Philosophy* (vol. XLVI, n. 13, p. 401-415).

Excerto de *Culture and Communication*, de E.R. Leach. Reimpresso com a permissão da Cambridge University Press.

Excerto de "Nonunilineal Descent and the Contextual Definition of Status", de R.M. Keesing. Reimpresso com a permissão da American Anthropological Association. Publicado em *American Anthropologist*, 70 (1), 1968, p. 82-84.

Excertos de *Slavery in Africa*, de Miers, S. e I. Kopytoff (orgs.). © Board of Regents of the University of Wisconsin System. Reimpresso com a permissão da University of Wisconsin Press.

Excertos from "Marxist Approaches in Anthropology", de B. O'Laughlin. Reimpresso com a permissão da Annual Reviews, Inc. da *Annual Review of Anthropology*, vol. 4, 1975.

Excertos de *The Myth of Marginality: Urban Poverty and Politics in Rio de Janeiro*, de J. Perlman. Reimpresso com a permissão da University of California Press.

Excertos de "Where Is the Culture", de T. Schwartz in *The Making of Psychological Anthropology*, de G.O. Spindler (org.). Reimpresso com a permissão da University of California Press.

Excertos de "Women's Marital Exchange Among the Kpelle of Liberia", de C. Bledsoe, in *Journal of Anthropological Research*, 32, 1976, p. 372-389. Reimpresso com a permissão do proprietário do copyright: *Journal of Anthropological Research*.

Excertos de *Coral Gardens and Their Magic*. Vol. 1, de B. Malinowski. Reimpresso com a permissão de Paul R. Reynolds, Inc.

Excertos de *How the Other Half Dies: The Real Reasons for World Hunger*, de S. George. © Susan George, 1976, 1977. Reimpresso com a permissão de Penguins Books Ltd.

Excertos de *Argonauts of the Western Pacific* (1922) by B. Malinowski. Reimpresso com a permissão de Routledge & Kegan Paul Ltd.

Citações de Asad, Dahl, Krade, e Lefebure, de *Pastoral Production and Society*, de l'Équipe Ecologie et Anthropologie des Sociétés Pastorales (orgs.). Reimpresso com a permissão da Cambridge University Press.

Excerto de *Sorcerers of Dobu* (1932), de R. Fortune. Reimpresso com a permissão de Routledge & Kegan Paul Ltd.

Excertos de *The Sexual Life of Savages in Northwestern Melanesia* (1929), de B. Malinowski. Reimpresso com a permissão de Routledge & Kegan Paul Ltd.

Excerto de "Non-Equilibrium Models in New Guinea Ecology: Possibilities of Cultural Extrapolation", de R.F. Salisbury em *Anthropologica*, 17 (2), 1975, p. 127-147. Reimpresso com a permissão de *Anthropologica* e do autor.

Excerto from "Women and Rural Revolt in India", de G. Omvedt no *Journal of Peasant Studies*, 5 (3), 1978, p. 370-403. Reimpresso com a permissão de Frank Cass & Co. Ltd., Londres.

Excerto de "Iroquois Women, Then and Now", de M. Randle no *Symposium on Local Diversity in Iroquois Culture*, W.N. Fenton (org.). BAE Bulletin, n. 149. Reimpresso com a permissão da Smithsonian Institution.

Excerto from "Simple Models of Complexity: The Lure of Kinship", de R.M. Keesing em *Kinship Studies in the Morgan Memorial Year*. P. Reining (org.). 1972. Reimpresso com a permissão da American Ethnological Society.

Fotos

As fotografias são de Andrew J. Strathern se não forem mencionados outros fotógrafos.

p. 21 – Trabalho artístico criado a partir de fotografia fornecida como cortesia de Phoebe Ottenberg Miller.

p. 81 – Fotografia. Cortesia de David e Judith MacDougall.

p. 84 – Reimpresso com a permissão do editor de *East Is a Big Bird*, de T. Gladwin. Cambridge, Mass.: Harvard University Press, © 1970 do presidente e membros do Harvard College.

p. 85 – David S. Boyer. © Coleção de imagens da National Geographic Society

p. 89 – Cortesia de Meyer Fortes.

p. 94 – Trabalho artístico criado a partir de foto fornecida como cortesia de Karen e Kirk Endicott.

p. 113 – Ambas as fotografias são cortesia de Robert Edwards.

p. 114 – Cortesia de Karen e Kirk Endicott.

p. 117 – Medford Taylor. Coleção de imagens da National Geographic Society.

p. 118 – Cortesia do Departamento de Serviços Bibliotecários do American Museum of Natural History.

p. 124 – Ambas as fotografias são cortesia de Roy D. Rappaport.

p. 126 – Roger M. Keesing.

p. 128 – Hedda Morrison.

p. 133 – Bruce Dale. Coleção de imagens da National Geographic Society.

p. 140 – Cortesia de Roy D. Rappaport.

p. 141 – Cortesia de Roy D. Rappaport.

p. 153 – Todas as fotos são cortesia do Koninklijk Instituut voor de Tropen, Amsterdam.

p. 160 – Fotografias como cortesia por D.G. Gajdusek. In: *Tropical Neurology*, de John D. Spilane (org.). Com permissão da Oxford University Press.

p. 161 – Reimpresso com a permissão do editor de "Kuru: Clinical, Pathological, Epidemiological Study of an Acute Progressive Degenerative Disease of the Central Nervous System Among Nations of the Eastern Highlands of New Guinea", de D.C. Gajdusek and V. Zigas, *American Journal of Medicine*: março de 1959, p. 446, © 1997 de Excerpta Medica Inc.

p. 165 – Fotografia como cortesia por Douglas L. Oliver.

p. 172 – Trabalho artístico criado a partir de foto fornecida como cortesia por Karen e Kirk Endicott.

p. 178 – Cortesia de Jerry W. Leach.

p. 179 – Shirley Campbell.

p. 192 – Cortesia de Jerry W. Leach.

p. 194 – Cortesia de Barry Shaw.

p. 195 – Cortesia do Departamento de Foreign Affairs, Austrália.

p. 200 – Shirley Campbell.

p. 201 – Shirley Campbell.

p. 202 – Shirley Campbell.

p. 203 – Shirley Campbell.

p. 229 – Cortesia de Meyer Fortes.

p. 246 – Hedda Morrison.

p. 247 – Hedda Morrison.

p. 250 – Ambas as fotos são cortesia de Roger M. Keesing.

p. 251 – Ambas as fotos são cortesia de Roger M. Keesing.

p. 259 – Cortesia do Departamento de Foreign Affairs, Austrália.

p. 261 – Roger M. Keesing.

p. 265 – Cortesia de Annette Weiner.

p. 295 – Fotografia de E.E. Evans-Pritchard. Cortesia da Clarendon Press. Oxford.

p. 299 – Ambas as fotos são cortesia de Roger M. Keesing.

p. 314 – Roger M. Keesing.

p. 322 – © Edward Troncik. Anthro Photo.

p. 343 – Cortesia de James Lowell Gibbs, Jr.

p. 345 – Cortesia do Museu de Antropologia Phoebe Apperson Hearst e dos Membros do Conselho da Universidade da Califórnia.

p. 358 – Roger M. Keesing.

p. 359 – Roger M. Keesing.

p. 363 – Roger M. Keesing.

p. 384 – Cortesia do Departamento de Relações Exteriores, Austrália.

p. 402 – Trabalho artístico criado a partir de foto por cortesia de UN/DPI Photo.

p. 410 – Cortesia de Masri Singarimbun.

p. 414 – UNI DPI Photo.

p. 415 – Cortesia do Departamento de Serviços de Informação e Extensão, Papua-Nova Guinea.

p. 417 – National Museum of American Art, Smithsonian Institution. Doação da Sra. Joseph Harrison, Jr.

p. 418 – Fotografia do Professor H. Klaatsch. Cortesia do Australian Institute of Aboriginal and Torres Strait Islander Studies.

p. 421 – De um quadro de Carl Bodmer. Cortesia do Departamento de Serviços Bibliotecários, American Museum of Natural History.

p. 426 – Cortesia de John Haviland.

p. 428 – Cortesia de Jerry W. Leach.

p. 429 – Ambas as fotos são cortesia de Barry Shaw.

p. 436 – National Museum of Natural History. Smithsonian, NHB MRC 152, Washington, DC 20560.

p. 440 – Roger M. Keesing.

p. 444 – Fotografia de Friedrich Kruger. © The Museum of Victoria.

p. 446 – Cortesia do Departamento de Relações Exteriores, Affairs, Austrália.

p. 448 – National Museum of Natural History. Smithsonian, NHB MRC 152, Washington, DC 20560.

p. 456 – Cortesia de John Haviland.

p. 460 – Cortesia de John Haviland.

p. 463 – Cortesia de Frank Cancian.

p. 468 – Ambas as fotos são cortesia de Roger M. Keesing.

p. 482 – Cortesia de Masri Singarimbun.

p. 488 – Cortesia do Departamento de Relações Exteriores, Austrália.

p. 489 – (esquerda, no alto). © Paulo Fridman/Gamma Liaison.

p. 489 – (direita, no alto). © Yuen Lee/Gamma Liaison.

p. 489 – (embaixo). © Ricardo Beliel/Gamma Liaison.

p. 491 – Todas as fotos são cortesia de B. Wongar.

p. 492 – © Adrian Arbib / Anthro Photo.

p. 494 – UN/ DPI Photo.

p. 512 – UN/ DPI Photo.

p. 538 – © Antonio Ribeiro / Gamma Liaison.

Índice remissivo